LES CARACTÈRES

DE

LA BRUYÈRE

6383-82. — CORBEIL, TYP. ET STÉR. CRÉTÉ.

LES CARACTÈRES
DE
LA BRUYÈRE

ACCOMPAGNÉS
DES CARACTÈRES DE THÉOPHRASTE
DU DISCOURS A L'ACADÉMIE FRANÇAISE
D'UNE NOTICE SUR LA BRUYÈRE

ÉDITION VARIORUM
COLLATIONNÉE SUR LES MEILLEURS TEXTES
ET SUIVIE D'UN INDEX
PAR CHARLES LOUANDRE

PARIS
G. CHARPENTIER, ÉDITEUR
13, RUE DE GRENELLE-SAINT-GERMAIN, 13

Tous droits réservés.

AVERTISSEMENT SUR CETTE ÉDITION.

La Bruyère a publié de son vivant huit éditions des *Caractères* : la première en 1688, la huitième en 1694. Il en avait préparé une nouvelle qui parut après sa mort, en 1696, et qui contenait ses dernières corrections. C'était celle qu'il fallait suivre, et c'est précisément celle que n'ont pas suivie les éditeurs du dix-huitième siècle et ceux des premières années du dix-neuvième. Il en est résulté de notables altérations dans le texte et de graves confusions dans les paragraphes, jusqu'au moment où M. Walckenaër est venu entreprendre un travail de collation, d'après la neuvième édition, qui doit être considérée comme définitive. M. A. Destailleur dans la *Bibliothèque Elzévirienne* a suivi la même marche, et il a reproduit avec un grand soin toutes les variantes. On peut donc dire que ces deux éditions ont fixé le texte, en prenant pour base celui que La Bruyère lui-même avait préparé dans la dernière année de sa vie. C'est ce même texte qui est reproduit dans le présent volume.

Parmi les variantes, il en est un grand nombre, il faut bien le dire, qui ne présentent aucun intérêt et que nous n'avons pas cru devoir donner, pour ne point reporter sans cesse l'attention du lecteur au bas des pages, sans profit pour son agrément ou son instruction. Nous nous sommes exclusivement attaché à celles qui accusaient des modifications sensibles dans la pensée ou qui révélaient les procédés littéraires de l'auteur.

Nous avons reproduit en tête des paragraphes le signe ¶, nommé *pied de mouche* en typographie, parce que ce signe, qui indique la subdivision des chapitres, a été employé par La Bruyère lui-même qui s'en servait pour isoler et détacher les divers paragraphes. Les éditeurs du dix-huitième siècle n'en avaient tenu aucun compte, et par cette négligence ils avaient complétement détruit l'arrangement primitif. M. Walckenaër a le premier, parmi les éditeurs modernes, rétabli les *pieds de mouche*, dans l'ordre même où les avait placés La Bruyère, et c'est dans cet ordre que nous les avons maintenus.

En ce qui touche les notes, nous avons choisi dans tous les commentateurs, ainsi que nous l'avons fait pour nos autres éditions de la bibliothèque Charpentier, celles qui nous ont paru d'une incontestable utilité, et celles-là seulement ; car ici, comme pour les variantes, nous avons pensé qu'il était inutile de détourner à chaque instant, sans profit, l'attention du lecteur ; mais nous avons ajouté des notes nouvelles à tous les passages qui nous ont semblé avoir besoin d'éclaircissement.

Nous avons réuni dans la notice tous les renseignements certains qu'il nous a été possible de trouver sur l'auteur des Caractères, renseignements malheureusement trop rares et qui ne font connaître que d'une manière incomplète ce grand écrivain.

Le volume est terminé par un index général que nous avons, autant que possible, rédigé comme l'index de Montaigne, en conservant les propres expressions de l'auteur. Cet index est complet et aussi précis que nous l'avons pu faire, et il permettra, nous l'espérons, aux lecteurs de La Bruyère de retrouver sans peine, dans les OEuvres de cet écrivain, tous les passages auxquels ils auront besoin de recourir.

Il y a dix ans que nous avons commencé dans la bibliothèque Charpentier notre collection de Classiques français, et en offrant aujourd'hui ce nouveau volume au public, nous nous faisons un devoir de le remercier de la bienveillante indulgence avec laquelle il a accueilli nos modestes travaux, et de remercier en même temps l'éditeur, M. Charpentier, de l'empressement avec lequel il nous a secondé dans notre tâche, en mettant à notre disposition tous les éléments qui pouvaient nous la rendre plus facile.

Ch. Louandre.

JEAN DE LA BRUYÈRE.

I

Aucun document authentique ne nous fait connaître l'époque précise de la naissance de l'auteur des *Caractères*; le lieu où il vint au monde est également ignoré. On sait seulement qu'il était originaire d'un village des environs de Dourdan, et l'on a conclu d'un passage de son livre qu'il était né en 1642. Son père remplissait la charge de *Conseiller secrétaire du roi et de ses finances*, et s'intitulait *Bourgeois de Paris*. Quant à notre auteur, qui était l'aîné de sa famille, on ignore complétement quelles furent les occupations de sa jeunesse, et rien ne prouve qu'il ait fait un noviciat dans la congrégation de l'Oratoire, comme l'a dit un de ses biographes. Tout ce que l'on sait de positif, c'est qu'il acheta un emploi de *Conseiller du roi, Trésorier de France*, à Caen, et qu'en 1679 il possédait encore cet emploi, attendu qu'à cette époque il en prend le titre dans une quittance qui nous a été conservée; mais quelques années plus tard on le retrouve attaché à la famille de Condé, avec mille écus d'appointements, et la charge de précepteur de *M. le Duc*, c'est-à-dire de Louis de Bourbon, petit-fils du vainqueur de Rocroy [1].

Ce fut, dit-on, sur la proposition de Bossuet que La Bruyère fut appelé auprès de *M. le Duc*; ce qu'il y a de certain, c'est que des relations bienveillantes existaient entre l'auteur des *Caractères* et l'évêque de Meaux, et que pendant longtemps ils se réunirent tous deux dans les jardins de Versailles, avec quelques amis, pour se promener et causer de littérature, de philosophie et de religion. Ces réunions furent désignées

---

[1]. C'est à tort que madame de Genlis, et après elle la *Biographie universelle*, ont placé La Bruyère auprès du duc de Bourgogne, l'élève de Fénelon. M. Walckenaër remarque justement à propos de cette erreur que personne à la cour ne portait le titre de *M. le Duc*, si ce n'est le fils du prince de Condé.

dans le public sous le nom de *conciles,* et c'était là pour La Bruyère la plus chère de ses distractions; car cet homme, aussi supérieur par le cœur que par l'esprit, ne se mêla jamais aux intrigues qui s'agitaient autour de lui. « On me l'a dépeint, dit l'abbé d'Olivet dans l'*Histoire de l'Académie française,* comme un philosophe qui ne songeait qu'à vivre tranquille avec des amis et des livres; faisant un bon choix des uns et des autres, ne cherchant ni ne fuyant le plaisir, toujours disposé à une joie modeste, et ingénieux à la faire naître; poli dans ses manières et sage dans ses discours; craignant toute sorte d'ambition, même celle de montrer de l'esprit. » Tous les témoignages contemporains s'accordent à faire de La Bruyère le même éloge, et ce grand peintre des ridicules, des vices et des misères morales de la société, qui fut comme Molière un grand homme de bien, n'eut comme lui d'autres ennemis que ceux qui s'étaient reconnus dans son livre, ou les médiocrités vaniteuses à qui sa gloire faisait ombrage.

M. le Duc s'étant marié en 1685 avec mademoiselle de Nantes, La Bruyère, qui resta toute sa vie célibataire, dut nécessairement à cette date cesser ses fonctions de précepteur, mais il n'en continua pas moins de toucher sa pension et d'habiter à Versailles l'hôtel de Condé, avec le titre d'*Ecuyer,* comme on le voit par son acte de décès, et de *Gentilhomme de Monseigneur le Duc.* C'est là qu'il composa le livre des *Caractères,* dont la première édition parut en 1688, et fut suivie dans la même année de deux éditions nouvelles, ce qui s'explique par la portée philosophique de l'ouvrage, sa perfection littéraire et les applications qu'en fit aux contemporains la malignité publique; car chacun croyait connaître l'original de chaque portrait. Une foule de lecteurs mettaient en marge de leurs exemplaires les noms réels qu'ils avaient appliqués aux noms de fantaisie inventés par l'auteur, et c'est d'après ces annotations qu'a été rédigée la *Clef* imprimée en Hollande.

Aussi désintéressé que modeste, La Bruyère, en livrant

son livre à la publicité, ne voulut en tirer aucun profit pour lui-même.

Dans les promenades qu'il faisait à Paris, il allait souvent rendre visite au libraire Michallet ; il s'asseyait dans sa boutique, feuilletait les ouvrages nouveaux et jouait avec sa fille, jeune et charmante enfant qu'il avait prise en affection. « Voulez-vous imprimer ceci ? dit-il un jour à Michallet, en lui montrant un manuscrit qu'il venait de tirer de sa poche. Je ne sais si vous y trouverez votre compte ; mais en cas de succès le produit sera pour votre petite fille. » Michallet accepta l'offre du grand écrivain. La première édition fut enlevée en quelques jours ; et, au bout de dix ans, l'ouvrage avait rapporté au libraire plus de deux cent mille francs. Ce fut la dot de sa fille, qui fit un mariage très-avantageux, et qui, reconnaissante de cette fortune inattendue, raconta l'anecdote à Maupertuis. Ce dernier la raconta à Formey, qui la fit connaître, en 1787, dans une séance publique de l'Académie de Berlin, dont il était le secrétaire perpétuel [1].

Avant de publier son livre des *Caractères*, La Bruyère l'avait fait lire à Nicolas de Malezieu, membre de l'Académie française. « Voilà, lui dit celui-ci, de quoi vous attirer beaucoup de lecteurs et beaucoup d'ennemis. » Les deux cent mille francs gagnés par Michallet, la vive opposition que rencontra l'élection de notre auteur à l'Académie française, et les épigrammes dont cette élection fut l'objet justifièrent de tout point les prévisions de Malezieu [2]. Les intrigants, les pédants et les sots, toujours nombreux et toujours jaloux, s'ameutèrent contre l'auteur des *Caractères*, comme ils s'étaient ameutés contre l'auteur du *Cid*, contre Molière et Racine ; mais l'illustre assemblée passa outre, et en 1693 La Bruyère fut élu. Son discours de réception, modèle de bon style et de finesse, fut un véritable événement littéraire. L'é-

---

1. Formey, *Recueil de Mémoires de l'Académie de Berlin, depuis 1736 jusqu'à la fin de 1787*; in-4°, 1792, p. 19.
2. Voir sur cette élection la note qui se trouve en tête du discours de réception de notre auteur.

meute de la sottise recommença avec une vivacité nouvelle; on alla jusqu'à tenter de faire défendre l'impression du discours; mais cette fois encore La Bruyère eut gain de cause. Il laissa crier les médiocrités vaniteuses, et sans cesse occupé d'améliorer son œuvre il en publia, en 1694, la huitième édition. Il en préparait une nouvelle, qu'il avait, comme les précédentes, augmentée et corrigée, lorsqu'il fut enlevé, le jeudi 11 mai 1696, par une attaque d'apoplexie. « Quatre jours auparavant, dit l'abbé d'Olivet, il était à Paris dans une compagnie de gens qui me l'ont conté, où tout à coup il s'aperçut qu'il devenait sourd, mais absolument sourd; point de douleur cependant. Il s'en retourna à Versailles, où il avait son logement à l'hôtel de Condé, et une apoplexie d'un quart d'heure l'emporta, n'étant encore âgé que de cinquante-deux ans. » Une lettre datée du 21 mai 1696, et publiée par M. de Monmerqué, donne aussi quelques détails sur les derniers moments de La Bruyère. L'auteur de cette lettre ne mentionne pas la surdité dont parle d'Olivet. « J'avais soupé, dit-il, avec M. de La Bruyère le mardi; il était gai et ne s'était jamais mieux porté. Le mercredi et le jeudi même se passèrent en visites et en promenades sans aucun pressentiment. Il soupa avec appétit, et tout d'un coup il perdit la parole et sa bouche se tourna. M. Fagon, M. Félix et tous les médecins de la cour vinrent à son secours; il montrait sa tête comme le siége de son mal; il eut quelque connaissance. Saignée, émétique, lavement de tabac, rien n'y fit. Il fut assisté jusqu'à la fin de M. Gaïon, que M. Fagon y laissa, et d'un aumônier de M. le Prince. »

L'acte de décès de La Bruyère constate qu'il fut inhumé dans la vieille église de la paroisse Notre-Dame de Versailles[1], et aujourd'hui une plaque de marbre placée par les soins

---

1. Voici ce document :

« Extrait du registre des actes de décès de la paroisse Notre-Dame de Versailles.

« Ce douzième de mai mil six cent quatre-vingt-seize, Jean La Bruyère,

de l'édilité versaillaise, sur la façade de l'ancien hôtel de Condé, indique que c'est là que le grand observateur a composé son impérissable ouvrage, et qu'il a passé les dernières années de sa vie.

Voilà tout ce que l'on sait de cet homme à jamais célèbre

II

Il est peu d'écrivains qui se soient fait un aussi grand nom que La Bruyère, avec un aussi mince bagage littéraire. Sa traduction de Théophraste, son *Discours à l'Académie française*, la préface de ce *Discours*, et ses *Caractères* composent en effet toutes ses œuvres; et s'il est vrai qu'à sa mort on ait trouvé parmi ses papiers des *Dialogues sur le quiétisme*, on s'accorde à dire que ces dialogues étaient à peine ébauchés, et que ceux qui ont paru sous son nom ne sont qu'une œuvre apocryphe tout à fait indigne de son talent.

Quelle a été la source et pour ainsi dire l'occasion première du livre des *Caractères* ? A-t-il été directement inspiré par Théophraste et l'antiquité, comme le titre semblerait l'indiquer, ou par les goûts et les modes littéraires du dix-septième siècle ? M. Cousin s'est chargé de répondre à cette question et de la résoudre. Voici ce qu'il nous apprend à ce sujet, et nous ne pouvons mieux faire que de reproduire ici ses propres paroles : « Mademoiselle, fille unique de Gaston, duc d'Orléans, dit l'éminent écrivain que nous venons de citer, eut un jour à la campagne, en 1657, l'idée de demander à toutes les personnes de sa société de faire leur portrait, et sur-le-champ elle fit elle-même le sien, en commençant par une description physique assez détaillée,

---

écuyer, gentilhomme de Monseigneur le Duc, âgé de cinquante ans ou environ, est décédé à l'hôtel de Condé, le onzième du mois et an que dessus, et inhumé le lendemain dans la vieille église de la paroisse, par moi, soussigné, prêtre de la mission, faisant les fonctions curiales, en présence de Robert-Pierre de La Bruyère, son frère, et de M. Charles La Boreys de Boshèze, aumônier de Son Altesse la Duchesse, qui ont signé, et de M. Huguet, concierge de l'hôtel, qui a signé. » (*Revue rétrospective*, octobre 1836.)

et passant de là à la peinture de son esprit, de son âme, de ses mœurs et de toutes ses qualités morales, elle fit aussi les portraits de M. de Béthune, qui était son chevalier d'honneur, de M. d'Entragues et de beaucoup d'autres. Après avoir donné l'exemple, elle voulut qu'on le suivît.... Tel fut le passe-temps de Mademoiselle et de ses amis pendant les années 1657 et 1658 : de ce passe-temps sortit toute une littérature.... Les portraits se multiplièrent à Paris et dans les provinces... ; il y en eut d'excellents, il y en eut de médiocres et aussi de détestables, jusqu'en 1688. La Bruyère renouvela et éleva le genre et, sous le nom de *Caractères*, peignit son siècle et l'humanité [1]. »

Les *Caractères* obtinrent, au moment de leur apparition, une vogue immense. L'auteur du *Mercure Galant*, de Visé, qui était loin cependant d'être favorable à La Bruyère, raconte qu'il se trouvait à la cour le premier jour que les *Caractères* parurent, et qu'il vit de tous côtés « des pelotons qui éclataient de rire. » Chacun croyait y retrouver les personnages de sa connaissance. « *Ce portrait est outré*, disaient les uns. — *Celui-ci*, disaient les autres, *l'est bien plus encore.* — *On dit telle chose de madame une telle*, » ajoutait-on d'un autre côté. Enfin, dit de Visé, la conclusion était qu'il fallait acheter au plus tôt ce livre pour voir les portraits dont il était rempli, de peur que le libraire n'eût ordre d'en retrancher la meilleure partie.

Le scandale que provoqua la satire personnelle fut donc la cause première du grand succès qu'obtint à son apparition le livre des *Caractères*; mais était-ce là le succès qu'avait cherché La Bruyère, et ces personnalités que chacun croyait rencontrer à chaque page de son livre s'y trouvaient-elles réellement? Sur ces deux points nous n'hésitons pas à répondre par la négative. Le scandale était venu de lui

---

[1]. *Revue des Deux Mondes*, 1er janvier 1854, p. 24 et suiv. — M. Cousin fait remarquer avec raison que ce nom de *Caractères* n'est ni une invention de La Bruyère, ni un emprunt fait à Théophraste. On disait *Caractère* pour portrait, et on appliquait le mot du genre mis en vogue par Mademoiselle.

même et par la seule force de l'observation morale, parce qu'en traçant des caractères, La Bruyère, comme l'auteur du *Misanthrope*, avait fait ces caractères si vrais, si profondément humains que le public les avait pris pour des signalements. Cette opinion est formellement celle de M. Cousin, et nous sommes heureux de citer encore une fois cet illustre écrivain, dont l'autorité est si imposante dans l'histoire littéraire du grand siècle. « On a une clef de La Bruyère, dit M. Cousin ; mais ici la plus grande circonspection est nécessaire, car non-seulement La Bruyère s'est servi souvent de plusieurs originaux, mais ces originaux n'ont été pour lui qu'une occasion, un point de départ, la matière d'une première esquisse, sur laquelle il a ensuite librement travaillé, sans consulter aucun modèle particulier et l'œil fixé sur un caractère général et abstrait que son pinceau énergique rendait aussi vivant, aussi réel qu'un individu, mais où nul individu ne pouvait se reconnaître. Quelle clef appliquer à un pareil ouvrage ? La Bruyère seul pouvait la donner ; on dit qu'il l'a faite. Il est permis d'en douter, et de considérer la *Clef* publiée en Hollande, à quelques exceptions près, comme de simples conjectures curieuses et intéressantes sur les contemporains de La Bruyère[1]. »

Les hommes qui avaient cru se reconnaître dans les *Caractères* ont depuis longtemps disparu de la scène du monde, et ceux qui les ont suivis s'y sont reconnus comme eux. Le livre, accueilli comme un pamphlet, est resté dans l'héritage intellectuel du genre humain, comme un chef-d'œuvre d'observation morale, et c'est là, en histoire littéraire, une destinée tout à fait exceptionnelle qui suffirait seule à montrer avec quelle force et quelle vérité saisissante l'auteur, en peignant les hommes de son temps, a peint l'homme de tous les siècles. Peu importe pour sa gloire que La Bruyère ait été de son vivant l'objet des invectives de quelques insulteurs obscurs, tels que de Visé ou Vigneul-

---

1. *Ubi supra*, p. 27.

Marville. La postérité n'a point d'échos pour ces clameurs des basses jalousies, et depuis tantôt deux siècles l'admiration a été universelle. Du vivant même de l'auteur des *Caractères*, et dès la première édition du livre, Bussy-Rabutin en saisit la portée, et il écrivit au marquis de Thermes, sous la date du 10 mars 1688 : « Je suis de votre avis sur la destinée de cet ouvrage, que dès qu'il paraîtra il plaira fort aux gens d'esprit, mais qu'à la longue il plaira davantage. » Les jugements du dix-huitième siècle et du dix-neuvième ont confirmé pleinement cette prévision de Bussy-Rabutin. Voltaire range les *Caractères* parmi « les productions d'un genre unique. » Il y trouve « un style rapide, concis, nerveux, des expressions pittoresques, un usage tout nouveau de la langue. » Vauvenargues répète cet éloge en enchérissant sur Voltaire : « L'éloquence de La Bruyère, ses tons singuliers et hardis, et son caractère toujours original, ne sont pas des choses que l'on puisse imiter…. On remarque dans tout son ouvrage un esprit juste, élevé, nerveux, pathétique, également capable de réflexion et de sentiment, et doué avec avantage de cette invention qui distingue les maîtres et qui caractérise le génie. Personne n'a peint les détails avec plus de feu, plus de force, plus d'imagination dans l'expression. »

« Il y a peu de livres en aucune langue, dit à son tour La Harpe, où l'on trouve une aussi grande quantité de pensées justes, solides, et un choix d'expressions aussi heureux et aussi varié. La satire est chez lui bien mieux entendue que dans La Rochefoucauld ; presque toujours elle est particularisée et remplit le titre du livre : ce sont des *caractères*, mais ils sont peints supérieurement. Ses portraits sont faits de manière que vous les voyez agir, parler, se mouvoir, tant son style a de vivacité et de mouvement. Dans l'espace de peu de lignes, il met ses personnages en scène de vingt manières différentes, et en une page il épuise tous les ridicules d'un sot ou tous les vices d'un méchant, ou toute l'histoire d'une passion, ou tous les traits d'une ressemblance morale.

Nul prosateur n'a imaginé plus d'expressions nouvelles, n'a créé plus de tournures fortes ou piquantes. »

Les brillantes études dont le dix-septième siècle a été le sujet de notre temps même ont été pour La Bruyère l'occasion de nouveaux hommages et d'une sorte de rajeunissement. MM. Sainte-Beuve, Cousin, Nisard, lui ont consacré des pages éloquentes, et sa popularité semble augmenter avec l'âge, comme pour justifier une fois de plus la prophétie littéraire de Bussy-Rabutin. C'est qu'en effet l'auteur des *Caractères* est du petit nombre des écrivains où l'on découvre à chaque lecture nouvelle des horizons nouveaux. Par sa foi il touche à Bossuet, en même temps que par sa philosophie il touche à Descartes. En attaquant les partisans et les courtisans, il combat à la fois le désordre des finances et les abus de l'ancienne monarchie qui soumet les destinées du pays à la faveur et à l'intrigue. Il est aussi hardi, aussi libéral, plus libéral même que Molière; il défend, comme Boileau, les principes du bon goût et de la morale littéraire; et dans l'apparent désordre de son livre, nous avons eu déjà l'occasion de faire cette remarque, il s'attache à développer une grande et salutaire pensée morale. Cette satire, à la fois aimable et amère, dans laquelle il passe en revue toutes les conditions sociales, n'est en définitive qu'un tableau de nos ridicules, de nos faiblesses ou de nos vices, par lequel il cherche à nous faire rougir de nous-mêmes et à nous ramener au bien, comme Pascal par le spectacle de notre néant. La pensée tout entière de son livre se révèle dans le dernier chapitre, celui *Des esprits forts*, et dans ces mots qui terminent ce chapitre : « Les extrémités sont vicieuses et partent de l'homme; toute compensation est juste et vient de Dieu. »

Comme tous les grands écrivains du règne de Louis XIV, La Bruyère a été depuis tantôt deux siècles l'objet de nombreuses études et de nombreux commentaires, soit dans les ouvrages de critique et d'histoire littéraire, soit dans les éditions qui en ont été faites.

Outre les belles pages que lui ont consacrées, comme nous l'avons dit plus haut, MM. Sainte-Beuve, Nisard et Cousin, nous indiquerons pour les ouvrages de critique et d'histoire littéraire : *les Sentiments critiques sur les Caractères*, Paris, Michel Brunet, 1701; — *l'Apologie de La Bruyère*, Paris, 1701; — *la Défense des Caractères*, par Coste, réimprimée en 1720 dans l'édition d'Amsterdam; — les remarques que lui a consacrées Condillac dans la partie de son *Cours d'Études* qui est intitulée *l'Art d'écrire;* — les appréciations de Vauvenargues, dans le premier volume de ses œuvres, Paris, 1827, in-8°; — La Harpe, *Cours de Littérature*, Paris, 1818, in-8°, t. VII, p. 338 et suiv.; — *l'Eloge de La Bruyère*, par Victorin Fabre, éloge qui fut couronné en 1810 par la seconde classe de l'Institut; — *de La Bruyère*, par Charles Caboche, Paris, 1844, in-8°; — *La Bruyère et M. Walckenaër*, par M. d'Ortigues, dans la *Revue Indépendante* du 25 février 1848.

Parmi les éditions les plus notables et qui contiennent des commentaires et des notices, nous indiquerons l'édition de Coste, 1720, 3 vol. in-12, plusieurs fois réimprimée; — de Suard, 1781, in-12; — de mad. de Genlis, 1812, in-12; — de Lefèvre, 1822, in-8°, plusieurs fois réimprimée; — d'Auger, 1823, in-12; — de Walckenaër, 1845, 2 vol. in-12; — de M. Hémardinquer, 1849, in-12; — de M. A. Destailleur, Paris, 1854, 2 vol. in-12. Cette dernière édition se recommande par le soin que M. A. Destailleur a mis à reproduire toutes les variantes, et à indiquer dans des tables générales les augmentations et transpositions faites dans chacune des éditions originales qui ont suivi la première.

Nous ajouterons que le livre de La Bruyère donna naissance à une foule d'imitations, parmi lesquelles les Mémoires de Trévoux de mars et d'avril 1701 citent les suivantes :

Ouvrage dans le goût des Caractères, — *Théophraste moderne, ou nouveaux Caractères des mœurs,* — *Suite des Caractères de Théophraste et des mœurs de ce siècle,* — *Les différents caractères des femmes du siècle,* — *Caractères tirés de l'Ecriture sainte et appliqués aux mœurs du siècle,* — *Caracteres naturels des hommes, en forme de dialogues,* — *Portraits sérieux et critiques,* — *Caractères des vertus et des vices.*

CH. LOUANDRE.

LES CARACTÈRES

OU

LES MŒURS DE CE SIÈCLE.

> Admonere voluimus, non mordere;
> prodesse, non lædere; consulere moribus hominum, non officere.
> ERASM.

Je rends au public ce qu'il m'a prêté : j'ai emprunté de lui la matière de cet ouvrage; il est juste que l'ayant achevé avec toute l'attention pour la vérité dont je suis capable, et qu'il mérite de moi, je lui en fasse la restitution. Il peut regarder avec loisir ce portrait que j'ai fait de lui d'après nature; et s'il se connoît quelques-uns des défauts que je touche, s'en corriger. C'est l'unique fin que l'on doit se proposer en écrivant, et le succès aussi que l'on doit moins se promettre. Mais comme les hommes ne se dégoûtent point du vice, il ne faut pas aussi se lasser de leur reprocher[1]; ils seroient peut-être pires, s'ils venoient à manquer de censeurs ou de critiques : c'est ce qui fait que l'on prêche et que l'on écrit[2]. L'orateur et

---

1. *Leur reprocher* est une forme de notre vieille langue; *reprocher à quelqu'un*, sans régime direct, veut dire adresser des reproches, des observations.

2. Ce qu'il y a de plus difficile lorsqu'on écrit contre les mœurs, c'est de bien convaincre les hommes de la vérité de leurs déréglements. Comme ils n'ont jamais manqué de censeurs à cet égard, ils sont persuadés que les désordres qu'on attaque ont été de tout temps les mêmes; que ce sont des vices attachés à la nature, et par cette raison inévitables; des vices, s'ils osoient le dire, nécessaires et presque innocents. (VAUVENARGUES.)

l'écrivain ne sauroient vaincre la joie qu'ils ont d'être applaudis ; mais ils devroient rougir d'eux-mêmes, s'ils n'avoient cherché, par leurs discours ou par leurs écrits, que des éloges : outre que l'approbation la plus sûre et la moins équivoque est le changement de mœurs et la réformation de ceux qui les lisent ou qui les écoutent. On ne doit parler, on ne doit écrire que pour l'instruction ; et s'il arrive que l'on plaise, il ne faut pas néanmoins s'en repentir, si cela sert à insinuer et à faire recevoir les vérités qui doivent instruire. Quand donc il s'est glissé dans un livre quelques pensées ou quelques réflexions qui n'ont ni le feu, ni le tour, ni la vivacité des autres, bien qu'elles semblent y être admises pour la variété, pour délasser l'esprit, pour le rendre plus présent et plus attentif à ce qui va suivre, à moins que d'ailleurs elles ne soient sensibles, familières, instructives, accommodées au simple peuple qu'il n'est pas permis de négliger, le lecteur peut les condamner, et l'auteur les doit proscrire : voilà la règle. Il y en a une autre, et que j'ai intérêt que l'on veuille suivre, qui est de ne pas perdre mon titre de vue, et de penser toujours, et dans toute la lecture de cet ouvrage, que ce sont les caractères ou les mœurs de ce siècle que je décris : car, bien que je les tire souvent de la cour de France et des hommes de ma nation, on ne peut pas néanmoins les restreindre à une seule cour, ni les renfermer en un seul pays, sans que mon livre ne perde beaucoup de son étendue et de son utilité, ne s'écarte du plan que je me suis fait d'y peindre les hommes en général, comme des raisons qui entrent dans l'ordre des chapitres et dans une certaine suite insensible des réflexions qui les composent. Après cette précaution si nécessaire, et dont on pénètre assez les conséquences, je crois pouvoir protester contre tout chagrin, toute plainte, toute maligne interprétation, toute fausse application, et toute censure ; contre les froids plaisants et les lecteurs mal intentionnés[1]. Il faut savoir lire, et ensuite se taire, ou pouvoir rapporter ce qu'on a lu, ni plus ni moins que ce qu'on a lu ; et si on le peut quelquefois, ce n'est pas assez, il faut encore le vouloir faire. Sans ces conditions, qu'un auteur exact et scrupuleux est en droit d'exiger de certains esprits pour l'unique récompense de son travail, je doute qu'il doive continuer d'écrire, s'il préfère du moins sa propre satisfaction à l'utilité de plusieurs et au zèle de la vérité. J'avoue d'ailleurs que j'ai balancé dès l'année MDCLXXXX et avant la cinquième édition, entre l'impatience de donner à mon livre plus de rondeur et une meilleure forme par de nouveaux caractères, et la crainte de faire dire à quelques-uns : Ne finiront-ils point, ces caractères, et ne verrons-nous jamais autre chose de cet écrivain ? Des gens sages me disoient, d'une part : la matière est solide, utile, agréable, inépuisable ; vivez longtemps et traitez-la sans interruption pendant que vous vivrez. Que pourriez-vous faire de mieux ? Il n'y a point d'année que les folies des hommes ne puissent vous fournir un volume. D'autres, avec beaucoup de raison, me faisoient redouter les caprices de la multitude et la légèreté du public, de qui néanmoins j'ai de si grands sujets d'être content, et ne manquoient pas de me suggérer que personne presque depuis trente années ne lisant plus que pour lire, il falloit aux hommes, pour les amuser, de nouveaux chapitres et un nouveau titre ; que cette indolence avoit rempli les boutiques et peuplé le monde, depuis tout ce temps, de livres froids et ennuyeux,

---

1. Molière proteste de même contre les interprétations malignes, et les applications qu'on pouvait faire aux personnes de son temps des portraits tracés dans ses comédies. Voir l'*Impromptu de Versailles*, sc. III.

d'un mauvais style et de nulle ressource, sans règles et sans la moindre justesse, contraires aux mœurs et aux bienséances, écrits avec précipitation et lus de même, seulement par leur nouveauté ; et que, si je ne savois qu'augmenter un livre raisonnable, le mieux que je pouvois faire étoit de me reposer. Je pris alors quelque chose de ces deux avis si opposés, et je gardai un tempérament qui les rapprochoit : je ne feignis point d'ajouter quelques nouvelles remarques à celles qui avoient déjà grossi du double la première édition de mon ouvrage : mais afin que le public ne fût point obligé de parcourir ce qui étoit ancien, pour passer à ce qu'il y avoit de nouveau, et qu'il trouvât sous ses yeux ce qu'il avoit seulement envie de lire, je pris soin de lui désigner cette seconde augmentation par une marque particulière : je crus aussi qu'il ne seroit pas inutile de lui distinguer la première augmentation par une autre marque plus simple, qui servît à lui montrer le progrès de mes Caractères, et à aider son choix dans la lecture qu'il en voudroit faire : et comme il pouvoit craindre que ce progrès n'allât à l'infini, j'ajoutois à toutes ces exactitudes une promesse sincère de ne plus rien hasarder en ce genre. Que si quelqu'un m'accuse d'avoir manqué à ma parole, en insérant dans les trois éditions qui ont suivi, un assez grand nombre de nouvelles remarques, il verra du moins qu'en les confondant avec les anciennes, par la suppression entière de ces différences qui se voient par apostille, j'ai moins pensé à lui faire lire rien de nouveau, qu'à laisser peut-être un ouvrage de mœurs plus complet, plus fini et plus régulier à la postérité. Ce ne sont point au reste des maximes que j'ai voulu écrire : elles sont comme des lois dans la morale ; et j'avoue que je n'ai ni assez d'autorité, ni assez de génie pour faire le législateur. Je sais même que j'aurois péché contre l'usage des maximes, qui veut qu'à la manière des oracles elles soient courtes et concises. Quelques-unes de ces remarques le sont, quelques autres sont plus étendues. On pense les choses d'une manière différente, et on les explique par un tour aussi tout différent, par une sentence, par un raisonnement, par une métaphore ou quelque autre figure, par un parallèle, par une simple comparaison, par un fait tout entier, par un seul trait, par une description, par une peinture : de là procède la longueur ou la brièveté de mes réflexions. Ceux enfin qui font des maximes veulent être crus : je consens, au contraire, que l'on dise de moi que je n'ai pas quelquefois bien remarqué, pourvu que l'on remarque mieux[1].

1. Cet avertissement ne se trouve point, tel qu'on vient de le lire, dans les trois premières éditions. Il ne se compose dans ces éditions que de quelques lignes. C'est à partir de la quatrième que l'auteur l'a développé en l'améliorant à chaque édition nouvelle.

DES OUVRAGES DE L'ESPRIT.

Tout est dit, et l'on vient trop tard, depuis plus de sept mille ans qu'il y a des hommes, et qui pensent. Sur ce qui concerne les mœurs, le plus beau et le meilleur est enlevé : l'on ne fait que glaner après les anciens et les habiles d'entre les modernes.

¶ Il faut chercher seulement à penser et à parler juste, sans vouloir amener les autres à notre goût et à nos sentiments : c'est une trop grande entreprise.

¶ C'est un métier que de faire un livre, comme de faire une pendule. Il faut plus que de l'esprit pour être auteur. Un magistrat[1] alloit par son mérite à la première dignité; il étoit homme délié et pratique dans les affaires; il a fait imprimer un ouvrage moral qui est rare par le ridicule.

¶ Il n'est pas si aisé de se faire un nom par un ouvrage parfait que d'en faire valoir un médiocre par le nom qu'on s'est déjà acquis.

¶ Un ouvrage satirique ou qui contient des faits, qui est donné en feuilles sous le manteau aux conditions d'être rendu de même, s'il est médiocre, passe pour merveilleux; l'impression est l'écueil.

¶ Si l'on ôte de beaucoup d'ouvrages de morale, l'avertissement au lecteur, l'épître dédicatoire, la préface, la table, les approbations[2], il reste à peine assez de pages pour mériter le nom de livre.

---

1. Suivant *la clef*, Poncet de La Rivière, conseiller au parlement de Paris, auteur du livre intitulé : *les Avantages de la vieillesse.*
2. *Les approbations*, c'est-à-dire les attestations délivrées par la Faculté de théologie, pour constater que les livres ne renfermaient rien de contraire à la morale et à la religion. Cette formalité avait été imposée par une ordonnance du 11 déc. 1547.

¶ Il y a de certaines choses dont la médiocrité est insupportable : la poésie[1], la musique, la peinture, le discours public.

Quel supplice que celui d'entendre déclamer pompeusement un froid discours, ou prononcer de médiocres vers avec toute l'emphase d'un mauvais poëte!

¶ Certains poëtes sont sujets, dans le dramatique, à de longues suites de vers pompeux, qui semblent forts, élevés et remplis de grands sentiments. Le peuple écoute avidement, les yeux élevés et la bouche ouverte, croit que cela lui plaît, et à mesure qu'il y comprend moins, l'admire davantage : il n'a pas le temps de respirer, il a à peine celui de se récrier et d'applaudir. J'ai cru autrefois, et dans ma première jeunesse, que ces endroits étoient clairs et intelligibles pour les acteurs, pour le parterre et l'amphithéâtre; que leurs auteurs s'entendoient eux-mêmes; et qu'avec toute l'attention que je donnois à leur récit, j'avois tort de n'y rien entendre : je suis détrompé.

¶ L'on n'a guère vu jusqu'à présent un chef-d'œuvre d'esprit qui soit l'ouvrage de plusieurs : Homère a fait l'Iliade, Virgile l'Énéide, Tite-Live ses Décades, et l'Orateur Romain ses Oraisons.

¶ Il y a dans l'art un point de perfection, comme de bonté ou de maturité dans la nature : celui qui le sent et qui l'aime a le goût parfait : celui qui ne le sent pas, et qui aime en deçà ou au delà, a le goût défectueux. Il y a donc un bon et un mauvais goût; et l'on dispute des goûts avec fondement.

¶ Il y a beaucoup plus de vivacité que de goût parmi

---

1. On peut faire le sot partout ailleurs, mais non en la poésie :
   Mediocribus esse poetis
   Non di, non homines, non concessere columnæ.
Pleust à Dieu que cette sentence se trouvast au front des boutiques de touts nos imprimeurs, pour en deffendre l'entrée à tant de versificateurs. (MONTAIGNE, liv. II, chap. XVII.)

les hommes; ou, pour mieux dire, il y a peu d'hommes dont l'esprit soit accompagné d'un goût sûr et d'une critique judicieuse.

¶ La vie des héros a enrichi l'histoire, et l'histoire a embelli les actions des héros : ainsi je ne sais qui sont plus redevables, ou ceux qui ont écrit l'histoire à ceux qui leur en ont fourni une aussi noble matière, ou ces grands hommes à leurs historiens.

¶ Amas d'épithètes, mauvaises louanges : ce sont les faits qui louent, et la manière de les raconter.

¶ Tout l'esprit d'un auteur consiste à bien définir et à bien peindre. MOÏSE [1], HOMÈRE, PLATON, VIRGILE, HORACE ne sont au-dessus des autres écrivains que par leurs expressions et par leurs images. Il faut exprimer le vrai pour écrire naturellement, fortement, délicatement.

¶ On a dû faire du style ce qu'on a fait de l'architecture. On a entièrement abandonné l'ordre gothique que la barbarie avait introduit pour les palais et pour les temples [2] : on a rappelé le dorique, l'ionique et le corinthien : ce qu'on ne voyoit plus que dans les ruines de l'ancienne Rome et de la vieille Grèce, devenu moderne, éclate dans nos portiques et dans nos péristyles. De même on ne sauroit, en écrivant, rencontrer le parfait, et, s'il se peut, surpasser les anciens que par leur imitation.

Combien de siècles se sont écoulés avant que les hommes, dans les sciences et dans les arts, aient pu revenir au goût des anciens, et reprendre enfin le simple et le naturel !

On se nourrit des anciens et des habiles modernes;

---

1. Quand même on ne le considère que comme un homme qui a écrit. (*Note de La Bruyère.*)

2. Ce jugement sur l'architecture gothique peut nous surprendre aujourd'hui ; mais cette architecture, tout admirable qu'elle fût, n'était nullement appréciée au dix-septième siècle. La Bruyère ne fait qu'exprimer ici l'opinion de ses contemporains. Fénelon est du même avis. Voir *Lettre sur les occupations de l'Académie française*, Œuvres, 1823, in-8°, t. XXI, p. 259.

on les presse, on en tire le plus que l'on peut, on en renfle ses ouvrages ; et quand enfin l'on est auteur, et que l'on croit marcher tout seul, on s'élève contre eux, on les maltraite, semblable à ces enfants drus et forts d'un bon lait qu'ils ont sucé, qui battent leur nourrice.

Un auteur moderne[1] prouve ordinairement que les anciens nous sont inférieurs en deux manières, par raison et par exemple : il tire la raison de son goût particulier, et l'exemple de ses ouvrages.

Il avoue que les anciens, quelque inégaux et peu corrects qu'ils soient, ont de beaux traits; il les cite, et ils sont si beaux qu'ils font lire sa critique.

Quelques habiles[2] prononcent en faveur des anciens contre les modernes; mais ils sont suspects, et semblent juger en leur propre cause, tant leurs ouvrages sont faits sur le goût de l'antiquité : on les récuse.

¶ L'on devroit aimer à lire ses ouvrages à ceux qui en savent assez pour les corriger et les estimer.

Ne vouloir être ni conseillé ni corrigé sur son ouvrage est un pédantisme.

Il faut qu'un auteur reçoive avec une égale modestie les éloges et la critique que l'on fait de ses ouvrages.

¶ Entre toutes les différentes expressions qui peuvent rendre une seule de nos pensées, il n'y en a qu'une qui soit la bonne; on ne la rencontre pas toujours en parlant ou en écrivant. Il est vrai néanmoins qu'elle existe, que tout ce qui ne l'est point est faible,

---

1. Vraisemblablement Charles Perrault, de l'Académie française, né en 1628, mort en 1703, auteur du livre intitulé : *Parallèle des anciens et des modernes*, Paris, 1688, 4 vol. in-12. L'abbé de Boisrobert et Desmarets de Saint-Sorlin avaient soutenu, avant Perrault, la thèse de la supériorité des modernes.

2. Ces *habiles* sont Saint-Évremont, Huet, Hardouin, Fraguier, et surtout Boileau. Voir le curieux ouvrage intitulé : *Querelles littéraires*, etc., Paris, 1761, in-12, t. II, p. 285.

et ne satisfait point un homme d'esprit qui veut se faire entendre.

¶ Un bon auteur, et qui écrit avec soin, éprouve souvent que l'expression qu'il cherchoit depuis longtemps sans la connoître, et qu'il a enfin trouvée, est celle qui étoit la plus simple, la plus naturelle, qui sembloit devoir se présenter d'abord et sans effort.

Ceux qui écrivent par humeur sont sujets à retoucher à leurs ouvrages : comme elle n'est pas toujours fixe, et qu'elle varie en eux selon les occasions, ils se refroidissent bientôt pour les expressions et les termes qu'ils ont le plus aimés.

¶ La même justesse d'esprit qui nous fait écrire de bonnes choses, nous fait appréhender qu'elles ne le soient pas assez pour mériter d'être lues.

Un esprit médiocre croit écrire divinement : un bon esprit croit écrire raisonnablement.

¶ L'on m'a engagé, dit *Ariste*, à lire mes ouvrages à *Zoïle*[1], je l'ai fait : ils l'ont saisi d'abord, et avant qu'il ait eu le loisir de les trouver mauvais, il les a loués modestement en ma présence, et il ne les a pas loués depuis devant personne. Je l'excuse, et je n'en demande pas davantage à un auteur : je le plains même d'avoir écouté de belles choses qu'il n'a point faites.

Ceux qui, par leur condition, se trouvent exempts de la jalousie d'auteur, ont ou des passions ou des besoins qui les distraient et les rendent froids sur les conceptions d'autrui. Personne presque, par la disposition de son esprit, de son cœur et de sa fortune, n'est en état de se livrer au plaisir que donne la perfection d'un ouvrage.

¶ Le plaisir de la critique nous ôte celui d'être vivement touchés de très-belles choses[2].

---

1. Var. *Zélotes*, dans les quatre premières éditions.
2. Laissons-nous aller de bonne foi aux choses qui nous prennent par les

¶ Bien des gens vont jusqu'à sentir le mérite d'un manuscrit qu'on leur lit, qui ne peuvent se déclarer en sa faveur, jusques à ce qu'ils aient vu le cours qu'il aura dans le monde par l'impression, ou quel sera son sort parmi les habiles : ils ne hasardent point leurs suffrages, et ils veulent être portés par la foule et entraînés par la multitude. Ils disent alors qu'ils ont les premiers approuvé cet ouvrage et que le public est de leur avis.

Ces gens laissent échapper les plus belles occasions de nous convaincre qu'ils ont de la capacité et des lumières, qu'ils savent juger, trouver bon ce qui est bon, et meilleur ce qui est meilleur. Un bel ouvrage tombe entre leurs mains, c'est un premier ouvrage : l'auteur ne s'est pas encore fait un grand nom, il n'a rien qui prévienne en sa faveur ; il ne s'agit point de faire sa cour ou de flatter les grands en applaudissant à ses écrits : on ne vous demande pas, *Zélotes,* de vous récrier : *C'est un chef-d'œuvre de l'esprit : l'humanité ne va pas plus loin : c'est jusqu'où la parole humaine peut s'élever : on ne jugera à l'avenir du goût de quelqu'un qu'à proportion qu'il en aura pour cette pièce;* phrases outrées, dégoûtantes, qui sentent la pension ou l'abbaye; nuisibles à cela même qui est louable et qu'on veut louer. Que ne disiez-vous seulement : Voilà un bon livre. Vous le dites, il est vrai, avec toute la France, avec les étrangers comme avec vos compatriotes, quand il est imprimé par toute l'Europe, et qu'il est traduit en plusieurs langues : il n'est plus temps[1].

¶ Quelques-uns de ceux qui ont lu un ouvrage en apportent certains traits dont ils n'ont pas compris

entrailles, et ne cherchons point de raisonnements pour nous empêcher d'avoir du plaisir. (MOLIÈRE, *Critique de l'École des femmes,* sc. VII.)

1. Quelques commentateurs pensent, et avec raison ce semble, que La Bruyère, dans ce passage, fait allusion à son propre livre.

le sens, et qu'ils altèrent encore par tout ce qu'ils y mettent du leur; et ces traits ainsi corrompus et défigurés, qui ne sont autre chose que leurs propres pensées et leurs expressions, ils les exposent à la censure, soutiennent qu'ils sont mauvais, et tout le monde convient qu'ils sont mauvais; mais l'endroit de l'ouvrage que ces critiques croient citer, et qu'en effet ils ne citent point, n'en est pas pire.

¶ Que dites-vous du livre d'*Hermodore?* Qu'il est mauvais, répond *Anthime*. Qu'il est mauvais, qu'il est tel, continue-t-il, que ce n'est pas un livre, ou qui mérite du moins que le monde en parle. Mais l'avez-vous lu? Non, dit Anthime. Que n'ajoute-t-il que *Fulvie* et *Mélanie* l'ont condamné sans l'avoir lu, et qu'il est ami de Fulvie et de Mélanie.

¶ *Arsène*[1], du plus haut de son esprit, contemple les hommes, et dans l'éloignement d'où il les voit, il est comme effrayé de leur petitesse. Loué, exalté et porté jusqu'aux cieux par de certaines gens qui se sont promis de s'admirer réciproquement, il croit, avec quelque mérite qu'il a, posséder tout celui qu'on peut avoir, et qu'il n'aura jamais : occupé et rempli de ses sublimes idées, il se donne à peine le loisir de prononcer quelques oracles : élevé par son caractère au-dessus des jugements humains, il abandonne aux âmes communes le mérite d'une vie suivie et uniforme, et il n'est responsable de ses inconstances qu'à ce cercle d'amis qui les idolâtrent. Eux seuls savent juger, savent penser, savent écrire, doivent écrire. Il n'y a point d'autre ouvrage d'esprit si bien reçu dans le monde, et si universellement goûté des honnêtes gens, je ne dis pas qu'il veuille approuver, mais qu'il daigne lire : incapable d'être corrigé par cette peinture, qu'il ne lira point.

1. Suivant *la clef*, Arsène serait le comte de Tréville.

¶ *Théocrine* sait des choses assez inutiles : il a des sentiments toujours singuliers; il est moins profond que méthodique; il n'exerce que sa mémoire; il est abstrait, dédaigneux, et il semble toujours rire en lui-même de ceux qu'il croit ne le valoir pas. Le hasard fait que je lui lis mon ouvrage, il l'écoute. Est-il lu? il me parle du sien. Et du vôtre, me direz-vous, qu'en pense-t-il? Je vous l'ai déjà dit, il me parle du sien.

¶ Il n'y a point d'ouvrage si accompli qui ne fondît tout entier au milieu de la critique, si son auteur vouloit en croire tous les censeurs, qui ôtent chacun l'endroit qui leur plaît le moins.

¶ C'est une expérience faite, que s'il se trouve dix personnes qui effacent d'un livre une expression ou un sentiment, l'on en fournit aisément un pareil nombre qui les réclame; ceux-ci s'écrient : Pourquoi supprimer cette pensée? elle est neuve, elle est belle, et le tour en est admirable; et ceux-là affirment au contraire, ou qu'ils auroient négligé cette pensée, ou qu'ils lui auroient donné un autre tour. Il y a un terme, disent les uns, dans votre ouvrage, qui est rencontré, et qui peint la chose au naturel; il y a un mot, disent les autres, qui est hasardé, et qui d'ailleurs ne signifie pas assez ce que vous voulez peut-être faire entendre : et c'est du même trait et du même mot que tous ces gens s'expliquent ainsi[1]; et tous sont connaisseurs, et passent pour tels. Quel autre parti pour un auteur que d'oser pour lors être de l'avis de ceux qui l'approuvent?

¶ Un auteur sérieux n'est pas obligé de remplir son esprit de toutes les extravagances, de toutes les saletés, de tous les mauvais mots que l'on peut dire, et de toutes les ineptes applications que l'on peut

---

1. *Cf.* Molière, *Critique de l'École des femmes*, sc. IV.

faire au sujet de quelques endroits de son ouvrage, et encore moins de les supprimer. Il est convaincu que quelque scrupuleuse exactitude que l'on ait dans sa manière d'écrire, la raillerie froide des mauvais plaisants est un mal inévitable, et que les meilleures choses ne leur servent souvent qu'à leur faire rencontrer une sottise.

¶ Si certains esprits vifs et décisifs étoient crus, ce seroit encore trop que les termes pour exprimer les sentiments ; il faudroit leur parler par signes, ou, sans parler, se faire entendre. Quelque soin qu'on apporte à être serré et concis, et quelque réputation qu'on ait d'être tel, ils vous trouvent diffus. Il faut leur laisser tout à suppléer, et n'écrire que pour eux seuls : ils conçoivent une période par le mot qui la commence, et par une période tout un chapitre : leur avez-vous lu un seul endroit de l'ouvrage, c'est assez, ils sont dans le fait et entendent l'ouvrage. Un tissu d'énigmes leur seroit une lecture divertissante ; et c'est une perte pour eux que ce style estropié qui les enlève soit rare, et que peu d'écrivains s'en accommodent. Les comparaisons tirées d'un fleuve dont le cours, quoique rapide, est égal et uniforme, ou d'un embrasement qui, poussé par les vents, s'épand au loin dans une forêt où il consume les chênes et les pins, ne leur fournissent aucune idée de l'éloquence. Montrez-leur un feu grégeois qui les surprenne, ou un éclair qui les éblouisse, ils vous quittent du beau et du bon.

¶ Quelle prodigieuse distance entre un bel ouvrage et un ouvrage parfait ou régulier ! Je ne sais s'il s'en est encore trouvé de ce dernier genre. Il est peut-être moins difficile aux rares génies de rencontrer le grand et le sublime, que d'éviter toutes sortes de fautes. Le Cid n'a eu qu'une voix pour lui à sa naissance, qui a été celle de l'admiration ; il s'est vu plus fort que l'autorité et la politique[1], qui ont tenté vainement de le détruire; il a réuni en sa faveur des esprits toujours partagés d'opinions et de sentiments, les grands et le peuple : ils s'accordent tous à le savoir de mémoire, et à prévenir au théâtre les acteurs qui le récitent. Le Cid enfin est l'un des plus beaux poëmes que l'on puisse faire; et l'une des meilleures critiques qui ait été faite sur aucun sujet, est celle du Cid[2].

¶ Quand une lecture vous élève l'esprit, et qu'elle vous inspire des sentiments nobles et courageux, ne cherchez pas une autre règle pour juger de l'ouvrage : il est bon, et fait de main d'ouvrier.

¶ *Capys* qui s'érige en juge du beau style, et qui croit écrire comme BOUHOURS et RABUTIN[3], résiste à la voix du peuple, et dit tout seul que *Damis* n'est pas un bon auteur. Damis cède à la multitude, et dit ingénument avec le public que Capys[4] est un froid écrivain.

¶ Le devoir du nouvelliste est de dire : il y a un tel livre qui court, et qui est imprimé chez Cramoisy, en tel caractère; il est bien relié et en beau papier; il se vend tant. Il doit savoir jusques à l'enseigne du libraire qui le débite : sa folie est d'en vouloir faire la critique.

Le sublime du nouvelliste est le raisonnement creux sur la politique.

Le nouvelliste se couche le soir tranquillement sur une nouvelle qui se corrompt la nuit, et qu'il est obligé d'abandonner le matin à son réveil.

¶ Le philosophe consume sa vie à observer les hommes, et il use ses esprits à en démêler les vices

---

1. Allusion à la *ligue*, c'est le mot dont Boileau se sert, que le cardinal de Richelieu forma contre *le Cid*.
2. Sous ce titre : *Sentiments de l'Académie sur le Cid*.
3. VAR. Comme Bussy; 4ᵉ édition.
4. Suivant les clefs, *Capys* serait Boursault, et *Damis* Boileau.

et le ridicule. S'il donne quelque tour à ses pensées, c'est moins par une vanité d'auteur que pour mettre une vérité qu'il a trouvée dans tout le jour nécessaire pour faire l'impression qui doit servir à son dessein. Quelques lecteurs croient néanmoins le payer avec usure, s'ils disent magistralement qu'ils ont lu son livre, et qu'il y a de l'esprit ; mais il leur renvoie tous leurs éloges, qu'il n'a pas cherchés par son travail et par ses veilles. Il porte plus haut ses projets et agit pour une fin plus relevée : il demande des hommes un plus grand et un plus rare succès que les louanges, et même que les récompenses, qui est de les rendre meilleurs.

¶ Les sots lisent un livre, et ne l'entendent point ; les esprits médiocres croient l'entendre parfaitement : les grands esprits ne l'entendent quelquefois pas tout entier ; ils trouvent obscur ce qui est obscur, comme ils trouvent clair ce qui est clair. Les beaux esprits veulent trouver obscur ce qui ne l'est pas, et ne pas entendre ce qui est fort intelligible.

¶ Un auteur cherche vainement à se faire admirer par son ouvrage. Les sots admirent quelquefois, mais ce sont des sots. Les personnes d'esprit ont en eux les semences de toutes les vérités et de tous les sentiments, rien ne leur est nouveau ; ils admirent peu, ils approuvent.

¶ Je ne sais si l'on pourra jamais mettre dans des lettres plus d'esprit, plus de tour, plus d'agrément et plus de style que l'on en voit dans celles de BALZAC[1] et de VOITURE[2]. Elles sont vides de sentiments qui n'ont régné que depuis leur temps, et qui doivent aux femmes leur naissance. Ce sexe va plus loin que

---

1. Jean-Louis Guez, seigneur de Balzac, né à Angoulême, en 1594, mort en 1655.

2. Vincent Voiture, de l'Académie française, né à Amiens, en 1598, mort en 1648.

le nôtre dans ce genre d'écrire¹, elles trouvent sous leur plume des tours et des expressions qui souvent en nous ne sont l'effet que d'un long travail et d'une pénible recherche : elles sont heureuses dans le choix des termes, qu'elles placent si juste, que, tout connus qu'ils sont, il ont le charme de la nouveauté, et semblent être faits seulement pour l'usage où elles les mettent. Ils n'appartient qu'à elles de faire lire dans un seul mot tout un sentiment, et de rendre délicatement une pensée qui est délicate; elles ont² un enchaînement de discours inimitable qui se suit naturellement, et qui n'est lié que par le sens. Si les femmes étoient toujours correctes, j'oserois dire que les lettres de quelques-unes d'entre elles seroient peut-être ce que nous avons dans notre langue de mieux écrit.

¶ Il n'a manqué à TÉRENCE que d'être moins froid. Quelle pureté ! quelle exactitude ! quelle politesse ! quelle élégance ! quels caractères ! il n'a manqué à MOLIÈRE que d'éviter le jargon et le barbarisme³ et d'écrire purement. Quel feu ! quelle naïveté ! quelle source de la bonne plaisanterie ! quelle imitation des mœurs ! quelles images et quel fléau du ridicule ! Mais quel homme on auroit pu faire de ces deux comiques !

¶ J'ai lu MALHERBE et THÉOPHILE. Ils ont tous deux connu la nature, avec cette différence, que le premier, d'un style plein et uniforme, montre tout à la fois ce qu'elle a de plus beau et de plus noble, de plus

---

1. Les *Lettres* de madame de Sévigné n'ont été publiées que postérieurement à la mort de La Bruyère ; mais comme il en avait circulé des copies, on pense que notre auteur en avait eu connaissance. Voltaire est du même avis sur le talent épistolaire des femmes. La correspondance de madame de Maintenon confirme une fois de plus le jugement exprimé dans cet article.

2. VAR. *Elles ont surtout.*

3. VAR. *Le barbarisme* ne se trouve pas dans les huit premières éditions. On s'est du reste étonné, avec raison, du reproche que notre auteur adresse ici à Molière.

naïf et de plus simple; il en fait la peinture ou l'histoire. L'autre, sans choix, sans exactitude, d'une plume libre et inégale, tantôt charge ses descriptions, s'appesantit sur les détails; il fait une anatomie : tantôt il feint, il exagère, il passe le vrai dans la nature, il en fait le roman.

¶ Ronsard[1] et Balzac ont eu chacun dans leur genre assez de bon et de mauvais, pour former après eux de très-grands hommes en vers et en prose.

¶ Marot, par son tour et par son style, semble avoir écrit depuis Ronsard : il n'y a guère entre ce premier et nous, que la différence de quelques mots.

¶ Ronsard et les auteurs ses contemporains ont plus nui au style qu'ils ne lui ont servi. Ils l'ont retardé dans le chemin de la perfection; ils l'ont exposé à la manquer pour toujours, et à n'y plus revenir. Il est étonnant que les ouvrages de Marot[2], si naturels et si faciles, n'aient su faire de Ronsard, d'ailleurs plein de verve et d'enthousiasme, un plus grand poëte que Ronsard et que Marot; et au contraire que Belleau, Jodelle et du Bartas[3] aient été sitôt suivis d'un Racan et d'un Malherbe[4], et que notre langue, à peine corrompue, se soit vue réparée.

¶ Marot et Rabelais sont inexcusables d'avoir semé l'ordure dans leurs écrits : tous deux avoient assez de génie et de naturel pour pouvoir s'en passer, même

---

1. Depuis que Ronsard et du Bellay ont donné crédit à nostre poésie françoise, ie ne veois si petit apprenti qui n'enfle des mots, qui ne renge la cadence à peu près comme eux : *Plus sonat quam valet.* (Montaigne, liv. I, ch. xxv.)

2. Marot, né à Cahors, en 1495, mourut à Turin en 1544. A cette date Ronsard avait vingt ans, étant né en 1524. Il a donc pu écrire ses premiers vers au moment où Marot composait ses dernières poésies.

3. Var. *Saint-Gelais,* dans les huit premières éditions.

4. Belleau, né à Nogent-le-Rotrou, en 1528, mort en 1577; — Jodelle, né à Paris, en 1532, mort en 1573; — du Bartas, né en 1544, mort en 1590. Ces trois écrivains, on le voit par ces dates, appartiennent complètement au seizième siècle, tandis que Racan et Malherbe appartiennent en partie au siècle suivant; en effet, Malherbe, né vers 1555, est mort en 1628, et Racan, né en 1589, est mort en 1670.

à l'égard de ceux qui cherchent moins à admirer qu'à rire dans un auteur. Rabelais surtout est incompréhensible ; son livre est une énigme, quoi qu'on veuille dire, inexplicable : c'est une chimère, c'est le visage d'une belle femme, avec des pieds et une queue de serpent, ou de quelque autre bête plus difforme : c'est un monstrueux assemblage d'une morale fine et ingénieuse et d'une sale corruption. Où il est mauvais, il passe bien loin au delà du pire ; c'est le charme de la canaille : où il est bon, il va jusqu'à l'exquis et à l'excellent, il peut être le mets des plus délicats.

¶ Deux écrivains [1], dans leurs ouvrages, ont blâmé MONTAGNE, que je ne crois pas, aussi bien qu'eux, exempt de toute sorte de blâme : il paroît que tous deux ne l'ont estimé en nulle manière. L'un ne pensoit pas assez pour goûter un auteur qui pense beaucoup : l'autre pense trop subtilement pour s'accommoder des pensées qui sont naturelles.

¶ Un style grave, sérieux, scrupuleux, va fort loin : on lit AMYOT [2] et COEFFETEAU [3] : lequel lit-on de leurs contemporains ? BALZAC, pour les termes et pour l'expression, est moins vieux que VOITURE ; mais si ce dernier, pour le tour, pour l'esprit et pour le naturel, n'est pas moderne et ne ressemble en rien à nos écrivains, c'est qu'il leur a été plus facile de le négliger que de l'imiter, et que le petit nombre de ceux qui courent après lui ne peut l'atteindre.

¶ Le H*** G*** [4] est immédiatement au-dessus du rien. Il y a bien d'autres ouvrages qui lui ressem-

---

1. Nicole et Malebranche, suivant M. Destailleurs ; Balzac et Malebranche, suivant M. Sainte-Beuve.
2. Jacques Amyot, né à Melun, en 1513, évêque d'Auxerre, traducteur de romans grecs, des *Vies* et des *Œuvres morales de Plutarque*, mort en 1593.
3. Nicolas Coëffeteau, né à Saint-Calais, en 1574, évêque de Marseille en 1621, mort en 1623, a laissé divers ouvrages de controverse et une traduction de Florus qui parut en 1621.
4. VAR. Le M*** G***. — *Le Mercure galant*, commencé en 1672, par de

blent. Il y a autant d'invention à s'enrichir par un sot livre, qu'il y a de sottise à l'acheter : c'est ignorer le goût du peuple, que de ne pas hasarder quelquefois de grandes fadaises.

¶ L'on voit bien que l'*Opéra* est l'ébauche d'un grand spectacle : il en donne l'idée.

Je ne sais comment l'*Opéra*, avec une musique si parfaite et une dépense toute royale, a pu réussir à m'ennuyer [1].

Il y a des endroits dans l'*Opéra* qui laissent en désirer d'autres. Il échappe quelquefois de souhaiter la fin de tout le spectacle : c'est faute de théâtre, d'action et de choses qui intéressent.

L'*Opéra*, jusques à ce jour, n'est pas un poëme, ce sont des vers; ni un spectacle, depuis que les machines ont disparu par le bon ménage d'*Amphion* [2] et de sa race : c'est un concert, ou ce sont des voix soutenues par des instruments. C'est prendre le change et cultiver un mauvais goût, que de dire, comme l'on fait, que la machine n'est qu'un amusement d'enfants, et qui ne convient qu'aux marionnettes; elle augmente et embellit la fiction, soutient dans les spectateurs cette douce illusion qui est tout le plaisir du théâtre, où elle jette encore le merveilleux. Il ne faut point de vols, ni de chars, ni de changements aux Bérénices [3], et à Pénélope [4]; il en faut aux *Opéras* : et le propre de ce spectacle est de tenir les esprits,

Visé, et continué jusqu'en 1716 par Dufresny et Lefebvre de Fontenay. La collection de ce recueil forme 571 vol. in-12.

1. La Bruyère, qui osa dénoncer l'opéra comme ennuyeux, produisit presque le même scandale que J.-J. Rousseau, quand il imprima que nous n'avions pas de musique. (LA HARPE.)

Ce fut le cardinal Mazarin qui introduisit l'opéra en France. Il fit venir une troupe italienne qui représenta, en 1645, au Petit-Bourbon, devant la cour, une sorte d'opéra buffa de Strozzi. D'autres acteurs italiens furent appelés en 1647, et une troisième troupe figura aux fêtes du mariage de Louis XIV.

2. Lulli et ses imitateurs.
3. La *Bérénice* de Corneille et celle de Racine.
4. La *Pénélope* de l'abbé Genest, jouée en 1684.

les yeux et les oreilles dans un égal enchantement.

¶ Ils ont fait le théâtre, ces empressés [1], les machines, les ballets, les vers, la musique, tout le spectacle, jusques à la salle où s'est donné le spectacle, j'entends le toit et les quatre murs dès leurs fondements. Qui doute que la chasse sur l'eau, l'enchantement de la table [2], la merveille du labyrinthe [3], ne soient encore de leur invention? j'en juge par le mouvement qu'ils se donnent, et par l'air content dont ils s'applaudissent sur tout le succès. Si je me trompe, et qu'ils n'aient contribué en rien à cette fête si superbe [4], si galante, si longtemps soutenue, et où un seul a suffi pour le projet et pour la dépense, j'admire deux choses : la tranquillité et le flegme de celui qui a tout remué, comme l'embarras et l'action de ceux qui n'ont rien fait.

¶ Les connaisseurs ou ceux qui se croient tels, se donnent voix délibérative et décisive sur les spectacles, se cantonnent aussi, et se divisent en des partis contraires, dont chacun, poussé par un tout autre intérêt que par celui du public ou de l'équité, admire un certain poëme ou une certaine musique, et siffle toute autre. Ils nuisent également, par cette chaleur à défendre leurs préventions, et à la faction opposée et à leurs propres cabales : ils découragent par mille contradictions les poëtes et les musiciens, retardent

---

1. *Ces empressés* se rapportent aux ordonnateurs de la fête dont il va être parlé dans ce paragraphe.
2. Rendez-vous de chasse dans la forêt de Chantilly. (*Note de La Bruyère.*)
3. Collation très-ingénieuse donnée dans le labyrinthe de Chantilly. (*Note de La Bruyère.*)
4. Il s'agit ici d'une fête qui dura huit jours, et qui fut offerte, en 1688, par le fils du grand Condé, Henri-Jules de Bourbon, prince de Condé, à Louis, Dauphin, dit *Monseigneur*, le seul enfant que Louis XIV ait eu de sa femme, Marie-Thérèse d'Autriche. Le Dauphin, né en 1661, mourut en 1711. Il était l'élève de Bossuet et de M. de Montausier. — Le *Mercure galant*, en rendant compte de cette fête, en avait attribué l'organisation à l'architecte Jean Belain et à quelques autres employés. La Bruyère en restitue ici toute la direction au prince de Condé, et il en tire l'occasion de se moquer des importants.

le progrès des sciences et des arts, en leur ôtant le fruit qu'ils pourroient tirer de l'émulation et de la liberté qu'auroient plusieurs excellents maîtres de faire, chacun dans leur genre et selon leur génie, de très-beaux ouvrages.

¶ D'où vient que l'on rit si librement au théâtre, et que l'on a honte d'y pleurer? Est-il moins dans la nature de s'attendrir sur le pitoyable, que d'éclater sur le ridicule? Est-ce l'altération des traits qui nous retient? Elle est plus grande dans un ris immodéré que dans la plus amère douleur; et l'on détourne son visage pour rire comme pour pleurer en la présence des grands et de tous ceux que l'on respecte. Est-ce une peine que l'on sent à laisser voir que l'on est tendre, et à marquer quelque faiblesse, surtout en un sujet faux, et dont il semble que l'on soit la dupe? Mais, sans citer les personnes graves ou les esprits forts qui trouvent du faible dans un ris excessif comme dans les pleurs, et qui se les défendent également, qu'attend-on d'une scène tragique? Qu'elle fasse rire? Et d'ailleurs la vérité n'y règne-t-elle pas aussi vivement par ses images que dans le comique? L'âme ne va-t-elle pas jusqu'au vrai dans l'un et l'autre genre avant que de s'émouvoir? Est-elle même si aisée à contenter? Ne lui faut-il pas encore le vraisemblable? Comme donc ce n'est point une chose bizarre d'entendre s'élever de tout un amphithéâtre un ris universel sur quelqu'endroit d'une comédie, et que cela suppose au contraire qu'il est plaisant et très-naïvement exécuté, aussi l'extrême violence que chacun se fait à contraindre ses larmes, et le mauvais ris dont on veut les couvrir, prouvent clairement que l'effet naturel du grand tragique seroit de pleurer tous franchement et de concert à la vue l'un de l'autre et sans autre embarras que d'essuyer ses larmes; outre qu'après être convenu de s'y abandonner, on éprouveroit encore qu'il y a souvent moins lieu de craindre de pleurer au théâtre que de s'y morfondre.

¶ Le poëme tragique vous serre le cœur dès son commencement, vous laisse à peine dans tout son progrès la liberté de respirer, et le temps de vous remettre ; ou s'il vous donne quelque relâche, c'est pour vous replonger dans de nouveaux abîmes et dans de nouvelles alarmes. Il vous conduit à la terreur par la pitié, ou réciproquement à la pitié par le terrible ; vous mène par les larmes, par les sanglots, par l'incertitude, par l'espérance, par la crainte, par les surprises et par l'horreur, jusqu'à la catastrophe. Ce n'est donc pas un tissu de jolis sentiments, de déclarations tendres, d'entretiens galants, de portraits agréables, de mots *douceureux*, ou quelquefois assez plaisants pour faire rire, suivi à la vérité d'une dernière scène[1] où les mutins n'entendent aucune raison, et où, pour la bienséance, il y a enfin du sang répandu et quelque malheureux à qui il en coûte la vie.

¶ Ce n'est point assez que les mœurs du théâtre ne soient point mauvaises, il faut encore qu'elles soient décentes et instructives. Il peut y avoir un ridicule si bas et si grossier ou même si fade et si indifférent, qu'il n'est ni permis au poëte d'y faire attention, ni possible aux spectateurs de s'en divertir. Le paysan ou l'ivrogne fournit quelques scènes à un farceur ; il n'entre qu'à peine dans le vrai comique ; comment pourroit-il faire le fonds ou l'action principale de la comédie ? Ces caractères, dit-on, sont naturels : ainsi, par cette règle, on occupera bientôt tout l'amphithéâtre d'un laquais qui siffle, d'un malade dans sa garde-robe, d'un homme ivre qui dort ou qui vomit : y a-t-il rien de plus naturel ? C'est le propre d'un efféminé

---

1. Sédition, dénoûment vulgaire des tragédies. (*Note de La Bruyère.*)

de se lever tard, de passer une partie du jour à sa toilette, de se voir au miroir, de se parfumer, de se mettre des mouches, de recevoir des billets, et d'y faire réponse : mettez ce rôle sur la scène, plus longtemps vous le ferez durer, un acte, deux actes, plus il sera naturel et conforme à son original, mais plus aussi il sera froid et insipide.

¶ Il semble que le roman et la comédie pourroient être aussi utiles qu'ils sont nuisibles : l'on y voit de si grands exemples de constance, de vertu, de tendresse et de désintéressement, de si beaux et de si parfaits caractères, que quand une jeune personne jette de là sa vue sur tout ce qui l'entoure, ne trouvant que des sujets indignes et fort au-dessous de ce qu'elle vient d'admirer, je m'étonne qu'elle soit capable pour eux de la moindre faiblesse.

¶ CORNEILLE ne peut être égalé dans les endroits où il excelle ; il a pour lors un caractère original et inimitable ; mais il est inégal. Ses premières comédies sont sèches, languissantes, et ne laissoient pas espérer qu'il dût ensuite[1] aller si loin ; comme ses dernières font qu'on s'étonne qu'il ait pu tomber de si haut[2]. Dans quelques-unes de ses meilleures pièces, il y a des fautes inexcusables contre les mœurs ; un style de déclamateur qui arrête l'action et la fait languir ; des négligences dans les vers et dans l'expression, qu'on ne peut comprendre en un si grand homme. Ce qu'il y a eu en lui de plus éminent, c'est l'esprit qu'il avoit sublime, auquel il a été redevable de certains vers, les plus heureux qu'on ait jamais lus ailleurs, de la conduite de son théâtre qu'il a quelquefois hasardée contre les règles des anciens, et enfin de ses dénoûments ; car il ne s'est pas toujours assujetti au

1. VAR. Qu'il dût *jamais* ensuite.
2. VAR. Ce membre de phrase ne se trouve point dans les trois premières éditions.

goût des Grecs et à leur grande simplicité : il a aimé au contraire à charger la scène d'événements dont il est presque toujours sorti avec succès ; admirable surtout par l'extrême variété et le peu de rapport qui se trouve pour le dessein entre un si grand nombre de poëmes qu'il a composés. Il semble qu'il y ait plus de ressemblance dans ceux de Racine, et qu'ils tendent un peu plus à une même chose ; mais il est égal, soutenu, toujours le même partout, soit pour le dessein et la conduite de ses pièces, qui sont justes, régulières, prises dans le bon sens et dans la nature ; soit pour la versification qui est correcte, riche dans ses rimes, élégante, nombreuse, harmonieuse : exact imitateur des anciens, dont il a suivi scrupuleusement la netteté et la simplicité de l'action, à qui le grand et le merveilleux n'ont pas même manqué, ainsi qu'à Corneille, ni le touchant ni le pathétique. Quelle plus grande tendresse que celle qui est répandue dans tout le Cid, dans Polyeucte et dans les Horaces ? Quelle grandeur ne se remarque point en Mithridate, en Porus et en Burrhus ? Ces passions encore favorites des anciens, que les tragiques aimoient à exciter sur les théâtres, et qu'on nomme la terreur et la pitié, ont été connues de ces deux poëtes : Oreste, dans l'Andromaque de Racine, et Phèdre du même auteur, comme l'Œdipe et les Horaces de Corneille, en sont la preuve. Si cependant il est permis de faire entre eux quelque comparaison, et de les marquer l'un et l'autre par ce qu'ils ont de plus propre, et par ce qui éclate le plus ordinairement dans leurs ouvrages, peut-être qu'on pourroit parler ainsi : Corneille nous assujettit à ses caractères et à ses idées ; Racine se conforme aux nôtres[1] : celui-là peint les hommes comme ils devroient être, celui-ci les peint tels qu'ils

---

1. Var. Descend jusqu'aux nôtres.

sont[1]. Il y a plus dans le premier de ce que l'on admire, et de ce que l'on doit même imiter : il y a plus dans le second de ce que l'on reconnoît dans les autres, de ce que l'on éprouve dans soi-même. L'un élève, étonne, maîtrise, instruit : l'autre plaît, remue, touche, pénètre. Ce qu'il y a de plus beau, de plus noble et de plus impérieux dans la raison, est manié par le premier ; et par l'autre, ce qu'il y a de plus flatteur et de plus délicat dans la passion. Ce sont dans celui-là des maximes, des règles, des préceptes, et dans celui-ci du goût et des sentiments. L'on est plus occupé aux pièces de Corneille : l'on est plus ébranlé et plus attendri à celles de Racine. Corneille est plus moral ; Racine, plus naturel. Il semble que l'un imite SOPHOCLE, et que l'autre doit plus à EURIPIDE.

¶ Le peuple appelle éloquence la facilité que quelques-uns ont de parler seuls et longtemps, jointe à l'emportement du geste, à l'éclat de la voix et à la force des poumons. Les pédants ne l'admettent aussi que dans le discours oratoire, et ne la distinguent pas de l'entassement des figures, de l'usage des grands mots, de la rondeur des périodes.

Il semble que la logique est l'art de convaincre de quelque vérité, et l'éloquence un don de l'âme, lequel nous rend maîtres du cœur et de l'esprit des autres, qui fait que nous leur inspirons ou que nous leur persuadons tout ce qui nous plaît.

L'éloquence peut se trouver dans les entretiens et dans tout genre d'écrire. Elle est rarement où on la cherche, et elle est quelquefois où on ne la cherche point.

L'éloquence est au sublime ce que le tout est à sa partie.

Qu'est-ce que le sublime ? il ne paroît pas qu'on

---

1. Cette décision de La Bruyère a été la source d'un très-grand nombre de dissertations. « Cela est éblouissant, dit Voltaire, mais cela est très-faux. »

l'ait défini [1]. Est-ce une figure? naît-il des figures, ou du moins de quelques figures? tout genre d'écrire reçoit-il le sublime, ou s'il n'y a que les grands sujets qui en soient capables? peut-il briller autre chose dans l'églogue qu'un beau naturel, et dans les lettres familières, comme dans les conversations, qu'une grande délicatesse? ou plutôt le naturel [2] et le délicat ne sont-ils pas le sublime des ouvrages dont ils font la perfection? qu'est-ce que le sublime? où entre le sublime?

Les synonymes ont plusieurs dictions ou plusieurs phrases différentes, qui signifient une même chose. L'antithèse est une opposition de deux vérités qui se donnent du jour l'une à l'autre. La métaphore ou la comparaison emprunte d'une chose étrangère une image sensible et naturelle d'une vérité. L'hyperbole exprime au delà de la vérité, pour ramener l'esprit à la mieux connoître. Le sublime ne peint que la vérité, mais en un sujet noble : il la peint tout entière dans sa cause et dans son effet; il est l'expression ou l'image la plus digne de cette vérité. Les esprits médiocres ne trouvent point l'unique expression, et usent de synonymes. Les jeunes gens sont éblouis de l'éclat de l'antithèse, et s'en servent. Les esprits justes, et qui aiment à faire des images qui soient précises, donnent naturellement dans la comparaison et la métaphore. Les esprits vifs, pleins de feu, et qu'une vaste imagination emporte hors des règles et de la justesse, ne peuvent s'assouvir de l'hyperbole. Pour le sublime, il n'y a même entre les grands génies que les plus élevés qui en soient capables.

Voir : *OEuvres* de Voltaire, édit. Renouard, t. VII, p. 89; t. XLIII, p. 521. La Harpe, *Cours de littérature*, Paris, Déterville, 1818, in-8°, t. VI, p. 107, et notre édition de Corneille, Paris, Charpentier, 1853, t. I, p. xxxix.

1. Le sublime ajoute à la noblesse une force et une hauteur qui ébranlent l'esprit, qui l'étonnent et le jettent hors de lui-même; c'est l'expression la plus propre d'un sentiment élevé, ou d'une grande et surprenante idée. (VAUVENARGUES.)

2. VAR. On peut être le naïf et le délicat.

¶ Tout écrivain, pour écrire nettement, doit se mettre à la place de ses lecteurs, examiner son propre ouvrage comme quelque chose qui lui est nouveau, qu'il lit pour la première fois, où il n'a nulle part, et que l'auteur auroit soumis à sa critique; et se persuader ensuite qu'on n'est pas entendu seulement à cause que l'on s'entend soi-même, mais parce qu'on est en effet intelligible.

¶ L'on n'écrit que pour être entendu; mais il faut du moins, en écrivant, faire entendre de belles choses. L'on doit avoir une diction pure, et user de termes qui soient propres, il est vrai; mais il faut que ces termes si propres expriment des pensées nobles, vives, solides, et qui renferment un très-beau sens. C'est faire de la pureté et de la clarté du discours un mauvais usage que de les faire servir à une matière aride, infructueuse, qui est sans sel, sans utilité, sans nouveauté. Que sert aux lecteurs de comprendre aisément et sans peine des choses frivoles et puériles, quelquefois fades et communes, et d'être moins incertains de la pensée d'un auteur qu'ennuyés de son ouvrage?

Si l'on jette quelque profondeur dans certains écrits, si l'on affecte une finesse de tour, et quelquefois une trop grande délicatesse, ce n'est que par la bonne opinion qu'on a de ses lecteurs.

¶ L'on a cette incommodité à essuyer dans la lecture des livres faits par des gens de parti et de cabale, que l'on n'y voit pas toujours la vérité. Les faits y sont déguisés, les raisons réciproques n'y sont point rapportées dans toute leur force, ni avec une entière exactitude; et, ce qui use la plus longue patience, il faut lire un grand nombre de termes durs et injurieux que se disent des hommes graves, qui, d'un point de doctrine ou d'un fait contesté, se font une querelle personnelle. Ces ouvrages ont cela de particulier, qu'ils ne méritent ni le cours prodigieux qu'ils ont pendant un certain temps, ni le profond oubli où ils tombent, lorsque le feu et la division venant à s'éteindre ils deviennent des almanachs de l'autre année.

¶ La gloire ou le mérite de certains hommes est de bien écrire ; de quelques autres, c'est de n'écrire point.

¶ L'on écrit régulièrement depuis vingt années : l'on est esclave de la construction : l'on a enrichi la langue de nouveaux mots, secoué le joug du latinisme, et réduit le style à la phrase purement française : l'on a presque retrouvé le nombre que MALHERBE et BALZAC avoient les premiers rencontré, et que tant d'auteurs depuis ont laissé perdre. L'on a mis enfin dans le discours tout l'ordre et toute la netteté dont il est capable : cela conduit insensiblement à y mettre de l'esprit.

¶ Il y a des artisans ou des habiles, dont l'esprit est aussi vaste que l'art et la science qu'ils professent : ils lui rendent avec avantage, par le génie, par l'invention, ce qu'ils tiennent d'elle et de ses principes : ils sortent de l'art pour l'ennoblir, s'écartent des règles, si elles ne les conduisent pas au grand et au sublime : ils marchent seuls et sans compagnie, mais ils vont fort haut et pénètrent fort loin, toujours sûrs et confirmés par le succès des avantages que l'on tire quelquefois de l'irrégularité. Les esprits justes, doux, modérés, non-seulement ne les atteignent pas, ne les admirent pas, mais ils ne les comprennent point, et voudroient encore moins les imiter. Ils demeurent tranquilles dans l'étendue de leur sphère, vont jusqu'à un certain point qui fait les bornes de leur capacité et de leurs lumières : ils ne vont pas plus loin, parce qu'ils ne voient rien au delà. Ils ne peuvent au plus qu'être les premiers d'une seconde classe, et exceller dans le médiocre.

¶ Il y a des esprits, si j'ose le dire, inférieurs et subalternes qui ne semblent faits que pour être le recueil, le registre ou le magasin de toutes les productions des autres génies. Ils sont plagiaires, traducteurs, compilateurs : ils ne pensent point, ils disent ce que les auteurs ont pensé [1], et comme le choix des pensées est invention, ils l'ont mauvais, peu juste, et qui les détermine plutôt à rapporter beaucoup de choses que d'excellentes choses. Ils n'ont rien d'original et qui soit à eux; ils ne savent que ce qu'ils ont appris, et ils n'apprennent que ce que tout le monde veut bien ignorer, une science vaine, aride, dénuée d'agrément et d'utilité, qui ne tombe point dans la conversation, qui est hors de commerce, semblable à une monnaie qui n'a point de cours. On est tout à la fois étonné de leur lecture et ennuyé de leur entretien ou de leurs ouvrages. Ce sont ceux que les grands et le vulgaire confondent avec les savants, et que les sages renvoient au pédantisme [2].

¶ La critique souvent n'est pas une science : c'est un métier où il faut plus de santé que d'esprit, plus de travail que de capacité, plus d'habitude que de génie. Si elle vient d'un homme qui ait moins de discernement que de lecture, et qu'elle s'exerce sur de certains chapitres, elle corrompt et les lecteurs et l'écrivain.

¶ Je conseille à un auteur né copiste et qui a l'extrême modestie de travailler d'après quelqu'un, de ne choisir pour exemplaires que ces sortes d'ouvrages où il entre de l'esprit, de l'imagination ou même de l'érudition : s'il n'atteint pas ses originaux, du moins il en approche et il se fait lire. Il doit au contraire éviter comme un écueil de vouloir imiter ceux qui

---

1. Var. *Ils ne pensent point, ils disent ce que les auteurs ont pensé;* ce membre de phrase ne se trouve point dans les six premières éditions.
2. Voir, sur la fausse science, Montaigne, *Essais*, liv. I, ch. xxiv.

écrivent par humeur, que le cœur fait parler, à qui il inspire les termes et les figures, et qui tirent, pour ainsi dire, de leurs entrailles tout ce qu'ils expriment sur le papier : dangereux modèles, et tout propres à faire tomber dans le froid, dans le bas et dans le ridicule ceux qui s'ingèrent de les suivre. En effet je rirois d'un homme qui voudroit sérieusement parler mon ton de voix, ou me ressembler de visage.

¶ Un homme né chrétien et François se trouve contraint [1] dans la satire : les grands sujets lui sont défendus; il les entame quelquefois, et se détourne ensuite sur de petites choses, qu'il relève par la beauté de son génie et de son style.

¶ Il faut éviter le style vain et puéril, de peur de ressembler à *Dorilas* [2] et *Handburg* [3]. L'on peut au contraire, en une sorte d'écrits, hasarder de certaines expressions, user de termes transposés et qui peignent vivement, et plaindre ceux qui ne sentent pas le plaisir qu'il y a à s'en servir ou à les entendre.

¶ Celui qui n'a égard, en écrivant, qu'au goût de son siècle, songe plus à sa personne qu'à ses écrits. Il faut toujours tendre à la perfection ; et alors cette justice qui nous est quelquefois refusée par nos contemporains, la postérité sait nous la rendre.

¶ Il ne faut point mettre un ridicule où il n'y en a point : c'est se gâter le goût, c'est corrompre son jugement et celui des autres. Mais le ridicule qui est quelque part, il faut l'y voir, l'en tirer avec grâce, et d'une manière qui plaise et qui instruise.

¶ HORACE, ou DESPRÉAUX, l'a dit avant vous. Je le

---

1. VAR. *Est embarrassé dans la satire.*
2. *Dorilas*, probablement l'historien Varillas, né à Guéret, en 1624, mort en 1696.
3. *Handburg*, le père Maimbourg, jésuite, né à Nancy, en 1620, mort en 1686, auteur d'une *Histoire des croisades*, et de divers autres ouvrages sur l'histoire religieuse, dont le recueil, publié en 1686-1687, forme 14 volumes in-4°.

crois sur votre parole, mais je l'ai dit comme mien. Ne puis-je pas penser après eux une chose vraie, et que d'autres encore penseront après moi [1] ?

[1]. La vérité et la raison sont communes à un chascun, et ne sont non plus à qui les a dictes primitivement qu'à qui les a dict aprez. (MONTAIGNE, *Essais*, liv. I, ch. xxv.)

DU MÉRITE PERSONNEL.

¶ Qui peut, avec les plus rares talents et le plus excellent mérite, n'être pas convaincu de son inutilité, quand il considère qu'il laisse, en mourant, un monde qui ne se sent pas de sa perte, et où tant de gens se trouvent pour le remplacer?

¶ De bien des gens, il n'y a que le nom qui vale[1] quelque chose. Quand vous les voyez de fort près, c'est moins que rien ; de loin ils imposent.

¶ Tout persuadé que je suis que ceux que l'on choisit pour de différents emplois, chacun selon son génie et sa profession, font bien, je me hasarde de dire qu'il se peut faire qu'il y ait au monde plusieurs personnes, connues ou inconnues, que l'on n'emploie pas, qui feroient très-bien[2], et je suis induit à ce sentiment par le merveilleux succès de certaines gens que le hasard seul a placés, et de qui jusqu'alors on n'avoit pas attendu de fort grandes choses.

Combien d'hommes admirables, et qui avoient de très-beaux génies, sont morts sans qu'on en ait parlé ! Combien vivent encore dont on ne parle point, et dont on ne parlera jamais !

¶ Quelle horrible peine à un homme qui est sans prôneurs et sans cabale, qui n'est engagé dans aucun corps, mais qui est seul, et qui n'a que beaucoup de mérite pour toute recommandation, de se faire jour à travers l'obscurité où il se trouve, et de venir au niveau d'un fat qui est en crédit !

---

1. *Vale* pour *vaille* ; c'est une forme particulière à La Bruyère.
2. La nature fait le mérite, et la fortune le met en œuvre. (LA ROCHEFOUCAULD.)

¶ Personne presque ne s'avise de lui-même du mérite d'un autre.

Les hommes sont trop occupés d'eux-mêmes pour avoir le loisir de pénétrer ou de discerner les autres; de là vient qu'avec un grand mérite et une plus grande modestie l'on peut être longtemps ignoré.

¶ Le génie et les grands talents manquent souvent, quelquefois aussi les seules occasions : tels peuvent être loués de ce qu'ils ont fait, et tels de ce qu'ils auroient fait.

¶ Il est moins rare de trouver de l'esprit que des gens qui se servent du leur, ou qui fassent valoir celui des autres, et le mettent à quelque usage.

¶ Il y a plus d'outils que d'ouvriers, et de ces derniers plus de mauvais que d'excellents : que pensez-vous de celui qui veut scier avec un rabot, et qui prend sa scie pour raboter?

¶ Il n'y a point au monde un si pénible métier que celui de se faire un grand nom : la vie s'achève que l'on a à peine ébauché son ouvrage.

¶ Que faire d'*Égésippe,* qui demande un emploi? Le mettra-t-on dans les finances ou dans les troupes? Cela est indifférent, et il faut que ce soit l'intérêt seul qui en décide, car il est aussi capable de manier de l'argent ou de dresser des comptes que de porter les armes. Il est propre à tout, disent ses amis, ce qui signifie toujours qu'il n'a pas plus de talent pour une chose que pour une autre, ou, en d'autres termes, qu'il n'est propre à rien. Ainsi la plupart des hommes, occupés d'eux seuls dans leur jeunesse, corrompus par la paresse ou par le plaisir, croient faussement, dans un âge plus avancé, qu'il leur suffit d'être inutiles ou dans l'indigence afin que la république soit engagée à les placer ou à les secourir, et ils profitent rarement de cette leçon si importante, que les hommes devroient employer les premières années de leur vie à devenir tels par leurs études et par leur travail, que la république elle-même eût besoin de leur industrie et de leurs lumières; qu'ils fussent comme une pièce nécessaire à tout son édifice, et qu'elle se trouvât portée par ses propres avantages à faire leur fortune ou à l'embellir.

Nous devons travailler à nous rendre très-dignes de quelque emploi : le reste ne nous regarde point, c'est l'affaire des autres.

¶ Se faire valoir par des choses qui ne dépendent point des autres, mais de soi seul, ou renoncer à se faire valoir : maxime inestimable et d'une ressource infinie dans la pratique, utile aux foibles, aux vertueux, à ceux qui ont de l'esprit, qu'elle rend maîtres de leur fortune ou de leur repos; pernicieuse pour les grands, qui diminueroit leur cour, ou plutôt le nombre de leurs esclaves; qui feroit tomber leur morgue avec une partie de leur autorité, et les réduiroit presque à leurs entremets et à leurs équipages; qui les priveroit du plaisir qu'ils sentent à se faire prier, presser, solliciter, à faire attendre ou à refuser, à promettre et à ne pas donner; qui les traverseroit dans le goût qu'ils ont quelquefois à mettre les sots en vue et à anéantir le mérite quand il leur arrive de le discerner; qui banniroit des cours les brigues, les cabales, les mauvais offices, la bassesse, la flatterie, la fourberie; qui feroit d'une cour orageuse, pleine de mouvements et d'intrigues, comme une pièce comique ou même tragique, dont les sages ne seroient que les spectateurs; qui remettroit de la dignité dans les différentes conditions des hommes, de la sérénité sur leur visage; qui étendroit leur liberté; qui réveilleroit en eux, avec les talents naturels, l'habitude du travail et de l'exercice; qui les exciteroit à l'émulation, au désir de la gloire, à l'amour de la vertu; qui, au lieu de courtisans vils, inquiets, inutiles, souvent onéreux à la république, en feroit ou de sages économes, ou d'excellents pères de famille, ou des juges intègres, ou de bons officiers, ou de grands capitaines, ou des orateurs, ou des philosophes, et qui ne leur attireroit à tous nul autre inconvénient que celui peut-être de laisser à leurs héritiers moins de trésors que de bons exemples.

¶ Il faut en France beaucoup de fermeté et une grande étendue d'esprit pour se passer des charges et des emplois, et consentir ainsi à demeurer chez soi et à ne rien faire. Personne presque n'a assez de mérite pour jouer ce rôle avec dignité, ni assez de fonds pour remplir le vide du temps, sans ce que le vulgaire appelle des affaires. Il ne manque cependant à l'oisiveté du sage qu'un meilleur nom, et que méditer, parler, lire et être tranquille, s'appelât travailler.

¶ Un homme de mérite, et qui est en place, n'est jamais incommode par sa vanité ; il s'étourdit moins du poste qu'il occupe qu'il n'est humilié par un plus grand qu'il ne remplit pas, et dont il se croit digne ; plus capable d'inquiétude que de fierté ou de mépris pour les autres, il ne pèse qu'à soi-même.

¶ Il coûte à un homme de mérite de faire assidûment sa cour, mais par une raison bien opposée à celle que l'on pourroit croire. Il n'est point tel sans une grande modestie, qui l'éloigne de penser qu'il fasse le moindre plaisir aux princes s'il se trouve sur leur passage, se poste devant leurs yeux, et leur montre son visage ; il est plus proche de se persuader qu'il les importune, et il a besoin de toutes les raisons tirées de l'usage et de son devoir pour se résoudre à se montrer. Celui au contraire qui a bonne opinion de soi, et que le vulgaire appelle un glorieux, a du goût à se faire voir, et il fait sa cour avec d'autant plus de confiance, qu'il est incapable de s'imaginer que les grands dont il est vu pensent autrement de sa personne qu'il fait lui-même.

¶ Un honnête homme se paye par ses mains de l'application qu'il a à son devoir par le plaisir qu'il sent à le faire, et se désintéresse sur les éloges, l'estime et la reconnoissance, qui lui manquent quelquefois.

¶ Si j'osois faire une comparaison entre deux conditions tout à fait inégales, je dirois qu'un homme de cœur pense à remplir ses devoirs à peu près comme le couvreur songe à couvrir : ni l'un ni l'autre ne cherchent à exposer leur vie, ni ne sont détournés par le péril ; la mort pour eux est un inconvénient dans le métier, et jamais un obstacle. Le premier aussi n'est guère plus vain d'avoir paru à la tranchée, emporté un ouvrage ou forcé un retranchement, que celui-ci d'avoir monté sur de hauts combles, ou sur la pointe d'un clocher. Ils ne sont tous deux appliqués qu'à bien faire, pendant que le fanfaron travaille à ce que l'on dise de lui qu'il a bien fait.

¶ La modestie est au mérite ce que les ombres sont aux figures dans un tableau : elle lui donne de la force et du relief.

Un extérieur simple est l'habit des hommes vulgaires, il est taillé pour eux et sur leur mesure ; mais c'est une parure pour ceux qui ont rempli leur vie de grandes actions : je les compare à une beauté négligée, mais plus piquante.

Certains hommes, contents d'eux-mêmes, de quelque action ou de quelque ouvrage qui ne leur a pas mal réussi, et ayant ouï dire que la modestie sied bien aux grands hommes, osent être modestes, contrefont les simples et les naturels ; semblables à ces gens d'une taille médiocre qui se baissent aux portes de peur de se heurter

¶ Votre fils est bègue : ne le faites pas monter sur la tribune. Votre fille est née pour le monde : ne l'enfermez pas parmi les vestales. *Xantus*, votre affranchi, est foible et timide : ne différez pas, retirez-le des légions et de la milice. Je veux l'avancer, dites-vous : comblez-le de biens, surchargez-le de terres, de titres et de possessions, servez-vous du temps : nous vivons dans un siècle où elles lui feront plus d'honneur que la vertu. Il m'en coûteroit trop, ajoutez-vous. Parlez-vous sérieusement, *Crassus?* Songez-vous que c'est une goutte d'eau que vous puisez du Tibre pour enrichir Xantus que vous aimez, et pour prévenir les honteuses suites d'un engagement où il n'est pas propre?

¶ Il ne faut regarder dans ses amis que la seule vertu qui nous attache à eux, sans aucun examen de leur bonne ou de leur mauvaise fortune; et, quand on se sent capable de les suivre dans leur disgrâce, il faut les cultiver hardiment et avec confiance jusque dans leur plus grande prospérité.

¶ S'il est ordinaire d'être vivement touché des choses rares, pourquoi le sommes-nous si peu de la vertu?

¶ S'il est heureux d'avoir de la naissance, il ne l'est pas moins d'être tel qu'on ne s'informe plus si vous en avez.

¶ Il apparoît de temps en temps sur la surface[1] de la terre des hommes rares, exquis, qui brillent par leur vertu, et dont les qualités éminentes jettent un éclat prodigieux. Semblables à ces étoiles extraordinaires dont on ignore les causes, et dont on sait encore moins ce qu'elles deviennent après avoir disparu, ils n'ont ni aïeuls ni descendants; ils composent seuls toute leur race[2].

¶ Le bon esprit nous découvre notre devoir, notre engagement à le faire, et, s'il y a du péril, avec péril; il inspire le courage ou il y supplée.

---

1. Var. *Sur la face*, dans les huit premières éditions.
2. On a cru que ceci s'appliquait au cardinal de Richelieu.

¶ Quand on excelle dans son art, et qu'on lui donne toute la perfection dont il est capable, l'on en sort en quelque manière, et l'on s'égale à ce qu'il y a de plus noble et de plus relevé. V*** est un peintre[1], C*** un musicien[2], et l'auteur de Pyrame est un poëte[3]; mais MIGNARD est MIGNARD, LULLI est LULLI, et CORNEILLE est CORNEILLE.

¶ Un homme libre, et qui n'a point de femme, s'il a quelque esprit, peut s'élever au-dessus de sa fortune, se mêler dans le monde, et aller de pair avec les plus honnêtes gens. Cela est moins facile à celui qui est engagé : il semble que le mariage met tout le monde dans son ordre.

¶ Après le mérite personnel, il faut l'avouer, ce sont les éminentes dignités et les grands titres dont les hommes tirent plus de distinction et plus d'éclat, et qui ne sait être un Érasme doit penser à être évêque. Quelques-uns, pour étendre leur renommée, entassent sur leurs personnes des pairies[4], des colliers d'ordre, des primaties[5], la pourpre, et ils auroient besoin d'une tiare; mais quel besoin a *Trophisme*[6] d'être cardinal?

---

1. *Vignon*, suivant les contemporains. Ce peintre, qui voulut imiter Michel-Ange, était né à Tours, en 1590. Il mourut en 1670.

2. Colasse, maître de chapelle du roi, gendre de Lulli, né en 1639, mort en 1709.

3. Pradon.

4. Le mot *pairie*, dans notre ancienne organisation féodale, a deux acceptions; il s'appliquait à une dignité qui attachait ceux qui en étaient revêtus à la personne même des rois, et leur conférait le titre de *pair de France*; de plus, il s'appliquait à une terre noble, qui conférait aussi le titre de *pair*, mais sans donner aucun rang à la cour, et qui se trouvait dans les mêmes conditions que les autres terres fieffées. C'est probablement dans la première de ces deux acceptions que La Bruyère emploie ici le mot *pairie*.

5. La primatie est une dignité attachée à un archevêché, et qui donne au prélat qui en est revêtu la juridiction sur plusieurs provinces métropolitaines. Le titre de primat est encore porté chez nous par quelques grands dignitaires de l'Église, mais il ne confère plus aucun droit, et les métropolitains sont indépendants les uns des autres.

6. VAN. *Bénigne* (Bossuet), dans la plupart des éditions postérieures à la mort de La Bruyère.

¶ L'or éclate, dites-vous, sur les habits de *Philémon :* il éclate de même chez les marchands. Il est habillé des plus belles étoffes : le sont-elles moins toutes déployées dans les boutiques et à la pièce? Mais la broderie et les ornements y ajoutent encore la magnificence : je loue donc le travail de l'ouvrier. Si on lui demande quelle heure il est, il tire une montre qui est un chef-d'œuvre; la garde de son épée est un onyx [1]; il a au doigt un gros diamant qu'il fait briller aux yeux, et qui est parfait; il ne lui manque aucune de ces curieuses bagatelles que l'on porte sur soi autant pour la vanité que pour l'usage, et il ne se plaint [2] non plus toute sorte de parure qu'un jeune homme qui a épousé une riche vieille. Vous m'inspirez enfin de la curiosité; il faut voir du moins des choses si précieuses : envoyez-moi cet habit et ces bijoux de Philémon; je vous quitte de la personne [3].

Tu te trompes, Philémon, si avec ce carrosse brillant, ce grand nombre de coquins qui te suivent, et ces six bêtes qui te traînent, tu penses que l'on t'en estime davantage. L'on écarte tout cet attirail, qui t'est étranger, pour pénétrer jusqu'à toi, qui n'es qu'un fat.

Ce n'est pas qu'il faut quelquefois pardonner à celui qui, avec un grand cortége, un habit riche et un magnifique équipage, s'en croit plus de naissance et plus d'esprit; il lit cela dans la contenance et dans les yeux de ceux qui lui parlent.

¶ Un homme à la cour, et souvent à la ville, qui a

---

1. Agath. (*Note de La Bruyère.*)
2. *C'est-à-dire* : il ne se refuse aucune espèce de parure; — *se plaindre*, dans la première moitié du dix-huitième siècle, était encore pris dans cette acception. On disait : cet homme *se plaint sa vie, se plaint un habit*, pour ne se donner pas ce qu'il lui faut pour se nourrir et se vêtir.
3. *C'est-à-dire* : je vous dispense de me faire voir Philémon en personne.

un long manteau de soie ou de drap de Hollande, une ceinture large et placée haut sur l'estomac, le soulier de maroquin, la calotte de même, d'un beau grain, un collet bien fait et bien empesé, les cheveux arrangés et le teint vermeil, qui avec cela se souvient de quelques distinctions métaphysiques, explique ce que c'est que la lumière de gloire, et sait précisément comment l'on voit Dieu, cela s'appelle un docteur [1]. Une personne humble, qui est ensevelie dans le cabinet, qui a médité, cherché, consulté, confronté, lu ou écrit pendant toute sa vie, est un homme docte.

¶ Chez nous, le soldat est brave, et l'homme de robe est savant : nous n'allons pas plus loin. Chez les Romains, l'homme de robe étoit brave, et le soldat étoit savant : un Romain étoit tout ensemble et le soldat et l'homme de robe.

¶ Il semble que le héros est d'un seul métier, qui est celui de la guerre, et que le grand homme est de tous les métiers, ou de la robe, ou de l'épée, ou du cabinet, ou de la cour : l'un et l'autre mis ensemble ne pèsent pas un homme de bien.

¶ Dans la guerre, la distinction entre le héros et le grand homme est délicate : toutes les vertus militaires font l'un et l'autre ; il semble néanmoins que le premier soit jeune, entreprenant, d'une haute valeur, ferme dans les périls, intrépide ; que l'autre excelle par un grand sens, par une vaste prévoyance, par une haute capacité et par une longue expérience. Peut-être qu'ALEXANDRE n'étoit qu'un héros, et que CÉSAR étoit un grand homme.

¶ Æmile étoit né ce que les plus grands hommes ne deviennent qu'à force de règles, de méditation et d'exercice. Il n'a eu dans ses premières années qu'à

---

1. Le *docteur*, c'est, suivant les interprètes contemporains, l'abbé Boileau, et l'*homme docte*, Nabillon.

remplir des talents qui étoient naturels, et qu'à se livrer à son génie. Il a fait, il a agi, avant que de savoir, ou plutôt il a su ce qu'il n'avoit jamais appris. Dirai-je que les jeux de son enfance ont été plusieurs victoires ? Une vie accompagnée d'un extrême bonheur joint à une longue expérience seroit illustre par les seules actions qu'il avoit achevées dès sa jeunesse. Toutes les occasions de vaincre qui se sont depuis offertes, il les a embrassées, et celles qui n'étoient pas, sa vertu et son étoile les ont fait naître : admirable même et par les choses qu'il a faites et par celles qu'il auroit pu faire. On l'a regardé comme un homme incapable de céder à l'ennemi, de plier sous le nombre ou sous les obstacles ; comme une âme de premier ordre, pleine de ressources et de lumières, et qui voyoit encore où personne ne voyoit plus ; comme celui qui, à la tête des légions, étoit pour elles un présage de la victoire, et qui valoit seul plusieurs légions ; qui étoit grand dans la prospérité, plus grand quand la fortune lui a été contraire : la levée d'un siége, une retraite, l'ont plus ennobli que ses triomphes ; l'on ne met qu'après les batailles gagnées et les villes prises ; qui étoit rempli de gloire et de modestie ; on lui a entendu dire : *Je fuyois*, avec la même grâce qu'il disoit : *Nous les battîmes;* un homme dévoué à l'État, à sa famille, au chef de sa famille ; sincère pour Dieu et pour les hommes ; autant admirateur du mérite que s'il lui eût été moins propre et moins familier ; un homme vrai, simple, magnanime, à qui il n'a manqué que les moindres vertus [1].

¶ Les enfants des dieux [2], pour ainsi dire, se tirent des règles de la nature, et en sont comme l'ex-

---

[1]. Quelques commentateurs ont reconnu Condé dans ce portrait ; d'autres ont pensé qu'en le traçant La Bruyère avait songé tout à la fois à Condé et à Turenne. Cette dernière opinion nous paraît la plus vraisemblable.

[2]. Fils, petits-fils, issus de rois. (*Note de La Bruyère.*)

ception : ils n'attendent presque rien du temps et des années. Le mérite chez eux devance l'âge. Ils naissent instruits, et ils sont plus tôt des hommes parfaits que le commun des hommes ne sort de l'enfance [1].

¶ Les vues courtes, je veux dire les esprits bornés et resserrés dans leur petite sphère, ne peuvent comprendre cette universalité de talents que l'on remarque quelquefois dans un même sujet : où ils voient l'agréable, ils en excluent le solide ; où ils croient découvrir les grâces du corps, l'agilité, la souplesse, la dextérité, ils ne veulent plus y admettre les dons de l'âme, la profondeur, la réflexion, la sagesse : ils ôtent de l'histoire de SOCRATE qu'il ait dansé [2].

¶ Il n'y a guère d'homme si accompli et si nécessaire aux siens, qu'il n'ait de quoi se faire moins regretter.

¶ Un homme d'esprit et d'un caractère simple et droit peut tomber dans quelque piége ; il ne pense pas que personne veuille lui en dresser, et le choisir pour être sa dupe ; cette confiance le rend moins précautionné, et les mauvais plaisants l'entament par cet endroit. Il n'y a qu'à perdre pour ceux qui en viendroient à une seconde charge : il n'est trompé qu'une fois.

J'éviterai avec soin d'offenser personne, si je suis équitable, mais sur toutes choses un homme d'esprit, si j'aime le moins du monde mes intérêts.

¶ Il n'y a rien de si délié, de si simple et de si imperceptible, où il n'entre des manières qui nous dé-

---

1. La Bruyère dut tirer un fruit inappréciable, comme observateur, d'être initié de près à la famille des Condés, si remarquable alors par ce mélange d'heureux dons, d'urbanité brillante, de férocité et de débauche. Toutes ses remarques sur les *héros* et les *enfants des dieux* naissent de là ; il y a toujours dissimulé l'amertume. (SAINTE-BEUVE.)

2. Des auteurs sublimes n'ont pas négligé de primer encore par les agréments... Le public, au lieu d'applaudir à l'universalité de leurs talents, a cru qu'ils étaient incapables de se soutenir dans l'héroïsme. (VAUVENARGUES.)

cèlent. Un sot ni n'entre, ni ne sort, ni ne s'assied, ni ne se lève, ni ne se tait, ni n'est sur ses jambes, comme un homme d'esprit.

¶ Je connois *Mopse* d'une visite qu'il m'a rendue sans me connoître. Il prie des gens qu'il ne connoît point de le mener chez d'autres dont il n'est pas connu; il écrit à des femmes qu'il connoît de vue; il s'insinue dans un cercle de personnes respectables, et qui ne savent quel il est, et là, sans attendre qu'on l'interroge, ni sans sentir qu'il interrompt, il parle, et souvent, et ridiculement. Il entre une autre fois dans une assemblée, se place où il se trouve, sans nulle attention aux autres, ni à soi-même; on l'ôte d'une place destinée à un ministre, il s'assied à celle du duc et pair; il est là précisément celui dont la multitude rit, et qui seul est grave et ne rit point. Chassez un chien du fauteuil du roi, il grimpe à la chaire du prédicateur; il regarde le monde indifféremment, sans embarras, sans pudeur : il n'a pas, non plus que le sot, de quoi rougir.

¶ *Celse* est d'un rang médiocre, mais les grands le souffrent; il n'est pas savant, il a relation avec des savants; il a peu de mérite, mais il connoît des gens qui en ont beaucoup; il n'est pas habile, mais il a une langue qui peut servir de truchement, et des pieds qui peuvent le porter d'un lieu à un autre. C'est un homme né pour les allées et venues, pour écouter des propositions et les rapporter, pour en faire d'office, pour aller plus loin que sa commission, et en être désavoué; pour réconcilier des gens qui se querellent à leur première entrevue ; pour réussir dans une affaire, et en manquer mille ; pour se donner toute la gloire de la réussite, et pour détourner sur les autres la haine d'un mauvais succès. Il sait les bruits communs, les historiettes de la ville ; il ne fait rien, il dit ou il écoute ce que les autres font ; il est nouvelliste ; il sait même le secret des familles; il entre dans de plus hauts mystères; il vous dit pourquoi celui-ci est exilé, et pourquoi on rappelle cet autre; il connoît le fond et les causes de la brouillerie des deux frères et de la rupture des deux ministres[1]. N'a-t-il pas prédit aux premiers les tristes suites de leur mésintelligence? N'a-t-il pas dit de ceux-ci que leur union ne seroit pas longue? N'étoit-il pas présent à de certaines paroles qui furent dites? N'entra-t-il pas dans une espèce de négociation? Le voulut-on croire? fut-il écouté? A qui parlez-vous de ces choses? Qui a eu plus de part que Celse à toutes ces intrigues de cour? Et si cela n'étoit ainsi, s'il ne l'avoit du moins ou rêvé ou imaginé, songeroit-il à vous le faire croire? auroit-il l'air important et mystérieux d'un homme revenu d'une ambassade

¶ *Ménippe* est l'oiseau paré de divers plumages qui ne sont pas à lui. Il ne parle pas, il ne sent pas; il répète des sentiments et des discours, se sert même si naturellement de l'esprit des autres, qu'il y est le premier trompé, et qu'il croit souvent dire son goût ou expliquer sa pensée, lorsqu'il n'est que l'écho de quelqu'un qu'il vient de quitter. C'est un homme qui est de mise un quart d'heure de suite, qui le moment d'après baisse, dégénère, perd le peu de lustre qu'un peu de mémoire lui donnoit, et mon-

---

[1]. Ce passage fait allusion aux dissentiments qui éclatèrent à propos de Jacques II, roi d'Angleterre, entre le marquis de Louvois, ministre de la guerre, et Jean-Baptiste Colbert, marquis de Seignelay, fils aîné du grand Colbert, ministre de la marine. Seignelay voulait que la France aidât, par des secours actifs, Jacques II à reconquérir le trône d'Angleterre, que lui avait enlevé la révolution de 1688. Louvois, au contraire, s'opposait à toute intervention militaire. L'avis de Seignelay prévalut auprès de Louis XIV, mais les événements donnèrent raison à Louvois. Jacques II, qu'une escadre française avait transporté en Irlande, au mois de mai 1689, perdit l'année suivante la bataille de la Boyne, et fut obligé de revenir près de Louis XIV, en laissant la France engagée dans une guerre terrible.

tre la corde. Lui seul ignore combien il est au-dessous du sublime et de l'héroïque, et, incapable de savoir jusqu'où l'on peut avoir de l'esprit, il croit naïvement que ce qu'il en a est tout ce que les hommes en sauroient avoir : aussi a-t-il l'air et le maintien de celui qui n'a rien à désirer sur ce chapitre, et qui ne porte envie à personne. Il se parle souvent à soi-même, et il ne s'en cache pas; ceux qui passent le voient, et qu'il semble[1] toujours prendre un parti, ou décider qu'une telle chose est sans réplique. Si vous le saluez quelquefois, c'est le jeter dans l'embarras de savoir s'il doit rendre le salut ou non, et, pendant qu'il délibère, vous êtes déjà hors de portée. Sa vanité l'a fait honnête homme, l'a mis au-dessus de lui-même, l'a fait devenir ce qu'il n'étoit pas. L'on juge, en le voyant, qu'il n'est occupé que de sa personne; qu'il sait que tout lui sied bien, et que sa parure est assortie; qu'il croit que tous les yeux sont ouverts sur lui, et que les hommes se relayent pour le contempler[2].

¶ Celui qui, logé chez soi dans un palais, avec deux appartements pour les deux saisons, vient coucher au Louvre dans un entre-sol, n'en use pas ainsi par modestie. Cet autre qui, pour conserver une taille fine, s'abstient du vin et ne fait qu'un seul repas, n'est ni sobre, ni tempérant; et d'un troisième, qui, impor-

---

1. Toutes les éditions données par La Bruyère portent ainsi : *et qu'il semble*. Les éditeurs modernes ont corrigé : *et il semble*. M. Destailleur dit que : *et qu'il semble*, est probablement une faute d'impression qui aura échappé à l'auteur. Il est difficile d'admettre que La Bruyère, qui revoyait son livre à chaque édition nouvelle, ait laissé dans huit éditions successives passer la même erreur. M. Destailleur, qui a corrigé comme les éditeurs qui l'ont précédé, ajoute que peut-être La Bruyère a voulu dire : *et voient qu'il semble*. Cette explication nous paraît beaucoup plus exacte que la première, et l'ellipse est évidente; c'est pourquoi nous avons maintenu l'ancienne lecture.

2. Ceci a été appliqué au maréchal de Villeroi, « glorieux à l'excès par nature, » suivant Saint-Simon.

tuné d'un ami pauvre, lui donne enfin quelque secours, l'on dit qu'il achète son repos, et nullement qu'il est libéral. Le motif seul fait le mérite des actions des hommes, et le désintéressement y met la perfection.

¶ La fausse grandeur est farouche et inaccessible : comme elle sent son foible, elle se cache, ou du moins ne se montre pas de front, et ne se fait voir qu'autant qu'il faut pour imposer et ne paroître point ce qu'elle est, je veux dire une vraie petitesse. La véritable grandeur est libre, douce, familière, populaire; elle se laisse toucher et manier; elle ne perd rien à être vue de près; plus on la connoît, plus on l'admire; elle se courbe par bonté vers ses inférieurs, et revient sans effort dans son naturel : elle s'abandonne quelquefois, se néglige, se relâche de ses avantages, toujours en pouvoir de les reprendre et de les faire valoir; elle rit, joue et badine, mais avec dignité; on l'approche tout ensemble avec liberté et avec retenue. Son caractère est noble et facile, inspire le respect et la confiance, et fait que les princes nous paroissent grands et très-grands, sans nous faire sentir que nous sommes petits.

¶ Le sage guérit de l'ambition par l'ambition même; il tend à de si grandes choses, qu'il ne peut se borner à ce qu'on appelle des trésors, des postes, la fortune et la faveur : il ne voit rien dans de si foibles avantages qui soit assez bon et assez solide pour remplir son cœur et pour mériter ses soins et ses désirs; il a même besoin d'efforts pour ne les pas trop dédaigner. Le seul bien capable de le tenter est cette sorte de gloire qui devroit naître de la vertu toute pure et toute simple; mais les hommes ne l'accordent guère, et il s'en passe.

¶ Celui-là est bon qui fait du bien aux autres; s'il

souffre pour le bien qu'il fait, il est très-bon; s'il souffre de ceux à qui il a fait ce bien, il a une si grande bonté qu'elle ne peut être augmentée que dans le cas où ses souffrances viendroient à croître; et, s'il en meurt, sa vertu ne sauroit aller plus loin : elle est héroïque, elle est parfaite.

DES FEMMES.

Les hommes et les femmes conviennent[1] rarement sur le mérite d'une femme ; leurs intérêts sont trop différents. Les femmes ne se plaisent point les unes aux autres par les mêmes agréments qu'elles plaisent aux hommes. Mille manières, qui allument dans ceux-ci les grandes passions, forment entre elles l'aversion et l'antipathie[2].

¶ Il y a dans quelques femmes une grandeur artificielle attachée au mouvement des yeux, à un air de tête, aux façons de marcher, et qui ne va pas plus loin ; un esprit éblouissant qui impose, et que l'on n'estime que parce qu'il n'est pas approfondi. Il y a dans quelques autres une grandeur simple, naturelle, indépendante du geste et de la démarche, qui a sa source dans le cœur, et qui est comme une suite de leur haute naissance ; un mérite paisible, mais solide, accompagné de mille vertus qu'elles ne peuvent couvrir de toute leur modestie, qui échappent et qui se montrent à ceux qui ont des yeux.

¶ J'ai vu souhaiter d'être fille, et une belle fille, depuis treize ans jusques à vingt-deux, et, après cet âge, de devenir un homme.

¶ Quelques jeunes personnes ne connoissent point assez les avantages d'une heureuse nature, et combien il leur seroit utile de s'y abandonner. Elles affoiblissent ces dons du ciel, si rares et si fragiles, par des manières affectées et par une mauvaise imitation.

---

1. *C'est-à-dire*, sont rarement d'accord sur le mérite ; c'est la forme latine: *conveniunt de*.
2. VAR. Ou *l'antipathie*.

Leur son de voix et leur démarche sont empruntés. Elles se composent, elles se recherchent, regardent dans un miroir si elles s'éloignent assez de leur naturel. Ce n'est pas sans peine qu'elles plaisent moins.

¶ Chez les femmes, se parer et se farder n'est pas, je l'avoue, parler contre sa pensée; c'est plus aussi[1] que le travestissement et la mascarade, où l'on ne se donne point pour ce que l'on paroît être, mais où l'on pense seulement à se cacher et à se faire ignorer : c'est chercher à imposer aux yeux, et vouloir paroître selon l'extérieur contre la vérité; c'est une espèce de menterie.

Il faut juger des femmes depuis la chaussure jusqu'à la coiffure exclusivement, à peu près comme on mesure le poisson entre tête et queue.

¶ Si les femmes veulent seulement être belles à leurs propres yeux et se plaire à elles-mêmes, elles peuvent sans doute, dans la manière de s'embellir, dans le choix des ajustements et de la parure, suivre leur goût et leur caprice; mais si c'est aux hommes qu'elles désirent de plaire, si c'est pour eux qu'elles se fardent ou qu'elles s'enluminent, j'ai recueilli les voix, et je leur prononce, de la part de tous les hommes ou de la plus grande partie, que le blanc et le rouge les rend affreuses et dégoûtantes; que le rouge seul les vieillit et les déguise; qu'ils haïssent autant à les voir avec de la céruse sur le visage qu'avec de fausses dents en la bouche et des boules de cire dans les mâchoires; qu'ils protestent sérieusement contre tout l'artifice dont elles usent pour se rendre laides, et que, bien loin d'en répondre devant Dieu, il semble au contraire qu'il leur ait réservé ce dernier et infaillible moyen de guérir des femmes.

1. VAR. *Se mettre du rouge ou se farder est, je l'avoue, un moindre crime que parler contre sa pensée; c'est quelque chose aussi de moins innocent,* etc.

Si les femmes étoient telles naturellement qu'elles le deviennent par artifice, qu'elles perdissent en un moment toute la fraîcheur de leur teint, qu'elles eussent le visage aussi allumé et aussi plombé qu'elles se le font par le rouge et par la peinture dont elles se fardent, elles seroient inconsolables.

¶ Une femme coquette ne se rend point[1] sur la passion de plaire, et sur l'opinion qu'elle a de sa beauté. Elle regarde le temps et les années comme quelque chose seulement qui ride et qui enlaidit les autres femmes; elle oublie du moins que l'âge est écrit sur le visage. La même parure qui a autrefois embelli sa jeunesse défigure enfin sa personne, éclaire les défauts de sa vieillesse. La mignardise et l'affectation l'accompagnent dans la douleur et dans la fièvre. Elle meurt parée et en rubans de couleur.

¶ LISE entend dire d'une autre coquette qu'elle se moque de se piquer de jeunesse, et de vouloir user d'ajustements qui ne conviennent plus à une femme de quarante ans. Lise les a accomplis; mais les années pour elle ont moins de douze mois, et ne la vieillissent point. Elle le croit ainsi; et, pendant qu'elle se regarde au miroir, qu'elle met du rouge sur son visage et qu'elle place des mouches, elle convient qu'il n'est pas permis à un certain âge de faire la jeune, et que *Clarice*, en effet, avec ses mouches et son rouge, est ridicule.

¶ Les femmes se préparent pour leurs amants, si elles les attendent; mais, si elles en sont surprises, elles oublient à leur arrivée l'état où elles se trouvent: elles ne se voient plus. Elles ont plus de loisir avec les indifférents; elles sentent le désordre où elles sont, s'ajustent en leur présence, ou disparoissent un moment, et reviennent parées.

---

1. *C'est-à-dire* : ne se corrige pas de la passion de plaire.

¶ Un beau visage est le plus beau de tous les spectacles; et l'harmonie la plus douce est le son de voix de celle que l'on aime.

¶ L'agrément est arbitraire. La beauté est quelque chose de plus réel et de plus indépendant du goût et de l'opinion[1].

¶ L'on peut être touché de certaines beautés si parfaites et d'un mérite si éclatant, que l'on se borne à les voir et à leur parler.

¶ Une belle femme qui a les qualités d'un honnête homme est ce qu'il y a au monde d'un commerce plus délicieux. L'on trouve en elle tout le mérite des deux sexes.

¶ Il échappe à une jeune personne de petites choses qui persuadent beaucoup, et qui flattent sensiblement celui pour qui elles sont faites. Il n'échappe presque rien aux hommes; leurs caresses sont volontaires. Ils parlent, ils agissent, ils sont empressés, et persuadent moins.

¶ Le caprice est, dans les femmes, tout proche de la beauté, pour être son contre-poison, et afin qu'elle nuise moins aux hommes, qui n'en guériroient pas sans ce remède[2].

¶ Les femmes s'attachent aux hommes par les faveurs qu'elles leur accordent; les hommes guérissent par ces mêmes faveurs.

¶ Une femme oublie d'un homme qu'elle n'aime plus jusques aux faveurs qu'il a reçues d'elle.

¶ Une femme qui n'a qu'un galant croit n'être point coquette: celle qui a plusieurs galants croit n'être que coquette.

Telle femme évite d'être coquette par un ferme attachement à un seul, qui passe pour folle par son mauvais choix.

1. Voir sur *la beauté*, Montaigne, *Essais*, liv. II, ch. XII.
2. Van. *Sans remède.*

¶ Un ancien galant tient à si peu de chose, qu'il cède à un nouveau mari ; et celui-ci dure si peu, qu'un nouveau galant qui survient lui rend le change.

Un ancien galant craint ou méprise un nouveau rival, selon le caractère de la personne qu'il sert.

Il ne manque souvent à un ancien galant, auprès d'une femme qui l'attache, que le nom de mari ; c'est beaucoup, et il seroit mille fois perdu sans cette circonstance.

¶ Il semble que la galanterie dans une femme ajoute à la coquetterie. Un homme coquet, au contraire, est quelque chose de pire qu'un homme galant. L'homme coquet et la femme galante vont assez de pair.

¶ Il y a peu de galanteries secrètes. Bien des femmes ne sont pas mieux désignées par le nom de leurs maris que par celui de leurs amants.

¶ Une femme galante veut qu'on l'aime ; il suffit à une coquette d'être trouvée aimable et de passer pour belle. Celle-là cherche à engager ; celle-ci se contente de plaire. La première passe successivement d'un engagement à un autre ; la seconde a plusieurs amusements tout à la fois. Ce qui domine dans l'une, c'est la passion et le plaisir ; et dans l'autre, c'est la vanité et la légèreté. La galanterie est un foible du cœur, ou peut-être un vice de la complexion ; la coquetterie est un déréglement de l'esprit[1]. La femme galante se fait craindre, et la coquette se fait haïr. L'on peut tirer de ces deux caractères de quoi en faire un troisième, le pire de tous.

¶ Une femme foible est celle à qui l'on reproche une faute, qui se la reproche à elle-même, dont le

---

1. Les femmes croyent souvent aimer encore qu'elles n'aiment pas. L'occasion, l'occupation d'une intrigue, l'émotion d'esprit que donne la galanterie, la pente naturelle au plaisir d'être aimées, et la peine de refuser leur persuadent qu'elles ont de la passion lorsqu'elles n'ont que de la coquetterie. (La Rochefoucauld.)

cœur combat la raison, qui veut guérir, qui ne guérira point, ou bien tard[1].

¶ Une femme inconstante est celle qui n'aime plus; une légère, celle qui déjà en aime un autre; une volage, celle qui ne sait si elle aime et ce qu'elle aime; une indifférente, celle qui n'aime rien.

¶ La perfidie, si je l'ose dire, est un mensonge[2] de toute la personne. C'est dans une femme l'art de placer un mot ou une action qui donne le change, et quelquefois de mettre en œuvre des serments et des promesses qui ne lui coûtent pas plus à faire qu'à violer.

Une femme infidèle, si elle est connue pour telle de la personne intéressée, n'est qu'infidèle; s'il la croit fidèle, elle est perfide.

On tire ce bien de la perfidie des femmes qu'elle guérit de la jalousie.

¶ Quelques femmes ont, dans le cours de leur vie, un double engagement à soutenir, également difficile à rompre et à dissimuler; il ne manque à l'un que le contrat, et à l'autre que le cœur.

¶ A juger de cette femme par sa beauté, sa jeunesse, sa fierté et ses dédains, il n'y a personne qui doute que ce ne soit un héros qui doive un jour la charmer. Son choix est fait : c'est un petit monstre, qui manque d'esprit.

¶ Il y a des femmes déjà flétries qui, par leur complexion ou par leur mauvais caractère, sont naturellement la ressource des jeunes gens qui n'ont pas assez de bien. Je ne sais qui est plus à plaindre, ou d'une femme avancée en âge qui a besoin d'un cavalier, ou d'un cavalier qui a besoin d'une vieille.

¶ Le rebut de la cour est reçu à la ville dans une

---

1. Qu'une femme est à plaindre quand elle a tout ensemble de l'amour et de la vertu! (La Rochefoucauld.)
2. Var. Est une menterie.

ruelle, où il défait le magistrat, même en cravate et en habit gris, ainsi que le bourgeois en baudrier, les écarte, et devient maître de la place. Il est écouté, il est aimé; on ne tient guère plus d'un moment contre une écharpe d'or et une plume blanche, contre un homme qui *parle au roi et voit les ministres*. Il fait des jaloux et des jalouses; on l'admire, il fait envie : à quatre lieues de là, il fait pitié [1].

¶ Un homme de la ville est pour une femme de province ce qu'est pour une femme de ville un homme de la cour.

¶ A un homme vain, indiscret, qui est grand parleur et mauvais plaisant, qui parle de soi avec confiance et des autres avec mépris, impétueux, altier, entreprenant, sans mœurs ni probité, de nul jugement et d'une imagination très-libre, il ne lui manque plus, pour être adoré de bien des femmes, que de beaux traits et la taille belle.

¶ Est-ce en vue du secret, ou par un goût hypocondre, que cette femme aime un valet, cette autre un moine, et *Dorine* son médecin?

¶ *Roscius* [2] entre sur la scène de bonne grâce : oui, *Lélie;* et j'ajoute encore qu'il a les jambes bien tournées, qu'il joue bien, et de longs rôles, et que, pour déclamer parfaitement, il ne lui manque, comme on le dit, que de parler avec la bouche. Mais est-il le seul qui ait de l'agrément dans ce qu'il fait? et ce qu'il fait, est-ce la chose la plus noble et la plus honnête que l'on puisse faire? Roscius d'ailleurs ne peut être à vous, il est à un autre; et quand cela ne seroit pas ainsi, il est retenu. *Claudie* [3] attend, pour l'avoir, qu'il se soit dégoûté de *Messaline* [4]. Prenez *Bathylle*,

---

1. Cet article a été appliqué au comte d'Aubigné, frère de madame de Maintenon.
2. Le comédien Baron.
3. La maréchale de La Ferté.
4 La comtesse d'Olonne. — La maréchale de La Ferté, Madeleine d'Angenner,

Lélie[1]. Où trouverez-vous, je ne dis pas dans l'ordre des chevaliers, que vous dédaignez, mais même parmi les farceurs, un jeune homme qui s'élève si haut en dansant, et qui passe[2] mieux la capriole? Voudriez-vous le sauteur *Cobus*, qui, jetant ses pieds en avant, tourne une fois en l'air avant que de tomber à terre? Ignorez-vous qu'il n'est plus jeune? Pour Bathylle, dites-vous, la presse y est trop grande, et il refuse plus de femmes qu'il n'en agrée. Mais vous avez *Dracon* le joueur de flûte; nul autre de son métier n'enfle plus décemment ses joues en soufflant dans le haut-bois ou le flageolet, car c'est une chose infinie que le nombre des instruments qu'il fait parler; plaisant d'ailleurs, il fait rire jusqu'aux enfants et aux femmelettes. Qui mange et qui boit mieux que Dracon en un seul repas? il enivre toute une compagnie, et il se rend le dernier. Vous soupirez, Lélie : est-ce que Dracon auroit fait un choix, ou que malheureusement on vous auroit prévenue? Se seroit-il enfin engagé à *Césonie*, qui l'a tant couru, qui lui a sacrifié une si grande foule d'amants, je dirai même toute la fleur des Romains ; à Césonie, qui est d'une famille patricienne, qui est si jeune, si belle et si sérieuse ? Je vous plains, Lélie, si vous avez pris par contagion ce nouveau goût qu'ont tant de femmes romaines pour ce qu'on appelle des hommes publics, et exposés, par leur condition, à la vue des autres. Que ferez-vous, lorsque le meilleur en ce genre vous est enlevé? Il reste encore *Bronte* le questionnaire[3] ; le peuple ne

morte à plus de quatre-vingts ans, et sa sœur la comtesse d'Olonne, firent grand bruit par leur beauté et le débordement de leur vie. Elles se firent dévotes quand elles furent vieilles. Aucune femme, même les plus décriées pour la galanterie, n'osait les voir ni paraître nulle part devant elles. On en était là alors; la mode a bien changé depuis. (SAINT-SIMON.)

1. *Bathylle*, c'est-à-dire Précourt, danseur de l'Opéra.
2. Et non *qui fasse*, comme le portent à tort la plupart des éditions modernes.
3. Le bourreau chargé de mettre les accusés à la question, c'est-à-dire à la torture

parle que de sa force et de son adresse ; c'est un jeune homme qui a les épaules larges et la taille ramassée, un nègre d'ailleurs, un homme noir.

¶ Pour les femmes du monde, un jardinier est un jardinier, et un maçon est un maçon[1] ; pour quelques autres plus retirées, un maçon est un homme, un jardinier est un homme. Tout est tentation à qui la craint.

¶ Quelques femmes donnent aux couvents et à leurs amants. Galantes et bienfactrices[2], elles ont jusque dans l'enceinte de l'autel des tribunes et des oratoires, où elles lisent des billets tendres, et où personne ne voit qu'elles ne prient point Dieu.

¶ Qu'est-ce qu'une femme que l'on dirige ? Est-ce une femme plus complaisante pour son mari, plus douce pour ses domestiques, plus appliquée à sa famille et à ses affaires, plus ardente et plus sincère pour ses amis ; qui soit moins esclave de son humeur, moins attachée à ses intérêts ; qui aime moins les commodités de la vie ; je ne dis pas qui fasse des largesses à ses enfants, qui sont[3] déjà riches, mais qui, opulente elle-même et accablée du superflu, leur fournisse le nécessaire et leur rende au moins la justice qu'elle leur doit ; qui soit plus exempte d'amour de soi-même et d'éloignement pour les autres ; qui soit plus libre de tous attachements humains ? Non, dites-

1. Madame de Maintenon pensait autrement. Dans une de ses lettres, datée de 1709, et adressée à l'une des dames de Saint-Cyr, madame du Pérou, on lit : « Je vous ai dit dans d'autres temps que vous ne pouviez trop inspirer aux demoiselles la crainte des hommes, que ce sont nos ennemis..., mais je n'ai jamais eu pour objet votre serrurier, ni votre menuisier ; je n'ai jamais cru que les ramoneurs de cheminées pussent être dangereux pour vos demoiselles ; il n'y en a pas qui aient le cœur assez bas ni assez corrompu pour avoir une seule pensée sur ces sortes de gens-là, etc. » (Voir *Lettres historiques et édifiantes*, publiées par Th. Lavallée. Paris, Charpentier, 1856, tome II, page 285.)

2. C'est le vieux mot pris exclusivement dans le sens de l'adjectif qualificatif. Quelques éditeurs modernes ont mis à tort *bienfaitrices*, qui est substantif et présente un autre sens.

3. VAR. *Qui seroient*.

vous, ce n'est rien de toutes ces choses. J'insiste, et je vous demande : Qu'est-ce donc qu'une femme que l'on dirige ? Je vous entends, c'est une femme qui a un directeur.

¶ Si le confesseur et le directeur ne conviennent point sur une règle de conduite, qui sera le tiers qu'une femme prendra pour sur-arbitre ?

¶ Le capital pour une femme n'est pas d'avoir un directeur, mais de vivre si uniment qu'elle s'en puisse passer.

¶ Si une femme pouvoit dire à son confesseur, avec ses autres foiblesses, celles qu'elle a pour son directeur, et le temps qu'elle perd dans son entretien, peut-être lui seroit-il donné pour pénitence d'y renoncer.

¶ Je voudrois qu'il me fût permis de crier de toute ma force à ces hommes saints qui ont été autrefois blessés des femmes : Fuyez les femmes, ne les dirigez point ; laissez à d'autres le soin de leur salut.

¶ C'est trop contre un mari d'être coquette et dévote : une femme devroit opter.

¶ J'ai différé à le dire, et j'en ai souffert ; mais enfin il m'échappe, et j'espère même que ma franchise sera utile à celles qui, n'ayant pas assez d'un confesseur pour leur conduite, n'usent d'aucun discernement dans le choix de leurs directeurs. Je ne sors pas d'admiration et d'étonnement à la vue de certains personnages que je ne nomme point. J'ouvre de fort grands yeux sur eux ; je les contemple ; ils parlent, je prête l'oreille ; je m'informe ; on me dit des faits ; je les recueille ; et je ne comprends pas comment des gens en qui je crois voir toutes choses diamétralement opposées au bon esprit, au sens droit, à l'expérience des affaires du monde, à la connoissance de l'homme, à la science de la religion et des mœurs, présument que Dieu doive renouveler en nos jours la merveille de l'apostolat, et faire un miracle en leurs personnes, en les rendant capables, tout simples et petits esprits qu'ils sont, du ministère des âmes, celui de tous le plus délicat et le plus sublime : et si, au contraire, ils se croient nés pour un emploi si relevé, si difficile et accordé à si peu de personnes, et qu'ils se persuadent de ne faire en cela qu'exercer leurs talents naturels et suivre une vocation ordinaire, je le comprends encore moins.

Je vois bien que le goût qu'il y a à devenir le dépositaire du secret des familles, à se rendre nécessaire pour les réconciliations, à procurer des commissions ou à placer des domestiques, à trouver toutes les portes ouvertes dans les maisons des grands, à manger souvent à de bonnes tables, à se promener en carrosse dans une grande ville, et à faire de délicieuses retraites à la campagne, à voir plusieurs personnes de nom et de distinction s'intéresser à sa vie et à sa santé, et à ménager pour les autres et pour soi-même tous les intérêts humains ; je vois bien, encore une fois, que cela seul a fait imaginer le spécieux et irrépréhensible prétexte du soin des âmes, et semé dans le monde cette pépinière intarissable de directeurs.

¶ La dévotion vient à quelques-uns, et surtout aux femmes[1], comme une passion, ou comme le foible d'un certain âge, ou comme une mode qu'il faut suivre. Elles comptoient autrefois une semaine par les jours de jeu, de spectacle, de concert, de mascarade, ou d'un joli sermon[2] ; elles alloient le lundi perdre leur argent chez *Ismène*, le mardi leur temps chez *Climène*, et le mercredi leur réputation chez *Célimène*. Elles savoient,

---

1. Le jeu, la dévotion et le bel esprit sont trois partis pour les femmes qui ne sont plus jeunes. (VAUVENARGUES.)

2. VAR. Par les jours de jeu, de spectacle, de repas, de promenade, de concert, de mascarade, et d'un joli sermon.

dès la veille, toute la joie qu'elles devoient avoir le jour d'après et le lendemain ; elles jouissoient tout à la fois du plaisir présent et de celui qui ne leur pouvoit manquer ; elles auroient souhaité de les pouvoir rassembler tous en un seul jour : c'étoit alors leur unique inquiétude et tout le sujet de leurs distractions ; et si elles se trouvoient quelquefois à l'*Opéra*, elles y regrettoient la comédie. Autres temps, autres mœurs : elles outrent l'austérité et la retraite ; elles n'ouvrent plus les yeux qui leur sont donnés pour voir ; elles ne mettent plus leurs sens à aucun usage ; et, chose incroyable ! elles parlent peu ; elles pensent encore, et assez bien d'elles-mêmes, comme assez mal des autres. Il y a chez elles une émulation de vertu et de réforme, qui tient quelque chose de la jalousie ; elles ne haïssent pas de primer dans ce nouveau genre de vie, comme elles faisoient dans celui qu'elles viennent de quitter par politique ou par dégoût. Elles se perdoient gaîment par la galanterie, par la bonne chère et par l'oisiveté ; et elles se perdent tristement par la présomption et par l'envie.

¶ Si j'épouse *Hermas*, une femme avare, elle ne me ruinera point ; si une joueuse, elle pourra s'enrichir ; si une savante, elle saura m'instruire ; si une prude, elle ne sera point emportée ; si une emportée, elle exercera ma patience ; si une coquette, elle voudra me plaire ; si une galante, elle le sera peut-être jusqu'à m'aimer ; si une dévote[1], répondez, Hermas, que dois-je attendre de celle qui veut tromper Dieu, et qui se trompe elle-même ?

¶ Une femme est aisée à gouverner, pourvu que ce soit un homme qui s'en donne la peine. Un seul même en gouverne plusieurs ; il cultive leur esprit et leur mémoire, fixe et détermine leur religion ; il entre-

---

1. Fausse dévote. (*Note de La Bruyère.*)

prend même de régler leur cœur. Elles n'approuvent et ne désapprouvent, ne louent et ne condamnent, qu'après avoir consulté ses yeux et son visage. Il est le dépositaire de leurs joies et de leurs chagrins, de leurs désirs, de leurs jalousies, de leurs haines et de leurs amours; il les fait rompre avec leurs galants; il les brouille et les réconcilie avec leurs maris, et il profite des interrègnes. Il prend soin de leurs affaires, sollicite leurs procès, et voit leurs juges; il leur donne son médecin, son marchand, ses ouvriers; il s'ingère de les loger, de les meubler, et il ordonne de leur équipage. On le voit avec elles dans leurs carrosses, dans les rues d'une ville et aux promenades, ainsi que dans leur banc à un sermon, et dans leur loge à la comédie; il fait avec elles les mêmes visites; il les accompagne au bain, aux eaux, dans les voyages; il a le plus commode appartement chez elles à la campagne. Il vieillit sans déchoir de son autorité; un peu d'esprit et beaucoup de temps à perdre lui suffit pour la conserver; les enfants, les héritiers, la bru, la nièce, les domestiques, tout en dépend. Il a commencé par se faire estimer; il finit par se faire craindre. Cet ami si ancien, si nécessaire, meurt sans qu'on le pleure, et dix femmes dont il était le tyran héritent, par sa mort, de la liberté.

¶ Quelques femmes ont voulu cacher leur conduite sous les dehors de la modestie, et tout ce que chacune a pu gagner par une continuelle affectation, et qui ne s'est jamais démentie, a été de faire dire de soi : *On l'auroit prise pour une vestale.*

¶ C'est, dans les femmes, une violente preuve d'une réputation bien nette et bien établie, qu'elle ne soit pas même effleurée par la familiarité de quelques-unes qui ne leur ressemblent point, et qu'avec toute la pente qu'on a aux malignes explications, on ait recours à une toute autre raison de ce commerce qu'à celle de la convenance des mœurs.

¶ Un comique outre sur la scène ses personnages ; un poëte charge ses descriptions ; un peintre qui fait d'après nature force et exagère une passion, un contraste, des attitudes, et celui qui copie, s'il ne mesure au compas les grandeurs et les proportions, grossit ses figures, donne à toutes les pièces qui entrent dans l'ordonnance de son tableau plus de volume que n'en ont celles de l'original : de même la pruderie est une imitation de la sagesse.

Il y a une fausse modestie qui est vanité, une fausse gloire qui est légèreté, une fausse grandeur qui est petitesse, une fausse vertu qui est hypocrisie, une fausse sagesse qui est pruderie.

Une femme prude paye de maintien et de paroles ; une femme sage paye de conduite. Celle-là suit son humeur et sa complexion, celle-ci sa raison et son cœur. L'une est sérieuse et austère ; l'autre est, dans les diverses rencontres, précisément ce qu'il faut qu'elle soit. La première cache des foibles sous de plausibles dehors; la seconde couvre un riche fonds sous un air libre et naturel. La pruderie contraint l'esprit, ne cache ni l'âge ni la laideur; souvent elle les suppose. La sagesse, au contraire, pallie les défauts du corps, ennoblit l'esprit, ne rend la jeunesse que plus piquante, et la beauté que plus périlleuse.

¶ Pourquoi s'en prendre aux hommes de ce que les femmes ne sont pas savantes ? Par quelles lois, par quels édits, par quels rescrits, leur a-t-on défendu d'ouvrir les yeux et de lire, de retenir ce qu'elles ont lu, et d'en rendre compte ou dans leur conversation ou par leurs ouvrages? Ne se sont-elles pas au contraire établies elles-mêmes dans cet usage de ne rien savoir, ou par la foiblesse de leur complexion, ou par la paresse de leur esprit, ou par le soin de leur beauté, ou par une certaine légèreté qui les empêche de suivre une longue étude, ou par le talent et le génie qu'elles ont seulement pour les ouvrages de la main, ou par les distractions que donnent les détails d'un domestique, ou par un éloignement naturel des choses pénibles et sérieuses, ou par une curiosité toute différente de celle qui contente l'esprit, ou par un tout autre goût que celui d'exercer leur mémoire? Mais, à quelque cause que les hommes puissent devoir cette ignorance des femmes, ils sont heureux que les femmes, qui les dominent d'ailleurs par tant d'endroits, aient sur eux cet avantage de moins.

On regarde une femme savante comme on fait une belle arme : elle est ciselée artistement, d'une polissure admirable, et d'un travail fort recherché; c'est une pièce de cabinet que l'on montre aux curieux, qui n'est pas d'usage, qui ne sert ni à la guerre ni à la chasse, non plus qu'un cheval de manége, quoique le mieux instruit du monde.

Si la science et la sagesse se trouvent unies en un même sujet, je ne m'informe plus du sexe, j'admire; et si vous me dites qu'une femme sage ne songe guère à être savante, ou qu'une femme savante n'est guère sage, vous avez déjà oublié ce que vous venez de lire, que les femmes ne sont détournées des sciences que par de certains défauts : concluez donc vous-mêmes que moins elles auroient de ces défauts, plus elles seroient sages, et qu'ainsi une femme sage n'en seroit que plus propre à devenir savante, ou qu'une femme savante, n'étant telle que parce qu'elle auroit pu vaincre beaucoup de défauts, n'en est que plus sage[1].

La neutralité entre des femmes qui nous sont éga-

---

[1]. Voir sur la science des femmes : Montaigne, *Essais*, liv. III, ch. III; — Fénelon, *de l'Éducation des filles*; — Madame de Maintenon, *Lettres sur l'éducation des filles*; — *Entretiens sur l'éducation des filles*; — *Lettres historiques et édifiantes adressées aux dames de Saint-Louis*.

lement amies, quoiqu'elles aient rompu pour des intérêts où nous n'avons nulle part, est un point difficile : il faut choisir souvent entre elles, ou les perdre toutes deux[1].

¶ Il y a telle femme qui aime mieux son argent que ses amis, et ses amants que son argent.

¶ Il est étonnant de voir dans le cœur de certaines femmes quelque chose de plus vif et de plus fort que l'amour pour les hommes, je veux dire l'ambition et le jeu ; de telles femmes rendent les hommes chastes : elles n'ont de leur sexe que les habits.

¶ Les femmes sont extrêmes ; elles sont meilleures ou pires que les hommes.

¶ La plupart des femmes n'ont guère de principes ; elles se conduisent par le cœur, et dépendent pour leurs mœurs de ceux qu'elles aiment.

¶ Les femmes vont plus loin en amour que la plupart des hommes ; mais les hommes l'emportent sur elles en amitié.

Les hommes sont cause que les femmes ne s'aiment point.

¶ Il y a du péril à contrefaire. *Lise*, déjà vieille, veut rendre une jeune femme ridicule, et elle-même devient difforme ; elle me fait peur. Elle use, pour l'imiter, de grimaces et de contorsions : la voilà aussi laide qu'il faut pour embellir celle dont elle se moque.

¶ On veut à la ville que bien des idiots et des idiotes aient de l'esprit. On veut à la cour que bien des gens manquent d'esprit qui en ont beaucoup ; et, entre les personnes de ce dernier genre, une belle femme ne se sauve qu'à peine avec d'autres femmes.

¶ Un homme est plus fidèle au secret d'autrui qu'au

---

1. VAR. Après cet article, dans les trois premières éditions, se trouvait celui-ci : *Quand l'on a assez fait auprès d'une femme pour devoir l'engager, si cela ne réussit point, il y a encore une ressource, qui est de ne plus*

sien propre ; une femme, au contraire, garde mieux son secret que celui d'autrui.

¶ Il n'y a point dans le cœur d'une jeune personne un si violent amour auquel l'intérêt ou l'ambition n'ajoute quelque chose.

¶ Il y a un temps où les filles les plus riches doivent prendre parti ; elles n'en laissent guère¹ échapper les premières occasions sans se préparer un long repentir : il semble que la réputation des biens diminue en elles avec celle de leur beauté. Tout favorise au contraire une jeune personne, jusques à l'opinion des hommes, qui aiment à lui accorder tous les avantages qui peuvent la rendre plus souhaitable.

¶ Combien de filles à qui une grande beauté n'a jamais servi qu'à leur faire espérer une grande fortune !

¶ Les belles filles sont sujettes à venger ceux de leurs amants qu'elles ont maltraités, ou par de laids, ou par de vieux, ou par d'indignes maris.

¶ La plupart des femmes jugent du mérite et de la bonne mine d'un homme par l'impression qu'ils font sur elles, et n'accordent presque ni l'un ni l'autre à celui pour qui elles ne sentent rien.

¶ Un homme qui seroit en peine de connoître s'il change, s'il commence à vieillir, peut consulter les yeux d'une jeune femme qu'il aborde et le ton dont elle lui parle : il apprendra ce qu'il craint de savoir. Rude école !

¶ Une femme qui n'a jamais les yeux que sur une même personne, ou qui les en détourne toujours, fait penser d'elle la même chose.

¶ Il coûte peu aux femmes de dire ce qu'elles ne

---

rien *faire* ; c'est alors qu'elle vous rappelle. — Dans la quatrième édition, cet article, ne s'appliquant plus à une femme et rendu plus général, a été transposé au chapitre du *Cœur*. (A. Destailleur.)

1. Van. *Elles ne laissent guère.*

sentent point; il coûte encore moins aux hommes de dire ce qu'ils sentent.

¶ Il arrive quelquefois qu'une femme cache à un homme toute la passion qu'elle sent pour lui, pendant que, de son côté, il feint pour elle toute celle qu'il ne sent pas.

¶ L'on suppose un homme indifférent, mais qui voudroit persuader à une femme une passion qu'il ne sent pas; et l'on demande s'il ne lui seroit pas plus aisé d'imposer à celle dont il est aimé qu'à celle qui ne l'aime point.

¶ Un homme peut tromper une femme par un feint attachement, pourvu qu'il n'en ait pas ailleurs un véritable.

¶ Un homme éclate contre une femme qui ne l'aime plus, et se console; une femme fait moins de bruit quand elle est quittée, et demeure longtemps inconsolable.

¶ Les femmes guérissent de leur paresse par la vanité ou par l'amour.

La paresse, au contraire, dans les femmes vives est le présage de l'amour.

¶ Il est fort sûr qu'une femme qui écrit avec emportement est emportée; il est moins clair qu'elle soit touchée. Il semble qu'une passion vive et tendre est morne et silencieuse, et que le plus pressant intérêt d'une femme qui n'est plus libre, celui qui l'agite davantage, est moins de persuader qu'elle aime que de s'assurer si elle est aimée.

¶ *Glycère* n'aime pas les femmes; elle hait leur commerce et leurs visites, se fait celer pour elles, et souvent pour ses amis, dont le nombre est petit, à qui elle est sévère, qu'elle resserre dans leur ordre, sans leur permettre[1] rien de ce qui passe l'a-

1. Var. *Elle leur est sévère, les resserre dans leur ordre, et ne leur permet,* etc.

mitié; elle est distraite avec eux, leur répond par des monosyllabes, et semble chercher à s'en défaire. Elle est solitaire et farouche dans sa maison; sa porte est mieux gardée, et sa chambre plus inaccessible que celles de *Monthoron*[1] et d'*Hémery*[2]. Une seule, *Corinne*, y est attendue, y est reçue, et à toutes les heures; on l'embrasse à plusieurs reprises; on croit l'aimer; on lui parle à l'oreille dans un cabinet où elles sont seules; on a soi-même plus de deux oreilles pour l'écouter; on se plaint à elle de tout autre que d'elle; on lui dit toutes choses, et on ne lui apprend rien; elle a la confiance de tous les deux. L'on voit Glycère en partie carrée au bal, au théâtre, dans les jardins publics, sur le chemin de *Venouze*[3], où l'on mange les premiers fruits; quelquefois seule en litière sur la route du grand faubourg où elle a un verger délicieux, ou à la porte de *Canidie*[4], qui a de si beaux secrets, qui promet aux jeunes femmes de secondes noces, qui en dit le temps et les circonstances. Elle paroît ordinairement avec une coiffure plate et négligée, en simple déshabillé, sans corps et avec des mules : elle est belle en cet équipage, et il ne lui manque que de la fraîcheur. On remarque néanmoins sur elle une riche attache, qu'elle dérobe avec soin aux yeux de son mari. Elle le flatte; elle le caresse; elle invente tous les jours pour lui de nouveaux noms; elle n'a pas d'autre lit que celui de ce cher époux, et elle ne veut pas découcher. Le matin, elle se partage entre sa toilette et quelques billets qu'il faut écrire. Un affranchi vient lui parler en secret; c'est *Parmenon*, qui est favori, qu'elle soutient contre l'antipathie du maître

---

1. Trésorier de l'épargne, à qui Corneille a dédié sa tragédie de *Cinna*.
2. Fils d'un paysan de Sienne, protégé du cardinal Mazarin, contrôleur général, et en dernier lieu surintendant des finances.
3. Vincennes.
4. La Voisin, tireuse de cartes et marchande de poisons, brûlée à Paris en 1680.

et la jalousie des domestiques. Qui, à la vérité, fait mieux connoître des intentions, et rapporte mieux une réponse, que Parmenon? qui parle moins de ce qu'il faut taire? qui sait ouvrir une porte secrète avec moins de bruit? qui conduit plus adroitement par le petit escalier? qui fait mieux sortir par où l'on est entré?

¶ Je ne comprends pas comment un mari qui s'abandonne à son humeur et à sa complexion, qui ne cache aucun de ses défauts, et se montre au contraire par ses mauvais endroits; qui est avare, qui est trop négligé dans son ajustement, brusque dans ses réponses, incivil, froid et taciturne, peut espérer de défendre le cœur d'une jeune femme contre les entreprises de son galant, qui emploie la parure et la magnificence, la complaisance, les soins, l'empressement, les dons, la flatterie.

¶ Un mari n'a guère un rival qui ne soit de sa main, et comme un présent qu'il a autrefois fait à sa femme. Il le loue devant elle de ses belles dents et de sa belle tête; il agrée ses soins; il reçoit ses visites; et, après ce qui lui vient de son cru, rien ne lui paroît de meilleur goût que le gibier et les truffes que cet ami lui envoie. Il donne à souper et il dit aux conviés : Goûtez bien cela; il est de *Léandre*, et il ne me coûte qu'un *grand merci*.

¶ Il y a telle femme qui anéantit ou qui enterre son mari, au point qu'il n'en est fait dans le monde aucune mention : vit-il encore? ne vit-il plus? on en doute. Il ne sert dans sa famille qu'à montrer l'exemple d'un silence timide et d'une parfaite soumission. Il ne lui est dû ni douaire ni conventions; mais à cela près, et qu'il n'accouche pas, il est la femme, et elle est le mari. Ils passent les mois entiers dans une même maison sans le moindre danger de se rencontrer; il est vrai seulement qu'ils sont voisins. Mon-

sieur paye le rôtisseur et le cuisinier, et c'est toujo
chez madame qu'on a soupé. Ils n'ont souvent rien
de commun, ni le lit, ni la table, pas même le nom ;
ils vivent à la romaine ou à la grecque : chacun a le
sien, et ce n'est qu'avec le temps, et après qu'on est
initié au jargon d'une ville, qu'on sait enfin que M. B...
est publiquement, depuis vingt années, le mari de
madame L...

¶ Telle autre femme, à qui le désordre manque pour
mortifier son mari, y revient par sa noblesse et ses alliances, par la riche dot qu'elle a apportée, par les
charmes de sa beauté, par son mérite, par ce que
quelques-uns appellent vertu.

¶ Il y a peu de femmes si parfaites[1] qu'elles empêchent un mari de se repentir, du moins une fois le
jour, d'avoir une femme, ou de trouver heureux celui
qui n'en a point.

¶ Les douleurs muettes et stupides sont hors d'usage : on pleure, on récite, on répète, on est si touchée de la mort de son mari, qu'on n'en oublie pas la
moindre circonstance.

¶ Ne pourroit-on point découvrir l'art de se faire
aimer de sa femme ?

¶ Une femme insensible est celle qui n'a pas encore
vu celui qu'elle doit aimer.

Il y avoit à *Smyrne* une très-belle fille qu'on appeloit *Émire*, et qui étoit moins connue dans toute la
ville par sa beauté que par la sévérité de ses mœurs,
et surtout par l'indifférence qu'elle conservoit pour
tous les hommes, qu'elle voyoit, disoit-elle, sans aucun
péril, et sans d'autres dispositions que celles où elle
se trouvoit pour ses amies ou pour ses frères. Elle
ne croyoit pas la moindre partie de toutes les folies
qu'on disoit que l'amour avoit fait faire dans tous les

---

1. Une honnête femme est un trésor caché, celui qui l'a trouvée fait fort
bien de ne s'en pas vanter. (LA ROCHEFOUCAULD.)

temps ; et celles qu'elle avoit vues elle-même, elle ne les pouvoit comprendre : elle ne connoissoit que l'amitié. Une jeune et charmante personne, à qui elle devoit cette expérience, la lui avoit rendue si douce, qu'elle ne pensoit qu'à la faire durer, et n'imaginoit pas par quel autre sentiment elle pourroit jamais se refroidir sur celui de l'estime et de la confiance, dont elle étoit si contente. Elle ne parloit que d'*Euphrosine* : c'étoit le nom de cette fidèle amie; et tout Smyrne ne parloit que d'elle et d'Euphrosine : leur amitié passoit en proverbe. Émire avoit deux frères qui étoient jeunes, d'une excellente beauté, et dont toutes les femmes de la ville étoient éprises ; et il est vrai qu'elle les aima toujours comme une sœur aime ses frères. Il y eut un prêtre de *Jupiter* qui avoit accès dans la maison de son père, à qui elle plut, qui osa le lui déclarer, et ne s'attira que du mépris. Un vieillard, qui, se confiant en sa naissance et en ses grands biens, avoit eu la même audace, eut aussi la même aventure. Elle triomphoit cependant; et c'étoit jusque alors au milieu de ses frères, d'un prêtre et d'un vieillard, qu'elle se disoit insensible. Il sembla que le Ciel voulût l'exposer à de plus fortes épreuves, qui ne servirent néanmoins qu'à la rendre plus vaine, et qu'à l'affermir dans la réputation[1] d'une fille que l'amour ne pouvoit toucher. De trois amants que ses charmes lui acquirent successivement et dont elle ne craignit pas de voir toute la passion[2], le premier, dans un transport amoureux, se perça le sein à ses pieds ; le second, plein de désespoir de n'être pas écouté, alla se faire tuer à la guerre de *Crète*, et le

---

1. Var. *Et qu'à affermir la réputation où elle s'étoit établie.*
2. Var. *Lui acquirent malgré toutes ses rigueurs, et qui se succédèrent l'un à l'autre,* quatrième édition. — *Et dont elle ne craignoit pas,* ajouté dans la cinquième édition, avec le changement de rédaction ci-dessus. (A. Destailleur.)

troisième mourut de langueur et d'insomnie. Celui qui les devoit venger n'avoit pas encore paru. Ce vieil lard qui avoit été si malheureux dans ses amours s'en étoit guéri par des réflexions sur son âge et sur le caractère de la personne à qui il vouloit plaire; il désira de continuer de la voir, et elle le souffrit. Il lui amena un jour son fils, qui étoit jeune, d'une physionomie agréable, et qui avoit une taille fort noble. Elle le vit avec intérêt; et comme il se tut beaucoup en la présence de son père, elle trouva qu'il n'avoit pas assez d'esprit, et désira qu'il en eût eu davantage. Il la vit seul, parla assez, et avec esprit; mais comme il la regarda peu et qu'il parla encore moins d'elle et de sa beauté, elle fut surprise et comme indignée qu'un homme si bien fait et si spirituel ne fût pas galant. Elle s'entretint de lui avec son amie, qui voulut le voir. Il n'eut des yeux que pour Euphrosine, il lui dit qu'elle étoit belle; et Émire, si indifférente, devenue jalouse, comprit que *Ctésiphon* étoit persuadé de ce qu'il disoit, et que non-seulement il étoit galant, mais même qu'il étoit tendre. Elle se trouva depuis ce temps moins libre avec son amie[1]. Elle désira de les voir ensemble une seconde fois, pour être plus éclaircie; et une seconde entrevue lui fit voir encore plus qu'elle ne craignoit de voir, et changea ses soupçons en certitude. Elle s'éloigne d'Euphrosine, ne lui connoît plus le mérite qui l'avoit charmée, perd le goût de sa conversation : elle ne l'aime plus; et ce changement lui fait sentir que l'amour dans son cœur a pris la place de l'amitié. Ctésiphon et Euphrosine se voient tous les jours, s'aiment, songent à s'épouser, s'épousent. La nouvelle s'en répand par toute la ville, et l'on publie que deux personnes enfin ont eu cette joie si rare de se marier à ce qu'ils aimoient. Émire

---

[1] Var. *Et avec ce nouvel amant de son amie.*

l'apprend et s'en désespère : elle ressent tout son amour. Elle recherche Euphrosine pour le seul plaisir de revoir Ctésiphon ; mais ce jeune mari est encore l'amant de sa femme et trouve une maîtresse dans une nouvelle épouse ; il ne voit dans Émire que l'amie d'une personne qui lui est chère. Cette fille infortunée perd le sommeil et ne veut plus manger ; elle s'affoiblit ; son esprit s'égare ; elle prend son frère pour Ctésiphon, et elle lui parle comme à un amant. Elle se détrompe, rougit de son égarement ; elle retombe bientôt dans de plus grands, et n'en rougit plus [1] ; elle ne les connoît plus. Alors elle craint les hommes, mais trop tard ; c'est sa folie. Elle a des intervalles où sa raison lui revient et où elle gémit de la retrouver. La jeunesse de Smyrne, qui l'a vue si fière et si insensible, trouve que les dieux l'ont trop punie.

1. Var. *Elle n'en rougit point, elle ne les connoît point, et tout le monde alors s'en aperçoit. On la resserre, elle ne paroit plus. Elle a des intervalles,* etc.

DU CŒUR.

Il y a un goût dans la pure amitié où ne peuvent atteindre ceux qui sont nés médiocres.

¶ L'amitié peut subsister entre des gens de différents sexes, exempte même de toute grossièreté. Une femme cependant regarde toujours un homme comme un homme; et réciproquement, un homme regarde une femme comme une femme. Cette liaison n'est ni passion ni amitié pure; elle fait une classe à part.

¶ L'amour naît brusquement, sans autre réflexion, par tempérament ou par foiblesse; un trait de beauté nous fixe, nous détermine. L'amitié, au contraire, se forme peu à peu, avec le temps, par la pratique, par un long commerce. Combien d'esprit, de bonté de cœur, d'attachement, de services et de complaisance dans les amis, pour faire en plusieurs années bien moins que ne fait quelquefois en un moment un beau visage ou une belle main!

¶ Le temps, qui fortifie les amitiés, affoiblit l'amour.

¶ Tant que l'amour dure, il subsiste de soi-même, et quelquefois par les choses qui semblent le devoir éteindre, par les caprices, par les rigueurs, par l'éloignement, par la jalousie. L'amitié, au contraire, a besoin de secours; elle périt faute de soins, de confiance et de complaisance.

¶ Il est plus ordinaire de voir un amour extrême qu'une parfaite amitié [1].

¶ L'amour et l'amitié s'excluent l'un l'autre.

---

1. Quelque rare que soit le véritable amour, il l'est moins que la véritable amitié. (LA ROCHEFOUCAULD.)

¶ Celui qui a eu l'expérience d'un grand amour néglige l'amitié; et celui qui est épuisé sur l'amitié n'a encore rien fait pour l'amour.

¶ L'amour commence par l'amour, et l'on ne sauroit passer de la plus forte amitié qu'à un amour foible.

¶ Rien ne ressemble mieux à une vive amitié que ces liaisons que l'intérêt de notre amour nous fait cultiver.

¶ L'on n'aime bien qu'une seule fois, c'est la première; les amours qui suivent sont moins involontaires.

¶ L'amour qui naît subitement est le plus long à guérir.

¶ L'amour qui croît peu à peu, et par degrés, ressemble trop à l'amitié pour être une passion violente.

¶ Celui qui aime assez pour vouloir aimer un million de fois plus qu'il ne fait ne cède en amour qu'à celui qui aime plus qu'il ne voudroit.

¶ Si j'accorde que dans la violence d'une grande passion on peut aimer quelqu'un plus que soi-même, à qui ferai-je plus de plaisir, ou à ceux qui aiment, ou à ceux qui sont aimés?

¶ Les hommes souvent veulent aimer, et ne sauroient y réussir; ils cherchent leur défaite sans pouvoir la rencontrer, et si j'ose ainsi parler, ils sont contraints de demeurer libres.

¶ Ceux qui s'aiment d'abord avec la plus violente passion contribuent bientôt chacun de leur part à s'aimer moins, et ensuite à ne s'aimer plus. Qui d'un homme ou d'une femme met davantage du sien dans cette rupture? Il n'est pas aisé de le décider. Les femmes accusent les hommes d'être volages, et les hommes disent qu'elles sont légères.

¶ Quelque délicat que l'on soit en amour, on pardonne plus de fautes que dans l'amitié.

¶ C'est une vengeance douce à celui qui aime beaucoup de faire, par tout son procédé, d'une personne ingrate une très-ingrate.

¶ Il est triste d'aimer sans une grande fortune, et qui nous donne les moyens de combler ce que l'on aime, et le rendre si heureux qu'il n'ait plus de souhaits à faire.

¶ S'il se trouve une femme pour qui l'on ait eu une grande passion, et qui ait été indifférente, quelques importants services qu'elle nous rende dans la suite de notre vie, l'on court un grand risque d'être ingrat.

¶ Une grande reconnoissance emporte avec soi beaucoup de goût et d'amitié pour la personne qui nous oblige.

¶ Être avec des gens qu'on aime, cela suffit; rêver, leur parler, ne leur parler point, penser à eux, penser à des choses plus indifférentes, mais auprès d'eux, tout est égal.

¶ Il n'y a pas si loin de la haine à l'amitié que de l'antipathie.

¶ Il semble qu'il est moins rare de passer de l'antipathie à l'amour qu'à l'amitié.

¶ L'on confie son secret dans l'amitié; mais il échappe dans l'amour.

L'on peut avoir la confiance de quelqu'un sans en avoir le cœur. Celui qui a le cœur n'a pas besoin de révélation ou de confiance; tout lui est ouvert.

¶ L'on ne voit dans l'amitié que les défauts qui peuvent nuire à nos amis. L'on ne voit en amour de défauts dans ce qu'on aime que ceux dont on souffre soi-même.

¶ Il n'y a qu'un premier dépit en amour, comme la première faute dans l'amitié, dont on puisse faire un bon usage.

---

1. Var. *N'a plus besoin.*

¶ Il semble que, s'il y a un soupçon injuste, bizarre et sans fondement, qu'on ait une fois appelé jalousie, cette autre jalousie qui est un sentiment juste, naturel, fondé en raison et sur l'expérience, mériteroit un autre nom.

Le tempérament a beaucoup de part à la jalousie, et elle ne suppose pas toujours une grande passion. C'est cependant un paradoxe qu'un violent amour sans délicatesse.

Il arrive souvent que l'on souffre tout seul de la délicatesse. L'on souffre de la jalousie, et l'on fait souffrir les autres.

Celles qui ne nous ménagent sur rien, et ne nous épargnent nulles occasions de jalousie, ne mériteroient de nous aucune jalousie, si l'on se régloit plus par leurs sentiments et leur conduite que par son cœur [1].

¶ Les froideurs et les relâchements dans l'amitié ont leurs causes. En amour, il n'y a guère d'autre raison de ne s'aimer plus que de s'être trop aimés.

¶ L'on n'est pas plus maître de toujours aimer, qu'on l'a été de ne pas aimer [2].

¶ Les amours meurent par le dégoût, et l'oubli les enterre.

¶ Le commencement et le déclin de l'amour se font sentir par l'embarras où l'on est de se trouver seuls.

¶ Cesser d'aimer, preuve sensible que l'homme est borné, et que le cœur a ses limites.

C'est foiblesse que d'aimer; c'est souvent une autre foiblesse que de guérir.

---

1. Les infidélités devroient éteindre l'amour, et il ne faudroit pas être jaloux quand on a sujet de l'être : il n'y a que les personnes qui évitent de donner de la jalousie qui soient dignes qu'on en ait pour elles. (LA ROCHEFOUCAULD.)

2. Comme on n'est jamais en liberté d'aimer ou de cesser d'aimer, l'amant ne peut se plaindre avec justice de l'inconstance de sa maîtresse, ni elle de la légèreté de son amant (*Idem.*)

On guérit comme on se console : on n'a pas dans le cœur de quoi toujours pleurer et toujours aimer.

¶ Il devroit y avoir dans le cœur des sources¹ inépuisables de douleur pour de certaines pertes. Ce n'est guère par vertu ou par force d'esprit que l'on sort d'une grande affliction. L'on pleure amèrement, et l'on est sensiblement touché ; mais l'on est ensuite si foible ou si léger, que l'on se console².

¶ Si une laide se fait aimer, ce ne peut être qu'éperdument : car il faut que ce soit ou par une étrange foiblesse de son amant, ou par de plus secrets et de plus invincibles charmes que ceux de la beauté.

¶ L'on est encore longtemps à se voir par habitude, et à se dire de bouche que l'on s'aime, après que les manières disent qu'on ne s'aime plus.

¶ Vouloir oublier quelqu'un, c'est y penser. L'amour a cela de commun avec les scrupules, qu'il s'aigrit par les réflexions et les retours que l'on fait pour s'en délivrer. Il faut, s'il se peut, ne point songer à sa passion pour l'affoiblir.

¶ L'on veut faire tout le bonheur, ou, si cela ne se peut ainsi, tout le malheur de ce qu'on aime.

¶ Regretter ce que l'on aime est un bien, en comparaison de vivre avec ce que l'on hait.

¶ Quelque désintéressement qu'on ait à l'égard de ceux qu'on aime, il faut quelquefois se contraindre pour eux, et avoir la générosité de recevoir.

Celui-là peut prendre, qui goûte un plaisir aussi délicat à recevoir que son ami en sent à lui donner³.

¶ Donner, c'est agir, ce n'est pas souffrir de ses bienfaits, ni céder à l'importunité ou à la nécessité de ceux qui nous demandent.

¶ Si l'on a donné à ceux que l'on aimoit, quelque chose qu'il arrive, il n'y a plus d'occasions où l'on doive songer à ses bienfaits.

¶ On a dit en latin qu'il coûte moins cher de haïr que d'aimer; ou, si l'on veut, que l'amitié est plus à charge que la haine. Il est vrai qu'on est dispensé de donner à ses ennemis; mais ne coûte-t-il rien de s'en venger? Ou, s'il est doux et naturel de faire du mal à ce que l'on hait, l'est-il moins de faire du bien à ce qu'on aime? Ne seroit-il pas dur et pénible de ne leur en point faire?

¶ Il y a du plaisir à rencontrer les yeux de celui à qui l'on vient de donner.

¶ Je ne sais si un bienfait qui tombe sur un ingrat, et ainsi sur un indigne, ne change pas de nom, et s'il méritoit plus de reconnoissance.

¶ La libéralité consiste moins à donner beaucoup qu'à donner à propos.

¶ S'il est vrai que la pitié ou la compassion soit un retour vers nous-mêmes qui nous met en la place des malheureux, pourquoi tirent-ils de nous si peu de soulagement dans leurs misères?

Il vaut mieux s'exposer à l'ingratitude que de manquer aux misérables.

¶ L'expérience confirme que la mollesse ou l'indulgence pour soi et la dureté pour les autres n'est qu'un seul et même vice.

¶ Un homme dur au travail et à la peine, inexorable à soi-même, n'est indulgent aux autres que par un excès de raison.

¶ Quelque désagrément qu'on ait à se trouver chargé d'un indig , l'on goûte à peine les nouveaux avantages qui le tirent enfin de notre sujétion: de même, la joie que l'on reçoit de l'élévation de son ami est un peu balancée par la petite peine qu'on a de le voir au-dessus de nous, ou s'égaler à nous. Ainsi l'on s'accorde mal avec soi-même : car l'on veut des dépendants, et qu'il n'en coûte rien. L'on veut aussi le bien de ses amis, et, s'il arrive, ce n'est pas toujours par s'en réjouir que l'on commence.

¶ On convie, on invite, on offre sa maison, sa table, son bien et ses services ; rien ne coûte qu'à tenir parole.

¶ C'est assez pour soi d'un fidèle ami, c'est même beaucoup de l'avoir rencontré ; on ne peut en avoir trop pour le service des autres.

¶ Quand on a assez fait auprès de certaines personnes pour avoir dû se les acquérir, si cela ne réussit point, il y a encore une ressource, qui est de ne plus rien faire.

¶ Vivre avec ses ennemis comme s'ils devoient un jour être nos amis, et vivre avec nos amis comme s'ils pouvoient devenir nos ennemis, n'est ni selon la nature de la haine, ni selon les règles de l'amitié : ce n'est point une maxime morale, mais politique.

¶ On ne doit pas se faire des ennemis de ceux qui, mieux connus, pourroient avoir rang entre nos amis. On doit faire choix d'amis si sûrs et d'une si exacte probité, que, venant à cesser de l'être, ils ne veuillent pas abuser de notre confiance, ni se faire craindre comme ennemis.

¶ Il est doux de voir ses amis par goût et par estime ; il est pénible de les cultiver par intérêt : c'est *solliciter*.

Il faut briguer la faveur de ceux à qui l'on veut du bien, plutôt que de ceux de qui l'on espère du bien.

¶ On ne vole point des mêmes ailes pour sa fortune que l'on fait pour des choses frivoles et de fantaisie. Il y a un sentiment de liberté à suivre ses caprices, et tout au contraire de servitude à courir pour son établissement : il est naturel de le souhaiter beaucoup et d'y travailler peu, de se croire digne de le trouver sans l'avoir cherché.

¶ Celui qui sait attendre le bien qu'il souhaite ne prend pas le chemin de se désespérer s'il ne lui arrive pas; et celui au contraire qui désire une chose avec une grande impatience y met trop du sien pour en être assez récompensé par le succès.

¶ Il y a de certaines gens qui veulent si ardemment et si déterminément une certaine chose que, de peur de la manquer, ils n'oublient rien de ce qu'il faut faire pour la manquer.

Les choses les plus souhaitées n'arrivent point, ou, si elles arrivent, ce n'est ni dans le temps ni dans les circonstances où elles auroient fait un extrême plaisir.

¶ Il faut rire avant que d'être heureux, de peur de mourir sans avoir ri.

¶ La vie est courte, si elle ne mérite ce nom que lorsqu'elle est agréable; puisque, si l'on cousoit ensemble toutes les heures que l'on passe avec ce qui plaît, l'on feroit à peine d'un grand nombre d'années une vie de quelques mois.

¶ Qu'il est difficile d'être content de quelqu'un !

¶ On ne pourroit se défendre de quelque joie à voir périr un méchant homme; l'on jouiroit alors du fruit de sa haine, et l'on tireroit de lui tout ce qu'on en peut espérer, qui est le plaisir de sa perte. Sa mort enfin arrive, mais dans une conjoncture où nos intérêts ne nous permettent pas de nous en réjouir : il meurt trop tôt ou trop tard.

¶ Il est pénible à un homme fier de pardonner à celui qui le surprend en faute, et qui se plaint de lui avec raison; sa fierté ne s'adoucit que lorsqu'il reprend ses avantages, et qu'il met l'autre dans son tort.

¶ Comme nous nous affectionnons de plus en plus

aux personnes à qui nous faisons du bien, de même nous haïssons violemment ceux que nous avons beaucoup offensés.

¶ Il est également difficile d'étouffer dans les commencements le sentiment des injures, et de le conserver après un certain nombre d'années.

¶ C'est par foiblesse que l'on hait un ennemi, et que l'on songe à s'en venger; et c'est par paresse que l'on s'apaise, et qu'on ne se venge point [1].

¶ Il y a bien autant de paresse que de foiblesse à se laisser gouverner.

Il ne faut pas penser à gouverner un homme tout d'un coup, et sans autre préparation, dans une affaire importante et qui seroit capitale à lui ou aux siens : il sentiroit d'abord l'empire et l'ascendant qu'on veut prendre sur son esprit, et il secoueroit le joug par honte ou par caprice. Il faut tenter auprès de lui les petites choses; et de là le progrès jusqu'aux plus grandes est immanquable. Tel ne pouvoit au plus dans les commencements qu'entreprendre de le faire partir pour la campagne ou retourner à la ville, qui finit par lui dicter un testament où il réduit son fils à la légitime [2].

Pour gouverner quelqu'un longtemps et absolument, il faut avoir la main légère, et ne lui faire sentir que le moins qu'il se peut sa dépendance.

Tels se laissent gouverner jusqu'à un certain point, qui au delà sont intraitables et ne se gouvernent plus; on perd tout à coup la route de leur cœur et de leur

---

[1]. Les hommes ne sont pas seulement sujets à perdre le souvenir des injures, ils cessent de haïr ceux qui les ont outragés. L'application de se venger du mal leur paroît une servitude à laquelle ils ont peine à se soumettre. (LA ROCHEFOUCAULD.)

[2]. La légitime est la portion assurée par la loi à certains héritiers sur la part héréditaire qu'ils auraient eue en entier si le défunt n'en avait disposé totalement ou partiellement par donations entre-vifs ou testamentaires. (DE L'ERDIÈRE.)

esprit; ni hauteur ni souplesse, ni force ni industrie, ne les peuvent dompter; avec cette différence que quelques-uns sont ainsi faits par raison et avec fondement, et quelques autres par tempérament et par humeur.

Il se trouve des hommes qui n'écoutent ni la raison ni les bons conseils, et qui s'égarent volontairement, par la crainte qu'ils ont d'être gouvernés.

D'autres consentent d'être gouvernés par leurs amis en des choses presque indifférentes, et s'en font un droit de les gouverner à leur tour en des choses graves et de conséquence.

Drance[1] veut passer pour gouverner son maître; qui n'en croit rien, non plus que le public : parler sans cesse à un grand que l'on sert, en des lieux et en des temps où il convient le moins, lui parler à l'oreille ou en des termes mystérieux, rire jusqu'à éclater en sa présence, lui couper la parole, se mettre entre lui et ceux qui lui parlent, dédaigner ceux qui viennent faire leur cour ou attendre impatiemment qu'ils se retirent, se mettre proche de lui en une posture trop libre, figurer avec lui le dos appuyé à une cheminée, le tirer par son habit, lui marcher sur les talons, faire le familier, prendre des libertés, marquent mieux un fat qu'un favori.

Un homme sage ni ne se laisse gouverner, ni ne cherche à gouverner les autres ; il veut que la raison gouverne seule, et toujours.

Je ne haïrois pas d'être livré par la confiance à une personne raisonnable, et d'en être gouverné en toutes choses, et absolument, et toujours : je serois sûr de

---

1. On a voulu reconnaître dans le portrait de *Drance* le comte de Clermont-Tonnerre premier gentilhomme de la chambre de Monsieur. Il se vit obligé de quitter son service à cause du mépris que lui avaient valu ses traits plaisants et satiriques. — Avec une poltronnerie qui lui faisoit tout souffrir, dit Saint-Simon, il s'attiroit cent affaires par son escroquerie et ses bons mots, et il étoit enfin tombé à un tel point d'abjection qu'on avoit honte de l'insulter quand il disoit quelque sottise.

bien faire, sans avoir le soin de délibérer; je jouirois de la tranquillité de celui qui est gouverné par la raison.

¶ Toutes les passions sont menteuses; elles se déguisent autant qu'elles le peuvent aux yeux des autres; elles se cachent à elles-mêmes : il n'y a point de vice qui n'ait une fausse ressemblance avec quelque vertu, et qui ne s'en aide.

¶ On trouve[1] un livre de dévotion, et il touche; on en ouvre un autre qui est galant, et il fait son impression. Oserai-je dire que le cœur seul concilie les choses contraires, et admet les incompatibles?

¶ Les hommes rougissent moins de leurs crimes que de leurs foiblesses et de leur vanité. Tel est ouvertement injuste, violent, perfide, calomniateur, qui cache son amour ou son ambition, sans autre vue que de la cacher.

¶ Le cas n'arrive guère où l'on puisse dire : J'étois ambitieux : ou on ne l'est point, ou on l'est toujours, mais le temps vient où l'on avoue que l'on a aimé.

¶ Les hommes commencent par l'amour, finissent par l'ambition, et ne se trouvent souvent dans une assiette plus tranquille que lorsqu'ils meurent.

¶ Rien ne coûte moins à la passion que de se mettre au-dessus de la raison; son grand triomphe est de l'emporter sur l'intérêt.

¶ L'on est plus sociable et d'un meilleur commerce par le cœur que par l'esprit.

¶ Il y a de certains grands sentiments, de certaines actions nobles et élevées, que nous devons moins à la force de notre esprit qu'à la bonté de notre naturel.

¶ Il n'y a guère au monde un plus bel excès que celui de la reconnoissance.

---

1. Var. *On ouvre.*

¶ Il faut être bien dénué d'esprit, si l'amour, la malignité, la nécessité, n'en font pas trouver.

¶ Il y a des lieux que l'on admire; il y en a d'autres qui touchent, et où l'on aimeroit à vivre [1].

Il me semble que l'on dépend des lieux pour l'esprit, l'humeur, la passion, le goût et les sentiments.

¶ Ceux qui font bien mériteroient seuls d'être enviés, s'il n'y avoit encore un meilleur parti à prendre, qui est de faire mieux : c'est une douce vengeance contre ceux qui nous donnent cette jalousie.

¶ Quelques-uns se défendent d'aimer et de faire des vers, comme de deux foibles qu'ils n'osent avouer, l'un du cœur, l'autre de l'esprit.

¶ Il y a quelquefois dans le cours de la vie de si chers plaisirs et de si tendres engagements que l'on nous défend, qu'il est naturel de désirer du moins qu'ils fussent permis : de si grands charmes ne peuvent être surpassés que par celui de savoir y renoncer par vertu [2].

1. Jean-Jacques et Bernardin de Saint-Pierre, avec leur amour des lieux, se chargeront de développer un jour toutes les nuances, closes et sommeillantes, pour ainsi dire, dans ce propos discret et charmant. Lamartine ne fera que traduire poétiquement le mot de La Bruyère, quand il s'écriera :

    Objets inanimés, avez-vous donc une âme
    Qui s'attache à notre âme et la force d'aimer ?
                   SAINTE-BEUVE.

2. Une note manuscrite porte que *la marquise de Belleforière était fort l'amie de La Bruyère*. Cette note a éveillé l'attention de M. Sainte-Beuve, et il a cherché la confirmation du fait dans le livre même des *Caractères*.

« Madame de Belleforière, dit-il, était une de ces personnes dont La Bruyère, au chapitre *du Cœur*, devait avoir l'idée présente quand il disait : « Il y a quelquefois dans le cours de la vie de si chers plaisirs, etc. »

« Était-elle celle-là même qui lui faisait penser ce mot d'une délicatesse qui va jusqu'à la grandeur : « L'on peut être touché de certaines beautés, etc.? » Il y a moyen, avec un peu de complaisance, de reconstruire et de rêver plus d'une sorte de vie cachée pour La Bruyère, d'après quelques-unes de ses pensées qui recèlent toute une destinée, et, comme il semble, tout un roman enseveli. »

DE LA SOCIÉTÉ ET DE LA CONVERSATION.

¶ Un caractère bien fade est celui de n'en avoir aucun.

C'est le rôle d'un sot d'être importun : un homme habile sent s'il convient ou s'il ennuie; il sait disparoître le moment qui précède celui où il seroit de trop quelque part.

¶ L'on marche sur les mauvais plaisants, et il pleut par tout pays de cette sorte d'insectes. Un bon plaisant est une pièce rare ; à un homme qui est né tel, il est encore fort délicat d'en soutenir longtemps le personnage ; il n'est pas ordinaire que celui qui fait rire se fasse estimer.

¶ Il y a beaucoup d'esprits obscènes, encore plus de médisants ou de satiriques, peu de délicats. Pour badiner avec grâce, et rencontrer heureusement sur les plus petits sujets, il faut trop de manières, trop de politesse, et même trop de fécondité : c'est créer que de railler ainsi, et faire quelque chose de rien.

¶ Si l'on faisoit une sérieuse attention à tout ce qui se dit de froid, de vain et de puéril dans les entretiens ordinaires, l'on auroit honte de parler ou d'écouter, et l'on se condamneroit peut-être à un silence perpétuel, qui seroit une chose pire dans le commerce que les discours inutiles. Il faut donc s'accommoder à tous les esprits; permettre comme un mal nécessaire le récit des fausses nouvelles, les vagues réflexions sur le gouvernement présent ou sur l'intérêt des princes, le débit des beaux sentiments, et qui reviennent toujours les mêmes : il faut laisser *Aronce* parler proverbe[1], et *Mélinde* parler de soi, de ses vapeurs, de ses migraines et de ses insomnies.

¶ L'on voit des gens qui, dans les conversations ou dans le peu de commerce que l'on a avec eux, vous dégoûtent par leurs ridicules expressions, par la nouveauté, et j'ose dire par l'impropriété des termes dont ils se servent, comme par l'alliance de certains mots qui ne se rencontrent ensemble que dans leur bouche, et à qui ils font signifier des choses que leurs premiers inventeurs n'ont jamais eu intention de leur faire dire. Ils ne suivent en parlant ni la raison ni l'usage, mais leur bizarre génie, que l'envie de toujours plaisanter, et peut-être de briller, tourne insensiblement à un jargon qui leur est propre, et qui devient enfin leur idiome naturel; ils accompagnent un langage si extravagant d'un geste affecté et d'une prononciation qui est contrefaite. Tous sont contents d'eux-mêmes et de l'agrément de leur esprit, et l'on ne peut pas dire qu'ils en soient entièrement dénués; mais on les plaint de ce peu qu'ils en ont, et, ce qui est pire, on en souffre.

¶ Que dites-vous? comment? je n'y suis pas : vous plairoit-il de recommencer? J'y suis encore moins; je devine enfin : vous voulez, *Acis*, me dire qu'il fait froid? Que ne disiez-vous : il fait froid. Vous voulez m'apprendre qu'il pleut ou qu'il neige, dites : Il pleut, il neige. Vous me trouvez bon visage, et vous désirez de m'en féliciter, dites : Je vous trouve bon visage. Mais, répondez-vous, cela est bien uni et bien clair, et d'ailleurs qui ne pourroit pas en dire autant? Qu'importe, Acis? Est-ce un si grand mal[2], d'être entendu quand on parle, et de parler comme tout le monde? Une chose vous manque, Acis, à vous

---

[1]. C'est-à-dire, ne parler que par proverbes — c'est une forme du dix-septième siècle : *parler épigramme, parler chrétien*. On dit encore *parler chasse, parler argent*.

[2]. Var. *Malheur.*

et à vos semblables les discours de *phébus*[1], vous ne vous en défiez point, et je vais vous jeter dans l'étonnement : une chose vous manque, c'est l'esprit. Ce n'est pas tout : il y a en vous une chose de trop, qui est l'opinion d'en avoir plus que les autres. Voilà la source de votre pompeux galimatias, de vos phrases embrouillées, et de vos grands mots qui ne signifient rien. Vous abordez cet homme, ou vous entrez dans cette chambre ; je vous tire par votre habit, et vous dis à l'oreille : Ne songez point à avoir de l'esprit, n'en ayez point ; c'est votre rôle. Ayez, si vous pouvez, un langage simple[2], et tel que l'ont ceux en qui vous ne trouvez aucun esprit ; peut-être alors croira-t-on que vous en avez.

¶ Qui peut se promettre d'éviter dans la société des hommes la rencontre de certains esprits vains, légers, familiers, délibérés, qui sont toujours dans une compagnie ceux qui parlent, et qu'il faut que les autres écoutent ? On les entend de l'antichambre ; on entre impunément et sans crainte de les interrompre. Ils continuent leur récit sans la moindre attention pour ceux qui entrent ou qui sortent, comme pour le rang ou le mérite des personnes qui composent le cercle ; ils font taire celui qui commence à conter une nouvelle, pour la dire de leur façon, qui est meilleure : ils la tiennent de *Zamet*, de *Ruccelay*, ou de *Conchini*[3],

---

1. On dit qu'un homme parle *phébus*, lorsqu'en affectant de parler en termes magnifiques, il tombe dans le galimatias et l'obscurité. (*Diction. de* Trévoux.) — Phébus est un personnage des romans de mademoiselle de Scudéry, et c'est le langage que lui prête cet écrivain qui a donné lieu au dicton ci-dessus.

2. Le parler que j'aime, c'est un parler simple et naïf. (Montaigne, voir : *Essais*, liv. I, ch. xxv.) — Tout ce que dit ici La Bruyère est également dit par Molière dans *les Précieuses* ou *les Femmes savantes*, et par Boileau, à propos de Brébeuf et des autres poëtes de la même école. Le secret de la supériorité littéraire du dix-septième siècle est là tout entier.

3. Sans dire *monsieur*. (*Note de La Bruyère*.)

Il tutoie, en parlant, ceux du plus haut étage,
Et le nom de *monsieur* est chez lui hors d'usage.
(Molière, *le Misanthrope*, act. II, sc. v.)

qu'ils ne connoissent point, à qui ils n'ont jamais parlé, et qu'ils traiteroient de Monseigneur s'ils leur parloient. Ils s'approchent quelquefois de l'oreille du plus qualifié de l'assemblée, pour le gratifier d'une circonstance que personne ne sait, et dont ils ne veulent pas que les autres soient instruits ; ils suppriment quelques noms pour déguiser l'histoire qu'ils racontent, et pour détourner les applications. Vous les priez, vous les pressez inutilement : il y a des choses qu'ils ne diront pas; il y a des gens qu'ils ne sauroient nommer, leur parole y est engagée; c'est le dernier secret, c'est un mystère, outre que vous leur demandez l'impossible : car, sur ce que vous voulez apprendre d'eux, ils ignorent le fait et les personnes.

¶ *Arrias* a tout lu, a tout vu, il veut le persuader ainsi; c'est un homme universel, et il se donne pour tel. Il aime mieux mentir que de se taire[1] ou de paroître ignorer quelque chose. On parle à la table d'un grand d'une cour du Nord : il prend la parole et l'ôte à ceux qui alloient dire ce qu'ils en savent; il s'oriente dans cette région lointaine comme s'il en étoit originaire ; il discourt des mœurs de cette cour, des femmes

---

Nous ne pouvons dire de quel Zamet il s'agit ici, attendu qu'il y a trois personnages de ce nom : 1° Sébastien Zamet, fils d'un cordonnier, né à Lucques, en 1549. D'abord valet de chambre et cordonnier de Henri III, Sébastien acquit une fortune considérable, et après avoir été l'ami de Mayenne et le confident de Henri IV, il devint le surintendant de Marie de Médicis, et mourut en 1614; — 2° Jean Zamet, son fils aîné, capitaine des gardes de Henri IV, et surintendant des bâtiments de Fontainebleau; — 3° Sébastien Zamet, son autre fils, aumônier de Marie de Médicis, évêque de Langres, mort en 1655.

Ruccelay est un abbé florentin, qui, après avoir été le conseiller du pape Paul V, vint s'établir en France, et se fit remarquer à la cour par ses grandes dépenses. Il mourut en 1622.

Concino Concini, fils d'un notaire de Florence, vint en France en 1600 avec Marie de Médicis. D'abord gentilhomme de cette princesse, il s'éleva à la plus haute fortune, devint gentilhomme de la chambre, gouverneur de la Normandie, maréchal d'Ancre ; il bouleversa le royaume par ses intrigues, et fut tué à coups de pistolet sur le pont-levis du Louvre, le 24 avril 1617.

1. Les gens qui savent peu parlent beaucoup, et les gens qui savent beaucoup parlent peu. (J.-J. Rousseau.)

du pays, de ses lois et de ses coutumes; il récite des historiettes qui y sont arrivées; il les trouve plaisantes, et il en rit le premier jusqu'à éclater. Quelqu'un se hasarde de le contredire, et lui prouve nettement qu'il dit des choses qui ne sont pas vraies. Arrias ne se trouble point, prend feu au contraire contre l'interrupteur : Je n'avance, lui dit-il, je ne raconte rien que je ne sache d'original ; je l'ai appris de *Sethon*, ambassadeur de France dans cette cour, revenu à Paris depuis quelques jours, que je connois familièrement, que j'ai fort interrogé, et qui ne m'a caché aucune circonstance. Il reprenoit le fil de sa narration avec plus de confiance qu'il ne l'avoit commencée, lorsque l'un des conviés lui dit : C'est Sethon à qui vous parlez, lui-même, et qui arrive de son ambassade[1].

¶ Il y a un parti à prendre, dans les entretiens, entre une certaine paresse qu'on a de parler, ou quelquefois un esprit abstrait, qui, nous jetant loin du sujet de la conversation, nous fait faire ou de mauvaises demandes ou de sottes réponses, et une attention importune qu'on a au moindre mot qui échappe, pour le relever, badiner autour, y trouver un mystère que les autres n'y voient pas, y chercher de la finesse et de la subtilité, seulement pour avoir occasion d'y placer la sienne[2].

¶ Être infatué de soi et s'être fortement persuadé qu'on a beaucoup d'esprit est un accident qui n'arrive guère qu'à celui qui n'en a point, ou qui en a peu: malheur, pour lors, à qui est exposé à l'entretien d'un tel personnage, combien de jolies phrases lui faudra-

---

1. Var. *Et qui arrive fraîchement de son ambassade.*
2. Parlez souvent, mais ne parlez pas longtemps. Alors si vous ne plaisez pas, du moins vous serez sûr de ne pas ennuyer. Payez, comme l'on dit, votre écot, mais ne payez jamais pour toute la compagnie, car, sur cet article, il y a peu de gens qui ne soient très-convaincus qu'ils sont en état de payer eux-mêmes. (Lord Chesterfield.)

t-il essuyer! combien de ces mots aventuriers qui paroissent subitement, durent un temps, et que bientôt on ne revoit plus ! S'il conte une nouvelle, c'est moins pour l'apprendre à ceux qui l'écoutent que pour avoir le mérite de la dire, et de la dire bien; elle devient un roman entre ses mains : il fait penser les gens à sa manière, leur met en la bouche ses petites façons de parler, et les fait toujours parler longtemps; il tombe ensuite en des parenthèses qui peuvent passer pour épisodes, mais qui font oublier le gros de l'histoire, et à lui qui vous parle, et à vous qui le supportez. Que seroit-ce de vous et de lui, si quelqu'un ne survenoit heureusement pour déranger le cercle et faire oublier la narration ?

¶ J'entends *Théodecte* de l'antichambre; il grossit sa voix à mesure qu'il s'approche. Le voilà entré : il rit, il crie, il éclate. On bouche ses oreilles : c'est un tonnerre [1] ! Il n'est pas moins redoutable par les choses qu'il dit que par le ton dont il parle. Il ne s'apaise, et il ne revient de ce grand fracas que pour bredouiller des vanités et des sottises. Il a si peu d'égard au temps, aux personnes, aux bienséances, que chacun a son fait sans qu'il ait eu intention de le lui donner; il n'est pas encore assis, qu'il a, à son insu, désobligé toute l'assemblée. A-t-on servi, il se met le premier à table, et dans la première place; les femmes sont à sa droite et à sa gauche. Il mange, il boit, il conte, il plaisante, il interrompt tout à la fois. Il n'a nul discernement des personnes, ni du maître, ni des conviés ; il abuse de la folle déférence qu'on a pour lui. Est-ce lui, est-ce *Eutidème*, qui donne le repas? Il rappelle à soi toute l'autorité de la table, et il y a un moindre inconvénient à la lui laisser entière qu'à la lui disputer. Le vin et les viandes n'ajoutent rien à son carac-

---

1. Ce portrait a été imité par Delille dans *la Conversation*, ch. III.

tère. Si l'on joue, il gagne au jeu; il veut railler celui qui perd, et il l'offense; les rieurs sont pour lui : il n'y a sorte de fatuités qu'on ne lui passe. Je cède enfin et je disparois, incapable de souffrir plus longtemps Théodecte et ceux qui le souffrent[1].

¶ *Troile* est utile à ceux qui ont trop de bien : il leur ôte l'embarras du superflu; il leur sauve la peine d'amasser de l'argent, de faire des contrats, de fermer des coffres, de porter les clefs sur soi, et de craindre un vol domestique. Il les aide dans leurs plaisirs, et il devient capable ensuite de les servir dans leurs passions; bientôt il les règle et les maîtrise dans leur conduite. Il est l'oracle d'une maison, celui dont on attend, que dis-je? dont on prévient, dont on devine les décisions. Il dit de cet esclave : Il faut le punir, et et on le fouette, et de cet autre : Il faut l'affranchir, et on l'affranchit. L'on voit qu'un parasite ne le fait pas rire, il peut lui déplaire : il est congédié. Le maître est heureux si Troile lui laisse sa femme et ses enfants. Si celui-ci est à table, et qu'il prononce d'un mets qu'il est friand, le maître et les conviés, qui en mangeoient sans réflexion, le trouvent friand, et ne s'en peuvent rassasier; s'il dit au contraire d'un autre mets qu'il est insipide, ceux qui commençoient à le goûter n'osant avaler le morceau qu'ils ont à la bouche, ils le jettent à terre. Tous ont les yeux sur lui, observent son maintien et son visage avant de prononcer sur le vin ou sur les viandes qui sont servies. Ne le cherchez pas ailleurs que dans la maison de ce riche qu'il gouverne : c'est là qu'il mange, qu'il dort et qu'il fait digestion, qu'il querelle son valet, qu'il reçoit ses ouvriers, et qu'il remet ses créanciers. Il régente, il domine dans une salle; il y reçoit la cour et les hommages de ceux qui, plus fins que les au-

---

[1] Suivant les *clefs* manuscrites Théodecte seroit le comte d'Aubigné, frère de madame de Maintenon.

tres, ne veulent aller au maître que par Troile. Si l'on entre par malheur sans avoir une physionomie qui lui agrée, il ride son front et il détourne sa vue ; si on l'aborde, il ne se lève pas ; si l'on s'assied auprès de lui, il s'éloigne ; si on lui parle, il ne répond point ; si l'on continue de parler, il passe dans une autre chambre ; si on le suit, il gagne l'escalier ; il franchiroit tous les étages ou il se lanceroit par une fenêtre, plutôt que de se laisser joindre par quelqu'un qui a un visage ou un son de voix[1] qu'il désapprouve. L'un et l'autre sont agréables en Troile, et il s'en est servi heureusement pour s'insinuer ou pour conquérir. Tout devient, avec le temps, au-dessous de ses soins, comme il est au-dessus de vouloir se soutenir ou continuer de plaire par le moindre des talents qui ont commencé à le faire valoir. C'est beaucoup qu'il sorte quelquefois de ses méditations et de sa taciturnité pour contredire, et que même pour critiquer il daigne une fois le jour avoir de l'esprit. Bien loin d'attendre de lui qu'il défère à vos sentiments, qu'il soit complaisant, qu'il vous loue, vous n'êtes pas sûr qu'il aime toujours votre approbation ou qu'il souffre votre complaisance.

¶ Il faut laisser parler cet inconnu que le hasard a placé auprès de vous dans une voiture publique, à une fête ou à un spectacle ; et il ne vous coûtera bientôt pour le connoître que de l'avoir écouté : vous saurez son nom, sa demeure, son pays, l'état de son bien, son emploi, celui de son père, la famille dont est sa mère, sa parenté, ses alliances, les armes de sa maison ; vous comprendrez qu'il est noble, qu'il a un château, de beaux meubles, des valets, et un carrosse.

¶ Il y a des gens qui parlent un moment avant

---

1. Var. *Un ton de voix.*

que d'avoir pensé. Il y en a d'autres qui ont une fade attention à ce qu'ils disent, et avec qui l'on souffre dans la conversation de tout le travail de leur esprit; ils sont comme pétris de phrases et de petits tours d'expression, concertés dans leur geste et dans tout leur maintien; ils sont *puristes* [1], et ne hasardent pas le moindre mot, quand il devroit faire le plus bel effet du monde; rien d'heureux ne leur échappe; rien ne coule de source et avec liberté : ils parlent proprement et ennuyeusement.

¶ L'esprit de la conversation consiste bien moins à en montrer beaucoup qu'à en faire trouver aux autres [2], celui qui sort de votre entretien content de soi et de son esprit l'est de vous parfaitement. Les hommes n'aiment point à vous admirer, ils veulent plaire; ils cherchent moins à être instruits, et même réjouis, qu'à être goûtés et applaudis; et le plaisir le plus délicat est de faire celui d'autrui [3].

¶ Il ne faut pas qu'il y ait trop d'imagination dans nos conversations ni dans nos écrits : elle ne produit souvent que des idées vaines et puériles, qui ne servent point à perfectionner le goût et à nous rendre meilleurs; nos pensées doivent être prises dans le bon sens et la droite raison, et doivent être un effet de notre jugement.

¶ C'est une grande misère que de n'avoir pas assez d'esprit pour bien parler, ni assez de jugement pour se taire. Voilà le principe de toute impertinence.

---

1. Gens qui affectent une grande pureté de langage. (*Note de La Bruyère.*) — L'explication de ce mot, par l'auteur lui-même, donne lieu de penser qu'il l'avait créé.

2. En cette eschole du commerce des hommes, j'ay souvent remarqué ce vice, qu'au lieu de prendre cognoissance d'aultruy, nous ne travaillons qu'à la donner de nous; et sommes plus en peine de débiter nostre marchandise que d'en acquérir de nouvelle : le silence et la modestie sont qualitez très commodes à la conversation. (MONTAIGNE.)

3. Bien écouter et bien répondre est une des grandes perfections qu'on puisse avoir dans la conversation. (LAROCHEFOUCAULD.)

¶ Dire d'une chose modestement ou qu'elle est bonne a qu'elle est mauvaise, et les raisons pourquoi elle est telle, demande du bons sens et de l'expression; c'est une affaire. Il est plus court de prononcer, d'un ton décisif et qui emporte la preuve de ce qu'on avance, ou qu'elle est exécrable, ou qu'elle est miraculeuse.

¶ Rien n'est moins selon Dieu et selon le monde que d'appuyer tout ce que l'on dit dans la conversation, jusques aux choses les plus indifférentes, par de longs et de fastidieux serments. Un honnête homme qui dit oui et non mérite d'être cru : son caractère jure pour lui, donne créance à ses paroles, et lui attire toute sorte de confiance.

¶ Celui qui dit incessamment qu'il a de l'honneur et de la probité, qu'il ne nuit à personne, qu'il consent que le mal qu'il fait aux autres lui arrive, et qui jure pour le faire croire, ne sait pas même contrefaire l'homme de bien.

Un homme de bien ne sauroit empêcher, par toute sa modestie, qu'on ne dise de lui ce qu'un malhonnête homme sait dire de soi.

¶ *Cléon* parle peu obligeamment ou peu juste, c'est l'un ou l'autre; mais il ajoute qu'il est fait ainsi, et qu'il dit ce qu'il pense.

¶ Il y a parler bien, parler aisément, parler juste, parler à propos. C'est pécher contre ce dernier genre que de s'étendre sur un repas magnifique que l'on vient de faire devant des gens qui sont réduits à épargner leur pain; de dire merveilles de sa santé devant des infirmes; d'entretenir de ses richesses, de ses revenus et de ses ameublements, un homme qui n'a ni rentes, ni domicile; en un mot de parler de son bonheur devant des misérables : cette conversation est trop forte pour eux, et la comparaison qu'ils font alors de leur état au vôtre est odieuse.

¶ Pour vous, dit *Eutiphron,* vous êtes riche, ou vous devez l'être : dix mille livres de rente, et en fonds de terre, cela est beau, cela est doux, et l'on est heureux à moins ; pendant que lui qui parle ainsi a cinquante mille livres de revenu, et qu'il croit n'avoir que la moitié de ce qu'il mérite. Il vous taxe, il vous apprécie, il fixe votre dépense ; et s'il vous jugeoit digne d'une meilleure fortune, et de celle même où il aspire, il ne manqueroit pas de vous la souhaiter. Il n'est pas le seul qui fasse de si mauvaises estimations ou des comparaisons si désobligeantes [1] ; le monde est plein d'Eutiphrons.

¶ Quelqu'un, suivant la pente de la coutume qui veut qu'on loue, et par l'habitude qu'il a à la flatterie et à l'exagération, congratule *Théodème* sur un discours qu'il n'a point entendu, et dont personne n'a pu encore lui rendre compte : il ne laisse pas de lui parler de son génie, de son geste, et surtout de la fidélité de sa mémoire : et il est vrai que Théodème est demeuré court.

¶ L'on voit des gens brusques, inquiets, *suffisants,* qui, bien qu'oisifs et sans aucune affaire qui les appelle ailleurs, vous expédient, pour ainsi dire, en peu de paroles, et ne songent qu'à se dégager de vous ; on leur parle encore, qu'ils sont partis et ont disparu. Ils ne sont pas moins impertinents que ceux qui vous arrêtent seulement pour vous ennuyer ; ils sont peut-être moins incommodes.

¶ Parler et offenser, pour de certaines gens, est précisément la même chose. Ils sont piquants et amers ; leur style est mêlé de fiel et d'absinthe ; la raillerie, l'injure, l'insulte, leur découlent des lèvres comme leur salive. Il leur seroit utile d'être nés muets ou stupides ; ce qu'ils ont de vivacité et d'esprit leur

1. VAR. *Si odieuses.*

nuit davantage que ne fait à quelques autres leur sottise. Ils ne se contentent pas toujours de répliquer avec aigreur, ils attaquent souvent avec insolence ; ils frappent sur tout ce qui se trouve sous leur langue, sur les présents, sur les absents ; ils heurtent de front et de côté, comme des béliers. Demande-t-on à des béliers qu'ils n'aient pas de cornes? De même n'espère-t-on pas de réformer par cette peinture des naturels si durs, si farouches, si indociles. Ce que l'on peut faire de mieux, d'aussi loin qu'on les découvre, est de les fuir de toute sa force et sans regarder derrière soi.

¶ Il y a des gens d'une certaine étoffe ou d'un certain caractère avec qui il ne faut jamais se commettre, de qui l'on ne doit se plaindre que le moins qu'il est possible, et contre qui il n'est pas même permis d'avoir raison.

¶ Entre deux personnes qui ont eu ensemble une violente querelle, dont l'un a raison et l'autre ne l'a pas, ce que la plupart de ceux qui y ont assisté ne manque jamais de faire, ou pour se dispenser de juger, ou par un tempérament qui m'a toujours paru hors de sa place, c'est de condamner tous les deux : leçon importante, motif pressant et indispensable de fuir à l'orient quand le fat est à l'occident, pour éviter de partager avec lui le même tort.

¶ Je n'aime pas un homme que je ne puis aborder le premier, ni saluer avant qu'il me salue, sans m'avilir à ses yeux, et sans tremper dans la bonne opinion qu'il a de lui-même. MONTAGNE diroit[1] : *Je veux avoir mes coudées franches, et être courtois et affable à mon point, sans remords ni conséquence. Je ne puis du tout estriver contre mon penchant, et aller au rebours de mon naturel, qui m'emmeine vers celuy que je trouve à ma*

---

1. Imité de Montagne. (*Note de La Bruyère.*)

rencontre. Quand il m'est égal, et qu'il ne m'est point ennemy, j'anticipe sur son accueil ; je le questionne sur sa disposition et santé ; je luy fais offre de mes offices, sans tant marchander sur le plus ou sur le moins, ne être, comme disent aucuns, sur le qui-vive. Celuy-là me déplaist, qui, par la connoissance que j'ay de ses coûtumes et façons d'agir, me tire de cette liberté et franchise. Comment me ressouvenir tout à propos, et d'aussi loin que je vois cet homme, d'emprunter une contenance grave et importante, et qui l'avertisse que je crois le valoir bien et au delà ; pour cela[1] de me ramentevoir de mes bonnes qualitez et conditions, et des siennes mauvaises, puis en faire la comparaison? C'est trop de travail pour moy, et ne suis du tout capable de si roide et si subite attention ; et quand bien elle m'auroit succédé une première fois, je ne laisserois de fléchir et me démentir à une seconde tâche : je ne puis me forcer et contraindre pour quelconque à être fier.

¶ Avec de la vertu, de la capacité, et une bonne conduite, l'on peut être insupportable. Les manières, que l'on néglige comme de petites choses, sont souvent ce qui fait que les hommes décident de vous en bien ou en mal : une légère attention à les avoir douces et polies prévient leurs mauvais jugements. Il ne faut presque rien pour être cru fier, incivil, méprisant, désobligeant ; il faut encore moins pour être estimé tout le contraire.

¶ La politesse n'inspire pas toujours la bonté, l'équité, la complaisance, la gratitude ; elle en donne du moins les apparences, et fait paroître l'homme au dehors comme il devroit être intérieurement[2].

L'on peut définir l'esprit de politesse, l'on ne peut

1. Var. *Et pour ce.*
2. La politesse a rendu nos mœurs moins féroces ; oui, en apparence, au dehors ; mais dans l'intérieur point du tout... La politesse qui adoucit l'esprit endurcit presque toujours le cœur, parce qu'elle établit parmi les hommes le regne de l'art, qui affaiblit tous les sentiments de la nature. (VAUVENARGUES.)

en fixer la pratique : elle suit l'usage et les coutumes reçues ; elle est attachée aux temps, aux lieux, aux personnes, et n'est point la même dans les deux sexes, ni dans les différentes conditions. L'esprit tout seul ne la fait pas deviner ; il fait qu'on la suit par imitation, et que l'on s'y perfectionne. Il y a des tempéraments qui ne sont susceptibles que de la politesse ; et il y en a d'autres qui ne servent qu'aux grands talents, ou à une vertu solide. Il est vrai que les manières polies donnent cours au mérite, et le rendent agréable, et qu'il faut avoir de bien éminentes qualités pour se soutenir sans la politesse.

Il me semble que l'esprit de politesse est une certaine attention à faire que, par nos paroles et par nos manières, les autres soient contents de nous et d'eux-mêmes.

¶ C'est une faute contre la politesse que de louer immodérément, en présence de ceux que vous faites chanter ou toucher un instrument, quelque autre personne qui a ces mêmes talents ; comme devant ceux qui vous lisent leurs vers, un autre poëte.

¶ Dans les repas ou les fêtes que l'on donne aux autres, dans les présents qu'on leur fait, et dans tous les plaisirs qu'on leur procure, il y a faire bien, et faire selon leur goût ; le dernier est préférable.

¶ Il y auroit une espèce de férocité à rejeter indifféremment toutes sortes de louanges ; l'on doit être sensible à celles qui nous viennent des gens de bien, qui louent en nous sincèrement des choses louables.

¶ Un homme d'esprit, et qui est né fier, ne perd rien de sa fierté et de sa roideur pour se trouver pauvre ; si quelque chose au contraire doit amollir son humeur, le rendre plus doux et plus sociable, c'est un peu de prospérité.

Ne pouvoir supporter tous les mauvais caractères dont le monde est plein n'est pas un fort bon caraclère : il faut, dans le commerce, des pièces d'or et de la monnoie[1].

¶ Vivre avec des gens qui sont brouillés, et dont il faut écouter de part et d'autre les plaintes réciproques, c'est, pour ainsi dire, ne pas sortir de l'audience, et entendre du matin au soir plaider et parler procès.

¶ L'on sait des gens qui avoient coulé leurs jours dans une union étroite; leurs biens étoient en commun; ils n'avoient qu'une même demeure; ils ne se perdoient pas de vue. Ils se sont aperçus à plus de quatre-vingts ans qu'ils devoient se quitter l'un l'autre et finir leur société; ils n'avoient plus qu'un jour à vivre, et ils n'ont osé entreprendre de le passer ensemble; ils se sont dépêchés de rompre avant que de mourir; ils n'avoient de fonds pour la complaisance que jusque-là. Ils ont trop vécu pour le bon exemple; un moment plus tôt ils mouroient sociables, et laissoient après eux un rare modèle de la persévérance dans l'amitié.

¶ L'intérieur des familles est souvent troublé par les défiances, par les jalousies et par l'antipathie, pendant que des dehors contents, paisibles et enjoués, nous trompent, et nous y font supposer une paix qui n'y est point; il y en a peu qui gagnent à être approfondies. Cette visite que vous rendez vient de suspendre une querelle domestique, qui n'attend que votre retraite pour recommencer.

¶ Dans la société, c'est la raison qui plie la première. Les plus sages sont souvent menés par le plus fou et le plus bizarre. L'on étudie son foible, son humeur, ses caprices; l'on s'y accommode; l'on évite de le heurter; tout le monde lui cède. La moindre

---

1. De vray, pourquoy, sans nous esmouvoir, rencontrons-nous quelqu'un qui ayt le corps tortu et mal basty, et ne pouvons nous souffrir le rencontre d'un esprit mal rengé, sans nous mettre en cholère? Cette vicieuse aspreté tient plus au juge qu'à la faulte. (MONTAIGNE, *Essais*, liv. III, ch. VIII.)

sérénité qui paroît sur son visage lui attire des éloges ; on lui tient compte de n'être pas toujours insupportable. Il est craint, ménagé, obéi, quelquefois aimé.

¶ Il n'y a que ceux qui ont eu de vieux collatéraux, ou qui en ont encore, et dont il s'agit d'hériter, q puissent dire ce qu'il en coûte.

¶ *Cléante* est un très-honnête homme ; il s'est choisi une femme qui est la meilleure personne du monde, et la plus raisonnable. Chacun, de sa part, fait tout le plaisir et tout l'agrément des sociétés où il se trouve ; l'on ne peut voir ailleurs plus de probité, plus de politesse. Ils se quittent demain, et l'acte de leur séparation est tout dressé chez le notaire. Il y a sans mentir de certains mérites qui ne sont point faits pour être ensemble, de certaines vertus incompatibles.

¶ L'on peut compter sûrement sur la dot, le douaire et les conventions, mais foiblement sur les *nourritures :* elles dépendent d'une union fragile de la belle-mère et de la bru, et qui périt souvent dans l'année du mariage.

¶ Un beau-père aime son gendre, aime sa bru. Une belle-mère aime son gendre, n'aime point sa bru. Tout est réciproque.

¶ Ce qu'une marâtre aime le moins de tout ce qui est au monde, ce sont les enfants de son mari : plus elle est folle de son mari, plus elle est marâtre.

Les marâtres font déserter les villes et les bourgades, et ne peuplent pas moins la terre de mendiants, de vagabonds, de domestiques et d'esclaves, que la pauvreté.

¶ G** et H**[1] sont voisins de campagne, et leurs

---

[1]. S'il faut en croire les auteurs de *clefs*, « Vedeau de Grammont, conseiller de la cour en la seconde des enquêtes, eut un très-grand procès avec M. Hervé, doyen du parlement, au sujet d'une bêche. Ce procès, commencé pour une bagatelle, donna lieu à une inscription en faux du titre de noblesse dudit Vedeau, et cette affaire alla si loin, qu'il fut dégradé publiquement, sa robe déchirée sur lui ; outre cela, condamné à un bannissement perpétuel,

terres sont contiguës; ils habitent une contrée déserte et solitaire. Éloignés des villes et de tout commerce, il sembloit que la fuite d'une entière solitude, ou l'amour de la société, eût dû les assujettir à une liaison réciproque; il est cependant difficile d'exprimer la bagatelle qui les a fait rompre, qui les rend implacables l'un pour l'autre, et qui perpétuera leurs haines dans leurs descendants. Jamais des parents, et même des frères, ne se sont brouillés pour une moindre chose.

Je suppose qu'il n'y ait que deux hommes sur la terre, qui la possèdent seuls, et qui la partagent toute entre eux deux : je suis persuadé qu'il leur naîtra bientôt quelque sujet de rupture, quand ce ne seroit que pour les limites.

¶ Il est souvent plus court et plus utile de cadrer aux autres que de faire que les autres s'ajustent à nous.

¶ J'approche d'une petite ville, et je suis déjà sur une hauteur d'où je la découvre. Elle est située à mi-côte; une rivière baigne ses murs, et coule ensuite dans une belle prairie; elle a une forêt épaisse qui la couvre des vents froids et de l'aquilon. Je la vois dans un jour si favorable que je compte ses tours et ses clochers; elle me paroît peinte sur le penchant de la colline. Je me récrie, et je dis : Quel plaisir de vivre sous un si beau ciel et dans ce séjour si délicieux ! Je descends dans la ville, où je n'ai pas couché deux nuits, que je ressemble à ceux qui l'habitent : j'en veux sortir.

¶ Il y a une chose que l'on n'a point vue sous le ciel, et que, selon toutes les apparences, on ne verra jamais : c'est une petite ville qui n'est divisée en aucuns partis; où les famillles sont unies, et où les

---

depuis converti en une prison à Pierre-Encise : ce qui le ruina absolument. Il avait épousé la fille de M. Genou, conseiller en la grande chambre. »

cousins se voient avec confiance ; où un mariage n'engendre point une guerre civile ; où la querelle des rangs ne se réveille pas à tous moments par l'offrande, l'encens et le pain bénit, par les processions et par les obsèques ; d'où l'on a banni les *caquets*, le mensonge et la médisance ; où l'on voit parler ensemble le bailli[1] et le président, les élus[2] et les assesseurs[3] ; où le doyen vit bien avec ses chanoines ; où les chanoines ne dédaignent pas les chapelains, et où ceux-ci souffrent les chantres.

¶ Les provinciaux et les sots sont toujours prêts à se fâcher et à croire qu'on se moque d'eux, ou qu'on les méprise : il ne faut jamais hasarder la plaisanterie, même la plus douce et la plus permise, qu'avec des gens polis, ou qui ont de l'esprit.

¶ On ne prime point avec les grands, ils se défendent par leur grandeur ; ni avec les petits, ils vous repoussent par le *qui-vive*.

¶ Tout ce qui est mérite se sent, se discerne, se devine réciproquement : si l'on vouloit être estimé, il faudroit vivre avec des personnes estimables.

¶ Celui qui est d'une éminence au-dessus des autres qui le met à couvert de la repartie, ne doit jamais faire une raillerie piquante.

¶ Il y a de petits défauts que l'on abandonne volontiers à la censure, et dont nous ne haïssons pas à être raillés : ce sont de pareils défauts que nous devons choisir pour railler les autres.

¶ Rire des gens d'esprit, c'est le privilége des sots : ils sont dans le monde ce que les fous sont à la cour, je veux dire sans conséquence.

1. *Bailli*, — officier royal d'épée, au nom duquel la justice se rendait dans l'étendue d'un certain ressort, et qui avait droit de commander la noblesse de son district lorsqu'elle était convoquée pour l'arrière-ban.
2. *Élus*, — magistrats qui jugeaient en première instance les procès relatifs à l'assiette des tailles et autres subsides.
3. *Assesseurs*, — officiers de justice adjoints à un juge principal, pour l'aider dans ses fonctions ou le suppléer en son absence.

¶ La moquerie est souvent indigence d'esprit.

¶ Vous le croyez votre dupe : s'il feint de l'être, qui est plus dupe de lui ou de vous [1] ?

¶ Si vous observez avec soin qui sont les gens qui ne peuvent louer, qui blâment toujours, qui ne sont contents de personne, vous reconnoîtrez que ce sont ceux mêmes dont personne n'est content [2].

¶ Le dédain et le rengorgement dans la société attirent précisément le contraire de ce que l'on cherche [3], à c'est à se faire estimer.

¶ Le plaisir de la société entre les amis se cultive par une ressemblance de goût sur ce qui regarde les mœurs, et par quelque différence d'opinions sur les sciences : par là, ou l'on s'affermit [4] dans ses sentiments, ou l'on s'exerce et l'on s'instruit par la dispute.

¶ L'on ne peut aller loin dans l'amitié, si l'on n'est pas disposé à se pardonner les uns aux autres les petits défauts.

¶ Combien de belles et inutiles raisons à étaler à celui qui est dans une grande adversité, pour essayer de le rendre tranquille ! Les choses de dehors, qu'on appelle les événements, sont quelquefois plus fortes que la raison et que la nature. Mangez, dormez, ne vous laissez point mourir de chagrin, songez à vivre : harangues froides, et qui réduisent à l'impossible. Êtes-vous raisonnable de vous tant inquiéter ? N'est-ce pas dire : Êtes-vous fou d'être malheureux ?

¶ Le conseil, si nécessaire pour les affaires, est quel-

---

1. La plus subtile de toutes les finesses est de savoir bien feindre dans les pièges qu'on nous tend, et l'on n'est jamais si aisément trompé que quand on songe à tromper les autres. (La Rochefoucauld.)

2. Tout le monde trouve à redire en autrui ce qu'on trouve à redire en lui. (Idem.)

Si nous n'avions pas tant de défauts nous ne prendrions pas tant de plaisir à en remarquer dans les autres. (Idem.)

3. Var. De ce où l'on vise.

4. Var. Ou l'on s'affermit et l'on se complaît.

quefois, dans la société, nuisible à qui le donne, et inutile à celui à qui il est donné. Sur les mœurs, vous faites remarquer des défauts ou que l'on n'avoue pas, ou que l'on estime des vertus ; sur les ouvrages, vous rayez les endroits qui paroissent admirables à leur auteur, où il se complaît davantage, où il croit s'être surpassé lui-même. Vous perdez ainsi la confiance de vos amis, sans les avoir rendus ni meilleurs ni plus habiles.

¶ L'on a vu, il n'y a pas longtemps, un cercle [1] de personnes des deux sexes liées ensemble par la conversation et par un commerce d'esprit. Ils laissoient au vulgaire l'art de parler d'une manière intelligible ; une chose dite entre eux peu clairement en entraînoit une autre encore plus obscure, sur laquelle on enchérissoit par de vraies énigmes, toujours suivies de longs applaudissements ; par tout ce qu'ils appeloient délicatesse, sentiments, tour et finesse d'expression, ils étoient enfin parvenus à n'être plus entendus et à ne s'entendre pas eux-mêmes. Il ne falloit pour fournir à ces entretiens, ni bon sens, ni jugement, ni mémoire, ni la moindre capacité ; il falloit de l'esprit, non pas du meilleur, mais de celui qui est faux, et où l'imagination a trop de part.

¶ Je le sais, *Théobalde* [2], vous êtes vieilli ; mais voudriez-vous que je crusse que vous êtes baissé, que vous n'êtes plus poëte ni bel esprit, que vous êtes présentement aussi mauvais juge de tout genre d'ouvrage que méchant auteur, que vous n'avez plus rien de naïf et de délicat dans la conversation ? Votre air libre et présomptueux me rassure, et me persuade

---

1. L'hôtel de Rambouillet.
2. Boursault, selon la *clef* imprimée ; mais des *clefs* manuscrites désignent Benserade, auquel ce *caractère* paroît mieux convenir. Il s'était opposé à l'admission de La Bruyère à l'Académie, en 1691, et c'est la même année que cet article parut, dans la 6ᵉ édition. Depuis, l'auteur a donné le même nom de *Théobalde* à tous ses détracteurs, dans la préface de son discours à l'Académie. (A. Destailleur.)

tout le contraire. Vous êtes donc aujourd'hui tout ce que vous fûtes jamais, et peut-être meilleur : car, si à votre âge vous êtes si vif et si impétueux, quel nom, Théobalde, falloit-il vous donner dans votre jeunesse, et lorsque vous étiez la *coqueluche* ou l'entêtement de certaines femmes qui ne juroient que par vous et sur votre parole, qui disoient : *Cela est délicieux ; qu'a-t-il dit ?*

¶ L'on parle impétueusement dans les entretiens, souvent par vanité ou par humeur, rarement avec assez d'attention : tout occupé du désir de répondre à ce qu'on n'écoute point, l'on suit ses idées, et on les explique sans le moindre égard pour les raisonnements d'autrui ; l'on est bien éloigné de trouver ensemble la vérité, l'on n'est pas encore convenu de celle que l'on cherche. Qui pourroit écouter ces sortes de conversations et les écrire feroit voir quelquefois de bonnes choses qui n'ont nulle suite.

¶ Il a régné pendant quelque temps une sorte de conversation fade et puérile, qui rouloit toute sur des questions frivoles qui avoient relation au cœur et à ce qu'on appelle passion ou tendresse. La lecture de quelques romans les avoit introduites parmi les plus honnêtes gens de la ville et de la cour ; ils s'en sont défaits, et la bourgeoisie les a reçues, avec les pointes et les équivoques.

¶ Quelques femmes de la ville ont la délicatesse de ne pas savoir ou de n'oser dire le nom des rues, des places et de quelques endroits publics qu'elles ne croient pas assez nobles pour être connus. Elles disent : *le Louvre, la place Royale ;* mais elles usent de tours et de phrases plutôt que de prononcer de certains noms, et, s'ils leur échappent, c'est du moins avec quelque altération du mot, et après quelques façons qui les rassurent : en cela moins naturelles que les femmes de la cour, qui, ayant besoin, dans le discours, des *halles*, du *châtelet*, ou de choses semblables, disent : *les halles, le châtelet.*

¶ Si l'on feint quelquefois de ne se pas souvenir de certains noms que l'on croit obscurs, et si l'on affecte de les corrompre en les prononçant, c'est par [1] la bonne opinion qu'on a du sien.

¶ L'on dit par belle humeur, et dans la liberté de la conversation, de ces choses froides qu'à la vérité l'on donne pour telles, et que l'on ne trouve bonnes que parce qu'elles sont extrêmement mauvaises. Cette manière basse de plaisanter a passé du peuple, à qui elle appartient, jusque dans une grande partie de la jeunesse de la cour, qu'elle a déjà infectée. Il est vrai qu'il y entre trop de fadeur et de grossièreté pour devoir craindre qu'elle s'étende plus loin, et qu'elle fasse de plus grands progrès dans un pays qui est le centre du bon goût et de la politesse ; l'on doit cependant en inspirer le dégoût à ceux qui la pratiquent : car bien que ce ne soit jamais sérieusement, elle ne laisse pas de tenir la place, dans leur esprit et dans le commerce ordinaire, de quelque chose de meilleur.

¶ Entre dire de mauvaises choses ou en dire de bonnes que tout le monde sait, et les donner pour nouvelles, je n'ai pas à choisir.

¶ *Lucain a dit une jolie chose ; Il y a un beau mot de Claudien ; Il y a cet endroit de Sénèque ;* et là-dessus une longue suite de latin que l'on cite souvent devant des gens qui ne l'entendent pas, et qui feignent de l'entendre. Le secret seroit d'avoir un grand sens et bien de l'esprit : car ou l'on se passeroit des anciens, ou, après les avoir lus avec soin, l'on sauroit encore choisir les meilleurs, et les citer à propos.

¶ *Hermagoras* ne sait pas qui est roi de Hongrie ; il

---

1. Var. *On feint de ne se pas souvenir......, et on affecte de....,par la bonne opinion.*

s'étonne de n'entendre faire aucune mention du roi de Bohême ; ne lui parlez pas des guerres de Flandre et de Hollande, dispensez-le du moins de vous répondre ; il confond les temps, il ignore quand elles ont commencé, quand elles ont fini ; combats, siéges, tout lui est nouveau. Mais il est instruit de la guerre des géants, il en raconte le progrès et les moindres détails, rien ne lui est échappé ; il débrouille de même l'horrible chaos des deux empires, le babylonien et l'assyrien ; il connoît à fond les Égyptiens et leurs dynasties. Il n'a jamais vu Versailles, il ne le verra point ; il a presque vu la tour de Babel ; il en compte les degrés ; il sait combien d'architectes ont présidé à cet ouvrage ; il sait le nom des architectes. Dirai-je qu'il croit Henri IV[1] fils de Henri III ? Il néglige du moins de rien connoître aux maisons de France, d'Autriche et de Bavière : quelles minuties ! dit-il ; pendant qu'il récite de mémoire toute une liste des rois des Mèdes ou de Babylone, et que les noms d'Apronal, d'Hérigebal, de Noesnemordach, de Mardokempad, lui sont aussi familiers qu'à nous ceux de Valois et de Bourbon. Il demande si l'empereur a jamais été marié ; mais personne ne lui apprendra que Ninus a eu deux femmes. On lui dit que le roi jouit d'une santé parfaite ; et il se souvient que Thetmosis, un roi d'Égypte, étoit valétudinaire, et qu'il tenoit cette complexion de son aïeul Alipharmutosis. Que ne sait-il point ? quelle chose lui est cachée de la vénérable antiquité ? Il vous dira que Sémiramis, ou, selon quelques-uns, Sérimaris, parloit comme son fils Ninyas ; qu'on ne les distinguoit pas à la parole : si c'étoit parce que la mère avoit une voix mâle comme son fils, ou le fils une voix efféminée comme sa mère, qu'il n'ose pas le décider. Il vous révélera que Nem

---

1. Henri le Grand. (*Note de La Bruyère.*)

brod étoit gaucher, et Sésostris ambidextre ; que c'est une erreur de s'imaginer qu'un Artaxerxe ait été appelé Longue-Main parce que les bras lui tomboient jusqu'aux genoux, et non à cause qu'il avoit une main plus longue que l'autre ; et il ajoute qu'il y a des auteurs graves qui affirment que c'étoit la droite ; qu'il croit néanmoins être bien fondé à soutenir que c'est la gauche.

¶ Ascagne est statuaire, Hégion, fondeur, Æschine foulon, et *Cydias* bel esprit [1] ; c'est sa profession. Il a une enseigne, un atelier, des ouvrages de commande, et des compagnons qui travaillent sous lui ; il ne vous sauroit rendre de plus d'un mois les stances qu'il vous a promises, s'il ne manque de parole à *Dosithée*, qui l'a engagé à faire une élégie ; une idylle est sur le métier : c'est pour *Crantor*, qui le presse et qui lui laisse espérer un riche salaire. Prose, vers, que voulez-vous ? il réussit également en l'un et en l'autre. Demandez-lui des lettres de consolation, ou sur une absence, il les entreprendra ; prenez-les toutes faites et entrez dans son magasin, il y a à choisir. Il a un ami qui n'a point d'autre fonction sur la terre que de le promettre longtemps à un certain monde, et de le présenter enfin dans les maisons comme homme rare et d'une exquise conversation ; et là, ainsi que le musicien chante et que le joueur de luth touche son luth devant les personnes à qui il a été promis, Cydias, après avoir toussé, relevé sa manchette, étendu la main et ouvert les doigts, débite gravement ses pensées quintessenciées et ses raisonnements sophistiques. Différent de ceux qui, convenant de principes et connoissant la raison ou la vérité, qui est une, s'arrachent la parole l'un à l'autre pour s'accorder sur leurs sentiments, il n'ouvre la bouche que pour con-

---

1. Les beaux esprits ont une place dans la bonne compagnie, mais la dernière. (VAUVENARGUES.)

tredire : *Il me semble,* dit-il sérieusement, *que c'est tout le contraire de ce que vous dites;* ou : *Je ne saurois être de votre opinion;* ou bien : *Ç'a été autrefois mon entêtement, comme il est le vôtre; mais... il y a trois choses,* ajoute-t-il, *à considérer...* et il en ajoute une quatrième; fade discoureur, qui n'a pas mis plus tôt le pied dans une assemblée qu'il cherche quelques femmes auprès de qui il puisse s'insinuer, se parer de son bel esprit ou de sa philosophie, et mettre en œuvre ses rares conceptions : car, soit qu'il parle ou qu'il écrive, il ne doit pas être soupçonné d'avoir en vue ni le vrai ni le faux, ni le raisonnable ni le ridicule; il évite uniquement de donner dans le sens des autres, et d'être de l'avis de quelqu'un : aussi attend-il dans un cercle que chacun se soit expliqué sur le sujet qui s'est offert, ou souvent qu'il a amené lui-même, pour dire dogmatiquement des choses toutes nouvelles, mais à son gré décisives et sans réplique. Cydias s'égale à Lucien et à Sénèque [1], se met au-dessus de Platon, de Virgile et de Théocrite : et son flatteur a soin de le confirmer tous les matins dans cette opinion. Uni de goût et d'intérêt avec les contempteurs d'Homère, il attend paisiblement que les hommes détrompés lui préfèrent les poëtes modernes : il se met en ce cas à la tête de ces derniers, et il sait à qui il adjuge la seconde place. C'est, en un mot, un composé du pédant et du précieux, fait pour être admiré de la bourgeoisie et de la province, en qui néanmoins on n'aperçoit rien de grand que l'opinion qu'il a de lui-même [2].

¶ C'est la profonde ignorance qui inspire [3] le ton dogmatique. Celui qui ne sait rien croit enseigner aux autres ce qu'il vient d'apprendre lui-même; celui

---

1. Philosophe et poëte tragique. (*Note de La Bruyère.*)
2. Cf. Molière, *le Misanthrope,* acte II, sc. v.
3. Var. *Qui inspire ordinairement.*

qui sait beaucoup pense à peine que ce qu'il dit puisse être ignoré, et parle plus indifféremment.

¶ Les plus grandes choses n'ont besoin que d'être dites simplement, elles se gâtent par l'emphase. Il faut dire noblement les plus petites ; elles ne se soutiennent que par l'expression, le ton et la manière.

¶ Il me semble que l'on dit les choses encore plus finement qu'on ne peut les écrire.

¶ Il n'y a guère qu'une naissance honnête, ou qu'une bonne éducation, qui rende les hommes capables de secret.

¶ Toute confiance est dangereuse si elle n'est entière : il y a peu de conjonctures où il ne faille tout dire ou tout cacher. On a déjà trop dit de son secret à celui à qui l'on croit devoir en dérober une circonstance.

¶ Des gens vous promettent le secret, et ils le révèlent eux-mêmes et à leur insu ; ils ne remuent pas les lèvres, et on les entend ; on lit sur leur front et dans leurs yeux : on voit au travers de leur poitrine ; ils sont transparents. D'autres ne disent pas précisément une chose qui leur a été confiée, mais ils parlent et agissent de manière qu'on la découvre de soi-même. Enfin quelques-uns méprisent votre secret, de quelque conséquence qu'il puisse être : *C'est un mystère, un tel m'en a fait part et m'a défendu de le dire :* et ils le disent.

Toute révélation d'un secret est la faute de celui qui l'a confié.

¶ *Nicandre* s'entretient avec *Élise* de la manière douce et complaisante dont il a vécu avec sa femme, depuis le jour qu'il en fit le choix jusques à sa mort ; il a déjà dit qu'il regrette qu'elle ne lui ait pas laissé des enfants, et il le répète ; il parle des maisons qu'il a à la ville, et bientôt d'une terre qu'il a à la campagne ; il calcule le revenu qu'elle lui rapporte ; il fait le plan des bâtiments, en décrit la situation, exagère la commodité des appartements, ainsi que la richesse et la propreté des meubles ; il assure qu'il aime la bonne chère, les équipages : il se plaint que sa femme n'aimoit point assez le jeu et la société. Vous êtes si riche, lui disoit l'un de ses amis, que n'achetez-vous cette charge ? pourquoi ne pas faire cette acquisition qui étendroit votre domaine ? On me croit, ajoute-t-il, plus de bien que je n'en possède. Il n'oublie pas son extraction et ses alliances : *Monsieur le Surintendant, qui est mon cousin, madame la Chancelière, qui est ma parente,* voilà son style. Il raconte un fait qui prouve le mécontentement qu'il doit avoir de ses plus proches, et de ceux même qui sont ses héritiers : Ai-je tort ? dit-il à Élise : ai-je grand sujet de leur vouloir du bien ? et il l'en fait juge. Il insinue ensuite qu'il a une santé foible et languissante, et il parle de la cave où il doit être enterré. Il est insinuant, flatteur, officieux, à l'égard de tous ceux qu'il trouve auprès de la personne à qui il aspire. Mais Élise n'a pas le courage d'être riche en l'épousant. On annonce, au moment qu'il parle, un cavalier qui, de sa seule présence, démonte la batterie de l'homme de ville : il se lève déconcerté et chagrin, et va dire ailleurs qu'il veut se remarier.

¶ Le sage quelquefois évite le monde, de peur d'être ennuyé.

DES BIENS DE FORTUNE.

Un homme fort riche peut manger des entremets, faire peindre ses lambris et ses alcôves, jouir d'un palais à la campagne et d'un autre à la ville, avoir un grand équipage, mettre un duc dans sa famille, et faire de son fils un grand seigneur : cela est juste et de son ressort ; mais il appartient peut-être à d'autres de vivre contents [1].

¶ Une grande naissance ou une grande fortune annonce le mérite et le fait plus tôt remarquer.

¶ Ce qui disculpe le fat ambitieux de son ambition est le soin que l'on prend, s'il a fait une grande fortune, de lui trouver un mérite qu'il n'a jamais eu, et aussi grand qu'il croit l'avoir.

¶ A mesure que la faveur et les grands biens se retirent d'un homme, ils laissent voir en lui le ridicule qu'ils couvroient, et qui y étoit sans que personne s'en aperçût.

¶ Si l'on ne le voyoit de ses yeux, pourroit-on jamais s'imaginer l'étrange disproportion que le plus ou le moins de pièces de monnoie met entre les hommes ?

Ce plus ou ce moins détermine à l'épée, à la robe, ou à l'Église : il n'y a presque point d'autre vocation.

¶ Deux marchands étoient voisins, et faisoient le même commerce, qui ont eu dans la suite une fortune toute différente. Ils avoient chacun une fille unique ; elles ont été nourries ensemble, et ont vécu dans

---

1. Quelque différence qui paroisse entre les fortunes, il y a néanmoins une certaine compensation de biens et de maux qui les rend égales (LA ROCHEFOUCAULD.)

cette familiarité que donnent un même âge et une même condition : l'une des deux, pour se tirer d'une extrême misère, cherche à se placer ; elle entre au service d'une fort grande dame et l'une des premières de la cour, chez sa compagne.

¶ Si le financier manque son coup, les courtisans disent de lui : C'est un bourgeois, un homme de rien, un malotru ; s'il réussit, ils lui demandent sa fille.

¶ Quelques-uns ont fait dans leur jeunesse l'apprentissage d'un certain métier, pour en exercer un autre, et fort différent, le reste de leur vie [1].

¶ Un homme est laid, de petite taille, et a peu d'esprit ; l'on me dit à l'oreille : Il a cinquante mille livres de rente. Cela le concerne tout seul, et il ne m'en fera jamais ni pis ni mieux ; si je commence à le regarder avec d'autres yeux, et si je ne suis pas maître de faire autrement, quelle sottise !

¶ Un projet assez vain seroit de vouloir tourner un homme fort sot et fort riche en ridicule ; les rieurs sont de son côté.

¶ N**, avec un portier rustre, farouche, tirant sur le Suisse, avec un vestibule et une antichambre, pour peu qu'il y fasse languir quelqu'un et se morfondre, qu'il paroisse enfin avec une mine grave et une démarche mesurée, qu'il écoute un peu et ne reconduise

---

1. Il s'agit ici des agioteurs et des usuriers, qu'on désignait sous le nom de *partisans* et dont quelques-uns avaient d'abord été laquais. Ce mot date du seizième siècle, comme on le voit par ce passage d'Estienne Pasquier : « La malignité du temps produisit une vermine de gens, que nous appelâmes par un mot nouveau, *partisans*, qui avançaient la moitié ou tiers du denier pour avoir le tout. » — On appelait aussi *partisans* ceux qui prenaient à ferme les revenus de l'État. Le nom de *traitants* s'appliquait, en outre, à ces derniers, (parce qu'ils *traitaient* avec le gouvernement du recouvrement des deniers publics, ou qu'ils passaient des marchés pour les fournitures. Les *traitants* et les *partisans* furent nommés, plus tard, *maltôtiers* et *fournisseurs*. Quelques-uns de ces individus acquirent, par leurs concussions, des fortunes considérables. On sait que ce sont eux que Le Sage a flétris dans Turcaret. Quand ce grand observateur eut composé sa pièce, les *traitants* lui offrirent cent mille livres pour la retirer du théâtre, et il refusa malgré sa pauvreté.

point, quelque subalterne qu'il soit d'ailleurs, il fera sentir de lui-même quelque chose qui approche de la considération.

¶ Je vais, *Clitiphon*, à votre porte ; le besoin que j'ai de vous me chasse de mon lit et de ma chambre : plût aux dieux que je ne fusse ni votre client ni votre fâcheux ! Vos esclaves me disent que vous êtes enfermé, et que vous ne pouvez m'écouter que d'une heure entière. Je reviens avant le temps qu'ils m'ont marqué, et ils me disent que vous êtes sorti. Que faites-vous, Clitiphon, dans cet endroit le plus reculé de votre appartement, de si laborieux qui vous empêche de m'entendre ? Vous enfilez quelques mémoires, vous collationnez un registre, vous signez, vous paraphez. Je n'avois qu'une chose à vous demander, et vous n'aviez qu'un mot à me répondre, oui, ou non. Voulez-vous être rare ? Rendez service à ceux qui dépendent de vous : vous le serez davantage par cette conduite que par ne vous pas laisser voir. O homme important et chargé d'affaires, qui, à votre tour, avez besoin de mes offices, venez dans la solitude de mon cabinet : le philosophe est accessible. Je ne vous remettrai pas à un autre jour ; vous me trouverez sur les livres de Platon qui traitent de la spiritualité de l'âme et de sa distinction d'avec le corps, ou la plume à la main pour calculer les distances de Saturne et de Jupiter : j'admire Dieu dans ses ouvrages, et je cherche par la connoissance de la vérité à régler mon esprit et devenir meilleur. Entrez, toutes les portes vous sont ouvertes ; mon antichambre n'est pas faite pour s'y ennuyer en m'attendant ; passez jusqu'à moi sans me faire avertir. Vous m'apportez quelque chose de plus précieux que l'argent et l'or, si c'est une occasion de vous obliger. Parlez, que voulez-vous que je fasse pour vous ? Faut-il quitter mes livres, mes études, mon ouvrage, cette ligne qui est commencée? Quelle interruption heureuse pour moi que celle qui vous est utile ! Le manieur d'argent, l'homme d'affaires, est un ours qu'on ne sauroit apprivoiser; on ne le voit dans sa loge qu'avec peine. Que dis-je? on ne le voit point : car d'abord on ne le voit pas encore, et bientôt on ne le voit plus. L'homme de lettres, au contraire, est trivial comme une borne au coin des places; il est vu de tous, et à toute heure, et en tous états, à table, au lit, nu, habillé, sain ou malade; il ne peut être important, et il ne le veut point être.

¶ N'envions point à une sorte de gens leurs grandes richesses; ils les ont à titre onéreux, et qui ne nous accomoderoit point. Ils ont mis leur repos, leur santé, leur honneur et leur conscience pour les avoir; cela est trop cher, et il n'y a rien à gagner à un tel marché.

¶ Les P. T. S. [1] nous font sentir toutes les passions l'une après l'autre : l'on commence par le mépris, à cause de leur obscurité : on les envie ensuite, on les hait, on les craint, on les estime quelquefois, et on les respecte; l'on vit assez pour finir à leur égard par la compassion.

¶ *Sosie*, de la livrée a passé, par une petite recette, à une sous-ferme[2]; et par les concussions, la violence, et l'abus qu'il a fait de ses *pouvoirs*, il s'est enfin, sur les ruines de plusieurs familles, élevé à quelque grade. Devenu noble par une charge, il ne lui manquoit que d'être homme de bien : une place de marguillier a fait ce prodige.

¶ *Arfure* cheminoit seule et à pied vers le grand

---

1. C'est-à-dire *les partisans*. — Voir la note de la page 113.
2. Les traitants qui affermaient la perception des impôts sous-louaient à leur tour cette perception dans une certaine étendue du territoire. C'est à cela que La Bruyère fait allusion par ce mot *sous-ferme*. Ces fermiers, qui avaient à rendre à l'État une somme déterminée, en exigeaient une beaucoup plus forte des contribuables, et s'enrichissaient par la différence.

portique de Saint***, entendoit de loin le sermon d'un carme ou d'un docteur qu'elle ne voyoit qu'obliquement, et dont elle perdoit bien des paroles. Sa vertu étoit obscure, et sa dévotion connue comme sa personne. Son mari est entré dans le *huitième denier* [1] : quelle monstrueuse fortune en moins de six années ! Elle n'arrive à l'église que dans un char ; on lui porte une lourde queue [2] : l'orateur s'interrompt pendant qu'elle se place ; elle le voit de front, n'en perd pas une seule parole ni le moindre geste. Il y a une brigue entre les prêtres pour la confesser ; tous veulent l'absoudre, et le curé l'emporte.

¶ L'on porte *Crésus* au cimetière : de toutes ses immenses richesses, que le vol et la concussion lui avoient acquises, et qu'il a épuisées par le luxe et par la bonne chère, il ne lui est pas demeuré de quoi se faire enterrer ; il est mort insolvable, sans biens, et ainsi privé de tous les secours. L'on n'a vu chez lui ni julep, ni cordiaux, ni médecins, ni le moindre docteur qui l'ait assuré de son salut.

¶ *Champagne*, au sortir d'un long dîner qui lui enfle l'estomac, et dans les douces fumées d'un vin d'Avenay ou de Sillery, signe un ordre qu'on lui présente,

---

1. *Huitième denier.* — L'explication de ce passage est assez embarrassante. — Dans notre ancien droit administratif on appelait *huitième denier* un droit prélevé tous les trente ans sur les engagistes des domaines aliénés de l'Église, pour leur en confirmer la jouissance. La Bruyère a-t-il voulu dire que le mari d'Arfure avait affermé la perception de ce droit, ou bien qu'il était adjudicataire pour une part d'un huitième de l'une des fermes de l'État, et qu'il avait par conséquent prélevé un huitième des bénéfices ? Cette dernière explication nous paraît la plus probable.

2. C'est-à-dire, *une robe avec une lourde queue.* — Dès le treizième siècle les femmes avaient des robes d'une longueur démesurée qu'elles laissaient traîner derrière en queue de serpent. Sous Charles VI on allongea encore démesurément les queues des robes, et l'on en vit qui avaient vingt-cinq aunes de long. — « Ces longues queues, dit le père Ménestrier, furent si multipliées et si extraordinairement longues, que cela devint scandaleux, et obligea les papes, non-seulement à les défendre universellement à toutes sortes de personnes, mais même à ordonner qu'on refusât l'absolution aux personnes qui en porteraient. » Malgré les anathèmes de l'Église, l'usage des robes à queue a toujours persisté sous l'ancienne monarchie.

qui ôteroit le pain à toute une province si l'on n'y remédioit ; il est excusable : quel moyen de comprendre, dans la première heure de la digestion, qu'on puisse quelque part mourir de faim ?

¶ *Sylvain*, de ses deniers, a acquis de la naissance et un autre nom ; il est seigneur de la paroisse où ses aïeuls payoient la taille ; il n'auroit pu autrefois entrer page chez *Cléobule*, et il est son gendre [1].

¶ *Dorus* passe en litière par la voie *Appienne*, précédé de ses affranchis et de ses esclaves, qui détournent le peuple et font faire place ; il ne lui manque que des licteurs ; il entre à *Rome* avec ce cortége, où il semble triompher de la bassesse et de la pauvreté de son père *Sanga*.

¶ On ne peut mieux user de sa fortune que fait *Périandre* : elle lui donne du rang, du crédit, de l'autorité ; déjà on ne le prie plus d'accorder son amitié, on implore sa protection. Il a commencé par dire de soi-même : *un homme de ma sorte :* il passe à dire : *un homme de ma qualité*. Il se donne pour tel, et il n'y a personne de ceux à qui il prête de l'argent, ou qu'il reçoit à sa table, qui est délicate, qui veuille s'y opposer. Sa demeure est superbe, un dorique règne dans tous ses dehors ; ce n'est pas une porte, c'est un portique. Est-ce la maison d'un particulier, est-ce un temple ? le peuple s'y trompe. Il est le seigneur dominant de tout le quartier. C'est lui que l'on envie, et dont on voudroit voir la chute ; c'est lui dont la femme, par son collier de perles, s'est fait des ennemies de toutes les dames du voisinage. Tout se soutient dans cet homme ; rien encore ne se dément dans cette grandeur qu'il a acquise, dont il ne doit rien, qu'il a payée [2]. Que son père, si vieux et si caduc,

---

1. La *clef* désigne pour ce *caractère* George, fameux partisan, que Boileau cite dans sa première satire.

2. *Qu'il a payée*. — On sait que sous Louis XIV le besoin d'argent fit créer

n'est-il mort il y a vingt ans et avant qu'il se fît dans le monde aucune mention de Périandre? Comment pourra-t-il soutenir ces odieuses pancartes [1] qui déchiffrent les conditions, et qui souvent font rougir la veuve et les héritiers? Les supprimera-t-il aux yeux de toute une ville jalouse, maligne, clairvoyante, et aux dépens de mille gens qui veulent absolument aller tenir leur rang à des obsèques? Veut-on d'ailleurs qu'il fasse de son père un *Noble homme*, et peut-être un *Honorable homme*, lui qui est *Messire* [2] ?

¶ Combien d'hommes ressemblent à ces arbres déjà forts et avancés que l'on transplante dans les jardins, où ils surprennent les yeux de ceux qui les voient placés dans de beaux endroits où ils ne les ont point vus croître, et qui ne connoissent ni leurs commencements ni leurs progrès!

¶ Si certains morts revenoient au monde, et s'ils voyoient leurs grands noms portés, et leurs terres les mieux titrées, avec leurs châteaux et leurs maisons antiques, possédées par des gens dont les pères étoient peut-être leurs métayers, quelle opinion pourroient-ils avoir de notre siècle?

¶ Rien ne fait mieux comprendre le peu de chose que Dieu croit donner aux hommes en leur abandonnant les richesses, l'argent, les grands établissements et les autres biens, que la dispensation qu'il

---

une foule de charges qui conféraient la noblesse, et que même on anoblit, moyennant finance, un grand nombre de bourgeois riches. Dans le seul mois de mars de l'année 1696, il y eut cinq cents personnes anoblies de cette manière.

1. Billets d'enterrement. (*Note de La Bruyère.*)
2. Le titre de *noble homme* était tout simplement une qualification morale; celui d'*honorable homme* était donné aux bourgeois et aux marchands qui n'avaient ni charge ni seigneurie, ainsi qu'aux gens de robe et aux gens de lettres. *Messire*, qui vient de sire, seigneur, se donnait au contraire à ceux qui étaient nobles, qui avaient des armes et possédaient des fiefs. On voit par là le sens de la phrase. La Bruyère a voulu dire : Comment Périandre, qui est noble, pourra-t-il donner à son père, sur ses billets d'enterrement, des titres bourgeois?

en fait, et le genre d'hommes qui en sont le mieux pourvus.

¶ Si vous entrez dans les cuisines, où l'on voit réduit en art et en méthode le secret de flatter votre goût et de vous faire manger au delà du nécessaire ; si vous examinez en détail tous les apprêts des viandes qui doivent composer le festin que l'on vous prépare ; si vous regardez par quelles mains elles passent, et toutes les formes différentes qu'elles prennent avant de devenir un mets exquis et d'arriver à cette propreté et à cette élégance qui charment vos yeux, vous font hésiter sur le choix et prendre le parti d'essayer de tout ; si vous voyez tout le repas ailleurs que sur une table bien servie, quelles saletés ! quel dégoût ! Si vous allez derrière un théâtre, et si vous nombrez les poids, les roues, les cordages, qui font les vols et les machines ; si vous considérez combien de gens entrent dans l'exécution de ces mouvements, quelle force de bras, et quelle extension de nerfs ils y emploient, vous direz : Sont-ce là les principes et les ressorts de ce spectacle si beau, si naturel, qui paroît animé et agir de soi-même? vous vous récrierez : Quels efforts ! quelle violence ! De même, n'approfondissez pas la fortune des partisans.

¶ Ce garçon si frais, si fleuri [1], et d'une si belle santé, est seigneur d'une abbaye et de dix autres bénéfices [2] ; tous ensemble lui rapportent six-vingt mille livres de revenu, dont il n'est payé qu'en médailles d'or [3]. Il y a ailleurs six-vingts familles indigentes qui ne se chauffent point pendant l'hiver, qui n'ont point

1. On a appliqué cet article à Charles-Maurice, archevêque de Reims, fils de Michel Letellier, chancelier de France, né à Turin en 1642, mort en 1710.

2. Le *Bénéfice* est une certaine portion du bien de l'Église assignée à une personne ecclésiastique pour en jouir pendant toute sa vie pour rétribution du service qu'il rend ou qu'il doit rendre à l'Église. (*Dictionn.* de Trévoux.)

3. Louis d'or. (*Note de La Bruyère dans les deux premières éditions.*)

d'habits pour se couvrir, et qui souvent manquent de pain; leur pauvreté est extrême et honteuse. Quel partage! Et cela ne prouve-t-il pas clairement un avenir?

¶ *Chrysippe*, homme nouveau, et le premier noble de sa race, aspiroit, il y a trente années, à se voir un jour deux mille livres de rente pour tout bien : c'étoit là le comble de ses souhaits et sa plus haute ambition; il l'a dit ainsi, et on s'en souvient. Il arrive, je ne sais par quels chemins, jusques à donner en revenu à l'une de ses filles, pour sa dot, ce qu'il désiroit lui-même d'avoir en fonds pour toute fortune pendant sa vie. Une pareille somme est comptée dans ses coffres pour chacun de ses autres enfants qu'il doit pourvoir, et il a un grand nombre d'enfants; ce n'est qu'en avancement d'hoirie [1], il y a d'autres biens à espérer après sa mort. Il vit encore, quoique assez avancé en âge, et il use le reste de ses jours à travailler pour s'enrichir.

¶ Laissez faire *Ergaste*, et il exigera un droit de tous ceux qui boivent de l'eau de la rivière, ou qui marchent sur la terre ferme : il sait convertir en or jusques aux roseaux, aux joncs et à l'ortie. Il écoute tous les avis, et propose tous ceux qu'il a écoutés. Le prince ne donne aux autres qu'aux dépens d'Ergaste, et ne leur fait de grâces que celles qui lui étoient dues [2]. C'est une faim insatiable d'avoir et de posséder; il trafiqueroit des arts et des sciences, et mettroit en parti jusques à l'harmonie. Il faudroit, s'il en étoit cru, que le peuple, pour avoir le plaisir de le voir riche, de lui voir une meute et une écurie, pût perdre

---

1. Donner en avancement d'hoirie c'est donner par avance à un de ses enfants, à la charge que ce qui lui est ainsi donné lui sera diminué dans le partage de la succession.

2.   Et l'on ne donne emploi, charge ni bénéfice,
  Qu'à tout ce qu'il se croit on ne fasse injustice.
      (MOLIÈRE, *le Misanthrope*, acte II, sc v.)

le souvenir de la musique d'*Orphée*¹, et se contenter de la sienne.

¶ Ne traitez pas avec *Criton*, il n'est touché que de ses seuls avantages. Le piége est tout dressé à ceux à qui sa charge, sa terre, ou ce qu'il possède, feront envie : il vous imposera des conditions extravagantes. Il n'y a nul ménagement et nulle composition à attendre d'un homme si plein de ses intérêts et si ennemi des vôtres : il lui faut une dupe.

¶ *Brontin*, dit le peuple, fait des retraites, et s'enferme huit jours avec des saints : ils ont leurs méditations, et il a les siennes.

¶ Le peuple souvent a le plaisir de la tragédie ; il voit périr sur le théâtre du monde les personnages les plus odieux, qui ont fait le plus de mal dans diverses scènes, et qu'il a le plus haïs.

¶ Si l'on partage la vie des P. T. S. ² en deux portions égales, la première, vive et agissante, est tout occupée à vouloir affliger le peuple, et la seconde, voisine de la mort, à se déceler et à se ruiner les uns les autres.

¶ Cet homme qui a fait la fortune de plusieurs, qui a fait la vôtre, n'a pu soutenir la sienne, ni assurer avant sa mort celle de sa femme et de ses enfants : ils vivent cachés et malheureux. Quelque bien instruit que vous soyez de la misère de leur condition, vous ne pensez pas à l'adoucir ; vous ne le pouvez pas en effet : vous tenez table, vous bâtissez ; mais vous conservez par reconnoissance le portrait de votre bien-facteur ³ qui a passé, à la vérité, du cabinet à l'antichambre : quels égards ! il pouvoit aller au garde-meuble ⁴.

1. *Orfeo e Euridice*, musique de Monteverde, représenté en 1647
2. *Des partisans.*
3. On ne manque jamais de raisons, quand on a fait fortune, pour oublier un bienfaiteur ou un ancien ami, et l'on rappelle alors avec dépit tout ce qu'on a si longtemps dissimulé de leur humeur. (VAUVENARGUES).
4. On dirait aujourd'hui *au grenier*. — On donnait le nom de *garde-meu-*

¶ Il y a une dureté de complexion; il y en a une autre de condition et d'état. L'on tire de celle-ci, comme de la première, de quoi s'endurcir sur la misère des autres, dirai-je même de quoi ne pas plaindre les malheurs de sa famille? Un bon financier [1] ne pleure ni ses amis, ni sa femme, ni ses enfants.

¶ Fuyez, retirez-vous; vous n'êtes pas assez loin. Je suis, dites-vous, sous l'autre tropique. Passez sous le pôle et dans l'autre hémisphère; montez aux étoiles, si vous le pouvez. M'y voilà. Fort bien, vous êtes en sûreté. Je découvre sur la terre un homme avide, insatiable, inexorable, qui veut, aux dépens de tout ce qui se trouvera sur son chemin et à sa rencontre, et quoi qu'il en puisse coûter aux autres, pourvoir à lui seul, grossir sa fortune, et regorger de biens.

¶ Faire fortune est une si belle phrase, et qui dit une si bonne chose, qu'elle est d'un usage universel : on la reconnoît dans toutes les langues ; elle plaît aux étrangers et aux barbares; elle règne à la cour et à la ville; elle a percé les cloîtres et franchi les murs des abbayes de l'un et de l'autre sexe [2]; il n'y a point de lieux sacrés où elle n'ait pénétré, point de désert ni de solitude où elle soit inconnue.

¶ A force de faire de nouveaux contrats, ou de sentir son argent grossir dans ses coffres, on se croit enfin une bonne tête, et presque capable de gouverner.

¶ Il faut une sorte d'esprit pour faire fortune, et surtout une grande fortune : ce n'est ni le bon, ni le bel esprit, ni le grand, ni le sublime, ni le fort, ni le

---

ble aux appartements dans lesquels on rangeait les meubles de rebut ou ceux qui ne servaient que par occasion.

1. VAR. *Un bon partisan.*
2. VAR. *Elle a passé de la cour à la ville, elle a percé les cloîtres et franchi les murs des abbayes de l'un et de l'autre sexe ; il n'y a point de lieux sacrés ou profanes où elle n'ait pénétré ; on la reconnoît dans toutes les langues ; elle plaît aux étrangers, aux barbares ; il suffit d'être homme pour s'en servir.*

délicat ; je ne sais précisément lequel c'est, et j'attends que quelqu'un veuille m'en instruire [1].

Il faut moins d'esprit que d'habitude ou d'expérience pour faire sa fortune ; l'on y songe trop tard, et quand enfin l'on s'en avise, l'on commence par des fautes que l'on n'a pas toujours le loisir de réparer : de là vient peut-être que les fortunes sont si rares.

Un homme d'un petit génie peut vouloir s'avancer ; il néglige tout, il ne pense du matin au soir, il ne rêve la nuit qu'à une seule chose, qui est de s'avancer. Il a commencé de bonne heure et dès son adolescence à se mettre dans les voies de la fortune. S'il trouve une barrière de front qui ferme son passage, il biaise naturellement, et va à droit [2] ou à gauche, selon qu'il y voit de jour et d'apparence ; et si de nouveaux obstacles l'arrêtent, il rentre dans le sentier qu'il avoit quitté. Il est déterminé, par la nature des difficultés, tantôt à les surmonter, tantôt à les éviter, ou à prendre d'autres mesures ; son intérêt, l'usage, les conjonctures, le dirigent. Faut-il de si grands talents et une si bonne tête à un voyageur pour suivre d'abord le grand chemin, et, s'il est plein et embarrassé, prendre la terre, et aller à travers champs, puis regagner sa première route, la continuer, arriver à son terme ? Faut-il tant d'esprit pour aller à ses fins ? Est-ce donc un prodige qu'un sot riche et accrédité ?

Il y a même des stupides, et j'ose dire des imbéciles, qui se placent en de beaux postes, et qui savent mourir dans l'opulence, sans qu'on les doive soupçonner en nulle manière d'y avoir contribué de leur travail ou de la moindre industrie ; quelqu'un les a

---

1. Vauvenargues s'est chargé de répondre à la demande de La Bruyère : « La fortune exige, dit-il, des soins. Il faut être souple, amusant, cabaler, n'offenser personne, plaire aux femmes et aux hommes en place, se mêler des plaisirs et des affaires, cacher son secret, savoir s'ennuyer la nuit à table, et jouer trois quadrilles sans quitter sa chaise.

2. Pour à *droite*.

conduits à la source d'un fleuve, ou bien le hasard seul les y a fait rencontrer ; on leur a dit : Voulez-vous de l'eau? puisez; et ils ont puisé.

¶ Quand on est jeune, souvent on est pauvre : ou l'on n'a pas encore fait d'acquisitions, ou les successions ne sont pas échues. L'on devient riche et vieux en même temps : tant il est rare que les hommes puissent réunir tous leurs avantages; et si cela arrive à quelques-uns, il n'y a pas de quoi leur porter envie : ils ont assez à perdre par la mort pour mériter d'être plaints.

¶ Il faut avoir trente ans pour songer à sa fortune; elle n'est pas faite à cinquante; l'on bâtit dans sa vieillesse, et l'on meurt quand on en est aux peintres et aux vitriers.

¶ Quel est le fruit d'une grande fortune, si ce n'est de jouir de la vanité, de l'industrie, du travail et de la dépense de ceux qui sont venus avant nous, et de travailler nous-mêmes, de planter, de bâtir, d'acquérir pour la postérité?

¶ L'on ouvre et l'on étale tous les matins pour tromper son monde; et l'on ferme le soir après avoir trompé tout le jour.

¶ Le marchand fait des montres pour donner de sa marchandise ce qu'il y a de pire ; il a le cati [1] et les faux jours afin d'en cacher les défauts, et qu'elle paroisse bonne ; il la surfait pour la vendre plus cher qu'elle ne vaut ; il a des marques fausses et mystérieuses afin qu'on croie n'en donner que son prix, un mauvais aunage pour en livrer le moins qu'il se peut; et il a un trébuchet afin que celui à qui il l'a livrée la lui paie en or qui soit de poids.

¶ Dans toutes les conditions, le pauvre est bien proche de l'homme de bien, et l'opulent n'est guère

---

1. *Cati,* apprêt propre à rendre les étoffes plus fermes et plus lustrées.

éloigné de la friponnerie. Le savoir-vivre et l'habileté ne mènent pas jusques aux énormes richesses.

L'on peut s'enrichir dans quelque art, ou dans quelque commerce que ce soit, par ostentation d'une certaine probité.

De tous les moyens de faire sa fortune, le plus court et le meilleur est de mettre les gens à voir clairement leurs intérêts à vous faire du bien.

¶ Les hommes, pressés par les besoins de la vie, et quelquefois par le désir du gain ou de la gloire, cultivent des talents profanes, ou s'engagent dans des professions équivoques, et dont ils se cachent longtemps à eux-mêmes le péril et les conséquences; ils les quittent ensuite par une dévotion discrète, qui ne leur vient jamais qu'après qu'ils ont fait leur récolte, et qu'ils jouissent d'une fortune bien établie.

¶ Il y a des misères sur la terre qui saisissent le cœur. Il manque à quelques-uns jusqu'aux aliments; ils redoutent l'hiver, ils appréhendent de vivre. L'on mange ailleurs des fruits précoces, l'on force la terre et les saisons pour fournir à sa délicatesse; de simples bourgeois, seulement à cause qu'ils étoient riches, ont eu l'audace d'avaler en un seul morceau la nourriture de cent familles. Tienne qui voudra contre de si grandes extrémités; je ne veux être, si je le puis, ni malheureux ni heureux; je me jette et me réfugie dans la médiocrité.

¶ On sait que les pauvres sont chagrins de ce que tout leur manque, et que personne ne les soulage; mais s'il est vrai que les riches soient colères, c'est de ce que la moindre chose puisse leur manquer, ou que quelqu'un veuille leur résister.

¶ Celui-là est riche, qui reçoit plus qu'il ne consume; celui-là est pauvre, dont la dépense excède la recette.

Tel, avec deux millions de rente, peut être pauvre chaque année de cinq cent mille livres.

Il n'y a rien qui se soutienne plus longtemps qu'une médiocre fortune; il n'y a rien dont on ne voie mieux la fin que d'une grande fortune.

L'occasion prochaine de la pauvreté, c'est de grandes richesses.

S'il est vrai que l'on soit riche de tout ce dont on n'a pas besoin, un homme fort riche, c'est un homme qui est sage.

S'il est vrai que l'on soit pauvre par toutes les choses que l'on désire, l'ambitieux et l'avare languissent dans une extrême pauvreté.

¶ Les passions tyrannisent l'homme; et l'ambition suspend en lui les autres passions, et lui donne pour un temps les apparences de toutes les vertus. Ce *Triphon* qui a tous les vices, je l'ai cru sobre, chaste, libéral, humble et même dévot: je le croirois encore, s'il n'eût enfin fait sa fortune.

¶ L'on ne se rend point sur le désir de posséder et de s'agrandir; la bile gagne, et la mort approche, qu'avec un visage flétri et des jambes déjà foibles, l'on dit : *ma fortune, mon établissement.*

¶ Il n'y a au monde que deux manières de s'élever, ou par sa propre industrie, ou par l'imbécillité des autres.

¶ Les traits découvrent la complexion et les mœurs; mais la mine désigne les biens de fortune : le plus ou le moins de mille livres de rente se trouve écrit sur les visages.

¶ *Chrysante*, homme opulent et impertinent, ne veut pas être vu avec *Eugène*, qui est homme de mérite, mais pauvre; il croiroit en être déshonoré; Eugène est pour Chrysante dans les mêmes dispositions : ils ne courent pas risque de se heurter.

Quand je vois de certaines gens, qui me prévenoient autrefois par leurs civilités, attendre au contraire que je les salue, et en être avec moi sur le plus ou sur le moins, je dis en moi-même : Fort bien, j'en suis ravi, tant mieux pour eux ; vous verrez que cet homme-ci est mieux logé, mieux meublé et mieux nourri qu'à l'ordinaire ; qu'il sera entré depuis quelques mois dans quelque affaire, où il aura déjà fait un gain raisonnable. Dieu veuille qu'il en vienne dans peu de temps jusqu'à me mépriser !

¶ Si les pensées, les livres et leurs auteurs dépendoient des riches et de ceux qui ont fait une belle fortune, quelle proscription ! Il n'y auroit plus de rappel. Quel ton, quel ascendant ne prennent-ils pas sur les savants ! Quelle majesté n'observent-ils pas à l'égard de ces hommes *chétifs*, que leur mérite n'a ni placés ni enrichis, et qui en sont encore à penser et à écrire judicieusement ! Il faut l'avouer, le présent est pour les riches, et l'avenir pour les vertueux et les habiles. Homère est encore et sera toujours : les receveurs de droits, les publicains ne sont plus ; ont-ils été ? leur patrie, leurs noms, sont-ils connus ? y a-t-il eu dans la Grèce des partisans ? Que sont devenus ces importants personnages qui méprisoient Homère, qui ne songeoient dans la place qu'à l'éviter, qui ne lui rendoient pas le salut, ou qui le saluoient par son nom, qui ne dédaignoient pas l'associer à leur table, qui le regardoient comme un homme qui n'étoit pas riche, et qui faisoit un livre ? Que deviendront les *Fauconnets*[1] ? iront-ils aussi loin dans la postérité que Descartes, *né François et mort en Suède*[2].

¶ Du même fond d'orgueil dont on s'élève fièrement

---

1. Il y avait un bail des fermes sous ce nom.
2. A Stockholm, le 16 février 1650. — Il n'est pas besoin de rappeler ici que Descartes, accusé d'athéisme, avait été demander un asile à la reine Christine. La Bruyère, en attaquant si justement l'ignorance des partisans, proteste ici contre l'ingratitude de la France à l'égard d'un de ses plus glorieux enfants.

au-dessus de ses inférieurs, l'on rampe vilement devant ceux qui sont au-dessus de soi. C'est le propre de ce vice, qui n'est fondé ni sur le mérite personnel ni sur la vertu, mais sur les richesses, les postes, le crédit, et sur de vaines sciences, de nous porter également à mépriser ceux qui ont moins que nous de cette espèce de biens, et à estimer trop ceux qui en ont une mesure qui excède la nôtre

¶ Il y a des âmes sales, pétries de boue et d'ordure, éprises du gain et de l'intérêt, comme les belles âmes le sont de la gloire et de la vertu; capables d'une seule volupté, qui est celle d'acquérir ou de ne point perdre; curieuses et avides du denier dix; uniquement occupées de leurs débiteurs; toujours inquiètes sur le rabais ou sur le décri des monnoies; enfoncées et comme abîmées dans les contrats, les titres et les parchemins. De telles gens ne sont ni parents, ni amis, ni citoyens, ni chrétiens, ni peut-être des hommes : ils ont de l'argent.

¶ Commençons par excepter ces âmes nobles et courageuses, s'il en reste encore sur la terre, secourables, ingénieuses à faire du bien, que nuls besoins, nulle disproportion, nuls artifices, ne peuvent séparer de ceux qu'ils se sont une fois choisis pour amis; et, après cette précaution, disons hardiment une chose triste et douloureuse à imaginer : il n'y a personne au monde si bien lié avec nous de société et de bienveillance, qui nous aime, qui nous goûte, qui nous fait mille offres de services, et qui nous sert quelquefois, qui n'ait en soi, par attachement à son intérêt, des dispositions très-proches à rompre avec nous, et à devenir notre ennemi.

¶ Pendant qu'*Oronte* augmente avec ses années son fonds et ses revenus, une fille naît dans quelque famille, s'élève, croît, s'embellit, et entre dans sa seizième année ; il se fait prier à cinquante ans pour l'épouser, jeune, belle, spirituelle : cet homme sans naissance, sans esprit et sans le moindre mérite, est préféré à tous ses rivaux.

¶ Le mariage, qui devroit être à l'homme une source de tous les biens, lui est souvent, par la disposition de sa fortune, un lourd fardeau sous lequel il succombe : c'est alors qu'une femme et des enfants sont une violente tentation à la fraude, au mensonge, et aux gains illicites ; il se trouve entre la friponnerie et l'indigence : étrange situation.

Épouser une veuve, en bon françois, signifie faire sa fortune ; il n'opère pas toujours ce qu'il signifie.

¶ Celui qui n'a de partage avec ses frères que pour vivre à l'aise bon praticien [1] veut être officier ; le simple officier se fait magistrat, et le magistrat veut présider ; et ainsi de toutes les conditions où les hommes languissent serrés et indigents après avoir tenté au delà de leur fortune, et forcé, pour ainsi dire, leur destinée, incapables tout à la fois de ne pas vouloir être riches et de demeurer riches.

¶ Dîne bien, *Cléarque*, soupe le soir, mets du bois au feu, achète un manteau, tapisse ta chambre : tu n'aimes point ton héritier ; tu ne le connois point, tu n'en as point.

¶ Jeune, on conserve pour sa vieillesse ; vieux, on épargne pour la mort. L'héritier prodigue paie de superbes funérailles, et dévore le reste.

¶ L'avare dépense plus mort, en un seul jour, qu'il ne faisoit vivant en dix années ; et son héritier plus en dix mois, qu'il n'a su faire lui-même en toute sa vie.

¶ Ce que l'on prodigue, on l'ôte à son héritier : ce

---

1. Praticien, au dix-septième siècle, se disait des avocats et procureurs. — Officier doit s'entendre ici de celui qui remplit une charge ou office de justice. — Le simple officier était un juge subalterne qui rendait la justice au nom d'un seigneur dans ses terres, et le magistrat un juge qui la rendoit au nom du roi dans un siége royal.

que l'on épargne sordidement, on se l'ôte à soi-même. Le milieu est justice pour soi et pour les autres.

¶ Les enfants peut-être seroient plus chers à leurs pères, et, réciproquement, les pères à leurs enfants, sans le titre d'héritiers [1].

¶ Triste condition de l'homme, et qui dégoûte de la vie ! il faut suer, veiller, fléchir, dépendre, pour avoir un peu de fortune, ou la devoir à l'agonie de nos proches. Celui qui s'empêche de souhaiter que son père y passe bientôt est homme de bien.

¶ Le caractère de celui qui veut hériter de quelqu'un rentre dans celui du complaisant : nous ne sommes point mieux flattés, mieux obéis, plus suivis, plus entourés, plus cultivés, plus ménagés, plus caressés de personne pendant notre vie, que de celui qui croit gagner à notre mort, et qui désire qu'elle arrive.

¶ Tous les hommes, par les postes différents, par les titres et par les successions, se regardent comme héritiers les uns des autres, et cultivent par cet intérêt, pendant tout le cours de leur vie, un désir secret et enveloppé de la mort d'autrui ; le plus heureux dans chaque condition est celui qui a plus de choses à perdre par sa mort, et à laisser à son successeur.

¶ L'on dit du jeu qu'il égale les conditions ; mais elles se trouvent quelquefois si étrangement disproportionnées, et il y a entre telle et telle condition un abîme d'intervalle si immense et si profond, que les yeux souffrent de voir de telles extrémités se rapprocher : c'est comme une musique qui détonne, ce sont comme des couleurs mal assorties, comme des paroles qui jurent et qui offensent l'oreille, comme de ces bruits ou de ces sons qui font frémir ; c'est, en un mot, un renversement de toutes les bienséances. Si

---

[1]. L'intérêt nous console de la mort de nos proches comme l'amitié nous consolait de leur vie. (VAUVENARGUES.)

l'on m'oppose que c'est la pratique de tout l'Occident, je réponds que c'est peut-être aussi l'une de ces choses qui nous rendent barbares à l'autre partie du monde, et que les Orientaux qui viennent jusqu'à nous remportent sur leurs tablettes ; je ne doute pas même que cet excès de familiarité ne les rebute davantage que nous ne sommes blessés de leur *zombaye*[1] et de leurs autres prosternations.

¶ Une tenue d'états, ou les chambres assemblées pour une affaire très-capitale, n'offrent point aux yeux rien de si grave et de si sérieux qu'une table de gens qui jouent un grand jeu : une triste sévérité règne sur leur visage ; implacables l'un pour l'autre, et irréconciliables ennemis pendant que la séance dure, ils ne reconnoissent plus ni liaisons, ni alliance, ni naissance, ni distinction. Le hasard seul, aveugle et farouche divinité, préside au cercle, et y décide souverainement ; ils l'honorent tous par un silence profond, et par une attention dont ils sont partout ailleurs fort incapables ; toutes les passions, comme suspendues, cèdent à une seule : le courtisan alors n'est ni doux, ni flatteur, ni complaisant[2], ni même dévot.

¶ L'on ne reconnoît plus en ceux que le jeu et le gain ont illustrés la moindre trace de leur première condition. Ils perdent de vue leurs égaux, et atteignent les plus grands seigneurs. Il est vrai que la fortune du dé ou du lansquenet les remet souvent où elle les a pris.

¶ Je ne m'étonne pas qu'il y ait des brelans publics, comme autant de piéges tendus à l'avarice des hommes, comme des gouffres où l'argent des particuliers tombe et se précipite sans retour, comme d'affreux

---

1. Voyez les relations du royaume de Siam. (*Note de La Bruyère.*)
2. Les Mémoires de Saint-Simon attestent à quel point la passion du jeu était portée à la cour de Louis XIV. Il cite des faits qui prouvent que certains joueurs montraient peu de scrupule dans le palais même du roi, qui jouait aussi gros jeu. C'était le brelan qui était à la mode. (CHÉRUEL.)

écueils où les joueurs viennent se briser et se perdre; qu'il parte de ces lieux des émissaires pour savoir à heure marquée qui a descendu à terre avec un argent frais d'une nouvelle prise, qui a gagné un procès d'où on lui a compté une grosse somme, qui a reçu un don, qui a fait au jeu un gain considérable, quel fils de famille vient de recueillir une riche succession, ou quel commis imprudent veut hasarder sur une carte les deniers de sa caisse. C'est un sale et indigne métier, il est vrai, que de tromper ; mais c'est un métier qui est ancien, connu, pratiqué de tout temps par ce genre d'hommes que j'appelle des brelandiers. L'enseigne est à leur porte, on y liroit presque : *Ici l'on trompe de bonne foi*, car se voudroient-ils donner pour irréprochables? Qui ne sait pas qu'entrer et perdre dans ces maisons est une même chose ? Qu'ils trouvent donc sous leur main autant de dupes qu'il en faut pour leur subsistance, c'est ce qui me passe.

¶ Mille gens se ruinent au jeu, et vous disent froidement qu'ils ne sauroient se passer de jouer : quelle excuse ! Y a-t-il une passion, quelque violente ou honteuse qu'elle soit, qui ne pût tenir ce même langage? Seroit-on reçu à dire qu'on ne peut se passer de voler, d'assassiner, de se précipiter? Un jeu effroyable, continuel, sans retenue, sans bornes, où l'on n'a en vue que la ruine totale de son adversaire, où l'on est transporté du désir du gain, désespéré sur la perte, consumé par l'avarice, où l'on expose sur une carte ou à la fortune du dé la sienne propre, celle de sa femme et de ses enfants, est-ce une chose qui soit permise ou dont l'on doive se passer? Ne faut-il pas quelquefois se faire une grande violence, lorsque, poussé par le jeu jusques à une déroute universelle, il faut même qu'on se passe d'habits et de nourriture, et de les fournir à sa famille?

Je ne permets à personne d'être fripon, mais je

permets à un fripon de jouer grand jeu ; je le défends à un honnête homme. C'est une trop grande puérilité que de s'exposer à une grande perte.

¶ Il n'y a qu'une affliction qui dure, qui est celle qui vient de la perte des biens : le temps qui adoucit toutes les autres aigrit celle-ci. Nous sentons à tou moments, pendant le cours de notre vie, où le bien que nous avons perdu nous manque.

¶ Il fait bon avec celui qui ne se sert pas de son bien à marier ses filles, à payer ses dettes, ou à faire des contrats, pourvu que l'on ne soit ni ses enfants, ni sa femme.

¶ Ni les troubles, *Zénobie*, qui agitent votre empire, ni la guerre que vous soutenez virilement contre une nation puissante depuis la mort du roi votre époux, ne diminuent rien de votre magnificence. Vous avez préféré à toute autre contrée les rives de l'Euphrate pour y élever un superbe édifice : l'air y est sain et tempéré, la situation en est riante, un bois sacré l'ombrage du côté du couchant. Les dieux de Syrie, qui habitent quelquefois la terre, n'y auroient pu choisir une plus belle demeure. La campagne autour est couverte d'hommes qui taillent et qui coupent, qui vont et qui viennent, qui roulent ou qui charrient le bois du Liban, l'airain et le porphyre ; les grues et les machines gémissent dans l'air, et font espérer à ceux qui voyagent vers l'Arabie de revoir à leur retour en leurs foyers ce palais achevé, et dans cette splendeur où vous désirez de le porter, avant de l'habiter, vous et les princes vos enfants. N'y épargnez rien, grande reine ; employez-y l'or et tout l'art des plus excellents ouvriers ; que les Phidias et les Zeuxis de votre siècle déploient toute leur science sur vos plafonds et sur vos lambris ; tracez-y de vastes et de délicieux jardins, dont l'enchantement soit tel qu'ils ne paroissent pas faits de la main des hommes; épuisez vos trésors et votre industrie sur cet ouvrage incomparable ; et après que vous y aurez mis, Zénobie, la dernière main, quelqu'un de ces pâtres[1] qui habitent les sables voisins de Palmyre, devenu riche par les péages de vos rivières, achètera un jour à deniers comptants cette royale maison pour l'embellir, et la rendre plus digne de lui et de sa fortune.

¶ Ce palais, ces meubles, ces jardins, ces belles eaux, vous enchantent et vous font récrier d'une première vue sur une maison si délicieuse, et sur l'extrême bonheur du maître qui la possède. Il n'est plus, il n'en a pas joui si agréablement ni si tranquillement que vous ; il n'y a jamais eu un jour serein, ni une nuit tranquille ; il s'est noyé de dettes pour la porter à ce degré de beauté où elle vous ravit. Ses créanciers l'en ont chassé ; il a tourné la tête, et il l'a regardée de loin une dernière fois ; et il est mort de saisissement.

¶ L'on ne sauroit s'empêcher de voir dans certaines familles ce qu'on appelle les caprices du hasard ou les jeux de la fortune. Il y a cent ans qu'on ne parloit point de ces familles, qu'elles n'étoient point : le ciel tout d'un coup s'ouvre en leur faveur ; les biens, les honneurs, les dignités, fondent sur elles à plusieurs reprises ; elles nagent dans la prospérité. *Eumolpe*, l'un de ces hommes qui n'ont point de grands-pères, a eu un père du moins qui s'étoit élevé si haut, que tout ce qu'il a pu souhaiter pendant le cours d'une longue vie, ç'a été de l'atteindre ; et il l'a atteint. Étoit-ce dans ces deux personnages éminence d'esprit, profonde capacité ? étoit-ce les conjonctures ? La fortune enfin ne leur rit plus, elle se joue ailleurs, et traite leur postérité comme leurs ancêtres.

1. De Gourville, intendant de feu M. le Prince, qui, non content du château de Saint-Maur, quelque beau qu'il fût, et dont M. le Prince s'étoit contenté, a fait beaucoup de dépenses pour l'embellir. (*La clef.*)

¶ La cause la plus immédiate de la ruine et de la déroute des personnes des deux conditions, de la robe et de l'épée, est que l'état seul, et non le bien, règle la dépense.

¶ Si vous n'avez rien oublié pour votre fortune, quel travail ! si vous avez négligé la moindre chose, quel repentir !

¶ *Giton* a le teint frais, le visage plein et les joues pendantes, l'œil fixe et assuré, les épaules larges, l'estomac haut, la démarche ferme et délibérée. Il parle avec confiance; il fait répéter celui qui l'entretient, et il ne goûte que médiocrement tout ce qu'il lui dit. Il déploie un ample mouchoir, et se mouche avec grand bruit; il crache fort loin, et il éternue fort haut. Il dort le jour, il dort la nuit, et profondément; il ronfle en compagnie. Il occupe à table et à la promenade plus de place qu'un autre; il tient le milieu en se promenant avec ses égaux; il s'arrête, et l'on s'arrête; il continue de marcher, et l'on marche : tous se règlent sur lui. Il interrompt, il redresse ceux qui ont la parole; on ne l'interrompt pas, on l'écoute aussi longtemps qu'il veut parler; on est de son avis, on croit les nouvelles qu'il débite. S'il s'assied, vous le voyez s'enfoncer dans un fauteuil, croiser les jambes l'une sur l'autre, froncer le sourcil, abaisser son chapeau sur ses yeux pour ne voir personne, ou le relever ensuite, et découvrir son front par fierté et par audace. Il est enjoué, grand rieur, impatient, présomptueux, colère, libertin, politique, mystérieux sur les affaires du temps; il se croit des talents et de l'esprit. Il est riche.

Phédon a les yeux creux, le teint échauffé, le corps sec et le visage maigre. Il dort peu, et d'un sommeil fort léger; il est abstrait, rêveur, et il a avec de l'esprit l'air d'un stupide. Il oublie de dire ce qu'il sait, ou de parler d'événements qui lui sont connus; et s'il le fait quelquefois, il s'en tire mal. Il croit peser à ceux à qui il parle ; il conte brièvement, mais froidement; il ne se fait pas écouter, il ne fait point rire. Il applaudit, il sourit à ce que les autres lui disent, il est de leur avis ; il court, il vole pour leur rendre de petits services. Il est complaisant, flatteur, empressé; il est mystérieux sur ses affaires, quelquefois menteur; il est superstitieux, scrupuleux, timide. Il marche doucement et légèrement ; il semble craindre de fouler la terre ; il marche les yeux baissés, et il n'ose les lever sur ceux qui passent. Il n'est jamais du nombre de ceux qui forment un cercle pour discourir ; il se met derrière celui qui parle, recueille furtivement ce qui se dit, et il se retire si on le regarde. Il n'occupe point de lieu, il ne tient point de place ; il va les épaules serrées, le chapeau abaissé sur ses yeux pour n'être point vu ; il se replie et se renferme dans son manteau. Il n'y a point de rues ni de galeries si embarrassées et si remplies de monde où il ne trouve moyen de passer sans effort, et de se couler sans être aperçu. Si on le prie de s'asseoir, il se met à peine sur le bord d'un siége. Il parle bas dans la conversation, et il articule mal ; libre néanmoins [1] sur les affaires publiques, chagrin contre le siècle, médiocrement prévenu des ministres et du ministère. Il n'ouvre la bouche que pour répondre ; il tousse, il se mouche sous son chapeau ; il crache presque sur soi, et il attend qu'il soit seul pour éternuer, ou, si cela lui arrive, c'est à l'insu de la compagnie ; il n'en coûte à personne ni salut ni compliment. Il est pauvre.

1. Var. *Avec ses amis.*

DE LA VILLE.

L'on se donne à Paris, sans se parler, comme un rendez-vous public [1], mais fort exact, tous les soirs, au Cours [2] ou aux Tuileries, pour se regarder au visage et se désapprouver les uns les autres.

L'on ne peut se passer de ce même monde que l'on n'aime point, et dont l'on se moque.

L'on s'attend au passage réciproquement dans une promenade publique, l'on y passe en revue l'un devant l'autre. Carrosse, chevaux, livrées, armoiries, rien n'échappe aux yeux, tout est curieusement ou malignement observé ; et, selon le plus ou le moins de l'équipage, ou l'on respecte les personnes, où on les dédaigne.

¶ Tout le monde connoît cette longue levée qui borne et qui resserre le lit de la Seine du côté où elle entre à Paris avec la Marne, qu'elle vient de recevoir [3] : les hommes s'y baignent au pied pendant les chaleurs de la canicule ; on les voit de fort près se jeter dans l'eau ; on les en voit sortir : c'est un amusement. Quand cette saison n'est pas venue, les femmes de la ville ne s'y promènent pas encore ; et quand elle est passée, elles ne s'y promènent plus.

¶ Dans ces lieux d'un concours général [4], où les femmes se rassemblent pour montrer une belle étoffe, et pour recueillir le fruit de leur toilette, on ne se promène pas avec une compagne par la nécessité de

---

1. Var. *Rendez-vous général.*
2. Le Cours-la-Reine, entre la grande allée des Champs-Élysées et la Seine.
3. Le quai Saint-Bernard.
4. Probablement le jardin des Tuileries.

la conversation ; on se joint ensemble pour se rassurer sur le théâtre, s'apprivoiser avec le public, et se raffermir contre la critique : c'est là précisément qu'on se parle sans se rien dire, ou plutôt qu'on parle pour les passants, pour ceux mêmes en faveur de qui l'on hausse sa voix, l'on gesticule et l'on badine, l'on penche négligemment la tête, l'on passe et l'on repasse.

¶ La ville est partagée en diverses sociétés, qui sont comme autant de petites républiques, qui ont leurs lois, leurs usages, leur jargon et leurs mots pour rire. Tant que cet assemblage est dans sa force, et que l'entêtement subsiste, l'on ne trouve rien de bien dit ou de bien fait que ce qui part des siens, et l'on est incapable de goûter ce qui vient d'ailleurs ; cela va jusques au mépris pour les gens qui ne sont pas initiés dans leurs mystères. L'homme du monde d'un meilleur esprit, que le hasard a porté au milieu d'eux, leur est étranger. Il se trouve là comme dans un pays lointain, dont il ne connoît ni les routes, ni la langue, ni les mœurs, ni la coutume ; il voit un peuple qui cause, bourdonne, parle à l'oreille, éclate de rire, et qui retombe ensuite dans un morne silence ; il y perd son maintien, ne trouve pas où placer un seul mot, et n'a pas même de quoi écouter. Il ne manque jamais là un mauvais plaisant qui domine, et qui est comme le héros de la société : celui-ci s'est chargé de la joie des autres, et fait toujours rire avant que d'avoir parlé. Si quelquefois une femme survient qui n'est point de leurs plaisirs, la bande joyeuse ne peut comprendre qu'elle ne sache point rire des choses qu'elle n'entend point, et paroisse insensible à des fadaises qu'ils n'entendent eux-mêmes que parce qu'ils les ont faites ; ils ne lui pardonnent ni son ton de voix, ni son silence, ni sa taille, ni son visage, ni son habillement, ni son entrée, ni la manière dont elle est sortie. Deux années cependant ne passent point sur une même *coterie*; il y a toujours, dès la première année, des semences de division pour rompre dans celle qui doit suivre. L'intérêt de la beauté, les incidents du jeu, l'extravagance des repas, qui, modestes au commencement, dégénèrent bientôt en pyramides de viandes et en banquets somptueux, dérangent la république, et lui portent enfin le coup mortel; il n'est en fort peu de temps non plus parlé de cette nation que des mouches de l'année passée.

¶ Il y a dans la ville la grande et la petite robe; et la première se venge sur l'autre des dédains de la cour, et des petites humiliations qu'elle y essuie. De savoir quelles sont leurs limites, où la grande finit, et où la petite commence, ce n'est pas une chose facile. Il se trouve même un corps considérable qui refuse d'être du second ordre, et à qui l'on conteste le premier [1]; il ne se rend pas néanmoins, il cherche au contraire, par la gravité et par la dépense, à s'égaler à la magistrature, ou ne lui cède qu'avec peine : on l'entend dire que la noblesse de son emploi, l'indépendance de sa profession, le talent de la parole et le mérite personnel balancent au moins les sacs de mille francs que le fils du partisan ou du banquier a su payer pour son office.

¶ Vous moquez-vous de rêver en carrosse, ou peut-être de vous y reposer? Vite, prenez votre livre ou vos papiers, lisez, ne saluez qu'à peine ces gens qui passent dans leur équipage. Ils vous en croiront plus occupé; ils diront : Cet homme est laborieux, infatigable; il lit, il travaille jusque dans les rues ou sur la route. Apprenez du moindre avocat qu'il faut paroître accablé d'affaires, froncer le sourcil, et rêver à rien très-profondément, savoir à propos perdre le

---

1. Les avocats

boire et le manger, ne faire qu'apparoir dans sa maison, s'évanouir et se perdre comme un fantôme dans le sombre de son cabinet, se cacher au public, éviter le théâtre, le laisser à ceux qui ne courent aucun risque à s'y montrer, qui en ont à peine le loisir, aux Gomons, aux Duhamels [1].

¶ Il y a un certain nombre de jeunes magistrats que les grands biens et les plaisirs ont associés à quelques-uns de ceux qu'on nomme à la cour de *petits-maîtres:* ils les imitent, ils se tiennent fort au-dessus de la gravité de la robe, et se croient dispensés par leur âge et par leur fortune à être sages et modérés. Ils prennent de la cour ce qu'elle a de pire : ils s'approprient la vanité, la mollesse, l'intempérance, le libertinage, comme si tous ces vices leur étoient dus, et, affectant ainsi un caractère éloigné de celui qu'ils ont à soutenir, ils deviennent enfin, selon leurs souhaits, des copies fidèles de très-méchants originaux [2].

¶ Un homme de robe à la ville, et le même à la cour, ce sont deux hommes. Revenu chez soi, il reprend ses mœurs, sa taille et son visage, qu'il y avoit laissés : il n'est plus ni si embarrassé ni si honnête.

¶ Les *Crispins* se cotisent et rassemblent dans leur famille jusques à six chevaux pour allonger un équipage qui, avec un essaim de gens de livrée où ils ont fourni chacun leur part, les fait triompher au Cours ou à Vincennes, et aller de pair avec les nouvelles mariées, avec *Jason*, qui se ruine, et avec *Thrason*, qui veut se marier, et qui a consigné [3].

¶ J'entends dire des *Sannions :* Même nom, mêmes

---

1. Jean-Baptiste du Hamel, secrétaire perpétuel de l'Académie des sciences, savant très-laborieux, né en 1624, mort en 1706.
2. Probablement de Mesme, comte d'Avaux, membre de l'Académie française, né en 1661, mort en 1713. Il était premier président au parlement.
3. Déposé son argent au trésor public pour une grande charge. (*Note de La Bruyère.*)

armes ; la branche aînée, la branche cadette, les cadets de la seconde branche ; ceux-là portent les armes pleines [1], ceux-ci brisent d'un lambel, et les autres d'une bordure dentelée. Ils ont avec les BOURBONS, sur une même couleur, un même métal ; ils portent, comme eux, deux et une. Ce ne sont pas des fleurs de lis, mais ils s'en consolent ; peut-être dans leur cœur trouvent-ils leurs pièces aussi honorables, et ils les ont communes avec de grands seigneurs qui en sont contents. On les voit sur les litres [2] et sur les vitrages, sur la porte de leur château, sur le pilier de leur haute-justice, où ils viennent de faire pendre un homme qui méritoit le bannissement. Elles s'offrent aux yeux de toutes parts : elles sont sur les meubles et sur les serrures ; elles sont semées sur les carrosses. Leurs livrées ne déshonorent point leurs armoiries. Je dirois volontiers aux Sannions : Votre folie est prématurée ; attendez du moins que le siècle s'achève sur votre race ; ceux qui ont vu votre grand-père, qui lui ont parlé, sont vieux, et ne sauroient plus vivre longtemps. Qui pourra dire comme eux : Là il étaloit, et vendoit très-cher [3] ?

Les Sannions et les Crispins veulent encore davantage que l'on dise d'eux qu'ils font une grande dépense,

---

1. Les armes pleines n'ont aucune autre pièce de blason que celles qu'elles avaient à l'origine, et auxquelles on n'a rien ajouté. Telles sont les anciennes armes de France, d'azur à trois fleurs de lis d'or. Ces armes, ainsi que l'indique La Bruyère, appartiennent aux branches aînées. — *Briser d'un lambel*, c'est placer horizontalement sur les armoiries une tringle à trois pendants, un au milieu, deux aux extrémités ; — la *bordure* est une pièce en forme de ceinture qui environne l'écu. C'est par ces pièces de rapport que les armes brisées se distinguent des armes pleines.

2. Les litres étaient des bandes noires qu'on tendait autour des églises ou des chapelles, aux enterrements des seigneurs, et sur lesquelles on appliquait leurs armoiries.

3. Ces détails ont été appliqués aux de Lesseville, dont les ancêtres, riches tanneurs, avaient reçu des lettres de noblesse de Henri IV, auquel ils avaient prêté de l'argent après la bataille d'Ivry. Mais le travers que relève ici La Bruyère a été dans tous les temps, y compris le nôtre, si général en France, que notre auteur n'avait pas besoin de particulariser.

qu'ils n'aiment à la faire. Ils font un récit long et ennuyeux d'une fête ou d'un repas qu'ils ont donné ; ils disent l'argent qu'ils ont perdu au jeu, et ils plaignent fort haut celui qu'ils n'ont pas songé à perdre. Ils parlent jargon et mystère sur de certaines femmes *ils ont* réciproquement *cent choses plaisantes à se conter; ils ont fait depuis peu des découvertes;* ils se passent les uns aux autres qu'ils sont gens à belles aventures. L'un d'eux, qui s'est couché tard à la campagne, et qui voudroit dormir, se lève matin, chausse des guêtres, endosse un habit de toile, passe un cordon où pend le fourniment, renoue ses cheveux, prend un fusil : le voilà chasseur, s'il tiroit bien. Il revient de nuit, mouillé et recru, sans avoir tué. Il retourne à la chasse le lendemain, et il passe tout le jour à manquer des grives ou des perdrix.

Un autre, avec quelques mauvais chiens, auroit envie de dire : *Ma meute.* Il sait un rendez-vous de chasse, il s'y trouve, il est au laisser-courre ; il entre dans le fort, se mêle avec les piqueurs, il a un cor. Il ne dit pas, comme *Ménalippe*[1] : *Ai-je du plaisir?* il croit en avoir. Il oublie lois et procédure : c'est un Hippolyte. *Ménandre*, qui le vit hier sur un procès qui est entre ses mains, ne reconnoîtroit pas aujourd'hui son rapporteur. Le voyez-vous le lendemain à sa chambre, où l'on va juger une cause grave et capitale ? Il se fait entourer de ses confrères, il leur raconte comme il n'a point perdu le cerf de meute, comme il s'est étouffé de crier après les chiens qui étoient en défaut, ou après ceux des chasseurs qui prenoient le change ; qu'il a vu donner les six chiens. L'heure presse ; il achève de leur parler des abois et de la curée, et il court s'asseoir avec les autres pour juger.

1. De Nouveau, surintendant des postes. « Ce Nouveau, un jour, au commencement qu'il eut un équipage de chasse, courant un cerf, demanda à son veneur : *Ai-je bien du plaisir?* » (TALLEMANT DES RÉAUX.)

¶ Quel est l'égarement de certains particuliers qui, riches du négoce de leurs pères, dont ils viennent de recueillir la succession, se moulent sur les princes pour leur garde-robe et pour leur équipage, excitent, par une dépense excessive et par un faste ridicule, les traits et la raillerie de toute une ville qu'ils croient éblouir, et se ruinent ainsi à se faire moquer de soi !

Quelques-uns n'ont pas même le triste avantage de répandre leurs folies plus loin que le quartier où ils habitent : c'est le seul théâtre de leur vanité. L'on ne sait point dans l'Ile qu'*André* [1] brille au Marais et qu'il y dissipe son patrimoine; du moins, s'il étoit connu dans toute la ville et dans ses faubourgs, il seroit difficile qu'entre un si grand nombre de citoyens qui ne savent pas tous juger sainement [2] de toutes choses il ne s'en trouvât quelqu'un qui diroit de lui : *Il est magnifique*, et qui lui tiendroit compte des régals qu'il fait à *Xante* et à *Ariston*, et des fêtes qu'il donne à *Elamire*. Mais il se ruine obscurément : ce n'est qu'en faveur de deux ou trois personnes [3], qui ne l'estiment point, qu'il court à l'indigence, et qu'aujourd'hui en carrosse, il n'aura pas dans six mois le moyen d'aller à pied.

¶ *Narcisse* se lève le matin pour se coucher le soir; il a ses heures de toilette comme une femme; il va tous les jours fort régulièrement à la belle messe aux Feuillants ou aux Minimes; il est homme d'un bon commerce, et l'on compte sur lui au quartier de ** pour un tiers ou pour un cinquième à l'hombre ou au reversi. Là il tient le fauteuil quatre heures de suite chez *Aricie*, où il risque chaque soir cinq pistoles d'or. Il lit exactement la Gazette de Hollande et le

---

1. Var. *Qu'Onuphre*.
2. Var. *Sûrement*.
3. Var. *De cinq ou six personnes*.

Mercure galant; il a lu Bergerac[1], Des Marets[2], Lesclache[3], les Historiettes de Barbin[4], et quelques recueils de poésies. Il se promène avec des femmes à la Plaine ou au Cours, et il est d'une ponctualité religieuse sur les visites. Il fera demain ce qu'il fait aujourd'hui et ce qu'il fit hier, et il meurt ainsi après avoir vécu.

¶ Voilà un homme, dites-vous, que j'ai vu quelque part; de savoir où, il est difficile, mais son visage m'est familier. Il l'est à bien d'autres, et je vais, s'il se peut, aider votre mémoire. Est-ce au boulevard sur un strapontin, ou aux Tuileries dans la grande allée, ou dans le balcon à la comédie? Est-ce au sermon, au bal, à Rambouillet[5]? Où pourriez-vous ne l'avoir point vu? où n'est-il point? S'il y a dans la place une fameuse exécution ou un feu de joie, il paroît à une fenêtre de l'hôtel de ville; si l'on attend une magnifique entrée, il a sa place sur un échafaud; s'il se fait un carrousel, le voilà entré, et placé sur l'amphithéâtre; si le roi reçoit des ambassadeurs, il voit leur marche, il assiste à leur audience, il est en haie quand ils reviennent de leur audience. Sa présence est aussi essentielle aux serments des ligues suisses que celle du chancelier et des ligues mêmes. C'est son visage que l'on voit aux almanachs repré-

---

1. Cyrano. (*Note de La Bruyère.*) — Cyrano, né au château de Bergerac en Périgord, vers 1620, auteur du *Pédant joué* et du *Voyage dans la lune*, mort en 1655.

2. Saint-Sorlin. (*Note de La Bruyère.*) — Des Marets de Saint-Sorlin, l'un des premiers membres de l'Académie française, auteur d'*Aspasie*, des *Visionnaires*, de *Mirame*, né à Paris en 1595, mort en 1676.

3. Louis de Lesclache, né vers 1620, en Auvergne, mort en 1671, avait ouvert à Paris une école de grammaire et de philosophie qui eut pendant quelque temps un grand succès, mais que la philosophie de Descartes fit bientôt déserter. On remarquera que La Bruyère n'indique à dessein, parmi les auteurs favoris de *Narcisse*, aucun des grands écrivains du dix-septième siècle.

4. Recueil d'anecdotes publiées par le libraire Barbin.

5. L'enclos de Rambouillet, dans le faubourg Saint-Antoine.

senter le peuple ou l'assistance. Il y a une chasse publique, une *Saint-Hubert,* le voilà à cheval ; on parle d'un camp et d'une revue, il est à Ouilles, il est à Achères. Il aime les troupes, la milice, la guerre, il la voit de près, et jusques au fort de Bernardi. Chamley sait les marches, Jacquier les vivres, Dumetz l'artillerie [1]. Celui-ci voit, il a vieilli sous le harnois en voyant ; il est spectateur de profession ; il ne fait rien de ce qu'un homme doit faire, il ne sait rien de ce qu'il doit savoir, mais il a vu, dit-il, tout ce qu'on peut voir, et il n'aura point regret de mourir. Quelle perte alors pour toute la ville ! Qui dira après lui : Le Cours est fermé, on ne s'y promène point ; le bourbier de Vincennes est desséché et relevé, on n'y versera plus ? Qui annoncera un concert, un beau salut, un prestige de la foire ? Qui vous avertira que Baumavielle mourut hier, que [2] Rochois est enrhumée et ne chantera de huit jours ? Qui connoîtra comme lui un bourgeois à ses armes et à ses livrées ? Qui dira : *Scapin* porte des fleurs de lis, et qui en sera plus édifié ? Qui prononcera avec plus de vanité et d'emphase le nom d'une simple bourgeoise ? Qui sera mieux fourni de vaudevilles ? Qui prêtera aux femmes les Annales galantes et le Journal amoureux ? Qui saura comme lui chanter à table tout un dialogue de l'*Opéra,* et les fureurs de Roland dans une ruelle ? Enfin, puisqu'il y a à la ville comme ailleurs de fort sottes gens, des gens fades, oisifs, désoccupés, qui pourra aussi parfaitement leur convenir ?

¶ *Théramène* étoit riche et avoit du mérite ; il a hérité : il est donc très-riche et d'un très-grand mérite. Voilà toutes les femmes en campagne pour

---

1. Jacquier, munitionnaire des vivres; Dumetz, lieutenant général de l'artillerie. — Var. Dans la 5e édition, au lieu de *Jacquier les vivres, Dumetz l'artillerie,* on lit : *Vauban les sièges.*
2. Marthe de Rochois, chanteuse de l'Opéra.

l'avoir pour galant et toutes les filles pour *épouseur*. Il va de maison en maison faire espérer aux mères qu'il épousera. Est-il assis, elles se retirent, pour laisser à leurs filles toute la liberté d'être aimables, et à Théramène de faire ses déclarations. Il tient ici contre le mortier[1]; là, il efface le cavalier ou le gentilhomme. Un jeune homme fleuri, vif, enjoué, spirituel, n'est pas souhaité plus ardemment ni mieux reçu ; on se l'arrache des mains, on a à peine le loisir de sourire à qui se trouve avec lui dans une même visite[2]. Combien de galants va-t-il mettre en déroute ! quels bons partis ne fera-t-il pas manquer ! Pourra-t-il suffire à tant d'héritières qui le recherchent? Ce n'est pas seulement la terreur des maris, c'est l'épouvantail de tous ceux qui ont envie de l'être, et qui attendent d'un mariage à remplir le vide de leur consignation[3]. On devroit proscrire de tels personnages si heureux, si pécunieux, d'une ville bien policée, ou condamner le sexe, sous peine de folie ou d'indignité, à ne les traiter pas mieux que s'ils n'avoient que du mérite.

¶ Paris, pour l'ordinaire le singe de la cour, ne sait pas toujours la contrefaire; il ne l'imite en aucune manière dans ces dehors agréables et caressants que quelques courtisans, et surtout les femmes, y ont naturellement pour un homme de mérite, et qui n'a même que du mérite. Elles ne s'informent ni de ses

1. C'est-à-dire contre les hauts dignitaires du parlement, qui portaient pour coiffure un bonnet nommé *mortier*.

2. VAR. Ce qui se trouve entre les mots *épouseur* et *il tient* est une addition de la 8ᵉ édit. On lit dans les 5ᵉ, 6ᵉ et 7ᵉ : *Il tient ici contre le mortier; là il le dispute au cavalier ou au gentilhomme; on se l'arrache des mains ; un jeune homme fleuri, vif, enjoué, spirituel, ne seroit pas souhaité plus ardemment ni mieux reçu; son char demeureroit aux portes, il entre dans les cours, tout lui est ouvert.* Dans la 8ᵉ édition, le second membre de phrase, *son char*, etc., a été remplacé bien heureusement par cette piquante observation : *on a à peine le loisir de sourire à qui se trouve avec lui dans une même visite.* (A. DESTAILLEUR.)

3. *Le vide de leur consignation*, c'est-à-dire le manque d'argent qui les empêche de consigner les fonds nécessaires à l'acquisition d'une charge.

contrats ni de ses ancêtres ; elles le trouvent à la cour, cela leur suffit ; elles le souffrent, elles l'estiment ; elles ne demandent pas s'il est venu en chaise de poste ou à pied, s'il a une charge, une terre ou un équipage. Comme elles regorgent de train, de splendeur et de dignité, elles se délassent volontiers avec la philosophie ou la vertu. Une femme de ville entend-elle le bruissement d'un carrosse qui s'arrête à sa porte, elle pétille de goût et de complaisance pour quiconque est dedans, sans le connoître ; mais si elle a vu de sa fenêtre un bel attelage, beaucoup de livrées, et que plusieurs rangs de clous parfaitement dorés l'aient éblouie, quelle impatience n'a-t-elle pas de voir déjà dans sa chambre le cavalier ou le magistrat ! Quelle charmante réception ne lui fera-t-elle point ? Otera-t-elle les yeux de dessus lui ? Il ne perd rien auprès d'elle ; on lui tient compte des doubles soupentes et des ressorts qui le font rouler plus mollement ; elle l'en estime davantage, elle l'en aime mieux.

¶ Cette fatuité de quelques femmes de la ville, qui cause en elles une mauvaise imitation de celles de la cour, est quelque chose de pire que la grossièreté des femmes du peuple et que la rusticité des villageoises ; elle a sur toutes deux l'affectation de plus.

¶ La subtile invention, de faire de magnifiques présents de noces qui ne coûtent rien, et qui doivent être rendus en espèces !

¶ L'utile et la louable pratique, de perdre en frais de noces le tiers de la dot qu'une femme apporte ! de commencer par s'appauvrir de concert par l'amas et l'entassement de choses superflues, et de prendre déjà sur son fonds de quoi payer Gaultier [1], les meubles et la toilette !

---

1. Fameux marchand d'étoffes de soie et de brocard d'or et d'argent, qui demeurait rue des Bourdonnais.

¶ Le bel et le judicieux usage, que celui qui, préférant une sorte d'effronterie aux bienséances et à la pudeur, expose une femme d'une seule nuit [1] sur un lit comme sur un théâtre, pour y faire pendant quelques jours un ridicule personnage, et la livre en cet état à la curiosité des gens de l'un et de l'autre sexe, qui, connus ou inconnus, accourent de toute une ville à ce spectacle pendant qu'il dure! Que manque-t-il à une telle coutume, pour être entièrement bizarre et incompréhensible, que d'être lue dans quelque relation de la Mingrélie?

¶ Pénible coutume, asservissement incommode! se chercher incessamment les unes les autres avec l'impatience de ne se point rencontrer; ne se rencontrer que pour se dire des riens, que pour s'apprendre réciproquement des choses dont on est également instruite, et dont il importe peu que l'on soit instruite; n'entrer dans une chambre précisément que pour en sortir; ne sortir de chez soi l'après-dînée que pour y rentrer le soir, fort satisfaite d'avoir vu en cinq petites heures trois suisses, une femme que l'on connoît à peine et une autre que l'on n'aime guère! Qui considéreroit [2] bien le prix du temps, et combien sa perte est irréparable, pleureroit amèrement sur de si grandes misères.

¶ On s'élève à la ville dans une indifférence grossière des choses rurales et champêtres; on distingue à peine la plante qui porte le chanvre d'avec celle qui produit le lin, et le blé froment d'avec les seigles, et l'un ou l'autre d'avec le méteil; on se contente de se nourrir et de s'habiller. Ne parlez [3] à un grand nom-

---

1. *Une femme d'une seule nuit*, c'est-à-dire une femme qu'on a épousée la veille, et qui n'a encore cohabité qu'une seule nuit avec son mari. — Ce passage fait allusion à l'usage où étaient les nouvelles mariées de se placer en grande toilette sur un lit pour recevoir les visites de noce.

2. Var. *Qui connoîtroit bien.*

3. Var. *Ne parlez pas.*

bre de bourgeois ni de guérets, ni de baliveaux, ni de provins, ni de regains, si vous voulez être entendu : ces termes pour eux ne sont pas françois. Parlez aux uns d'aunage, de tarif, ou de sou pour livre, et aux autres de voie d'appel, de requête civile, d'appointement, d'évocation. Ils connoissent le monde, et encore par ce qu'il a de moins beau et de moins spécieux ; ils ignorent la nature, ses commencements, ses progrès, ses dons, ses largesses. Leur ignorance souvent est volontaire, et fondée sur l'estime qu'ils ont pour leur profession et pour leurs talents. Il n'y a si vil praticien qui, au fond de son étude sombre et enfumée, et l'esprit occupé d'une plus noire chicane, ne se préfère au laboureur qui jouit du ciel, qui cultive la terre, qui sème à propos, et qui fait de riches moissons ; et s'il entend quelquefois parler des premiers hommes ou des patriarches, de leur vie champêtre et de leur économie, il s'étonne qu'on ait pu vivre en de tels temps, où il n'y avoit encore ni offices, ni commissions, ni présidents, ni procureurs ; il ne comprend pas qu'on ait jamais pu se passer du greffe, du parquet et de la buvette.

¶ Les empereurs n'ont jamais triomphé à Rome si mollement, si commodément, ni si sûrement même, contre le vent, la pluie, la poudre et le soleil, que le bourgeois sait à Paris se faire mener par toute la ville : quelle distance de cet usage à la mule de leurs ancêtres ! Ils ne savoient point encore se priver du nécessaire pour avoir le superflu, ni préférer le faste aux choses utiles. On ne les voyoit point s'éclairer avec des bougies et se chauffer à un petit feu ; la cire étoit pour l'autel et pour le Louvre. Ils ne sortoient point d'un mauvais dîner pour monter dans leur carrosse ; ils se persuadoient que l'homme avoit des jambes pour marcher, et ils marchoient. Ils se conservoient propres quand il faisoit sec, et dans un temps humide ils gâtoient leur chaussure, aussi peu embarrassés de franchir les rues et les carrefours, que le chasseur de traverser un guéret, ou le soldat de se mouiller dans une tranchée. On n'avoit point encore imaginé d'atteler deux hommes à une litière; il y avoit même plusieurs magistrats qui alloient à pied à la Chambre ou aux Enquêtes, d'aussi bonne grâce qu'Auguste autrefois alloit de son pied au Capitole. L'étain, dans ce temps, brilloit sur les tables et sur les buffets, comme le fer et le cuivre dans les foyers; l'argent et l'or étoient dans les coffres [1]. Les femmes se faisoient servir par des femmes; on mettoit celles-ci jusqu'à la cuisine. Les beaux noms de gouverneurs et de gouvernantes n'étoient pas inconnus à nos pères : ils savoient à qui l'on confioit les enfants des rois et des plus grands princes ; mais ils partageoient le service de leurs domestiques avec leurs enfants, contents de veiller eux-mêmes immédiatement à leur éducation. Ils comptoient en toutes choses avec eux-mêmes : leur dépense étoit proportionnée à leur recette; leurs livrées, leurs équipages, leurs meubles, leur table, leurs maisons de la ville et de la campagne, tout étoit mesuré sur leurs rentes et sur leur condition. Il y

1. Voltaire a très-vivement critiqué ce passage. « Ne voilà-t-il pas, dit-il, un plaisant éloge à donner à nos pères, de ce qu'ils n'avaient ni abondance, ni industrie, ni goût, ni propreté! L'argent était dans les coffres! Si cela était, c'était une très-grande sottise. L'argent est fait pour circuler, pour faire éclore tous les arts, pour acheter l'industrie des hommes. Qui le garde est mauvais citoyen, et même est mauvais ménager. » M. Destailleur dit avec raison que ce reproche est injuste, et que ce n'est point l'avarice et la malpropreté que La Bruyère loue chez les hommes du vieux temps, mais seulement l'ordre et l'économie. — Il nous semble, quant à nous, que si La Bruyère a raison sur ce dernier point, il s'est un peu trompé sur quelques autres, en oubliant que les lois somptuaires avaient plus de part que la simplicité dans la distinction des classes; que si bien des gens se servaient de vaisselle d'étain, c'est que l'usage de la vaisselle d'argent était réservé à la noblesse, et qu'il était interdit au roturier de s'habiller comme le gentilhomme. Pour rester dans l'exacte vérité de l'histoire, il faut reconnaître que si l'aisance était beaucoup moins répandue, le luxe, pour ceux qui pouvaient se le permettre, était relativement tout aussi grand dans le moyen âge et à l'époque de la renaissance qu'il peut l'être de notre temps.

avoit entre eux des distinctions extérieures qui empêchoient qu'on ne prît la femme du praticien pour celle du magistrat, et le roturier ou le simple valet pour le gentilhomme. Moins appliqués à dissiper ou à grossir leur patrimoine qu'à le maintenir, ils le laissoient entier à leurs héritiers, et passoient ainsi d'une vie modérée à une mort tranquille. Ils ne disoient point : *Le siècle est dur, la misère est grande, l'argent est rare ;* ils en avoient moins que nous, et en avoient assez, plus riches par leur économie et par leur modestie que de leurs revenus et de leurs domaines. Enfin l'on étoit alors pénétré de cette maxime, que ce qui est dans les grands splendeur, somptuosité, magnificence, est dissipation, folie, ineptie, dans le particulier.

DE LA COUR.

Le reproche, en un sens, le plus honorable que l'on puisse faire à un homme, c'est de lui dire qu'il ne sait pas la cour : il n'y a sorte de vertus qu'on ne rassemble en lui par ce seul mot.

¶ Un homme qui sait la cour est maître de son geste, de ses yeux et de son visage ; il est profond, impénétrable ; il dissimule les mauvais offices, sourit à ses ennemis, contraint son humeur, déguise ses passions, dément son cœur, parle, agit contre ses sentiments. Tout ce grand raffinement n'est qu'un vice que l'on appelle fausseté ; quelquefois aussi inutile au courtisan, pour sa fortune, que la franchise, la sincérité et la vertu.

¶ Qui peut nommer de certaines couleurs changeantes, et qui sont diverses selon les divers jours dont on les regarde? de même, qui peut définir la cour?

¶ Se dérober à la cour un seul moment, c'est y renoncer : le courtisan qui l'a vue le matin la voit le soir, pour la reconnoître le lendemain, ou afin que lui-même y soit connu.

¶ L'on est petit à la cour, et, quelque vanité que l'on ait, on s'y trouve tel ; mais le mal est commun, et les grands même y sont petits.

¶ La province est l'endroit d'où la cour, comme dans son point de vue, paroît une chose admirable : si l'on s'en approche, ses agréments diminuent comme ceux d'une perspective que l'on voit de trop près.

¶ L'on s'accoutume difficilement à une vie qui se

passe dans une antichambre, dans des cours, ou sur l'escalier.

¶ La cour ne rend pas content ; elle empêche qu'on ne le soit ailleurs.

¶ Il faut qu'un honnête homme ait tâté de la cour : il découvre, en y entrant, comme un nouveau monde qui lui étoit inconnu, où il voit régner également le vice et la politesse, et où tout lui est utile, le bon et le mauvais.

¶ La cour est comme un édifice bâti de marbre : je veux dire qu'elle est composée d'hommes fort durs, mais fort polis.

¶ L'on va quelquefois à la cour pour en revenir, et se faire par là respecter du noble de sa province, ou de son diocésain [1].

¶ Le brodeur et le confiseur seroient superflus, et ne feroient qu'une montre inutile, si l'on étoit modeste et sobre : les cours seroient désertes, et les rois presque seuls, si l'on étoit guéri de la vanité et de l'intérêt. Les hommes veulent être esclaves quelque part et puiser là de quoi dominer ailleurs. Il semble qu'on livre en gros aux premiers de la cour l'air de hauteur, de fierté et commandement [2], afin qu'ils le distribuent en détail dans les provinces : ils font précisément comme on leur fait, vrais singes de la royauté.

¶ Il n'y a rien qui enlaidisse certains courtisans comme la présence du prince : à peine les puis-je reconnoître à leurs visages ; leurs traits sont altérés, et leur contenance est avilie. Les gens fiers et superbes sont les plus défaits, car ils perdent plus du leur ; celui qui est honnête et modeste s'y soutient mieux, il n'a rien à réformer.

1. VAR. Ces mots : *Ou de son diocésain*, ont été ajoutés dans la 4ᵉ édition.
2. VAR. *De fierté et de commandement.*

¶ L'air de cour est contagieux ; il se prend à V*** [1] comme l'accent normand à Rouen ou à Falaise ; on l'entrevoit en des fourriers [2], en de petits contrôleurs, et en des chefs de fruiterie : l'on peut avec une portée d'esprit fort médiocre y faire de grands progrès. Un homme d'un génie élevé et d'un mérite solide ne fait pas assez de cas de cette espèce de talent pour faire son capital de l'étudier et se le rendre propre ; il l'acquiert sans réflexion, et il ne pense point à s'en défaire.

¶ N*** arrive avec grand bruit ; il écarte le monde, se fait faire place ; il gratte, il heurte presque ; il se nomme : on respire, et il n'entre qu'avec la foule.

¶ Il y a dans les cours des apparitions de gens aventuriers et hardis, d'un caractère libre et familier, qui se produisent eux-mêmes [3], protestent qu'ils ont dans leur art toute l'habileté qui manque aux autres, et qui sont crus sur leur parole. Ils profitent cependant de l'erreur publique, ou de l'amour qu'ont les hommes pour la nouveauté : ils percent la foule, et parviennent jusqu'à l'oreille du prince, à qui le courtisan les voit parler, pendant qu'il se trouve heureux d'en être vu. Ils ont cela de commode pour les grands, qu'ils en sont soufferts sans conséquence, et congédiés de même : alors ils disparoissent tout à la fois riches et décrédités ; et le monde qu'ils viennent de tromper est encore près d'être trompé par d'autres.

¶ Vous voyez des gens qui entrent sans saluer que légèrement, qui marchent des épaules, et qui se rengorgent comme une femme ; ils vous interrogent sans vous regarder ; ils parlent d'un ton élevé, et qui mar-

---

1. Versailles.
2. Les fourriers étaient des officiers subalternes, placés sous les ordres d'un maréchal des logis, et qui avaient pour fonctions de désigner les logements des personnes qui suivaient la cour. — Les petits contrôleurs étaient des espèces d'économes qui vérifiaient les dépenses de la maison du roi.
3. Var. D'eux-mêmes.

que qu'ils se sentent au-dessus de ceux qui se trouvent présents ; ils s'arrêtent et on les entoure ; ils ont la parole, président au cercle, et persistent dans cette hauteur ridicule et contrefaite, jusqu'à ce qu'il survienne un grand, qui, la faisant tomber tout d'un coup par sa présence, les réduise à leur naturel, qui est moins mauvais.

¶ Les cours ne sauroient se passer d'une certaine espèce de courtisans, hommes flatteurs, complaisants, insinuants, dévoués aux femmes, dont ils ménagent les plaisirs, étudient les foibles, et flattent toutes les passions ; ils leur soufflent à l'oreille des grossièretés, leur parlent de leurs maris et de leurs amants dans des termes convenables, devinent leurs chagrins, leurs maladies, et fixent leurs couches ; ils font les modes, raffinent sur le luxe et sur la dépense, et apprennent à ce sexe de prompts moyens de consumer de grandes sommes en habits, en meubles et en équipages ; ils ont eux-mêmes des habits où brillent l'invention et la richesse, et ils n'habitent d'anciens palais qu'après les avoir renouvelés et embellis. Ils mangent délicatement et avec réflexion ; il n'y a sorte de volupté qu'ils n'essayent, et dont ils ne puissent rendre compte. Ils doivent à eux-mêmes leur fortune, et ils la soutiennent avec la même adresse qu'ils l'ont élevée. Dédaigneux et fiers, ils n'abordent plus leurs pareils, ils ne les saluent plus ; ils parlent où tous les autres se taisent ; entrent, pénètrent en des endroits et à des heures où les grands n'osent se faire voir : ceux-ci, avec de longs services, bien des plaies sur le corps, de beaux emplois ou de grandes dignités, ne montrent pas un visage si assuré, ni une contenance si libre. Ces gens ont l'oreille des plus grands princes, sont de tous leurs plaisirs et de toutes leurs fêtes, ne sortent pas du Louvre ou du château, où ils marchent et agissent comme chez eux et dans leur domestique, semblent se multiplier en mille endroits, et sont toujours les premiers visages qui frappent les nouveaux venus à une cour : ils embrassent, ils sont embrassés ; ils rient, ils éclatent, ils sont plaisants, ils font des contes : personnes commodes, agréables, riches, qui prêtent, et qui sont sans conséquence [1].

¶ Ne croiroit-on pas de *Cimon* et de *Clitandre* qu'ils sont seuls chargés des détails de tout l'État, et que seuls aussi ils en doivent répondre ? L'un a du moins les affaires de terre, et l'autre les maritimes. Qui pourroit les représenter exprimeroit l'empressement, l'inquiétude, la curiosité, l'activité, sauroit peindre le mouvement. On ne les a jamais vus assis, jamais fixes et arrêtés : qui même les a vus marcher ? On les voit courir, parler en courant, et vous interroger sans attendre de réponse. Ils ne viennent d'aucun endroit, ils ne vont nulle part ; ils passent et ils repassent. Ne les retardez pas dans leur course précipitée, vous démonteriez leur machine ; ne leur faites pas de questions, ou donnez-leur du moins le temps de respirer et de se ressouvenir qu'ils n'ont nulle affaire, qu'ils peuvent demeurer avec vous et longtemps, vous suivre même où il vous plaira de les emmener. Ils ne sont pas les *satellites de Jupiter*, je veux dire ceux qui pressent et qui entourent le prince ; mais ils l'annoncent et le précèdent ; ils se lancent impétueusement dans la foule des courtisans ; tout ce qui se trouve sur leur passage est en péril. Leur profession est d'être vus et revus, et ils ne se couchent jamais sans s'être acquittés d'un emploi si sérieux et si utile à la république. Ils sont, au reste, instruits à fond de toutes les nouvelles indifférentes, et ils savent à la cour tout ce

1. Les contemporains ont reconnu dans ce portrait un parvenu, fils d'une femme de chambre de la reine mère, Langlée, qui mourut en 1708, après avoir fait dans le monde un fort grand personnage. Ce qu'en disent Saint-Simon et madame de Sévigné donne lieu de croire que c'est en effet d'après lui que La Bruyère a tracé le portrait ci-dessus.

que l'on peut y ignorer; il ne leur manque aucun des talents nécessaires pour s'avancer médiocrement. Gens néanmoins éveillés et alertes sur tout ce qu'ils croient leur convenir, un peu entreprenants, légers et précipités; le dirai-je? ils portent au vent, attelés tous deux au char de la fortune, et tous deux fort éloignés de s'y voir assis.

¶ Un homme de la cour qui n'a pas un assez beau nom doit l'ensevelir sous un meilleur; mais, s'il l'a tel qu'il ose le porter, il doit alors insinuer qu'il est de tous les noms le plus illustre, comme sa maison de toutes les maisons la plus ancienne : il doit tenir aux PRINCES LORRAINS, aux ROHANS, aux CHASTILLONS, aux MONTMORENCIS, et, s'il se peut, aux PRINCES DU SANG; ne parler que de ducs, de cardinaux et de ministres[1] : faire entrer dans toutes les conversations ses aïeuls paternels et maternels, et y trouver place pour l'oriflamme et pour les croisades; avoir des salles parées d'arbres généalogiques, d'écussons chargés de seize quartiers[2] et de tableaux de ses ancêtres et des alliés de ses ancêtres; se piquer d'avoir un ancien château à tourelles, à créneaux et à mâchecoulis; dire en toute rencontre : *ma race, ma branche, mon nom et mes armes;* dire de celui-ci qu'il n'est pas homme de qualité, de celle-là qu'elle n'est pas demoiselle[3], ou, si on lui dit qu'*Hyacinthe* a eu le gros lot, demander s'il est gentilhomme. Quelques-uns riront de ces con-

1. Hier le fus à mesme de veoir un homme d'entendement et gentil personnage se mocquant, aussi plaisamment que iustement, de l'inepte façon d'ur. aultre qui rompt la teste à tout le monde du registre de ses genealogies et alliances, plus de moitié faulses — ceux-là se iectent plus volontiers sur tels sots propos qui ont leurs qualitez plus doubteuses et moins seures. (MONTAIGNE.)

2. Les quartiers sont les écus d'une famille noble qui, dans un arbre généalogique servent de preuve de noblesse lorsque la filiation est établie par des actes originaux. Une noblesse de seize quartiers remonte au moins à cinq cents ans.

3. VAR. *Dire de celui-ci, il n'est pas gentilhomme, de celle-là, elle n'est pas demoiselle.* — Ce passage a été retouché plusieurs fois, car pour la fin

tre-temps, mais il les laissera rire ; d'autres en feront des contes, et il leur permettra de conter ; il dira toujours qu'il marche après la maison régnante, et à force de le dire, il sera cru.

¶ C'est une grande simplicité que d'apporter à la cour la moindre roture, et de n'y être pas gentilhomme.

¶ L'on se couche à la cour et l'on se lève sur l'intérêt ; c'est ce que l'on digère le matin et le soir, le jour et la nuit ; c'est ce qui fait que l'on pense, que l'on parle, que l'on se tait, que l'on agit ; c'est dans cet esprit qu'on aborde les uns et qu'on néglige les autres, que l'on monte et que l'on descend ; c'est sur cette règle que l'on mesure ses soins, ses complaisances, son estime, son indifférence, son mépris. Quelques pas que quelques-uns fassent par vertu vers la modération et la sagesse, un premier mobile d'ambition les emmène avec les plus avares, les plus violents dans leurs désirs, et les plus ambitieux : quel moyen de demeurer immobile où tout marche, où tout se remue, et de ne pas courir où les autres courent ? On croit même être responsable à soi-même de son élévation et de sa fortune : celui qui ne l'a point faite à la cour est censé ne l'avoir pas dû faire ; on n'en appelle pas. Cependant s'en éloignera-t-on avant d'en avoir tiré le moindre fruit, ou persistera-t-on à y demeurer sans grâces et sans récompenses ? question si épineuse, si embarrassée, et d'une si pénible décision, qu'un nombre infini de courtisans vieillissent sur le oui et sur le non, et meurent dans le doute.

¶ Il n'y a rien à la cour de si méprisable et de si indigne qu'un homme qui ne peut contribuer en rien à notre fortune : je m'étonne qu'il ose se montrer.

de la phrase on trouve encore cette variante : *Demander, est-il homme de qualité ?* 4ᵉ et 5ᵉ édit. — *Est-il gentilhomme ?* 6ᵉ édit.

¶ Celui qui voit loin derrière soi un homme de son temps et de sa condition, avec qui il est venu à la cour la première fois, s'il croit avoir une raison solide d'être prévenu de son propre mérite et de s'estimer davantage que cet autre qui est demeuré en chemin, ne se souvient plus de ce qu'avant sa faveur il pensoit de soi-même et de ceux qui l'avoient devancé.

¶ C'est beaucoup tirer de notre ami, si, ayant monté à une grande faveur, il est encore un homme de notre connoissance.

¶ Si celui qui est en faveur ose s'en prévaloir avant qu'elle lui échappe, s'il se sert d'un bon vent qui souffle pour faire son chemin, s'il a les yeux ouverts sur tout ce qui vaque, poste, abbaye, pour les demander et les obtenir, et qu'il soit muni de pensions, de brevets et de survivances, vous lui reprochez son avidité et son ambition ; vous dites que tout le tente, que tout lui est propre, aux siens, à ses créatures, et que, par le nombre et la diversité des grâces dont il se trouve comblé, lui seul a fait plusieurs fortunes. Cependant qu'a-t-il dû faire? Si j'en juge moins par vos discours que par le parti que vous auriez pris vous-même en pareille situation, c'est ce qu'il a fait.

L'on blâme les gens qui font une grande fortune pendant qu'ils en ont les occasions, parce que l'on désespère, par la médiocrité de la sienne, d'être jamais en état de faire comme eux, et de s'attirer ce reproche [1]. Si l'on étoit à portée de leur succéder, l'on commenceroit à sentir qu'ils ont moins de tort, et l'on seroit plus retenu, de peur de prononcer d'avance sa condamnation.

¶ Il ne faut rien exagérer, ni dire des cours le mal

---

1. La haine pour les favoris n'est autre chose que l'amour de la faveur. Le dépit de ne pas la posséder se console et s'adoucit par le mépris que l'on témoigne à ceux qui la possèdent, et nous leur refusons nos hommages, ne pouvant pas leur ôter ce qui attire ceux de tout le monde. (LA ROCHEFOUCAULD.)

qui n'y est point : l'on n'y attente rien de pis contre le vrai mérite que de le laisser quelquefois sans récompense ; on ne l'y méprise pas toujours, quand on a pu une fois le discerner, on l'oublie ; et c'est là où l'on sait parfaitement ne faire rien, ou faire très-peu de chose, pour ceux que l'on estime beaucoup.

¶ Il est difficile, à la cour, que, de toutes les pièces que l'on emploie à l'édifice de sa fortune, il n'y en ait quelqu'une qui porte à faux : l'un de mes amis qui a promis de parler ne parle point ; l'autre parle mollement ; il échappe à un troisième de parler contre mes intérêts et contre ses intentions ; à celui-là manque la bonne volonté, à celui-ci l'habileté et la prudence ; tous n'ont pas assez de plaisir à me voir heureux pour contribuer de tout leur pouvoir à me rendre tel. Chacun se souvient assez de tout ce que son établissement lui a coûté à faire, ainsi que des secours qui lui en ont frayé le chemin ; on seroit même assez porté à justifier les services qu'on a reçus des uns par ceux qu'en de pareils besoins on rendroit aux autres, si le premier et l'unique soin qu'on a, après sa fortune faite, n'étoit pas de songer à soi.

¶ Les courtisans n'emploient pas ce qu'ils ont d'esprit, d'adresse et de finesse, pour trouver les expédients d'obliger ceux de leurs amis qui implorent leur secours, mais seulement pour leur trouver des raisons apparentes, de spécieux prétextes, ou ce qu'ils appellent une impossibilité de le pouvoir faire ; et ils se persuadent d'être quittes par là en leur endroit de tous les devoirs de l'amitié ou de la reconnoissance.

Personne à la cour ne veut entamer ; on s'offre d'appuyer, parce que, jugeant des autres par soi-même, on espère que nul n'entamera, et qu'on sera ainsi dispensé d'appuyer ; c'est une manière douce et polie de refuser son crédit, ses offices et sa médiation à qui en a besoin.

¶ Combien de gens vous étouffent de caresses dans le particulier, vous aiment et vous estiment, qui sont embarrassés de vous dans le public, et qui, au lever ou à la messe, évitent vos yeux et votre rencontre! Il n'y a qu'un petit nombre de courtisans qui, par grandeur ou par une confiance qu'ils ont d'eux-mêmes, osent honorer devant le monde le mérite qui est seul, et dénué de grands établissements.

¶ Je vois un homme entouré et suivi, mais il est en place; j'en vois un autre que tout le monde aborde, mais il est en faveur. Celui-ci est embrassé et caressé, même des grands; mais il est riche. Celui-là est regardé de tous avec curiosité, on le montre du doigt; mais il est savant et éloquent. J'en découvre un que personne n'oublie de saluer; mais il est méchant. Je veux un homme qui soit bon, qui ne soit rien davantage, et qui soit recherché.

¶ Vient-on de placer quelqu'un dans un nouveau poste, c'est un débordement de louanges en sa faveur qui inonde les cours et la chapelle, qui gagne l'escalier, les salles, la galerie, tout l'appartement; on en a au-dessus des yeux; on n'y tient pas. Il n'y a pas deux voix différentes sur ce personnage; l'envie, la jalousie, parlent comme l'adulation. Tous se laissent entraîner au torrent qui les emporte, qui les force de dire d'un homme ce qu'ils en pensent ou ce qu'ils n'en pensent pas, comme de louer souvent celui qu'ils ne connoissent point. L'homme d'esprit, de mérite ou de valeur, devient en un instant un génie du premier ordre, un héros, un demi-dieu. Il est si prodigieusement flatté dans toutes les peintures que l'on fait de lui, qu'il paroît difforme près de ses portraits; il lui est impossible d'arriver jamais jusqu'où la bassesse et la complaisance viennent de le porter; il rougit de sa propre réputation. Commence-t-il à chanceler dans ce poste où on l'avoit mis, tout le monde passe facilement à un autre avis ; en est-il entièrement déchu, les machines qui l'avoient guindé si haut par l'applaudissement et les éloges sont encore toutes dressées pour le faire tomber dans le dernier mépris ; je veux dire qu'il n'y en a point qui le dédaignent mieux, qui le blâment plus aigrement, et qui en disent plus de mal, que ceux qui s'étoient comme dévoués à la fureur d'en dire du bien [1].

¶ Je crois pouvoir dire d'un poste éminent et délicat qu'on y monte plus aisément qu'on ne s'y conserve.

¶ L'on voit des hommes tomber d'une haute fortune par les mêmes défauts qui les y avoient fait monter.

¶ Il y a dans les cours deux manières de ce que l'on appelle congédier son monde ou se défaire des gens : se fâcher contre eux, ou faire si bien qu'ils se fâchent contre vous et s'en dégoûtent.

¶ L'on dit à la cour du bien de quelqu'un pour deux raisons : la première, afin qu'il apprenne que nous disons du bien de lui ; la seconde, afin qu'il en dise de nous.

¶ Il est aussi dangereux à la cour de faire les avances, qu'il est embarrassant de ne les point faire.

¶ Il y a des gens à qui ne connoître point le nom et le visage d'un homme est un titre pour en rire et le mépriser. Ils demandent qui est cet homme : ce n'est ni un *Rousseau*, ni un *Fabri* [2], ni *La Couture* [3] : ils ne pourroient le méconnoître.

¶ L'on me dit tant de mal de cet homme, et j'y en vois si peu, que je commence à soupçonner qu'il n'ait un mérite importun, qui éteigne celui des autres.

1. Cf. Montaigne, *Essais*, liv. III, ch. VIII.
2. Brûlé il y a vingt ans. (*Note de La Bruyère.*) — Cette note dans le deux premières éditions portait : *puni pour des saletés*.
3. La Couture, tailleur d'habits de madame la Dauphine. Il était devenu fou ; et, sur ce pied, il demeurait à la cour, et y faisait des contes fort extravagants. Il allait souvent à la toilette de madame la Dauphine. (*La clef.*)

¶ Vous êtes homme de bien, vous ne songez ni à plaire ni à déplaire aux favoris, uniquement attaché à votre maître et à votre devoir : vous êtes perdu.

¶ On n'est point effronté par choix, mais par complexion; c'est un vice de l'être, mais naturel. Celui qui n'est pas né tel est modeste, et ne passe pas aisément de cette extrémité à l'autre; c'est une leçon assez inutile que de lui dire : Soyez effronté, et vous réussirez; une mauvaise imitation ne lui profiteroit pas, et le feroit échouer. Il ne faut rien de moins dans les cours qu'une vraie et naïve impudence pour réussir.

¶ On cherche, on s'empresse, on brigue, on se tourmente, on demande, on est refusé, on demande et on obtient, mais, dit-on, sans l'avoir demandé, et dans le temps que l'on n'y pensoit pas et que l'on songeoit même à tout autre chose : vieux style, menterie innocente, et qui ne trompe personne.

¶ On fait sa brigue pour parvenir à un grand poste, on prépare toutes ses machines, toutes les mesures sont bien prises, et l'on doit être servi selon ses souhaits; les uns doivent entamer, les autres appuyer; l'amorce est déjà conduite, et la mine prête à jouer : alors on s'éloigne de la cour. Qui oseroit soupçonner d'*Artémon* qu'il ait pensé à se mettre dans une si belle place, lorsqu'on le tire de sa terre ou de son gouvernement pour l'y faire asseoir ? Artifice grossier, finesses usées, et dont le courtisan s'est servi tant de fois, que, si je voulois donner le change à tout le public, et lui dérober mon ambition, je me trouverois sous l'œil et sous la main du prince, pour recevoir de lui la grâce que j'aurois recherchée avec le plus d'emportement.

¶ Les hommes ne veulent pas que l'on découvre les vues qu'ils ont sur leur fortune, ni que l'on pénètre qu'ils pensent à une telle dignité, parce que, s'ils ne l'obtiennent point, il y a de la honte, se persuadent-ils, à être refusés; et, s'ils y parviennent, il y a plus de gloire pour eux d'en être crus dignes par celui qui la leur accorde, que de s'en juger dignes eux-mêmes par leurs brigues et par leurs cabales : ils se trouvent parés tout à la fois de leur dignité et de leur modestie.

Quelle plus grande honte y a-t-il d'être refusé d'un poste que l'on mérite, ou d'y être placé sans le mériter?

Quelques grandes difficultés qu'il y ait à se placer à la cour, il est encore plus âpre et plus difficile de se rendre digne d'être placé.

Il coûte moins à faire dire de soi : Pourquoi a-t-il obtenu ce poste? qu'à faire demander : Pourquoi ne l'a-t-il pas obtenu?

L'on se présente encore pour les charges de ville, l'on postule une place dans l'Académie françoise; l'on demandoit le consulat : quelle moindre raison y auroit-il de travailler les premières années de sa vie à se rendre capable d'un grand emploi, et de demander ensuite sans nul mystère et sans nulle intrigue, mais ouvertement et avec confiance, d'y servir sa patrie, son prince [1], la république?

¶ Je ne vois aucun courtisan à qui le prince vienne d'accorder un bon gouvernement, une place éminente, ou une forte pension, qui n'assure par vanité, ou pour marquer son désintéressement, qu'il est bien moins content du don que de la manière dont il lui a été fait. Ce qu'il y a en cela de sûr et d'indubitable, c'est qu'il le dit ainsi.

C'est rusticité que de donner de mauvaise grâce : le plus fort et le plus pénible est de donner; que coûte-t-il d'y ajouter un sourire?

---

1. Var. *Le prince.*

Il faut avouer néanmoins qu'il s'est trouvé des hommes qui refusoient plus honnêtement que d'autres ne savoient donner; qu'on a dit de quelques-uns qu'ils se faisoient si longtemps prier, qu'ils donnoient si sèchement, et chargeoient une grâce qu'on leur arrachoit de conditions si désagréables, qu'une plus grande grâce étoit d'obtenir d'eux d'être dispensé de rien recevoir.

¶ L'on remarque dans les cours des hommes avides qui se revêtent de toutes les conditions pour en avoir les avantages : gouvernement, charge, bénéfice, tout leur convient; ils se sont si bien ajustés que, par leur état, ils deviennent capables de toutes les grâces; ils sont *amphibies,* ils vivent de l'église et de l'épée, et auront le secret d'y joindre la robe. Si vous demandez : Que font ces gens à la cour? ils reçoivent, et envient tous ceux à qui l'on donne.

¶ Mille gens à la cour y traînent leur vie à embrasser, serrer et congratuler ceux qui reçoivent, jusqu'à ce qu'ils y meurent sans rien avoir.

¶ *Ménophile* emprunte ses mœurs d'une profession, et d'un autre son habit[1]; il masque toute l'année, quoiqu'à visage découvert; il paroît à la cour, à la ville, ailleurs, toujours sous un certain nom et sous le même déguisement. On le reconnoît, et on sait quel il est à son visage[2].

¶ Il y a, pour arriver aux dignités, ce qu'on appelle la grande voie ou le chemin battu; il y a le chemin détourné ou de traverse, qui est le plus court.

¶ L'on court les malheureux pour les envisager; l'on se range en haie, ou l'on se place aux fenêtres, pour observer les traits et la contenance d'un homme qui est condamné, et qui sait qu'il va mourir : vaine,

---

1. Les éditeurs modernes ont corrigé : *d'une autre*, comme se rapportant à profession. Toutes les éditions originales portent *d'un autre*.
2. Var. *On sait quel il est, et on le reconnoît à son visage.*

maligne, inhumaine curiosité[1]. Si les hommes étoient sages, la place publique seroit abandonnée, et il seroit établi qu'il y auroit de l'ignominie seulement à voir de tels spectacles. Si vous êtes si touchés de curiosité, exercez-la du moins en un sujet noble : voyez un heureux, contemplez-le dans le jour même où il a été nommé à un nouveau poste, et qu'il en reçoit les compliments ; lisez dans ses yeux, et au travers d'un calme étudié et d'une feinte modestie, combien il est content et pénétré de soi-même ; voyez quelle sérénité cet accomplissement de ses désirs répand dans son cœur et sur son visage ; comme il ne songe plus qu'à vivre et à avoir de la santé, comme ensuite sa joie lui échappe et ne peut plus se dissimuler ; comme il plie sous le poids de son bonheur ; quel air froid et sérieux il conserve pour ceux qui ne sont plus ses égaux : il ne leur répond pas ; il ne les voit pas ; les embrassements et les caresses des grands, qu'il ne voit plus de si loin, achèvent de lui nuire ; il se déconcerte, il s'étourdit ; c'est une courte aliénation. Vous voulez être heureux ; vous désirez des grâces : que de choses pour vous à éviter !

¶ Un homme qui vient d'être placé ne se sert plus de sa raison et de son esprit pour régler sa conduite et ses dehors à l'égard des autres ; il emprunte sa règle de son poste et de son état : de là l'oubli, la fierté, l'arrogance, la dureté, l'ingratitude.

¶ *Théonas*, abbé depuis trente ans, se lassoit de l'être : on a moins d'ardeur et d'impatience de se voir

---

1. Parlerai-je d'Iris ? chacun la prône et l'aime ;
C'est un cœur, mais un cœur... C'est l'humanité même.
. . . .
Un papillon souffrant lui fait verser des larmes ;
Il est vrai, mais aussi qu'à la mort condamné
Lally soit, en spectacle, à l'échafaud traîné,
Elle ira la première à cette horrible fête,
Acheter le plaisir de voir tomber sa tête.
(GILBERT.)

habillé de pourpre, qu'il en avoit de porter une croix d'or sur sa poitrine; et parce que les grandes fêtes se passoient toujours sans rien changer à sa fortune, il murmuroit contre le temps présent, trouvoit l'État mal gouverné, et n'en prédisoit rien que de sinistre; convenant en son cœur que le mérite est dangereux dans les cours à qui veut s'avancer, il avoit enfin pris son parti, et renoncé à la prélature, lorsque quelqu'un accourt lui dire qu'il est nommé à un évêché. Rempli de joie et de confiance sur une nouvelle si peu attendue : Vous verrez, dit-il, que je n'en demeurerai pas là, et qu'ils me feront archevêque.

¶ Il faut des fripons à la cour auprès des grands et des ministres, même les mieux intentionnés; mais l'usage en est délicat, et il faut savoir les mettre en œuvre : il y a des temps et des occasions où ils ne peuvent être suppléés par d'autres. Honneur, vertu, conscience, qualités toujours respectables, souvent inutiles : que voulez-vous quelquefois que l'on fasse d'un homme de bien [1]?

¶ Un vieil auteur, et dont j'ose rapporter ici les propres termes, de peur d'en affoiblir le sens par ma traduction [2], dit que *s'elongner des petits, voire de ses pareils, et iceleux vilainer et dépriser; s'accointer de grands et puissants en tous biens et chevances, et en cette leur cointise et privauté estre de tous ébats, gabs, mommeries, et vilaines besoignes; estre eshonté saffranier et sans point de vergogne; endurer brocards et gausseries de tous chacuns, sans pour ce feindre de cheminer en avant, et à tout son entregent, engendre heur et fortune.*

¶ Jeunesse du prince, source des belles fortunes.

---

1. L'injuste peut entrer dans tous les desseins, trouver tous les expédients, entrer dans tous les intérêts; à quel usage peut-on mettre cet homme si droit, qui ne parle que de son devoir? (BOSSUET.)

2. Il est évident que dans ce passage La Bruyère ne traduit pas, mais qu'il invente.

¶ *Timante*[1], toujours le même, et sans rien perdre de ce mérite qui lui a attiré la première fois de la réputation et des récompenses, ne laissoit pas de dégénérer dans l'esprit des courtisans : ils étoient las de l'estimer, ils le saluoient froidement, ils ne lui sourioient plus; ils commençoient à ne le plus joindre, ils ne l'embrassoient plus, ils ne le tiroient plus à l'écart pour lui parler mystérieusement d'une chose indifférente, ils n'avoient plus rien à lui dire. Il lui falloit cette pension ou ce nouveau poste dont il vient d'être honoré pour faire revivre ses vertus à demi effacées de leur mémoire, et en rafraîchir l'idée : ils lui font comme dans les commencements, et encore mieux.

¶ Que d'amis, que de parents naissent en une nuit au nouveau ministre ! Les uns font valoir leurs anciennes liaisons, leur société d'études, les droits du voisinage; les autres feuillettent leur généalogie, remontent jusqu'à un trisaïeul, rappellent le côté paternel et le maternel : l'on veut tenir à cet homme par quelque endroit, et l'on dit plusieurs fois le jour que l'on y tient; on l'imprimeroit volontiers : *C'est mon ami, et je suis fort aise de son élévation, j'y dois prendre part, il m'est assez proche.* Hommes vains et dévoués à la fortune, fades courtisans, parliez-vous ainsi il y a huit jours ? Est-il devenu, depuis ce temps, plus homme de bien, plus digne du choix que le prince en vient de faire ? Attendiez-vous cette circonstance pour le mieux connoître ?

¶ Ce qui me soutient et me rassure contre les petits dédains que j'essuie quelquefois des grands et de mes égaux, c'est que je me dis à moi-même : Ces gens n'en veulent peut-être qu'à ma fortune, et ils ont raison :

1. Arnauld de Pomponne, neveu du célèbre Antoine Arnauld de Port-Royal, secrétaire d'État des affaires étrangères, né en 1671, mort en 1699.

elle est bien petite. Ils m'adoreroient sans doute si j'étois ministre.

Dois-je bientôt être en place? le sait-il? est-ce en lui un pressentiment? il me prévient, il me salue.

¶ Celui qui dit : *Je dînai hier à Tibur*, ou : *J'y soupe ce soir*, qui le répète, qui fait entrer dix fois le nom de *Plancus* dans les moindres conversations, qui dit : *Plancus me demandoit... Je disois à Plancus....*, celui-là même apprend dans ce moment que ce héros vient d'être enlevé par une mort extraordinaire. Il part de la main[1]; il rassemble le peuple dans les places ou sous les portiques, accuse le mort, décrie sa conduite, dénigre son consulat, lui ôte jusqu'à la science des détails que la voix publique lui accorde, ne lui passe point une mémoire heureuse, lui refuse l'éloge d'un homme sévère et laborieux, ne lui fait pas l'honneur de lui croire parmi les ennemis de l'empire un ennemi[2].

¶ Un homme de mérite se donne, je crois, un joli spectacle, lorsque la même place à une assemblée, ou à un spectacle, dont il est refusé, il la voit accorder à un homme qui n'a point d'yeux pour voir, ni d'oreilles pour entendre, ni d'esprit pour connoître et pour juger, qui n'est recommandable que par certaines livrées, que même il ne porte plus.

¶ *Théodote*, avec un habit austère, a un visage comique et d'un homme qui entre sur la scène; sa voix, sa démarche, son geste, son attitude, accompagnent son visage; il est fin, *cauteleux*, doucereux, mystérieux; il s'approche de vous, et il vous dit à l'oreille :

---

1. Partir de la main se dit d'un cheval qui part légèrement et prend bien le galop.
2. Cet article a été ajouté dans l'édition de 1692. — Cette édition ayant paru un an après la mort de Louvois, on y vit une allusion, et plusieurs détails historiques semblent prouver que l'allusion était bien en effet dans l'intention de la Bruyère. *Tibur* d'après cela serait Meudon, où Louvois avait une maison de campagne, et *Plancus* Louvois lui-même, dont la mort imprévue et mystérieuse causa une profonde sensation.

Voilà un beau temps; voilà un grand dégel[1]. S'il n'a pas les grandes manières, il a du moins toutes les petites, et celles même qui ne conviennent guère qu'à une jeune précieuse. Imaginez-vous l'application d'un enfant à élever un château de cartes, ou à se saisir d'un papillon : c'est celle de Théodote pour une affaire de rien, et qui ne mérite pas qu'on se remue; il la traite sérieusement, et comme quelque chose qui est capital; il agit, il s'empresse, il la fait réussir : le voilà qui respire et qui se repose, et il a raison; elle lui a coûté beaucoup de peine. L'on voit des gens enivrés, ensorcelés de la faveur : ils y pensent le jour, ils y rêvent la nuit; ils montent l'escalier d'un ministre, et ils en descendent; ils sortent de son antichambre, et ils y rentrent; ils n'ont rien à lui dire, et ils lui parlent, ils lui parlent une seconde fois : les voilà contents, ils lui ont parlé. Pressez-les, tordez-les, ils dégouttent l'orgueil, l'arrogance, la présomption; vous leur adressez la parole, ils ne vous répondent point, ils ne vous connoissent point, ils ont les yeux égarés et l'esprit aliéné : c'est à leurs parents à en prendre soin et à les renfermer, de peur que leur folie ne devienne fureur, et que le monde n'en souffre. Théodote a une plus douce manie : il aime la faveur éperdument; mais sa passion a moins d'éclat; il lui fait des vœux en secret, il la cultive, il la sert mystérieusement; il est au guet et à la découverte sur tout ce qui paroît de nouveau avec les livrées de la faveur : ont-ils une prétention, il s'offre à eux, il s'intrigue pour eux, il leur sacrifie sourdement mérite, alliance, amitié, engagement, reconnoissance. Si la place d'un Cassini devenoit vacante, et que le suisse ou le postillon du favori s'avisât de la demander, il appuieroit sa

---

1. De la moindre vétille il fait une merveille,
Et, jusques au bonjour, il dit tout à l'oreille.
(Molière, *le Misanthrope*, acte 2, sc. 5.)

demande, il le jugeroit digne de cette place, il le trouveroit capable d'observer et de calculer, de parler de parhélies et de parallaxes. Si vous demandiez de Théodote s'il est auteur ou plagiaire, original ou copiste, je vous donnerois ses ouvrages, et je vous dirois : Lisez, et jugez ; mais s'il est dévot ou courtisan, qui pourroit le décider sur le portrait que j'en viens de faire? Je prononcerois plus hardiment sur son étoile. Oui, Théodote, j'ai observé le point de votre naissance, vous serez placé, et bientôt. Ne veillez plus, n'imprimez plus ; le public vous demande quartier.

¶ N'espérez plus de candeur, de franchise, d'équité, de bons offices, de services, de bienveillance, de générosité, de fermeté, dans un homme qui s'est depuis quelque temps livré à la cour, et qui secrètement veut sa fortune. Le reconnoissez-vous à son visage, à ses entretiens ? Il ne nomme plus chaque chose par son nom ; il n'y a plus pour lui de fripons, de fourbes, de sots et d'impertinents ; celui dont il lui échapperoit de dire ce qu'il en pense est celui-là même qui, venant à le savoir, l'empêcheroit de *cheminer*. Pensant mal de tout le monde, il n'en dit de personne ; ne voulant du bien qu'à lui seul, il veut persuader qu'il en veut à tous, afin que tous lui en fassent, ou que nul du moins lui soit contraire. Non content de n'être pas sincère, il ne souffre pas que personne le soit ; la vérité blesse son oreille. Il est froid et indifférent sur les observations que l'on fait sur la cour et sur le courtisan ; et, parce qu'il les a entendues, il s'en croit complice et responsable. Tyran de la société et martyr de son ambition, il a une triste circonspection dans sa conduite et dans ses discours, une raillerie innocente, mais froide et contrainte, un ris forcé, des caresses contrefaites, une conversation interrompue et des distractions fréquentes. Il a une profusion, le dirai-je? des torrents de louanges pour ce qu'a fait ou ce qu'a dit un homme placé et qui est en faveur, et pour tout autre une sécheresse de pulmonique ; il a des formules de compliments différents pour l'entrée et pour la sortie à l'égard de ceux qu'il visite ou dont il est visité ; et il n'y a personne de ceux qui se payent de mines et de façons de parler qui ne sorte d'avec lui fort satisfait. Il vise également à se faire des patrons et des créatures ; il est médiateur, confident, entremetteur, il veut gouverner. Il a une ferveur de novice pour toutes les petites pratiques de cour ; il sait où il faut se placer pour être vu ; il sait vous embrasser, prendre part à votre joie, vous faire coup sur coup des questions empressées sur votre santé, sur vos affaires ; et, pendant que vous lui répondez, il perd le fil de sa curiosité, vous interrompt, entame un autre sujet ; ou, s'il survient quelqu'un à qui il doive un discours tout différent, il sait, en achevant de vous congratuler, lui faire un compliment de condoléance ; il pleure d'un œil, et il rit de l'autre. Se formant quelquefois sur les ministres ou sur le favori, il parle en public de choses frivoles, du vent, de la gelée ; il se tait au contraire, et fait le mystérieux, sur ce qu'il sait de plus important, et plus volontiers encore sur ce qu'il ne sait point.

¶ Il y a un pays où les joies sont visibles, mais fausses, et les chagrins cachés, mais réels. Qui croiroit que l'empressement pour les spectacles, que les éclats et les applaudissements aux théâtres de Molière et d'Arlequin, les repas, la chasse, les ballets, les carrousels, couvrissent tant d'inquiétudes, de soins et de divers intérêts, tant de craintes et d'espérances, des passions si vives, et des affaires si sérieuses?

¶ La vie de la cour est un jeu sérieux, mélancolique, qui applique. Il faut arranger ses pièces et ses batteries, avoir un dessein, le suivre, parer celui de son adversaire, hasarder quelquefois, et jouer de caprice ;

et après toutes ses rêveries et toutes ses mesures on est échec, quelquefois mat. Souvent, avec des pions qu'on ménage bien on va à dame, et l'on gagne la partie : le plus habile l'emporte, ou le plus heureux.

¶ Les roues, les ressorts, les mouvements, sont cachés ; rien ne paroît d'une montre que son aiguille, qui insensiblement s'avance et achève son tour : image du courtisan d'autant plus parfaite qu'après avoir fait assez de chemin, il revient souvent au même point d'où il est parti.

¶ Les deux tiers de ma vie sont écoulés ; pourquoi tant m'inquiéter sur ce qui m'en reste ? La plus brillante fortune ne mérite point ni le tourment que je me donne, ni les petitesses où je me surprends, ni les humiliations, ni les hontes que j'essuie : trente années détruiront ces colosses de puissance qu'on ne voyoit bien qu'à force de lever la tête ; nous disparoîtrons, moi qui suis si peu de chose, et ceux que je contemplois si avidement, et de qui j'espérois toute ma grandeur. Le meilleur de tous les biens, s'il y a des biens, c'est le repos, la retraite, et un endroit qui soit son domaine. N*** a pensé cela dans sa disgrâce, et l'a oublié dans la prospérité[1].

¶ Un noble, s'il vit chez lui dans sa province, il vit libre, mais sans appui ; s'il vit à la cour, il est protégé, mais il est esclave : cela se compense.

¶ *Xantippe*[2], au fond de sa province, sous un vieux toit et dans un mauvais lit, a rêvé pendant la nuit qu'il voyoit le prince, qu'il lui parloit, et qu'il en ressentoit une extrême joie. Il a été triste à son réveil ; il a conté son songe, et il a dit : Quelles chimères ne tombent point dans l'esprit des hommes pendant qu'ils dor-

---

1. Var. *Sa prospérité.*
2. Bontems, valet de chambre du roi.

ment ! Xantippe a continué de vivre ; il est venu à la cour, il a vu le prince, il lui a parlé ; et il a été plus loin que son songe, il est favori.

¶ Qui est plus esclave qu'un courtisan assidu, si ce n'est un courtisan plus assidu ?

¶ L'esclave n'a qu'un maître ; l'ambitieux en a autant qu'il y a de gens utiles à sa fortune.

¶ Mille gens à peine connus font la foule au lever pour être vus du prince, qui n'en sauroit voir mille à la fois ; et, s'il ne voit aujourd'hui que ceux qu'il vit hier et qu'il verra demain, combien de malheureux !

¶ De tous ceux qui s'empressent auprès des grands et qui leur font la cour, un petit nombre les honore dans le cœur, un grand nombre les recherche par des vues d'ambition et d'intérêt, un plus grand nombre par une ridicule vanité, ou par une sotte impatience de se faire voir.

¶ Il y a de certaines familles qui, par les lois du monde ou ce qu'on appelle de la bienséance, doivent être irréconciliables : les voilà réunies ; et où la religion a échoué quand elle a voulu l'entreprendre, l'intérêt s'en joue, et le fait sans peine.

¶ L'on parle d'une région où les vieillards sont galants, polis et civils, les jeunes gens, au contraire, durs, féroces, sans mœurs ni politesse ; ils se trouvent affranchis de la passion des femmes dans un âge où l'on commence ailleurs à la sentir ; ils leur préfèrent des repas, des viandes et des amours ridicules. Celui-là chez eux est sobre et modéré, qui ne s'enivre que de vin : l'usage trop fréquent qu'ils en ont fait le leur a rendu insipide. Ils cherchent à réveiller leur goût déjà éteint par des eaux-de-vie, et par toutes les liqueurs les plus violentes ; il ne manque à leur débauche que de boire de l'eau-forte. Les femmes du pays précipitent le déclin de leur beauté par des artifices qu'elles croient servir à les rendre belles : leur coutume est de peindre leurs lèvres, leurs joues, leurs sourcils et leurs épaules, qu'elles étalent avec leur gorge, leurs bras et leurs oreilles, comme si elles craignoient de cacher l'endroit par où elles pourroient plaire, ou de ne pas se montrer assez. Ceux qui habitent cette contrée ont une physionomie qui n'est pas nette, mais confuse, embarrassée dans une épaisseur de cheveux étrangers qu'ils préfèrent aux naturels, et dont ils font un long tissu pour couvrir leur tête : il descend à la moitié du corps, change les traits, et empêche ¹ qu'on ne connoisse les hommes à leur visage. Ces peuples d'ailleurs ont leur dieu et leur roi. Les grands de la nation s'assemblent tous les jours, à une certaine heure, dans un temple qu'ils nomment église. Il y a au fond de ce temple un autel consacré à leur dieu, où un prêtre célèbre des mystères, qu'ils appellent saints, sacrés et redoutables. Les grands forment un vaste cercle au pied de cet autel, et paroissent debout, le dos tourné directement au prêtre et aux saints mystères, et les faces élevées vers leur roi, que l'on voit à genoux sur une tribune, et à qui ils semblent avoir tout l'esprit et tout le cœur appliqués. On ne laisse pas de voir dans cet usage une espèce de subordination : car ce peuple paroît adorer le prince, et le prince adorer Dieu. Les gens du pays le nomment***² ; il est à quelque quarante-huit degrés d'élévation du pôle, et à plus d'onze cents lieues de mer des Iroquois et des Hurons.

¶ Qui considérera que le visage du prince fait toute la félicité du courtisan, qu'il s'occupe ³ et se remplit pendant toute sa vie de le voir et d'en être vu, com-

---

1. VAR. *Ils descendent..., changent... et empêchent.*
2. Versailles. — Quelques éditeurs modernes ont mis ce mot en toutes lettres, sans voir qu'ils détruisaient par là l'effet du morceau.
3. VAR. *Qui s'occupe.*

prendra un peu comment voir Dieu peut faire toute la gloire et tout le bonheur des saints.

¶ Les grands seigneurs sont pleins d'égards pour les princes : c'est leur affaire, ils ont des inférieurs. Les petits courtisans se relâchent sur ces devoirs, font les familiers, et vivent comme gens qui n'ont d'exemples à donner à personne.

¶ Que manque-t-il de nos jours à la jeunesse ? Elle peut et elle sait, ou du moins quand elle sauroit autant qu'elle peut, elle ne seroit pas plus décisive.

¶ Foibles hommes ! un grand dit de *Timagène*, votre ami, qu'il est un sot et il se trompe : je ne demande pas que vous répliquiez qu'il est homme d'esprit; osez seulement penser qu'il n'est pas un sot.

De même il prononce d'*Iphicrate* qu'il manque de cœur : vous lui avez vu faire une belle action, rassurez-vous ; je vous dispense de la raconter, pourvu qu'après ce que vous venez d'entendre, vous vous souveniez encore de la lui avoir vu faire.

¶ Qui sait parler aux rois ? c'est peut-être où se termine toute la prudence et toute la souplesse du courtisan. Une parole échappe, et elle tombe de l'oreille du prince bien avant dans sa mémoire, et quelquefois jusque dans son cœur ; il est impossible de la ravoir ; tous les soins que l'on prend et toute l'adresse dont on use pour l'expliquer ou pour l'affoiblir servent à la graver plus profondément et à l'enfoncer davantage : si ce n'est que contre nous-mêmes que nous ayons parlé, outre que ce malheur n'est pas ordinaire, il y a encore un prompt remède, qui est de nous instruire par notre faute, et de souffrir la peine de notre légèreté ; mais si c'est contre quelque autre, quel abattement ! quel repentir ! Y a-t-il une règle plus utile contre un si dangereux inconvénient que de parler des autres au souverain, de leurs personnes, de leurs ouvrages, de leurs actions, de leurs mœurs, ou de leur conduite, du moins avec l'attention, les précautions et les mesures dont on parle de soi.

¶ Diseurs de bons mots, mauvais caractère : je le dirois, s'il n'avoit été dit [1]. Ceux qui nuisent à la réputation ou à la fortune des autres, plutôt que de perdre un bon mot, méritent une peine infamante : cela n'a pas été dit, et je l'ose dire.

¶ Il y a un certain nombre de phrases toutes faites que l'on prend comme dans un magasin, et dont l'on se sert pour se féliciter les uns les autres sur les événements. Bien qu'elles se disent souvent sans affection, et qu'elles soient reçues sans reconnoissance, il n'est pas permis avec cela de les omettre, parce que du moins elles sont l'image de ce qu'il y a au monde de meilleur, qui est l'amitié, et que les hommes, ne pouvant guère compter les uns sur les autres pour la réalité, semblent être convenus entre eux de se contenter des apparences.

¶ Avec cinq ou six termes de l'art, et rien de plus, l'on se donne pour connoisseur en musique, en tableaux, en bâtiments, et en bonne chère; l'on croit avoir plus de plaisir qu'un autre à entendre, à voir et à manger; l'on impose à ses semblables, et l'on se trompe soi-même.

¶ La cour n'est jamais dénuée d'un certain nombre de gens en qui l'usage du monde, la politesse ou la fortune tiennent lieu d'esprit, et suppléent au mérite. Ils savent entrer et sortir; ils se tirent de la conversation en ne s'y mêlant point; ils plaisent à force de se taire, et se rendent importants par un silence longtemps soutenu, ou tout au plus par quelques monosyllabes; ils payent de mines, d'une inflexion de voix, d'un geste et d'un sourire; ils n'ont pas, si je

---

1. Par Pascal, dans les *Pensées*.

l'ose dire, deux pouces de profondeur ; si vous les enfoncez, vous rencontrez le tuf.

¶ Il y a des gens à qui la faveur arrive comme un accident, ils en sont les premiers surpris et consternés ; ils se reconnoissent enfin, et se trouvent dignes de leur étoile ; et comme si la stupidité et la fortune étoient deux choses incompatibles, ou qu'il fût impossible d'être heureux et sot tout à la fois, ils se croient de l'esprit ; ils hasardent, que dis-je ? ils ont la confiance de parler en toute rencontre, et sur quelque matière qui puisse s'offrir, et sans nul discernement des personnes qui les écoutent. Ajouterai-je qu'ils épouvantent ou qu'ils donnent le dernier dégoût par leur fatuité et par leurs fadaises ? Il est vrai du moins qu'ils déshonorent sans ressource ceux qui ont quelque part au hasard de leur élévation.

¶ Comment nommerai-je cette sorte de gens qui ne sont fins que pour les sots ? Je sais du moins que les habiles les confondent avec ceux qu'ils savent tromper.

C'est avoir fait un grand pas dans la finesse que de faire penser de soi que l'on n'est que médiocrement fin [1].

La finesse n'est ni une trop bonne ni une trop mauvaise qualité ; elle flotte entre le vice et la vertu ; il n'y a point de rencontre où elle ne puisse, et peut-être où elle ne doive être suppléée par la prudence.

La finesse est l'occasion prochaine de la fourberie, de l'un à l'autre le pas est glissant ; le mensonge seul en fait la différence : si on l'ajoute à la finesse, c'est fourberie.

Avec les gens qui par finesse écoutent tout et par-

---

1. C'est une grande habileté que de savoir cacher son habileté. (LA ROCHEFOUCAULD.)

ent peu, parlez encore moins ; ou si vous parlez beaucoup, dites peu de chose.

¶ Vous dépendez, dans une affaire qui est juste et importante, du consentement de deux personnes. L'un vous dit : J'y donne les mains pourvu qu'un tel y condescende ; et ce tel y condescend, et ne désire plus que d'être assuré des intentions de l'autre. Cependant rien n'avance ; les mois, les années s'écoulent inutilement. Je m'y perds, dites-vous, et je n'y comprends rien ; il ne s'agit que de faire qu'ils s'abouchent, et qu'ils se parlent. Je vous dis, moi, que j'y vois clair, et que j'y comprends tout : ils se sont parlé.

¶ Il me semble que qui sollicite pour les autres a la confiance d'un homme qui demande justice, et qu'en parlant ou en agissant pour soi-même on a l'embarras et la pudeur de celui qui demande grâce.

¶ Si l'on ne se précautionne à la cour contre les piéges que l'on y tend sans cesse pour faire tomber dans le ridicule, l'on est étonné, avec tout son esprit, de se trouver la dupe de plus sots que soi.

¶ Il y a quelques rencontres dans la vie où la vérité et la simplicité sont le meilleur manége du monde.

¶ Êtes-vous en faveur, tout manége est bon, vous ne faites point de fautes, tous les chemins vous mènent au terme ; autrement tout est faute, rien n'est utile, il n'y a point de sentier qui ne vous égare.

¶ Un homme qui a vécu dans l'intrigue un certain temps ne peut plus s'en passer ; toute autre vie pour lui est languissante.

¶ Il faut avoir de l'esprit pour être homme de cabale ; l'on peut cependant en avoir à un certain point, que l'on est au-dessus de l'intrigue et de la cabale, et que l'on ne sauroit s'y assujettir ; l'on va alors à une grande fortune ou à une haute réputation par d'autres chemins.

¶ Avec un esprit sublime, une doctrine universelle,

une probité à toutes épreuves, et un mérite très-accompli, n'appréhendez pas, ô *Aristide*, de tomber à la cour ou de perdre la faveur des grands, pendant tout le temps qu'ils auront besoin de vous.

¶ Qu'un favori s'observe de fort près, car, s'il me fait moins attendre dans son antichambre qu'à l'ordinaire, s'il a le visage plus ouvert, s'il fronce moins le sourcil, s'il m'écoute plus volontiers, et s'il me reconduit un peu plus loin, je penserai qu'il commence à tomber, et je penserai vrai.

L'homme a bien peu de ressources dans soi-même, puisqu'il lui faut une disgrâce ou une mortification pour le rendre plus humain, plus traitable, moins féroce, plus honnête homme.

¶ L'on contemple dans les cours de certaines gens, et l'on voit bien, à leur discours et à toute leur conduite, qu'ils ne songent ni à leurs grands-pères, ni à leurs petits-fils : le présent est pour eux ; ils n'en jouissent pas, ils en abusent.

¶ *Straton* est né sous deux étoiles; malheureux, heureux dans le même degré. Sa vie est un roman. Non, il lui manque le vraisemblable. Il n'a point eu d'aventures, il a eu de beaux songes, il en a eu de mauvais; que dis-je? on ne rêve point comme il a vécu. Personne n'a tiré d'une destinée plus qu'il a fait ; l'extrême et le médiocre lui sont connus; il a brillé, il a souffert, il a mené une vie commune ; rien ne lui est échappé. Il s'est fait valoir par des vertus qu'il assuroit fort sérieusement qui étoient en lui ; il a dit de soi : *J'ai de l'esprit, j'ai du courage;* et tous ont dit après lui : *Il a de l'esprit, il a du courage.* Il a exercé dans l'une et l'autre fortune le génie du courtisan, qui a dit de lui plus de bien peut-être et plus de mal qu'il n'y en avoit. Le joli, l'aimable, le rare, le merveilleux, l'héroïque, ont été employés à son éloge ; et tout le contraire a servi depuis pour le ravaler : caractère équivoque, mêlé, enveloppé ; une énigme, une question presque indécise[1].

¶ La faveur met l'homme au-dessus de ses égaux ; et sa chute au-dessous.

¶ Celui qui, un beau jour, sait renoncer fermement ou à un grand nom, ou à une grande autorité, ou à une grande fortune, se délivre en un moment de bien des peines, de bien des veilles, et quelquefois de bien des crimes.

¶ Dans cent ans, le monde subsistera encore en son entier ; ce sera le même théâtre et les mêmes décorations, ce ne seront plus les mêmes acteurs. Tout ce qui se réjouit sur une grâce reçue, ou ce qui s'attriste et se désespère sur un refus, tous auront disparu de dessus la scène. Il s'avance déjà sur le théâtre d'autres hommes qui vont jouer dans une même pièce les mêmes rôles ; ils s'évanouiront à leur tour ; et ceux qui ne sont pas encore, un jour ne seront plus ; de nouveaux acteurs ont pris leur place. Quel fond à faire sur un personnage de comédie[2].

¶ Qui a vu la cour a vu du monde ce qui est le plus beau, le plus spécieux et le plus orné ; qui méprise la cour après l'avoir vue méprise le monde.

¶ La ville dégoûte de la province ; la cour détrompe de la ville, et guérit de la cour.

Un esprit sain puise à la cour le goût de la solitude et de la retraite.

---

1. Lauzun. « Il a été un personnage si extraordinaire et si unique en tout genre, que c'est avec beaucoup de raison que La Bruyère a dit de lui, dans ses *Caractères,* qu'il n'étoit pas permis de rêver comme il a vécu. » (Saint-Simon.)

2. M. Destailleur, à propos de cet article, rappelle que la même pensée se trouve dans le *Petit Carême* de Massillon, — sermon du jeudi de la IVe semaine, — et dans *Don Quichotte,* — IIe part., ch. 12.

DES GRANDS[1].

La prévention du peuple en faveur des grands est si aveugle, et l'entêtement pour leur geste, leur visage, leur ton de voix et leurs manières si général, que s'ils s'avisoient d'être bons, cela iroit à l'idolâtrie.

¶ Si vous êtes né vicieux, *ô Théagène*, je vous plains; si vous le devenez par foiblesse pour ceux qui ont intérêt que vous le soyez, qui ont juré entre eux de vous corrompre, et qui se vantent déjà de pouvoir y réussir, souffrez que je vous méprise. Mais si vous êtes sage, tempérant, modeste, civil, généreux, reconnoissant, laborieux, d'un rang d'ailleurs et d'une naissance à donner des exemples plutôt qu'à les prendre d'autrui, et à faire les règles plutôt qu'à les recevoir, convenez avec cette sorte de gens de suivre par complaisance leurs dérèglements, leurs vices et leur folie, quand ils auront, par la déférence qu'ils vous doivent, exercé toutes les vertus que vous chérissez; ironie forte, mais utile, très-propre à mettre vos

---

1. Quoiqu'il contienne des vérités qui seront éternellement vraies, ce chapitre repose plutôt sur l'observation accidentelle de la société que sur l'observation absolue du cœur humain. La prévention du peuple en faveur des grands n'est plus ce qu'elle était au temps de La Bruyère; loin de là. Ce mot de *grand* lui-même n'a plus l'acception qu'il avait alors. Il y a de hauts fonctionnaires, des riches, il n'y a plus de grands, depuis que l'égalité devant la loi a été inscrite dans nos codes. Il est facile d'ailleurs de voir que La Bruyère ne reconnaissait guère et n'admettait d'autre aristocratie que celle de l'intelligence et de l'honneur, et qu'il avait à cœur de protester contre les préjugés de son temps, préjugés qui éclatent dans les mémoires de Saint-Simon. La Bruyère devançait l'avenir; Saint-Simon reculait vers le passé, et c'est là ce qui fait que Saint-Simon, malgré son génie d'écrivain, paraît quelquefois si ridicule en parlant des grands, tandis que La Bruyère nous charme encore, bien qu'il présente ici la critique d'une société finie sans retour.

mœurs en sûreté, à renverser tous leurs projets, et à les jeter dans le parti de continuer d'être ce qu'ils sont, et de vous laisser tel que vous êtes.

¶ L'avantage des grands sur les autres hommes est immense par un endroit : je leur cède leur bonne chère, leurs riches ameublements, leurs chiens, leurs chevaux, leurs singes, leurs nains, leurs fous et leurs flatteurs ; mais je leur envie le bonheur d'avoir à leur service des gens qui les égalent par le cœur et par l'esprit, et qui les passent quelquefois.

¶ Les grands se piquent d'ouvrir une allée dans une forêt, de soutenir des terres par de longues murailles, de dorer des plafonds, de faire venir dix pouces d'eau, de meubler une orangerie ; mais de rendre un cœur content, de combler une âme de joie, de prévenir d'extrêmes besoins ou d'y remédier, leur curiosité ne s'étend point jusque-là.

¶ On demande si, en comparant ensemble les différentes conditions des hommes, leurs peines, leurs avantages, on n'y remarqueroit pas un mélange ou une espèce de compensation de bien et de mal qui établiroit entre elles l'égalité, ou qui feroit du moins que l'une ne seroit guère plus désirable que l'autre. Celui qui est puissant, riche, et à qui il ne manque rien, peut former cette question ; mais il faut que ce soit un homme pauvre qui la décide.

Il ne laisse pas d'y avoir comme un charme attaché à chacune des différentes conditions et qui y demeure, jusques à ce que la misère l'en ait ôté. Ainsi les grands se plaisent dans l'excès, et les petits aiment la modération ; ceux-là ont le goût de dominer et de commander, et ceux-ci sentent du plaisir et même de la vanité à les servir et à leur obéir; les grands sont entourés, salués, respectés ; les petits entourent, saluent, se prosternent ; et tous sont contents.

¶ Il coûte si peu aux grands de ne donner que des paroles, et leur condition les dispense si fort de tenir les belles promesses qu'ils vous ont faites, que c'est modestie à eux de ne promettre pas encore plus largement.

¶ Il est vieux et usé, dit un grand; il s'est crevé à me suivre : qu'en faire? Un autre, plus jeune, enlève ses espérances, et obtient le poste qu'on ne refuse à ce malheureux que parce qu'il l'a trop mérité.

¶ Je ne sais, dites-vous avec un air froid et dédaigneux, *Philante* a du mérite, de l'esprit, de l'agrément, de l'exactitude sur son devoir, de la fidélité et de l'attachement pour son maître, et il en est médiocrement considéré; il ne plaît pas, il n'est pas goûté. Expliquez-vous : est-ce Philante, ou le grand qu'il sert, que vous condamnez?

¶ Il est souvent plus utile de quitter les grands que de s'en plaindre.

¶ Qui peut dire pourquoi quelques-uns ont le gros lot, ou quelques autres la faveur des grands?

¶ Les grands sont si heureux qu'ils n'essuient pas même dans toute leur vie l'inconvénient de regretter la perte de leurs meilleurs serviteurs, ou des personnes illustres dans leur genre, et dont ils ont tiré le plus de plaisir et le plus d'utilité. La première chose que la flatterie sait faire, après la mort de ces hommes uniques, et qui ne se réparent point, est de leur supposer des endroits foibles, dont elle prétend que ceux qui leur succèdent sont très-exempts; elle assure que l'un, avec toute la capacité et toutes les lumières de l'autre, dont il prend la place, n'en a point les défauts; et ce style sert aux princes à se consoler du grand et de l'excellent par le médiocre.

¶ Les grands dédaignent les gens d'esprit qui n'ont que de l'esprit; les gens d'esprit méprisent les grands qui n'ont que de la grandeur; les gens de bien plaignent les uns et les autres, qui ont ou de la grandeur ou de l'esprit, sans nulle vertu.

¶ Quand je vois, d'une part, auprès des grands, à leur table, et quelquefois dans leur familiarité de ces hommes alertes, empressés, intrigants, aventuriers, esprits dangereux et nuisibles, et que je considère, d'autre part, quelle peine ont les personnes de mérite à en approcher, je ne suis pas toujours disposé à croire que les méchants soient soufferts par intérêt, ou que les gens de bien soient regardés comme inutiles; je trouve plus mon compte à me confirmer dans cette pensée que grandeur et discernement sont deux choses différentes, et l'amour pour la vertu et pour les vertueux une troisième chose.

¶ *Lucile* aime mieux user sa vie à se faire supporter de quelques grands que d'être réduit à vivre familièrement avec ses égaux.

La règle de voir de plus grands que soi doit avoir ses restrictions; il faut quelquefois d'étranges talents pour la réduire en pratique.

¶ Quelle est l'incurable maladie de *Théophile?* elle lui dure depuis plus de trente ans; il ne guérit point: il a voulu, il veut et il voudra gouverner les grands; la mort seule lui ôtera avec la vie cette soif d'empire et d'ascendant sur les esprits. Est-ce en lui zèle du prochain? est-ce habitude? est-ce une excessive opinion de soi-même? Il n'y a point de palais où il ne s'insinue; ce n'est pas au milieu d'une chambre qu'il s'arrête; il passe à une embrasure, ou au cabinet; on attend qu'il ait parlé, et longtemps, et avec action, pour avoir audience, pour être vu. Il entre dans le secret des familles; il est de quelque chose dans tout ce qui leur arrive de triste ou d'avantageux; il prévient, il s'offre, il se fait de fête; il faut l'admettre. Ce n'est pas assez, pour remplir son temps ou son ambition, que le soin de dix mille âmes dont il répond à

Dieu comme de la sienne propre ; il y en a d'un plus haut rang et d'une grande distinction dont il ne doit aucun compte, et dont il se charge plus volontiers. Il écoute, il veille sur tout ce qui peut servir de pâture à son esprit d'intrigue, de médiation et de manége : à peine un grand est-il débarqué, qu'il l'empoigne et s'en saisit; on entend plutôt dire à Théophile qu'il le gouverne, qu'on n'a pu soupçonner qu'il pensoit à le gouverner [1].

¶ Une froideur ou une incivilité qui vient de ceux qui sont au-dessus de nous nous les fait haïr [2], mais un salut ou un sourire nous les réconcilie.

¶ Il y a des hommes superbes que l'élévation de leurs rivaux humilie et apprivoise; ils en viennent, par cette disgrâce, jusqu'à rendre le salut; mais le temps, qui adoucit toutes choses, les remet enfin dans leur naturel.

¶ Le mépris que les grands ont pour le peuple les rend indifférents sur les flatteries ou sur les louanges qu'ils en reçoivent, et tempère leur vanité; de même, les princes, loués sans fin et sans relâche des grands ou des courtisans, en seroient plus vains, s'ils estimoient davantage ceux qui les louent.

¶ Les grands croient être seuls parfaits, n'admettent qu'à peine dans les autres hommes la droiture d'esprit, l'habileté, la délicatesse, et s'emparent de ces riches talents, comme de choses dues à leur naissance. C'est cependant en eux une erreur grossière de se nourrir de si fausses préventions; ce qu'il y a jamais eu de mieux pensé, de mieux dit, de mieux écrit, et peut-être d'une conduite plus délicate, ne nous est pas toujours venu de leur fonds. Ils ont de grands domaines et une longue suite d'ancêtres; cela ne leur peut être contesté.

---

1. Cet article a été appliqué à l'abbé de Roquette, évêque d'Autun, qui aurait fourni, suivant Saint-Simon et madame de Sévigné, le type de Tartuffe.

2. Var. *Nous les rend haïssables.*

¶ Avez-vous de l'esprit, de la grandeur, de l'habileté, du goût, du discernement? en croirai-je la prévention et la flatterie, qui publient hardiment votre mérite? elles me sont suspectes, et je les récuse. Me laisserai-je éblouir par un air de capacité ou de hauteur qui vous met au-dessus de tout ce qui se fait, de ce qui se dit et de ce qui s'écrit; qui vous rend sec sur les louanges, et empêche qu'on ne puisse arracher de vous la moindre approbation? Je conclus de là plus naturellement que vous avez de la faveur, du crédit et de grandes richesses. Quel moyen de vous définir, *Téléphon*[1]? on n'approche de vous que comme du feu, et dans une certaine distance; et il faudroit vous développer, vous manier, vous confronter avec vos pareils, pour porter de vous un jugement sain et raisonnable. Votre homme de confiance, qui est dans votre familiarité, dont vous prenez conseil, pour qui vous quittez *Socrate* et *Aristide*, avec qui vous riez et qui rit plus haut que vous, *Dave* enfin, m'est très-connu; seroit-ce assez pour vous bien connoître?

¶ Il y en a de tels, que, s'ils pouvoient connoître leurs subalternes et se connoître eux-mêmes, ils auroient honte de primer.

¶ S'il y a peu d'excellents orateurs, y a-t-il bien des gens qui puissent les entendre? S'il n'y a pas assez de bons écrivains, où sont ceux qui savent lire? De même on s'est toujours plaint du petit nombre de personnes capables de conseiller les rois, et de les aider dans l'administration de leurs affaires. Mais s'ils naissent enfin, ces hommes habiles et intelligents, s'ils agissent selon leurs vues et leurs lumières, sont-ils aimés, sont-ils estimés autant qu'ils le méritent? Sont-ils loués de ce qu'ils pensent et de ce qu'ils font pour la patrie? Ils vivent, il suffit : on les censure s'ils échouent,

---

1. Suivant les contemporains le duc de La Feuillade.

et on les envie s'ils réussissent. Blâmons le peuple où il seroit ridicule de vouloir l'excuser. Son chagrin et sa jalousie, regardés des grands ou des puissants comme inévitables, les ont conduits insensiblement à le compter pour rien, et à négliger ses suffrages dans toutes leurs entreprises, à s'en faire même une règle de politique.

Les petits se haïssent les uns les autres lorsqu'ils se nuisent réciproquement. Les grands sont odieux aux petits par le mal qu'ils leur font, et par tout le bien qu'ils ne leur font pas. Ils leur sont responsables de leur obscurité, de leur pauvreté et de leur infortune; ou du moins ils leur paroissent tels.

¶ C'est déjà trop d'avoir avec le peuple une même religion et un même dieu : quel moyen encore de s'appeler Pierre, Jean, Jacques, comme le marchand ou le laboureur? Évitons d'avoir rien de commun avec la multitude; affectons au contraire toutes les distinctions qui nous en séparent. Qu'elle s'approprie les douze apôtres, leurs disciples, les premiers martyrs (telles gens, tels patrons); qu'elle voie avec plaisir revenir, toutes les années, ce jour particulier que chacun célèbre comme sa fête. Pour nous autres grands, ayons recours aux noms profanes; faisons-nous baptiser sous ceux d'Annibal, de César et de Pompée, c'étoient de grands hommes; sous celui de Lucrèce, c'étoit une illustre Romaine; sous ceux de Renaud, de Roger, d'Olivier et de Tancrède, c'étoient des paladins, et le roman n'a point de héros plus merveilleux; sous ceux d'Hector, d'Achille, d'Hercule, tous demi-dieux; sous ceux même de Phébus et de Diane [1]. Et qui nous empêchera de nous faire nommer Jupiter, ou Mercure, ou Vénus, ou Adonis [2].

---

1. La *clef* cite entre autres parmi les personnages marquants qui ont porté ces noms : *César* de Vendôme, *Annibal* d'Estrées, *Hercule* de Rohan, *Achille* de Harlay, *Phébus* de Foix, *Diane* de Chastigaier. (A. Destailleur.)

2. Le travers que La Bruyère signale dans ce paragraphe a reparu de notre

¶ Pendant que les grands négligent de rien connoître, je ne dis pas seulement aux intérêts des princes et aux affaires publiques, mais à leurs propres affaires, qu'ils ignorent l'économie et la science d'un père de famille, et qu'ils se louent eux-mêmes de cette ignorance ; qu'ils se laissent appauvrir et maîtriser par des intendants ; qu'ils se contentent d'être gourmets ou *coteaux* [1], d'aller chez *Thaïs* ou chez *Phryné*, de parler de la meute et de la vieille meute, de dire combien il y a de postes de Paris à Besançon, ou à Philisbourg, des citoyens s'instruisent du dedans et du dehors d'un royaume, étudient le gouvernement, deviennent fins et politiques, savent le fort et le foible de tout un État, songent à se mieux placer, se placent, s'élèvent, deviennent puissants, soulagent le prince d'une partie des soins publics [2]. Les grands, qui les dédaignoient, les révèrent ; heureux s'ils deviennent leurs gendres !

¶ Si je compare ensemble les deux conditions des hommes les plus opposées, je veux dire les grands avec le peuple, ce dernier me paroît content du nécessaire, et les autres sont inquiets et pauvres avec le superflu. Un homme du peuple ne sauroit faire aucun mal ; un grand ne veut faire aucun bien, et est capable de grands maux. L'un ne se forme et ne s'exerce que dans les choses qui sont utiles ; l'autre y joint les pernicieuses. Là se montrent ingénument la grossièreté et la franchise ; ici se cache une séve maligne et cor-

---

temps, surtout pour les noms de femme ; mais comme les petits avaient pris les noms des *grands*, les gens du monde, comme on dit de nos jours, ont repris les noms que les petits avaient quittés, et ils en sont revenus au calendrier.

1. Ce nom fut donné à trois grands seigneurs tenant table, qui étaient partagés sur l'estime qu'on devait faire des vins des coteaux qui sont aux environs de Reims.

2. La Bruyère donne ici en quelques mots l'histoire des causes de la décadence de la noblesse, et de l'élévation des classes moyennes. Il adresse en même temps un hommage indirect à Louis XIV, qui avait créé la nouvelle aristocratie du talent.

rompue sous l'écorce de la politesse. Le peuple n'a guère d'esprit, et les grands n'ont point d'âme ; celui-là a un bon fond, et n'a point de dehors ; ceux-ci n'ont que des dehors et qu'une simple superficie. Faut-il opter ? Je ne balance pas, je veux être peuple[1].

¶ Quelque profonds que soient les grands de la cour, et quelque art qu'ils aient pour paroître ce qu'ils ne sont pas, et pour ne point paroître ce qu'ils sont, ils ne peuvent cacher leur malignité, leur extrême pente à rire aux dépens d'autrui, et à jeter un ridicule souvent où il n'y en peut avoir. Ces beaux talents se découvrent en eux du premier coup d'œil ; admirables sans doute pour envelopper une dupe et rendre sot celui qui l'est déjà, mais encore plus propres à leur ôter tout le plaisir qu'ils pourroient tirer d'un homme d'esprit, qui sauroit se tourner et se plier en mille manières agréables et réjouissantes, si le dangereux caractère du courtisan ne l'engageoit pas à[2] une fort grande retenue. Il lui oppose un[3] caractère sérieux, dans lequel il se retranche ; et il fait si bien que les railleurs, avec des intentions si mauvaises, manquent d'occasions de se jouer de lui.

¶ Les aises de la vie, l'abondance, le calme d'une grande prospérité, font que les princes ont de la joie de reste pour rire d'un nain, d'un singe, d'un imbécile et d'un mauvais conte : les gens moins heureux ne rient qu'à propos.

¶ Un grand aime la Champagne, abhorre la Brie ; il s'enivre de meilleur vin que l'homme du peuple : seule différence que la crapule laisse entre les con-

---

1. Il n'est pas besoin de faire remarquer que le paragraphe ci-dessus est l'une des professions de foi démocratiques les plus vives qui aient été faites dans notre langue. C'est en quelques lignes la contre-partie de la célèbre satire de Boileau, *sur la Noblesse*.
2. VAR. *Ne lui imposoit pas.*
3. VAR. *Il ne lui reste que le.*

ditions les plus disproportionnées, entre le seigneur et l'estafier.

¶ Il semble d'abord qu'il entre dans les plaisirs des princes un peu de celui d'incommoder les autres; mais non, les princes ressemblent aux hommes, ils songent à eux-mêmes, suivent leur goût, leurs passions, leur commodité : cela est naturel.

¶ Il semble que la première règle des compagnies, des gens en place ou des puissants, est de donner à ceux qui dépendent d'eux pour le besoin de leurs affaires toutes les traverses qu'ils en peuvent craindre.

¶ Si un grand a quelque degré de bonheur sur les autres hommes, je ne devine pas lequel, si ce n'est peut-être de se trouver souvent dans le pouvoir et dans l'occasion de faire plaisir; et, si elle naît, cette conjoncture, il semble qu'il doive s'en servir; si c'est en faveur d'un homme de bien, il doit appréhender qu'elle ne lui échappe. Mais, comme c'est en une chose juste, il doit prévenir la sollicitation, et n'être vu que pour être remercié; et, si elle est facile, il ne doit pas même la lui faire valoir. S'il la lui refuse, je les plains tous deux.

¶ Il y a des hommes nés inaccessibles, et ce sont précisément ceux de qui les autres ont besoin, de qui ils dépendent; ils ne sont jamais que sur un pied; mobiles comme le mercure, ils pirouettent, ils gesticulent, ils crient, ils s'agitent; semblables à ces figures de carton qui servent de montre à une fête publique, ils jettent feu et flamme, tonnent et foudroient : on n'en approche pas, jusqu'à ce que, venant à s'éteindre, ils tombent, et par leur chute deviennent traitables, mais inutiles.

¶ Le suisse, le valet de chambre, l'homme de livrée, s'ils n'ont plus d'esprit que ne porte leur condition, ne jugent plus d'eux-mêmes par leur première bassesse, mais par l'élévation de la fortune des gens qu'ils servent, et mettent tous ceux qui entrent par leur porte, et montent leur escalier, indifféremment au-dessous d'eux et de leurs maîtres : tant il est vrai qu'on est destiné à souffrir des grands et de ce qui leur appartient!

¶ Un homme en place doit aimer son prince, sa femme, ses enfants[1], et après eux les gens d'esprit; il les doit adopter; il doit s'en fournir et n'en jamais manquer. Il ne sauroit payer, je ne dis pas de trop de pensions et de bienfaits, mais de trop de familiarité et de caresses, les secours et les services qu'il en tire, même sans le savoir. Quels petits bruits ne dissipent-ils pas? quelles histoires ne réduisent-ils pas à la fable et à la fiction? Ne savent-ils pas justifier les mauvais succès par les bonnes intentions; prouver la bonté d'un dessein et la justesse des mesures par le bonheur des événements; s'élever contre la malignité et l'envie pour accorder à de bonnes entreprises de meilleurs motifs; donner des explications favorables à des apparences qui étoient mauvaises; détourner les petits défauts, ne montrer que les vertus, et les mettre dans leur jour; semer en mille occasions des faits et des détails qui soient avantageux, et tourner le ris et la moquerie contre ceux qui oseroient en douter ou avancer des faits contraires? Je sais que les grands ont pour maxime de laisser parler, et de continuer d'agir; mais je sais aussi qu'il leur arrive, en plusieurs rencontres, que laisser dire les empêche de faire.

¶ Sentir le mérite, et, quand il est une fois connu, le bien traiter : deux grandes démarches à faire tout de suite, et dont la plupart des grands sont fort incapables.

¶ Tu es grand, tu es puissant; ce n'est pas assez :

---

1. Van *Sa femme ses enfants, son prince.*

fais que je t'estime, afin que je sois triste d'être déchu de tes bonnes grâces, ou de n'avoir pu les acquérir.

¶ Vous dites d'un grand ou d'un homme en place qu'il est prévenant, officieux, qu'il aime à faire plaisir ; et vous le confirmez par un long détail de ce qu'il a fait en une affaire où il a su que vous preniez intérêt. Je vous entends : on va pour vous au-devant de la sollicitation, vous avez du crédit, vous êtes connu du ministre, vous êtes bien avec les puissances : désiriez-vous que je susse autre chose ?

Quelqu'un vous dit : *Je me plains d'un tel ; il est fier depuis son élévation, il me dédaigne, il ne me connoît plus. — Je n'ai pas pour moi,* lui répondez-vous, *sujet de m'en plaindre ; au contraire, je m'en loue fort ; et il me semble même qu'il est assez civil.* Je crois encore vous entendre : vous voulez qu'on sache qu'un homme en place a de l'attention pour vous, et qu'il vous démêle dans l'antichambre entre mille honnêtes gens de qui il détourne ses yeux, de peur de tomber dans l'inconvénient de leur rendre le salut ou de leur sourire.

Se louer de quelqu'un, se louer d'un grand, phrase délicate dans son origine, et qui signifie sans doute se louer soi-même, en disant d'un grand tout le bien qu'il nous a fait, ou qu'il n'a pas songé à nous faire.

On loue les grands pour marquer qu'on les voit de près, rarement par estime ou par gratitude. On ne connoît pas souvent ceux que l'on loue : la vanité ou la légèreté l'emporte quelquefois sur le ressentiment ; on est mal content d'eux et on les loue.

¶ S'il est périlleux de tremper dans une affaire suspecte, il l'est encore davantage de s'y trouver complice d'un grand : il s'en tire, et vous laisse payer doublement, pour lui et pour vous.

¶ Le prince n'a point assez de toute sa fortune pour payer une basse complaisance, si l'on en juge par tout ce que celui qu'il veut récompenser y a mis du sien ; et il n'a pas trop de toute sa puissance pour le punir, s'il mesure sa vengeance au tort qu'il en a reçu.

¶ La noblesse expose sa vie pour le salut de l'État et pour la gloire du souverain ; le magistrat décharge le prince d'une partie du soin de juger les peuples : voilà de part et d'autre des fonctions bien sublimes et d'une merveilleuse utilité ; les hommes ne sont guère capables de plus grandes choses, et je ne sais d'où la robe et l'épée ont puisé de quoi se mépriser réciproquement.

¶ S'il est vrai qu'un grand donne plus à la fortune lorsqu'il hasarde une vie destinée à couler dans les ris, le plaisir et l'abondance, qu'un particulier qui ne risque que des jours qui sont misérables, il faut avouer aussi qu'il a un tout autre dédommagement, qui est la gloire et la haute réputation. Le soldat ne sent pas qu'il soit connu, il meurt obscur et dans la foule ; il vivoit de même, à la vérité, mais il vivoit, et c'est l'une des sources du défaut de courage dans les conditions basses et serviles. Ceux au contraire que la naissance démêle d'avec le peuple, et expose aux yeux des hommes, à leur censure et à leurs éloges, sont même capables de sortir par effort de leur tempérament, s'il ne les portoit pas à la vertu ; et cette disposition de cœur et d'esprit, qui passe des aïeuls par les pères dans leurs descendants, est cette bravoure si familière aux personnes nobles, et peut-être la noblesse même[1].

---

[1]. Au point de vue de l'histoire, La Bruyère est ici dans le faux. A l'origine le métier des armes n'était pour la noblesse qu'une obligation féodale. Le noble, qui possédait un fief, devait le service au seigneur du fief dominant, et comme le roi de France était suzerain de tous les fiefs du royaume, c'est

Jetez-moi dans les troupes comme un simple soldat, je suis Thersite; mettez-moi à la tête d'une armée dont j'aie à répondre à toute l'Europe, je suis Achille.

¶ Les princes, sans autre science ni autre règle[1], ont un goût de comparaison : ils sont nés et élevés au milieu et comme dans le centre des meilleures choses, à quoi ils rapportent ce qu'ils lisent, ce qu'ils voient et ce qu'ils entendent. Tout ce qui s'éloigne trop de Lulli, de Racine et de Le Brun, est condamné.

¶ Ne parler aux jeunes princes que du soin de leur rang est un excès de précaution, lorsque toute une cour met son devoir et une partie de sa politesse à les respecter, et qu'ils sont bien moins sujets à ignorer aucun des égards dus à leur naissance, qu'à confondre les personnes et les traiter indifféremment et sans distinction des conditions et des titres. Ils ont une fierté naturelle, qu'ils retrouvent dans les occasions ; il ne leur faut des leçons que pour la régler, que pour leur inspirer la bonté, l'honnêteté et l'esprit de discernement.

¶ C'est une pure hypocrisie à un homme d'une certaine élévation de ne pas prendre d'abord le rang qui lui est dû et que tout le monde lui cède. Il ne lui coûte rien d'être modeste, de se mêler dans la multitude qui va s'ouvrir pour lui, de prendre dans une assemblée une dernière place, afin que tous l'y voient et s'empressent de l'en ôter. La modestie est d'une

---

pour cela que les seigneurs *exposaient leur vie pour le salut de l'État et la gloire du souverain*. Notre auteur oublie d'ailleurs que les gens de métiers, organisés en milices communales, ont fait pour le pays autant et plus que la noblesse. Il oublie en outre que Louis XIV avait ouvert l'accès des grades aux classes moyennes, mais il écrivait sous l'empire des idées de son temps; et ce n'est que postérieurement au XVIIe siècle que l'histoire, mieux renseignée, a rétabli la vérié des faits.

1. Van. *Sans d'autre science ni d'autre règle*

pratique plus amère aux hommes d'une condition ordinaire : s'ils se jettent dans la foule, on les écrase ; s'ils choisissent un poste incommode, il leur demeure.

¶ *Aristarque* se transporte dans la place avec un héraut et un trompette; celui-ci commence : toute la multitude accourt et se rassemble. Écoutez, peuple, dit le héraut; soyez attentifs; silence, silence : *Aristarque, que vous voyez présent, doit faire demain une bonne action.* Je dirai plus simplement et sans figure : quelqu'un fait bien ; veut-il faire mieux? que je ne sache pas qu'il fait bien, ou que je ne le soupçonne pas du moins de me l'avoir appris.

¶ Les meilleures actions s'altèrent et s'affoiblissent par la manière dont on les fait, et laissent même douter des intentions. Celui qui protége ou qui loue la vertu pour la vertu, qui corrige ou qui blâme le vice à cause du vice, agit simplement, naturellement, sans aucun tour, sans nulle singularité, sans faste, sans affectation : il n'use point de réponses graves et sentencieuses, encore moins de traits piquants et satiriques ; ce n'est jamais une scène qu'il joue pour le public, c'est un bon exemple qu'il donne, et un devoir dont il s'acquitte ; il ne fournit rien aux visites des femmes, ni au cabinet [1], ni aux nouvellistes; il ne donne point à un homme agréable la matière d'un joli conte. Le bien qu'il vient de faire est un peu moins su, à la vérité; mais il a fait ce bien : que voudroit-il davantage?

---

[1]. Rendez-vous à Paris de quelques honnêtes gens pour la conversation. (*Note de l'auteur.*) — Peut-être les mauvais poëtes trouvoient-ils le moyen de faire lire leurs vers dans ce lieu de réunion : alors on reconnoîtroit le *cabinet* où Alceste, dans le *Misanthrope*, envoie le sonnet d'Oronte :

Franchement, il est bon à mettre au cabinet.

Et ainsi seroit justifié le mot, dont on a déjà contesté le sens grossier, peu d'accord, en effet, avec le ton de bonne compagnie qui règne dans toute la pièce (A. Destailleur.)

¶ Les grands ne doivent point aimer les derniers temps ; ils ne leur sont point favorables : il est triste pour eux d'y voir que nous sortions tous du frère et de la sœur. Les hommes composent ensemble une même famille ; il n'y a que le plus ou le moins dans le degré de parenté.

¶ *Théognis* est recherché dans son ajustement, et il sort paré comme une femme ; il n'est pas hors de sa maison, qu'il a déjà ajusté ses yeux et son visage, afin que ce soit une chose faite quand il sera dans le public, qu'il y paroisse tout concerté, que ceux qui passent le trouvent déjà gracieux et leur souriant, et que nul ne lui échappe. Marche-t-il dans les salles, il se tourne à droite où il y a un grand monde, et à gauche où il n'y a personne ; il salue ceux qui y sont et ceux qui n'y sont pas. Il embrasse un homme qu'il trouve sous sa main, il lui presse la tête contre sa poitrine ; il demande ensuite qui est celui qu'il a embrassé. Quelqu'un a besoin de lui dans une affaire qui est facile ; il va le trouver, lui fait sa prière. Théognis l'écoute favorablement ; il est ravi de lui être bon à quelque chose ; il le conjure de faire naître des occasions de lui rendre service ; et, comme celui-ci insiste sur son affaire, il lui dit qu'il ne la fera point ; il le prie de se mettre en sa place, il l'en fait juge. Le client sort, reconduit, caressé, confus, presque content d'être refusé.

¶ C'est avoir une très-mauvaise opinion des hommes, et néanmoins les bien connoître, que de croire, dans un grand poste, leur imposer par des caresses étudiées, par de longs et stériles embrassements.

¶ *Pamphile*[1] ne s'entretient pas avec les gens qu'il

---

1. Ce portrait de Pamphile a été appliqué à Dangeau, et c'est Saint-Simon qui le premier a fait le rapprochement ; mais rien ne justifie cette assertion, et il est au contraire très-probable qu'il n'y a là qu'une méchanceté de Saint-Simon, toujours si plein d'aigreur pour les nouveaux anoblis. Les savants

rencontre dans les salles ou dans les cours ; si l'on en croit sa gravité et l'élévation de sa voix, il les reçoit, leur donne audience, les congédie ; il a des termes tout à la fois civils et hautains, une honnêteté impérieuse et qu'il emploie sans discernement ; il a une fausse grandeur qui l'abaisse, et qui embarrasse fort ceux qui sont ses amis, et qui ne veulent pas le mépriser.

Un Pamphile est plein de lui-même, ne se perd pas de vue, ne sort point de l'idée de sa grandeur, de ses alliances, de sa charge, de sa dignité ; il ramasse, pour ainsi dire, toutes ses pièces, s'en enveloppe pour se faire valoir ; il dit *mon ordre, mon cordon bleu;* il l'étale ou il le cache par ostentation. Un Pamphile, en un mot, veut être grand, il croit l'être ; il ne l'est pas, il est d'après un grand. Si quelquefois il sourit à un homme du dernier ordre, à un homme d'esprit, il choisit son temps si juste, qu'il n'est jamais pris sur le fait. Aussi la rougeur lui monteroit-elle au visage s'il étoit malheureusement surpris dans la moindre familiarité avec quelqu'un qui n'est ni opulent, ni puissant, ni ami d'un ministre, ni son allié, ni son domestique. Il est sévère et inexorable à qui n'a point encore fait sa fortune. Il vous aperçoit un jour dans une galerie, et il vous fuit ; et le lendemain s'il vous trouve en un endroit moins public, ou, s'il est public, en la compagnie d'un grand, il prend courage, il vient à vous, et il vous dit : *Vous ne faisiez pas hier semblant de nous voir.* Tantôt il vous quitte brusquement pour joindre un seigneur ou un premier commis ; et tantôt, s'il les trouve avec vous en conversation, il vous coupe et vous les enlève. Vous l'abordez une autre fois, et il ne s'arrête pas ; il

---

Éditeurs des *Mémoires de Dangeau* repoussent complétement l'application de Saint-Simon.

se fait suivre, vous parle si haut que c'est une scène pour ceux qui passent. Aussi les Pamphiles sont-ils toujours comme sur un théâtre ; gens nourris dans le faux, et qui ne haïssent rien tant que d'être naturels ; vrais personnages de comédie, des Floridors, des Mondoris.

On ne tarit point sur les Pamphiles : ils sont bas et timides devant les princes et les ministres, pleins de hauteur et de confiance avec ceux qui n'ont que de la vertu ; muets et embarrassés avec les savants ; vifs, hardis et décisifs, avec ceux qui ne savent rien. Ils parlent de guerre à un homme de robe, et de politique à un financier ; ils savent l'histoire avec les femmes ; ils sont poëtes avec un docteur, et géomètres avec un poëte. De maximes, ils ne s'en chargent pas ; de principes, encore moins ; ils vivent à l'aventure, poussés et entraînés par le vent de la faveur et par l'attrait des richesses. Ils n'ont point d'opinion qui soit à eux, qui leur soit propre ; ils en empruntent à mesure qu'ils en ont besoin ; et celui à qui ils ont recours n'est guère un homme sage ou habile, ou vertueux ; c'est un homme à la mode.

¶ Nous avons pour les grands et pour les gens en place une jalousie stérile ou une haine impuissante qui ne nous venge point de leur splendeur et de leur élévation, et qui ne fait qu'ajouter à notre propre misère le poids insupportable du bonheur d'autrui[1]. Que faire contre une maladie de l'âme si invétérée et si contagieuse ? Contentons-nous de peu, et de moins

---

[1]. Les hommes aiment la grandeur ; ils la haïssent, l'admirent, la méprisent. Ils l'aiment parce qu'ils y voient tout ce qu'ils désirent, les plaisirs, les honneurs et la puissance ; ils la haïssent parce qu'elle les rabaisse et les humilie, et qu'elle leur fait sentir la privation de ces biens ; ils l'admirent parce qu'ils en sont éblouis ; ils la méprisent ou font semblant de la mépriser, afin de s'élever dans leur imagination au-dessus des grands, et de se bâtir ainsi une grandeur imaginaire par le rabaissement de ceux qui sont l'objet de l'admiration du commun des hommes. (NICOLE.)

encore, s'il est possible. Sachons perdre dans l'occasion ; la recette est infaillible, et je consens à l'éprouver. J'évite par là d'apprivoiser un suisse ou de fléchir un commis, d'être repoussé à une porte par la foule innombrable de clients ou de courtisans dont la maison d'un ministre se dégorge plusieurs fois le jour, de languir dans sa salle d'audience, de lui demander en tremblant et en balbutiant une chose juste, d'essuyer sa gravité, son ris amer et son *laconisme*[1]. Alors je ne le hais plus, je ne lui porte plus d'envie ; il ne me fait aucune prière, je ne lui en fais pas ; nous sommes égaux, si ce n'est peut-être qu'il n'est pas tranquille et que je le suis.

¶ Si les grands ont des occasions de nous faire du bien, ils en ont rarement la volonté ; et, s'ils désirent de nous faire du mal, ils n'en trouvent pas toujours les occasions. Ainsi l'on peut être trompé dans l'espèce de culte qu'on leur rend[2], s'il n'est fondé que sur l'espérance et sur la crainte ; et une longue vie se termine quelquefois sans qu'il arrive de dépendre d'eux pour le moindre intérêt, ou qu'on leur doive[3] sa bonne ou sa mauvaise fortune. Nous devons les honorer, parce qu'ils sont grands et que nous sommes petits, et qu'il y en a d'autres plus petits que nous qui nous honorent.

¶ A la cour, à la ville, mêmes passions, mêmes foiblesses, mêmes petitesses, mêmes travers d'esprit, mêmes brouilleries dans les familles et entre les proches, mêmes envies, mêmes antipathies. Partout des brus et des belles-mères, des maris et des femmes, des divorces, des ruptures, et de mauvais raccommodements ; partout des humeurs, des colères, des par-

---

1. Ce mot est en italique parce qu'il était nouveau, et peut-être créé par La Bruyère.
2. Var. *Que l'on leur rend.*
3. Var. *Ou que l'on leur doive.*

tialités, des rapports, et ce qu'on appelle de mauvais discours. Avec de bons yeux on voit sans peine la petite ville, la rue Saint-Denis, comme transportées à V*** ou à F***¹. Ici l'on croit se haïr avec plus de fierté et de hauteur, et peut-être avec plus de dignité. On se nuit réciproquement avec plus d'habileté et de finesse, les colères sont plus éloquentes, et l'on se dit des injures plus poliment et en meilleurs termes ; l'on n'y blesse point la pureté de la langue ; l'on n'y offense que les hommes ou que leur réputation. Tous les dehors du vice y sont spécieux ; mais le fond, encore une fois, y est le même que dans les conditions les plus ravalées. Tout le bas, tout le foible et tout l'indigne s'y trouvent. Ces hommes si grands ou par leur naissance, ou par leur faveur, ou par leurs dignités, ces têtes si fortes et si habiles, ces femmes si polies et si spirituelles, tous méprisent le peuple, et ils sont peuple.

Qui dit le peuple dit plus d'une chose : c'est une vaste expression, et l'on s'étonneroit de voir ce qu'elle embrasse, et jusques où elle s'étend. Il y a le peuple qui est opposé aux grands : c'est la populace et la multitude ; il y a le peuple qui est opposé aux sages, aux habiles et aux vertueux : ce sont les grands comme les petits.

¶ Les grands se gouvernent par sentiment : âmes oisives sur lesquelles tout fait d'abord une vive impression. Une chose arrive, ils en parlent trop, bientôt ils en parlent peu, ensuite ils n'en parlent plus, et ils n'en parleront plus. Action, conduite, ouvrage, événement, tout est oublié ; ne leur demandez ni correction, ni prévoyance, ni réflexion, ni reconnoissance, ni récompense.

¶ L'on se porte aux extrémités opposées à l'égard

---

1. Versailles et Fontainebleau.

de certains personnages. La satire, après leur mort, court parmi le peuple, pendant que les voûtes des temples retentissent de leurs éloges. Ils ne méritent quelquefois ni libelles ni discours funèbres; quelquefois aussi ils sont dignes de tous les deux.

¶ L'on doit se taire sur les puissants : il y a presque toujours de la flatterie à en dire du bien ; il y a du péril à en dire du mal pendant qu'ils vivent, et de la lâcheté quand ils sont morts.

DU SOUVERAIN OU DE LA RÉPUBLIQUE[1].

Quand l'on parcourt, sans la prévention de son pays, toutes les formes de gouvernement, l'on ne sait à laquelle se tenir ; il y a dans toutes le moins bon et le moins mauvais. Ce qu'il y a de plus raisonnable et de plus sûr, c'est d'estimer celle où l'on est né la meilleure de toutes, et de s'y soumettre.

¶ Il ne faut ni art ni science pour exercer la tyrannie ; et la politique qui ne consiste qu'à répandre le sang est fort bornée et de nul raffinement ; elle inspire de tuer ceux dont la vie est un obstacle à notre ambition : un homme né cruel fait cela sans peine. C'est la manière la plus horrible et la plus grossière de se maintenir ou de s'agrandir.

¶ C'est une politique sûre et ancienne dans les républiques que d'y laisser le peuple s'endormir dans les fêtes, dans les spectacles, dans le luxe, dans le faste, dans les plaisirs, dans la vanité et la mollesse ; le laisser se remplir du vide et savourer la bagatelle : quelles grandes démarches ne fait-on pas au despotique par cette indulgence !

¶ Il n'y a point de patrie dans le despotique ; d'autres choses y suppléent : l'intérêt, la gloire, le service du prince.

¶ Quand on veut changer et innover dans une république, c'est moins les choses que le temps que l'on considère. Il y a des conjonctures où l'on sent bien

---

1. VAR. *Du souverain*, dans les trois premières éditions. — Le mot *république* a ici la même acception que le mot latin *respublica*, c'est-à-dire le gouvernement exercé dans l'intérêt de tous.

qu'on ne sauroit trop attenter contre le peuple; et il y en a d'autres où il est clair qu'on ne peut trop le ménager. Vous pouvez aujourd'hui ôter à cette ville ses franchises, ses droits, ses priviléges ; mais demain ne songez pas même à réformer ses enseignes.

¶ Quand le peuple est en mouvement, on ne comprend pas où le calme peut y rentrer ; et quand il est paisible, on ne voit pas par où le calme peut en sortir.

¶ Il y a de certains maux dans la république qui y sont soufferts parce qu'ils préviennent ou empêchent de plus grands maux. Il y a d'autres maux qui sont tels seulement par leur établissement, et qui, étant dans leur origine un abus ou un mauvais usage, sont moins pernicieux dans leur suite et dans la pratique qu'une loi plus juste ou une coutume plus raisonnable. L'on voit une espèce de maux que l'on peut corriger par le changement ou la nouveauté[1], qui est un mal, et fort dangereux. Il y en a d'autres cachés et enfoncés comme des ordures dans un cloaque, je veux dire ensevelis sous la honte, sous le secret et dans l'obscurité : on ne peut les fouiller et les remuer qu'ils n'exhalent le poison ou l'infamie; les plus sages doutent quelquefois s'il est mieux de connoître ces maux que de les ignorer. L'on tolère quelquefois dans un État un assez grand mal, mais qui détourne un million de petits maux ou d'inconvénients, qui tous seroient inévitables et irrémédiables. Il se trouve des maux dont chaque particulier gémit, et qui deviennent néanmoins un bien public, quoique le public ne soit autre chose que tous les particuliers. Il y a des maux personnels qui concourent au bien et à l'avantage de chaque famille. Il y en

---

1. Comparez avec cet article : Montaigne, liv. I, ch. xxii ; liv. III, ch. ix ; l'auteur des *Essais* est du même avis que La Bruyère, au sujet de la *nouveauté*.

a qui affligent, ruinent ou déshonorent les famille
mais qui tendent au bien et à la conservation de l
machine de l'État et du gouvernement. D'autres mau
renversent des États, et sur leurs ruines en élèvent d
nouveaux. On en a vu enfin qui ont sapé par les fon
dements de grands empires, et qui les ont fait éva
nouir de dessus la terre, pour varier et renouveler l
face de l'univers.

¶ Qu'importe à l'État qu'*Ergaste* soit riche, qu'i
ait des chiens qui arrêtent bien, qu'il crée les mode
sur les équipages et sur les habits, qu'il abonde e
superfluités? Où il s'agit de l'intérêt et des commo
dités de tout le public, le particulier est-il compté
La consolation des peuples dans les choses qui lu
pèsent un peu est de savoir qu'ils soulagent le prince
ou qu'ils n'enrichissent que lui ; ils ne se croien
point redevables à Ergaste de l'embellissement de s
fortune.

¶ La guerre a pour elle l'antiquité ; elle a été dan
tous les siècles ; on l'a toujours vue remplir le mond
de veuves et d'orphelins, épuiser les familles d'héri
tiers, et faire périr les frères à une même bataille.
Jeune SOYECOUR [1], je regrette ta vertu, ta pudeur, ton
esprit déjà mûr, pénétrant, élevé, sociable ; je plains
cette mort prématurée qui te joint à ton intrépide
frère [2], et t'enlève à une cour où tu n'as fait que te
montrer : malheur déplorable, mais ordinaire ! De
tout temps les hommes, pour quelque morceau de
terre de plus ou de moins, sont convenus entre eux de
se dépouiller, se brûler, se tuer, s'égorger [3] les uns

---

1. Le chevalier de Soyecour, capitaine-lieutenant des gendarmes-dauphin,
blessé mortellement à la bataille de Fleurus, gagnée le 1ᵉʳ juillet 1690, par le
maréchal de Luxembourg sur le prince de Waldeck, l'un des plus habiles généraux de la ligue d'Augsbourg.
2. Le marquis de Soyecour, colonel du régiment de Vermandois, tué dans
la même bataille. — Ces deux officiers étaient les fils de la marquise de
Belleforière de Soyecour, dont il a été parlé ci-dessus.
3. VAR. *De se dépouiller, brûler, tuer, égorger.*

les autres ; et, pour le faire plus ingénieusement et avec plus de sûreté, ils ont inventé de belles règles qu'on appelle l'art militaire ; ils ont attaché à la pratique de ces règles la gloire ou la plus solide réputation [1], et ils ont depuis enchéri de siècle en siècle sur la manière de se détruire réciproquement. De l'injustice des premiers hommes, comme de son unique source, est venue la guerre, ainsi que la nécessité où ils se sont trouvés de se donner des maîtres qui fixassent leurs droits et leurs prétentions. Si, content du sien, on eût pu s'abstenir du bien de ses voisins, on avoit pour toujours la paix et la liberté.

¶ Le peuple paisible dans ses foyers, au milieu des siens et dans le sein d'une grande ville où il n'a rien à craindre ni pour ses biens ni pour sa vie, respire le feu et le sang, s'occupe de guerres, de ruines, d'embrasements et de massacres, souffre impatiemment que des armées qui tiennent la campagne ne viennent point à se rencontrer, ou, si elles sont une fois en présence, qu'elles ne combattent point, ou, si elles se mêlent, que le combat ne soit pas sanglant et qu'il y ait moins de dix mille hommes sur la place. Il va même souvent jusques à oublier ses intérêts les plus chers, le repos et la sûreté, par l'amour qu'il a pour le changement et par le goût de la nouveauté ou des

---

1. Il y a dans l'homme, malgré son immense dégradation, un élément d'amour qui le porte vers ses semblables : la compassion lui est aussi naturelle que la respiration. Par quelle magie inconcevable est-il toujours prêt, au premier coup de tambour, à se dépouiller de ce caractère sacré pour s'en aller sans résistance, souvent même avec une certaine allégresse, qui a aussi son caractère particulier, mettre en pièces, sur le champ de bataille, son frère qui ne l'a jamais offensé, et qui s'avance de son côté pour lui faire subir le même sort, s'il le peut ? Je concevrais encore une guerre nationale : mais, combien y a-t-il de guerres de ce genre ? une en mille ans, peut-être : pour les autres, surtout entre nations civilisées, qui raisonnent et qui savent ce qu'elles font, je déclare n'y rien comprendre. On pourra dire : *La gloire explique tout ;* mais, d'abord, la gloire n'est que pour les chefs ; en second lieu, c'est reculer la difficulté : car je demande précisément d'où vient cette gloire extraordinaire attachée à la guerre. (JOSEPH DE MAISTRE, Soirées de Saint-Pétersbourg, 7ᵉ entretien.)

choses extraordinaires. Quelques-uns consentiroient à voir une autre fois les ennemis aux portes de Dijon ou de Corbie, à voir tendre des chaînes[1], et faire des barricades[2], pour le seul plaisir d'en dire ou d'en apprendre la nouvelle.

Démophile, à ma droite, se lamente et s'écrie : Tout est perdu, c'est fait de l'État; il est du moins sur le penchant de sa ruine. Comment résister à une si forte et si générale conjuration ? Quel moyen, je ne dis pas d'être supérieur, mais de suffire seul à de si puissants ennemis ? Cela est sans exemple dans la monarchie. Un héros, un ACHILLE y succomberoit. On a fait, ajoute-t-il, de lourdes fautes : je sais bien ce que je dis, je suis du métier, j'ai vu la guerre, et l'histoire m'en a beaucoup appris. Il parle là-dessus avec admiration d'Olivier le Daim et de Jacques Cœur[3]. C'étoient là des hommes, dit-il, c'étoient des ministres. Il débite ses nouvelles, qui sont toutes les plus tristes

---

1. Pendant le moyen âge, les bourgeois des villes avaient le droit de placer des chaînes à l'entrée des rues : on les attachait à d'énormes crochets de fer, sculptés avec plus ou moins d'art. Ces chaînes étaient de véritables barricades en permanence et mobiles. Ce ne fut qu'au dix-septième siècle que les rois purent parvenir à enlever aux bourgeois ce moyen de défense. (*Dictionnaire de l'histoire de France.*)

2. Le mot *barricade* vient de *barriques*, parce que dans les émotions populaires et les guerres civiles on employa souvent des barriques qu'on remplissait de terre et de pavés pour se retrancher dans les rues.

3. Jacques Cœur, fils d'un orfévre de Bourges, d'abord employé dans les monnaies, se livra ensuite au commerce, où il fit des gains considérables, et fut chargé par Charles VII de l'administration des finances, avec le titre d'argentier du royaume. Malgré ces fonctions il continua un immense commerce avec l'Afrique et l'Asie, prêta de l'argent au roi pour la conquête de la Normandie, et entretint à ses frais plusieurs armées. Les ennemis que lui avaient suscités sa faveur et sa fortune l'accusèrent de concussion, pour s'emparer de ses biens, et le 19 mai 1453 il fut déclaré coupable des crimes qui lui étaient reprochés. Le roi lui fit grâce de la vie, mais il fut condamné au bannissement, à la confiscation de tous ses biens, et à une amende de 400,000 écus d'or. Les juges se partagèrent ses dépouilles, et il se rendit auprès du pape qui lui donna le commandement de la flotte qu'il avait armée contre les Turcs ; il mourut en arrivant à l'île de Chio en 1456. Malgré les accusations dont il a été l'objet, Jacques Cœur n'en doit pas moins être considéré comme un homme très-remarquable. Quant à Olivier le Daim, ce n'était qu'un intrigant vulgaire, dont on s'explique difficilement la haute fortune ; il était né à Thielt, près Courtray, et fut pendu après la mort de Louis XI, en 1484.

et les plus désavantageuses que l'on pourroit feindre. Tantôt un parti des nôtres a été attiré dans une embuscade, et taillé en pièces ; tantôt quelques troupes renfermées dans un château se sont rendues aux ennemis à discrétion, et ont passé par le fil de l'épée. Et si vous lui dites que ce bruit est faux et qu'il ne se confirme point, il ne vous écoute pas. Il ajoute qu'un tel général a été tué, et, bien qu'il soit vrai qu'il n'a reçu qu'une légère blessure, et que vous l'en assuriez, il déplore sa mort, il plaint sa veuve, ses enfants, l'État ; il se plaint lui-même : *il a perdu un bon ami et une grande protection.* Il dit que la cavalerie allemande est invincible ; il pâlit au seul nom des cuirassiers de l'empereur. Si l'on attaque cette place, continue-t-il, on lèvera le siége ; ou l'on demeurera sur la défensive sans livrer de combat, ou si on le livre, on le doit perdre ; et si on le perd, voilà l'ennemi sur la frontière. Et, comme Démophile le fait voler, le voilà dans le cœur du royaume ; il entend déjà sonner le beffroi des villes, et crier à l'alarme ; il songe à son bien et à ses terres. Où conduira-t-il son argent, ses meubles, sa famille ? Où se réfugiera-t-il ? En Suisse ou à Venise ?

Mais à ma gauche, *Basilide* met tout d'un coup sur pied une armée de trois cent mille hommes ; il n'en rabattroit pas une seule brigade : il a la liste des escadrons et des bataillons, des généraux et des officiers ; il n'oublie pas l'artillerie ni le bagage. Il dispose absolument de toutes ces troupes : il en envoie tant en Allemagne et tant en Flandre ; il réserve un certain nombre pour les Alpes, un peu moins pour les Pyrénées, et il fait passer la mer à ce qui lui reste. Il connoît les marches de ces armées, il sait ce qu'elles feront et ce qu'elles ne feront pas ; vous diriez qu'il ait l'oreille du prince, ou le secret du ministre. Si les ennemis viennent de perdre une bataille où il soit demeuré sur la place quelque neuf à dix mille hommes des leurs, il en compte jusqu'à trente mille, ni plus ni moins, car ses nombres sont toujours fixes et certains, comme de celui qui est bien informé. S'il apprend le matin que nous avons perdu une bicoque, non-seulement il envoie s'excuser à ses amis qu'il a la veille conviés à dîner, mais même ce jour-là il ne dîne point, et s'il soupe, c'est sans appétit. Si les nôtres assiégent une place très-forte, très-régulière, pourvue de vivres et de munitions, qui a une bonne garnison, commandée par un homme d'un grand courage, il dit que la ville a des endroits foibles et mal fortifiés, qu'elle manque de poudre, que son gouverneur manque d'expérience, et qu'elle capitulera après huit jours de tranchée ouverte. Une autre fois il accourt tout hors d'haleine, et après avoir respiré un peu : Voilà, s'écrie-t-il, une grande nouvelle : ils sont défaits, et à plate couture ; le général, les chefs, du moins une bonne partie, tout est tué, tout a péri. Voilà, continue-t-il, un grand massacre, et il faut convenir que nous jouons d'un grand bonheur. Il s'assit[1], il souffle, après avoir débité sa nouvelle, à laquelle il ne manque qu'une circonstance, qui est qu'il est certain qu'il n'y a point eu de bataille ; il assure d'ailleurs qu'un tel prince renonce à la ligue, et quitte ses confédérés ; qu'un autre se dispose à prendre le même parti ; il croit fermement avec la populace qu'un troisième est mort[2] ; il nomme le lieu où il est enterré, et quand on est détrompé aux halles et aux faubourgs, il parie encore pour l'affirmative. Il sait, par une voie indubitable, que T. K. L.[3] fait de grands progrès contre l'empereur ; que le

---

1. On écrivait indistinctement *il s'assit* ou *il s'assied*. La Bruyère a employé tantôt l'un, tantôt l'autre de ces deux mots.
2. Allusion au faux bruit qui courut de la mort du prince d'Orange, depuis roi d'Angleterre.
3. Tékéli, né en 1658, chef des calvinistes et des mécontents hongrois,

Grand-Seigneur arme *puissamment*, ne veut point de paix, et que son vizir va se montrer une autre fois aux portes de Vienne. Il frappe des mains, et il tressaille sur cet événement, dont il ne doute plus. La triple alliance chez lui est un Cerbère, et les ennemis autant de monstres à assommer. Il ne parle que de lauriers, que de palmes, que de triomphes et que de trophées. Il dit dans le discours familier : *Notre auguste héros, notre grand potentat, notre invincible monarque.* Réduisez-le, si vous pouvez, à dire simplement : *Le roi a beaucoup d'ennemis, ils sont puissants, ils sont unis, ils sont aigris, il les a vaincus, j'espère toujours qu'il les pourra vaincre.* Ce style, trop ferme et trop décisif pour Démophile, n'est pour Basilide ni assez pompeux, ni assez exagéré. Il a bien d'autres expressions en tête, il travaille aux inscriptions des arcs et des pyramides qui doivent orner la ville capitale un jour d'entrée ; et dès qu'il entend dire que les armées sont en présence, ou qu'une place est investie, il fait déplier sa robe et la mettre à l'air, afin qu'elle soit toute prête pour la cérémonie de la cathédrale.

¶ Il faut que le capital d'une affaire qui assemble dans une ville les plénipotentiaires ou les agents des couronnes et des républiques soit d'une longue et extraordinaire discussion si elle leur coûte plus de temps, je ne dis pas que les seuls préliminaires, mais que le simple règlement des rangs, des préséances et des autres cérémonies.

Le ministre ou le plénipotentiaire est un caméléon.

---

prit les armes contre l'Autriche pour venger les chefs hongrois décapités en 1671, et son propre père, mort les armes à la main en combattant pour la Hongrie. Tékéli tint pendant trois ans la campagne contre les Autrichiens, les battit dans six grandes affaires, s'allia avec les Turcs, qui vinrent assiéger Vienne, et fut nommé prince de Transylvanie. Malgré son grand courage et ses talents militaires, il ne put faire abandonner la province aux Autrichiens, et il finit par se retirer en Turquie, où il mourut en 1705.

est un Protée. Semblable quelquefois à un joueur habile, il ne montre ni humeur ni complexion, soit pour ne point donner lieu aux conjectures ou se laisser pénétrer, soit pour ne rien laisser échapper de son secret par passion ou par foiblesse. Quelquefois aussi il sait feindre le caractère le plus conforme aux vues qu'il a et aux besoins où il se trouve, et paroître tel qu'il a intérêt que les autres croient qu'il est en effet. Ainsi, dans une grande puissance ou dans une grande foiblesse, qu'il veut dissimuler, il est ferme et inflexible, pour ôter l'envie de beaucoup obtenir; ou il est facile, pour fournir aux autres les occasions de lui demander et se donner la même licence. Une autre fois, ou il est profond et dissimulé, pour cacher une vérité en l'annonçant, parce qu'il lui importe qu'il l'ait dite et qu'elle ne soit pas crue ; ou il est franc et ouvert, afin que, lorsqu'il dissimule ce qui ne doit pas être su, l'on croie néanmoins qu'on n'ignore rien de ce que l'on veut savoir, et que l'on se persuade qu'il a tout dit. De même, ou il est vif et grand parleur, pour faire parler les autres, pour empêcher qu'on ne lui parle de ce qu'il ne veut pas ou de ce qu'il ne doit pas savoir, pour dire plusieurs choses différentes[1] qui se modifient ou qui se détruisent les unes les autres, qui confondent dans les esprits la crainte et la confiance, pour se défendre d'une ouverture qui lui est échappée par une autre qu'il aura faite; ou il est froid et taciturne, pour jeter les autres dans l'engagement de parler, pour écouter longtemps, pour être écouté quand il parle, pour parler avec ascendant et avec poids, pour faire des promesses ou des menaces qui portent un grand coup et qui ébranlent. Il s'ouvre et parle le premier, pour, en découvrant les oppositions, les con-

---

1. Var. Indifférentes. — La leçon ci-dessus, différentes, est celle de la 4ᵉ édit.

tradictions, les brigues et les cabales des ministres étrangers sur les propositions qu'il aura avancées, prendre ses mesures et avoir la réplique; et, dans une autre rencontre, il parle le dernier, pour ne point parler en vain, pour être précis, pour connoître parfaitement les choses sur quoi il est permis de faire fond pour lui ou pour ses alliés, pour savoir ce qu'il doit demander et ce qu'il peut obtenir. Il sait parler en termes clairs et formels; il sait encore mieux parler ambigument, d'une manière enveloppée, user de tours ou de mots équivoques, qu'il peut faire valoir ou diminuer dans les occasions et selon ses intérêts. Il demande peu quand il ne veut pas donner beaucoup; il demande beaucoup pour avoir peu, et l'avoir plus sûrement. Il exige d'abord de petites choses, qu'il prétend ensuite lui devoir être comptées pour rien, et qui n'excluent pas d'en demander une plus grande; et il évite au contraire de commencer par obtenir un point important, s'il l'empêche d'en gagner plusieurs autres de moindre conséquence, mais qui tous ensemble l'emportent sur le premier. Il demande trop, pour être refusé, mais dans le dessein de se faire un droit ou une bienséance de refuser lui même ce qu'il sait bien qui lui sera demandé, et qu'il ne veut pas octroyer. Aussi soigneux alors d'exagérer l'énormité de la demande et de faire convenir, s'il se peut, des raisons qu'il y a de n'y pas entendre, que d'affoiblir celles qu'on prétend avoir de ne lui pas accorder ce qu'il sollicite avec instance; également appliqué à faire sonner haut et à grossir dans l'idée des autres le peu qu'il offre, et à mépriser ouvertement le peu que l'on consent de lui donner. Il fait de fausses offres, mais extraordinaires, qui donnent de la défiance[1], et obligent de rejeter ce que l'on accepteroit inutile-

1. Var. *Qui jettent dans la défiance.*

ment, qui lui sont[1] cependant une occasion de faire des demandes exorbitantes, et mettent dans leur tort ceux qui les lui refusent. Il accorde plus qu'on ne lui demande, pour avoir encore plus qu'il ne doit donner. Il se fait longtemps prier, presser, importuner, sur une chose médiocre, pour éteindre les espérances et ôter la pensée d'exiger de lui rien de plus fort ; ou, s'il se laisse fléchir jusques à l'abandonner, c'est toujours avec des conditions qui lui font partager le gain et les avantages avec ceux qui reçoivent. Il prend directement ou indirectement l'intérêt d'un allié, s'il y trouve son utilité et l'avancement de ses prétentions. Il ne parle que de paix, que d'alliances, que de tranquillité publique, que d'intérêt public; et en effet il ne songe qu'aux siens, c'est-à-dire à ceux de son maître ou de sa république. Tantôt il réunit quelques-uns qui étoient contraires les uns aux autres, et tantôt il divise quelques autres qui étoient unis. Il intimide les forts et les puissants; il encourage les foibles; il unit d'abord d'intérêt plusieurs foibles contre un plus puissant, pour rendre la balance égale; il se joint ensuite aux premiers pour la faire pencher, et il leur vend cher sa protection et son alliance. Il sait intéresser ceux avec qui il traite; et, par un adroit manége, par de fins et de subtils détours, il leur fait sentir leurs avantages particuliers, les biens et les honneurs qu'ils peuvent espérer par une certaine facilité, qui ne choque point leur commission, ni les intentions de leurs maîtres. Il ne veut pas aussi être cru imprenable par cet endroit; il laisse voir en lui quelque peu de sensibilité pour sa fortune : il s'attire par là des propositions qui lui découvrent les vues des autres les plus secrètes, leurs desseins les plus profonds et leur dernière ressource; et il en profite. Si

---

1. *Qui lui donnent.*

quelquefois il est lésé dans quelques chefs qui ont enfin été réglés, il crie haut; si c'est le contraire, il crie plus haut, et jette ceux qui perdent sur la justification et la défensive. Il a son fait digéré par la cour, toutes ses démarches sont mesurées, les moindres avances qu'il fait lui sont prescrites; et il agit néanmoins, dans les points difficiles et dans les articles contestés, comme s'il se relâchoit de lui-même sur-le-champ, et comme par un esprit d'accommodement; il ose même promettre à l'assemblée qu'il fera goûter la proposition, et qu'il n'en sera pas désavoué. Il fait courir un bruit faux des choses seulement dont il est chargé, muni d'ailleurs de pouvoirs particuliers, qu'il ne découvre jamais qu'à l'extrémité et dans les moments où il lui seroit pernicieux de ne les pas mettre en usage. Il tend surtout par ses intrigues au solide et à l'essentiel, toujours prêt de leur sacrifier les minuties et les points d'honneur imaginaires. Il a du flegme, il s'arme de courage et de patience, il ne se lasse point, il fatigue les autres, et les pousse jusqu'au découragement [1]. Il se précautionne et s'endurcit contre les lenteurs et les remises, contre les reproches, les soupçons, les défiances, contre les difficultés et les obstacles, persuadé que le temps seul et les conjonctures amènent les choses et conduisent les esprits au point où on les souhaite. Il va jusques à feindre un intérêt secret à la rupture de la négociation, lorsqu'il désire le plus ardemment qu'elle soit continuée; et si, au contraire, il a des ordres précis de faire les derniers efforts pour la rompre, il croit devoir, pour y réussir, en presser la continuation et la fin. S'il survient un grand événement, il se roidit ou il se relâche, selon qu'il lui est utile ou préjudiciable; et si, par une grande prudence, il sait le prévoir, il presse et il

1. VAR. *Et les jette dans le découragement.*

temporise, selon que l'État pour qui il travaille en doit craindre ou espérer; et il règle sur ses besoins ses conditions. Il prend conseil du temps, du lieu, des occasions, de sa puissance ou de sa foiblesse, du génie des nations avec qui il traite, du tempérament et du caractère des personnes avec qui il négocie. Toutes ses vues, toutes ses maximes, tous les raffinements de sa politique [1], tendent à une seule fin, qui est de n'être point trompé et de tromper les autres [2].

¶ Le caractère des François demande du sérieux dans le souverain.

¶ L'un des malheurs du prince est d'être souvent trop plein de son secret, par le péril qu'il y a à le répandre; son bonheur est de rencontrer une personne sûre qui l'en décharge.

¶ Il ne manque rien à un roi que les douceurs d'une vie privée; il ne peut être consolé d'une si grande perte que par le charme de l'amitié et par la fidélité de ses amis.

¶ Le plaisir d'un roi qui mérite de l'être est de l'être moins quelquefois, de sortir du théâtre, de quitter le bas de saye [3] et les brodequins, et de jouer avec une personne de confiance un rôle plus familier.

¶ Rien ne fait plus d'honneur au prince que la modestie de son favori.

¶ Le favori n'a point de suite, il est sans engagement

---

1. Var. *Toutes les vues, toutes les maximes et tous les raffinements de la politique.*
2. On ne peut s'empêcher en lisant le paragraphe ci-dessus de se rappeler le mot d'un célèbre diplomate de ce siècle : *la parole a été donnée à l'homme pour déguiser sa pensée.*
3. Le bas de saye était la partie inférieure de la saye, tunique à la romaine, que les acteurs portaient sur les théâtres quand ils jouaient des pièces empruntées à l'antiquité. Le bas de saye, nommé vulgairement *tonnelet*, tombait de la ceinture au bas des cuisses. C'était une sorte de tablier dans le genre des jaquettes écossaises. — La pensée ci-dessus rappelle ce mot de Pascal : Les princes et les rois se jouent quelquefois. Ils ne sont pas toujours sur leurs trônes : ils s'y ennuieroient. La grandeur a besoin d'être quittée pour être sentie.

et sans liaisons; il peut être entouré de parents et de créatures, mais il n'y tient pas; il est détaché de tout, et comme isolé.

¶ Je ne doute point qu'un favori, s'il a quelque force et quelque élévation, ne se trouve souvent confus et déconcerté des bassesses, des petitesses, de la flatterie, des soins superflus et des attentions frivoles de ceux qui le courent, qui le suivent, et qui s'attachent à lui comme ses viles créatures, et qu'il ne se dédommage dans le particulier d'une si grande servitude par le ris et la moquerie [1].

¶ Hommes en place, ministres, favoris, me permettrez-vous de le dire? ne vous reposez point sur vos descendants pour le soin de votre mémoire et pour la durée de votre nom; les titres passent, la faveur s'évanouit, les dignités se perdent, les richesses se dissipent, et le mérite dégénère. Vous avez des enfants, il est vrai, dignes de vous, j'ajoute même capables de soutenir toute votre fortune; mais qui peut vous en promettre autant de vos petits-fils? Ne m'en croyez pas, regardez cette unique fois de certains hommes que vous ne regardez jamais, que vous dédaignez: ils ont des aïeuls, à qui, tout grands que

---

1. On lit, dans quelques éditions à la suite de cet article:

¶ *Une belle ressource pour celui qui est tombé dans la disgrâce du prince, c'est la retraite. Il lui est avantageux de disparoître, plutôt que de traîner dans le monde le débris d'une faveur qu'il a perdue, et d'y faire un nouveau personnage si différent du premier qu'il a soutenu. Il conserve au contraire le merveilleux de sa vie dans la solitude, et mourant, pour ainsi dire, avant la caducité, il ne laisse de soi qu'une brillante idée et une mémoire agréable.*

Une plus belle ressource, pour le favori disgracié, que de se perdre dans la solitude et ne faire plus parler de soi, c'est d'en faire parler magnifiquement, et de se jeter, s'il se peut, dans quelque haute et généreuse entreprise qui relève ou confirme du moins son caractère et rende raison de son ancienne faveur, qui fasse qu'on le plaigne dans sa chute, et qu'on en rejette une partie sur son étoile.

Le premier des deux paragraphes ci-dessus figure, mais à une autre place, dans les trois premières éditions. Les deux paragraphes sont réunis dans la 4ᵉ et la 5ᵉ édition, à la place que nous indiquons; et ils sont retranchés tous deux de toutes les éditions suivantes.

vous êtes, vous ne faites que succéder. Ayez de la vertu et de l'humanité; et si vous me dites : Qu'aurons-nous de plus? je vous répondrai : De l'humanité et de la vertu. Maîtres alors de l'avenir, et indépendants d'une postérité, vous êtes sûrs de durer autant que la monarchie; et dans le temps que l'on montrera les ruines de vos châteaux, et peut-être la seule place où ils étoient construits, l'idée de vos louables actions sera encore fraîche dans l'esprit des peuples; ils considéreront avidement vos portraits et vos médailles; ils diront : Cet homme [1] dont vous regardez la peinture a parlé à son maître avec force et avec liberté, et a plus craint de lui nuire que de lui déplaire; il lui a permis d'être bon et bienfaisant, de dire de ses villes : *ma bonne ville*, et de son peuple : *mon peuple*. Cet autre dont vous voyez l'image [2], et en qui l'on remarque une physionomie forte, jointe à un air grave, austère et majestueux, augmente d'année à autre de réputation : les plus grands politiques souffrent de lui être comparés. Son grand dessein a été d'affermir l'autorité du prince et la sûreté des peuples par l'abaissement des grands : ni les partis, ni les conjurations, ni les trahisons, ni le péril de la mort, ni ses infirmités, n'ont pu l'en détourner. Il a eu du temps de reste pour entamer un ouvrage continué ensuite et achevé par l'un de nos plus grands et de nos meilleurs princes, l'extinction de l'hérésie [3].

1. Georges d'Amboise, né en 1460, mort en 1510. Évêque de Montauban à l'âge de quatorze ans, archevêque de Narbonne et ensuite de Rouen, premier ministre de Louis XII, il mérita par les sages réformes qu'il introduisit dans l'administration le nom de *Père du peuple*, qui fut également donné à Louis XII. Les éloges que lui donne ici La Bruyère sont de tout point mérités.

2. Richelieu.

3. La Bruyère se trompe en plaçant sur la même ligne la lutte de Louis XIV et de Richelieu contre le protestantisme. Les motifs qui firent agir Richelieu étaient avant tout politiques. L'assemblée des protestants, convoquée à La Rochelle en 1621, avait fait une déclaration d'indépendance, et partagé la France en plusieurs gouvernements militaires; il s'ensuivit une prise d'armes. Riche-

¶ Le panneau le plus délié et le plus spécieux qui, dans tous les temps, ait été tendu aux grands par leurs gens d'affaires, et aux rois par leurs ministres, est la leçon qu'ils leur font de s'acquitter et de s'enrichir. Excellent conseil, maxime utile, fructueuse, une mine d'or, un Pérou, du moins pour ceux qui ont su jusqu'à présent l'inspirer à leurs maîtres !

¶ C'est un extrême bonheur pour les peuples quand le prince admet dans sa confiance et choisit pour le ministère ceux même qu'ils auroient voulu lui donner, s'ils en avoient été les maîtres.

¶ La science des détails, ou une diligente attention aux moindres besoins de la république, est une partie essentielle au bon gouvernement, trop négligée, à la vérité, dans les derniers temps, par les rois ou par les ministres, mais qu'on ne peut trop souhaiter dans le souverain qui l'ignore, ni assez estimer dans celui qui la possède. Que sert en effet au bien des peuples et à la douceur de leurs jours que le prince place les bornes de son empire au delà des terres de ses ennemis; qu'il fasse de leurs souverainetés des provinces de son royaume; qu'il leur soit également supérieur par les siéges et par les batailles, et qu'ils ne soient devant lui en sûreté ni dans les plaines ni dans les plus forts bastions; que les nations s'appellent les unes les autres, se liguent ensemble pour se défendre et pour l'arrêter; qu'elles se liguent en vain; qu'il marche toujours et qu'il triomphe toujours; que leurs der-

---

rien comprit qu'en laissant le protestantisme se développer, la France marchait droit à une fédération pareille à celle de l'Allemagne. Il prit les armes pour sauver l'unité du pays, parce qu'il regardait comme un axiome de salut public ce précepte absolu : *une loi, un roi, une foi*. Quand il eut écrasé le protestantisme comme parti politique, il termina la lutte en 1629 par le traité d'Alais, et l'édit de Nantes resta en vigueur. Louis XIV, au contraire, en persécutant les protestants, n'obéit qu'à d'aveugles scrupules, et n'eut pas même l'excuse d'avoir été provoqué, car les protestants étaient pour lui des sujets fidèles et soumis. La révocation de l'édit de Nantes fut le grand désastre de son règne.

nières espérances soient tombées par le raffermissement d'une santé qui donnera au monarque le plaisir de voir les princes ses petits-fils soutenir ou accroître ses destinées, se mettre en campagne, s'emparer de redoutables forteresses, et conquérir de nouveaux États; commander de vieux et expérimentés capitaines, moins par leur rang et leur naissance que par leur génie et leur sagesse; suivre les traces augustes de leur victorieux père, imiter sa bonté, sa docilité, son équité, sa vigilance, son intrépidité? Que me serviroit, en un mot, comme à tout le peuple, que le prince fût heureux et comblé de gloire par lui-même et par les siens, que ma patrie fût puissante et formidable, si, triste et inquiet, j'y vivois dans l'oppression ou dans l'indigence; si, à couvert des courses de l'ennemi, je me trouvois exposé, dans les places ou dans les rues d'une ville, au fer d'un assassin, et que je craignisse moins dans l'horreur de la nuit d'être pillé ou massacré dans d'épaisses forêts que dans ses carrefours; si la sûreté, l'ordre et la propreté ne rendoient pas le séjour des villes si délicieux, et n'y avoient pas amené, avec l'abondance, la douceur de la société; si, foible et seul de mon parti, j'avois à souffrir dans ma métairie du voisinage d'un grand, et si l'on avoit moins pourvu à me faire justice de ses entreprises; si je n'avois pas sous ma main autant de maîtres, et d'excellents maîtres, pour élever mes enfants dans les sciences ou dans les arts qui feront un jour leur établissement; si, par la facilité du commerce, il m'étoit moins ordinaire de m'habiller de bonnes étoffes, et de me nourrir de viandes saines, et de les acheter peu; si enfin, par les soins du prince, je n'étois pas aussi content de ma fortune qu'il doit lui-même par ses vertus l'être de la sienne [1].

[1]. Cet article contient, on le voit, un éloge indirect de Louis XIV. La

¶ Les huit ou les dix mille hommes sont au souverain comme une monnoie dont il achète une place ou une victoire : s'il fait qu'il lui en coûte moins, s'il épargne les hommes, il ressemble à celui qui marchande et qui connoît mieux qu'un autre le prix de l'argent.

¶ Tout prospère dans une monarchie où l'on confond les intérêts de l'État avec ceux du prince.

¶ Nommer un roi PÈRE DU PEUPLE est moins faire son éloge que l'appeler par son nom, ou faire sa définition.

¶ Il y a un commerce ou un retour de devoirs du souverain à ses sujets, et de ceux-ci au souverain : quels sont les plus assujettissants et les plus pénibles? je ne le déciderai pas; il s'agit de juger, d'un côté, entre les étroits engagements du respect, des secours, des services, de l'obéissance, de la dépendance; et d'un autre, les obligations indispensables de bonté, de justice, de soins, de défense, de protection. Dire qu'un prince est arbitre de la vie des hommes, c'est dire seulement que les hommes, par leurs crimes, deviennent naturellement soumis aux lois et à la justice, dont le prince est le dépositaire; ajouter qu'il est maître absolu de tous les biens de ses sujets, sans égards, sans compte ni discussion, c'est le langage de la flatterie, c'est l'opinion d'un favori qui se dédira à l'agonie.

¶ Quand vous voyez quelquefois un nombreux troupeau qui, répandu sur une colline vers le déclin d'un beau jour, paît tranquillement le thym et le serpolet, ou qui broute dans une prairie une herbe menue et tendre qui a échappé à la faux du moissonneur, le berger soigneux et attentif est debout auprès de ses

---

Bruyère, pour faire accepter la hardiesse de certaines critiques, use de la même tactique que Molière et Boileau. Il place la vérité sous la sauvegarde des compliments qu'il adresse au roi.

brebis; il ne les perd pas de vue, il les suit, il les conduit, il les change de pâturage : si elles se dispersent, il les rassemble; si un loup avide paroît, il lâche son chien, qui le met en fuite; il les nourrit, il les défend; l'aurore le trouve déjà en pleine campagne, d'où il ne se retire qu'avec le soleil. Quels soins! quelle vigilance! quelle servitude! Quelle condition vous paroît la plus délicieuse et la plus libre, ou du berger ou des brebis? Le troupeau est-il fait pour le berger, ou le berger pour le troupeau? Image naïve des peuples et du prince qui les gouverne, s'il est bon prince.

¶ Le faste et le luxe dans un souverain, c'est le berger habillé d'or et de pierreries, la houlette d'or en ses mains; son chien a un collier d'or, il est attaché avec une laisse d'or et de soie. Que sert tant d'or à son troupeau ou contre les loups?

¶ Quelle heureuse place que celle qui fournit dans tous les instants l'occasion à un homme de faire du bien à tant de milliers d'hommes! Quel dangereux poste que celui qui expose à tous moments un homme à nuire à un million d'hommes!

¶ Si les hommes ne sont point capables sur la terre d'une joie plus naturelle, plus flatteuse et plus sensible que de connoître qu'ils sont aimés, et si les rois sont hommes, peuvent-ils jamais trop acheter le cœur de leurs peuples

¶ Il y a peu de règles générales et de mesures certaines pour bien gouverner; l'on suit le temps et les conjonctures, et cela roule sur la prudence et sur les vues de ceux qui règnent : aussi le chef-d'œuvre de l'esprit, c'est le parfait gouvernement; et ce ne seroit peut-être pas une chose possible, si les peuples, par l'habitude où ils sont de la dépendance et de la soumission, ne faisoient la moitié de l'ouvrage.

¶ Sous un très-grand roi, ceux qui tiennent les premières places n'ont que des devoirs faciles, et que l'on remplit sans nulle peine : tout coule de source ; l'autorité et le génie du prince leur aplanissent les chemins, leur épargnent les difficultés, et font tout prospérer au delà de leur attente : ils ont le mérite de subalternes.

¶ Si c'est trop de se trouver chargé d'une seule famille, si c'est assez d'avoir à répondre de soi seul, quel poids, quel accablement, que celui de tout un royaume? Un souverain est-il payé de ses peines par le plaisir que semble donner une puissance absolue, par toutes les prosternations des courtisans? Je songe aux pénibles, douteux et dangereux chemins qu'il est quelquefois obligé de suivre pour arriver à la tranquillité publique ; je repasse les moyens extrêmes, mais nécessaires, dont il use souvent pour une bonne fin : je sais qu'il doit répondre à Dieu même de la félicité de ses peuples, que le bien et le mal est en ses mains, et que toute ignorance ne l'excuse pas ; et je me dis à moi-même : Voudrois-je régner? Un homme un peu heureux dans une condition privée devroit-il y renoncer pour une monarchie? N'est-ce pas beaucoup, pour celui qui se trouve en place par un droit héréditaire, de supporter d'être né roi?

¶ Que de dons du ciel ne faut-il pas pour bien régner! Une naissance auguste, un air d'empire et d'autorité, un visage qui remplisse la curiosité des peuples empressés de voir le prince, et qui conserve le respect dans le courtisan ; une parfaite égalité d'humeur ; un grand éloignement pour la raillerie piquante, ou assez de raison pour ne se la permettre point ; ne faire jamais ni menaces ni reproches ; ne point céder à la colère, et être toujours obéi ; l'esprit facile, insinuant ; le cœur ouvert, sincère, et dont on croit voir le fond, et ainsi très-propre à se faire des amis, des créatures et des alliés ; être secret toutefois, profond et impénétrable dans ses motifs et dans ses projets ;

du sérieux et de la gravité dans le public ; de la brièveté, jointe à beaucoup de justesse et de dignité, soit dans les réponses aux ambassadeurs des princes, soit dans les conseils ; une manière de faire des grâces qui est comme un second bienfait ; le choix des personnes que l'on gratifie ; le discernement des esprits, des talents et des complexions, pour la distribution des postes et des emplois ; le choix des généraux et des ministres ; un jugement ferme, solide, décisif dans les affaires, qui fait que l'on connoît le meilleur parti et le plus juste ; un esprit de droiture et d'équité qui fait qu'on le suit jusques à prononcer quelquefois contre soi-même en faveur du peuple, des alliés, des ennemis ; une mémoire heureuse et très-présente, qui rappelle les besoins des sujets, leurs visages, leurs noms, leurs requêtes ; une vaste capacité, qui s'étende non-seulement aux affaires de dehors, au commerce, aux maximes d'État, aux vues de la politique, au reculement des frontières par la conquête de nouvelles provinces, et à leur sûreté par un grand nombre de forteresses inaccessibles ; mais qui sache aussi se renfermer au dedans, et comme dans les détails de tout un royaume ; qui en bannisse un culte faux, suspect et ennemi de la souveraineté, s'il s'y rencontre ; qui abolisse des usages cruels et impies[1], s'ils y règnent ; qui réforme les lois et les coutumes, si elles étoient remplies d'abus ; qui donne aux villes plus de sûreté et plus de commodités par le renouvellement d'une exacte police, plus d'éclat et plus de majesté par des édifices somptueux ; punir sévèrement les vices scandaleux ; donner, par son autorité et par son exemple, du crédit à la piété et à la vertu ; protéger l'Église, ses ministres, ses droits, ses libertés ; ménager ses peuples comme ses enfants ; être

1. Le du 1.

toujours occupé de la pensée de les soulager, de rendre les subsides légers, et tels qu'ils se lèvent sur les provinces sans les appauvrir ; de grands talents pour la guerre ; être vigilant, appliqué, laborieux ; avoir des armées nombreuses, les commander en personne ; être froid dans le péril, ne ménager sa vie que pour le bien de son État, aimer le bien de son État et sa gloire plus que sa vie ; une puissance très-absolue, qui ne laisse point d'occasions aux brigues, à l'intrigue et à la cabale ; qui ôte cette distance infinie qui est quelquefois entre les grands et les petits, qui les rapproche, et sous laquelle tous plient également[1] ; une étendue de connoissances qui fait que le prince voit tout par ses yeux, qu'il agit immédiatement et par lui-même, que ses généraux ne sont, quoique éloignés de lui, que ses lieutenants, et les ministres que ses ministres ; une profonde sagesse qui sait déclarer la guerre, qui sait vaincre et user de la victoire, qui sait faire la paix, qui sait la rompre, qui sait quelquefois, et selon les divers intérêts, contraindre les ennemis à la recevoir ; qui donne des règles à une vaste ambition, et sait jusques où l'on doit conquérir ; au milieu d'ennemis couverts ou déclarés, se procurer le loisir des jeux, des fêtes, des spectacles ; cultiver les arts et les sciences, former et exécuter des projets d'édifices surprenants ; un génie enfin supérieur et puissant, qui se fait aimer et révérer des siens, craindre des étrangers ; qui fait d'une cour, et même de tout un royaume, comme une seule famille, unie parfaitement sous un même chef, dont l'union et la bonne intelligence est redoutable au reste du monde. Ces admirables vertus me semblent renfermées dans l'idée du souverain. Il est vrai

---

1. Var. *Une puissance très-absolue, qui ôte cette distance infinie qui est quelquefois entre les grands et les petits, qui les rapproche, et sous qui tous plient également ; qui ne laisse point d'occasions aux brigues, à l'intrigue et à la cabale.*

qu'il est rare de les voir réunies ¹ dans un même sujet ; il faut que trop de choses concourent à la fois : l'esprit, le cœur, les dehors, le tempérament ; et il me paroît qu'un monarque ² qui les rassemble toutes en sa personne est bien digne du nom de GRAND ³.

1. Var. *De les voir ensemble*, dans les deux premières éditions.
2. Var. *De là vient que le monarque.*
3. Var. *Ne mérite rien moins que le nom de Grand.*

DE L'HOMME.

Ne nous emportons point contre les hommes, en voyant leur dureté, leur ingratitude, leur injustice, leur fierté, l'amour d'eux-mêmes, et l'oubli des autres [1], ils sont ainsi faits, c'est leur nature : c'est ne pouvoir supporter que la pierre tombe ou que le feu s'élève.

¶ Les hommes, en un sens, ne sont point légers ou ne le sont que dans les petites choses ; ils changent leurs habits, leur langage, les dehors, les bienséances ; ils changent de goût quelquefois ; ils gardent leurs mœurs toujours mauvaises ; fermes et constants dans le mal, ou dans l'indifférence pour la vertu.

¶ Le stoïcisme est un jeu d'esprit et une idée semblable à la république de Platon [2]. Les stoïques ont feint qu'on pouvoit rire dans la pauvreté ; être insensible aux injures, à l'ingratitude, aux pertes de biens comme à celles des parents et des amis ; regarder froidement la mort, et comme une chose indifférente,

---

1. Var. *L'amour qu'ils ont pour eux-mêmes, et l'oubli où ils sont des autres.*
2. Montesquieu est d'un avis tout différent au sujet des stoïciens : « Les diverses sectes de philosophie chez les anciens pouvoient être considérées comme des espèces de religion. Il n'y en a jamais eu dont les principes fussent plus dignes de l'homme, et plus propres à former des gens de bien que celle des stoïciens, et, si je pouvais un moment cesser de penser que je suis chrétien, je ne pourrais m'empêcher de mettre la destruction de la secte de Zénon au nombre des malheurs du genre humain.

« Elle n'outrait que les choses dans lesquelles il y a de la grandeur, le mépris des plaisirs et de la douleur.

« Elle seule savait faire les citoyens ; elle seule faisait les grands hommes ; elle seule faisait les grands empereurs....

« Pendant que les stoïciens regardaient comme une chose vaine les richesses, les grandeurs humaines, la douleur, les chagrins, les plaisirs, ils n'étaient occupés qu'à travailler au bonheur des hommes. » (*De l'Esprit des lois*, chapitre VII.)

qui ne devoit ni réjouir ni rendre triste ; n'être vaincu [1] ni par le plaisir ni par la douleur ; sentir le fer ou le feu dans quelque partie de son corps sans pousser le moindre soupir ni jeter une seule larme ; et, ce fantôme de vertu et de constance ainsi imaginé, il leur a plu de l'appeler un sage. Ils ont laissé à l'homme tous les défauts qu'ils lui ont trouvés, et n'ont presque relevé aucun de ses foibles. Au lieu de faire de ses vices des peintures affreuses ou ridicules qui servissent à l'en corriger, ils lui ont tracé l'idée d'une perfection et d'un héroïsme dont il n'est point capable, et l'ont exhorté à l'impossible. Ainsi le sage, qui n'est pas, ou qui n'est qu'imaginaire, se trouve naturellement et par lui-même au-dessus de tous les événements et de tous les maux. Ni la goutte la plus douloureuse, ni la colique la plus aiguë, ne sauroient lui arracher une plainte ; le ciel et la terre peuvent être renversés sans l'entraîner dans leur chute, et il demeureroit ferme sur les ruines de l'univers ; pendant que l'homme qui est en effet sort de son sens, crie, se désespère, étincelle des yeux, et perd la respiration pour un chien perdu ou pour une porcelaine qui est en pièces.

¶ Inquiétude d'esprit, inégalité d'humeur, inconstance de cœur, incertitude de conduite, tous vices de l'âme, mais différents, et qui, avec tout le rapport qui paroît entre eux, ne se supposent pas toujours l'un l'autre dans un même sujet.

¶ Il est difficile de décider si l'irrésolution rend l'homme plus malheureux que méprisable ; de même, s'il y a toujours plus d'inconvénient à prendre un mauvais parti qu'à n'en prendre aucun.

¶ Un homme inégal n'est pas un seul homme, ce sont plusieurs ; il se multiplie autant de fois qu'il a de nouveaux goûts et de manières différentes ; il est à

---

1. Var. *Ne pouvoir être vaincu.*

chaque moment ce qu'il n'étoit point, et il va être bientôt ce qu'il n'a jamais été; il se succède à lui-même. Ne demandez pas de quelle complexion il est, mais quelles sont ses complexions, ni de quelle humeur, mais combien il a de sortes d'humeurs. Ne vous trompez-vous point? Est-ce *Eutichrate* que vous abordez? Aujourd'hui, quelle glace pour vous! Hier il vous recherchoit, il vous caressoit, vous donniez de la jalousie à ses amis. Vous reconnoît-il bien? Dites-lui votre nom.

¶ *Ménalque* [1] descend son escalier, ouvre sa porte pour sortir, il la referme; il s'aperçoit qu'il est en bonnet de nuit, et, venant à mieux s'examiner, il se trouve rasé à moitié, il voit que son épée est mise du côté droit, que ses bas sont rabattus sur ses talons, et que sa chemise est par-dessus ses chausses. S'il marche dans les places, il se sent tout d'un coup rudement frapper à l'estomac ou au visage; il ne soupçonne point ce que ce peut être, jusqu'à ce qu'ouvrant les yeux et se réveillant il se trouve ou devant un limon de charrette, ou derrière un long ais de menuiserie que porte un ouvrier sur ses épaules. On l'a vu une fois se heurter du front contre celui d'un aveugle, s'embarrasser dans ses jambes et tomber avec lui, chacun de son côté, à la renverse. Il lui est arrivé plusieurs fois de se trouver tête pour tête à la rencontre d'un prince et sur son passage, se reconnoître à peine, et n'avoir que le loisir de se coller à un mur pour lui faire place. Il cherche, il brouille [2], il crie, il s'échauffe, il appelle ses valets l'un après l'autre;

---

1. Ceci est moins un caractère particulier qu'un recueil de faits de distraction. Ils ne sauroient être en trop grand nombre, s'ils sont agréables, car les goûts étant différents, on a à choisir. (*Note de La Bruyère.*) — Ménalque n'est autre que le comte de Brancas, « célèbre, dit Saint-Simon, par les prodigieuses distractions que La Bruyère a immortalisées dans ses Caractères. » Ménage et madame de Sévigné en parlent dans le même sens.

2. Var. *Il fourrage.*

on lui perd tout, on lui égare tout; il demande ses gants qu'il a dans ses mains, semblable à cette femme qui prenoit le temps de demander son masque lorsqu'elle l'avoit sur son visage. Il entre à l'appartement, et passe sous un lustre où sa perruque s'accroche et demeure suspendue : tous les courtisans regardent et rient; Ménalque regarde aussi et rit plus haut que les autres; il cherche des yeux, dans toute l'assemblée, où est celui qui montre ses oreilles, et à qui il manque une perruque [1]. S'il va par la ville, après avoir fait quelque chemin, il se croit égaré, il s'émeut, et il demande où il est à des passants, qui lui disent précisément le nom de sa rue; il entre ensuite dans sa maison, d'où il sort précipitamment, croyant qu'il s'est trompé. Il descend du palais, et, trouvant au bas du grand degré un carrosse qu'il prend pour le sien, il se met dedans; le cocher touche et croit remener son maître dans sa maison. Ménalque se jette hors de la portière, traverse la cour, monte l'escalier, parcourt l'antichambre, la chambre, le cabinet; tout lui est familier, rien ne lui est nouveau; il s'assied, il se repose, il est chez soi. Le maître arrive; celui-ci se lève pour le recevoir; il le traite fort civilement, le prie de s'asseoir, et croit faire les honneurs de sa chambre; il parle, il rêve, il reprend la parole; le maître de la maison s'ennuie et demeure étonné. Ménalque ne l'est pas moins, et ne dit pas ce qu'il en pense; il a affaire à un fâcheux, à un homme oisif, qui se retirera à la fin; il l'espère et il prend patience. La nuit arrive, qu'il est à peine détrompé. Une autre fois, il rend visite à une femme, et se persuadant bientôt que c'est lui qui la reçoit, il s'établit dans son fauteuil, et ne songe nullement à l'abandonner; il trouve ensuite

---

1. Cette aventure est arrivée au comte de Brancas, chez la reine, dont il était chevalier d'honneur.

que cette dame fait ses visites longues ; il attend à tous moments qu'elle se lève et le laisse en liberté ; mais comme cela tire en longueur, qu'il a faim, et que la nuit est déjà avancée, il la prie à souper ; elle rit, et si haut, qu'elle le réveille. Lui-même se marie le matin, l'oublie le soir, et découche la nuit de ses noces [1], et quelques années après, il perd sa femme, elle meurt entre ses bras, il assiste à ses obsèques, et, le lendemain, quand on lui vient dire qu'on a servi, il demande si sa femme est prête, et si elle est avertie. C'est lui encore qui entre dans une église, et, prenant l'aveugle qui est collé à la porte pour un pilier et sa tasse pour le bénitier, y plonge la main, la porte à son front, lorsqu'il entend tout d'un coup le pilier qui parle, et qui lui offre des oraisons. Il s'avance dans la nef ; il croit voir un prie-Dieu, il se jette lourdement dessus ; la machine plie, s'enfonce et fait des efforts pour crier. Ménalque est surpris de se voir à genoux sur les jambes d'un fort petit homme, appuyé sur son dos, les deux bras passés sur ses épaules et ses deux mains jointes et étendues qui lui prennent le nez et lui ferment la bouche. Il se retire confus, et va s'agenouiller ailleurs ; il tire un livre pour faire sa prière, et c'est sa pantoufle qu'il a prise pour ses heures, et qu'il a mise dans sa poche avant que de sortir. Il n'est pas hors de l'église qu'un homme de livrée court après lui, le joint, lui demande en riant s'il n'a point la pantoufle de monseigneur. Ménalque lui montre la sienne, et lui dit : *Voilà toutes les pantoufles que j'ai sur moi ;* il se fouille néanmoins, et tire celle de l'évêque de ***, qu'il vient de quitter, qu'il a trouvé malade auprès de son feu, et dont, avant de prendre congé de lui, il

---

1. Ceci peut paraître exagéré, mais on a eu de notre temps même des exemples de faits analogues. Il est arrivé à un illustre savant, mort il y a quelques années, et connu par ses distractions, d'oublier son nom au moment de signer son contrat de mariage.

a ramassé la pantoufle, comme l'un de ses gants qui étoit à terre : ainsi Ménalque s'en retourne chez soi avec une pantoufle de moins. Il a une fois perdu au jeu tout l'argent qui est dans sa bourse, et, voulant continuer de jouer, il entre dans son cabinet, ouvre une armoire, y prend sa cassette, en tire ce qu'il lui plaît, croit la remettre où il l'a prise : il entend aboyer dans son armoire qu'il vient de fermer ; étonné de ce prodige, il l'ouvre une seconde fois, et il éclate de rire d'y voir son chien, qu'il a serré pour sa cassette. Il joue au trictrac, il demande à boire, on lui en apporte ; c'est à lui à jouer, il tient le cornet d'une main et un verre de l'autre, et comme il a une grande soif, il avale les dés et presque le cornet, jette le verre d'eau dans le trictrac, et inonde celui contre qui il joue. Et dans une chambre où il est familier, il crache sur le lit et jette son chapeau à terre, en croyant faire tout le contraire. Il se promène sur l'eau, et il demande quelle heure il est. On lui présente une montre ; à peine l'a-t-il reçue, que, ne songeant plus ni à l'heure ni à la montre, il la jette dans la rivière, comme une chose qui l'embarrasse. Lui-même écrit une longue lettre, met de la poudre dessus à plusieurs reprises, et jette toujours la poudre dans l'encrier. Ce n'est pas tout : il écrit une seconde lettre, et, après les avoir cachetées toutes deux, il se trompe à l'adresse. Un duc et pair reçoit l'une de ces deux lettres, et, en l'ouvrant, y lit ces mots : *Maître Olivier, ne manquez, sitôt la présente reçue, de m'envoyer ma provision de foin...* Son fermier reçoit l'autre, il l'ouvre, et se la fait lire ; on y trouve : *Monseigneur, j'ai reçu avec une soumission aveugle les ordres qu'il a plu à Votre Grandeur...* Lui-même encore écrit une lettre pendant la nuit, et, après l'avoir cachetée, il éteint sa bougie ; il ne laisse pas d'être surpris de ne voir *goutte*, et il sait à peine comment cela est arrivé. Ménalque descend l'escalier du Louvre, un autre le monte, à qui il dit: *C'est vous que je cherche.* Il le prend par la main, le fait descendre avec lui, traverse plusieurs cours, entre dans les salles, en sort; il va, il revient sur ses pas. Il regarde enfin celui qu'il traîne après soi depuis un quart d'heure; il est étonné que ce soit lui; il n'a rien à lui dire; il lui quitte la main, et tourne d'un autre côté. Souvent il vous interroge, et il est déjà bien loin de vous quand vous songez à lui répondre, ou bien il vous demande en courant comment se porte votre père, et comme vous lui dites qu'il est fort mal, il vous crie qu'il en est bien aise. Il vous trouve quelque autre fois sur son chemin; *il est ravi de vous rencontrer; il sort de chez vous pour vous entretenir d'une certaine chose.* Il contemple votre main : *Vous avez là,* dit-il, *un beau rubis; est-il balais?* il vous quitte et continue sa route : voilà l'affaire importante dont il avoit à vous parler. Se trouve-t-il en campagne, il dit à quelqu'un qu'il le trouve heureux d'avoir pu se dérober à la cour pendant l'automne, et d'avoir passé dans ses terres tout le temps de Fontainebleau; il tient à d'autres d'autres discours; puis, revenant à celui-ci : Vous avez eu, lui dit-il, de beaux jours à Fontainebleau; vous y avez sans doute beaucoup chassé. Il commence ensuite un conte [1] qu'il oublie d'achever; il rit en lui-même, il éclate d'une chose qui lui passe par l'esprit, il répond à sa pensée, il chante entre ses dents, il siffle, il se renverse dans une chaise, il pousse un cri plaintif, il bâille, il se croit seul. S'il se trouve à un repas, on voit le pain se multiplier insensiblement sur son assiette; il est vrai que ses voisins en manquent, aussi bien que de couteaux et de fourchettes, dont il ne les laisse pas jouir longtemps. On a inventé aux tables une grande cuillère pour la com-

---

1. Var. *Se trouve-t-il en compagnie, il commence un conte.*

modité du service; il la prend, la plonge dans le plat, l'emplit, la porte à sa bouche, et il ne sort pas d'étonnement de voir répandu sur son linge et sur ses habits le potage qu'il vient d'avaler. Il oublie de boire pendant tout le dîner, ou, s'il s'en souvient, et qu'il trouve que l'on lui donne trop de vin, il en *flaque*[1] plus de la moitié au visage de celui qui est à sa droite; il boit le reste tranquillement, et ne comprend pas pourquoi tout le monde éclate de rire de ce qu'il a jeté à terre ce qu'on lui a versé de trop. Il est un jour retenu au lit pour quelque incommodité; on lui rend visite; il y a un cercle d'hommes et de femmes dans sa ruelle qui l'entretiennent; et, en leur présence, il soulève sa couverture et crache dans ses draps. On le mène aux Chartreux; on lui fait voir un cloître orné d'ouvrages, tous de la main d'un excellent peintre[2]; le religieux qui les lui explique parle de saint Bruno, du chanoine et de son aventure[3], en fait une longue histoire, et la montre dans l'un de ses tableaux. Ménalque, qui pendant la narration est hors du cloître,

---

1. *Flaquer* est un mot de notre vieille langue qui signifie lancer, jeter avec violence. Le *Dictionnaire de Trévoux*, après avoir cité la phrase de La Bruyère, ajoute : ce mot ne se trouve encore dans aucun dictionnaire. C'est sans doute pour cela que notre auteur l'a mis en italique.

2. Eustache Le Sueur, né à Paris en 1617, mort en 1655. Les tableaux dont il est ici question sont maintenant au Louvre.

3. Voici le fait auquel La Bruyère fait allusion ici : — La tradition immémoriale de l'ordre des Chartreux rapporte que ce qui détermina saint Bruno à embrasser la vie solitaire fut ce qui arriva à Paris, à l'enterrement d'un prêtre appelé Raymond, théologien fameux, qui avait passé toute sa vie pour un fort homme de bien ; savoir, que lorsqu'aux vigiles des morts qu'on chantait sur son corps, on commençait la quatrième leçon par ces mots : *responde mihi*, il leva la tête et s'écria d'une voix épouvantable : *je suis accusé par un juste jugement de Dieu*. Sa sépulture fut pour cela différée jusqu'au lendemain, et alors au même endroit de l'office il redoubla sa voix et cria : *Je suis jugé par un juste jugement de Dieu*. Enfin, au troisième jour, qui fut encore pris pour délai, il ajouta en présence d'une foule de monde qu'un événement si tragique avait attiré dans l'église : *Je suis condamné par un juste jugement de Dieu*. Bruno était présent à ce spectacle et il entendit de ses oreilles la voix terrible de ce pécheur accusé, jugé et condamné, ce qui le détermina à embrasser la vie solitaire. (LE PÈRE GIRY, *Vies des Saints*, au 6 octobre.)

et bien loin au delà, y revient enfin, et demande au père si c'est le chanoine ou saint Bruno qui est damné. Il se trouve par hasard avec une jeune veuve; il lui parle de son défunt mari, lui demande comment il est mort. Cette femme, à qui ce discours renouvelle ses douleurs, pleure, sanglote, et ne laisse pas de reprendre tous les détails de la maladie de son époux, qu'elle conduit depuis la veille de sa fièvre, qu'il se portoit bien, jusqu'à l'agonie. *Madame*, lui demande Ménalque, qui l'avoit apparemment écoutée avec attention, *n'aviez-vous que celui-là?* Il s'avise un matin de faire tout hâter dans sa cuisine, il se lève avant le fruit, et prend congé de la compagnie. On le voit ce jour-là en tous les endroits de la ville, hormis en celui où il a donné un rendez-vous précis pour cette affaire qui l'a empêché de dîner, et l'a fait sortir à pied, de peur que son carrosse ne le fît attendre. L'entendez-vous crier, gronder, s'emporter contre l'un de ses domestiques? Il est étonné de ne le point voir. Où peut-il être? dit-il; que fait-il? qu'est-il devenu? Qu'il ne se présente plus devant moi, je le chasse dès à cette heure. Le valet arrive, à qui il demande fièrement d'où il vient; il lui répond qu'il vient de l'endroit où il l'a envoyé, et il lui rend un fidèle compte de sa commission. Vous le prendriez souvent pour tout ce qu'il n'est pas : pour un stupide, car il n'écoute point, et il parle encore moins; pour un fou, car, outre qu'il parle tout seul, il est sujet à de certaines grimaces et à des mouvements de tête involontaires; pour un homme fier et incivil, car vous le saluez, et il passe sans vous regarder, ou il vous regarde sans vous rendre le salut; pour un inconsidéré, car il parle de banqueroute au milieu d'une famille où il y a cette tache; d'exécution et d'échafaud devant un homme dont le père y a monté; de roture devant des roturiers qui sont riches et qui se donnent pour nobles.

De même, il a dessein d'élever auprès de soi un fils naturel, sous le nom et le personnage d'un valet, et, quoiqu'il veuille le dérober à la connoissance de sa femme et de ses enfants, il lui échappe de l'appeler son fils dix fois le jour. Il a pris aussi la résolution de marier son fils à la fille d'un homme d'affaires, et il ne laisse pas de dire de temps en temps, en parlant de sa maison et de ses ancêtres, que les Ménalques ne se sont jamais mésalliés. Enfin, il n'est ni présent ni attentif dans une compagnie à ce qui fait le sujet de la conversation. Il pense et il parle tout à la fois; mais la chose dont il parle est rarement celle à laquelle il pense; aussi ne parle-t-il guère conséquemment et avec suite : où il dit *non*, souvent il faut dire *oui*; et où il dit *oui*, croyez qu'il veut dire *non*. Il a, en vous répondant si juste, les yeux fort ouverts, mais il ne s'en sert point; il ne regarde ni vous ni personne, ni rien qui soit au monde; tout ce que vous pouvez tirer de lui, et encore dans le temps qu'il est le plus appliqué et d'un meilleur commerce, ce sont ces mots : *Oui vraiment, C'est vrai, Bon! Tout de bon? Oui-dà, Je pense qu'oui, Assurément, Ah! ciel!* et quelques autres monosyllabes qui ne sont pas même placés à propos. Jamais aussi il n'est avec ceux avec qui il paroît être; il appelle sérieusement son laquais *monsieur;* et son ami il l'appelle *la Verdure*. Il dit *Votre Révérence* à un prince du sang, et *Votre Altesse* à un jésuite. Il entend la messe; le prêtre vient à éternuer; il lui dit : *Dieu vous assiste!* Il se trouve avec un magistrat; cet homme, grave par son caractère, vénérable par son âge et par sa dignité, l'interroge sur un événement, et lui demande si cela est ainsi; Ménalque lui répond : *Oui, mademoiselle*. Il revient une fois de la campagne; ses laquais en livrée entreprennent de le voler, et y réussissent; ils descendent de son carrosse, lui portent un bout de flambeau sous la gorge, lui demandent la bourse, et il la rend. Arrivé chez soi, il raconte son aventure à ses amis, qui ne manquent pas de l'interroger sur les circonstances, et il leur dit : *Demandez à mes gens, ils y étoient.*

¶ L'incivilité n'est pas un vice de l'âme ; elle est l'effet de plusieurs vices : de la sotte vanité, de l'ignorance de ses devoirs, de la paresse, de la stupidité, de la distraction, du mépris des autres, de la jalousie. Pour ne se répandre que sur les dehors, elle n'en est que plus haïssable, parce que c'est toujours un défaut visible et manifeste ; il est vrai cependant qu'il offense plus ou moins, selon la cause qui le produit.

¶ Dire d'un homme colère, inégal, querelleux, chagrin, pointilleux, capricieux : c'est son humeur, n'est pas l'excuser, comme on le croit, mais avouer, sans y penser, que de si grands défauts sont irrémédiables.

¶ Ce qu'on appelle humeur est une chose trop négligée parmi les hommes ; ils devroient comprendre qu'il ne leur suffit pas d'être bons, mais qu'ils doivent encore paroître tels, du moins s'ils tendent à être sociables, capables d'union et de commerce, c'est-à-dire à être des hommes. L'on n'exige pas des âmes malignes qu'elles aient de la douceur et de la souplesse ; elle ne leur manque jamais, et elle leur sert de piége pour surprendre les simples et pour faire valoir leurs artifices : l'on désireroit de ceux qui ont un bon cœur qu'ils fussent toujours pliants, faciles, complaisants, et qu'il fût moins vrai quelquefois que ce sont les méchants qui nuisent et les bons qui font souffrir.

¶ Le commun des hommes va de la colère à l'injure ; quelques-uns en usent autrement : ils offensent, et puis ils se fâchent. La surprise où l'on est toujours de ce procédé ne laisse pas de place au ressentiment.

¶ Les hommes ne s'attachent pas assez à ne point

manquer les occasions de faire plaisir : il semble que l'on n'entre dans un emploi que pour pouvoir obliger et n'en rien faire ; la chose la plus prompte et qui se présente d'abord, c'est le refus, et l'on n'accorde que par réflexion.

¶ Sachez précisément ce que vous pouvez attendre des hommes en général et de chacun d'eux en particulier, et jetez-vous ensuite dans le commerce du monde.

¶ Si la pauvreté est la mère des crimes, le défaut d'esprit en est le père.

¶ Il est difficile qu'un fort malhonnête homme ait assez d'esprit : un génie qui est droit et perçant conduit enfin à la règle, à la probité, à la vertu. Il manque du sens et de la pénétration à celui qui s'opiniâtre dans le mauvais comme dans le faux : l'on cherche en vain à le corriger par des traits de satire qui le désignent aux autres, et où il ne se reconnoît pas lui-même ; ce sont des injures dites à un sourd. Il seroit désirable, pour le plaisir des honnêtes gens et pour la vengeance publique, qu'un coquin ne le fût pas au point d'être privé de tout sentiment.

¶ Il y a des vices que nous ne devons à personne, que nous apportons en naissant, et que nous fortifions par l'habitude ; il y en a d'autres que l'on contracte, et qui nous sont étrangers. L'on est né quelquefois avec des mœurs faciles, de la complaisance, et tout le désir de plaire ; mais, par les traitements que l'on reçoit de ceux avec qui l'on vit ou de qui l'on dépend, l'on est bientôt jeté hors de ses mesures, et même de son naturel ; l'on a des chagrins et une bile que l'on ne se connoissoit point, l'on se voit une autre complexion, l'on est enfin étonné de se trouver dur et épineux.

¶ L'on demande pourquoi tous les hommes ensemble ne composent pas comme une seule nation et n'ont point voulu parler une même langue, vivre sous les mêmes lois, convenir entre eux des mêmes usages et d'un même culte; et moi, pensant à la contrariété des esprits, des goûts et des sentiments, je suis étonné de voir jusques à sept ou huit personnes se rassembler sous un même toit, dans une même enceinte, et composer une seule famille [1].

¶ Il y a d'étranges pères, et dont toute la vie ne semble occupée qu'à préparer à leurs enfants des raisons de se consoler de leur mort.

¶ Tout est étranger dans l'humeur, les mœurs et les manières de la plupart des hommes : tel a vécu pendant toute sa vie chagrin, emporté, avare, rampant, soumis, laborieux, intéressé, qui étoit né gai, paisible, paresseux, magnifique, d'un courage fier et éloigné de toute bassesse; les besoins de la vie, la situation où l'on se trouve, la loi de la nécessité, forcent la nature et y causent ces grands changements. Ainsi tel homme au fond et en lui-même ne se peut définir : trop de choses qui sont hors de lui l'altèrent [2], le changent, le bouleversent; il n'est point précisément ce qu'il est ou ce qu'il paroît être.

¶ La vie est courte et ennuyeuse; elle se passe toute à désirer : l'on remet à l'avenir son repos et ses joies, à cet âge souvent où les meilleurs biens ont déjà disparu, la santé et la jeunesse. Ce temps arrive, qui nous surprend encore dans les désirs : on en est là, quand la fièvre nous saisit et nous éteint; si l'on eût guéri, ce n'étoit que pour désirer plus longtemps.

---

1. VAR. *Pénétrant à fond la contrariété des esprits, des goûts et des sentiments, je suis bien plus émerveillé de voir que les milliers d'hommes qui composent une nation se trouvent rassemblés en un même pays pour parler une même langue, vivre sous les mêmes lois, convenir entre eux d'une même coutume, des mêmes usages et d'un même culte, que de voir diverses nations se cantonner sous les différents climats qui leur sont attribués, et se partager sur toutes ces choses.*

2. VAR. *Trop de choses sont hors de lui qui l'altèrent.*

¶ Lorsqu'on désire, on se rend à discrétion à celui de qui l'on espère ; est-on sûr d'avoir, on temporise, on parlemente, on capitule.

¶ Il est si ordinaire à l'homme de n'être pas heureux, et si essentiel à tout ce qui est un bien d'être acheté par mille peines, qu'une affaire qui se rend facile devient suspecte. L'on comprend à peine, ou que ce qui coûte si peu puisse nous être fort avantageux, ou qu'avec des mesures justes l'on doive si aisément parvenir à la fin que l'on se propose. L'on croit mériter les bons succès, mais n'y devoir compter que fort rarement.

¶ L'homme qui dit qu'il n'est pas né heureux pourroit du moins le devenir par le bonheur de ses amis ou de ses proches. L'envie lui ôte cette dernière ressource.

¶ Quoi que j'aie pu dire ailleurs, peut-être que les affligés ont tort; les hommes semblent être nés pour l'infortune, la douleur et la pauvreté; peu en échappent, et comme toute disgrâce peut leur arriver, ils devroient être préparés à toute disgrâce.

¶ Les hommes ont tant de peine à s'approcher sur les affaires, sont si épineux sur les moindres intérêts, si hérissés de difficultés, veulent si fort tromper et si peu être trompés, mettent si haut ce qui leur appartient, et si bas ce qui appartient aux autres, que j'avoue que je ne sais par où et comment se peuvent conclure les mariages, les contrats, les acquisitions, la paix, la trêve, les traités, les alliances.

¶ A quelques-uns l'arrogance tient lieu de grandeur, l'inhumanité de fermeté, et la fourberie d'esprit.

Les fourbes croient aisément que les autres le sont; ils ne peuvent guère être trompés, et ils ne trompent pas longtemps.

Je me rachèterai toujours fort volontiers d'être fourbe par être stupide et passer pour tel.

On ne trompe point en bien; la fourberie ajoute la malice au mensonge.

¶ S'il y avoit moins de dupes, il y auroit moins de ce qu'on appelle des hommes fins ou entendus, et de ceux qui tirent autant de vanité que de distinction d'avoir su, pendant tout le cours de leur vie, tromper les autres. Comment voulez-vous qu'*Érophile*, à qui le manque de parole, les mauvais offices, la fourberie, bien loin de nuire, ont mérité des grâces et des bienfaits de ceux même qu'il a ou manqué de servir ou désobligés, ne présume pas infiniment de soi et de son industrie?

¶ L'on n'entend dans les places et dans les rues des grandes villes, et de la bouche de ceux qui passent, que les mots d'*exploit*, de *saisie*, d'*interrogatoire*, de *promesse*, et de *plaider contre sa promesse*. Est-ce qu'il n'y auroit pas dans le monde la plus petite équité? Seroit-il, au contraire, rempli de gens qui demandent froidement ce qui ne leur est pas dû, ou qui refusent nettement de rendre ce qu'ils doivent?

Parchemins inventés pour faire souvenir ou pour convaincre les hommes de leur parole : honte de l'humanité !

Otez les passions, l'intérêt, l'injustice, quel calme dans les plus grandes villes ! Les besoins et la subsistance n'y font pas le tiers de l'embarras.

¶ Rien n'engage tant un esprit raisonnable à supporter tranquillement des parents et des amis les torts qu'ils ont à son égard que la réflexion qu'il fait sur les vices de l'humanité, et combien il est pénible aux hommes d'être constants, généreux, fidèles, d'être touchés d'une amitié plus forte que leur intérêt ! Comme il connoît leur portée, il n'exige point d'eux qu'ils pénètrent les corps, qu'ils volent dans l'air, qu'ils aient de l'équité. Il peut haïr les hommes en général, où il y a si peu de vertu; mais il excuse les particuliers, il les aime même par des motifs plus relevés, et il s'étudie à mériter le moins qu'il se peut une pareille indulgence.

¶ Il y a de certains biens que l'on désire avec emportement, et dont l'idée seule nous enlève et nous transporte. S'il nous arrive de les obtenir, on les sent plus tranquillement qu'on ne l'eût pensé, on en jouit moins que l'on n'aspire encore à de plus grands.

¶ Il y a des maux effroyables et d'horribles malheurs où l'on n'ose penser, et dont la seule vue fait frémir. S'il arrive que l'on y tombe, l'on se trouve des ressources que l'on ne se connoissoit point, l'on se roidit contre son infortune, et l'on fait mieux qu'on ne l'espéroit.

¶ Il ne faut quelquefois qu'une jolie maison dont on hérite, qu'un beau cheval ou un joli chien dont on se trouve le maître, qu'une tapisserie, qu'une pendule, pour adoucir une grande douleur, et pour faire moins sentir une grande perte.

¶ Je suppose que les hommes soient éternels sur la terre, et je médite ensuite sur ce qui pourroit me faire connoître qu'ils se feroient alors une plus grande affaire de leur établissement qu'ils ne s'en font dans l'état où sont les choses.

¶ Si la vie est misérable, elle est pénible à supporter ; si elle est heureuse, il est horrible de la perdre : l'un revient à l'autre.

¶ Il n'y a rien que les hommes aiment mieux à conserver et qu'ils ménagent moins que leur propre vie.

¶ Irène se transporte à grands frais en Épidaure, voit Esculape dans son temple, et le consulte sur tous ses maux. D'abord elle se plaint qu'elle est lasse et recrue de fatigue, et le dieu prononce que cela lui arrive par la longueur du chemin qu'elle vient de faire. Elle dit qu'elle est le soir sans appétit ; l'oracle lui ordonne de dîner peu ; elle ajoute qu'elle est sujette à des insomnies, et il lui prescrit de n'être au lit que pendant la nuit : elle lui demande pourquoi elle devient pesante, et quel remède ; l'oracle répond qu'elle doit se lever avant midi, et quelquefois se servir de ses jambes pour marcher : elle lui déclare que le vin lui est nuisible ; l'oracle lui dit de boire de l'eau : qu'elle a des indigestions, et il ajoute qu'elle fasse diète. Ma vue s'affoiblit, dit Irène : Prenez des lunettes, dit Esculape. Je m'affoiblis moi-même, continue-t-elle, et je ne suis ni si forte ni si saine que j'ai été : C'est, dit le dieu, que vous vieillissez. Mais quel moyen de guérir de cette langueur? Le plus court, Irène, c'est de mourir comme ont fait votre mère et votre aïeule. Fils d'Apollon, s'écrie Irène, quel conseil me donnez-vous? Est-ce là toute cette science que les hommes publient, et qui vous fait révérer de toute la terre? Que m'apprenez-vous de rare et de mystérieux? Et ne savois-je pas tous ces remèdes que vous m'enseignez? Que n'en usiez-vous donc, répond le dieu, sans venir me chercher de si loin, et abréger vos jours par un long voyage[1]?

¶ La mort n'arrive qu'une fois, et se fait sentir à tous les moments de la vie : il est plus dur de l'appréhender que de la souffrir[2]?

¶ L'inquiétude, la crainte, l'abattement, n'éloignent

---

[1] On prétend qu'un médecin tint ce discours à madame de Montespan, aux eaux de Bourbon, où elle allait souvent pour des maladies imaginaires. (A. DESTAILLEUR.)

[2] Publius Syrus : *Mortem timere crudelius est quam mori.* — Quelle sottise de nous peiner sur le poinct du passage à l'exemption de toute peine ! Comme nostre naissance nous apporta la naissance de toutes choses, aussi fera la mort de toutes choses nostre mort. Pourquoy c'est pareille folie de pleurer de ce que d'icy à cent ans nous ne vivrons pas, que de pleurer de ce que nous ne vivions pas il y a cent ans. (MONTAIGNE.) — Rien ne peut estre grief qui n'est qu'une fois. Est-ce raison de craindre si longtemps chose de si brief temps? Le longtemps vivre, et le peu de temps vivre est rendu tout un par la mort : car le long et le court n'est point aux choses qui ne sont plus. (*Id.*)

pas la mort, au contraire : je doute seulement que le ris excessif convienne aux hommes, qui sont mortels.

¶ Ce qu'il y a de certain dans la mort est un peu adouci par ce qui est incertain : c'est un indéfini dans le temps, qui tient quelque chose de l'infini et de ce qu'on appelle éternité.

¶ Pensons que, comme nous soupirons présentement pour la florissante jeunesse qui n'est plus, et ne reviendra point, la caducité suivra, qui nous fera regretter l'âge viril où nous sommes encore, et que nous n'estimons pas assez.

¶ L'on craint la vieillesse, que l'on n'est pas sûr de pouvoir atteindre.

¶ L'on espère de vieillir, et l'on craint la vieillesse, c'est-à-dire l'on aime la vie, et l'on fuit la mort.

¶ C'est plus tôt fait de céder à la nature et de craindre la mort, que de faire de continuels efforts, s'armer de raisons et de réflexions, et être continuellement aux prises avec soi-même, pour ne la pas craindre.

¶ Si de tous les hommes les uns mouroient, les autres non, ce seroit une désolante affliction que de mourir.

¶ Une longue maladie semble être placée entre la vie et la mort, afin que la mort même devienne un soulagement et à ceux qui meurent et à ceux qui restent.

¶ A parler humainement, la mort a un bel endroit, qui est de mettre fin à la vieillesse.

La mort qui prévient la caducité arrive plus à propos que celle qui la termine.

¶ Le regret qu'ont les hommes du mauvais emploi du temps qu'ils ont déjà vécu ne les conduit pas toujours à faire de celui qui leur reste à vivre un meilleur usage.

¶ La vie est un sommeil. Les vieillards sont ceux dont le sommeil a été plus long ; ils ne commencent à se réveiller que quand il faut mourir. S'ils repassent alors sur tout le cours de leurs années, ils ne trouvent souvent ni vertus ni actions louables qui les distinguent les unes des autres ; ils confondent leurs différents âges, ils n'y voient rien qui marque assez pour mesurer le temps qu'ils ont vécu. Ils ont eu un songe confus, informe, et sans aucune suite ; ils sentent néanmoins, comme ceux qui s'éveillent, qu'ils ont dormi longtemps.

¶ Il n'y a pour l'homme que trois événements : naître, vivre et mourir ; il ne se sent pas naître, il souffre à mourir, et il oublie de vivre.

¶ Il y a un temps où la raison n'est pas encore, où l'on ne vit que par instinct, à la manière des animaux, et dont il ne reste dans la mémoire aucun vestige. Il y a un second temps où la raison se développe, où elle est formée, et où elle pourroit agir, si elle n'étoit pas obscurcie et comme éteinte par les vices de la complexion, et par un enchaînement de passions qui se succèdent les unes aux autres, et conduisent jusques au troisième et dernier âge. La raison, alors dans sa force, devroit produire ; mais elle est refroidie et ralentie par les années, par la maladie et la douleur, déconcertée ensuite par le désordre de la machine, qui est dans son déclin : et ces temps néanmoins sont la vie de l'homme.

¶ Les enfants sont hautains, dédaigneux, colères, envieux, curieux, intéressés, paresseux, volages, timides, intempérants, menteurs, dissimulés ; ils rient et pleurent facilement ; ils ont des joies immodérées et des afflictions amères sur de très-petits sujets ; ils ne veulent point souffrir de mal, et aiment à en faire : ils sont déjà des hommes.

¶ Les enfants n'ont ni passé ni avenir, et, ce

qui ne nous arrive guère ils jouissent du présent.

¶ Le caractère de l'enfance paroît unique ; les mœurs, dans cet âge, sont assez les mêmes, et ce n'est qu'avec une curieuse attention qu'on en pénètre la différence ; elle augmente avec la raison, parce qu'avec celle-ci croissent les passions et les vices, qui seuls rendent les hommes si dissemblables entre eux et si contraires à eux-mêmes.

¶ Les enfants ont déjà de leur âme l'imagination et la mémoire, c'est-à-dire ce que les vieillards n'ont plus, et ils en tirent un merveilleux usage pour leurs petits jeux et pour tous leurs amusements : c'est par elles qu'ils répètent ce qu'ils ont entendu dire, qu'ils contrefont ce qu'ils ont vu faire, qu'ils sont de tous métiers, soit qu'ils s'occupent en effet à mille petits ouvrages, soit qu'ils imitent les divers artisans par le mouvement et par le geste ; qu'ils se trouvent à un grand festin et y font bonne chère ; qu'ils se transportent dans des palais et dans des lieux enchantés ; que, bien que seuls, ils se voient un riche équipage et un grand cortége ; qu'ils conduisent des armées, livrent bataille, et jouissent du plaisir de la victoire ; qu'ils parlent aux rois et aux plus grands princes ; qu'ils sont rois eux-mêmes, ont des sujets, possèdent des trésors qu'ils peuvent faire de feuilles d'arbres ou de grains de sable ; et, ce qu'ils ignorent dans la suite de leur vie, savent, à cet âge, être les arbitres de leur fortune et les maîtres de leur propre félicité.

¶ Il n'y a nuls vices extérieurs et nuls défauts du corps qui ne soient aperçus par les enfants ; ils les saisissent d'une première vue, et ils savent les exprimer par des mots convenables : on ne nomme point plus heureusement. Devenus hommes, ils sont chargés, à leur tour, de toutes les imperfections dont ils se sont moqués.

L'unique soin des enfants est de trouver l'endroit

foible de leurs maîtres, comme de tous ceux à qui ils sont soumis¹ : dès qu'ils ont pu les entamer, ils gagnent le dessus, et prennent sur eux un ascendant qu'ils ne perdent plus. Ce qui nous fait déchoir une première fois de cette supériorité à leur égard est toujours ce qui nous empêche de la recouvrer.

¶ La paresse, l'indolence et l'oisiveté, vices si naturels aux enfants, disparoissent dans leurs jeux, où ils sont vifs, appliqués, exacts, amoureux des règles et de la symétrie, où ils ne se pardonnent nulle faute les uns aux autres, et recommencent eux-mêmes plusieurs fois une seule chose qu'ils ont manquée : présages certains qu'ils pourront un jour négliger leurs devoirs, mais qu'ils n'oublieront rien pour leurs plaisirs.

¶ Aux enfants tout paroît grand², les cours, les jardins, les édifices, les meubles, les hommes, les animaux : aux hommes les choses du monde paroissent ainsi, et j'ose dire par la même raison, parce qu'ils sont petits.

¶ Les enfants commencent entre eux par l'état populaire, chacun y est le maître; et, ce qui est bien naturel, ils ne s'en accommodent pas longtemps et passent au monarchique. Quelqu'un se distingue, ou par une plus grande vivacité, ou par une meilleure disposition du corps, ou par une connoissance plus

---

1. Un des premiers soins des enfants est de découvrir le faible de ceux qui les gouvernent. (ROUSSEAU.)

2. Cet article paraît avoir inspiré à Delille les vers que voici :

    Sans soins du lendemain, sans regrets de la veille,
    L'enfant joue et s'endort, pour jouer se réveille;
    Trop faible encor, son cœur ne saurait soutenir
    Le passé, le présent et l'immense avenir.
    A peine au présent seul son âme peut suffire;
    Le présent seul est tout, un coin est son empire,
    Un hochet son trésor, un point l'immensité,
    Le soir son avenir, un jour l'éternité.
                      (*L'imagination*, ch. VI.)

exacte des jeux différents et des petites lois qui les composent; les autres lui défèrent, et il se forme alors un gouvernement absolu qui ne roule que sur le plaisir.

¶ Qui doute que les enfants ne conçoivent, qu'ils ne jugent, qu'ils ne raisonnent conséquemment? Si c'est seulement sur de petites choses, c'est qu'ils sont enfants, et sans une longue expérience; et si c'est en mauvais termes, c'est moins leur faute que celle de leurs parents ou de leurs maîtres.

¶ C'est perdre toute confiance dans l'esprit des enfants, et leur devenir inutile, que de les punir des fautes qu'ils n'ont point faites, ou même sévèrement de celles qui sont légères. Ils savent précisément et mieux que personne ce qu'ils méritent, et ils ne méritent guère que ce qu'ils craignent; ils connoissent si c'est à tort ou avec raison qu'on les châtie, et ne se gâtent pas moins par des peines mal ordonnées que par l'impunité.

¶ On ne vit point assez pour profiter de ses fautes : on en commet pendant tout le cours de sa vie; et tout ce que l'on peut faire à force de faillir, c'est de mourir corrigé.

Il n'y a rien qui rafraîchisse le sang comme d'avoir su éviter de faire une sottise.

¶ Le récit de ses fautes est pénible : on veut les couvrir et en charger quelque autre; c'est ce qui donne le pas au directeur sur le confesseur[1].

¶ Les fautes des sots sont quelquefois si lourdes et si difficiles à prévoir, qu'elles mettent les sages en défaut, et ne sont utiles qu'à ceux qui les font.

¶ L'esprit de parti abaisse les plus grands hommes jusques aux petitesses du peuple.

---

1. *Directeur*, celui qui règle, qui dirige la conscience d'une personne en matière de religion. *Confesseur* se dit du prêtre qui a pouvoir d'ouïr en confession et d'absoudre. (*Dict. de l'Académie.*)

¶ Nous faisons par vanité ou par bienséance les mêmes choses et avec les mêmes dehors que nous les ferions par inclination ou par devoir. Tel vient de mourir à Paris de la fièvre qu'il a gagnée à veiller sa femme, qu'il n'aimoit point[1].

¶ Les hommes, dans le cœur, veulent être estimés, et ils cachent avec soin l'envie qu'ils ont d'être estimés ; parce que les hommes veulent passer pour vertueux, et que vouloir tirer de la vertu tout autre avantage que la même vertu[2], je veux dire l'estime et les louanges, ce ne seroit plus être vertueux, mais aimer l'estime et les louanges, ou être vain : les hommes sont très-vains, et ils ne haïssent rien tant que de passer pour tels.

¶ Un homme vain trouve son compte à dire du bien ou du mal de soi[3] ; un homme modeste ne parle point de soi.

On ne voit point mieux le ridicule de la vanité, et combien elle est un vice honteux, qu'en ce qu'elle n'ose se montrer, et qu'elle se cache souvent sous les apparences de son contraire.

La fausse modestie est le dernier raffinement de la vanité[4] ; elle fait que l'homme vain ne paroît point tel, et se fait valoir au contraire par la vertu opposée au vice qui fait son caractère : c'est un mensonge. La fausse gloire est l'écueil de la vanité ; elle nous conduit à vouloir être estimés par des choses qui, à la vérité, se trouvent en nous, mais qui sont frivoles et indignes qu'on les relève : c'est une erreur.

¶ Les hommes parlent de manière, sur ce qui les

---

1. Le prince de Conti, mort de la petite vérole qu'il avait gagnée, comme le dit La Bruyère, en veillant sa femme, qu'il n'aimait point.
2. La même vertu pour la vertu même ; cette forme était usitée au dix-septième siècle.
3. On aime mieux dire du mal de soi que de n'en pas parler. (LA ROCHEFOUCAULD.)
4. L'humilité est un artifice de l'orgueil. (Id.)

regarde, qu'ils n'avouent d'eux-mêmes que de petits défauts, et encore ceux qui supposent en leurs personnes de beaux talents ou de grandes qualités. Ainsi l'on se plaint de son peu de mémoire, content d'ailleurs de son grand sens et de son bon jugement [1]; l'on reçoit le reproche de la distraction et de la rêverie, comme s'il nous accordoit le bel esprit; l'on dit de soi qu'on est maladroit, et qu'on ne peut rien faire de ses mains, fort consolé de la perte de ces petits talents par ceux de l'esprit ou par les dons de l'âme, que tout le monde nous connoît; l'on fait aveu de sa paresse en des termes qui signifient toujours son désintéressement, et que l'on est guéri de l'ambition; l'on ne rougit point de sa malpropreté, qui n'est qu'une négligence pour les petites choses, et qui semble supposer qu'on n'a d'application que pour les solides et les essentielles. Un homme de guerre aime à dire que c'étoit par trop d'empressement ou par curiosité qu'il se trouva un certain jour à la tranchée, ou en quelque autre poste très-périlleux sans être de garde ni commandé; et il ajoute qu'il en fut repris de son général. De même une bonne tête et un ferme génie qui se trouve né avec cette prudence que les autres hommes cherchent vainement à acquérir; qui a fortifié la trempe de son esprit par une grande expérience; que le nombre, le poids, la diversité, la difficulté et l'importance des affaires occupent seulement, et n'accablent point; qui, par l'étendue de ses vues et de sa pénétration, se rend maître de tous les événements; qui, bien loin de consulter toutes les réflexions qui sont écrites sur le gouvernement et la politique, est peut-être de ces âmes sublimes nées pour régir les autres, et sur qui ces premières règles

---

1. Tout le monde se plaint de sa mémoire et personne ne se plaint de son jugement. (La Rochefoucauld.)

ont été faites ; qui est détourné, par les grandes choses qu'il fait, des belles ou des agréables qu'il pourroit lire, et qui au contraire ne perd rien à retracer et à feuilleter, pour ainsi dire, sa vie et ses actions ; un homme ainsi fait peut dire aisément, et sans se commettre, qu'il ne connoît aucun livre, et qu'il ne lit jamais.

¶ On veut quelquefois cacher ses foibles, ou en diminuer l'opinion, par l'aveu libre que l'on en fait. Tel dit : Je suis ignorant, qui ne sait rien. Un homme dit : Je suis vieux ; il passe soixante ans ; un autre encore : Je ne suis pas riche ; et il est pauvre.

¶ La modestie n'est point, ou est confondue avec une chose toute différente de soi, si on la prend pour un sentiment intérieur qui avilit l'homme à ses propres yeux, et qui est une vertu surnaturelle qu'on appelle humilité. L'homme, de sa nature, pense hautement et superbement de lui-même, et ne pense ainsi que de lui-même. La modestie ne tend qu'à faire que personne n'en souffre ; elle est une vertu du dehors, qui règle ses yeux, sa démarche, ses paroles, son ton de voix, et qui le fait agir extérieurement avec les autres comme s'il n'étoit pas vrai qu'il les compte pour rien.

¶ Le monde est plein de gens qui, faisant intérieurement[1] et par habitude la comparaison d'eux-mêmes avec les autres, décident toujours en faveur de leur propre mérite, et agissent conséquemment.

¶ Vous dites qu'il faut être modeste ; les gens bien nés ne demandent pas mieux. Faites seulement que les hommes n'empiètent pas sur ceux qui cèdent par modestie, et ne brisent pas ceux qui plient.

De même l'on dit : Il faut avoir des habits modestes ;

---

1. Var. *Extérieurement* dans les quatre dernières éditions ; *intérieurement* dans les cinq premières éditions.

les personnes de mérite ne désirent rien davantage. Mais le monde veut de la parure, on lui en donne; il est avide de la superfluité, on lui en montre. Quelques-uns n'estiment les autres que par de beau linge ou par une riche étoffe; l'on ne refuse pas toujours d'être estimé à ce prix. Il y a des endroits où il faut se faire voir : un galon d'or plus large ou plus étroit vous fait entrer ou refuser.

¶ Notre vanité et la trop grande estime que nous avons de nous-mêmes nous fait soupçonner dans les autres une fierté à notre égard qui y est quelquefois et qui souvent n'y est pas ; une personne modeste n'a point cette délicatesse.

¶ Comme il faut se défendre de cette vanité qui nous fait penser que les autres nous regardent avec curiosité et avec estime, et ne parlent ensemble que pour s'entretenir de notre mérite et faire notre éloge, aussi devons-nous avoir une certaine confiance qui nous empêche de croire qu'on ne se parle à l'oreille que pour dire du mal de nous, ou que l'on ne rit que pour s'en moquer.

¶ D'où vient qu'*Alcippe* me salue aujourd'hui, me sourit, et se jette[1] hors d'une portière, de peur de me manquer ? Je ne suis pas riche, et je suis à pied ; il doit, dans les règles, ne me pas voir. N'est-ce point pour être vu lui-même dans un même fond avec un grand ?

¶ L'on est si rempli de soi-même, que tout s'y rapporte ; l'on aime à être vu, à être montré, à être salué, même des inconnus : ils sont fiers s'ils l'oublient, l'on veut qu'ils nous devinent.

¶ Nous cherchons notre bonheur hors de nous-mêmes, et dans l'opinion des hommes, que nous connoissons flatteurs, peu sincères, sans équité, pleins

---

1. VAR. *Et jette son corps.*

d'envie, de caprices et de préventions. Quelle bizarrerie !

¶ Il semble que l'on ne puisse rire que des choses ridicules ; l'on voit néanmoins de certaines gens qui rient également des choses ridicules et de celles qui ne le sont pas. Si vous êtes sot et inconsidéré, et qu'il vous échappe devant eux quelque impertinence, ils rient de vous ; si vous êtes sage, et que vous ne disiez que des choses raisonnables et du ton qu'il les faut dire, ils rient de même.

¶ Ceux qui nous ravissent les biens par la violence ou par l'injustice, et qui nous ôtent l'honneur par la calomnie, nous marquent assez leur haine pour nous, mais ils ne nous prouvent pas également qu'ils aient perdu à notre égard toute sorte d'estime ; aussi ne sommes-nous pas incapables de quelque retour pour eux, et de leur rendre un jour notre amitié. La moquerie, au contraire, est de toutes les injures celle qui se pardonne le moins ; elle est le langage du mépris, et l'une des manières dont il se fait le mieux entendre ; elle attaque l'homme dans son dernier retranchement, qui est l'opinion qu'il a de soi-même ; elle veut le rendre ridicule à ses propres yeux ; et ainsi elle le convainc[1] de la plus mauvaise disposition où l'on puisse être pour lui, et le rend irréconciliable.

¶ C'est une chose monstrueuse que le goût et la facilité qui est en nous de railler, d'improuver et de mépriser les autres ; et tout ensemble la colère que nous ressentons contre ceux qui nous raillent, nous improuvent et nous méprisent.

¶ La santé et les richesses, ôtant aux hommes l'expérience du mal, leur inspirent la dureté pour leurs semblables ; et les gens déjà chargés de leur propre

---

1. VAR. *Et ainsi elle ne le laisse pas douter un moment.*

misère sont ceux qui entrent davantage par la compassion dans celle d'autrui.

¶ Il semble qu'aux âmes bien nées les fêtes, les spectacles, la symphonie, rapprochent et font mieux sentir l'infortune de nos proches ou de nos amis.

¶ Une grande âme est au-dessus de l'injure, de l'injustice, de la douleur, de la moquerie ; et elle seroit invulnérable, si elle ne souffroit par la compassion.

¶ Il y a une espèce de honte d'être heureux à la vue de certaines misères.

¶ On est prompt à connoître ses plus petits avantages, et lent à pénétrer ses défauts : on n'ignore point qu'on a de beaux sourcils, les ongles bien faits ; on sait à peine que l'on est borgne ; on ne sait point du tout que l'on manque d'esprit.

Argyre tire son gant pour montrer une belle main, et elle ne néglige pas de découvrir un petit soulier qui suppose qu'elle a le pied petit ; elle rit des choses plaisantes ou sérieuses pour faire voir de belles dents ; si elle montre son oreille, c'est qu'elle l'a bien faite ; et si elle ne danse jamais, c'est qu'elle est peu contente de sa taille, qu'elle a épaisse ; elle entend tous les intérêts, à l'exception d'un seul : elle parle toujours, et n'a point d'esprit.

¶ Les hommes comptent presque pour rien toutes les vertus du cœur, et idolâtrent les talents du corps et de l'esprit; celui qui dit froidement de soi, et sans croire blesser la modestie, qu'il est bon, qu'il est constant, fidèle, sincère, équitable, reconnoissant, n'ose dire qu'il est vif, qu'il a les dents belles et la peau douce : cela est trop fort.

Il est vrai qu'il y a deux vertus que les hommes admirent, la bravoure et la libéralité, parce qu'il y a deux choses qu'ils estiment beaucoup et que ces vertus font négliger, la vie et l'argent ; aussi personne n'avance de soi qu'il est brave ou libéral.

Personne ne dit de soi, et surtout sans fondement, qu'il est beau, qu'il est généreux, qu'il est sublime : on a mis ces qualités à un trop haut prix; on se contente de le penser.

¶ Quelque rapport qu'il paroisse de la jalousie l'émulation, il y a entre elles le même éloignement que celui qui se trouve entre le vice et la vertu.

La jalousie et l'émulation s'exercent sur le même objet, qui est le bien ou le mérite des autres; avec cette différence que celle-ci est un sentiment volontaire, courageux, sincère, qui rend l'âme féconde, qui la fait profiter des grands exemples, et la porte souvent au-dessus de ce qu'elle admire; et que celle-là au contraire est un mouvement violent et comme un aveu contraint du mérite qui est hors d'elle ; qu'elle va même jusques à nier la vertu dans les sujets où elle existe, ou qui, forcée de la reconnoître, lui refuse les éloges ou lui envie les récompenses; une passion stérile qui laisse l'homme dans l'état où elle le trouve ; qui le remplit de lui-même, de l'idée de sa réputation, qui le rend froid et sec sur les actions ou sur les ouvrages d'autrui ; qui fait qu'il s'étonne de voir dans le monde d'autres talents que les siens, ou d'autres hommes avec les mêmes talents dont il se pique. Vice honteux, et qui, par son excès, rentre toujours dans la vanité et dans la présomption, et ne persuade pas tant à celui qui en est blessé qu'il a plus d'esprit et de mérite que les autres, qu'il lui fait croire qu'il a à lui seul de l'esprit et du mérite.

L'émulation et la jalousie ne se rencontrent guère que dans les personnes de même art, de mêmes talents et de mêmes conditions. Les plus vils artisans sont les plus sujets à la jalousie. Ceux qui font profession des arts libéraux ou des belles-lettres, les peintres, les musiciens, les orateurs, les poëtes, tous ceux qui se mêlent d'écrire, ne devroient être capables que d'émulation.

Toute jalousie n'est point exempte de quelque sorte d'envie, et souvent même ces deux passions se confondent. L'envie, au contraire, est quelquefois séparée de la jalousie, comme est celle qu'excitent dans notre âme les conditions fort élevées au-dessus de la nôtre, les grandes fortunes, la faveur, le ministère.

L'envie et la haine s'unissent toujours et se fortifient l'une l'autre dans un même sujet, et elles ne sont reconnoissables entre elles qu'en ce que l'une s'attache à la personne, l'autre à l'état et à la condition.

Un homme d'esprit n'est point jaloux d'un ouvrier qui a travaillé une bonne épée, ou d'un statuaire qui vient d'achever une belle figure. Il sait qu'il y a dans ces arts des règles et une méthode qu'on ne devine point, qu'il y a des outils à manier dont il ne connoît ni l'usage, ni le nom, ni la figure ; et il lui suffit de penser qu'il n'a point fait l'apprentissage d'un certain métier, pour se consoler de n'y être point maître. Il peut, au contraire, être susceptible d'envie et même de jalousie contre un ministre et contre ceux qui gouvernent, comme si la raison et le bon sens, qui lui sont communs avec eux, étoient les seuls instruments qui servent à régir un État et à présider aux affaires publiques, et qu'ils dussent suppléer aux règles, aux préceptes, à l'expérience.

¶ L'on voit peu d'esprits entièrement lourds et stupides ; l'on en voit encore moins qui soient sublimes et transcendants. Le commun des hommes nage entre ces deux extrémités ; l'intervalle est rempli par un grand nombre de talents ordinaires, mais qui sont d'un grand usage, servent à la république, et renferment en soi l'utile et l'agréable, comme le commerce, les finances, le détail des armées, la navigation, les arts, les métiers, l'heureuse mémoire, l'esprit du jeu, celui de la société et de la conservation.

¶ Tout l'esprit qui est au monde est inutile à celui qui n'en a point : il n'a nulles vues, et il est incapable de profiter de celles d'autrui.

¶ Le premier degré dans l'homme après la raison, ce seroit de sentir qu'il l'a perdue : la folie même est incompatible avec cette connoissance. De même, ce qu'il y auroit en nous de meilleur après l'esprit, ce seroit de connoître qu'il nous manque ; par là on feroit l'impossible : on sauroit sans esprit n'être pas un sot, ni un fat, ni un impertinent.

¶ Un homme qui n'a de l'esprit que dans une certaine médiocrité est sérieux et tout d'une pièce : il ne rit point, il ne badine jamais, il ne tire aucun fruit de la bagatelle ; aussi incapable de s'élever aux grandes choses que de s'accommoder, même par relâchement, des plus petites, il sait à peine jouer avec ses enfants.

¶ Tout le monde dit d'un fat qu'il est un fat [1], personne n'ose le lui dire à lui-même : il meurt sans le savoir, et sans que personne se soit vengé.

¶ Quelle mésintelligence entre l'esprit et le cœur ! Le philosophe vit mal avec tous ses préceptes ; et le politique, rempli de vues et de réflexions, ne sait pas se gouverner.

¶ L'esprit s'use comme toutes choses : les sciences sont ses aliments [2], elles le nourrissent et le consument.

¶ Les petits sont quelquefois chargés de mille vertus inutiles : ils n'ont pas de quoi les mettre en œuvre.

¶ Il se trouve des hommes qui soutiennent facilement le poids de la faveur et de l'autorité, qui se familiarisent avec leur propre grandeur, et à qui la tête

---

1. Var. *D'un sot qu'il est un sot.*
2. Var. *Sont aliments.*

ne tourne point dans les postes les plus élevés. Ceux au contraire que la fortune, aveugle, sans choix et sans discernement, a comme accablés de ses bienfaits, en jouissent avec orgueil et sans modération : leurs yeux, leur démarche, leur ton de voix et leur accès, marquent longtemps en eux l'admiration où ils sont d'eux-mêmes et de se voir si éminents; et ils deviennent si farouches, que leur chute seule peut les apprivoiser.

¶ Un homme haut et robuste, qui a une poitrine large et de larges épaules, porte légèrement et de bonne grâce un lourd fardeau, il lui reste encore un bras de libre; un nain seroit écrasé de la moitié de sa charge : ainsi les postes éminents rendent les grands hommes encore plus grands, et les petits beaucoup plus petits.

¶ Il y a des gens qui gagnent à être extraordinaires : ils voguent, ils cinglent dans une mer où les autres échouent et se brisent; ils parviennent, en blessant toutes les règles de parvenir; ils tirent de leur irrégularité et de leur folie tous les fruits d'une sagesse la plus consommée : hommes dévoués à d'autres hommes, aux grands à qui ils ont sacrifié, en qui ils ont placé leurs dernières espérances, ils ne les servent point, mais ils les amusent : les personnes de mérite et de service sont utiles aux grands, ceux-ci leur sont nécessaires; ils blanchissent auprès d'eux dans la pratique des bons mots, qui leur tiennent lieu d'exploits dont ils attendent la récompense; ils s'attirent, à force d'être plaisants, des emplois graves, et s'élèvent par un continuel enjouement jusqu'au sérieux des dignités; ils finissent enfin, et rencontrent inopinément un avenir qu'ils n'ont ni craint ni espéré : ce qui reste d'eux sur la terre, c'est l'exemple de leur fortune, fatal à ceux qui voudroient le suivre

¶ L'on exigeroit de certains personnages qui ont

une fois été capables d'une action noble, héroïque, et qui a été sue de toute la terre, que, sans paroître comme épuisés par un si grand effort, ils eussent du moins, dans le reste de leur vie, cette conduite sage et judicieuse qui se remarque même dans les hommes ordinaires; qu'ils ne tombassent point dans des petitesses indignes de la haute réputation qu'ils avoient acquise; que, se mêlant moins dans le peuple et ne lui laissant pas le loisir de les voir de près, ils ne le fissent point passer de la curiosité et de l'admiration à l'indifférence et peut-être au mépris.

¶ Il coûte moins à certains hommes de s'enrichir de mille vertus que de se corriger d'un seul défaut; ils sont même si malheureux que ce vice est souvent celui qui convenoit le moins à leur état, et qui pouvoit leur donner dans le monde plus de ridicule : il affoiblit l'éclat de leurs grandes qualités, empêche qu'ils ne soient des hommes parfaits et que leur réputation ne soit entière. On ne leur demande point qu'ils soient plus éclairés et plus incorruptibles; qu'ils soient plus amis de l'ordre et de la discipline, plus fidèles à leurs devoirs, plus zélés pour le bien public, plus graves : on veut seulement qu'ils ne soient point amoureux [1].

¶ Quelques hommes, dans le cours de leur vie, sont

---

1. On pense que ceci s'applique à François de Harlay de Chanvalon, archevêque de Rouen et ensuite de Paris, né en 1625, mort en 1695. Harlay de Chanvalon prit part à toutes les querelles, à toutes les affaires ecclésiastiques de son temps. Courtisan empressé, il seconda les vues de Louis XIV dans les discussions sur la régale, l'édit de Nantes, la déclaration de 1682, et se montra toujours ultra-gallican lorsqu'il s'agissait de défendre les privilèges de la monarchie française; rigoriste à l'excès vis-à-vis de ses subordonnés, par cela seul peut-être qu'il était dans ses mœurs d'un relâchement extrême; il fut l'amant heureux de madame de Bretonvilliers, de la marquise de Gourville, de la duchesse de Lesdiguières, persécuta les jansénistes et refusa la sépulture à Molière. Son oraison funèbre fut faite par le père Gaillard qui ne s'en chargea qu'à la condition de parler très-peu du mort. C'était du reste un homme très-habile en affaires; il présida les assemblées du clergé de 1660, 1665, 90, 93 et 95.

si différents d'eux-mêmes par le cœur et par l'esprit, qu'on est sûr de se méprendre, si l'on en juge seulement par ce qui a paru d'eux dans leur première jeunesse. Tels étoient pieux, sages, savants, qui, par cette mollesse inséparable d'une trop riante fortune, ne le sont plus. L'on en sait d'autres qui ont commencé leur vie par les plaisirs et qui ont mis ce qu'ils avoient d'esprit à les connoître, que les disgrâces ensuite ont rendus religieux, sages, tempérants. Ces derniers sont, pour l'ordinaire, de grands sujets, et sur qui l'on peut faire beaucoup de fond : ils ont une probité éprouvée par la patience et par l'adversité; ils entent sur cette extrême politesse que le commerce des femmes leur a donnée, et dont ils ne se défont jamais, un esprit de règle, de réflexion, et quelquefois une haute capacité, qu'ils doivent à la chambre et au loisir d'une mauvaise fortune.

Tout notre mal vient de ne pouvoir être seuls [1] : de là le jeu, le luxe, la dissipation, le vin, les femmes, l'ignorance, la médisance, l'envie, l'oubli de soi-même et de Dieu.

¶ L'homme semble quelquefois ne se suffire pas à soi-même : les ténèbres, la solitude le troublent, le jettent dans des craintes frivoles et dans de vaines terreurs; le moindre mal alors qui puisse lui arriver est de s'ennuyer.

¶ L'ennui est entré dans le monde par la paresse; elle a beaucoup de part dans la recherche que font les hommes des plaisirs, du jeu, de la société. Celui qui aime le travail a assez de soi-même.

¶ La plupart des hommes emploient la meilleure partie [2] de leur vie à rendre l'autre misérable.

¶ Il y a des ouvrages qui commencent par A et finis-

---

1. Le malheur des hommes vient de ne savoir pas se tenir en repos dans une chambre. (Pascal.)
2. Var. La première partie.

sent par Z : le bon, le mauvais, le pire, tout y entre ; rien en un certain genre n'est oublié : quelle recherche, quelle affectation dans ces ouvrages! On les appelle des jeux d'esprit. De même, il y a un jeu dans la conduite : on a commencé, il faut finir; on veut fournir toute la carrière. Il seroit mieux ou de changer ou de suspendre; mais il est plus rare et plus difficile de poursuivre : on poursuit, on s'anime par les contradictions; la vanité soutient, supplée à la raison, qui cède et qui se désiste : on porte ce raffinement jusque dans les actions les plus vertueuses, dans celles même où il entre de la religion.

¶ Il n'y a que nos devoirs qui nous coûtent, parce que leur pratique ne regardant que les choses que nous sommes étroitement obligés de faire, elle n'est pas suivie de grands éloges, qui est tout ce qui nous excite aux actions louables et qui nous soutient dans nos entreprises. N*** aime une piété fastueuse qui lui attire l'intendance des besoins des pauvres, le rend dépositaire de leur patrimoine et fait de sa maison un dépôt public où se font les distributions; les gens à petits collets[1] et les *sœurs grises*[2] y ont une libre entrée, toute une ville voit ses aumônes et les publie: qui pourroit douter qu'il soit homme de bien, si ce n'est peut-être ses créanciers?

¶ *Géronte* meurt de caducité et sans avoir fait ce testament qu'il projetoit depuis trente années; dix têtes viennent *ab intestat* partager sa succession. Il ne vivoit depuis longtemps que par les soins d'*Astérie*, sa

---

1. On appelle *petit collet* un homme qui s'est mis dans la réforme, dans la dévotion, parce que les gens d'église portent de petits collets, tandis que les gens du monde en portent de grands, ornés de points et de dentelles ; et quelquefois il se dit en mauvaise part des hypocrites qui affectent des manières modestes, et surtout de porter un petit *collet*. (*Diction*. de Trévoux.)

2. On appelait *Sœurs grises* des sœurs de charité qui vivaient en communauté sans être religieuses. On désignait aussi sous le même nom les hospitalières du tiers-ordre de saint François, parce qu'elles étaient habillées de gris. (*Diction*. de Trévoux.)

femme, qui, jeune encore, s'étoit dévouée à sa personne, ne le perdoit pas de vue, secouroit sa vieillesse et lui a enfin fermé les yeux. Il ne lui laisse pas assez de bien pour pouvoir se passer, pour vivre, d'un autre vieillard.

¶ Laisser perdre charges et bénéfices plutôt que de vendre ou de résigner, même dans son extrême vieillesse, c'est se persuader qu'on n'est pas du nombre de ceux qui meurent; ou si l'on croit que l'on peut mourir, c'est s'aimer soi-même et n'aimer que soi.

¶ *Fauste* est un dissolu, un prodigue, un libertin, un ingrat, un emporté, qu'*Aurèle*, son oncle, n'a pu haïr ni déshériter.

Frontin, neveu d'Aurèle, après vingt années d'une probité connue et d'une complaisance aveugle pour ce vieillard, ne l'a pu fléchir en sa faveur, et ne tire de sa dépouille qu'une légère pension que Fauste, unique légataire, lui doit payer.

¶ Les haines sont si longues et si opiniâtres, que le plus grand signe de mort, dans un homme malade, c'est la réconciliation.

¶ L'on s'insinue auprès de tous les hommes, ou en les flattant dans les passions qui occupent leur âme, ou en compatissant aux infirmités qui affligent leur corps. En cela seul consistent les soins que l'on peut leur rendre; de là vient que celui qui se porte bien et qui désire peu de chose est moins facile à gouverner.

¶ La mollesse et la volupté naissent avec l'homme et ne finissent qu'avec lui; ni les heureux ni les tristes événements ne l'en peuvent séparer; c'est pour lui ou le fruit de la bonne fortune ou un dédommagement de la mauvaise.

¶ C'est une grande difformité dans la nature qu'un vieillard amoureux.

¶ Peu de gens se souviennent d'avoir été jeunes, et

combien il leur étoit difficile d'être chastes et tempérants. La première chose qui arrive aux hommes après avoir renoncé aux plaisirs, ou par bienséance, ou par lassitude, ou par régime, c'est de les condamner dans les autres. Il entre dans cette conduite une sorte d'attachement pour les choses mêmes que l'on vient de quitter ; l'on aimeroit qu'un bien qui n'est plus pour nous ne fût plus aussi pour le reste du monde : c'est un sentiment de jalousie.

¶ Ce n'est pas le besoin d'argent où les vieillards peuvent appréhender de tomber un jour qui les rend avares, car il y en a de tels qui ont de si grands fonds qu'ils ne peuvent guère avoir cette inquiétude ; et d'ailleurs, comment pourroient-ils craindre de manquer dans leur caducité des commodités de la vie, puisqu'ils s'en privent eux-mêmes volontairement pour satisfaire à leur avarice ? Ce n'est point aussi l'envie de laisser de plus grandes richesses à leurs enfants, car il n'est pas naturel d'aimer quelque autre chose plus que soi-même, outre qu'il se trouve des avares qui n'ont point d'héritiers. Ce vice est plutôt l'effet de l'âge et de la complexion des vieillards, qui s'y abandonnent aussi naturellement qu'ils suivoient leurs plaisirs dans leur jeunesse ou leur ambition dans l'âge viril. Il ne faut ni vigueur, ni jeunesse, ni santé, pour être avare ; l'on n'a aussi nul besoin de s'empresser ou de se donner le moindre mouvement pour épargner ses revenus : il faut laisser seulement son bien dans les coffres et se priver de tout. Cela est commode aux vieillards, à qui il faut une passion parce qu'ils sont hommes.

¶ Il y a des gens qui sont mal logés, mal couchés, mal habillés, et plus mal nourris ; qui essuient les rigueurs des saisons ; qui se privent eux-mêmes de la société des hommes, et passent leurs jours dans la solitude ; qui souffrent du présent, du passé et de l'avenir; dont la vie est comme une pénitence continuelle, et qui ont ainsi trouvé le secret d'aller à leur perte par le chemin le plus pénible : ce sont les avares.

¶ Le souvenir de la jeunesse est tendre dans les vieillards ; ils aiment les lieux où ils l'ont passée. Les personnes qu'ils ont commencé de connoître dans ce temps leur sont chères ; ils affectent quelques mots du premier langage qu'ils ont parlé ; ils tiennent pour l'ancienne manière de chanter, et pour la vieille danse ; ils vantent les modes qui régnoient alors dans les habits, les meubles et les équipages ; ils ne peuvent encore désapprouver des choses qui servoient à leurs passions, qui étoient si utiles à leurs plaisirs, et qui en rappellent la mémoire. Comment pourroient-ils leur préférer de nouveaux usages et des modes toutes récentes, où ils n'ont nulle part, dont ils n'espèrent rien, que les jeunes ont faites, et dont ils tirent à leur tour de si grands avantages contre la vieillesse ?

¶ Une trop grande négligence, comme une excessive parure dans les vieillards, multiplient leurs rides, et font mieux voir leur caducité.

¶ Un vieillard est fier, dédaigneux, et d'un commerce difficile, s'il n'a beaucoup d'esprit.

¶ Un vieillard qui a vécu à la cour, qui a un grand sens et une mémoire fidèle, est un trésor inestimable. Il est plein de faits et de maximes ; l'on y trouve l'histoire du siècle, revêtue de circonstances très-curieuses, et qui ne se lisent nulle part ; l'on y apprend des règles pour la conduite et pour les mœurs, qui sont toujours sûres, parce qu'elles sont fondées sur l'expérience.

¶ Les jeunes gens, à cause des passions qui les amusent, s'accommodent mieux de la solitude que les vieillards.

¶ *Phidippe*, déjà vieux, raffine sur la propreté et sur la mollesse ; il passe aux petites délicatesses ; il s'est fait un art du boire, du manger, du repos et de l'exercice. Les petites règles qu'il s'est prescrites, et qui tendent toutes aux aises de sa personne, il les observe avec scrupule, et ne les romproit pas pour une maîtresse, si le régime lui avoit permis d'en retenir. Il s'est accablé de superfluités, que l'habitude enfin lui rend nécessaires. Il double ainsi et renforce les liens qui l'attachent à la vie, et il veut employer ce qui lui en reste à en rendre la perte plus douloureuse. N'appréhendoit-il pas assez de mourir[1] ?

¶ *Gnathon* ne vit que pour soi, et tous les hommes ensemble sont à son égard comme s'ils n'étoient point. Non content de remplir à une table la première place, il occupe lui seul celle de deux autres. Il oublie que le repas est pour lui et pour toute la compagnie ; il se rend maître du plat, et fait son propre de chaque service. Il ne s'attache à aucun des mets, qu'il n'ait achevé d'essayer de tous ; il voudroit pouvoir les savourer tous tout à la fois. Il ne se sert à table que de ses mains ; il manie les viandes, les remanie, démembre, déchire, et en use de manière qu'il faut que les conviés, s'ils veulent manger, mangent ses restes. Il ne leur épargne aucune de ces malpropretés dégoûtantes capables d'ôter l'appétit aux plus affamés ; le jus et les sauces lui dégouttent du menton et de la barbe. S'il enlève un ragoût de dessus un plat, il le répand en chemin dans un autre plat et sur la nappe ; on le suit à la trace. Il mange haut et

---

1. Dans tous les articles ci-dessus on remarquera que La Bruyère, traite en général assez sévèrement la vieillesse, et qu'il en parle plutôt en satirique qu'en moraliste. Il est regrettable qu'il ne se soit point souvenu ici du *de Senectute* de Cicéron, qui donnait à Montaigne « appétit de vieillir. » Cet admirable traité de philosophie pratique a inspiré Buffon, et de nos jours même M. Flourens, qui comme Buffon, a réhabilité la vieillesse, qu'il appelle heureusement « l'âge saint de la vie. »

avec grand bruit ; il roule les yeux en mangeant ; la table est pour lui un râtelier ; il écure ses dents, et il continue à manger. Il se fait, quelque part où il se trouve, une manière d'établissement, et ne souffre pas d'être plus pressé au sermon ou au théâtre que dans sa chambre. Il n'y a dans un carrosse que les places du fond qui lui conviennent ; dans toute autre, si on veut l'en croire, il pâlit et tombe en foiblesse. S'il fait un voyage avec plusieurs, il les prévient dans les hôtelleries, et il sait toujours se conserver dans la meilleure chambre le meilleur lit. Il tourne tout à son usage ; ses valets, ceux d'autrui, courent dans le même temps[1] pour son service ; tout ce qu'il trouve sous sa main lui est propre, hardes, équipages. Il embarrasse tout le monde, ne se contraint pour personne, ne plaint personne, ne connoît de maux que les siens, que sa réplétion et sa bile ; ne pleure point la mort des autres, n'appréhende que la sienne, qu'il rachèteroit volontiers de l'extinction du genre humain.

¶ *Cliton* n'a jamais eu en toute sa vie que deux affaires, qui est de dîner le matin et de souper le soir. Il ne semble né que pour la digestion ; il n'a de même qu'un entretien : il dit les entrées qui ont été servies au dernier repas où il s'est trouvé ; il dit combien il y a eu de potages, et quels potages ; il place ensuite le rôt et les entremets ; il se souvient exactement de quels plats on a relevé le premier service ; il n'oublie pas les *hors-d'œuvre*, le fruit et les assiettes ; il nomme tous les vins et toutes les liqueurs dont il a bu ; il possède le langage des cuisines autant qu'il peut s'étendre, et il me fait envie de manger à une bonne table où il ne soit point[2]. Il a surtout un palais sûr, qui ne prend point le change ; et il ne s'est jamais vu exposé à

---

1. VAR. *Sont dans le même temps en campagne.*
2. Il prend soin d'y servir des mets fort délicats.
— Oui ; mais je voudrois bien qu'il ne s'y servît pas ;

l'horrible inconvénient de manger un mauvais ragoût, ou de boire d'un vin médiocre. C'est un personnage illustre dans son genre, et qui a porté le talent de se bien nourrir jusques où il pouvoit aller ; on ne verra plus un homme qui mange tant et qui mange si bien. Aussi est-il l'arbitre des bons morceaux ; et il n'est guère permis d'avoir du goût pour ce qu'il désapprouve. Mais il n'est plus ; il s'est fait du moins porter à table jusqu'au dernier soupir ; il donnoit à manger le jour qu'il est mort. Quelque part où il soit, il mange ; et, s'il revient au monde, c'est pour manger.

¶ *Ruffin* commence à grisonner ; mais il est sain ; il a un visage frais et un œil vif qui lui promettent encore vingt années de vie ; il est gai, *jovial*, familier, indifférent ; il rit de tout son cœur, et il rit tout seul et sans sujet : il est content de soi, des siens, de sa petite fortune ; il dit qu'il est heureux. Il perd son fils unique, jeune homme de grande espérance, et qui pouvoit un jour être l'honneur de sa famille ; il remet sur d'autres le soin de le pleurer : il dit : *Mon fils est mort, cela fera mourir sa mère* ; et il est consolé. Il n'a point de passions ; il n'a ni amis ni ennemis ; personne ne l'embarrasse, tout le monde lui convient, tout lui est propre ; il parle à celui qu'il voit une première fois avec la même liberté et la même confiance qu'à ceux qu'il appelle de vieux amis, et il lui fait part bientôt de ses *quolibets* et de ses historiettes. On l'aborde, on le quitte sans qu'il y fasse attention ; et le même conte qu'il a commencé de faire à quelqu'un, il l'achève à celui qui prend sa place.

¶ N** est moins affoibli par l'âge que par la maladie, car il ne passe point soixante-huit ans ; mais il a la goutte, et il est sujet à une colique néphrétique ; il a

<small>C'est un fort méchant plat que sa sotte personne,
Et qui gâte, à mon goût, tous les repas qu'il donne.
(Molière, *le Misanthrope*, acte II, sc. v.)</small>

le visage décharné, le teint verdâtre, et qui menace ruine : il fait marner sa terre, et il compte que de quinze ans entiers il ne sera obligé de la fumer ; il plante un jeune bois, et il espère qu'en moins de vingt années il lui donnera un beau couvert ; il fait bâtir dans la rue** une maison de pierre de taille, raffermie dans les encoignures par des mains de fer, et dont il assure, en toussant et avec une voix frêle et débile, qu'on ne verra jamais la fin ; il se promène tous les jours dans ses ateliers sur le bras d'un valet qui le soulage ; il montre à ses amis ce qu'il a fait, et il leur dit ce qu'il a dessein de faire. Ce n'est pas pour ses enfants qu'il bâtit, car il n'en a point ; ni pour ses héritiers, personnes viles et qui sont brouillées avec lui : c'est pour lui seul et il mourra demain.

¶ *Antagoras* a un visage trivial et populaire ; un suisse de paroisse ou le saint de pierre qui orne le grand autel n'est pas mieux connu que lui de toute la multitude. Il parcourt le matin toutes les chambres et tous les greffes d'un parlement, et le soir les rues et les carrefours d'une ville : il plaide depuis quarante ans, plus proche de sortir de la vie que de sortir d'affaires. Il n'y a point eu au palais depuis tout ce temps de causes célèbres ou de procédures longues et embrouillées où il n'ait du moins intervenu : aussi a-t-il un nom fait pour remplir la bouche de l'avocat, et qui s'accorde avec le demandeur ou le défendeur comme le substantif et l'adjectif. Parent de tous et haï de tous, il n'y a guère de familles dont il ne se plaigne, et qui ne se plaignent de lui ; appliqué successivement à saisir une terre, à s'opposer au sceau, à se servir d'un *committimus*[1], ou à mettre un arrêt à exé-

---

1. *Committimus* ; — lettres de chancellerie par lesquelles les causes qu'une personne avait, tant en demandant qu'en défendant, étaient *commises* en première instance aux requêtes du palais ou aux requêtes de l'hôtel de Paris. (*Dict. de l'Académie.*)

cution ; outre qu'il assiste chaque jour à quelques assemblées de créanciers ; partout syndic de directions, et perdant à toutes les banqueroutes, il a des heures de reste pour ses visites ; vieil meuble de ruelle, où il parle procès et dit des nouvelles. Vous l'avez laissé dans une maison au Marais, vous le retrouvez au grand Faubourg, où il vous a prévenu, et où déjà il redit ses nouvelles et son procès. Si vous plaidez vous-même, et que vous alliez le lendemain à la pointe du jour chez l'un de vos juges pour le solliciter, le juge attend pour vous donner audience qu'Antagoras soit expédié.

¶ Tels hommes passent une longue vie à se défendre des uns et à nuire aux autres, et ils meurent consumés de vieillesse, après avoir causé autant de maux qu'ils en ont souffert.

¶ Il faut des saisies de terre et des enlèvements de meubles, des prisons et des supplices, je l'avoue ; mais justice, lois et besoins à part, ce m'est une chose toujours nouvelle de contempler avec quelle férocité les hommes traitent d'autres hommes.

¶ L'on voit certains animaux farouches, des mâles et des femelles, répandus par la campagne, noirs, livides et tout brûlés du soleil, attachés à la terre qu'ils fouillent et qu'ils remuent avec une opiniâtreté invincible ; ils ont comme une voix articulée, et, quand ils se lèvent sur leurs pieds, ils montrent une face humaine : et en effet ils sont des hommes. Ils se retirent la nuit dans des tanières, où ils vivent de pain noir, d'eau et de racines ; ils épargnent aux autres hommes la peine de semer, de labourer et de recueillir pour vivre, et méritent ainsi de ne pas manquer de ce pain qu'ils ont semé.

¶ *Don Fernand* dans sa province est oisif, ignorant, médisant, querelleux, fourbe, intempérant, impertinent ; mais il tire l'épée contre ses voisins, et pour un rien il expose sa vie ; il a tué des hommes, il sera tué.

¶ Le noble de province, inutile à sa patrie, à sa famille et à lui-même, souvent sans toit, sans habit et sans aucun mérite, répète dix fois le jour qu'il est gentilhomme, traite les fourrures et les mortiers¹ de bourgeoisie, occupé toute sa vie de ses parchemins et de ses titres, qu'il ne changeroit pas contre les masses d'un chancelier.

¶ Il se fait généralement dans tous les hommes des combinaisons infinies de la puissance, de la faveur, du génie, des richesses, des dignités, de la noblesse, de la force, de l'industrie, de la capacité, de la vertu, du vice, de la foiblesse, de la stupidité, de la pauvreté, de l'impuissance, de la roture et de la bassesse. Ces choses, mêlées ensemble en mille manières différentes et compensées l'une par l'autre en divers sujets, forment aussi les divers états et les différentes conditions. Les hommes d'ailleurs, qui tous savent le fort et le foible les uns des autres, agissent aussi réciproquement comme ils croient le devoir faire, connoissent ceux qui leur sont égaux, sentent la supériorité que quelques-uns ont sur eux et celle qu'ils ont sur quelques autres, et de là naissent entre eux ou la familiarité, ou le respect et la déférence, ou la fierté et le mépris. De cette source vient que, dans les endroits publics et où le monde se rassemble, on se trouve à tous moments entre celui que l'on cherche à aborder ou à saluer et cet autre que l'on feint de ne pas connoître et dont l'on veut encore moins se laisser joindre ; que l'on se fait honneur de l'un, et qu'on a honte de l'autre ; qu'il arrive même que celui dont vous vous faites honneur et que vous voulez retenir,

---

1. *Mortier.* — Espèce de bonnet rond de velours noir bordé de galon d'or, que les présidents des parlements portaient dans l'exercice de leurs fonctions et qui est encore aujourd'hui la coiffure des présidents des cours de justice. (*Dict. de l'Académie.*)

est celui aussi qui est embarrassé de vous et qui vous quitte ; et que le même est souvent celui qui rougit d'autrui et dont on rougit, qui dédaigne ici et qui là est dédaigné ; il est encore assez ordinaire de mépriser qui nous méprise. Quelle misère ! et puisqu'il est vrai que, dans un si étrange commerce, ce que l'on pense gagner d'un côté on le perd de l'autre, ne reviendroit-il pas au même de renoncer à toute hauteur et à toute fierté, qui convient si peu aux foibles hommes, et de composer ensemble, de se traiter tous avec une mutuelle bonté, qui, avec l'avantage de n'être jamais mortifiés, nous procureroit un aussi grand bien que celui de ne mortifier personne.

¶ Bien loin de s'effrayer ou de rougir même du nom de philosophe, il n'y a personne au monde qui ne dût avoir une forte teinture de philosophie [1]. Elle convient à tout le monde : la pratique en est utile à tous les âges, à tous les sexes et à toutes les conditions ; elle nous console du bonheur d'autrui, des indignes préférences, des mauvais succès, du déclin de nos forces ou de notre beauté ; elle nous arme contre la pauvreté, la vieillesse, la maladie et la mort, contre les sots et les mauvais railleurs ; elle nous fait vivre sans une femme ou nous fait supporter celle avec qui nous vivons.

¶ Les hommes, en un même jour, ouvrent leur âme à de petites joies et se laissent dominer par de petits chagrins ; rien n'est plus inégal et moins suivi que ce qui se passe en si peu de temps dans leur cœur et dans leur esprit. Le remède à ce mal est de n'estimer les choses du monde précisément que ce qu'elles valent.

¶ Il est aussi difficile de trouver un homme vain qui

---

1. L'on ne peut plus entendre que celle qui est dépendante de la religion chrétienne. (*Note de La Bruyère.*)

se croit assez heureux qu'un homme modeste qui se croit trop malheureux.

Le destin du vigneron, du soldat et du tailleur de pierre m'empêche de m'estimer malheureux par la fortune des princes ou des ministres, qui me manque.

Il n'y a pour l'homme qu'un vrai malheur, qui est de se trouver en faute et d'avoir quelque chose à se reprocher.

¶ La plupart des hommes, pour arriver à leurs fins, sont plus capables d'un grand effort que d'une longue persévérance ; leur paresse ou leur inconstance leur fait perdre le fruit des meilleurs commencements ; ils se laissent souvent devancer par d'autres qui sont partis après eux, et qui marchent lentement, mais constamment.

¶ J'ose presque assurer que les hommes savent encore mieux prendre des mesures que les suivre, résoudre ce qu'il faut faire et ce qu'il faut dire que de faire ou de dire ce qu'il faut. On se propose fermement, dans une affaire qu'on négocie, de taire une certaine chose ; et ensuite, ou par passion, ou par une intempérance de langue, ou dans la chaleur de l'entretien, c'est la première qui échappe.

¶ Les hommes agissent mollement dans les choses qui sont de leur devoir, pendant qu'ils se font un mérite, ou plutôt une vanité, de s'empresser pour celles qui leur sont étrangères, et qui ne conviennent ni à leur état ni à leur caractère.

¶ La différence d'un homme qui se revêt d'un caractère étranger à lui-même, quand il rentre dans le sien, est celle d'un masque à un visage.

¶ *Télèphe* a de l'esprit, mais dix fois moins, de compte fait, qu'il ne présume d'en avoir ; il est donc, dans ce qu'il dit, dans ce qu'il fait, dans ce qu'il médite et ce qu'il projette, dix fois au delà de ce qu'il a d'esprit; il n'est donc jamais dans ce qu'il a de force et d'étendue : ce raisonnement est juste. Il a comme une barrière qui le ferme, et qui devroit l'avertir de s'arrêter en deçà; mais il passe outre, il se jette hors de sa sphère, il trouve lui-même son endroit foible, et se montre par cet endroit; il parle de ce qu'il ne sait point, ou de ce qu'il sait mal; il entreprend au-dessus de son pouvoir; il désire au delà de sa portée; il s'égale à ce qu'il y a de meilleur en tout genre; il a du bon et du louable, qu'il offusque par l'affectation du grand ou du merveilleux; on voit clairement ce qu'il n'est pas, et il faut deviner ce qu'il est en effet. C'est un homme qui ne se mesure point, qui ne se connoît point : son caractère est de ne savoir pas se renfermer dans celui qui lui est propre, et qui est le sien.

¶ L'homme du meilleur esprit est inégal, il souffre des accroissements et des diminutions; il entre en verve, mais il en sort; alors, s'il est sage, il parle peu, il n'écrit point, il ne cherche point à imaginer ni à plaire. Chante-t-on avec un rhume? ne faut-il pas attendre que la voix revienne?

Le sot est *automate*, il est machine, il est ressort; le poids l'emporte, le fait mouvoir, le fait tourner, et toujours, et dans le même sens, et avec la même égalité; il est uniforme, il ne se dément point; qui l'a vu une fois l'a vu dans tous les instants et dans toutes les périodes de sa vie : c'est tout au plus le bœuf qui meugle, ou le merle qui siffle; il est fixé et déterminé par sa nature, et j'ose dire par son espèce; ce qui paroît le moins en lui, c'est son âme : elle n'agit point, elle ne s'exerce point, elle se repose [1].

¶ Le sot ne meurt point; ou, si cela lui arrive, selon notre manière de parler, il est vrai de dire qu'il gagne

---

1. Le sot s'assoupit et fait la sieste en bonne compagnie. (VAUVENARGUES.)

à mourir, et que, dans ce moment où les autres meurent, il commence à vivre : son âme alors pense, raisonne, infère, conclut, juge, prévoit, fait précisément tout ce qu'elle ne faisoit point ; elle se trouve dégagée d'une masse de chair où elle étoit comme ensevelie sans fonction, sans mouvement, sans aucun du moins qui fût digne d'elle ; je dirois presque qu'elle rougit de son propre corps et des organes bruts et imparfaits auxquels elle s'est vue attachée si longtemps, et dont elle n'a pu faire qu'un sot ou qu'un stupide ; elle va d'égal avec les grandes âmes, avec celles qui font les bonnes têtes ou les hommes d'esprit. L'âme d'Alain ne se démêle plus d'avec celle du grand CONDÉ, de RICHELIEU, de PASCAL et de LINGENDES [1].

¶ La fausse délicatesse dans les actions libres, dans les mœurs ou dans la conduite, n'est pas ainsi nommée parce qu'elle est feinte, mais parce qu'en effet elle s'exerce sur des choses et en des occasions qui n'en méritent point. La fausse délicatesse de goût et de complexion n'est telle au contraire que parce qu'elle est feinte ou affectée : c'est *Émilie* qui crie de toute sa force sur un petit péril qui ne lui fait pas de peur ; c'est une autre qui par mignardise pâlit à la vue d'une souris, ou qui veut aimer les violettes et s'évanouir aux tubéreuses.

¶ Qui oseroit se promettre de contenter les hommes? Un prince, quelque bon et quelque puissant qu'il fût, voudroit-il l'entreprendre? Qu'il l'essaye : qu'il se fasse lui-même une affaire de leurs plaisirs ;

---

1. On connaît au XVII° siècle trois personnages de ce nom, tous trois de la même famille : un poëte, Jean de Lingendes, né en 1580, mort en 1616 ; un prédicateur fort goûté de son temps, Claude de Lingendes, de la compagnie de Jésus, né en 1595, mort en 1665 ; un prélat, Jean de Lingendes, évêque de Sarlat, puis de Mâcon, prédicateur également distingué, et député du clergé en 1655, né en 1591, mort en 1665. C'est probablement à ce dernier que La Bruyère fait allusion.

qu'il ouvre son palais à ses courtisans; qu'il les admette jusque dans son domestique; que, dans des lieux dont la vue seule est un spectacle [1], il leur fasse voir d'autres spectacles; qu'il leur donne le choix des jeux, des concerts et de tous les rafraîchissements; qu'il y ajoute une chère splendide et une entière liberté; qu'il entre avec eux en société des mêmes amusements; que le grand homme devienne aimable, et que le héros soit humain et familier : il n'aura pas assez fait. Les hommes s'ennuient enfin des mêmes choses qui les ont charmés dans leurs commencements : ils déserteroient la *table des dieux*, et le *nectar*, avec le temps, leur devient insipide. Ils n'hésitent pas de critiquer des choses qui sont parfaites; il y entre de la vanité et une mauvaise délicatesse; leur goût, si on les en croit, est encore au delà de toute l'affectation qu'on auroit à les satisfaire et d'une dépense toute royale que l'on feroit pour y réussir; il s'y mêle de la malignité, qui va jusques à vouloir affoiblir dans les autres la joie qu'ils auroient de les rendre contents [2]. Ces mêmes gens, pour l'ordinaire si flatteurs et si complaisants, peuvent se démentir : quelquefois on ne les reconnoît plus, et l'on voit l'homme jusque dans le courtisan.

¶ L'affectation dans le geste, dans le parler et dans les manières, est souvent une suite de l'oisiveté ou de l'indifférence; et il semble qu'un grand attachement ou de sérieuses affaires jettent l'homme dans son naturel.

¶ Les hommes n'ont point de caractère, ou, s'ils en ont, c'est celui de n'en avoir aucun qui soit suivi, qui ne se démente point, et où ils soient reconnoissables. Ils souffrent beaucoup à être toujours les mêmes, à

---

1. Versailles, Marly, Fontainebleau.
2. Var. *De nous rendre contents*.

persévérer dans la règle ou dans le désordre, et, s'ils se délassent quelquefois d'une vertu par une autre vertu, ils se dégoûtent plus souvent d'un vice par un autre vice [1]; ils ont des passions contraires et des foibles qui se contredisent; il leur coûte moins de joindre les extrémités que d'avoir une conduite dont une partie naisse de l'autre; ennemis de la modération, ils outrent toutes choses, les bonnes et les mauvaises, dont ne pouvant ensuite supporter l'excès, ils l'adoucissent par le changement. *Adraste* étoit si corrompu et si libertin, qu'il lui a été moins difficile de suivre la mode et se faire dévot : il lui eût coûté davantage d'être homme de bien.

¶ D'où vient que les mêmes hommes qui ont un flegme tout prêt pour recevoir indifféremment les plus grands désastres s'échappent et ont une bile intarissable sur les plus petits inconvénients? Ce n'est pas sagesse en eux qu'une telle conduite, car la vertu est égale et ne se dément point : c'est donc un vice; et quel autre que la vanité, qui ne se réveille et ne se recherche que dans les événements où il y a de quoi faire parler le monde et beaucoup à gagner pour elle, mais qui se néglige sur tout le reste?

¶ L'on se repent rarement de parler peu, très-souvent de trop parler : maxime usée et triviale, que tout le monde sait, et que tout le monde ne pratique pas.

¶ C'est se venger contre soi-même, et donner un trop grand avantage à ses ennemis, que de leur imputer des choses qui ne sont pas vraies et de mentir pour les décrier.

¶ Si l'homme savoit rougir de soi, quels crimes,

---

1. L'homme est si misérable que l'inconstance avec laquelle il abandonne ses desseins est en quelque sorte sa plus grande vertu; parce qu'il témoigne par là qu'il y a encore en lui quelque reste de grandeur qui le porte à se dégoûter des choses qui ne méritent pas son amour et son estime. (Nicole.)

non-seulement cachés, mais publics et connus, ne s'épargneroit-il pas!

¶ Si certains hommes ne vont pas[1] dans le bien jusques où ils pourroient aller, c'est par le vice de leur première instruction.

¶ Il y a dans quelques hommes une certaine médiocrité d'esprit qui contribue à les rendre sages.

¶ Il faut aux enfants les verges et la férule; il faut aux hommes faits une couronne, un sceptre, un mortier, des fourrures, des faisceaux, des timbales, des hoquetons. La raison et la justice dénuées de tous leurs ornements ni ne persuadent ni n'intimident. L'homme, qui est esprit, se mène par les yeux et les oreilles.

¶ *Timon*, ou le misanthrope, peut avoir l'âme austère et farouche, mais extérieurement il est civil et *cérémonieux*; il ne s'échappe pas, il ne s'apprivoise pas avec les hommes; au contraire, il les traite honnêtement et sérieusement; il emploie à leur égard tout ce qui peut éloigner leur familiarité; il ne veut pas les mieux connoître ni s'en faire des amis, semblable en ce sens à une femme qui est en visite chez une autre femme.

¶ La raison tient de la vérité, elle est une; l'on n'y arrive que par un chemin, et l'on s'en écarte par mille. L'étude de la sagesse a moins d'étendue que celle que l'on feroit des sots et des impertinents. Celui qui n'a vu que des hommes polis et raisonnables, ou ne connoît pas l'homme, ou ne le connoît qu'à demi : quelque diversité qui se trouve[2] dans les complexions ou dans les mœurs, le commerce du monde et la politesse donnent les mêmes apparences, font qu'on se ressemble les uns aux autres par des

---

1. Var. *Si les hommes ne vont pas ordinairement.*
2. Var. *Qu'il se trouve.*

dehors qui plaisent réciproquement, qui semblent communs à tous, et qui font croire qu'il n'y a rien ailleurs qui ne s'y rapporte. Celui, au contraire, qui se jette dans le peuple ou dans la province y fait bientôt, s'il a des yeux, d'étranges découvertes, y voit des choses qui lui sont nouvelles, dont il ne se doutoit pas, dont il ne pouvoit avoir le moindre soupçon ; il avance, par des expériences continuelles, dans la connoissance de l'humanité ; il calcule presque en combien de manières différentes l'homme peut être insupportable.

¶ Après avoir mûrement approfondi les hommes et connu le faux de leurs pensées, de leurs sentiments, de leurs goûts et de leurs affections, l'on est réduit à dire qu'il y a moins à perdre pour eux par l'inconstance que par l'opiniâtreté.

¶ Combien[1] d'âmes foibles, molles et indifférentes, sans de grands défauts[2], et qui puissent fournir à la satire ! Combien[3] de sortes de ridicules répandus parmi les hommes, mais qui, par leur singularité, ne tirent point à conséquence et ne sont d'aucune ressource pour l'instruction et pour la morale ! Ce sont des vices uniques qui ne sont pas contagieux, et qui sont moins de l'humanité que de la personne.

---

1. Var. *Combien y a-t-il.*
2. Var. *Sans de grandes vertus, et aussi sans de grands défauts.*
3. Var. *De même combien.*

DES JUGEMENTS.

Rien ne ressemble plus à la vive persuasion que le mauvais entêtement : de là les partis, les cabales, les hérésies.

¶ L'on ne pense pas toujours constamment d'un même sujet : l'entêtement et le dégoût se suivent de près.

¶ Les grandes choses étonnent, et les petites rebutent : nous nous apprivoisons avec les unes et les autres par l'habitude.

¶ Deux choses toutes contraires nous préviennent également, l'habitude et la nouveauté.

¶ Il n'y a rien de plus bas, et qui convienne mieux au peuple, que de parler en des termes magnifiques de ceux même dont l'on pensoit très-modestement avant leur élévation.

¶ La faveur des princes n'exclut pas le mérite, et ne le suppose pas aussi.

¶ Il est étonnant qu'avec tout l'orgueil dont nous sommes gonflés et la haute opinion que nous avons de nous-mêmes et de la bonté de notre jugement, nous négligions de nous en souvenir pour prononcer sur le mérite des autres. La vogue, la faveur populaire, celle du prince, nous entraînent comme un torrent ; nous louons ce qui est loué bien plus que ce qui est louable.

¶ Je ne sais s'il y a rien au monde qui coûte davantage à approuver et à louer que ce qui est plus digne d'approbation et de louange, et si la vertu, le mérite, la beauté, les bonnes actions, les beaux ouvrages, ont un effet plus naturel et plus sûr que l'envie, la jalousie et l'antipathie. Ce n'est pas d'un saint dont un dévot¹ sait dire du bien, mais d'un autre dévot. Si une belle femme approuve la beauté d'une autre femme, on peut conclure qu'elle a mieux que ce qu'elle approuve; si un poëte loue les vers d'un autre poëte, il y a à parier qu'ils sont mauvais et sans conséquence.

¶ Les hommes ne se goûtent qu'à peine les uns les autres, n'ont qu'une foible pente à s'approuver réciproquement : action, conduite, pensée, expression, rien ne plaît, rien ne contente. Ils substituent à la place de ce qu'on leur récite, de ce qu'on leur dit ou de ce qu'on leur lit, ce qu'ils auroient fait eux-mêmes en pareille conjoncture, ce qu'ils penseroient ou ce qu'ils écriroient sur un tel sujet; et ils sont si pleins de leurs idées, qu'il n'y a plus de place pour celles d'autrui².

¶ Le commun des hommes est si enclin au déréglement et à la bagatelle, et le monde est si plein d'exemples ou pernicieux ou ridicules, que je croirois assez que l'esprit de singularité, s'il pouvoit avoir ses bornes et ne pas aller trop loin, approcheroit fort de la droite raison et d'une conduite régulière.

Il faut faire comme les autres : maxime suspecte, qui signifie presque toujours : il faut mal faire, dès

---

1. Faux dévot. (*Note de La Bruyère.*)

2. C'est un malheur que les hommes ne puissent d'ordinaire posséder aucun talent sans avoir quelque envie d'abaisser les autres. S'ils ont la finesse, ils décrient la force; s'ils sont géomètres ou physiciens, ils écrivent contre la poésie et l'éloquence; et les gens du monde, qui ne pensent pas que ceux qui ont excellé dans quelque genre jugent mal d'un autre talent, se laissent prévenir par leurs décisions. Ainsi, quand la métaphysique ou l'algèbre est à la mode, ce sont des métaphysiciens ou des algébristes qui font la réputation des poëtes et des musiciens; ou tout au contraire; l'esprit dominant assujettit les autres à son tribunal, et la plupart du temps à ses erreurs. (VAUVENARGUES.)

qu'on l'étend au delà de ces choses purement extérieures qui n'ont point de suite, qui dépendent de l'usage, de la mode ou des bienséances.

¶ Si les hommes sont hommes plutôt qu'ours ou panthères, s'ils sont équitables, s'ils se font justice à eux-mêmes, et qu'ils la rendent aux autres, que deviennent les lois, leur texte et le prodigieux accablement de leurs commentaires ? que devient le *pétitoire* et le *possessoire*, et tout ce qu'on appelle jurisprudence ? où se réduisent même ceux qui doivent tout leur relief et toute leur enflure à l'autorité où ils sont établis de faire valoir ces mêmes lois ? Si ces mêmes hommes ont de la droiture et de la sincérité, s'ils sont guéris de la prévention, où sont évanouies les disputes de l'école, la scolastique et les controverses ? S'ils sont tempérants, chastes et modérés, que leur sert le mystérieux jargon de la médecine, et qui est une mine d'or pour ceux qui s'avisent de le parler ? Légistes, docteurs, médecins, quelle chute pour vous si nous pouvions tous nous donner le mot de devenir sages !

De combien de grands hommes, dans les différents exercices de la paix et de la guerre, auroit-on dû se passer ! A quel point de perfection et de raffinement n'a-t-on pas porté de certains arts et de certaines sciences qui ne doivent point être nécessaires, et qui sont dans le monde comme des remèdes à tous les maux dont notre malice est l'unique source !

Que de choses depuis VARRON, que VARRON a ignorées ! Ne nous suffiroit-il pas même de n'être savant que comme PLATON ou comme SOCRATE ?

¶ Tel, à un sermon, à une musique, ou dans une galerie de peintures, a entendu à sa droite et à sa gauche, sur une chose précisément la même, des sentiments précisément opposés. Cela me feroit dire volontiers que l'on peut hasarder, dans tout genre d'ouvrages, d'y mettre le bon et le mauvais : le bon plaît aux uns et le mauvais aux autres. L'on ne risque guère davantage d'y mettre le pire : il a ses partisans.

¶ Le phénix de la poésie *chantante* renaît de ses cendres ; il a vu mourir et revivre sa réputation en un même jour. Ce juge même si infaillible et si ferme dans ses jugements, le public, a varié sur son sujet ; ou il se trompe, ou il s'est trompé. Celui qui prononceroit aujourd'hui que Q**[1], en un certain genre, est mauvais poëte, parleroit presque aussi mal que s'il eût dit, il y a quelque temps : *Il est bon poëte.*

¶ C. P. étoit riche, et C. N.[2] ne l'étoit pas : la *Pucelle* et *Rodogune* méritoient chacune une autre aventure. Ainsi l'on a toujours demandé pourquoi, dans telle ou telle profession, celui-ci avoit fait sa fortune, et cet autre l'avoit manquée ; et en cela les hommes cherchent la raison de leurs propres caprices, qui, dans les conjonctures pressantes de leurs affaires, de leurs plaisirs, de leur santé et de leur vie, leur font souvent laisser les meilleurs et prendre les pires.

¶ La condition des comédiens étoit infâme chez les Romains et honorable chez les Grecs : qu'est-elle chez nous ? On pense d'eux comme les Romains, on vit avec eux comme les Grecs.

¶ Il suffisoit à *Bathylle* d'être pantomime pour être couru des dames romaines ; à *Rhoé*, de danser au théâtre ; à *Roscie* et à *Nérine*, de représenter dans les chœurs, pour s'attirer une foule d'amants. La vanité et l'audace, suites d'une trop grande puissance, avoient ôté aux Romains le goût du secret et du mystère ; ils se plaisoient à faire du théâtre public celui de leurs amours ; ils n'étoient point jaloux de l'amphithéâtre, et partageoient avec la multitude les

1. Quinault.
2. *Chapelain, Corneille.*

charmes de leurs maîtresses. Leur goût n'alloit qu'à laisser voir qu'ils aimoient non pas une belle personne ou une excellente comédienne, mais une comédienne.

¶ Rien ne découvre mieux dans quelle disposition sont les hommes à l'égard des sciences et des belles-lettres[1], et de quelle utilité ils les croient dans la république, que le prix qu'ils y ont mis et l'idée qu'ils se forment de ceux qui ont pris le parti de les cultiver. Il n'y a point d'art si mécanique ni de si vile condition où les avantages ne soient plus sûrs, plus prompts et plus solides. Le comédien, couché dans son carrosse, jette de la boue au visage de CORNEILLE, qui est à pied. Chez plusieurs, savant et pédant sont synonymes.

Souvent, où le riche parle, et parle de doctrine, c'est aux doctes à se taire, à écouter, à applaudir, s'ils veulent du moins ne passer que pour doctes.

¶ Il y a une sorte de hardiesse à soutenir devant certains esprits la honte de l'érudition : l'on trouve chez eux une prévention tout établie contre les savants, à qui ils ôtent les manières du monde, le savoir-vivre, l'esprit de société, et qu'ils renvoient ainsi dépouillés à leur cabinet et à leurs livres. Comme l'ignorance est un état paisible, et qui ne coûte aucune peine, l'on s'y range en foule, et elle forme à la cour et à la ville un nombreux parti qui l'emporte sur celui des savants. S'ils allèguent en leur faveur les noms d'ESTRÉES, de HARLAY, BOSSUET, SÉGUIER, MONTAUSIER, WARDES, CHEVREUSE, NOVION, LAMOIGNON, SCUDÉRY[2], PELLISSON, et de tant d'autres personnages également doctes et polis; s'ils osent même citer les

---

1. VAR. Quel goût ont les hommes pour les sciences et pour les belles-lettres.
2. Mademoiselle Scudéry. (Note de La Bruyère.)

grands noms de CHARTRES, de CONDÉ, de CONTI, de BOURBON, du MAINE, de VENDÔME, comme de princes qui ont su joindre aux plus belles et aux plus hautes connoissances et l'atticisme des Grecs et l'urbanité des Romains, l'on ne feint point de leur dire que ce sont des exemples singuliers ; et, s'ils ont recours à de solides raisons, elles sont foibles contre la voix de la multitude. Il semble néanmoins qu'on devroit décider sur cela avec plus de précaution et se donner seulement la peine de douter si ce même esprit qui fait faire de si grands progrès dans les sciences [1], qui fait bien penser, bien juger, bien parler et bien écrire, ne pourroit point encore servir à être poli.

Il faut très-peu de fonds pour la politesse dans les manières : il en faut beaucoup pour celle de l'esprit.

¶ Il est savant, dit un politique, il est donc incapable d'affaires ; je ne lui confierois l'état de ma garderobe ; et il a raison. OSSAT, XIMENÈS, RICHELIEU, étoient savants ; étoient-ils habiles ? ont-ils passé pour de bons ministres ? Il sait le grec, continue l'homme d'État, c'est un grimaud, c'est un philosophe. Et, en effet, une fruitière à Athènes, selon les apparences, parloit grec, et, par cette raison, étoit philosophe. Les BIGNON, les LAMOIGNON, étoient de purs grimauds : qui en peut douter ? ils savoient le grec. Quelle vision, quel délire, au grand, au sage, au judicieux ANTONIN, de dire qu'*alors les peuples seroient heureux, si l'empereur philosophoit, ou si le philosophe, ou le grimaud, venoit à l'empire !*

Les langues sont la clef ou l'entrée des sciences, et rien davantage ; le mépris des unes tombe sur les autres. Il ne s'agit point si les langues sont anciennes ou

---

1. VAR. *Dans des sciences raisonnables.*

nouvelles, mortes ou vivantes ; mais si elles sont grossières ou polies, si les livres qu'elles ont formés sont d'un bon ou d'un mauvais goût. Supposons que notre langue pût un jour avoir le sort de la grecque et de la latine : seroit-on pédant, quelques siècles après qu'on ne la parleroit plus, pour lire MOLIÈRE ou LA FONTAINE

¶ Je nomme *Euripile*, et vous dites : C'est un bel esprit. Vous dites aussi de celui qui travaille une poutre : Il est charpentier ; et de celui qui refait un mur : Il est maçon. Je vous demande quel est l'atelier où travaille cet homme de métier, ce bel esprit, quelle est son enseigne, à quel habit le reconnoît-on, quels sont ses outils : est-ce le coin? sont-ce le marteau ou l'enclume? où fend-il, où cogne-t-il son ouvrage? où l'expose-t-il en vente? Un ouvrier se pique d'être ouvrier ; Euripile se pique-t-il d'être bel esprit? S'il est tel, vous me peignez un fat, qui met l'esprit en roture, une âme vile et mécanique, à qui ni ce qui est beau ni ce qui est esprit ne sauroient s'appliquer sérieusement ; et, s'il est vrai qu'il ne se pique de rien, je vous entends : c'est un homme sage et qui a de l'esprit[1]. Ne dites-vous pas encore du savantasse : il est bel esprit; et ainsi du mauvais poëte? Mais vous-même, vous croyez-vous sans aucun esprit? et si vous en avez, c'est sans doute de celui qui est beau et convenable. Vous voilà donc un bel esprit ; ou, s'il s'en faut peu que vous ne preniez ce nom pour une injure, continuez, j'y consens, de le donner à Euripile, et d'employer cette ironie comme les sots, sans le moindre discernement, ou comme les ignorants, qu'elle console d'une certaine culture qui leur manque, et qu'ils ne voient que dans les autres.

---

1. VAR. *Après de l'esprit*, on lit dans la 6ᵉ édition : *autrement un homme de mérite, que vous appelez un bel esprit.*

¶ Qu'on ne me parle jamais d'encre, de papier, de plume, de style, d'imprimeur, d'imprimerie; qu'on ne se hasarde plus de me dire : Vous écrivez si bien, *Antisthène*[1] ! continuez d'écrire. Ne verrons-nous point de vous un *in-folio*? Traitez de toutes les vertus et de tous les vices dans un ouvrage suivi, méthodique, qui n'ait point de fin; ils devroient ajouter : et nul cours. Je renonce à tout ce qui a été, qui est et qui sera livre. *Bérylle* tombe en syncope à la vue d'un chat, et moi à la vue d'un livre. Suis-je mieux nourri et plus lourdement vêtu, suis-je dans ma chambre à l'abri du nord, ai-je un lit de plume, après vingt ans entiers qu'on me débite dans la place? J'ai un grand nom, dites-vous, et beaucoup de gloire; dites que j'ai beaucoup de vent qui ne sert à rien. Ai-je un grain de ce métal qui procure toutes choses? Le vil praticien grossit son mémoire, se fait rembourser des frais qu'il n'avance pas, et il a pour gendre un comte ou un magistrat. Un homme *rouge* ou *feuille-morte*[2] devient commis, et bientôt plus riche que son maître; il le laisse dans la roture, et, avec de l'argent, il devient noble. B***[3] s'enrichit à montrer dans un cercle des marionnettes; BB***[4] à vendre en bouteilles l'eau de la rivière. Un autre charlatan[5] arrive ici de delà les monts avec une malle; il n'est pas déchargé, que les pensions courent; et il est près de retourner d'où il arrive avec des mulets et des fourgons. *Mercure* est *Mercure*, et rien davantage, et l'or ne peut payer ses médiations et ses intrigues; on y ajoute la faveur et

---

1. Var. *Démocrite.*
2. C'est-à-dire un laquais portant une livrée de ces couleurs.
3. Benoît, qui montrait des figures de cire.
4. Barbereau, qui avait fait fortune en vendant de l'eau de la rivière de Seine pour des eaux minérales.
5. L'Italien Caretti, qui vint débiter en France un élixir qui obtint un merveilleux succès. Sept gouttes de cet élixir suffisaient, suivant lui, à guérir tous les maux, mais pour plus de sûreté il s'en faisait payer avant la guérison. Il est parlé de cet empirique dans les lettres de madame de Sévigné.

les distinctions. Et, sans parler que des gains licites, on paye au tuilier sa tuile, et à l'ouvrier son temps et son ouvrage. Paye-t-on à un auteur ce qu'il pense et ce qu'il écrit? et, s'il pense très-bien, le paye-t-on largement? Se meuble-t-il, s'anoblit-il à force de penser et d'écrire juste? Il faut que les hommes soient habillés, qu'ils soient rasés; il faut que, retirés dans leurs maisons, ils aient une porte qui ferme bien; est-il nécessaire qu'ils soient instruits? Folie, simplicité, imbécillité, continue Antisthène, de mettre l'enseigne d'auteur ou de philosophe! avoir, s'il se peut, un *office lucratif*, qui rende la vie aimable, qui fasse prêter à ses amis, et donner à ceux qui ne peuvent rendre; écrire alors par jeu, par oisiveté, et comme *Tityre* siffle ou joue de la flûte; cela ou rien : j'écris à ces conditions, et je cède ainsi à la violence de ceux qui me prennent à la gorge, et me disent : Vous écrirez. Ils liront pour titre de mon nouveau livre : DU BEAU, DU BON, DU VRAI, DES IDÉES, DU PREMIER PRINCIPE, *par Antisthène, vendeur de marée.*

¶ Si les ambassadeurs des princes étrangers étoient des singes instruits à marcher sur leurs pieds de derrière et à se faire entendre par interprète, nous ne pourrions pas marquer un plus grand étonnement que celui que nous donnent la justesse de leurs réponses et le bon sens qui paroît quelquefois dans leurs discours. La prévention du pays, jointe à l'orgueil de la nation, nous fait oublier que la raison est de tous les climats, et que l'on pense juste partout où il y a des hommes. Nous n'aimerions pas à être traités ainsi de ceux que nous appelons barbares; et s'il y a en nous quelque barbarie, elle consiste à être épouvantés de voir d'autres peuples raisonner comme nous [1].

---

1. Cet article a été inspiré par la présence à Paris des ambassadeurs du roi de Siam, en 1686. Voici ce que dit Voltaire à cette occasion : nous citons

Tous les étrangers ne sont pas barbares, et tous nos compatriotes ne sont pas civilisés; de même, toute campagne n'est pas agreste [1] et toute ville n'est pas polie. Il y a dans l'Europe un endroit d'une province maritime d'un grand royaume où le villageois est doux et insinuant, le bourgeois au contraire et le magistrat grossiers, et dont la rusticité est héréditaire [2].

¶ Avec un langage si pur, une si grande recherche dans nos habits, des mœurs si cultivées, de si belles lois et un visage blanc, nous sommes barbares pour quelques peuples.

¶ Si nous entendions dire des Orientaux qu'ils boivent ordinairement d'une liqueur qui leur monte à la tête, leur fait perdre la raison et les fait vomir, nous dirions : Cela est bien barbare.

¶ Ce prélat se montre peu à la cour; il n'est de nul commerce; on ne le voit point avec des femmes; il ne joue ni à grande, ni à petite prime [3]; il n'assiste ni aux fêtes ni aux spectacles; il n'est point homme de cabale, et il n'a point l'esprit d'intrigue : toujours dans son évêché, où il fait une résidence continuelle, il ne

---

textuellement, mais en abrégeant. « Les Français venaient d'établir des comptoirs sur les côtes du Coromandel et avaient porté dans ces extrémités de l'Asie la réputation de leur roi. Un Grec, fils d'un cabaretier de Céphalonie, nommé Phalk Constance, qui était devenu premier ministre du roi de Siam, crut Louis XIV propre à être flatté par un hommage qui viendrait de si loin sans être attendu. Il envoya au nom du roi de Siam, son maître, une solennelle ambassade avec de grands présents à Louis XIV pour lui faire entendre que ce roi indien, charmé de sa gloire, ne voulait faire de traité de commerce qu'avec la France, et qu'il n'était même pas éloigné de se faire chrétien. La grandeur du roi flattée, et sa religion trompée, l'engagèrent à envoyer au roi de Siam deux ambassadeurs et six jésuites, et depuis on y joignit des officiers avec huit cents soldats; mais l'éclat de cette ambassade siamoise fut le seul fruit qu'on en retira. (*Siècle de Louis XIV*, chap. XIV.)

1. Ce terme s'entend ici métaphoriquement. (*Note de La Bruyère*.)
2. Var. Dans les trois premières éditions, le mot *le bourgeois* ne se trouve pas; l'article se termine ainsi : *le magistrat, au contraire, grossier, et dont la rusticité peut passer en proverbe*. (A. Destailleur.)
3. Le jeu de prime était un jeu de cartes qui eut une grande vogue au dix-septième siècle. C'est probablement en souvenir de cette vogue que le mot de *prime* a été appliqué à certaines opérations de bourse.

songe qu'à instruire son peuple par la parole et à l'édifier par son exemple; il consume son bien en des aumônes, et son corps par la pénitence; il n'a que l'esprit de régularité, et il est imitateur du zèle et de la piété des apôtres. Les temps sont changés, et il est menacé sous ce règne d'un titre plus éminent [1].

¶ Ne pourroit-on point faire comprendre aux personnes d'un certain caractère et d'une profession sérieuse, pour ne rien dire de plus, qu'ils ne sont point obligés à faire dire d'eux qu'ils jouent, qu'ils chantent et qu'ils badinent comme les autres hommes; et qu'à les voir si plaisants et si agréables, on ne croiroit point qu'ils fussent d'ailleurs si réguliers et si sévères? Oseroit-on même leur insinuer qu'ils s'éloignent par de telles manières de la politesse dont ils se piquent; qu'elle assortit au contraire et conforme les dehors aux conditions, qu'elle évite le contraste, et de montrer le même homme sous des figures différentes, et qui font de lui un composé bizarre ou un grotesque?

¶ Il ne faut pas juger des hommes comme d'un tableau ou d'une figure, sur une seule et première vue : il y a un intérieur et un cœur qu'il faut approfondir. Le voile de la modestie couvre le mérite, et le masque de l'hypocrisie cache la malignité. Il n'y a qu'un très-petit nombre de connoisseurs qui discerne, et qui soit en droit de prononcer. Ce n'est que peu à peu, et forcés même par le temps et les occasions, que la vertu parfaite et le vice consommé viennent enfin à se déclarer [2].

---

1. Ceci a été appliqué à M. de Noailles, archevêque de Paris.
2. La plupart des hommes ont, comme les plantes, des propriétés que le hasard fait découvrir. (La Rochefoucauld.)

FRAGMENT.

¶ « ...: Il disoit que l'esprit dans cette belle per-
« sonne étoit un diamant bien mis en œuvre. Et con-
« tinuant de parler d'elle : C'est, ajoutoit-il, comme
« une nuance de raison et d'agrément qui occupe les
« yeux et le cœur de ceux qui lui parlent; on ne sait
« si on l'aime ou si on l'admire; il y a en elle de quoi
« faire une parfaite amie, il y a aussi de quoi vous
« mener plus loin que l'amitié; trop jeune et trop
« fleurie pour ne pas plaire, mais trop modeste pour
« songer à plaire, elle ne tient compte aux hommes
« que de leur mérite, et ne croit avoir que des amis.
« Pleine de vivacités et capable de sentiments, elle
« surprend et elle intéresse; et, sans rien ignorer de
« ce qui peut entrer de plus délicat et de plus fin
« dans les conversations, elle a encore ces saillies
« heureuses qui, entre autres plaisirs qu'elles font,
« dispensent toujours de la réplique; elle vous parle
« comme celle qui n'est pas savante, qui doute et qui
« cherche à s'éclaircir; et elle vous écoute comme
« celle qui sait beaucoup, qui connoît le prix de ce
« que vous lui dites, et auprès de qui vous ne perdez
« rien de ce qui vous échappe. Loin de s'appliquer à
« vous contredire avec esprit et d'imiter *Elvire*, qui
« aime mieux passer pour une femme vive que mar-
« quer du bon sens et de la justesse, elle s'approprie
« vos sentiments, elle les croit siens, elle les étend,
« elle les embellit; vous êtes content de vous d'avoir
« pensé si bien, et d'avoir mieux dit encore que vous
« n'aviez cru. Elle est toujours au-dessus de la vanité,
« soit qu'elle parle, soit qu'elle écrive; elle oublie les
« traits, où il faut des raisons; elle a déjà compris
« que la simplicité est éloquente. S'il s'agit de servir
« quelqu'un et de vous jeter dans les mêmes intérêts,

« laissant à Elvire les jolis discours et les belles-lettres
« qu'elle met à tous usages, *Arténice* n'emploie auprès
« de vous que la sincérité, l'ardeur, l'empressement
« et la persuasion. Ce qui domine en elle, c'est le
« plaisir de la lecture, avec le goût des personnes de
« nom et de réputation, moins pour en être connue
« que pour les connoître. On peut la louer d'avance
« de toute la sagesse qu'elle aura un jour et de tout
« le mérite qu'elle se prépare par les années, puisque
« avec une bonne conduite elle a de meilleures inten-
« tions, des principes sûrs, utiles à celles qui sont
« comme elle exposées aux soins et à la flatterie ; et
« qu'étant assez particulière sans pourtant être farou-
« che, ayant même un peu de penchant pour la re-
« traite, il ne lui sauroit peut-être manquer que les
« occasions, ou ce qu'on appelle un grand théâtre,
« pour y faire briller toutes ses vertus [1]. »

¶ Une belle femme est aimable dans son naturel ;
elle ne perd rien à être négligée et sans autre parure
que celle qu'elle tire de sa beauté et de sa jeunesse ;
une grâce naïve éclate sur son visage, anime ses
moindres actions : il y auroit moins de péril à la voir
avec tout l'attirail de l'ajustement et de la mode. De
même un homme de bien est respectable par lui-
même, et indépendamment de tous les dehors dont il
voudroit s'aider pour rendre sa personne plus grave
et sa vertu plus spécieuse. Un air réformé, une modestie outrée, la singularité de l'habit, une ample
calotte, n'ajoutent rien à la probité, ne relèvent pas
le mérite ; ils le fardent, et font peut-être qu'il est
moins pur et moins ingénu.

Une gravité trop étudiée devient comique : ce sont

---

1. Une note de Chaulieu, insérée dans ses œuvres, indique, comme l'original du portrait d'*Arténice*, Catherine Turgot, femme de Gilles d'Allgre, conseiller au parlement, mariée en secondes noces à un capitaine aux gardes françaises, Halle de Chevilly. « C'est pour elle, dit Chaulieu, que l'amour m'a dicté une

comme des extrémités qui se touchent, et dont le milieu est dignité; cela ne s'appelle pas être grave, mais en jouer le personnage; celui qui songe à le devenir ne le sera jamais. Ou la gravité n'est point, ou elle est naturelle, et il est moins difficile d'en descendre que d'y monter.

¶ Un homme de talent et de réputation, s'il est chagrin et austère, il effarouche les jeunes gens, les fait penser mal de la vertu et la leur rend suspecte d'une trop grande réforme et d'une pratique trop ennuyeuse; s'il est au contraire d'un bon commerce, il leur est une leçon utile; il leur apprend qu'on peut vivre gaiement et laborieusement, avoir des vues sérieuses sans renoncer aux plaisirs honnêtes; il leur devient un exemple qu'on peut suivre.

¶ La physionomie n'est pas une règle qui nous soit donnée pour juger des hommes; elle nous peut servir de conjecture.

¶ L'air spirituel est dans les hommes ce que la régularité des traits est dans les femmes; c'est le genre de beauté où les plus vains puissent aspirer.

¶ Un homme qui a beaucoup de mérite et d'esprit, et qui est connu pour tel, n'est pas laid, même avec des traits qui sont difformes; ou, s'il a de la laideur, elle ne fait pas son impression.

¶ Combien d'art pour rentrer dans la nature! combien de temps, de règles, d'attention et de travail, pour danser avec la même liberté et la même grâce que l'on sait marcher, pour chanter comme on parle, parler et s'exprimer comme l'on pense; jeter autant de force, de vivacité, de passion et de persuasion dans un discours étudié et que l'on prononce dans le public, qu'on en a quelquefois naturellement et sans

---

infinité de vers que j'ai faits. » M. Destailleur fait remarquer avec raison que ce que l'on sait de Catherine Turgot ne s'accorde guère avec ce qu'en dit La Bruyère.

préparation dans les entretiens les plus familiers!

¶ Ceux qui, sans nous connoître assez, pensent mal de nous, ne nous font pas de tort : ce n'est pas nous qu'ils attaquent, c'est le fantôme de leur imagination.

¶ Il y a de petites règles, des devoirs, des bienséances, attachés aux lieux, aux temps, aux personnes, qui ne se devinent point à force d'esprit, et que l'usage apprend sans nulle peine : juger des hommes par les fautes qui leur échappent en ce genre avant qu'ils soient assez instruits, c'est en juger par leurs ongles ou par la pointe de leurs cheveux; c'est vouloir un jour être détrompé.

¶ Je ne sais s'il est permis de juger des hommes par une faute qui est unique, et si un besoin extrême, ou une violente passion, ou un premier mouvement, tirent à conséquence.

¶ Le contraire des bruits qui courent des affaires ou des personnes est souvent la vérité.

¶ Sans une grande roideur et une continuelle attention à toutes ses paroles, on est exposé à dire en moins d'une heure le oui et le non sur une même chose ou sur une même personne, déterminé seulement par un esprit de société et de commerce, qui entraîne naturellement à ne pas contredire celui-ci et celui-là qui en parlent différemment.

¶ Un homme partial est exposé à de petites mortifications : car, comme il est également impossible que ceux qu'il favorise soient toujours heureux ou sages et que ceux contre qui il se déclare soient toujours en faute ou malheureux, il naît de là qu'il lui arrive souvent de perdre contenance dans le public, ou par le mauvais succès de ses amis, ou par une nouvelle gloire qu'acquièrent ceux qu'il n'aime point.

¶ Un homme sujet à se laisser prévenir, s'il ose remplir une dignité ou séculière ou ecclésiastique, est un aveugle qui veut peindre, un muet qui s'est chargé d'une harangue, un sourd qui juge d'une symphonie : foibles images, et qui n'expriment qu'imparfaitement la misère de la prévention. Il faut ajoute qu'elle est un mal désespéré, incurable, qui infect tous ceux qui s'approchent du malade, qui fait déserter les égaux, les inférieurs, les parents, les amis, jusqu'aux médecins : ils sont bien éloignés de le guérir, s'ils ne peuvent le faire convenir de sa maladie, ni des remèdes, qui seroient d'écouter, de douter, de s'informer et de s'éclaircir. Les flatteurs, les fourbes, les calomniateurs, ceux qui ne délient leur langue que pour le mensonge et l'intérêt, sont les charlatans en qui il se confie, et qui lui font avaler tout ce qui leur plaît; ce sont eux aussi qui l'empoisonnent et qui le tuent.

¶ La règle de DESCARTES[1], qui ne veut pas qu'on décide sur les moindres vérités avant qu'elles soient connues clairement et distinctement, est assez belle et assez juste pour devoir s'étendre au jugement que l'on fait des personnes.

¶ Rien ne nous venge mieux des mauvais jugements que les hommes font de notre esprit, de nos mœurs et de nos manières, que l'indignité et le mauvais caractère de ceux qu'ils approuvent.

Du même fonds dont on néglige un homme de mérite, l'on sait encore admirer un sot.

¶ Un sot est celui qui n'a pas même ce qu'il faut d'esprit pour être fat.

¶ Un fat est celui que les sots croient un homme de mérite.

¶ L'impertinent est un fat outré. Le fat lasse, ennuie, dégoûte, rebute; l'impertinent rebute, aigrit, irrite, offense; il commence où l'autre finit.

---

1. Cette règle est développée dans la seconde partie du *Discours sur la méthode*.

Le fat est entre l'impertinent et le sot : il est composé de l'un et de l'autre.

¶ Les vices partent d'une dépravation du cœur ; les défauts, d'un vice de tempérament ; le ridicule, d'un défaut d'esprit.

L'homme ridicule est celui qui, tant qu'il demeure tel, a les apparences du sot.

Le sot ne se tire jamais du ridicule, c'est son caractère ; l'on y entre quelquefois avec de l'esprit, mais l'on en sort.

Une erreur de fait jette un homme sage dans le ridicule.

La sottise est dans le sot, la fatuité dans le fat, et l'impertinence dans l'impertinent ; il semble que le ridicule réside tantôt dans celui qui en effet est ridicule, et tantôt dans l'imagination de ceux qui croient voir le ridicule où il n'est point et ne peut être.

¶ La grossièreté, la rusticité, la brutalité, peuvent être les vices d'un homme d'esprit.

¶ Le stupide est un sot qui ne parle point, en cela plus supportable que le sot qui parle.

¶ La même chose souvent est, dans la bouche d'un homme d'esprit, une naïveté ou un bon mot, et, dans celle d'un sot, une sottise.

¶ Si le fat pouvoit craindre de mal parler, il sortiroit de son caractère.

¶ L'une des marques de la médiocrité de l'esprit est de toujours conter [1].

¶ Le sot est embarrassé de sa personne ; le fat a l'air libre et assuré ; l'impertinent passe à l'effronterie ; le mérite a de la pudeur.

¶ Le suffisant est celui en qui la pratique de certains détails, que l'on honore du nom d'affaires, se trouve jointe à une très-grande médiocrité d'esprit.

1. La ressource de ceux qui n'imaginent pas est de toujours conter. (VAUVENARGUES.)

Un grain d'esprit et une once d'affaires, plus qu'il n'en entre dans la composition du suffisant, font l'important.

Pendant qu'on ne fait que rire de l'important, il n'a pas un autre nom ; dès qu'on s'en plaint, c'est l'arrogant.

¶ L'honnête homme tient le milieu entre l'habile homme et l'homme de bien, quoique dans une distance inégale de ces deux extrêmes.

La distance qu'il y a de l'honnête homme à l'habile homme s'affoiblit de jour à autre et est sur le point de disparoître.

L'habile homme est celui qui cache ses passions, qui entend ses intérêts, qui y sacrifie beaucoup de choses, qui a su acquérir du bien ou en conserver.

L'honnête homme est celui qui ne vole pas sur les grands chemins et qui ne tue personne, dont les vices enfin ne sont pas scandaleux.

On connoît assez qu'un homme de bien est honnête homme ; mais il est plaisant d'imaginer que tout honnête homme n'est pas homme de bien.

L'homme de bien est celui qui n'est ni un saint ni un dévot[1], et qui s'est borné à n'avoir que de la vertu.

¶ Talent, goût, esprit, bon sens, choses différentes, non incompatibles.

Entre le bon sens et le bon goût, il y a la différence de la cause à son effet.

Entre esprit et talent il y a la proportion du tout à sa partie.

Appellerai-je homme d'esprit celui qui, borné et renfermé dans quelque art, ou même dans une certaine science qu'il exerce dans une grande perfection, ne montre hors de là ni jugement, ni mémoire, ni vi-

---

1. Faux dévot. (*Note de La Bruyère.*)

vacité, ni mœurs, ni conduite, qui ne m'entend pas, qui ne pense point, qui s'énonce mal ; un musicien, par exemple, qui, après m'avoir comme enchanté par ses accords, semble s'être remis avec son luth dans un même étui, ou n'être plus, sans cet instrument, qu'une machine démontée, à qui il manque quelque chose, et dont il n'est pas permis de rien attendre ?

Que dirai-je encore de l'esprit du jeu ? pourrait-on me le définir ? Ne faut-il ni prévoyance, ni finesse, ni habileté, pour jouer l'hombre ou les échecs ? et, s'il en faut, pourquoi voit-on des imbéciles qui y excellent, et de très-beaux génies qui n'ont pu même atteindre la médiocrité, à qui une pièce ou une carte dans les mains trouble la vue et fait perdre contenance ?

Il y a dans le monde quelque chose, s'il se peut, de plus incompréhensible. Un homme[1] paroît grossier, lourd, stupide ; il ne sait pas parler, ni raconter ce qu'il vient de voir : s'il se met à écrire, c'est le modèle des bons contes ; il fait parler les animaux, les arbres, les pierres, tout ce qui ne parle point ; ce n'est que légèreté, qu'élégance, que beau naturel et que délicatesse dans ses ouvrages.

Un autre est simple[2], timide, d'une ennuyeuse conversation ; il prend un mot pour un autre, et il ne juge de la bonté de sa pièce que par l'argent qui lui en revient ; il ne sait pas la réciter ni lire son écriture. Laissez-le s'élever par la composition : il n'est pas au-dessous d'AUGUSTE, de POMPÉE, de NICOMÈDE, d'HÉRACLIUS ; il est roi, et un grand roi ; il est politique, il est philosophe ; il entreprend de faire parler des héros, de les faire agir ; il peint les Romains : ils

---

1. La Fontaine. Il vivoit encore lorsque cet article parut, en 1691. (A. DESTAILLEUR.)
2. Pierre Corneille.

sont plus grands et plus Romains dans ses vers que dans leur histoire.

Voulez-vous quelque autre prodige? Concevez un homme facile, doux, complaisant, traitable; et tout d'un coup violent, colère, fougueux, capricieux. Imaginez-vous un homme simple, ingénu, crédule, badin, volage, un enfant en cheveux gris; mais permettez-lui de se recueillir, ou plutôt de se livrer à un génie qui agit en lui, j'ose dire, sans qu'il y prenne part, et comme à son insu : quelle verve! quelle élévation! quelles images! quelle latinité! Parlez-vous d'une même personne? me direz-vous. Oui, du même, de *Théodas*[1], et de lui seul. Il crie, il s'agite, il se roule à terre, il se relève, il tonne, il éclate, et du milieu de cette tempête il sort une lumière qui brille et qui réjouit : disons-le sans figure, il parle comme un fou et pense comme un homme sage; il dit ridiculement des choses vraies, et follement des choses sensées et raisonnables; on est surpris de voir naître et éclore le bon sens du sein de la bouffonnerie, parmi les grimaces et les contorsions : qu'ajouterai-je davantage? il dit et il fait mieux qu'il ne sait; ce sont en lui comme deux âmes qui ne se connoissent point, qui ne dépendent point l'une de l'autre, qui ont chacune leur tour, ou leurs fonctions toutes séparées. Il manqueroit un trait à cette peinture si surprenante, si j'oubliois de dire qu'il est tout à la fois avide et insatiable de

---

1. Théodas n'est autre que Jean de Santeul, né à Paris le 12 mai 1630, mort le 5 août 1697. « C'étoit, dit Saint-Simon, le plus grand poëte latin qui eût paru depuis plusieurs siècles, plein de feu, d'esprit, des caprices les plus plaisants qui le rendaient de la plus excellente compagnie, bon convive surtout... et qui, avec un esprit aussi peu propre au cloître, était pourtant un excellent religieux. » La Bruyère l'avait connu particulièrement dans la maison de Condé. Le succès de ses hymnes le transportait de joie, il courait les églises pour les entendre chanter. La plus complète des éditions de ses œuvres est celle qui a paru en 1729 sous ce titre : *Joannis Baptistæ Santolii Victorini operum omnium editio tertia, in quâ reliqua opera nondum conjunctius edita reperiuntur*, 3 vol. in-12; on joint à ce recueil les *Hymni sacri*, Paris, 1698, in-12.

louanges, prêt de se jeter aux yeux de ses critiques, et dans le fond assez docile pour profiter de leur censure. Je commence à me persuader moi-même que j'ai fait le portrait de deux personnages tout différents : il ne seroit pas même impossible d'en trouver un troisième dans Théodas, car il est bon homme, il est plaisant homme, et il est excellent homme.

¶ Après l'esprit de discernement, ce qu'il y a au monde de plus rare, ce sont les diamants et les perles.

¶ Tel connu dans le monde par de grands talents, honoré et chéri partout où il se trouve, est petit dans son domestique et aux yeux de ses proches, qu'il n'a pu réduire à l'estimer; tel autre, au contraire, prophète dans son pays, jouit d'une vogue qu'il a parmi les siens et qui est resserrée dans l'enceinte de sa maison, s'applaudit d'un mérite rare et singulier qui lui est accordé par sa famille, dont il est l'idole, mais qu'il laisse chez soi toutes les fois qu'il sort, et qu'il ne porte nulle part.

¶ Tout le monde s'élève contre un homme qui entre en réputation; à peine ceux qu'il croit ses amis lui pardonnent-ils un mérite naissant et une première vogue qui semble l'associer à la gloire dont ils sont déjà en possession. L'on ne se rend qu'à l'extrémité, et après que le prince s'est déclaré par les récompenses : tous alors se rapprochent de lui, et de ce jour-là seulement il prend son rang d'homme de mérite.

¶ Nous affectons souvent de louer avec exagération des hommes assez médiocres, et de les élever, s'il se pouvoit, jusqu'à la hauteur de ceux qui excellent[1], ou parce que nous sommes las d'admirer toujours les

---

1. Nous élevons la gloire des uns pour abaisser celle des autres. (LA ROCHEFOUCAULD.)

mêmes personnes, ou parce que leur gloire ainsi partagée offense moins notre vue et nous devient plus douce et plus supportable.

¶ L'on voit des hommes que le vent de la faveur pousse d'abord à pleines voiles ; ils perdent en un moment la terre de vue, et font leur route ; tout leur rit, tout leur succède : action, ouvrage, tout est comblé d'éloges et de récompenses ; ils ne se montrent que pour être embrassés et félicités. Il y a un rocher immobile qui s'élève sur une côte ; les flots se brisent au pied ; la puissance, les richesses, la violence, la flatterie, l'autorité, la faveur, tous les vents ne l'ébranlent pas : c'est le public, où ces gens échouent.

¶ Il est ordinaire et comme naturel de juger du travail d'autrui seulement par rapport à celui qui nous occupe. Ainsi le poëte, rempli de grandes et sublimes idées, estime peu le discours de l'orateur, qui ne s'exerce souvent que sur de simples faits ; et celui qui écrit l'histoire de son pays ne peut comprendre qu'un esprit raisonnable emploie sa vie à imaginer des fictions et à trouver une rime ; de même le bachelier, plongé dans les quatre premiers siècles, traite toute autre doctrine de science triste, vaine et inutile, pendant qu'il est peut-être méprisé du géomètre.

¶ Tel a assez d'esprit pour exceller dans une certaine matière et en faire des leçons, qui en manque pour voir qu'il doit se taire sur quelque autre dont il n'a qu'une foible connoissance ; il sort hardiment des limites de son génie, mais il s'égare et fait que l'homme illustre parle comme un sot.

¶ *Hérille*, soit qu'il parle, qu'il harangue ou qu'il écrive, veut citer ; il fait dire au prince des philosophes que le vin enivre, et à l'orateur romain que l'eau le tempère. S'il se jette dans la morale, ce n'est pas lui, c'est le divin Platon qui assure que la vertu est aimable, le vice odieux, ou que l'un et l'autre se tournent en habitude. Les choses les plus communes, les plus triviales, et qu'il est même capable de penser, il veut les devoirs aux anciens, aux Latins, aux Grecs; ce n'est ni pour donner plus d'autorité à ce qu'il dit, ni peut-être pour se faire honneur de ce qu'il sait : il veut citer.

¶ C'est souvent hasarder un bon mot et vouloir le perdre que de le donner pour sien : il n'est pas relevé, il tombe avec des gens d'esprit, ou qui se croient tels, qui ne l'ont pas dit, et qui devoient le dire. C'est au contraire le faire valoir que de le rapporter comme d'un autre : ce n'est qu'un fait, et qu'on ne se croit pas obligé de savoir; il est dit avec plus d'insinuation et reçu avec moins de jalousie; personne n'en souffre; on rit s'il faut rire, et, s'il faut admirer, on admire.

¶ On a dit de Socrate qu'il étoit en délire, et que c'étoit un fou tout plein d'esprit; mais ceux des Grecs qui parloient ainsi d'un homme si sage passoient pour fous. Ils disoient : Quels bizarres portraits nous fait ce philosophe! quelles mœurs étranges et particulières ne décrit-il point! où a-t-il rêvé, creusé, rassemblé des idées si extraordinaires? quelles couleurs! quel pinceau! ce sont des chimères. Ils se trompoient : c'étoient des monstres, c'étoient des vices, mais peints au naturel; on croyoit les voir; ils faisoient peur. Socrate s'éloignoit du cynique; il épargnoit les personnes et blâmoit les mœurs, qui étoient mauvaises[1].

¶ Celui qui est riche par son savoir-faire connoît un philosophe, ses préceptes, sa morale et sa conduite, et, n'imaginant pas dans tous les hommes une autre fin de toutes leurs actions que celle qu'il s'est proposée lui-même toute sa vie, dit en son cœur : Je le

---

1. *Socrate*, ici, n'est pas Socrate; c'est un nom qui en cache un autre. (Lettre de La Bruyère en réponse à une critique de son ouvrage.) Ici Socrate est évidemment La Bruyère.

plains, je le tiens échoué, ce rigide censeur; il s'égare et il est hors de route; ce n'est pas ainsi que l'on prend le vent, et que l'on arrive au délicieux port de la fortune; et, selon ses principes, il raisonne juste.

Je pardonne, dit *Antisthius*, à ceux que j'ai loués dans mon ouvrage, s'ils m'oublient : qu'ai-je fait pour eux? Ils étoient louables. Je le pardonnerois moins à tous ceux dont j'ai attaqué les vices sans toucher à leurs personnes, s'ils me devoient un aussi grand bien que celui d'être corrigés; mais, comme c'est un événement qu'on ne voit point, il suit de là que ni les uns ni les autres ne sont tenus de me faire du bien[1].

L'on peut, ajoute ce philosophe, envier ou refuser à mes écrits leur récompense; on ne sauroit en diminuer la réputation; et, si on le fait, qui m'empêchera de le mépriser?

¶ Il est bon d'être philosophe, il n'est guère utile de passer pour tel. Il n'est pas permis de traiter quelqu'un de philosophe : ce sera toujours lui dire une injure, jusqu'à ce qu'il ait plu aux hommes d'en ordonner autrement, et, en restituant à un si beau nom son idée propre et convenable, de lui concilier toute l'estime qui lui est due.

¶ Il y a une philosophie qui nous élève au-dessus de l'ambition et de la fortune, qui nous égale, que dis-je? qui nous place plus haut que les riches, que les grands et que les puissants; qui nous fait négliger les postes et ceux qui les procurent; qui nous exempte de désirer, de demander, de prier, de solliciter, d'importuner, et nous sauve même l'émotion et l'excessive joie d'être exaucés. Il y a une autre philosophie qui nous soumet et nous assujettit à toutes ces choses

---

1. Ce paragraphe n'ayant paru qu'après le succès du livre de La Bruyère, prouvé par le débit des trois premières éditions, il est évident qu'il s'est désigné lui-même par le nom d'Antisthius. (VALCKENAER.)

en faveur de nos proches ou de nos amis : c'est la meilleure.

¶ C'est abréger et s'épargner mille discussions que de penser de certaines gens qu'ils sont incapables de parler juste, et de condamner ce qu'ils disent, ce qu'ils ont dit et ce qu'ils diront.

¶ Nous n'approuvons les autres que par les rapports que nous sentons qu'ils ont avec nous-mêmes, et il semble qu'estimer quelqu'un, c'est l'égaler à soi.

¶ Les mêmes défauts qui dans les autres sont lourds et insupportables sont chez nous comme dans leur centre ; ils ne pèsent plus, on ne les sent pas. Tel parle d'un autre, et en fait un portrait affreux, qui ne voit pas qu'il se peint lui-même.

Rien ne nous corrigeroit plus promptement de nos défauts que si nous étions capables de les avouer et de les reconnoître dans les autres : c'est dans cette juste distance que, nous paroissant tels qu'ils sont, ils se feroient haïr autant qu'ils le méritent.

¶ La sage conduite roule sur deux pivots, le passé et l'avenir. Celui qui a la mémoire fidèle et une grande prévoyance est hors du péril de censurer dans les autres ce qu'il a peut-être fait lui-même, ou de condamner une action dans un pareil cas, et dans toutes les circonstances où elle lui sera un jour inévitable.

¶ Le guerrier et le politique, non plus que le joueur habile, ne font pas le hasard, mais ils le préparent ; ils l'attirent et semblent presque le déterminer ; non-seulement ils savent ce que le sot et le poltron ignorent, je veux dire se servir du hasard quand il arrive ; ils savent même profiter, par leurs précautions et leurs mesures, d'un tel ou d'un tel hasard, ou de plusieurs tout à la fois : si ce point arrive, ils gagnent ; si c'est cet autre, ils gagnent encore ; un même point souvent les fait gagner de plusieurs manières. Ces hommes sages peuvent être loués de leur bonne fortune comme de leur bonne conduite, et le hasard doit être récompensé en eux comme la vertu.

¶ Je ne mets au-dessus d'un grand politique que celui qui néglige de le devenir, et qui se persuade de plus en plus que le monde ne mérite point qu'on s'en occupe.

¶ Il y a dans les meilleurs conseils de quoi déplaire : ils ne viennent d'ailleurs que de notre esprit ; c'est assez pour être rejetés d'abord, par présomption et par humeur, et suivis seulement par nécessité ou par réflexion.

¶ Quel bonheur surprenant a accompagné ce favori pendant tout le cours de sa vie ! quelle autre fortune mieux soutenue, sans interruption, sans la moindre disgrâce ! les premiers postes, l'oreille du prince, d'immenses trésors, une santé parfaite, et une mort douce. Mais quel étrange compte à rendre d'une vie passée dans la faveur, des conseils que l'on a donnés, de ceux qu'on a négligé de donner ou de suivre, des biens que l'on n'a points faits, des maux au contraire que l'on a faits, ou par soi-même ou par les autres ; en un mot, de toute sa prospérité !

¶ L'on gagne à mourir d'être loué de ceux qui nous survivent, souvent sans autre mérite que celui de n'être plus ; le même éloge sert alors pour *Caton* et pour *Pison*.

Le bruit court que Pison est mort ; c'est une grande perte : c'étoit un homme de bien, et qui méritoit une plus longue vie ; il avoit de l'esprit et de l'agrément, de la fermeté et du courage ; il étoit sûr, généreux, fidèle ; ajoutez : pourvu qu'il soit mort.

¶ La manière dont on se récrie sur quelques-uns qui se distinguent par la bonne foi, le désintéressement et la probité, n'est pas tant leur éloge que le décréditement du genre humain.

¶ Tel soulage les misérables, qui néglige sa famille et laisse son fils dans l'indigence ; un autre élève un nouvel édifice, qui n'a pas encore payé les plombs d'une maison qui est achevée depuis dix années ; un troisième fait des présents et des largesses, et ruine ses créanciers. Je demande : la pitié, la libéralité, la magnificence, sont-ce les vertus d'un homme injuste? ou plutôt si la bizarrerie et la vanité ne sont pas les causes de l'injustice.

¶ Une circonstance essentielle à la justice que l'on doit aux autres, c'est de la faire promptement et sans différer : la faire attendre, c'est injustice.

Ceux-là font bien, ou font ce qu'ils doivent, qui font ce qu'ils doivent. Celui qui, dans toute sa conduite, laisse longtemps dire de soi qu'il fera bien, fait très-mal.

¶ L'on dit d'un grand qui tient table deux fois le jour, et qui passe sa vie à faire digestion, qu'il meurt de faim, pour exprimer qu'il n'est pas riche, ou que ses affaires sont fort mauvaises : c'est une figure ; on le diroit plus à la lettre de ses créanciers.

¶ L'honnêteté, les égards et la politesse des personnes avancées en âge, de l'un et de l'autre sexe, me donnent bonne opinion de ce qu'on appelle le vieux temps[1].

¶ C'est un excès de confiance dans les parents d'espérer tout de la bonne éducation de leurs enfants, et une grande erreur de n'en attendre rien et de la négliger.

¶ Quand il seroit vrai, ce que plusieurs disent, que l'éducation ne donne point à l'homme un autre cœur ni une autre complexion, qu'elle ne change rien dans

---

[1]. On a dit la même chose dans tous les siècles, ce qui prouve qu'un plus grand usage du monde, dans les vieillards, est seulement le fruit des années et de l'expérience, et que ce sont eux qui ont acquis, et non pas les autres qui ont perdu. (LA HARPE.)

son fond et ne touche qu'aux superficies, je ne laisserois pas de dire qu'elle ne lui est pas inutile.

¶ Il n'y a que de l'avantage pour celui qui parle peu : la présomption est qu'il a de l'esprit, et, s'il est vrai qu'il n'en manque pas, la présomption est qu'il l'a excellent.

¶ Ne songer qu'à soi et au présent, source d'erreur dans la politique.

¶ Le plus grand malheur après celui d'être convaincu d'un crime, est souvent d'avoir eu à s'en justifier. Tels arrêts nous déchargent et nous renvoient absous, qui sont infirmés par la voix du peuple.

¶ Un homme est fidèle à de certaines pratiques de religion, on le voit s'en acquitter avec exactitude : personne ne le loue ni ne le désapprouve, on n'y pense pas. Tel autre y revient après les avoir négligées dix années entières : on se récrie, on l'exalte ; cela est libre ; moi, je le blâme d'un si long oubli de ses devoirs, et je le trouve heureux d'y être rentré.

¶ Le flatteur n'a pas assez bonne opinion de soi ni des autres.

¶ Tels sont oubliés dans la distribution des grâces et font dire d'eux : *Pourquoi les oublier?* qui, si l'on s'en étoit souvenu, auroient fait dire : *Pourquoi s'en souvenir?* D'où vient cette contrariété? Est-ce du caractère de ces personnes, ou de l'incertitude de nos jugements, ou même de tous les deux?

¶ L'on dit communément : Après un tel, qui sera chancelier? qui sera primat des Gaules? qui sera pape? On va plus loin : chacun, selon ses souhaits ou son caprice, fait sa promotion, qui est souvent de gens plus vieux et plus caducs que celui qui est en place ; et, comme il n'y a pas de raison qu'une dignité tue celui qui s'en trouve revêtu, qu'elle sert au contraire à le rajeunir et à donner au corps et à l'esprit de nouvelles ressources, ce n'est pas un événement fort rare à un titulaire d'enterrer son successeur.

¶ La disgrâce éteint les haines et les jalousies; celui-là peut bien faire[1], qui ne nous aigrit plus par une grande faveur; il n'y a aucun mérite, il n'y a sorte de vertus qu'on ne lui pardonne; il seroit un héros impunément.

Rien n'est bien[2] d'un homme disgracié; vertus, mérite, tout est dédaigné, ou mal expliqué, ou imputé à vice; qu'il ait un grand cœur, qu'il ne craigne ni le fer ni le feu, qu'il aille d'aussi bonne grâce à l'ennemi que Bayard et Montrevel[3], c'est un bravache[4], on en plaisante : il n'a plus de quoi être un héros.

Je me contredis, il est vrai; accusez-en les hommes, dont je ne fais que rapporter les jugements; je ne dis pas de différents hommes, je dis les mêmes, qui jugent si différemment.

¶ Il ne faut pas vingt années accomplies pour voir changer les hommes d'opinion sur les choses les plus sérieuses, comme sur celles qui leur ont paru les plus sûres et les plus vraies. Je ne hasarderai pas d'avancer que le feu en soi, et indépendamment de nos sensations, n'a aucune chaleur, c'est-à-dire rien de semblable à ce que nous éprouvons en nous-mêmes à son approche, de peur que quelque jour il ne devienne aussi chaud qu'il a jamais été. J'assurerai aussi peu qu'une ligne droite tombant sur une autre ligne droite fait deux angles droits, ou égaux à deux droits, de

---

1. Var. *Il est permis de bien faire à celui.*
2. Var. *Rien n'est bon.*
3. Marquis de Montrevel, comm. gén. D. L. C., lieut. gén. (*Note de La Bruyère.*) C'est-à-dire : commissaire général de la cavalerie, lieutenant général. Nicolas-Auguste de la Baume, marquis de Montrevel, né en 1636, reçut le bâton de maréchal de France en 1703. Lui qui avait tant de fois bravé la mort mourut de frayeur en dînant. Il était à table chez le duc de Biron; une salière se renversa sur lui; il pâlit, se trouva mal et s'écria qu'il était mort. On le porta chez lui, la fièvre le prit et il mourut quatre jours après, le 11 octobre 1716.
4. Var. *Qu'il aille de bonne grâce à l'ennemi; c'est un bravache.*

peur que, les hommes venant à y découvrir quelque chose de plus ou de moins, je ne sois raillé de ma proposition. Ainsi, dans un autre genre, je dirai à peine avec toute la France : VAUBAN est infaillible, on n'en appelle point : qui me garantiroit que dans peu de temps on n'insinuera pas que, même sur le siége, qui est son fort, et où il décide souverainement, il erre quelquefois, sujet aux fautes comme *Antiphile?*

¶ Si vous en croyez les personnes aigries l'une contre l'autre, et que la passion domine, l'homme docte est un *sçavantasse*, le magistrat un bourgeois ou un praticien, le financier un *maltôtier*, et le gentilhomme un *gentillâtre;* mais il est étrange que de si mauvais noms, que la colère et la haine ont su inventer, deviennent familiers, et que le dédain, tout froid et tout paisible qu'il est, ose s'en servir.

¶ Vous vous agitez, vous vous donnez un grand mouvement, surtout lorsque les ennemis commencent à fuir et que la victoire n'est plus douteuse, ou devant une ville après qu'elle a capitulé ; vous aimez, dans un combat ou pendant un siége, à paroître en cent endroits pour n'être nulle part, à prévenir les ordres du général de peur de les suivre, et à chercher les occasions plutôt que de les attendre et les recevoir : votre valeur seroit-elle fausse ?

¶ Faites garder aux hommes quelque poste où ils puissent être tués, et où, néanmoins, ils ne soient pas tués : ils aiment l'honneur et la vie.

¶ A voir comme les hommes aiment la vie, pouvoit-on soupçonner qu'ils aimassent quelque autre chose plus que la vie, et que la gloire, qu'ils préfèrent à la vie, ne fût souvent qu'une certaine opinion d'eux-mêmes établie dans l'esprit de mille gens ou qu'ils ne connoissent point ou qu'ils n'estiment point [1] ?

---

1. La douceur de la gloire est si grande qu'à quelque chose qu'on l'attache, même à la mort, on l'aime. (PASCAL.)

¶ Ceux qui, ni guerriers ni courtisans, vont à la guerre et suivent la cour, qui ne font pas un siége, mais qui y assistent, ont bientôt épuisé leur curiosité sur une place de guerre, quelque surprenante qu'elle soit, sur la tranchée, sur l'effet des bombes et du canon, sur les coups de main, comme sur l'ordre et le succès d'une attaque qu'ils entrevoient; la résistance continue, les pluies surviennent, les fatigues croissent, on plonge dans la fange, on a à combattre les saisons et l'ennemi, on peut être forcé dans ses lignes et enfermé entre une ville et une armée : quelles extrémités! On perd courage, on murmure. Est-ce un si grand inconvénient que de lever un siége? Le salut de l'État dépend-il d'une citadelle de plus ou de moins? Ne faut-il pas, ajoutent-ils, fléchir sous les ordres du ciel, qui semble se déclarer contre nous, et remettre la partie à un autre temps? Alors ils ne comprennent plus la fermeté, et, s'ils osoient dire, l'opiniâtreté du général, qui se roidit contre les obstacles, qui s'anime par la difficulté de l'entreprise, qui veille la nuit et s'expose le jour pour la conduire à sa fin. A-t-on capitulé, ces hommes si découragés relèvent l'importance de cette conquête, en prédisent les suites, exagèrent la nécessité qu'il y avoit de la faire, le péril et la honte qui suivoient de s'en désister, prouvent que l'armée qui nous couvroit des ennemis étoit invincible; ils reviennent avec la cour, passent par les villes et les bourgades, fiers d'être regardés par la bourgeoisie qui est aux fenêtres, comme ceux mêmes qui ont pris la place; ils en triomphent par les chemins, ils se croient braves. Revenus chez eux, ils vous étourdissent de flancs, de redans, de ravelins, de fausse-braie, de courtines et de chemin couvert; ils rendent compte des endroits où *l'envie de voir* les a portés, et où *il ne laissoit pas d'y avoir du péril* des hasards qu'ils ont courus, à leur retour, d'être pris ou tués par l'ennemi; ils taisent seulement qu'ils ont eu peur¹.

¶ C'est le plus petit inconvénient du monde que de demeurer court dans un sermon ou dans une harangue; il laisse à l'orateur ce qu'il a d'esprit, de bon sens, d'imagination, de mœurs et de doctrine; il ne lui ôte rien, mais on ne laisse pas de s'étonner que les hommes, ayant voulu une fois y attacher une espèce de honte et de ridicule, s'exposent, par de longs et souvent d'inutiles discours, à en courir tout le risque.

¶ Ceux qui emploient mal leur temps sont les premiers à se plaindre de sa brièveté. Comme ils le consument à s'habiller, à manger, à dormir, à de sots discours, à se résoudre sur ce qu'ils doivent faire, et souvent à ne rien faire, ils en manquent pour leurs affaires ou pour leurs plaisirs; ceux, au contraire, qui en font un meilleur usage en ont de reste.

Il n'y a point de ministre si occupé qui ne sache perdre chaque jour deux heures de temps; cela va loin à la fin d'une longue vie. Et, si le mal est encore plus grand dans les autres conditions des hommes, quelle perte infinie ne se fait pas dans le monde d'une chose si précieuse, et dont l'on se plaint qu'on n'a point assez?

¶ Il y a des créatures de Dieu, qu'on appelle des hommes, qui ont une âme qui est esprit, dont toute la vie est occupée et toute l'attention est réunie à scier du marbre; cela est bien simple, c'est bien peu de chose. Il y en a d'autres qui s'en étonnent, mais qui sont entièrement inutiles et qui passent les jours à ne rien faire; c'est encore moins que de scier du marbre.

¶ La plupart des hommes oublient si fort qu'ils ont

---

1. Allusion à plusieurs particuliers, gens de robe et de finance, qui allèrent voir le siége de Namur, en 1692.

une âme, et se répandent en tant d'actions et d'exercices où il semble qu'elle est inutile, que l'on croit parler avantageusement de quelqu'un en disant qu'il pense. Cet éloge même est devenu vulgaire, qui pourtant ne met cet homme qu'au-dessus du chien ou du cheval.

¶ A quoi vous divertissez-vous ? à quoi passez-vous le temps ? vous demandent les sots et les gens d'esprit. Si je réplique que c'est à ouvrir les yeux et à voir, à prêter l'oreille et à entendre, à avoir la santé, le repos, la liberté, ce n'est rien dire. Les solides biens, les grands biens, les seuls biens, ne sont pas comptés, ne se font pas sentir. Jouez-vous ? masquez-vous ? il faut répondre.

Est-ce un bien pour l'homme que la liberté, si elle peut être trop grande et trop étendue, telle enfin qu'elle ne serve qu'à lui faire désirer quelque chose, qui est d'avoir moins de liberté ?

La liberté n'est pas oisiveté ; c'est un usage libre du temps, c'est le choix du travail et de l'exercice ; être libre, en un mot, n'est pas ne rien faire, c'est être seul arbitre de ce qu'on fait ou de ce qu'on ne fait point. Quel bien en ce sens que la liberté !

¶ César n'étoit point trop vieux pour penser à la conquête de l'univers [1] ; il n'avoit point d'autre béatitude à se faire que le cours d'une belle vie et un grand nom après sa mort. Né fier, ambitieux, et se portant bien comme il faisoit, il ne pouvoit mieux employer son temps qu'à conquérir le monde. ALEXANDRE étoit bien jeune pour un dessein si sérieux ; il est étonnant que, dans ce premier âge, les femmes ou le vin n'aient plus tôt [2] rompu son entreprise.

1. Voyez les *Pensées* de M. Pascal, chap. XXXI., où il dit le contraire. (*Note de La Bruyère.*) Voici la pensée de Pascal : « César étoit trop vieux, ce me semble, pour aller s'amuser à conquérir le monde. Cet amusement étoit bon à Alexandre : c'étoit un jeune homme qu'il étoit difficile d'arrêter ; mais César devoit être plus mûr. »
2. VAR. *Pas plus tôt.*

Un jeune prince [1] d'une race auguste, l'amour et l'espérance des peuples, donné du ciel pour prolonger la félicité de la terre, plus grand que ses aieux, fils d'un héros qui est son modèle, a déjà montré a l'univers, par ses divines qualités et par une vertu anticipée, que les enfants des héros sont plus proches de l'être que les autres hommes [2].

¶ Si le monde dure seulement cent millions d'années, il est encore dans toute sa fraîcheur et ne fait presque que commencer; nous-mêmes nous touchons aux premiers hommes et aux patriarches. Et qui pourra ne nous pas confondre avec eux dans des siècles si reculés? Mais, si l'on juge par le passé de l'avenir, quelles choses nouvelles nous sont inconnues dans les arts, dans les sciences, dans la nature, et j'ose dire dans l'histoire! quelles découvertes ne fera-t-on point! quelles différentes révolutions ne doivent pas arriver sur toute la face de la terre, dans les États et dans les empires! Quelle ignorance est la nôtre! et quelle légère expérience que celle de six ou sept mille ans!

¶ Il n'y a point de chemin trop long à qui marche lentement et sans se presser; il n'y a point d'avantages trop éloignés à qui s'y prépare par la patience.

¶ Ne faire sa cour à personne, ni attendre de quelqu'un qu'il vous fasse la sienne, douce situation, âge d'or, état de l'homme le plus naturel!

¶ Le monde est pour ceux qui suivent les cours ou qui peuplent les villes : la nature n'est que pour ceux qui habitent la campagne; eux seuls vivent, eux seuls du moins connoissent qu'ils vivent.

¶ Pourquoi me faire froid et vous plaindre de ce

---

1. Louis, Dauphin, fils de Louis XIV, qui entra en Allemagne en 1688, à la tête de 80,000 hommes.
2. Contre la maxime latine et triviale. (*Note de La Bruyère.*) *Filii heroum noxæ.*

qui m'est échappé sur quelques jeunes gens qui peuplent les cours? Êtes-vous vicieux, ô *Thrasille?* Je ne le savois pas, et vous me l'apprenez; ce que je sais est que vous n'êtes plus jeune.

Et vous qui voulez être offensé personnellement de ce que j'ai dit de quelques grands, ne criez-vous point de la blessure d'un autre? Êtes-vous dédaigneux, malfaisant, mauvais plaisant, flatteur, hypocrite? Je l'ignorois, et ne pensois pas à vous: j'ai parlé des grands.

¶ L'esprit de modération et une certaine sagesse dans la conduite laissent les hommes dans l'obscurité: il leur faut de grandes vertus pour être connus et admirés, ou peut-être de grands vices.

¶ Les hommes, sur la conduite des grands et des petits indifféremment, sont prévenus, charmés, enlevés par la réussite; il s'en faut peu que le crime heureux ne soit loué comme la vertu même, et que le bonheur ne tienne lieu de toutes les vertus. C'est un noir attentat, c'est une sale et odieuse entreprise que celle que le succès ne sauroit justifier.

¶ Les hommes, séduits par de belles apparences et de spécieux prétextes, goûtent aisément un projet d'ambition que quelques grands ont médité; ils en parlent avec intérêt, il leur plaît même par la hardiesse ou par la nouveauté que l'on lui impute; ils y sont déjà accoutumés et n'en attendent que le succès, lorsque, venant au contraire à avorter, ils décident avec confiance, et sans nulle crainte de se tromper, qu'il étoit téméraire et ne pouvoit réussir.

¶ Il y a de tels projets, d'un si grand éclat et d'une conséquence si vaste, qui font parler les hommes si longtemps, qui font tant espérer ou tant craindre, selon les divers intérêts des peuples, que toute la gloire et toute la fortune d'un homme y sont commises. Il ne peut pas avoir paru sur la scène avec un si bel appareil pour se retirer sans rien dire; quelques affreux périls qu'il commence à prévoir dans la suite de son entreprise, il faut qu'il l'entame : le moindre mal pour lui est de la manquer [1].

¶ Dans un méchant homme il n'y a pas de quoi faire un grand homme. Louez ses vues et ses projets, admirez sa conduite, exagérez son habileté à se servir des moyens les plus propres et les plus courts pour parvenir à ses fins; si ses fins sont mauvaises, la prudence n'y a aucune part, et, où manque la prudence, trouvez la grandeur si vous le pouvez.

¶ Un ennemi est mort [2], qui étoit à la tête d'une armée formidable, destinée à passer le Rhin; il savoit la guerre, et son expérience pouvoit être secondée de la fortune. Quels feux de joie a-t-on vus? quelle fête publique? Il y a des hommes, au contraire, naturellement odieux [3], et dont l'aversion devient populaire; ce n'est point précisément par les progrès qu'ils font, ni par la crainte de ceux qu'ils peuvent faire, que la voix du peuple éclate à leur mort, et que tout tressaille, jusqu'aux enfants, dès que l'on murmure dans les places que la terre enfin en est délivrée.

¶ O temps! ô mœurs! s'écrie *Héraclite*, ô malheureux siècle! siècle rempli de mauvais exemples, où

---

1. Cet article et le précédent font allusion à l'entreprise tentée par Guillaume de Nassau, prince d'Orange, pour s'emparer du trône d'Angleterre. Né le 14 oct. 1650, Guillaume de Nassau épousa Marie Stuart, fille de Jacques II, à une époque où ce roi n'avait point d'enfant mâle; mais un fils étant né plus tard au roi Jacques, Guillaume, qui voyait par là sa femme exclue du trône, résolut de s'emparer de la couronne d'Angleterre, en profitant du mécontentement que les sentiments catholiques de Jacques II avaient excités chez les Anglais. Le 5 nov. 1688, il débarqua à Torbay avec une armée de quatorze mille hommes, marcha sur Londres et obligea Jacques II, son beau-père, à se réfugier en France. Il mourut le 16 mars 1702, roi d'Angleterre.

2. Charles V, duc de Lorraine, beau-frère de l'empereur Léopold, né à Vienne, le 3 avril 1643, mort à Welz près de Lintz, le 18 avril 1690.

3. Ces mots s'appliquent à Guillaume de Nassau, et la suite a trait au faux bruit qui se répandit en France que ce prince avait été tué à la bataille de La Boyne. Cette bataille, livrée le 11 juillet 1690, enleva la couronne à Jacques II.

la vertu souffre, où le crime domine, où il triomphe! Je veux être un *Lycaon*, un *Égisthe;* l'occasion ne peut être meilleure, ni les conjonctures plus favorables, si je désire du moins de fleurir et de prospérer. Un homme dit[1] : Je passerai la mer, je dépouillerai mon père de son patrimoine, je le chasserai, lui, sa femme, son héritier, de ses terres et de ses États; et comme il l'a dit il l'a fait. Ce qu'il devoit appréhender, c'étoit le ressentiment de plusieurs rois qu'il outrage en la personne d'un seul roi. Mais ils tiennent pour lui; ils lui ont presque dit : Passez la mer, dépouillez votre père [2], montrez à tout l'univers qu'on peut chasser un roi de son royaume, ainsi qu'un petit seigneur de son château, ou un fermier de sa métairie. Qu'il n'y ait plus de différence entre de simples particuliers et nous; nous sommes las de ces distinctions. Apprenez au monde que ces peuples, que Dieu a mis sous nos pieds, peuvent nous abandonner, nous trahir, nous livrer, se livrer eux-mêmes à un étranger, et qu'ils ont moins à craindre de nous que nous d'eux et de leur puissance. Qui pourroit voir des choses si tristes avec des yeux secs et une âme tranquille? Il n'y a point de charges qui n'aient leurs privilèges; il n'y a aucun titulaire qui ne parle, qui ne plaide, qui ne s'agite pour les défendre; la dignité royale seule n'a plus de privilèges, les rois eux-mêmes y ont renoncé. Un seul, toujours bon [3] et magnanime, ouvre ses bras à une famille malheureuse; tous les autres se liguent comme pour se venger de lui et de l'appui qu'il donne à une cause qui leur est commune. L'esprit de pique et de jalousie prévaut chez eux à l'intérêt de l'hon-

---

1. Cet homme est encore Guillaume de Nassau.
2. Allusion à la ligue d'Ausbourg, formée par Guillaume de Nassau, l'Empire, l'Espagne, la Savoie, la Hollande, le Danemark et la Suède.
3. Louis XIV, qui donna retraite à Jacques II et à toute sa famille, après la bataille de La Boyne.

neur, de la religion et de leur État; est-ce assez? à leur intérêt personnel et domestique; il y va, je ne dis pas de leur élection, mais de leur succession, de leurs droits comme héréditaires. Enfin, dans tous, l'homme l'emporte sur le souverain. Un prince délivroit l'Europe [1], se délivroit lui-même d'un fatal ennemi, alloit jouir de la gloire d'avoir détruit un grand empire [2] : il la néglige pour une guerre douteuse [3]. Ceux qui sont nés [4] arbitres et médiateurs temporisent; et, lorsqu'ils pourroient avoir déjà employé utilement leur médiation, ils la promettent. O pâtres! continue Héraclite, ô rustres qui habitez sous le chaume et dans les cabanes! si les événements ne vont point jusqu'à vous, si vous n'avez point le cœur percé par la malice des hommes, si on ne parle plus d'hommes dans vos contrées, mais seulement de renards et de loups cerviers, recevez-moi parmi vous à manger votre pain noir et à boire l'eau de vos citernes!

¶ Petits hommes hauts de six pieds, tout au plus de sept, qui vous enfermez aux foires comme géants, et comme des pièces rares dont il faut acheter la vue dès que vous allez jusqu'à huit pieds, qui vous donnez sans pudeur de la *hautesse* et de l'*éminence*, qui est tout ce que l'on pourroit accorder à ces montagnes voisines du ciel et qui voient les nuages se former au-dessous d'elles; espèce d'animaux glorieux et superbes, qui méprisez toute autre espèce, qui ne faites pas même comparaison avec l'éléphant et la baleine, approchez, hommes, répondez un peu à *Démocrite*. Ne dites-vous pas en commun proverbe : *des loups ravissants, des lions furieux, malicieux comme un singe*? Et vous autres, qui êtes-vous? J'entends corner sans cesse

---

1. L'empereur.
2. La Turquie.
3. Une guerre faite à Louis XIV.
4. Allusion au pape Innocent XI.

à mes oreilles : l'*homme est un animal raisonnable.* Qui vous a passé cette définition? sont-ce les loups, les singes et les lions, ou si vous vous l'êtes accordée à vous-mêmes? C'est déjà une chose plaisante que vous donniez aux animaux, vos confrères, ce qu'il y a de pire, pour prendre pour vous ce qu'il y a de meilleur. Laissez-les un peu se définir eux-mêmes, et vous verrez comme ils s'oublieront et comme vous serez traités. Je ne parle point, ô hommes ! de vos légèretés, de vos folies et de vos caprices, qui vous mettent au-dessous de la taupe et de la tortue, qui vont sagement leur petit train, et qui suivent, sans varier, l'instinct de leur nature; mais écoutez-moi un moment. Vous dites d'un tiercelet de faucon qui est fort léger et qui fait une belle descente sur la perdrix : Voilà un bon oiseau; et d'un lévrier qui prend un lièvre corps à corps : C'est un bon lévrier. Je consens aussi que vous disiez d'un homme qui court le sanglier, qui le met aux abois, qui l'atteint et qui le perce : Voilà un brave homme; mais, si vous voyez deux chiens qui s'aboient, qui s'affrontent, qui se mordent et se déchirent, vous dites : Voilà de sots animaux; et vous prenez un bâton pour les séparer. Que si l'on vous disoit que tous les chats d'un grand pays se sont assemblés par milliers dans une plaine, et qu'après avoir miaulé tout leur soûl, ils se sont jetés avec fureur les uns sur les autres et ont joué ensemble de la dent et de la griffe; que de cette mêlée il est demeuré de part et d'autre neuf à dix mille chats sur la place, qui ont infecté l'air à dix lieues de là par leur puanteur, ne diriez-vous pas : Voilà le plus abominable *sabbat* dont on ait jamais ouï parler? Et si les loups en faisoient de même, quels hurlements ! quelle boucherie ! Et si les uns ou les autres vous disoient qu'ils aiment la gloire, concluriez-vous de ce discours qu'ils la mettent à se trouver à ce beau rendez-vous, à détruire ainsi et à anéantjr leur propre espèce? ou, après l'avoir conclu, ne ririez-vous pas de tout votre cœur de l'ingénuité de ces pauvres bêtes? Vous avez déjà, en animaux raisonnables, et pour vous distinguer de ceux qui ne se servent que de leurs dents et de leurs ongles, imaginé les lances, les piques, les dards, les sabres et les cimeterres, et à mon gré fort judicieusement : car, avec vos seules mains, que pouviez-vous vous faire les uns aux autres que vous arracher les cheveux, vous égratigner au visage, ou tout au plus vous arracher les yeux de la tête? au lieu que vous voilà munis d'instruments commodes qui vous servent à vous faire réciproquement de larges plaies, d'où peut couler votre sang jusqu'à la dernière goutte, sans que vous puissiez craindre d'en échapper. Mais, comme vous devenez d'année à autre plus raisonnables, vous avez bien enchéri sur cette vieille manière de vous exterminer : vous avez de petits globes [1] qui vous tuent tout d'un coup, s'ils peuvent seulement vous atteindre à la tête ou à la poitrine; vous en avez d'autres [2] plus pesants et plus massifs, qui vous coupent en deux parts ou qui vous éventrent, sans compter ceux [3] qui, tombant sur vos toits, enfoncent les planchers, vont du grenier à la cave, en enlèvent les voûtes, et font sauter en l'air, avec vos maisons, vos femmes qui sont en couche, l'enfant et la nourrice. Et c'est là encore où *gît* la gloire; elle aime le *remue-ménage*, et elle est personne d'un grand fracas. Vous avez d'ailleurs des armes défensives, et, dans les bonnes règles, vous devez en guerre être habillés de fer, ce qui est, sans mentir, une jolie parure, et qui me fait souvenir de ces quatre puces célèbres que montroit autrefois un charlatan, subtil ouvrier, dans une fiole où il avoit

---

1. Les balles de mousquet.
2. Les boulets de canon.
3. Les bombes.

trouvé le secret de les faire vivre : il leur avoit mis à chacune une salade en tête, leur avoit passé un corps de cuirasse, mis des brassards, des genouillères, la lance sur la cuisse; rien ne leur manquoit, et en cet équipage elles alloient par sauts et par bonds dans leur bouteille. Feignez un homme de la taille du mont *Athos*[1] : pourquoi non? une âme seroit-elle embarrassée d'animer un tel corps? elle en seroit plus au large; si cet homme avoit la vue assez subtile pour vous découvrir quelque part sur la terre avec vos armes offensives et défensives, que croyez-vous qu'il penseroit de petits marmousets ainsi équipés et de ce que vous appelez guerre, cavalerie, infanterie, un mémorable siége, une fameuse journée? N'entendrai-je donc plus bourdonner d'autre chose parmi vous? le monde ne se divise-t-il plus qu'en régiments et en compagnies? tout est-il devenu bataillon ou escadron? *Il a pris une ville, il en a pris une seconde, puis une troisième; il a gagné une bataille, deux batailles; il chasse l'ennemi, il vainc sur mer, il vainc sur terre :* est-ce de quelqu'un de vous autres, est-ce d'un géant, d'un *Athos*, que vous parlez? Vous avez surtout un homme pâle et livide, qui n'a pas sur soi dix onces de chair et que l'on croiroit jeter à terre du moindre souffle[2]. Il fait néanmoins plus de bruit que quatre autres, et met tout en combustion; il vient de pêcher en eau trouble une île tout entière[3]; ailleurs, à la vérité, il est battu et poursuivi, mais il se sauve par les *marais* et ne veut écouter ni paix ni trêve. Il a montré de bonne heure ce qu'il savoit faire : il a mordu le sein de sa nourrice[4], elle en est morte, la

1. C'est sans doute ce passage qui aura donné à Voltaire l'idée de son ingénieux conte de Micromégas. (A. Destailleur.)
2. Guillaume de Nassau.
3. L'Angleterre.
4. La Hollande où Guillaume se conduisit en maître absolu, lorsqu'il eut pris possession du trône d'Angleterre.

pauvre femme; je m'entends, il suffit. En un mot, il étoit né sujet, et il ne l'est plus; au contraire, il est le maître, et ceux qu'il a domptés et mis sous le joug [1] vont à la charrue et labourent de bon courage; ils semblent même appréhender, les bonnes gens, de pouvoir se délier un jour et de devenir libres, car ils ont étendu la courroie et allongé le fouet de celui qui les fait marcher; ils n'oublient rien pour accroître leur servitude; ils lui font passer l'eau pour se faire d'autres vassaux et s'acquérir de nouveaux domaines; il s'agit, il est vrai, de prendre son père et sa mère par les épaules et de les jeter hors de leur maison, et ils l'aident dans une si honnête entreprise. Les gens de delà l'eau et ceux d'en deçà se cotisent et mettent chacun du leur pour se le rendre à eux tous de jour en jour plus redoutable; les *Pictes* et les *Saxons* imposent silence aux *Bataves*, et ceux-ci aux *Pictes* et aux *Saxons;* tous se peuvent vanter d'être ses humbles esclaves, et autant qu'ils le souhaitent. Mais qu'entends-je de certains personnages qui ont des couronnes, je ne dis pas des comtes ou des marquis, dont la terre fourmille, mais des princes et des souverains? ils viennent trouver cet homme dès qu'il a sifflé, ils se découvrent dès son antichambre, et ils ne parlent que quand on les interroge [2]. Sont-ce là ces mêmes princes si pointilleux, si formalistes sur leurs rangs et sur leurs préséances, et qui consument, pour les régler, les mois entiers dans une diète? Que fera ce nouvel *archonte* pour payer une si aveugle soumission et pour répondre à une si haute idée qu'on a de lui? S'il se livre une bataille, il doit la gagner, et en personne; si l'ennemi fait un siège, il doit le lui

---

1. Les Anglais.
2. Le prince d'Orange, à son premier retour d'Angleterre, en 1690, vint à La Haye, où les princes ligués se rendirent, et où le duc de Bavière fut longtemps à attendre dans l'antichambre.

faire lever, et avec honte, à moins que tout l'Océan ne soit entre lui et l'ennemi ; il ne sauroit moins faire en faveur de ses courtisans. *César*[1] lui-même ne doit-il pas venir en grossir le nombre ? il en attend du moins d'importants services : car ou l'archonte échouera avec ses alliés, ce qui est plus difficile qu'impossible à concevoir, ou, s'il réussit et que rien ne lui résiste, le voilà tout porté, avec ses alliés jaloux de la religion et de la puissance de César, pour fondre sur lui, pour lui enlever *l'aigle* et le réduire, lui ou son héritier à la *fasce d'argent*[2] et aux pays héréditaires. Enfin c'en est fait, ils se sont tous livrés à lui volontairement, à celui peut-être de qui ils devoient se défier davantage. *Ésope* ne leur diroit-il pas : *La gent volatile d'une certaine contrée prend l'alarme et s'effraie du voisinage du lion, dont le seul rugissement lui fait peur ; elle se réfugie auprès de la bête qui lui fait parler d'accommodement et la prend sous sa protection, qui se termine enfin à les croquer tous l'un après l'autre*[3].

1. L'empereur.
2. Armes de la maison d'Autriche.
3. Le jugement sévère porté par notre auteur sur le roi d'Angleterre. Guillaume III est loin d'être impartial. La Bruyère ne voit dans ce prince qu'un irréconciliable ennemi de Louis XIV, et un gendre ambitieux qui détrône son beau-père, un prince opiniâtre qui fait couler le sang dans une lutte acharnée. L'histoire, plus calme cette fois que le moraliste, s'est montrée moins sévère et elle a vu dans Guillaume, non plus seulement l'ennemi personnel de Louis XIV, mais le protestant armé pour défendre la liberté de conscience contre le prince qui avait révoqué l'édit de Nantes, et le chef d'une de ces grandes coalitions qui n'ont jamais manqué de se former dans l'Europe moderne contre les États qui semblaient aspirer à la domination universelle.

DE LA MODE.

Une chose folle et qui découvre bien notre petitesse, c'est l'assujettissement aux modes, quand on l'étend à ce qui concerne le goût, le vivre, la santé et la conscience. La viande noire est hors de mode, et, par cette raison, insipide; ce seroit pécher contre la mode que de guérir de la fièvre par la saignée. De même l'on ne mouroit plus depuis longtemps par *Théotime:* ses tendres exhortations ne sauvoient plus que le peuple, et Théotime a vu son successeur.

¶ La curiosité n'est pas un goût pour ce qui est bon ou ce qui est beau, mais pour ce qui est rare, unique, pour ce qu'on a et ce que les autres n'ont point. Ce n'est pas un attachement à ce qui est parfait, mais à ce qui est couru, à ce qui est à la mode. Ce n'est pas un amusement, mais une passion, et souvent si violente, qu'elle ne cède à l'amour et à l'ambition que par la petitesse de son objet. Ce n'est pas une passion qu'on a généralement pour les choses rares et qui ont cours, mais qu'on a seulement pour une certaine chose qui est rare, et pourtant à la mode.

Le fleuriste a un jardin dans un faubourg; il y court au lever du soleil, et il en revient à son coucher. Vous le voyez planté et qui a pris racine au milieu de ses tulipes et devant la *Solitaire;* il ouvre de grands yeux, il frotte ses mains, il se baisse, il la voit de plus près, il ne l'a jamais vue si belle, il a le cœur épanoui de joie; il la quitte pour l'*Orientale;* de là, il va à la *Veuve;* il passe au *Drap d'or;* de celle-ci à l'*Agathe,* d'où il revient enfin à la *Solitaire,* où il se fixe, où il se lasse, où il s'assied, où il oublie de dîner; aussi est-elle nuancée, bordée, huilée, à pièces emportées; elle a un beau vase ou un beau calice; il la contemple, il l'admire; Dieu et la nature sont en tout cela ce qu'il n'admire point; il ne va pas plus loin que l'oignon de sa tulipe, qu'il ne livreroit pas pour mille écus, et qu'il donnera pour rien quand les tulipes seront négligées et que les œillets auront prévalu. Cet homme raisonnable, qui a une âme, qui a un culte et une religion, revient chez soi fatigué, affamé, mais fort content de sa journée : il a vu des tulipes [1].

Parlez à cet autre de la richesse des moissons, d'une ample récolte, d'une bonne vendange : il est curieux de fruits; vous n'articulez pas, vous ne vous faites pas entendre. Parlez-lui de figues et de melons, dites que les poiriers rompent de fruit cette année, que les pêchers ont donné avec abondance : c'est pour lui un idiome inconnu; il s'attache aux seuls pruniers; il ne vous répond pas. Ne l'entretenez pas même de vos pruniers, il n'a de l'amour que pour une certaine espèce; toute autre que vous lui nommez le fait sourire et se moquer. Il vous mène à l'arbre, cueille artistement cette prune exquise; il l'ouvre, vous en donne une moitié et prend l'autre : Quelle chair! dit-il; goûtez-vous cela? cela est-il divin? voilà ce que vous ne trouverez pas ailleurs ; et là-dessus ses narines s'enflent; il cache avec peine sa joie et sa vanité par quelques dehors de modestie. O l'homme divin, en effet! homme qu'on ne peut jamais assez louer et admirer! homme dont il sera parlé dans plusieurs siècles! que je voie sa taille et son visage pendant qu'il vit; que j'observe les traits et la conte-

---

[1]. « Il n'y a point de si petits caractères qu'on ne puisse rendre agréables par le coloris. Le *Fleuriste* de La Bruyère en est la preuve. » (VAUVENARGUES.)

nance d'un homme qui seul entre les mortels possède une telle prune !

Un troisième, que vous allez voir, vous parle des curieux, ses confrères, et surtout de *Diognète*. Je l'admire, dit-il, et je le comprends moins que jamais. Pensez-vous qu'il cherche à s'instruire par les médailles, et qu'il les regarde comme des preuves parlantes de certains faits et des monuments fixes et indubitables de l'ancienne histoire? rien moins. Vous croyez peut-être que toute la peine qu'il se donne pour recouvrer une *tête* vient du plaisir qu'il se fait de ne voir pas une suite d'empereurs interrompue? c'est encore moins. Diognète sait d'une médaille le *fruste*, le *flou*, et la *fleur de coin*[1] ; il a une tablette dont toutes les places sont garnies, à l'exception d'une seule ; ce vide lui blesse la vue, et c'est précisément et à la lettre pour le remplir qu'il emploie son bien et sa vie.

Vous voulez, ajoute *Démocède*, voir mes estampes ? et bientôt il les étale et vous les montre. Vous en rencontrez une qui n'est ni noire, ni nette, ni dessinée, et d'ailleurs moins propre à être gardée dans un cabinet qu'à tapisser un jour de fête le Petit-Pont ou la rue Neuve. Il convient qu'elle est mal gravée, plus mal dessinée ; mais il assure qu'elle est d'un Italien qui a travaillé peu, qu'elle n'a presque pas été tirée, que c'est la seule qui soit en France de ce dessin, qu'il l'a achetée très-cher, et qu'il ne la changerait pas pour ce qu'il a de meilleur. J'ai, continue-t-il, une sensible affliction, et qui m'obligera à renoncer

---

1. Le *fruste* se dit de ce qu'il y a d'effacé ou de défectueux dans une médaille; le *flou* est un terme de peinture transporté à la numismatique; en peinture, il exprime la délicatesse et le moelleux du pinceau, en numismatique, la finesse et la légèreté du burin. Dans ces deux arts le *flou* est le contraire de la sécheresse et de la dureté. La *fleur de coin* se dit de l'éclat d'une médaille dont la conservation est telle qu'on la dirait frappée tout récemment.

aux estampes pour le reste de mes jours : j'ai tout *Callot* [1], hormis une seule, qui n'est pas, à la vérité, de ses bons ouvrages ; au contraire, c'est un des moindres, mais qui m'achèveroit Callot ; je travaille depuis vingt ans à recouvrer cette estampe, et je désespère enfin d'y réussir ; cela est bien rude !

Tel autre fait la satire de ces gens qui s'engagent par inquiétude ou par curiosité dans de longs voyages, qui ne font ni mémoires ni relations, qui ne portent point de tablettes, qui vont pour voir, et qui ne voient pas, ou qui oublient ce qu'ils ont vu ; qui désirent seulement de connoître de nouvelles tours ou de nouveaux clochers, et de passer des rivières qu'on n'appelle ni la Seine ni la Loire ; qui sortent de leur patrie pour y retourner, qui aiment à être absents, qui veulent un jour être revenus de loin. Et ce satirique parle juste, et se fait écouter.

Mais, quand il ajoute que les livres en apprennent plus que les voyages, et qu'il m'a fait comprendre par ses discours qu'il a une bibliothèque, je souhaite de la voir ; je vais trouver cet homme, qui me reçoit dans une maison où, dès l'escalier, je tombe en foiblesse d'une odeur de maroquin noir dont ses livres sont tous couverts. Il a beau me crier aux oreilles, pour me ranimer, qu'ils sont dorés sur tranche, ornés de filets d'or et de la bonne édition, me nommer les meilleurs l'un après l'autre, dire que sa galerie est remplie, à quelques endroits près, qui sont peints de manière qu'on les prend pour de vrais livres arrangés sur des tablettes, et que l'œil s'y trompe ; ajouter qu'il ne lit jamais, qu'il ne met pas le pied dans cette galerie, qu'il y viendra pour me faire plaisir ; je le remercie de sa complaisance, et ne veux non plus

---

1. Jacques Callot, peintre, graveur et dessinateur, né à Nancy en 1593, mort en 1635. Son œuvre, fort recherchée, contient environ 1,600 pièces.

que lui visiter sa tannerie, qu'il appelle bibliothèque.

Quelques-uns par une intempérance de savoir, et par ne pouvoir se résoudre à renoncer à aucune sorte de connoissance, les embrassent toutes et n'en possèdent aucune. Ils aiment mieux savoir beaucoup que de savoir bien, et être foibles et superficiels dans diverses sciences que d'être sûrs et profonds dans une seule ; ils trouvent en toutes rencontres celui qui est leur maître et qui les redresse ; ils sont les dupes de leur vaine curiosité, et ne peuvent au plus, par de longs et pénibles efforts, que se tirer d'une ignorance crasse.

D'autres ont la clef des sciences, où ils n'entrent jamais : ils passent leur vie à déchiffrer les langues orientales et les langues du Nord, celles des deux Indes, celles des deux pôles, et celle qui se parle dans la lune. Les idiomes les plus inutiles, avec les caractères les plus bizarres et les plus magiques, sont précisément ce qui réveille leur passion et qui excite leur travail ; ils plaignent ceux qui se bornent ingénument à savoir leur langue, ou tout au plus la grecque et la latine. Ces gens lisent toutes les histoires et ignorent l'histoire ; ils parcourent tous les livres et ne profitent d'aucun ; c'est en eux une stérilité de faits et de principes qui ne peut être plus grande, mais à la vérité la meilleure récolte et la richesse la plus abondante de mots et de paroles qui puisse s'imaginer ; ils plient sous le faix ; leur mémoire en est accablée, pendant que leur esprit demeure vide.

Un bourgeois[1] aime les bâtiments ; il se fait bâtir un hôtel si beau, si riche et si orné, qu'il est inhabitable ; le maître, honteux de s'y loger, ne pouvant

---

1. Amelot de Bisseuil. Sa maison, dans la vieille rue du Temple, au coin de la rue des Blancs-Manteaux, était une des curiosités de Paris.

peut-être se résoudre à le louer à un prince ou à un homme d'affaires, se retire au galetas, où il achève sa vie, pendant que l'enfilade et les planchers de rapport sont en proie aux Anglois et aux Allemands qui voyagent, et qui viennent là du Palais-Royal, du palais L... G...[1] et du Luxembourg. On heurte sans fin à cette belle porte; tous demandent à voir la maison, et personne à voir Monsieur.

On en sait d'autres qui ont des filles devant leurs yeux, à qui ils ne peuvent pas donner une dot; que dis-je? elles ne sont pas vêtues, à peine nourries, qui se refusent un tour de lit et du linge blanc, qui sont pauvres; et la source de leur misère n'est pas fort loin : c'est un garde-meubles chargé et embarrassé de bustes rares, déjà poudreux et couverts d'ordures, dont la vente les mettroit au large, mais qu'ils ne peuvent se résoudre à mettre en vente.

Diphile commence par un oiseau et finit par mille; sa maison n'en est pas égayée, mais empestée : la cour, la salle, l'escalier, le vestibule, les chambres, le cabinet, tout est volière[2]; ce n'est plus un ramage, c'est un vacarme; les vents d'automne et les eaux dans leurs plus grande crues ne font pas un bruit si perçant et si aigu; on ne s'entend non plus parler les uns les autres que dans ces chambres où il faut attendre, pour faire le compliment d'entrée, que les petits chiens aient aboyé. Ce n'est plus pour Diphile un agréable amusement, c'est une affaire laborieuse et à laquelle à peine il peut suffire. Il passe les jours, ces jours qui échappent et qui ne reviennent plus, à verser du grain et à nettoyer des ordures; il donne pension à un homme qui n'a point d'autre ministère que de siffler des serins au flageolet et de faire couver des *ca-*

1. Lesdiguières.
2. Ceci paraît être une allusion au poëte Santeul, qui aimait beaucoup les serins, et en avait sa maison toute remplie.

naries. Il est vrai que ce qu'il dépense d'un côté, il l'épargne de l'autre, car ses enfants sont sans maîtres et sans éducation. Il se renferme le soir, fatigué de son propre plaisir, sans pouvoir jouir du moindre repos que ses oiseaux ne reposent, et que ce petit peuple, qu'il n'aime que parce qu'il chante, ne cesse de chanter. Il retrouve ses oiseaux dans son sommeil; lui-même il est oiseau, il est huppé, il gazouille, il perche, il rêve la nuit qu'il mue ou qu'il couve[1].

Qui pourroit épuiser tous les différents genres de curieux? Devineriez-vous, à entendre parler celui-ci de son *Léopard*, de sa *Plume*, de sa *Musique*[2]; les vanter comme ce qu'il y a sur la terre de plus singulier et de plus merveilleux, qu'il veut vendre ses coquilles? Pourquoi non, s'il les achète au poids de l'or?

Cet autre aime les insectes, il en fait tous les jours de nouvelles emplettes; c'est surtout le premier homme de l'Europe pour les papillons, il en a de toutes les tailles et de toutes les couleurs. Quel temps prenez-vous pour lui rendre visite? il est plongé dans une amère douleur, il a l'humeur noire, chagrine, et dont toute sa famille souffre; aussi a-t-il fait une perte irréparable. Approchez, regardez ce qu'il vous montre sur son doigt, qui n'a plus de vie et qui vient d'expirer : c'est une chenille, et quelle chenille!

¶ Le duel est le triomphe de la mode et l'endroit où elle a exercé sa tyrannie avec plus d'éclat. Cet usage

---

1. Cet amour des oiseaux date de loin en France. Il y avait dans le vieux Louvre une pièce servant de volière, dite *chambre aux oiseaux*, à laquelle étaient attachés divers offices, celui de *pipeur du roi* qui était chargé d'attraper des pinsons, fauvettes, et autres volatiles, et celui de *valet des oiseaux* qui était préposé à leur nourriture, leur donnait de la mousse, de la plume et du crin pour faire leur nid, et veillait sur les jeunes couvées. En 1492, on trouve parmi les gens de la reine un valet chargé d'attraper des mouches, pour les *petits oyselets*. La Bruyère ignorait certainement ces détails, et il est curieux de trouver deux siècles avant lui *Diphile* à la cour de France.

2. Noms de coquillages. (*Note de La Bruyère*.)

n'a pas laissé au poltron la liberté de vivre, il l'a mené se faire tuer par un plus brave que soi et l'a confondu avec un homme de cœur; il a attaché de l'honneur et de la gloire à une action folle et extravagante; il a été approuvé par la présence des rois; il y a eu quelquefois une espèce de religion à le pratiquer; il a décidé de l'innocence des hommes, des accusations fausses ou véritables sur des crimes capitaux; il s'étoit enfin si profondément enraciné dans l'opinion des peuples et s'étoit si fort saisi de leur cœur et de leur esprit, qu'un des plus beaux endroits de la vie d'un très-grand roi a été de les guérir de cette folie[1].

¶ Tel a été à la mode, ou pour le commandement des armées et la négociation, ou pour l'éloquence de la chaire, ou pour les vers, qui n'y est plus. Y a-t-il des hommes qui dégénèrent de ce qu'ils furent autrefois? Est-ce leur mérite qui est usé, ou le goût que l'on avoit pour eux?

¶ Un homme à la mode dure peu, car les modes passent; s'il est par hasard homme de mérite, il n'est pas anéanti, et il subsiste encore par quelque endroit: également estimable, il est seulement moins estimé.

La vertu a cela d'heureux qu'elle se suffit à elle-

---

1. Quoique les duels fussent défendus depuis Henri IV, cette funeste coutume, dit Voltaire, subsistait plus que jamais. Le fameux combat de la Frette, de quatre contre quatre, en 1663, fut ce qui détermina Louis XIV à ne plus pardonner cette heureuse sévérité corrigea peu à peu notre nation. » (*Siècle de Louis XIV*, ch. XXIX.)

Voici le texte des édits ou ordonnances promulgués par Louis XIV contre les duels :

Juin 1643, — 11 mai 1644, — 13 mai 1646, — septembre 1651, — mai 1653, — février 1658, — 1670. Le procès peut être fait au cadavre par suite du duel; — 1er décembre 1676. — Règlement général pour la répression du duel, août 1679, — 14 décembre 1679. Tout soldat qui donnera avis d'un duel qui aura été commis obtiendra son congé, 8 avril 1686. — Disposition sur la confiscation, au profit des hôpitaux, des biens des condamnés pour duel, 28 octobre 1711.

même et qu'elle sait se passer d'admirateurs, de partisans et de protecteurs; le manque d'appui et d'approbation non-seulement ne lui nuit pas, mais il la conserve, l'épure et la rend parfaite; qu'elle soit à la mode, qu'elle n'y soit plus, elle demeure vertu.

¶ Si vous dites aux hommes, et surtout aux grands, qu'un tel a de la vertu, ils vous disent : Qu'il la garde; qu'il a bien de l'esprit, de celui surtout qui plaît et qui amuse, ils vous répondent : Tant mieux pour lui; qu'il a l'esprit fort cultivé, qu'il sait beaucoup, ils vous demandent quelle heure il est ou quel temps il fait; mais, si vous leur apprenez qu'il y a un *Tigillin* qui *souffle* ou qui *jette en sable* un verre d'eau-de-vie[1], et, chose merveilleuse! qui y revient à plusieurs fois en un repas, alors ils disent : Où est-il? amenez-le-moi demain, ce soir : me l'amènerez-vous? On le leur amène, et cet homme, propre à parer les avenues d'une foire et à être montré en chambre pour de l'argent, ils l'admettent dans leur familiarité.

¶ Il n'y a rien qui mette plus subitement un homme à la mode et qui le soulève davantage que le grand jeu; cela va du pair avec la crapule. Je voudrois bien voir un homme poli, enjoué, spirituel, fût-il un CATULLE ou son disciple, faire quelque comparaison avec celui qui vient de perdre huit cents pistoles en une séance.

¶ Une personne à la mode ressemble à une *fleur bleue*[2] qui croît de soi-même dans les sillons où elle étouffe les épis, diminue la moisson et tient la place de quelque chose de meilleur; qui n'a de prix et de beauté que ce qu'elle emprunte d'un caprice léger qui naît et qui tombe presque dans le même instant :

---

1. *Souffler* ou *jeter en sable*, signifie avaler d'un trait.
2. Ces barbeaux, qui croissent parmi les blés et les seigles, fure t, un été, à la mode dans Paris. Les dames en mettoient pour bouquet. (*La Clef.*)

aujourd'hui elle est courue, les femmes s'en pare demain elle est négligée et rendue au peuple.

¶ Une personne de mérite, au contraire, est une fleur qu'on ne désigne pas par sa couleur, mais que l'on nomme par son nom, que l'on cultive par sa beauté ou par son odeur, l'une des grâces de la nature, l'une de ces choses qui embellissent le monde, qui est de tous les temps et d'une vogue ancienne et populaire ; que nos pères ont estimée et que nous estimons après nos pères ; à qui le dégoût ou l'antipathie de quelques-uns ne sauroit nuire : un lis, une rose.

¶ L'on voit *Eustrate* assis dans sa nacelle, où il jouit d'un air pur et d'un ciel serein ; il avance d'un bon vent et qui a toutes les apparences de devoir durer ; mais il tombe tout d'un coup, le ciel se couvre, l'orage se déclare, un tourbillon enveloppe la nacelle, elle est submergée ; on voit Eustrate revenir sur l'eau et faire quelques efforts ; on espère qu'il pourra du moins se sauver et venir à bord ; mais une vague l'enfonce, on le tient perdu ; il paroît une seconde fois, et les espérances se réveillent, lorsqu'un flot survient et l'abîme ; on ne le revoit plus, il est noyé.

¶ VOITURE et SARRAZIN[1] étoient nés pour leur siècle, et ils ont paru dans un temps où il semble qu'ils étoient attendus. S'ils s'étoient moins pressés de venir, ils arrivoient trop tard, et j'ose douter qu'ils fussent tels aujourd'hui qu'ils ont été alors. Les conversations légères, les cercles, la fine plaisanterie, les lettres enjouées et familières, les petites parties où l'on étoit admis seulement avec de l'esprit, tout a disparu. Et qu'on ne dise point qu'ils les feroient revi-

---

1. Sarrazin (Jean-François), poëte et littérateur, né vers 1603, près de Caen, mort à Pézenas en 1654. Moins célèbre que Voiture il mérite peut-être de lui être préféré. Boileau disait : *Il y a dans Sarrazin la matière d'un excellent esprit, mais la forme n'y est pas.*

vre : ce que je puis faire en faveur de leur esprit est de convenir que peut-être ils excelleroient dans un autre genre ; mais les femmes sont, de nos jours, ou dévotes, ou coquettes, ou joueuses, ou ambitieuses [1], quelques-unes même tout cela à la fois : le goût de la faveur, le jeu, les galants, les directeurs, ont pris la place et la défendent contre les gens d'esprit.

¶ Un homme fat et ridicule porte un long chapeau, un pourpoint à ailerons, des chausses à aiguillettes et des bottines ; il rêve la veille par où et comment il pourra se faire remarquer le jour qui suit. Un philosophe se laisse habiller par son tailleur. Il y a autant de foiblesse à fuir la mode qu'à l'affecter.

¶ L'on blâme une mode qui, divisant la taille des hommes en deux parties égales, en prend une tout entière pour le buste et laisse l'autre pour le reste du corps ; l'on condamne celle qui fait de la tête des femmes la base d'un édifice à plusieurs étages, dont l'ordre et la structure changent selon leurs caprices ; qui éloigne les cheveux du visage, bien qu'ils ne croissent que pour l'accompagner ; qui les relève et les hérisse à la manière des Bacchantes, et semble avoir pourvu à ce que les femmes changent leur physionomie douce et modeste en une autre qui soit fière et audacieuse. On se récrie enfin contre une telle ou une telle mode, qui cependant, toute bizarre qu'elle est, pare et embellit pendant qu'elle dure, et dont l'on tire tout l'avantage qu'on en peut espérer, qui est de plaire. Il me paroît qu'on devroit seulement admirer l'inconstance et la légèreté des hommes, qui attachent successivement les agréments et la bienséance à des choses tout opposées, qui emploient pour le comique et

---

1. VAR. *Mais les femmes sont, de nos jours, ou dévotes ou coquettes ; les galants ou les directeurs ont pris la place et la défendent contre les beaux esprits.*

pour la mascarade ce qui leur a servi de parure grave et d'ornements les plus sérieux, et que si peu de temps en fasse la différence.

¶ N... est riche, elle mange bien, elle dort bien; mais les coiffures changent, et lorsqu'elle y pense le moins, et qu'elle se croit heureuse, la sienne est hors de mode.

¶ *Iphis* voit à l'église un soulier d'une nouvelle mode, il regarde le sien et en rougit; il ne se croit plus habillé ! il étoit venu à la messe pour s'y montrer, et il se cache ; le voilà retenu par le pied dans sa chambre tout le reste du jour. Il a la main douce, et il l'entretient avec une pâte de senteur; il a soin de rire pour montrer ses dents; il fait la petite bouche, et il n'y a guère de moments où il ne veuille sourire; il regarde ses jambes, il se voit au miroir; l'on ne peut être plus content de personne qu'il l'est de lui-même ; il s'est acquis une voix claire et délicate, et heureusement il parle gras; il a un mouvement de tête, et je ne sais quel adoucissement dans les yeux, dont il n'oublie pas de s'embellir; il a une démarche molle et le plus joli maintien qu'il est capable de se procurer; il met du rouge, mais rarement, il n'en fait pas habitude : il est vrai aussi qu'il porte des chausses et un chapeau, et qu'il n'a ni boucles d'oreilles ni collier de perles; aussi ne l'ai-je pas mis dans le chapitre des femmes.

¶ Ces mêmes modes que les hommes suivent si volontiers pour leurs personnes, ils affectent de les négliger dans leurs portraits, comme s'ils sentoient ou qu'ils prévissent l'indécence et le ridicule où elles peuvent tomber dès qu'elles auront perdu ce qu'on appelle la fleur ou l'agrément de la nouveauté : ils leur préfèrent une parure arbitraire, une draperie indifférente, fantaisies du peintre qui ne sont prises ni sur l'air ni sur le visage, qui ne rappellent ni les mœurs ni la personne ; ils aiment des attitudes forcées ou immodestes, une manière dure, sauvage, étrangère, qui font un capitan d'un jeune abbé, et un matamore d'un homme de robe ; une Diane d'une femme de ville, comme d'une femme simple et timide une amazone ou une Pallas ; une Laïs d'une honnête fille ; un Scythe, un Attila, d'un prince qui est bon et magnanime.

Une mode a à peine détruit une autre mode, qu'elle est abolie par une plus nouvelle, qui cède elle-même à celle qui la suit, et qui ne sera pas la dernière ; telle est notre légèreté : pendant ces révolutions, un siècle s'est écoulé qui a mis toutes ces parures au rang des choses passées et qui ne sont plus. La mode alors la plus curieuse et qui fait plus de plaisir à voir, c'est la plus ancienne. Aidée du temps et des années, elle a le même agrément dans les portraits qu'a la saye ou l'habit romain sur les théâtres, qu'ont la mante, le voile et la tiare[1] dans nos tapisseries et dans nos peintures.

Nos pères nous ont transmis, avec la connoissance de leurs personnes, celle de leurs habits, de leurs coiffures, de leurs armes[2] et des autres ornements qu'ils ont aimés pendant leur vie. Nous ne saurions bien reconnoître cette sorte de bienfait qu'en traitant de même nos descendants.

¶ Le courtisan autrefois avoit ses cheveux, étoit en chausses et en pourpoint, portoit de larges canons, et il était libertin ; cela ne sied plus : il porte une perruque, l'habit serré, le bas uni, et il est dévot ; tout se règle par la mode.

¶ Celui qui depuis quelque temps étoit à la cour dévot, et par là contre toute raison peu éloigné du ridicule, pouvoit-il espérer de devenir à la mode ?

---

1. Habit des Orientaux. (*Note de La Bruyère.*)
2. Offensives et défensives. (*Id.*)

¶ De quoi n'est point capable un courtisan dans la vue de sa fortune, si, pour ne la pas manquer, il devient dévot ?

¶ Les couleurs sont préparées et la toile est toute prête; mais comment le fixer, cet homme inquiet, léger, inconstant, qui change de mille et mille figures? Je le peins dévot, et je crois l'avoir attrapé; mais il m'échappe, et déjà il est libertin. Qu'il demeure du moins dans cette mauvaise situation, et je saurai le prendre dans un point de déréglement de cœur et d'esprit où il sera reconnoissable; mais la mode presse, il est dévot.

¶ Celui qui a pénétré la cour connoît ce que c'est que vertu et ce que c'est que dévotion[1]; il ne peut plus s'y tromper.

¶ Négliger vêpres comme une chose antique et hors de mode; garder sa place soi-même pour le salut; savoir les êtres de la chapelle; connoître le flanc; savoir où l'on est vu et où l'on n'est pas vu; rêver dans l'église à Dieu et à ses affaires, y recevoir des visites, y donner des ordres et des commissions, y attendre les réponses; avoir un directeur mieux écouté que l'Évangile; tirer toute sa sainteté et tout son relief de la réputation de son directeur; dédaigner ceux dont le directeur a moins de vogue, et convenir à peine de leur salut; n'aimer de la parole de Dieu que ce qui s'en prêche chez soi ou par son directeur; préférer sa messe aux autres messes, et les sacrements donnés de sa main à ceux qui ont moins de cette circonstance; ne se repaître que de livres de spiritualité, comme s'il n'y avoit ni Évangiles, ni Épîtres des Apôtres, ni morale des Pères; lire ou parler un jargon inconnu aux premiers siècles; circonstancier à confesse les défauts d'autrui, y pallier les siens, s'accuser de ses

---

1. Fausse dévotion. (*Note de La Bruyère.*)

souffrances, de sa patience, dire comme un péché son peu de progrès dans l'héroïsme ; être en liaison secrète avec de certaines gens contre certains autres; n'estimer que soi et sa cabale; avoir pour suspecte la vertu même ; goûter, savourer la prospérité et la faveur, n'en vouloir que pour soi ; ne point aider au mérite ; faire servir la piété à son ambition ; aller à son salut par le chemin de la fortune et des dignités[1] : c'est du moins jusqu'à ce jour le plus bel effort de la dévotion du temps.

Un dévot[2] est celui qui, sous un roi athée, seroit athée[3].

¶ Les dévots[4] ne connoissent de crimes que l'incontinence, parlons plus précisément, que le bruit ou les dehors de l'incontinence. Si *Phérécide* passe pour être guéri des femmes, ou *Phérénice* pour être fidèle à son mari, ce leur est assez ; laissez-les jouer un jeu ruineux, faire perdre leurs créanciers, se réjouir du malheur d'autrui et en profiter, idolâtrer les grands, mépriser les petits, s'enivrer de leur propre mérite, sécher d'envie, mentir, médire, cabaler, nuire, c'est leur état; voulez-vous qu'ils empiètent sur celui des gens de bien, qui, avec les vices cachés, fuient encore l'orgueil et l'injustice ?

¶ Quand un courtisan sera humble, guéri du faste et de l'ambition ; qu'il n'établira point sa fortune sur la ruine de ses concurrents; qu'il sera équitable, soulagera ses vassaux, payera ses créanciers ; qu'il ne sera ni fourbe ni médisant; qu'il renoncera aux grands repas et aux amours illégitimes ; qu'il priera autre-

---

1. Ces gens, dis-je, qu'on voit, d'une ardeur non commune,
Par le chemin du ciel courir à la fortune.
(*Tartuffe*, acte I, sc. VI.)
2. Faux dévot. (*Note de La Bruyère.*)
3. Par ce trait ineffaçable, La Bruyère dénonce à l'avance les représailles impies de la Régence. (SAINTE-BEUVE.)
4. Faux dévots. (*Note de La Bruyère.*)

ment que des lèvres, et même hors de la présence du prince ; quand d'ailleurs il ne sera point d'un abord farouche et difficile ; qu'il n'aura point le visage austère et la mine triste ; qu'il ne sera point paresseux et contemplatif ; qu'il saura rendre, par une scrupuleuse attention, divers emplois très-compatibles ; qu'il pourra et qu'il voudra même tourner son esprit et ses soins aux grandes et laborieuses affaires, à celles surtout d'une suite la plus étendue pour les peuples et pour tout l'État, quand son caractère me fera craindre de le nommer en cet endroit, et que sa modestie l'empêchera, si je ne le nomme pas, de s'y reconnoître ; alors je dirai de ce personnage : Il est dévot, ou plutôt c'est un homme donné à son siècle pour le modèle d'une vertu sincère et pour le discernement de l'hypocrite[1].

¶ *Onuphre* n'a pour tout lit qu'une housse de serge grise, mais il couche sur le coton et sur le duvet ; de même il est habillé simplement, mais commodément, je veux dire d'une étoffe fort légère en été, et d'une autre fort moelleuse pendant l'hiver ; il porte des chemises très-déliées, qu'il a un très-grand soin de bien cacher. Il ne dit point : *Ma haire et ma discipline*, au contraire ; il passeroit pour ce qu'il est, pour un hypocrite, et il veut passer pour ce qu'il n'est pas, pour un homme dévot ; il est vrai qu'il fait en sorte que l'on croit, sans qu'il le dise, qu'il porte une haire

---

1. Le duc de Beauvilliers. Après cet article on lisait dans la IVe et la Ve édition :

¶ *Un homme dévot entre dans un lieu saint, perce modestement la foule, choisit un coin pour se recueillir, et où personne ne voit qu'il s'humilie ; s'il entend des courtisans qui parlent, qui rient, et qui sont à la chapelle avec moins de silence que dans l'antichambre, quelque comparaison qu'il fasse de ces personnes avec lui-même, il ne les méprise pas, il ne s'en plaint pas : il prie pour eux.*

Ce caractère a été réimprimé dans la 6e édition, après celui d'*Onuphre*, qui paroissoit pour la première fois. L'auteur l'a supprimé dans la 7e édition, où il a reporté au faux dévot, en sens inverse, les mêmes circonstances qui avoient servi à caractériser le vrai dévot. (A. DESTAILLEUR.)

et qu'il se donne la discipline. Il y a quelques livres répandus dans sa chambre indifféremment; ouvrez-les : c'est *le Combat spirituel, le Chrétien intérieur* et *l'Année sainte;* d'autres livres sont sous la clef. S'il marche par la ville, et qu'il découvre de loin un homme devant qui il est nécessaire qu'il soit dévot, les yeux baissés, la démarche lente et modeste, l'air recueilli, lui sont familiers, il joue son rôle. S'il entre dans une église, il observe d'abord de qui il peut être vu, et, selon la découverte qu'il vient de faire, il se met à genoux et prie, ou il ne songe ni à se mettre à genoux ni à prier. Arrive-t-il vers lui un homme de bien et d'autorité qui le verra et qui peut l'entendre, non-seulement il prie, mais il médite, il pousse des élans et des soupirs; si l'homme de bien se retire, celui-ci, qui le voit partir, s'apaise et ne souffle pas. Il entre une autre fois dans un lieu saint, perce la foule, choisit un endroit pour se recueillir, et où tout le monde voit qu'il s'humilie; s'il entend des courtisans qui parlent, qui rient, et qui sont à la chapelle avec moins de silence que dans l'antichambre, il fait plus de bruit qu'eux pour les faire taire; il reprend sa méditation qui est toujours la comparaison qu'il fait de ces personnes avec lui-même, et où il trouve son compte. Il évite une église déserte et solitaire où il pourroit entendre deux messes de suite, le sermon, vêpres et complies, tout cela entre Dieu et lui, et sans que personne lui en sût gré; il aime la paroisse, il fréquente les temples où se fait un grand concours : on n'y manque point son coup, on y est vu. Il choisit deux ou trois jours dans toute l'année, où à propos de rien il jeûne ou fait abstinence; mais à la fin de l'hiver il tousse, il a une mauvaise poitrine, il a des vapeurs, il a eu la fièvre; il se fait prier, presser, quereller, pour rompre le carême dès son commencement, et il en vient là par complaisance. Si Onuphre est nommé arbitre dans une querelle de parents ou dans un procès de famille, il est pour les plus forts, je veux dire pour les plus riches, et il ne se persuade point que celui ou celle qui a beaucoup de bien puisse avoir tort. S'il se trouve bien d'un homme opulent à qui il a su imposer, dont il est le parasite, et dont il peut tirer de grands secours, il ne cajole point sa femme, il ne lui fait du moins ni avance ni déclaration; il s'enfuira, il lui laissera son manteau, s'il n'est aussi sûr d'elle que de lui-même; il est encore plus éloigné d'employer pour la flatter et pour la séduire le jargon de la dévotion [1]; ce n'est point par habitude qu'il le parle, mais avec dessein, et selon qu'il lui est utile, et jamais quand il ne serviroit qu'à le rendre très-ridicule. Il sait où se trouvent des femmes plus sociables et plus dociles que celle de son ami; il ne les abandonne pas pour longtemps, quand ce ne seroit que pour faire dire de soi dans le public qu'il fait des retraites; qui, en effet, pourroit en douter, quand on le revoit paroître avec un visage exténué et d'un homme qui ne se ménage point? Les femmes d'ailleurs qui fleurissent et qui prospèrent à l'ombre de la dévotion [2] lui conviennent, seulement avec cette petite différence, qu'il néglige celles qui ont vieilli, et qu'il cultive les jeunes, et entre celles-ci les plus belles et les mieux faites, c'est son attrait : elles vont, et il va; elles reviennent, et il revient; elles demeurent, et il demeure; c'est en tous lieux et à toutes les heures qu'il a la consolation de les voir; qui pourroit n'en être pas édifié? elles sont dévotes, et il est dévot. Il n'oublie pas de tirer avantage de l'aveuglement de son ami et de la prévention où il l'a jeté en sa faveur; tantôt il lui emprunte de l'argent, tantôt il

---

1. Fausse dévotion. (*Note de La Bruyère.*)
2. Fausse dévotion. (*Note de La Bruyère.*)

fait si bien que cet ami lui en offre; il se fait reprocher de n'avoir pas recours à ses amis dans ses besoins. Quelquefois il ne veut pas recevoir une obole sans donner un billet, qu'il est bien sûr de ne jamais retirer. Il dit une autre fois, et d'une certaine manière, que rien ne lui manque, et c'est lorsqu'il ne lui faut qu'une petite somme; il vante quelque autre fois publiquement la générosité de cet homme, pour le piquer d'honneur et le conduire à lui faire une grande largesse; il ne pense point à profiter de toute sa succession, ni à s'attirer une donation générale de tous ses biens, s'il s'agit surtout de les enlever à un fils, le légitime héritier. Un homme dévot n'est ni avare, ni violent, ni injuste, ni même intéressé; Onuphre n'est pas dévot, mais il veut être cru tel, et, par une parfaite, quoique fausse imitation de la piété, ménager sourdement ses intérêts : aussi ne se joue-t-il pas à la ligne directe, et il ne s'insinue jamais dans une famille où se trouvent tout à la fois une fille à pourvoir et un fils à établir; il y a là des droits trop forts et trop inviolables, on ne les traverse point sans faire de l'éclat, et il l'appréhende, sans qu'une pareille entreprise vienne aux oreilles du prince, à qui il dérobe sa marche, par la crainte qu'il a d'être découvert et de paroître ce qu'il est. Il en veut à la ligne collatérale, on l'attaque plus impunément; il est la terreur des cousins et des cousines, du neveu et de la nièce, le flatteur et l'ami déclaré de tous les oncles qui ont fait fortune; il se donne pour l'héritier légitime de tout vieillard qui meurt riche et sans enfants, et il faut que celui-ci le déshérite, s'il veut que ses parents recueillent sa succession; si Onuphre ne trouve pas jour à les en frustrer à fond, il leur en ôte du moins une bonne partie : une petite calomnie, moins que cela, une légère médisance lui suffit pour ce pieux dessein; et c'est le talent qu'il possède à un plus haut degré de perfection; il se fait même souvent un point de conduite de ne le pas laisser inutile; il y a des gens, selon lui, qu'on est obligé en conscience de décrier, et ces gens sont ceux qu'il n'aime point, à qui il veut nuire, et dont il désire la dépouille. Il vient à ses fins sans se donner même la peine d'ouvrir la bouche; on lui parle d'*Eudoxe*, il sourit ou il soupire; on l'interroge, on insiste, il ne répond rien; et il a raison : il en a assez dit.

¶ Riez, Zélie, soyez badine et folâtre à votre ordinaire; qu'est devenue votre joie? Je suis riche, dites-vous, me voilà au large, et je commence à respirer. Riez plus haut, Zélie, éclatez : que sert une meilleure fortune, si elle amène avec soi le sérieux et la tristesse? Imitez les grands qui sont nés dans le sein de l'opulence : ils rient quelquefois, ils cèdent à leur tempérament, suivez le vôtre; ne faites pas dire de vous qu'une nouvelle place ou que quelques mille livres de rente de plus ou de moins vous font passer d'une extrémité à l'autre. Je tiens, dites-vous, à la faveur par un endroit. Je m'en doutois, Zélie; mais, croyez-moi, ne laissez pas de rire, et même de me sourire en passant, comme autrefois; ne craignez rien, je n'en serai ni plus libre ni plus familier avec vous; je n'aurai pas une moindre opinion de vous et de votre poste; je croirai également que vous êtes riche et en faveur. Je suis dévote, ajoutez-vous. C'est assez, Zélie, et je dois me souvenir que ce n'est plus la sérénité et la joie que le sentiment d'une bonne conscience étale sur le visage; les passions tristes et austères ont pris le dessus et se répandent sur les dehors; elles mènent plus loin, et l'on ne s'étonne plus de voir que la dévotion [1] sache encore mieux que la beauté et la jeunesse rendre une femme fière et dédaigneuse.

1. Fausse dévotion. (*Note de La Bruyère.*)

¶ L'on a été loin depuis un siècle dans les arts et dans les sciences, qui toutes ont été poussées à un grand point de raffinement, jusques à celle du salut, que l'on a réduite en règle et en méthode, et augmentée de tout ce que l'esprit des hommes pouvoit inventer de plus beau et de plus sublime. La dévotion [1] et la géométrie ont leurs façons de parler, ou ce qu'on appelle les termes de l'art; celui qui ne les sait pas n'est ni dévot ni géomètre. Les premiers dévots, ceux même qui ont été dirigés par les apôtres, ignoroient ces termes : simples gens qui n'avoient que la foi et les œuvres, et qui se réduisoient à croire et à bien vivre !

¶ C'est une chose délicate à un prince religieux de réformer la cour et de la rendre pieuse : instruit jusques où le courtisan veut lui plaire, et aux dépens de quoi il feroit sa fortune, il le ménage avec prudence; il tolère, il dissimule, de peur de le jeter dans l'hypocrisie ou le sacrilége; il attend plus de Dieu et du temps que de son zèle et de son industrie.

¶ C'est une pratique ancienne dans les cours de donner des pensions et de distribuer des grâces à un musicien, à un maître de danse, à un farceur, à un joueur de flûte, à un flatteur, à un complaisant : ils ont un mérite fixe et des talents sûrs et connus qui amusent les grands et qui les délassent de leur grandeur. On sait que Favier est beau danseur, et que Lorenzani fait de beaux motets; qui sait, au contraire, si l'homme dévot a de la vertu? Il n'y a rien pour lui sur la cassette ni à l'épargne, et avec raison : c'est un métier aisé à contrefaire, qui, s'il étoit récompensé, exposeroit le prince à mettre en honneur la dissimulation et la fourberie, et à payer pension à l'hypocrite.

1. Fausse dévotion. (*Note de La Bruyère.*)

¶ L'on espère que la dévotion de la cour ne laissera pas d'inspirer la résidence [1].

¶ Je ne doute point que la vraie dévotion ne soit la source du repos; elle fait supporter la vie et rend la mort douce; on n'en tire pas tant de l'hypocrisie.

Chaque heure en soi, comme à notre égard, est unique; est-elle écoulée une fois, elle a péri entièrement, les millions de siècles ne la ramèneront pas. Les jours, les mois, les années, s'enfoncent et se perdent sans retour dans l'abîme des temps. Le temps même sera détruit : ce n'est qu'un point dans les espaces immenses de l'éternité, et il sera effacé. Il y a de légères et frivoles circonstances du temps qui ne sont point stables, qui passent, et que j'appelle des modes, la grandeur, la faveur, les richesses, la puissance, l'autorité, l'indépendance, le plaisir, les joies, la superfluité. Que deviendront ces modes quand le temps même aura disparu ? La vertu seule, si peu à la mode, va au delà des temps.

---

1. Var. *L'on croit que la dévotion de la cour inspirera enfin la résidence.* — On sait que malgré les prescriptions formelles de l'Église, qui veut que le pasteur ne quitte point son troupeau, un grand nombre d'évêques, sous l'ancienne monarchie, n'habitaient point leurs diocèses. La Bruyère, faisant allusion à ce fait, veut dire ici que, la cour étant devenue pieuse, cela inspirera aux évêques le désir de la quitter, pour se rendre dans leurs résidences épiscopales.

DE QUELQUES USAGES.

Il y a des gens qui n'ont pas le moyen d'être nobles[1].

Il y en a de tels, que, s'ils eussent obtenu six mois de délai de leurs créanciers, ils étoient nobles.

Quelques autres se couchent roturiers et se lèvent nobles[2].

Combien de nobles dont le père et les aînés sont roturiers !

¶ Tel abandonne son père qui est connu, et dont l'on cite le greffe ou la boutique, pour se retrancher sur son aïeul, qui, mort depuis longtemps, est inconnu et hors de prise. Il montre ensuite un gros revenu, une grande charge, de belles alliances, et, pour être noble, il ne lui manque que des titres.

¶ Réhabilitations, mot en usage dans les tribunaux, qui a fait vieillir et rendu gothique celui de lettres de noblesse, autrefois si françois et si usité. Se faire réhabiliter suppose qu'un homme, devenu riche, originairement est noble, qu'il est d'une nécessité plus que morale qu'il le soit ; qu'à la vérité, son père a pu déroger ou par la charrue, ou par la houe, ou par la malle, ou par les livrées ; mais qu'il ne s'agit pour lui que de rentrer dans les premiers droits de ses an-

---

1. La Bruyère fait ici allusion à la vénalité des charges qui conféraient la noblesse, ainsi qu'aux titres de noblesse vendus par le gouvernement, et il dit implicitement que c'est par l'argent et non par le mérite que l'on s'anoblit.

2. Vétérans. (*Note de La Bruyère.*) Ce mot s'applique aux conseillers du parlement et de la cour des aides, qui, après vingt ans d'exercice, obtenaient des lettres de noblesse.

cêtres et de continuer les armes de sa maison, les mêmes pourtant qu'il a fabriquées, et tout autres que celles de sa vaisselle d'étain ; qu'en un mot, les lettres de noblesse ne lui conviennent plus, qu'elles n'honorent que le roturier, c'est-à-dire celui qui cherche encore le secret de devenir riche.

¶ Un homme du peuple, à force d'assurer qu'il a vu un prodige, se persuade faussement qu'il a vu un prodige. Celui qui continue de cacher son âge pense enfin lui-même être aussi jeune qu'il veut le faire croire aux autres. De même, le roturier qui dit par habitude qu'il tire son origine de quelque ancien baron ou de quelque châtelain, dont il est vrai qu'il ne descend pas, a le plaisir de croire qu'il en descend.

¶ Quelle est la roture un peu heureuse et établie à qui il manque des armes, et dans ces armes une pièce honorable, des suppôts, un cimier, une devise, et peut-être le cri de guerre[1] ? Qu'est devenue la distinction des casques et des *heaumes?* Le nom et l'usage en sont abolis ; il ne s'agit plus de les porter de front ou de côté[2], ouverts ou fermés, et ceux-ci de tant ou de tant de grilles ; on n'aime pas les minuties, on

---

1. Ces termes de blason étant peu connus, même de ceux qui se piquent d'avoir des armes, nous croyons devoir en donner quelques explications. Les *suppôts* ou *supports* sont des figures d'hommes ou d'animaux placées à droite et à gauche de l'écu et qui soutiennent le *timbre,* c'est-à-dire les casques, les cimiers et les couronnes, lesquels se placent au-dessus de l'écu. Le cimier est la figure que l'on pose au sommet de la couronne ou du casque, et par conséquent la figure qui domine tous les ornements extérieurs de l'écu. La devise s'écrit au bas de l'écu ; c'est, disent les héraldistes, la remembrance d'un nom, d'une ou de plusieurs actions mémorables, et nous ajouterons que ce n'est souvent qu'une espèce de jeu de mots passablement ridicule.

2. Le nombre des *grilles,* c'est-à-dire des tringles de fer qui formaient la visière du casque, et la position du casque de face ou de profil se réglaient sur la dignité des personnes. C'est à quoi La Bruyère fait allusion dans ce passage. Le casque des empereurs et des rois est d'or, posé de front, ouvert et sans grilles ; celui des princes du sang, ouvert et avec onze grilles ; les ducs l'ont d'argent, de front et à onze grilles ; les marquis, d'argent et à sept grilles, etc. Les gentilshommes non titrés, d'acier poli posé en profil avec visière, ouvert à trois grilles ; les écuyers, d'acier poli, de profil et sans grilles ; les anoblis, d'acier poli, de profil, sans grilles et visière presque basse.

passe droit aux couronnes; cela est plus simple : on s'en croit digne, on se les adjuge. Il reste encore aux meilleurs bourgeois une certaine pudeur qui les empêche de se parer d'une couronne de marquis, trop satisfaits de la comtale[1] ; quelques-uns même ne vont pas la chercher fort loin [2], et la font passer de leur enseigne à leur carrosse.

¶ Il suffit de n'être point né dans une ville, mais sous une chaumière répandue dans la campagne, ou sous une ruine qui trempe dans un marécage, et qu'on appelle château, pour être cru noble sur sa parole.

¶ Un bon gentilhomme veut passer pour un petit seigneur, et il y parvient. Un grand seigneur affecte la principauté, et il use de tant de précautions, qu'à force de beaux noms, de disputes sur le rang et les préséances, de nouvelles armes, et d'une généalogie que D'HOZIER ne lui a pas faite, il devient enfin un petit prince.

¶ Les grands, en toutes choses, se forment et se moulent sur de plus grands, qui, de leur part, pour n'avoir rien de commun avec leurs inférieurs, renoncent volontiers à toutes les rubriques d'honneurs et de distinctions dont leur condition se trouve chargée, et préfèrent à cette servitude une vie plus libre et plus commode. Ceux qui suivent leur piste observent déjà par émulation cette simplicité et cette modestie ; tous ainsi se réduiront par hauteur à vivre naturellement et comme le peuple. Horrible inconvénient !

¶ Certaines gens portent trois noms, de peur d'en manquer ; ils en ont pour la campagne et pour la ville,

---

1. La couronne de marquis est un cercle d'or à quatre fleurons, alternés chacun de trois perles en forme de trèfle. La couronne de comte est un cercle d'or, avec des pierres précieuses et rehaussé de dix-huit perles, dont neuf seulement sont apparentes.

2. VAR. *Ne l'empruntent de personne.*

pour les lieux de leur service ou de leur emploi. D'autres ont un seul nom dissyllabe, qu'ils anoblissent par des particules, dès que leur fortune devient meilleure. Celui-ci, par la suppression d'une syllabe, fait de son nom obscur un nom illustre ; celui-là, par le changement d'une lettre en une autre, se travestit, et de *Syrus* devient *Cyrus*. Plusieurs suppriment leurs noms qu'ils pourroient conserver sans honte, pour en adopter de plus beaux, où ils n'ont qu'à perdre par la comparaison que l'on fait toujours d'eux, qui les portent, avec les grands hommes qui les ont portés. Il s'en trouve enfin qui, nés à l'ombre des clochers de Paris, veulent être Flamands ou Italiens, comme si la roture n'étoit pas de tout pays ; allongent leurs noms françois d'une terminaison étrangère, et croient que venir de bon lieu, c'est venir de loin.

¶ Le besoin d'argent a réconcilié la noblesse avec la roture et a fait évanouir la preuve des quatre quartiers[1].

¶ A combien d'enfants seroit utile la loi qui déciderait que c'est le ventre qui anoblit ! mais à combien d'autres seroit-elle contraire !

¶ Il y a peu de familles dans le monde qui ne touchent aux plus grands princes par une extrémité, et par l'autre au simple peuple.

¶ Il n'y a rien à perdre à être noble : franchises, immunités, exemptions, priviléges, que manque-t-il à ceux qui ont un titre ? Croyez-vous que ce soit pour la noblesse que des solitaires[2] se sont faits nobles ? Ils ne sont pas si vains : c'est pour le profit qu'ils en reçoivent. Cela ne leur sied-il pas mieux que d'entrer

---

1. Alors le noble altier, pressé de l'indigence,
Humblement du faquin rechercha l'alliance.

2. Maison religieuse, secrétaire du roi. (*Note de La Bruyère.*) Pour bien saisir le sens de cette note, il faut se rappeler que quelques couvents et abbayes avaient acheté des charges de secrétaire du roi pour s'assurer les priviléges qui étaient attachés à ces charges.

dans les gabelles? je ne dis pas à chacun en particulier, leurs vœux s'y opposent, je dis même à la communauté.

¶ Je le déclare nettement, afin que l'on s'y prépare, et que personne un jour n'en soit surpris : s'il arrive jamais que quelque grand me trouve digne de ses soins, si je fais enfin une belle fortune, il y a un Geoffroy de La Bruyère que toutes les chroniques rangent au nombre des plus grands seigneurs de France qui suivirent Godefroy de Bouillon à la conquête de la Terre-Sainte : voilà alors de qui je descends en ligne directe.

¶ Si la noblesse est vertu, elle se perd par tout ce qui n'est pas vertueux, et, si elle n'est pas vertu, c'est peu de chose.

¶ Il y a des choses qui, ramenées à leurs principes et à leur première institution, sont étonnantes et incompréhensibles. Qui peut concevoir, en effet, que certains abbés, à qui il ne manque rien de l'ajustement, de la mollesse et de la vanité des sexes et des conditions, qui entrent auprès des femmes en concurrence avec le marquis et le financier, et qui l'emportent sur tous les deux, qu'eux-mêmes soient originairement, et dans l'étymologie de leur nom, les pères et les chefs de saints moines et d'humbles solitaires, et qu'ils en devroient être l'exemple? Quelle force, quel empire, quelle tyrannie de l'usage! Et, sans parler de plus grands désordres, ne doit-on pas craindre de voir un jour un simple abbé[1], en velours gris et à ramages comme une éminence, ou avec des mouches et du rouge comme une femme?

¶ Que les saletés des dieux, la Vénus, le Ganymède et les autres nudités du Carrache, aient été faites pour des princes de l'Église, et qui se disent succes-

1. Var. Un jeune abbé.

seurs des apôtres [1], le palais Farnèse en est la preuve.

¶ Les belles choses le sont moins hors de leur place; les bienséances mettent la perfection, et la raison met les bienséances. Ainsi l'on n'entend point une gigue à la chapelle, ni dans un sermon des tons de théâtre; l'on ne voit point d'images profanes [2] dans les temples, un CHRIST, par exemple, et le jugement de Pâris dans le même sanctuaire ni à des personnes consacrées à l'Église le train et l'équipage d'un cavalier.

¶ Déclarerai-je donc ce que je pense de ce qu'on appelle dans le monde un beau salut, la décoration souvent profane, les places retenues et payées, des livres [3] distribués comme au théâtre, les entrevues et les rendez-vous fréquents, le murmure et les causeries étourdissantes, quelqu'un monté sur une tribune et qui y parle familièrement, sèchement, et sans autre zèle que de rassembler le peuple, l'amuser, jusqu'à ce qu'un orchestre, le dirai-je? et des voix qui concertent depuis longtemps, se fassent entendre? Est-ce à moi de m'écrier que le zèle de la maison du Seigneur me consume et à tirer le voile léger qui couvre les mystères, témoins d'une telle indécence? Quoi! parce qu'on ne danse pas encore aux TT** [4], me forcera-t-on d'appeler tout ce spectacle office d'église?

¶ L'on ne voit point faire de vœux ni de pèlerinages pour obtenir d'un saint d'avoir l'esprit plus doux, l'âme plus reconnaissante, d'être plus équitable et

---

1. VAR. *Pour les princes de l'Église et les successeurs des apôtres.*
2. Tapisseries. (*Note de La Bruyère.*)
3. Le motet traduit en vers français par L. L***. (*Note de l'auteur.*) Ces initiales désignent Lorenzani.
4. Allusion aux saluts des PP. théatins, composés par Lorenzani, Italien, qui a été depuis maître de la musique du pape Innocent XII. (*La Clef.*)

moins malfaisant, d'être guéri de la vanité, de l'inquiétude[1] et de la mauvaise raillerie.

¶ Quelle idée plus bizarre que de se représenter une foule de chrétiens de l'un et de l'autre sexe qui se rassemblent à certains jours dans une salle pour y applaudir à une foule d'excommuniés, qui ne le sont que par le plaisir qu'ils leur donnent, et qui est déjà payé d'avance? Il me semble qu'il faudroit ou fermer les théâtres, ou prononcer moins sévèrement sur l'état des comédiens.

¶ Dans ces jours qu'on appelle saints, le moine confesse pendant que le curé tonne en chaire contre le moine et ses adhérents[2]; telle femme pieuse sort de l'autel, qui entend au prône qu'elle vient de faire un sacrilége. N'y a-t-il point dans l'église une puissance à qui il appartienne ou de faire taire le pasteur, ou de suspendre pour un temps le pouvoir du *barnabite?*

¶ Il y a plus de rétribution dans les paroisses pour un mariage que pour un baptême, et plus pour un baptême que pour la confession. L'on diroit que ce soit un taux sur les sacrements, qui semblent par là être appréciés. Ce n'est rien au fond que cet usage, et ceux qui reçoivent pour les choses saintes ne croient point les vendre, comme ceux qui donnent ne pensent point à les acheter; ce sont peut-être des apparences qu'on pourroit épargner aux simples et aux indévots[3].

1. VAR. *De l'inquiétude d'esprit.*
2. Ceci fait allusion aux débats qui ont existé sans cesse, sous l'ancienne monarchie, entre les curés et prêtres des paroisses, et les ordres religieux qui pendant le carême et aux fêtes solennelles venaient prêcher et confesser dans ces mêmes paroisses. Les curés déclaraient que les moines n'avaient pas ce droit; donc, les femmes qui s'étaient confessées aux moines n'étaient point canoniquement absoutes, ce qui explique le mot *faire un sacrilége*, appliqué aux personnes pieuses qui communiaient après s'être confessées au *barnabite*. La congrégation des barnabites, fondée à Milan en 1530, avait pour but de faire des missions.
3. VAR. *Ce sont peut-être de mauvaises apparences, et qui choquent quelques esprits.*

¶ Un pasteur frais et en parfaite santé, en linge fin et en point de Venise, a sa place dans l'œuvre auprès les pourpres et les fourrures ; il y achève sa digestion pendant que le Feuillant[1] ou le Récollet[2] quitte sa cellule et son désert, où il est lié par ses vœux et par la bienséance, pour venir le prêcher, lui et ses ouailles, et en recevoir le salaire comme d'une pièce d'étoffe. Vous m'interrompez et vous dites : Quelle censure ! et combien elle est nouvelle et peu attendue ! Ne voudriez-vous point interdire à ce pasteur et à son troupeau la parole divine et le pain de l'Évangile ? Au contraire je voudrois qu'il le distribuât lui-même le matin, le soir, dans les temples, dans les maisons, dans les places, sur les toits, et que nul ne prétendît à un emploi si grand, si laborieux, qu'avec des intentions, des talents et des poumons capables de lui mériter les belles offrandes et les riches rétributions qui y sont attachées. Je suis forcé, il est vrai, d'excuser un curé sur cette conduite par un usage reçu, qu'il trouve établi, et qu'il laissera à son successeur ; mais c'est cet usage bizarre et dénué de fondement et d'apparence, que je ne puis approuver et que je goûte encore moins que celui de se faire payer quatre fois des mêmes obsèques, pour soi, pour ses droits, pour sa présence, pour son assistance.

¶ *Tite*, par vingt années de service dans une seconde place, n'est pas encore digne de la première, qui est vacante ; ni ses talents, ni sa doctrine, ni une vie exemplaire, ni les vœux des paroissiens, ne sauroient l'y faire asseoir. Il naît de dessous terre un autre clerc[3] pour la remplir. Tite est reculé ou congédié ; il ne se plaint pas : c'est l'usage.

1. *Feuillants*, nom d'une congrégation religieuse de l'ordre de Cîteaux, réformée en 1577 à l'abbaye de Feuillant, dans le diocèse de Rieux.
2. *Récollets*. Religieux de l'étroite observance de Saint-François. Ils s'établirent en France en 1592 et y fondèrent un grand nombre de couvents.
3. Ecclésiastique. (*Note de La Bruyère.*)

¶ Moi, dit le cheffecier, je suis maître du chœur: qui me forcera d'aller à matines? mon prédécesseur n'y alloit point: suis-je de pire condition? dois-je laisser avilir ma dignité entre mes mains, ou la laisser telle que je l'ai reçue? Ce n'est point, dit l'écolâtre, mon intérêt qui me mène, mais celui de la prébende [1] : il seroit bien dur qu'un grand chanoine fût sujet au chœur, pendant que le trésorier, l'archidiacre [2], le pénitencier [3] et le grand vicaire s'en croient exempts. Je suis bien fondé, dit le prévôt, à demander la rétribution sans me trouver à l'office : il y a vingt années entières que je suis en possession de dormir les nuits, je veux finir comme j'ai commencé, et l'on ne me verra point déroger à mon titre. Que me serviroit d'être à la tête d'un chapitre? Mon exemple ne tire point à conséquence. Enfin c'est entre eux tous à qui ne louera point Dieu [4], à qui fera voir, par un long usage, qu'il n'est point obligé de le faire; l'émulation de ne se point rendre aux offices divins ne sauroit être plus vive ni plus ardente. Les cloches sonnent dans une nuit tranquille, et leur mélodie, qui réveille les chantres et les enfants de chœur, endort les chanoines, les plonge dans un sommeil doux et facile, et qui ne leur procure que de beaux songes; ils se lèvent tard, et vont à l'église se faire payer d'avoir dormi.

¶ Qui pourroit s'imaginer, si l'expérience ne nous le mettoit devant les yeux, quelle peine ont les hom-

---

1. La prébende est un revenu ecclésiastique attaché à un canonicat.
2. L'archidiacre était un dignitaire ayant juridiction sur les curés de campagne.
3. Prêtre délégué par un évêque pour absoudre les cas réservés.
4.   Sans sortir de leurs lits, plus doux que leurs hermines,
     Ces pieux fainéants faisoient chanter matines,
     Veilloient à bien dîner, et laissoient en leur lieu
     A des chantres gagés le soin de louer Dieu.
                                   (Boileau.)

mes à se résoudre d'eux-mêmes à leur propre félicité, et qu'on ait besoin de gens d'un certain habit, qui, par un discours préparé, tendre et pathétique, par de certaines inflexions de voix, par des larmes, par des mouvements qui les mettent en sueur et qui les jettent dans l'épuisement, fassent enfin consentir un homme chrétien et raisonnable, dont la maladie est sans ressource, à ne se point perdre et à faire son salut?

¶ La fille d'*Aristipe* est malade et en péril; elle envoie vers son père, veut se réconcilier avec lui et mourir dans ses bonnes grâces. Cet homme si sage, le conseil de toute une ville, fera-t-il de lui-même cette démarche si raisonnable? y entraînera-t-il sa femme? ne faudra-t-il point pour les remuer tous deux la machine du directeur?

¶ Une mère, je ne dis pas qui cède et qui se rend à la vocation de sa fille, mais qui la fait religieuse, se charge d'une âme avec la sienne, en répond à Dieu même, en est la caution. Afin qu'une telle mère ne se perde pas, il faut que sa fille se sauve.

¶ Un homme joue et se ruine; il marie néanmoins l'aînée de ses deux filles de ce qu'il a pu sauver des mains d'un *Ambreville*. La cadette est sur le point de faire ses vœux, qui n'a point d'autre vocation que le jeu de son père.

¶ Il s'est trouvé des filles qui avoient de la vertu, de la santé, de la ferveur et une bonne vocation, mais qui n'étoient pas assez riches pour faire dans une riche abbaye vœu de pauvreté [1].

¶ Celle qui délibère sur le choix d'une abbaye ou d'un simple monastère pour s'y renfermer agite l'ancienne question de l'état populaire et du despotique.

---

1. Allusion à la donation connue sous le nom de dot, que les femmes, en prenant le voile, devaient apporter à leur communauté. Cette dot dans quelques grandes abbayes était assez importante.

¶ Faire une folie et se marier *par amourette*, c'est épouser *Mélite*, qui est jeune, belle, sage, économe, qui plaît, qui vous aime, qui a moins de bien qu'*Égine* qu'on vous propose, et qui, avec une riche dot, apporte de riches dispositions à la consumer, et tout votre fonds avec sa dot.

¶ Il étoit délicat autrefois de se marier; c'étoit un long établissement, une affaire sérieuse, et qui méritoit qu'on y pensât; l'on étoit pendant toute sa vie le mari de sa femme, bonne ou mauvaise : même table, même demeure, même lit; l'on n'en étoit point quitte pour une pension; avec des enfants et un ménage complet, l'on n'avoit pas les apparences et les délices du célibat.

¶ Qu'on évite d'être vu seul avec une femme qui n'est point la sienne, voilà une pudeur qui est bien placée; qu'on sente quelque peine à se trouver dans le monde avec des personnes dont la réputation est attaquée, cela n'est pas incompréhensible. Mais quelle mauvaise honte fait rougir un homme de sa propre femme, et l'empêche de paroître dans le public avec celle qu'il s'est choisie pour sa compagne inséparable, qui doit faire sa joie, ses délices et toute sa société; avec celle qu'il aime et qu'il estime, qui est son ornement, dont l'esprit, le mérite, la vertu, l'alliance, lui font honneur? Que ne commence-t-il par rougir de son mariage?

Je connois la force de la coutume, et jusqu'où elle maîtrise les esprits et contraint les mœurs, dans les choses même les plus dénuées de raison et de fondement; je sens néanmoins que j'aurois l'impudence de me promener au cours et d'y passer en revue avec une personne qui seroit ma femme.

¶ Ce n'est pas une honte ni une faute à un jeune homme que d'épouser une femme avancée en âge; c'est quelquefois prudence, c'est précaution. L'infamie est de se jouer de sa bienfaitrice par des traitements indignes, et qui lui découvrent qu'elle est la dupe d'un hypocrite et d'un ingrat. Si la fiction est excusable, c'est où il faut feindre de l'amitié; s'il est permis de tromper, c'est dans une occasion où il y auroit de la dureté à être sincère. Mais elle vit longtemps ! Aviez-vous stipulé qu'elle mourût après avoir signé votre fortune et l'acquit de toutes vos dettes? N'a-t-elle plus, après ce grand ouvrage, qu'à retenir son haleine, qu'à prendre de l'opium ou de la ciguë? A-t-elle tort de vivre? Si même vous mourez avant celle dont vous aviez déjà réglé les funérailles, à qui vous destiniez la grosse sonnerie et les beaux ornements, en est-elle responsable?

¶ Il y a depuis longtemps dans le monde une manière de faire valoir son bien [1], qui continue toujours d'être pratiquée par d'honnêtes gens et d'être condamnée par d'habiles docteurs [2].

¶ On a toujours vu dans la république de certaines charges qui semblent n'avoir été imaginées la première fois que pour enrichir un seul aux dépens de plusieurs; les fonds ou l'argent des particuliers y coule sans fin et sans interruption [3]. Dirai-je qu'il n'en revient plus, ou qu'il n'en revient que tard? C'est un gouffre, c'est une mer qui reçoit les eaux des fleuves, et qui ne les rend pas; ou, si elle les rend, c'est par des conduits secrets et souterrains, sans qu'il y paroisse, ou qu'elle en soit moins grosse et moins enflée; ce n'est qu'après en avoir joui longtemps, et qu'elle ne peut plus les retenir.

¶ Le fonds perdu, autrefois si sûr, si religieux et si inviolable, est devenu avec le temps, et par les soins

---

1. Allusion au prêt à intérêt que l'Eglise regardait comme usuraire, si mince que fût l'intérêt.
2. Billets et obligations. (*Note de La Bruyère.*)
3. Greffe, consignation. (*Note de La Bruyère.*)

de ceux qui en étoient chargés, un bien perdu[1]. Quel autre secret de doubler mes revenus et de thésauriser? Entrerai-je dans le huitième denier ou dans les aides[2]? Serai-je avare, partisan, ou administrateur?

¶ Vous avez une pièce d'argent ou même une pièce d'or; ce n'est pas assez, c'est le nombre qui opère : faites-en, si vous pouvez, un amas considérable et qui s'élève en pyramide, et je me charge du reste. Vous n'avez ni naissance, ni esprit, ni talents, ni expérience, qu'importe? ne diminuez rien de votre monceau, et je vous placerai si haut que vous vous couvrirez devant votre maître, si vous en avez; il sera même fort éminent, si, avec votre métal, qui de jour à autre se multiplie, je ne fais en sorte qu'il se découvre devant vous.

¶ *Orante* plaide depuis dix ans entiers en règlement de juges, pour une affaire juste, capitale, et où il y va de toute sa fortune; elle saura peut-être, dans cinq années, quels seront ses juges, et dans quel tribunal elle doit plaider le reste de sa vie.

¶ L'on applaudit à la coutume qui s'est introduite dans les tribunaux d'interrompre les avocats au milieu de leur action, de les empêcher d'être éloquents et d'avoir de l'esprit, de les ramener au fait et aux preuves toutes sèches qui établissent leurs causes et le droit de leurs parties; et cette pratique si sévère, qui laisse aux orateurs le regret de n'avoir pas prononcé les plus beaux traits de leurs discours, qui bannit l'éloquence du seul endroit où elle est en sa place et va faire du parlement une muette juridiction, on l'autorise par une raison solide et sans réplique,

---

1. Allusion à la banqueroute des hôpitaux de Paris et des Incurables, en 1689; elle fit perdre aux particuliers qui avoient des deniers à fonds perdu sur ces établissements la plus grande partie de leurs biens. (*La Clef.*)

2. On désignait sous le nom d'aides les impôts qui se levaient sur les vins et les autres boissons.

qui est celle de l'expédition; il est seulement à désirer qu'elle fût moins oubliée en toute autre rencontre, qu'elle réglât au contraire les bureaux comme les audiences, et qu'on cherchât une fin aux écritures [1], comme on a fait aux plaidoyers.

¶ Le devoir des juges est de rendre la justice; leur métier, de la différer. Quelques-uns savent leur devoir et font leur métier.

¶ Celui qui sollicite son juge ne lui fait pas honneur : car ou il se défie de ses lumières et même de sa probité, ou il cherche à le prévenir, ou il lui demande une injustice.

¶ Il se trouve des juges auprès de qui la faveur, l'autorité, les droits de l'amitié et de l'alliance, nuisent à une bonne cause, et qu'une trop grande affectation de passer pour incorruptibles expose à être injustes.

¶ Le magistrat coquet ou galant est pire dans les conséquences que le dissolu : celui-ci cache son commerce et ses liaisons, et l'on ne sait souvent par où aller jusqu'à lui; celui-là est ouvert par mille foibles qui sont connus, et l'on y arrive par toutes les femmes à qui il veut plaire.

¶ Il s'en faut peu que la religion et la justice n'aillent de pair dans la république, et que la magistrature ne consacre les hommes comme la prêtrise. L'homme de robe ne sauroit guère danser au bal, paroître aux théâtres, renoncer aux habits simples et modestes, sans consentir à son propre avilissement; et il est étrange qu'il ait fallu une loi pour régler son extérieur et le contraindre ainsi à être grave et plus respecté [2].

¶ Il n'y a aucun métier qui n'ait son apprentissage;

---

[1]. Procès par écrit (*Note de l'auteur.*)

[2]. Un arrêt du conseil obligea les conseillers à être en rabat. Avant ce temps-là ils étoient presque toujours en cravate. (*La Clef.*)

et, en montant des moindres conditions jusques aux plus grandes, on remarque dans toutes un temps de pratique et d'exercice qui prépare aux emplois, où les fautes sont sans conséquence, et mènent au contraire à la perfection. La guerre même, qui ne semble naître et durer que par la confusion et le désordre, a ses préceptes : on ne se massacre pas par pelotons et par troupes en rase campagne sans l'avoir appris, et l'on s'y tue méthodiquement. Il y a l'école de la guerre ; où est l'école du magistrat ? Il y a un usage, des lois, des coutumes ; où est le temps, et le temps assez long que l'on emploie à les digérer et à s'en instruire ? L'essai et l'apprentissage d'un jeune adolescent qui passe de la férule à la pourpre, et dont la consignation a fait un juge, est de décider souverainement des vies et des fortunes des hommes.

¶ La principale partie de l'orateur, c'est la probité : sans elle, il dégénère en déclamateur, il déguise ou il exagère les faits, il cite faux, il calomnie, il épouse la passion et les haines de ceux pour qui il parle ; et il est de la classe de ces avocats dont le proverbe dit qu'ils sont payés pour dire des injures.

¶ Il est vrai, dit-on, cette somme lui est due, et ce droit lui est acquis ; mais je l'attends à cette petite formalité ; s'il l'oublie, il n'y revient plus, et *conséquemment* il perd sa somme, ou il est *incontestablement* déchu de son droit : or, il oubliera cette formalité. Voilà ce que j'appelle une conscience de praticien. Une belle maxime pour le palais, utile au public, remplie de raison, de sagesse et d'équité, ce seroit précisément la contradictoire de celle qui dit que la forme emporte le fond.

¶ La question est une invention merveilleuse et tout à fait sûre pour perdre un innocent qui a la complexion foible, et sauver un coupable qui est né robuste.

¶ Un coupable puni est un exemple pour la canaille; un innocent condamné est l'affaire de tous les honnêtes gens.

Je dirai presque de moi : Je ne serai pas voleur ou meurtrier ; je ne serai pas un jour puni comme tel, c'est parler bien hardiment.

Une condition lamentable est celle d'un homme innocent à qui la précipitation et la procédure ont trouvé un crime ; celle même de son juge peut-elle l'être davantage ?

¶ Si l'on me racontoit qu'il s'est trouvé autrefois un prévôt, ou l'un de ces magistrats créés pour poursuivre les voleurs et les exterminer, qui les connoissoit tous depuis longtemps de nom et de visage, savoit leurs vols, j'entends l'espèce, le nombre et la quantité, pénétroit si avant dans toutes ces profondeurs, et étoit si initié dans tous ces affreux mystères, qu'il sut rendre à un homme de crédit un bijou qu'on lui avoit pris dans la foule au sortir d'une assemblée, et dont il étoit sur le point de faire de l'éclat, que le parlement intervint dans cette affaire et fît procès à cet officier[1], je regarderois cet événement comme l'une de ces choses dont l'histoire se charge, et à qui le temps ôte la croyance : comment donc pourrois-je croire qu'on doive présumer, par des faits récents, connus et circonstanciés, qu'une connivence si pernicieuse dure encore, qu'elle ait même tourné en jeu et passé en coutume ?

¶ Combien d'hommes qui sont forts contre les foibles, fermes et inflexibles aux sollicitations du simple peuple, sans nuls égards pour les petits, rigides et sévères dans les minuties, qui refusent les petits pre-

---

1. M. de Grand-Maison, prévôt de la connétablie, fit rendre à M. de Saint-Pouange une boucle de diamants qui lui avoit été dérobée à l'Opéra. (*La Clef.*)

sents, qui n'écoutent ni leurs parents, ni leurs amis, et que les femmes seules peuvent corrompre !

¶ Il n'est pas absolument impossible qu'une personne qui se trouve dans une grande faveur perde un procès.

¶ Les mourants qui parlent dans leurs testaments peuvent s'attendre à être écoutés comme des oracles : chacun les tire de son côté et les interprète à sa manière, je veux dire selon ses désirs ou ses intérêts.

¶ Il est vrai qu'il y a des hommes dont on peut dire que la mort fixe moins la dernière volonté qu'elle ne leur ôte avec la vie l'irrésolution et l'inquiétude. Un dépit, pendant qu'ils vivent, les fait tester ; ils s'apaisent et déchirent leur minute, la voilà en cendre. Ils n'ont pas moins de testaments dans leur cassette que d'almanachs sur leur table ; ils les comptent par les années ; un second se trouve détruit par un troisième, qui est anéanti lui-même par un autre mieux digéré, et celui-ci encore par un cinquième *olographe*. Mais, si le moment, ou la malice, ou l'autorité, manque à celui qui a intérêt de le supprimer, il faut qu'il en essuie les clauses et les conditions : car *appert*-il mieux des dispositions des hommes les plus inconstants que par un dernier acte, signé de leur main, et après lequel ils n'ont pas du moins eu le loisir de vouloir tout le contraire ?

¶ S'il n'y avoit point de testaments pour régler le droit des héritiers, je ne sais si l'on auroit besoin de tribunaux pour régler les différends des hommes ; les juges seroient presque réduits à la triste fonction d'envoyer au gibet les voleurs et les incendiaires. Qui voit-on dans les lanternes des chambres, au parquet, à la porte ou dans la salle du magistrat ? des héritiers *ab intestat* ? Non, les lois ont pourvu à leurs partages. On y voit les testamentaires qui plaident en explication d'une clause ou d'un article ; les personnes exhérédées ; ceux qui se plaignent d'un testament fait avec loisir, avec maturité, par un homme grave, habile, consciencieux, et qui a été aidé d'un bon conseil ; d'un acte où le praticien n'a rien *obmis* de son jargon et de ses finesses ordinaires : il est signé du testateur et des témoins publics, il est paraphé ; et c'est en cet état qu'il est cassé et déclaré nul.

¶ *Titius* assiste à la lecture d'un testament avec des yeux rouges et humides, et le cœur serré de la perte de celui dont il espère recueillir la succession. Un article lui donne la charge, un autre les rentes de la ville, un troisième le rend maître d'une terre à la campagne ; il y a une clause qui, bien entendue, lui accorde une maison située au milieu de Paris, comme elle se trouve, et avec les meubles : son affliction augmente ; les larmes lui coulent des yeux ; le moyen de les contenir ? il se voit officier, logé aux champs et à la ville, meublé de même ; il se voit une bonne table et un carrosse. *Y avoit-il un plus honnête homme que le défunt, un meilleur homme ?* Il y a un codicille, il faut le lire ; il fait *Mœvius* légataire universel, et il renvoie Titius dans son faubourg, sans rentes, sans titre, et le met à pied. Il essuie ses larmes : c'est à Mœvius à s'affliger.

¶ La loi qui défend de tuer un homme n'embrasse-t-elle pas dans cette défense le fer, le poison, le feu, l'eau, les embûches, la force ouverte, tous les moyens enfin qui peuvent servir à l'homicide ? La loi qui ôte aux maris et aux femmes le pouvoir de se donner réciproquement n'a-t-elle connu que les voies directes et immédiates de donner ? A-t-elle manqué de prévoir les indirectes ? A-t-elle introduit les fidéicommis, ou si même elle les tolère ? Avec une femme qui nous est chère et qui nous survit, lègue-t-on son bien à un ami fidèle par un sentiment de reconnoissance pour lui, ou plutôt par une extrême confiance, et par la certitude qu'on a du bon usage qu'il saura faire de ce qu'on lui lègue? Donne-t-on à celui que l'on peut soupçonner de ne devoir pas rendre à la personne à qui en effet l'on veut donner? Faut-il se parler, faut-il s'écrire, est-il besoin de pacte ou de serments pour former cette collusion? Les hommes ne sentent-ils pas en cette rencontre ce qu'ils peuvent espérer les uns des autres? Et si, au contraire, la propriété d'un tel bien est dévolue au fidéicommissaire, pourquoi perd-il sa réputation à le retenir? Sur quoi fonde-t-on la satire et les vaudevilles? Voudroit-on le comparer au dépositaire qui trahit le dépôt, à un domestique qui vole l'argent que son maître lui envoie porter[1]? On auroit tort : y a-t-il de l'infamie à ne pas faire une libéralité, et à conserver pour soi ce qui est à soi? Étrange embarras, horrible poids que le fidéicommis! Si par la révérence des lois on se l'approprie il ne faut plus passer pour un homme de bien; si par le respect d'un ami mort l'on suit ses intentions en le rendant à sa veuve, on est confidentiaire, on blesse la loi. Elle cadre donc bien mal avec l'opinion des hommes! Cela peut être, et il ne me convient pas de dire ici : La loi pèche, ni : Les hommes se trompent.

¶ J'entends dire de quelques particuliers ou de quelques compagnies : Tel et tel corps se contestent l'un à l'autre la préséance ; le mortier et la pairie se disputent le pas. Il me paroît que celui des deux qui évite de se rencontrer aux assemblées est celui qui cède, et qui, sentant son foible, juge lui-même en faveur de son concurrent.

¶ *Typhon* fournit un grand de chiens et de chevaux; que ne lui fournit-il point? Sa protection le rend audacieux; il est impunément dans sa province tout ce

1. Var. *Lui envoie porter à un créancier.*

qu'il lui plaît d'être, assassin, parjure; il brûle ses voisins, et il n'a pas besoin d'asile ; il faut enfin que le prince se mêle lui-même de sa punition.

¶ Ragoûts, liqueurs, entrées, entremets, tous mots qui devroient être barbares et inintelligibles en notre langue; et, s'il est vrai qu'ils ne devroient pas être d'usage en pleine paix, où ils ne servent qu'à entretenir le luxe et la gourmandise, comment peuvent-ils être entendus dans le temps de la guerre et d'une misère publique, à la vue de l'ennemi, à la veille d'un combat, pendant un siége? Où est-il parlé de la table de *Scipion* ou de celle de *Marius?* Ai-je lu quelque part que *Miltiade*, qu'*Épaminondas*, qu'*Agésilas*, aient fait une chère délicate? Je voudrois qu'on ne fît mention de la délicatesse, de la propreté et de la somptuosité des généraux qu'après n'avoir plus rien à dire sur leur sujet, et s'être épuisé sur les circonstances d'une bataille gagnée et d'une ville prise ; j'aimerois même qu'ils voulussent se priver de cet éloge.

¶ *Hermippe* est l'esclave de ce qu'il appelle ses petites commodités; il leur sacrifie l'usage reçu, la coutume, les modes, la bienséance ; il les cherche en toutes choses, il quitte une moindre pour une plus grande, il ne néglige aucune de celles qui sont praticables, il s'en fait une étude, et il ne se passe aucun jour qu'il ne fasse en ce genre une découverte. Il laisse aux autres hommes le dîner et le souper, à peine en admet-il les termes; il mange quand il a faim, et les mets seulement où son appétit le porte. Il voit faire son lit : quelle main assez adroite ou assez heureuse pourroit le faire dormir comme il veut dormir? Il sort rarement de chez soi ; il aime la chambre, où il n'est ni oisif ni laborieux, où il n'agit point, où il *tracasse*, et dans l'équipage d'un homme qui a pris médecine. On dépend servilement d'un serrurier et d'un menuisier, selon ses besoins; pour lui, s'il faut limer, il a une lime; une scie, s'il faut scier, et des tenailles, s'il faut arracher. Imaginez, s'il est possible, quelques outils qu'il n'ait pas, et meilleurs et plus commodes à son gré que ceux mêmes dont les ouvriers se servent; il en a de nouveaux et d'inconnus, qui n'ont point de nom, productions de son esprit, et dont il a presque oublié l'usage. Nul ne se peut comparer à lui pour faire en peu de temps et sans peine un travail fort inutile; il faisoit dix pas pour aller de son lit dans sa garde-robe, il n'en fait plus que neuf par la manière dont il a su tourner sa chambre: combien de pas épargnés dans le cours d'une vie ! Ailleurs l'on tourne la clef, l'on pousse contre, ou l'on tire à soi, et une porte s'ouvre : quelle fatigue ! voilà un mouvement de trop qu'il sait s'épargner; et comment? c'est un mystère qu'il ne révèle point. Il est, à la vérité, un grand maître pour le ressort et la mécanique, pour celle du moins dont tout le monde se passe. Hermippe tire le jour de son appartement d'ailleurs que de la fenêtre; il a trouvé le secret de monter et de descendre autrement que par l'escalier, et il cherche celui d'entrer et de sortir plus commodément que par la porte.

¶ Il y a déjà longtemps que l'on improuve les médecins et que l'on s'en sert; le théâtre et la satire ne touchent point à leurs pensions; ils dotent leurs filles, placent leurs fils aux parlements et dans la prélature, et les railleurs eux-mêmes fournissent l'argent. Ceux qui se portent bien deviennent malades; il leur faut des gens dont le métier soit de les assurer qu'ils ne mourront point. Tant que les hommes pourront mourir, et qu'ils aimeront à vivre, le médecin sera raillé et bien payé.

¶ Un bon médecin est celui qui a des remèdes spécifiques, ou, s'il en manque, qui permet à ceux qui les ont de guérir son malade.

¶ La témérité des charlatans et leurs tristes succès, qui en sont les suites, font valoir la médecine et les médecins : si ceux-ci laissent mourir, les autres tuent.

¶ *Carro Carri* [1] débarque avec une recette qu'il appelle un prompt remède, et qui quelquefois est un poison lent ; c'est un bien de famille, mais amélioré en ses mains ; de spécifique qu'il étoit contre la colique, il guérit de la fièvre quarte, de la pleurésie, de l'hydropisie, de l'apoplexie, de l'épilepsie. Forcez un peu votre mémoire, nommez une maladie, la première qui vous viendra en l'esprit : l'hémorragie, dites-vous ? il la guérit. Il ne ressuscite personne, il est vrai ; il ne rend pas la vie aux hommes, mais il les conduit nécessairement jusqu'à la décrépitude ; et ce n'est que par hasard que son père et son aïeul, qui avoient ce secret, sont morts fort jeunes. Les médecins reçoivent pour leurs visites ce qu'on leur donne ; quelques-uns se contentent d'un remerciement. Carro Carri est si sûr de son remède et de l'effet qui en doit suivre, qu'il n'hésite pas de s'en faire payer d'avance et de recevoir avant que de donner. Si le mal est incurable, tant mieux : il n'en est que plus digne de son application et de son remède. Commencez par lui livrer quelques sacs de mille francs, passez-lui un contrat de constitution, donnez-lui une de vos terres, la plus petite, et ne soyez pas ensuite plus inquiet que lui de votre guérison. L'émulation de cet homme a peuplé le monde de noms en *o* et en *i*, noms vénérables, qui imposent aux malades et aux maladies. Vos médecins, Fagon [2], et de toutes les facultés, avouez-le, ne guérissent pas toujours, ni sûrement ; ceux, au contraire, qui ont hérité de leurs pères la médecine pra-

---

1. Le charlatan Caretti.
2. Premier médecin du roi.

tique, et à qui l'expérience est échue par succession, promettent toujours, et avec serments qu'on guérira. Qu'il est doux aux hommes de tout espérer d'une maladie mortelle, et de se porter encore passablement bien à l'agonie ! La mort surprend agréablement et sans s'être fait craindre ; on la sent plutôt qu'on n'a songé à s'y préparer et à s'y résoudre. O FAGON ESCULAPE ! Faites régner sur toute la terre le quinquina et l'émétique ; conduisez à sa perfection la science des simples, qui sont donnés aux hommes pour prolonger leur vie ; observez dans les cures, avec plus de précision et de sagesse que personne n'a encore fait, le climat, les temps, les symptômes et les complexions ; guérissez de la manière seule qu'il convient à chacun d'être guéri ; chassez des corps, où rien ne vous est caché de leur économie, les maladies les plus obscures et les plus invétérées ; n'attentez pas sur celles de l'esprit, elles sont incurables ; laissez à *Corinne*, à *Lesbie*, à *Canidie*, à *Trimalcion* et à *Carpus* la passion ou la fureur des charlatans.

¶ L'on souffre dans la république les chiromanciens et les devins, ceux qui font l'horoscope et qui tirent la figure, ceux qui connoissent le passé par le mouvement du *sas*, ceux qui font voir dans un miroir ou dans un vase d'eau la claire vérité ; et ces gens sont en effet de quelque usage : ils prédisent aux hommes qu'ils feront fortune, aux filles qu'elles épouseront leurs amants, consolent les enfants dont les pères ne meurent point, et charment l'inquiétude des jeunes femmes qui ont de vieux maris ; ils trompent enfin à très-vil prix ceux qui cherchent à être trompés.

Que penser de la magie et du sortilége ? La théorie en est obscure, les principes vagues, incertains, et qui approchent du visionnaire. Mais il y a des faits embarrassants, affirmés par des hommes graves qui les ont vus, ou qui les ont appris de personnes qui leur ressemblent. Les admettre tous ou les nier tous paroît un égal inconvénient, et j'ose dire qu'en cela, comme dans toutes les choses extraordinaires et qui sortent des communes règles, il y a un parti à trouver entre les âmes crédules et les esprits forts.

¶ L'on ne peut guère charger l'enfance de la connoissance de trop de langues, et il me semble que l'on devroit mettre toute son application à l'en instruire; elles sont utiles à toutes les conditions des hommes, et elles leur ouvrent également l'entrée ou à une profonde ou à une facile et agréable érudition. Si l'on remet cette étude si pénible à un âge un peu plus avancé, et qu'on appelle la jeunesse, ou l'on n'a pas la force de l'embrasser par choix, ou l'on n'a pas celle d'y persévérer; et, si l'on y persévère, c'est consumer à la recherche des langues le même temps qui est consacré à l'usage que l'on en doit faire; c'est borner à la science des mots un âge qui veut déjà aller plus loin, et qui demande des choses; c'est au moins avoir perdu les premières et les plus belles années de sa vie. Un si grand fonds ne se peut bien faire que lorsque tout s'imprime dans l'âme naturellement et profondément; que la mémoire est neuve, prompte et fidèle; que l'esprit et le cœur sont encore vides de passions, de soins et de désirs, et que l'on est déterminé à de longs travaux par ceux de qui l'on dépend. Je suis persuadé que le petit nombre d'habiles, ou le grand nombre de gens superficiels, vient de l'oubli de cette pratique.

¶ L'étude des textes ne peut jamais être assez recommandée; c'est le chemin le plus court, le plus sûr et le plus agréable pour tout genre d'érudition. Ayez les choses de la première main, puisez à la source [1], maniez, remaniez le texte, apprenez-le de

---

1. C'est le propre des grands esprits de pressentir l'avenir, et d'indiquer

mémoire, citez-le dans les occasions, songez surtout à en pénétrer le sens dans toute son étendue et dans ses circonstances; conciliez un auteur original, ajustez ses principes, tirez vous-même les conclusions. Les premiers commentateurs se sont trouvés dans le cas où je désire que vous soyez; n'empruntez leurs lumières et ne suivez leurs vues qu'où les vôtres seroient trop courtes; leurs explications ne sont pas à vous, et peuvent aisément vous échapper; vos observations, au contraire, naissent de votre esprit, et y demeurent; vous les retrouvez plus ordinairement dans la conversation, dans la consultation et dans la dispute; ayez le plaisir de voir que vous n'êtes arrêté dans la lecture que par les difficultés qui sont invincibles, où les commentateurs et les scholiastes eux-mêmes demeurent courts, si fertiles d'ailleurs, si abondants et si chargés d'une vaine et fastueuse érudition dans les endroits clairs, et qui ne font de peine ni à eux ni aux autres; achevez ainsi de vous convaincre, par cette méthode d'étudier, que c'est la paresse des hommes qui a encouragé le pédantisme à grossir plutôt qu'à enrichir les bibliothèques, à faire périr le texte sous le poids des commentaires [1]; et qu'elle a en cela agi contre soi-même et contre ses plus chers intérêts, en multipliant les lectures, les recherches et le travail qu'elle cherchoit à éviter.

¶ Qui règle les hommes dans leur manière de vivre et d'user des aliments? la santé et le régime? Cela est douteux. Une nation entière mange les viandes après

---

souvent plusieurs siècles à l'avance les méthodes qui doivent conduire au progrès des sciences, ou les réformes qui doivent améliorer l'état des sociétés. Sur ces deux points La Bruyère n'est jamais en défaut; par ces mots, *puisez à la source*, il montre aux érudits le chemin de la vérité.

1. Il y a plus affaire à interpreter les interpretations qu'à interpreter les choses, et plus de livres sur les livres que sur aultre subject; nous ne faisons que nous entregloser. Tout fourmille de commentaires : d'aucteurs il en est grand'cherté. (MONTAIGNE.)

les fruits; une autre fait tout le contraire. Quelques-uns commencent leurs repas par de certains fruits et les finissent par d'autres; est-ce raison? est-ce usage? Est-ce par un soin de leur santé que les hommes s'habillent jusqu'au menton, portent des fraises et des collets, eux qui ont eu si longtemps la poitrine découverte? Est-ce par bienséance, surtout dans un temps où ils avoient trouvé le secret de paroître nus tout habillés? Et d'ailleurs, les femmes, qui montrent leur gorge et leurs épaules, sont-elles d'une complexion moins délicate que les hommes, ou moins sujettes qu'eux aux bienséances? Quelle est la pudeur qui engage celles-ci à couvrir leurs jambes et presque leurs pieds, et qui leur permet d'avoir les bras nus au-dessus du coude? Qui avoit mis autrefois dans l'esprit des hommes qu'on étoit à la guerre ou pour se défendre ou pour attaquer, et qui leur avoit insinué l'usage des armes offensives et des défensives? Qui les oblige aujourd'hui de renoncer à celles-ci, et, pendant qu'ils se bottent pour aller au bal, de soutenir, sans armes et en pourpoint, des travailleurs exposés à tout le feu d'une contrescarpe? Nos pères, qui ne jugeoient pas une telle conduite utile au prince et à la patrie, étoient-ils sages ou insensés? Et nous-mêmes, quels héros célébrons-nous dans notre histoire? Un Guesclin, un Clisson, un Foix, un Boucicaut, qui tous ont porté l'armet et endossé une cuirasse. Qui pourroit rendre raison de la fortune de certains mots et de la proscription de quelques autres?

Ains a péri; la voyelle qui le commence, et si propre pour l'élision, n'a pu le sauver; il a cédé à un autre monosyllabe[1], et qui n'est au plus que son anagramme. *Certes* est beau dans sa vieillesse, et a en-

---

1. *Mais*. (*Note de La Bruyère.*)

core de la force sur son déclin; la poésie le réclame, et notre langue doit beaucoup aux écrivains qui le disent en prose, et qui se commettent pour lui dans leurs ouvrages. *Maint* est un mot qu'on ne devoit jamais abandonner, et par la facilité qu'il y avoit à le couler dans le style, et par son origine, qui est françoise. *Moult*, quoique latin, étoit dans son temps d'un même mérite, et je ne vois pas par où *beaucoup* l'emporte sur lui. Quelle persécution le *car* n'a-t-il pas essuyée! et, s'il n'eût trouvé de la protection parmi les gens polis, n'étoit-il pas banni honteusement d'une langue à qui il a rendu de si longs services, sans qu'on sût quel mot lui substituer? *Cil* a été dans ses beaux jours le plus joli mot de la langue françoise; il est douloureux pour les poëtes qu'il ait vieilli. *Douloureux* ne vient pas plus naturellement de *douleur*, que de *chaleur* vient *chaleureux* ou *chaloureux*; celui-ci se passe, bien que ce fût une richesse pour la langue, et qu'il se dise fort juste où *chaud* ne s'emploie qu'improprement. *Valeur* devoit aussi nous conserver *valeureux*; *haine*, *haineux*; *peine*, *peineux*; *fruit*, *fructueux*; *pitié*, *piteux*; *joie*, *jovial*; *foi*, *féal*; *cour*, *courtois*; *gîte*, *gisant*; *haleine*, *haléné*; *vanterie*, *vantard*; *mensonge*, *mensonger*; *coutume*, *coutumier*; comme *part* maintient *partial*; *point*, *pointu* et *pointilleux*; *ton*, *tonnant*; *son*, *sonore*; *frein*, *effréné*; *front*, *effronté*; *ris*, *ridicule*; *loi*, *loyal*; *cœur*, *cordial*; *bien*, *bénin*; *mal*, *malicieux*. *Heur* se plaçoit où *bonheur* ne sauroit entrer; il a fait *heureux*, qui est si françois, et il a cessé de l'être; si quelques poëtes s'en sont servis, c'est moins par choix que par la contrainte de la mesure. *Issue* prospère, et vient d'*issir*, qui est aboli. *Fin* subsiste sans conséquence pour *finer*, qui vient de lui, pendant que *cesse* et *cesser* règnent également. *Verd* ne fait plus *verdoyer*; ni *fête*, *fêtoyer*: ni *larme*, *larmoyer*; ni *deuil*, *se douloir*, *se condouloir*; ni *joie*, *s'éjouir*, bien qu'il fasse toujours *se réjouir, se conjouir*, ainsi qu'*orgueil, s'enorgueillir*. On a dit *gent, le corps gent;* ce mot si facile non-seulement est tombé, l'on voit même qu'il a entraîné *gentil* dans sa chute. On dit *diffamé*, qui dérive de *fame*, qui ne s'entend plus. On dit *curieux*, dérivé de *cure*, qui est hors d'usage. Il y avoit à gagner de dire *si que* pour *de sorte que*, ou *de manière que; de moi*, au lieu de *pour moi* ou de *quant à moi*; de dire *je sais que c'est qu'un mal*, plutôt que *je sais ce que c'est qu'un mal*, soit par l'analogie latine, soit par l'avantage qu'il y a souvent à avoir un mot de moins à placer dans l'oraison. L'usage a préféré *par conséquent* à *par conséquence*, et *en conséquence* à *en conséquent; façons de faire* à *manières de faire*, et *manières d'agir* à *façons d'agir*...; dans les verbes, *travailler* à *ouvrer, être accoutumé* à *souloir, convenir* à *duire, faire du bruit* à *bruire, injurier* à *vilainer, piquer* à *poindre, faire ressouvenir* à *ramentevoir*...; et dans les noms, *pensées* à *pensers*, un si beau mot, et dont le vers se trouvoit si bien; *grandes actions* à *prouesses, louanges* à *loz, méchanceté* à *mauvaistié, porte* à *huis, navire* à *nef, armée* à *ost, monastère* à *monstier, prairies* à *prées*...; tous mots qui pouvoient durer ensemble d'une égale beauté, et rendre une langue plus abondante. L'usage a, par l'addition, la suppression, le changement ou le dérangement de quelques lettres, fait *frelater* de *fralater, prouver* de *preuver, profit* de *proufit, froment* de *froument, profil*, de *pourfil, provision* de *pourveoir, promener* de *pourmener*, et *promenade* de *pourmenade*. Le même usage fait, selon l'occasion, d'*habile*, d'*utile*, de *facile*, de *docile*[1],

---

[1]. On voit par la dissertation philologique ci-dessus combien La Bruyère avait l'esprit curieux et éveillé sur toutes choses ; du reste, au dix-septième siècle, ainsi que dans la seconde moitié du siècle précédent, les questions de grammaire avaient le privilège d'occuper très-vivement l'attention publique, mais elles portaient surtout sur l'orthographe et la prononciation, et notre auteur est l'un des premiers qui aient tenté de les étudier au point de vue historique. Ici encore il a indiqué la voie aux philologues modernes, et il leur a pour

de *mobile* et de *fertile*, sans y rien changer, des genres différents; au contraire de *vil, vile, subtil, subtile,* selon leur terminaison, masculins ou féminins. Il a altéré les terminaisons anciennes : de *scel* il a fait *sceau;* de *mantel, manteau;* de *capel, chapeau;* de *coutel, couteau;* de *hamel, hameau;* de *damoisel, damoiseau;* de *jouvencel, jouvenceau;* et cela sans que l'on voie guère ce que la langue françoise gagne à ces différences et à ces changements. Est-ce donc faire pour le progrès d'une langue que de déférer à l'usage? Seroit-il mieux de secouer le joug de son empire si despotique? Faudroit-il, dans une langue vivante, écouter la seule raison, qui prévient les équivoques, suit la racine des mots et le rapport qu'ils ont avec les langues originaires dont ils sont sortis, si la raison, d'ailleurs, veut qu'on suive l'usage?

Si nos ancêtres ont mieux écrit que nous, ou si nous l'emportons sur eux par le choix des mots, par le tour et l'expression, par la clarté et la briéveté du discours, c'est une question souvent agitée, toujours indécise; on ne la terminera point en comparant, comme l'on fait quelquefois, un froid écrivain de l'autre siècle aux plus célèbres de celui-ci, ou les vers de Laurent, payé pour ne plus écrire, à ceux de Marot et de Desportes. Il faudroit, pour prononcer juste sur cette matière, opposer siècle à siècle et excellent ouvrage à excellent ouvrage, par exemple les meilleurs rondeaux de Benserade ou de Voiture à ces deux-ci, qu'une tradition nous a conservés, sans nous en marquer le temps ni l'auteur.

ainsi dire tracé le programme de leurs travaux. Quelques-unes des demandes que se fait ici La Bruyère ont reçu de notre temps des réponses plus ou moins satisfaisantes : voir, entre autres : F. Génin, *Des variations du langage français depuis le XIIe siècle;* — Francis Wey, *Histoire des révolutions du langage en France,* Paris, 1848, in-8°.

Bien à propos s'en vint Ogier [1] en France
Pour le pays de mescreans monder ;
Jà n'est besoin de conter sa vaillance,
Puisque ennemis n'osoient le regarder.

Or, quand il eut tout mis en assurance,
De voyager il voulut s'enhardei ;
En Paradis trouva l'eau de Jouvance,
Dont il se sceut de vieillesse engarder
      Bien à propos.

Puis par cette eau son corps tout decrepite
Transmué fut par manière subite
En jeune gars, frais, gracieux et droit.

Grand dommage est qui ceci soit sornettes ;
Filles connoys que ne sont pas jeunettes,
A qui cette eau de Jouvance viendroit
      Bien à propos.

De cettuy preux maints grands clercs ont écrit
Qu'oncques dangier n'étonna son courage ;
Abusé fut par le malin esprit,
Qu'il épousa sous feminin visage.

Si piteux cas à la fin découvrit,
Sans un seul brin de peur ny de dommage,
Dont grand renom par tout le monde acquit,
Si qu'on tenait tres honneste langage
      De cettuy preux.

1. Ogier, que l'on trouve aussi appelé Otgier ou Autcaire, et que les romanciers qui se sont chargés d'embellir les hauts faits de Charlemagne ont surnommé Ogier le Danois, figura parmi les plus braves paladins de ces temps chevaleresques. Il fut l'émule de Roland, de Renaud de Montauban, etc. Ogier perdit les bonnes grâces de Charlemagne en protégeant contre lui l'élévation du fils de Carloman ; il obtint ensuite son pardon, et fatigué du métier des armes, il se fit religieux dans l'abbaye de Saint-Faron de Meaux où il mourut dans la dernière moitié du neuvième siècle. Ogier le Danois est le héros d'une chanson de Geste dont on trouve l'analyse dans le vingt-deuxième volume de l'*Histoire littéraire de la France*, pages 643-659

Bien-tost après fille de roy s'éprit
De son amour, qui voulentiers s'offrit
Au bon Richard en second mariage.

Donc s'il vaut mieux de diable ou femme avoir,
Et qui des deux bruyt plus en ménage,
Ceulx qui voudront, si le pourront sçavoir
De cettuy preux.

DE LA CHAIRE.

Le discours chrétien est devenu un spectacle. Cette tristesse évangélique qui en est l'âme ne s'y remarque plus; elle est suppléée par les avantages de la mine, par les inflexions de la voix, par la régularité du geste, par le choix des mots et par les longues énumérations. On n'écoute plus sérieusement la parole sainte; c'est une sorte d'amusement entre mille autres; c'est un jeu où il y a de l'émulation et des parieurs.

¶ L'éloquence profane est transposée, pour ainsi dire, du barreau, où LE MAÎTRE, PUCELLE et FOURCROY[1] l'ont fait régner, et où elle n'est plus d'usage, à la chaire, où elle ne doit pas être.

L'on fait assaut d'éloquence jusqu'au pied de l'autel et en présence des mystères[2]. Celui qui écoute s'établit juge de celui qui prêche, pour condamner ou pour applaudir, et n'est pas plus converti par le discours qu'il favorise que par celui auquel il est contraire. L'orateur plaît aux uns, déplaît aux autres, et convient avec tous en une chose, que, comme il ne cherche point à les rendre meilleurs, ils ne pensent pas aussi à le devenir.

Un apprentif est docile, il écoute son maître, il profite de ses leçons, et il devient maître. L'homme indocile critique le discours du prédicateur comme le

---

1. Pierre Lemaistre, né à Paris en 1638, avocat au parlement, auteur d'un travail très-estimé sur la Coutume de Paris. — L'abbé René Pucelle, conseiller clerc au parlement, où il défendit toujours avec talent les intérêts du clergé, né en 1655, mort en 1745. — Bonaventure de Fourcroy, avocat au parlement, né à Noyon, mort en 1692.
2. VAR. *Jusques au pied de l'autel et dans la chaire de la vérité.*

livre du philosophe, et il ne devient ni chrétien ni raisonnable.

¶ Jusqu'à ce qu'il revienne un homme qui, avec un style nourri des saintes Écritures, explique au peuple la parole divine uniment et familièrement, les orateurs et les déclamateurs seront suivis.

¶ Les citations profanes, les froides allusions, le mauvais pathétique, les antithèses, les figures outrées, ont fini; les portraits finiront et feront place à une simple explication de l'Évangile, jointe aux mouvements qui inspirent la conversion.

¶ Cet homme que je souhaitois impatiemment, et que je ne daignois pas espérer de notre siècle, est enfin venu. Les courtisans, à force de goût et de connoître les bienséances, lui ont applaudi; ils ont, chose incroyable! abandonné la chapelle du roi pour venir entendre avec le peuple la parole de Dieu annoncée par cet homme apostolique [1]. La ville n'a pas été de l'avis de la cour : où il a prêché, les paroissiens ont déserté; jusqu'aux marguilliers ont disparu; les pasteurs ont tenu ferme, mais les ouailles se sont dispersées, et les orateurs voisins en ont grossi leur auditoire. Je devois le prévoir et ne pas dire qu'un tel homme n'avoit qu'à se montrer pour être suivi, et qu'à parler pour être écouté : ne savois-je pas quelle est dans les hommes, et en toutes choses, la force indomptable de l'habitude? Depuis trente années on prête l'oreille aux rhéteurs, aux déclamateurs, aux *énumérateurs;* on court ceux qui peignent en grand ou en miniature. Il n'y a pas longtemps qu'ils avoient des chutes ou des transitions ingénieuses, quelquefois mê-

---

1. Le P. Séraphin, capucin. (*Note de La Bruyère.*) Ce célèbre capucin déploya son talent dans les principales églises de Paris, et prêcha devant le roi les carêmes de 1696 et 1698. Il mourut quelque temps après. Le P. Séraphin a laissé un grand nombre d'*homélies* sur les évangiles et épîtres publiées à Paris, de 1694 à 1703, et formant douze volumes.

mes si vives et si aiguës qu'elles pouvoient passer pour épigrammes ; ils les ont adoucies, je l'avoue, et ce ne sont plus que des madrigaux. Ils ont toujours, d'une nécessité indispensable et géométrique, trois sujets admirables de vos attentions : ils prouveront une telle chose dans la première partie de leur discours, cette autre dans la seconde partie, et cette autre encore dans la troisième. Ainsi vous serez convaincu d'abord d'une certaine vérité, et c'est leur premier point ; d'une autre vérité, et c'est leur second point ; et puis d'une troisième vérité, et c'est leur troisième point. De sorte que la première réflexion vous instruira d'un principe des plus fondamentaux de votre religion ; la seconde d'un autre principe qui ne l'est pas moins ; et la dernière réflexion, d'un troisième et dernier principe, le plus important de tous, qui est remis pourtant, faute de loisir, à une autre fois. Enfin, pour reprendre et abréger cette division et former un plan.... Encore ! dites-vous, et quelles préparations pour un discours de trois quarts d'heure qui leur reste à faire ! Plus ils cherchent à le digérer et à l'éclaircir, plus ils m'embrouillent. Je vous crois sans peine, et c'est l'effet le plus naturel de tout cet amas d'idées qui reviennent à la même, dont ils chargent sans pitié la mémoire de leurs auditeurs. Il semble, à les voir s'opiniâtrer à cet usage, que la grâce de la conversion soit attachée à ces énormes partitions. Comment, néanmoins, seroit-on converti par de tels apôtres, si l'on ne peut qu'à peine les entendre articuler, les suivre et ne les pas perdre de vue ? Je leur demanderois volontiers qu'au milieu de leur course impétueuse, ils voulussent plusieurs fois reprendre haleine, souffler un peu et laisser souffler leurs auditeurs. Vains discours, paroles perdues ! Le temps des homélies n'est plus ; les Basile, les Chrysostôme, ne le ramèneroient pas ; on passeroit en d'autres diocèses pour être hors de la portée de leur voix et de leurs familières instructions. Le commun des hommes aime les phrases et les périodes, admire ce qu'il n'entend pas, se suppose instruit, content de décider entre un premier et un second point, ou entre le dernier sermon et le pénultième.

¶ Il y a moins d'un siècle qu'un livre françois étoit un certain nombre de pages latines, où l'on découvroit quelques lignes ou quelques mots en notre langue. Les passages, les traits et les citations n'en étoient pas demeurés là : Ovide et Catulle achevoient de décider des mariages et des testaments, et venoient avec les Pandectes au secours de la veuve et des pupilles. Le sacré et le profane ne se quittoient point ; ils s'étoient glissés ensemble jusque dans la chaire ; saint Cyrille, Horace, saint Cyprien, Lucrèce, parloient alternativement ; les poëtes étoient de l'avis de saint Augustin et de tous les Pères ; on parloit latin, et longtemps, devant des femmes et des marguilliers ; on a parlé grec : il falloit savoir prodigieusement pour prêcher si mal. Autre temps, autre usage : le texte est encore latin, tout le discours est françois, et d'un beau françois ; l'Évangile même n'est pas cité ; il faut savoir aujourd'hui très-peu de chose pour bien prêcher.

¶ L'on a enfin banni la scolastique de toutes les chaires des grandes villes, et on l'a reléguée dans les bourgs et dans les villages pour l'instruction et pour le salut du laboureur et du vigneron.

¶ C'est avoir de l'esprit que de plaire au peuple dans un sermon par un style fleuri, une morale enjouée, des figures réitérées, des traits brillants et de vives descriptions ; mais ce n'est point en avoir assez. Un meilleur esprit néglige¹ ces ornements étrangers,

---

1. Var. *Un meilleur esprit condamne dans les autres, et néglige pour soi.*

indignes de servir à l'Évangile; il prêche simplement, fortement, chrétiennement.

¶ L'orateur fait de si belles images de certains désordres, y fait entrer des circonstances si délicates, met tant d'esprit, de tour et de raffinement dans celui qui pèche, que, si je n'ai pas de pente à vouloir ressembler à ses portraits, j'ai besoin du moins que quelque apôtre, avec un style plus chrétien, me dégoûte des vices dont l'on m'avoit fait une peinture si agréable.

¶ Un beau sermon est un discours oratoire qui est dans toutes ses règles, purgé de tous ses défauts, conforme aux préceptes de l'éloquence humaine, et paré de tous les ornements de la rhétorique. Ceux qui entendent finement n'en perdent point le moindre trait ni une seule pensée; ils suivent sans peine l'orateur dans toutes les énumérations où il se promène, comme dans toutes les élévations où il se jette; ce n'est une énigme que pour le peuple.

¶ Le solide et l'admirable discours que celui qu'on vient d'entendre! Les points de religion les plus essentiels, comme les plus pressants motifs de conversion, y ont été traités; quel grand effet n'a-t-il pas dû faire sur l'esprit et dans l'âme de tous les auditeurs! Les voilà rendus; ils en sont émus et touchés au point de résoudre dans leur cœur, sur ce sermon de *Théodore*, qu'il est encore plus beau que le dernier qu'il a prêché.

¶ La morale douce et relâchée tombe avec celui qui la prêche; elle n'a rien qui réveille et qui pique la curiosité d'un homme du monde, qui craint moins qu'on ne pense une doctrine sévère, et qui l'aime même dans celui qui fait son devoir en l'annonçant. Il semble donc qu'il y ait dans l'Église comme deux états qui doivent la partager : celui de dire la vérité dans toute son étendue, sans égards, sans déguisement, celui de l'écouter avidement avec goût, avec admiration, avec éloges, et de n'en faire cependant ni pis, ni mieux.

L'on peut faire ce reproche à l'héroïque vertu des grands hommes, qu'elle a corrompu l'éloquence, ou du moins amolli le style de la plupart des prédicateurs. Au lieu de s'unir seulement avec les peuples pour bénir le Ciel de si rares présents qui en sont venus, ils ont entré en société avec les auteurs et les poëtes; et, devenus comme eux panégyristes, ils ont enchéri sur les épîtres dédicatoires, sur les stances et sur les prologues ; ils ont changé la parole sainte en un tissu de louanges, justes à la vérité, mais mal placées, intéressées, que personne n'exige d'eux, et qui ne conviennent point à leur caractère. On est heureux si, à l'occasion du héros qu'ils célèbrent jusque dans le sanctuaire, ils disent un mot de Dieu et du mystère qu'ils devoient prêcher ; il s'en est trouvé quelques-uns qui, ayant assujetti le saint Évangile, qui doit être commun à tous, à la présence d'un seul auditeur [1], se sont vus déconcertés par des hasards qui le retenoient ailleurs, n'ont pu prononcer devant des chrétiens un discours chrétien qui n'étoit pas fait pour eux, et ont été suppléés par d'autres orateurs qui n'ont eu le temps que de louer Dieu dans un sermon précipité.

¶ *Théodule* a moins réussi que quelques-uns de ses auditeurs ne l'appréhendoient; ils sont contents de lui et de son discours ; il a mieux fait à leur gré que de charmer l'esprit et les oreilles, qui est de flatter leur jalousie.

¶ Le métier de la parole ressemble en une chose à

---

1. L'abbé de Roquette, neveu de l'évêque d'Autun, ayant à prêcher devant le roi un jour de jeudi saint, avoit préparé un beau discours, rempli des louanges du roi, qui s'y devoit trouver; mais, le roi ne l'ayant pu, à cause de quelques affaires qui lui survinrent, il n'osa monter en chaire, n'ayant plus d'occasion de débiter son discours. (*La Clef.*)

celui de la guerre : il y a plus de risques qu'ailleurs, mais la fortune y est plus rapide.

¶ Si vous êtes d'une certaine qualité, et que vous ne vous sentiez point d'autre talent que celui de faire de froids discours, prêchez, faites de froids discours : il n'y a rien de pire pour sa fortune que d'être entièrement ignoré. *Théodat* a été payé de ses mauvaises phrases et de son ennuyeuse monotonie.

¶ L'on a eu de grands évêchés par un mérite de chaire qui présentement ne vaudroit pas à son homme une simple prébende.

¶ Le nom de ce panégyriste semble gémir sous le poids des titres dont il est accablé; leur grand nombre remplit de vastes affiches qui sont distribuées dans les maisons, ou que l'on lit par les rues en caractères monstrueux, et qu'on ne peut non plus ignorer que la place publique. Quand, sur une si belle montre, l'on a seulement essayé du personnage, et qu'on l'a un peu écouté, l'on reconnoît qu'il manque au dénombrement de ses qualités celle de mauvais prédicateur.

¶ L'oisiveté des femmes, et l'habitude qu'ont les hommes de les courir partout où elles s'assemblent, donnent du nom à de froids orateurs et soutiennent quelque temps ceux qui ont décliné.

Devroit-il suffire d'avoir été grand et puissant dans le monde pour être louable ou non, et devant le saint autel et dans la chaire de la vérité, loué et célébré à ses funérailles? N'y a-t-il point d'autre grandeur que celle qui vient de l'autorité et de la naissance? Pourquoi n'est-il pas établi de faire publiquement le panégyrique d'un homme qui a excellé pendant sa vie dans la bonté, dans l'équité, dans la douceur, dans la fidélité, dans la piété? Ce qu'on appelle une oraison funèbre n'est aujourd'hui bien reçue du plus grand nombre des auditeurs qu'à mesure qu'elle s'éloigne davantage du discours chrétien, ou, si vous l'aimez mieux ainsi, qu'elle approche de plus près d'un éloge profane.

¶ L'orateur cherche par ses discours un évêché; l'apôtre fait des conversions; il mérite de trouver ce que l'autre cherche.

¶ L'on voit des clercs[1] revenir de quelques provinces où ils n'ont pas fait un long séjour, vains des conversions qu'ils ont trouvées toutes faites, comme de celles qu'ils n'ont pu faire, se comparer déjà aux VINCENT[2] et aux XAVIER[3], et se croire des hommes apostoliques; de si grands travaux et de si heureuses missions ne seroient pas, à leur gré, payées d'une abbaye.

¶ Tel, tout d'un coup, et sans y avoir pensé la veille, prend du papier, une plume, dit en soi-même : Je vais faire un livre, sans autre talent pour écrire que le besoin qu'il a de cinquante pistoles. Je lui crie inutilement : Prenez une scie, *Dioscore*, sciez, ou bien tournez, ou faites une jante de roue; vous aurez votre salaire[4]. Il n'a point fait l'apprentissage de tous ces métiers. Copiez donc, transcrivez, soyez au plus correcteur d'imprimerie, n'écrivez point. Il veut écrire

---

1. *Des ecclésiastiques.* (Note de La Bruyère.)
2. Saint-Vincent de Paul, né le 24 avril 1576, dans le diocèse d'Acqs, obtint par son seul mérite la place d'aumônier général des galères, en 1619. Le ministère de charité qu'il y exerça est devenu célèbre. Sa vie ne fut qu'un tissu de bonnes œuvres : *Missions* dans toutes les parties du royaume, aussi bien qu'en Italie, en Écosse, en Barbarie, à Madagascar, etc.; *établissements pour les enfant trouvés*, à qui, par un discours de six lignes, il procura quarante mille fr. de rente; *fondation des filles de la charité* pour le service des pauvres malades; *fondation des hôpitaux de Bicêtre*, de la *Salpêtrière*, de la *Pitié*, des *Enfants trouvés*, de ceux de Marseille, etc. Il mourut le 27 septembre 1660.
3. Saint-François Xavier, surnommé l'*Apôtre des Indes*, et l'un des premiers disciples de Saint-Ignace de Loyola, né le 7 avril 1506, dans le château de Xavier, au pied des Pyrénées, mort dans l'île de Sancian, vis-à-vis de Canton, le 2 décembre 1552.
4.   Soyez plutôt maçon, si c'est votre talent,
     Ouvrier estimé dans un art nécessaire,
     Qu'écrivain du commun et poëte vulgaire.
                                   (BOILEAU.)

et faire imprimer, et parce qu'on n'envoie pas à l[']
primeur un cahier blanc, il le barbouille de ce qui [lui]
plaît : il écriroit volontiers que la Seine coul[e à]
Paris, qu'il y a sept jours dans la semaine, ou qu[e le]
temps est à la pluie; et comme ce discours n'est [ni]
contre la religion ni contre l'État, et qu'il ne fera po[int]
d'autre désordre dans le public que de lui gâter [le]
goût, et l'accoutumer aux choses fades et insipides, [il]
passe à l'examen, il est imprimé, et, à la honte [du]
siècle, comme pour l'humiliation des bons auteu[rs,]
réimprimé. De même, un homme dit en son cœu[r :]
Je prêcherai, et il prêche; le voilà en chaire, sa[ns]
autre talent ni vocation que le besoin d'un bénéfice.

¶ Un clerc mondain et irréligieux, s'il monte e[n]
chaire, est déclamateur.

Il y a au contraire des hommes saints, et dont l[e]
seul caractère est efficace pour la persuasion; ils pa[-]
roissent, et tout un peuple qui doit les écouter es[t]
déjà ému et comme persuadé par leur présence; l[e]
discours qu'ils vont prononcer fera le reste.

¶ L'. de Meaux[1] et le P. Bourdaloue me rappellent
Démosthènes et Cicéron. Tous deux, maîtres dans
l'éloquence de la chaire, ont eu le destin des grands
modèles : l'un a fait de mauvais censeurs, l'autre de
mauvais copistes.

¶ L'éloquence de la chaire, en ce qui y entre d'humain et du talent de l'orateur, est cachée, connue de
peu de personnes, et d'une difficile exécution. Quel
art en ce genre pour plaire en persuadant ! Il faut
marcher par des chemins battus, dire ce qui a été
dit, et ce que l'on prévoit que vous allez dire. Les

---

1. *L'. de Meaux*, c'est-à-dire l'évêque de Meaux, Bossuet. — J'aime Despréaux d'avoir dit que Pascal était également au-dessus des anciens et des
modernes. J'ai pensé quelquefois, sans oser le dire, qu'il n'avait pas moins
d'éloquence que Démosthènes. S'il m'appartenait de juger de si grands hommes, je dirais encore que Bossuet est plus majestueux et plus sublime qu'aucun des Romains et des Grecs. (VAUVENARGUES.)

matières sont grandes, mais usées et triviales ; les principes sûrs, mais dont les auditeurs pénètrent les conclusions d'une seule vue. Il y entre des sujets qui sont sublimes ; mais qui peut traiter le sublime ? Il y a des mystères que l'on doit expliquer, et qui s'expliquent mieux par une leçon de l'école que par un discours oratoire. La morale même de la chaire, qui comprend une matière aussi vaste et aussi diversifiée que le sont les mœurs des hommes, roule sur les mêmes pivots, retrace les mêmes images, et se prescrit des bornes bien plus étroites que la satire. Après l'invective commune contre les honneurs, les richesses et le plaisir, il ne reste plus à l'orateur qu'à courir à la fin de son discours et à congédier l'assemblée. Si quelquefois on pleure, si on est ému, après avoir fait attention au génie et au caractère de ceux qui font pleurer, peut-être conviendra-t-on que c'est la matière qui se prêche elle-même, et notre intérêt le plus capital qui se fait sentir ; que c'est moins une véritable éloquence que la ferme poitrine du missionnaire qui nous ébranle et qui cause en nous ces mouvements. Enfin, le prédicateur n'est point soutenu, comme l'avocat, par des faits toujours nouveaux, par de différents événements, par des aventures inouïes ; il ne s'exerce point sur les questions douteuses ; il ne fait point valoir les violentes conjectures et les présomptions, toutes choses néanmoins qui élèvent le génie, lui donnent de la force et de l'étendue, et qui contraignent bien moins l'éloquence qu'elles ne la fixent et ne la dirigent ; il doit au contraire tirer son discours d'une source commune, et où tout le monde puise ; et s'il s'écarte de ces lieux communs, il n'est plus populaire, il est abstrait ou déclamateur, il ne prêche plus l'Évangile. Il n'a besoin que d'une noble simplicité, mais il faut l'atteindre : talent rare, et qui passe les forces du commun des hommes ; ce qu'ils ont de génie, d'imagination, d'érudition et de mémoire, ne leur sert souvent qu'à s'en éloigner.

La fonction de l'avocat est pénible, laborieuse, et suppose, dans celui qui l'exerce, un riche fonds et de grandes ressources. Il n'est pas seulement chargé, comme le prédicateur, d'un certain nombre d'oraisons composées avec loisir, récitées de mémoire, avec autorité, sans contradicteurs, et qui, avec de médiocres changements, lui font honneur plus d'une fois; il prononce de graves plaidoyers devant des juges qui peuvent lui imposer silence, et contre des adversaires qui l'interrompent; il doit être prêt sur la réplique; il parle en un même jour, dans divers tribunaux, de différentes affaires. Sa maison n'est pas pour lui un lieu de repos et de retraite, ni un asile contre les plaideurs, elle est ouverte à tous ceux qui viennent l'accabler de leurs questions et de leurs doutes; il ne se met pas au lit, on ne l'essuie point, on ne lui prépare point des rafraichissements; il ne se fait point dans sa chambre un concours de monde de tous les états et de tous les sexes pour le féliciter sur l'agrément et sur la politesse de son langage, lui remettre l'esprit sur un endroit où il a couru risque de demeurer court, ou sur un scrupule qu'il a sur le chevet d'avoir plaidé moins vivement qu'à l'ordinaire. Il se délasse d'un long discours par de plus longs écrits, il ne fait que changer de travaux et de fatigues; j'ose dire qu'il est dans son genre ce qu'étoient dans le leur les premiers hommes apostoliques.

Quand on a ainsi distingué l'éloquence du barreau de la fonction de l'avocat, et l'éloquence de la chaire du ministère du prédicateur, on croit voir qu'il est plus aisé de prêcher que de plaider, et plus difficile de bien prêcher que de bien plaider[1].

---

1. Montaigne a fait la même comparaison, *Essais*, liv. I, ch. x. — La Bruyère s'est évidemment inspiré du passage que nous indiquons ici.

¶ Quel avantage n'a pas un discours prononcé sur un ouvrage qui est écrit ! Les hommes sont les dupes de l'action et de la parole, comme de tout l'appareil de l'auditoire : pour peu de prévention qu'ils aient en faveur de celui qui parle, ils l'admirent, et cherchent ensuite à le comprendre : avant qu'il ait commencé, ils s'écrient qu'il va bien faire ; ils s'endorment bientôt, et, le discours fini, ils se réveillent pour dire qu'il a bien fait. On se passionne moins pour un auteur : son ouvrage est lu dans le loisir de la campagne, ou dans le silence du cabinet ; il n'y a point de rendez-vous publics pour lui applaudir, encore moins de cabale pour lui sacrifier tous ses rivaux, et pour l'élever à la prélature. On lit dans son livre, quelque excellent qu'il soit, dans l'esprit de le trouver médiocre ; on le feuillette, on le discute, on le confronte ; ce ne sont pas des sons qui se perdent en l'air et qui s'oublient ; ce qui est imprimé demeure imprimé. On l'attend quelquefois plusieurs jours avant l'impression pour le décrier, et le plaisir le plus délicat que l'on en tire vient de la critique qu'on en fait ; on est piqué d'y trouver à chaque page des traits qui doivent plaire, on va même souvent jusqu'à appréhender d'en être diverti, et on ne quitte ce livre que parce qu'il est bon. Tout le monde ne se donne pas pour orateur ; les phrases, les figures, le don de la mémoire, la robe ou l'engagement de celui qui prêche, ne sont pas des choses qu'on ose ou qu'on veuille toujours s'approprier. Chacun, au contraire, croit penser bien, et écrire encore mieux ce qu'il a pensé ; il en est moins favorable à celui qui pense et qui écrit aussi bien que lui. En un mot, le *sermonneur* est plus tôt évêque que le plus solide écrivain n'est revêtu d'un prieuré simple ; et dans la distribution des grâces, de nouvelles sont accordées à celui-là, pendant que l'auteur grave se tient heureux d'avoir ses restes.

¶ S'il arrive que les méchants vous haïssent et vous persécutent, les gens de bien vous conseillent de vous humilier devant Dieu, pour vous mettre en garde contre la vanité qui pourroit vous venir de déplaire à des gens de ce caractère : de même, si certains hommes, sujets à se récrier sur le médiocre, désapprouvent un ouvrage que vous aurez écrit, ou un discours que vous venez de prononcer en public, soit au barreau, soit dans la chaire, ou ailleurs, humiliez-vous ; on ne peut guère être exposé à une tentation d'orgueil plus délicate et plus prochaine.

¶ Il me semble qu'un prédicateur devroit faire choix dans chaque discours d'une vérité unique, mais capitale, terrible ou instructive, la manier à fond, et l'épuiser ; abandonner toutes ces divisions si recherchées, si retournées, si remaniées et si différenciées ; ne point supposer ce qui est faux, je veux dire que le grand ou le beau monde sait sa religion et ses devoirs ; et ne pas appréhender de faire, ou à ces bonnes têtes, ou à ces esprits si raffinés, des catéchismes[1] ; ce temps si long que l'on use à composer un long ouvrage, l'employer à se rendre si maître de sa matière, que le tour et les expressions naissent dans l'action, et coulent de source ; se livrer, après une certaine préparation, à son génie et aux mouvements qu'un grand sujet peut inspirer ; qu'il pourroit enfin s'épargner ces prodigieux efforts de la mémoire, qui ressemblent mieux à une gageure qu'à une affaire sérieuse, qui corrompent le geste et défigurent le visage ; jeter au contraire, par un bel enthousiasme, la persuasion dans les esprits et l'alarme dans le cœur, et toucher ses auditeurs d'une toute autre crainte que de celle de le voir demeurer court.

---

1. Fénelon dit exactement la même chose dans le dialogue III sur l'éloquence.

¶ Que celui qui n'est pas encore assez parfait pour s'oublier soi-même dans le ministère de la parole sainte ne se décourage point par les règles austères qu'on lui prescrit, comme si elles lui ôtoient les moyens de faire montre de son esprit, et de monter aux dignités où il aspire : quel plus beau talent que celui de prêcher apostoliquement? et quel autre mérite mieux un évêché? FÉNELON en étoit-il indigne? auroit-il pu échapper au choix du prince que par un autre choix?

DES ESPRITS FORTS.

Les esprits forts savent-ils qu'on les appelle ainsi par ironie [1]? Quelle plus grande foiblesse que d'être incertain quel est le principe de son être, de sa vie, de ses sens, de ses connoissances, et quelle en doit être la fin? Quel découragement plus grand que de douter si son âme n'est point matière comme la pierre et le reptile, et si elle n'est point corruptible comme ces viles créatures? N'y a-t-il pas plus de force et de grandeur à recevoir dans notre esprit l'idée d'un être supérieur à tous les êtres, qui les a tous faits, et à qui tous se doivent rapporter; d'un être souverainement parfait, qui est pur, qui n'a point commencé et qui ne peut finir, dont notre âme est l'image, et, si j'ose dire, une portion, comme esprit et comme immortelle?

¶ Le docile et le foible sont susceptibles d'impressions : l'un en reçoit de bonnes, l'autre de mauvaises; c'est-à-dire que le premier est persuadé et fidèle, et que le second est entêté et corrompu. Ainsi l'esprit docile admet la vraie religion, et l'esprit foible ou n'en admet aucune, ou en admet une fausse; or l'esprit fort ou n'a point de religion, ou se fait une religion : donc l'esprit fort, c'est l'esprit foible.

¶ J'appelle mondains, terrestres ou grossiers, ceux

---

[1]. Rien n'accuse davantage une extrême faiblesse d'esprit que de ne pas connaître quel est le malheur d'un homme sans Dieu; rien ne marque davantage une mauvaise disposition du cœur que de ne pas souhaiter la vérité des promesses éternelles; rien n'est plus lâche que de faire le brave contre Dieu. (PASCAL.)

dont l'esprit et le cœur sont attachés à une petite portion de ce monde qu'ils habitent, qui est la terre; qui n'estiment rien, qui n'aiment rien au delà : gens aussi limités que ce qu'ils appellent leurs possessions ou leur domaine, que l'on mesure, dont on compte les arpents, et dont on montre les bornes. Je ne m'étonne pas que des hommes qui s'appuient sur un atome chancellent dans les moindres efforts qu'ils font pour sonder la vérité, si avec des vues si courtes ils ne percent point, à travers le ciel et les astres, jusques à Dieu même; si, ne s'apercevant point ou de l'excellence de ce qui est esprit, ou de la dignité de l'âme, ils ressentent encore moins combien elle est difficile à assouvir, combien la terre entière est au-dessous d'elle, de quelle nécessité lui devient un être souverainement parfait, qui est Dieu, et quel besoin indispensable elle a d'une religion qui le lui indique, et qui lui en est une caution sûre. Je comprends au contraire fort aisément qu'il est naturel à de tels esprits de tomber dans l'incrédulité ou l'indifférence, et de faire servir Dieu et la religion à la politique, c'est-à-dire à l'ordre et à la décoration de ce monde, la seule chose, selon eux, qui mérite qu'on y pense.

¶ Quelques-uns achèvent de se corrompre par de longs voyages, et perdent le peu de religion qui leur restoit; ils voient de jour à autre un nouveau culte, diverses mœurs, diverses cérémonies; ils ressemblent à ceux qui entrent dans les magasins, indéterminés sur le choix des étoffes qu'ils veulent acheter : le grand nombre de celles qu'on leur montre les rend plus indifférents; elles ont chacune leur agrément et leur bienséance; ils ne se fixent point, ils sortent sans emplette.

Il y a des hommes qui attendent à être dévots et religieux que tout le monde se déclare impie et libertin : ce sera alors le parti du vulgaire; ils sauront s'en dégager. La singularité leur plaît dans une matière si sérieuse et si profonde; ils ne suivent la mode et le train commun que dans les choses de rien et de nulle suite; qui sait même s'ils n'ont pas déjà mis une sorte de bravoure et d'intrépidité à courir tout le risque de l'avenir? Il ne faut pas d'ailleurs que, dans une certaine condition, avec une certaine étendue d'esprit et de certaines vues, l'on songe à croire comme les savants et le peuple.

¶ L'on doute de Dieu dans une pleine santé, comme l'on doute que ce soit pécher que d'avoir un commerce avec une personne libre¹; quand l'on devient malade, et que l'hydropisie est formée, l'on quitte sa concubine, et l'on croit en Dieu.

¶ Il faudroit s'éprouver et s'examiner très-sérieusement avant que de se déclarer esprit fort ou libertin², afin, au moins, et selon ses principes, de finir comme l'on a vécu; ou, si l'on ne se sent pas la force d'aller si loin, se résoudre de vivre comme l'on veut mourir.

¶ Toute plaisanterie dans un homme mourant est hors de sa place³; si elle roule sur de certains chapitres, elle est funeste. C'est une extrême misère que de donner à ses dépens, à ceux que l'on laisse, le plaisir d'un bon mot.

Dans quelque prévention que l'on puisse être sur ce qui doit suivre la mort, c'est une chose bien sérieuse que de mourir; ce n'est point alors le badinage qui sied bien, mais la constance.

---

1. Une fille. (*Note de La Bruyère.*)
2. On appelait *libertin* au dix-huitième siècle ce qu'on appelle aujourd'hui un *libre penseur*, en prenant le mot en mauvaise part.
3. De ces viles âmes de bouffons, il s'en est trouvé qui n'ont voulu abandonner leur raillerie en la mort mesme. (MONTAIGNE.) — L'intrépidité d'un homme incrédule, mais mourant, ne peut le garantir de quelque trouble, s'il raisonne ainsi : je me suis trompé mille fois sur mes plus palpables intérêts, et j'ai pu me tromper encore sur la religion. Or, je n'ai plus le temps de l'approfondir et je meurs... (VAUVENARGUES.)

¶ Il y a eu de tout temps de ces gens d'un bel esprit et d'une agréable littérature, eclaves des grands dont ils ont épousé le libertinage et porté le joug toute leur vie contre leurs propres lumières et contre leur conscience. Ces hommes n'ont jamais vécu que pour d'autres hommes, et ils semblent les avoir regardés comme leur dernière fin[1]. Ils ont eu honte de se sauver à leurs yeux, de paroître tels qu'ils étoient peut-être dans le cœur, et ils se sont perdus par déférence ou par foiblesse. Y a-t-il donc sur la terre des grands assez grands, et des puissants assez puissants, pour mériter de nous que nous croyions et que nous vivions à leur gré, selon leur goût et leurs caprices, et que nous poussions la complaisance plus loin, en mourant non de la manière qui est la plus sûre pour nous, mais de celle qui leur plaît davantage?

¶ J'exigerois de ceux qui vont contre le train commun et les grandes règles qu'ils sussent plus que les autres, qu'ils eussent des raisons claires, et de ces arguments qui emportent conviction.

¶ Je voudrois voir un homme sobre, modéré, chaste, équitable, prononcer qu'il n'y a point de Dieu : il parleroit du moins sans intérêt ; mais cet homme ne se trouve point.

¶ J'aurois une extrême curiosité de voir celui qui seroit persuadé que Dieu n'est point : il me diroit du moins la raison invincible qui a su le convaincre.

¶ L'impossibilité où je suis de prouver que Dieu n'est pas me découvre son existence.

¶ Dieu condamne et punit ceux qui l'offensent, seul juge en sa propre cause ; ce qui répugne, s'il n'est lui-même la justice et la vérité, c'est-à-dire s'il n'est Dieu.

¶ Je sens qu'il y a un Dieu, et je ne sens pas qu'il

---

1. VAR. *Comme leur Dieu et leur dernière fin.*

n'y en ait point; cela me suffit, tout le raisonnement du monde m'est inutile[1] : je conclus que Dieu existe. Cette conclusion est dans ma nature ; j'en ai reçu les principes trop aisément dans mon enfance, et je les ai conservés depuis trop naturellement dans un âge plus avancé, pour les soupçonner de fausseté : mais il y a des esprits qui se défont de ces principes. C'est une grande question s'il s'en trouve de tels; et, quand il seroit ainsi, cela prouve seulement qu'il y a des monstres.

¶ L'athéisme n'est point. Les grands, qui en sont le plus soupçonnés, sont trop paresseux pour décider en leur esprit que Dieu n'est pas ; leur indolence va jusqu'à les rendre froids et indifférents sur cet article si capital, comme sur la nature de leur âme, et sur les conséquences d'une vraie religion ; ils ne nient ces choses ni ne les accordent ; ils n'y pensent point.

¶ Nous n'avons pas trop de toute notre santé, de toutes nos forces et de tout notre esprit, pour penser aux hommes ou au plus petit intérêt ; il semble au contraire que la bienséance et la coutume exigent de nous que nous ne pensions à Dieu que dans un état où il ne reste en nous qu'autant de raison qu'il faut pour ne pas dire qu'il n'y en a plus.

¶ Un grand croit s'évanouir, et il meurt ; un autre grand périt insensiblement, et perd chaque jour quelque chose de soi-même avant qu'il soit éteint : formidables leçons, mais inutiles! Des circonstances si marquées et si sensiblement opposées ne se relèvent point et ne touchent personne. Les hommes n'y ont pas plus d'attention qu'à une fleur qui se fane, ou à une feuille qui tombe ; ils envient les places qui demeurent vacantes, ou ils s'informent si elles sont remplies, et par qui.

---

1. Le cœur a ses raisons que la raison ne connaît pas..., C'est le cœur qui sent Dieu, et non la raison. (Pascal.)

¶ Les hommes sont-ils assez bons, assez fidèles, assez équitables, pour mériter toute notre confiance, et ne nous pas faire désirer du moins que Dieu existât, à qui nous pussions appeler de leurs jugements et avoir recours quand nous en sommes persécutés ou trahis?

¶ Si c'est le grand et le sublime de la religion qui éblouit ou qui confond les esprits forts, ils ne sont plus des esprits forts, mais de foibles génies et de petits esprits; et si c'est au contraire ce qu'il y a d'humble et de simple qui les rebute, ils sont à la vérité des esprits forts, et plus forts que tant de grands hommes si éclairés, si élevés, et néanmoins si fidèles, que les Léon, les Basile, les Jérome, les Augustin.

¶ Un Père de l'Église, un docteur de l'Église, quels noms! quelle tristesse dans leurs écrits! quelle sécheresse, quelle froide dévotion, et peut-être quelle scolastique! disent ceux qui ne les ont jamais lus. Mais plutôt quel étonnement pour tous ceux qui se sont fait une idée des Pères si éloignée de la vérité, s'ils voyoient dans leurs ouvrages plus de tour et de délicatesse, plus de politesse et d'esprit, plus de richesse d'expression et plus de force de raisonnement, des traits plus vifs et des grâces plus naturelles, que l'on n'en remarque dans la plupart des livres de ce temps, qui sont lus avec goût, qui donnent du nom et de la vanité à leurs auteurs! Quel plaisir d'aimer la religion, et de la voir crue, soutenue, expliquée par de si beaux génies et par de si solides esprits, surtout lorsque l'on vient à connoître que, pour l'étendue de connoissances, pour la profondeur et la pénétration, pour les principes de la pure philosophie, pour leur application et leur développement, pour la justesse des conclusions, pour la dignité du discours, pour la beauté de la morale et des sentiments, il n'y a rien, par exemple, que l'on puisse comparer à saint Augustin, que Platon et que Cicéron.

¶ L'homme est né menteur. La vérité est simple et ingénue, et il veut du spécieux et de l'ornement ; elle n'est pas à lui, elle vient du ciel toute faite, pour ainsi dire, et dans toute sa perfection, et l'homme n'aime que son propre ouvrage, la fiction et la fable. Voyez le peuple : il controuve, il augmente, il charge, par grossièreté et par sottise ; demandez même au plus honnête homme s'il est toujours vrai dans ses discours, s'il ne se surprend pas quelquefois dans des déguisements où engagent nécessairement la vanité et la légèreté ; si, pour faire un meilleur conte, il ne lui échappe pas souvent d'ajouter à un fait qu'il récite une circonstance qui y manque. Une chose arrive aujourd'hui, et presque sous nos yeux, cent personnes qui l'ont vue la racontent en cent façons différentes ; celui-ci, s'il est encore écouté, la dira d'une manière qui n'a pas été dite : quelle créance donc pourrois-je donner à des faits qui sont anciens et éloignés de nous par plusieurs siècles ? quel fondement dois-je faire sur les plus graves historiens ? que devient l'histoire ? César a-t-il été massacré au milieu du sénat ? y a-t-il eu un César ? Quelle conséquence ! me dites-vous ; quels doutes ! quelle demande ! Vous riez, vous ne me jugez pas digne d'aucune réponse ; et je crois même que vous avez raison. Je suppose néanmoins que le livre qui fait mention de César ne soit pas un livre profane, écrit de la main des hommes, qui sont menteurs, trouvé par hasard dans les bibliothèques parmi d'autres manuscrits qui contiennent des histoires vraies ou apocryphes ; qu'au contraire il soit inspiré, saint, divin ; qu'il porte en soi ces caractères ; qu'il se trouve depuis près de deux mille ans dans une société nombreuse qui n'a pas permis qu'on y ait fait pendant tout ce temps la moindre altération, et qui s'est fait une religion de le conserver dans toute son intégrité ; qu'il y ait même un engagement religieux et indispensable d'avoir de la foi pour tous les faits contenus dans ce volume où il est parlé de César et de sa dictature : avouez-le, *Lucile,* vous douterez alors qu'il y ait eu un César.

¶ Toute musique n'est pas propre à louer Dieu et à être entendue dans le sanctuaire ; toute philosophie ne parle pas dignement de Dieu, de sa puissance, du principe de ses opérations et de ses mystères ; plus cette philosophie est subtile et idéale, plus elle est vaine et inutile pour expliquer des choses qui ne demandent des hommes qu'un sens droit pour être connues jusques à un certain point, et qui au delà sont inexplicables. Vouloir rendre raison de Dieu, de ses perfections, et, si j'ose ainsi parler, de ses actions, c'est aller plus loin que les anciens philosophes, que les apôtres, que les premiers docteurs ; mais ce n'est pas rencontrer si juste, c'est creuser longtemps et profondément, sans trouver les sources de la vérité. Dès qu'on a abandonné les termes de bonté, de miséricorde, de justice et de toute-puissance, qui donnent de Dieu de si hautes et de si aimables idées, quelque grand effort d'imagination qu'on puisse faire, il faut recevoir les expressions sèches, stériles, vides de sens ; admettre les pensées creuses, écartées des notions communes, ou tout au plus les subtiles et les ingénieuses ; et, à mesure que l'on acquiert d'ouverture dans une nouvelle métaphysique, perdre un peu de sa religion [1].

¶ Jusques où les hommes ne se portent-ils point par l'intérêt de la religion, dont ils sont si peu persuadés, et qu'ils pratiquent si mal !

---

[1]. Tout cet article est dirigé contre Malebranche et ses disciples ; contre sa théorie des idées, son explication des miracles, ses nouveautés métaphysiques et théologiques dont Bossuet disait : *Pulchra, nova, falsa.* (ÉMILE SAISSET.)

¶ Cette même religion que les hommes défendent avec chaleur et avec zèle contre ceux qui en ont une toute contraire, ils l'altèrent eux-mêmes dans leur esprit par des sentiments particuliers, ils y ajoutent et ils en retranchent mille choses souvent essentielles, selon ce qui leur convient, et ils demeurent fermes et inébranlables dans cette forme qu'ils lui ont donnée. Ainsi, à parler populairement, on peut dire d'une seule nation qu'elle vit sous un même culte, et qu'elle n'a qu'une seule religion ; mais, à parler exactement, il est vrai qu'elle en a plusieurs, et que chacun presque y a la sienne.

¶ Deux sortes de gens fleurissent dans les cours, et y dominent dans divers temps, les libertins et les hypocrites : ceux-là gaiement, ouvertement, sans art et sans dissimulation ; ceux-ci finement, par des artifices, par la cabale. Cent fois plus épris de la fortune que les premiers, ils en sont jaloux jusqu'à l'excès ; ils veulent la gouverner, la posséder seuls, la partager entre eux et en exclure tout autre ; dignités, charges, postes, bénéfices, pensions, honneurs, tout leur convient et ne convient qu'à eux, le reste des hommes en est indigne ; ils ne comprennent point que sans leur attache on ait l'impudence de les espérer. Une troupe de masques entre dans un bal : ont-ils la main, ils dansent, ils se font danser les uns les autres, ils dansent encore, ils dansent toujours ; ils ne rendent la main à personne de l'assemblée, quelque digne qu'elle soit de leur attention. On languit, on sèche de les voir danser et de ne danser point ; quelques-uns murmurent ; les plus sages prennent leur parti et s'en vont.

¶ Il y a deux espèces de libertins : les libertins, ceux du moins qui croient l'être, et les hypocrites ou faux dévots, c'est-à-dire ceux qui ne veulent pas être crus libertins ; les derniers, dans ce genre-là, sont les meilleurs.

Le faux dévot ou ne croit pas en Dieu, ou se moque de Dieu ; parlons de lui obligeamment : il ne croit pas en Dieu.

¶ Si toute religion est une crainte respectueuse de la Divinité, que penser de ceux qui osent la blesser dans sa plus vive image, qui est le prince ?

¶ Si l'on nous assuroit que le motif secret de l'ambassade des Siamois a été d'exciter le roi très-chrétien à renoncer au christianisme, à permettre l'entrée de son royaume aux *Talapoins*, qui eussent pénétré dans nos maisons pour persuader leur religion à nos femmes, à nos enfants et à nous-mêmes, par leurs livres et par leurs entretiens ; qui eussent élevé des *pagodes* au milieu des villes, où ils eussent placé des figures de métal pour être adorées, avec quelles risées et quel étrange mépris n'entendrions-nous pas des choses si extravagantes ! Nous faisons cependant six mille lieues de mer pour la conversion des Indes, des royaumes de Siam, de la Chine et du Japon, c'est-à-dire pour faire très-sérieusement à tous ces peuples des propositions qui doivent leur paroître très-folles et très-ridicules. Ils supportent néanmoins nos religieux et nos prêtres ; ils les écoutent quelquefois, leur laissent bâtir leurs églises et faire leurs missions ; qui fait cela en eux et en nous ? ne seroit-ce point la force de la vérité ?

¶ Il ne convient pas à toute sorte de personnes de lever l'étendard d'aumônier[1] et d'avoir tous les pauvres d'une ville assemblés à sa porte, qui y reçoivent leur portion ; qui ne sait pas, au contraire, des misères plus secrètes, qu'il peut entreprendre de soulager, ou immédiatement et par ses secours, ou du moins par sa médiation ? De même il n'est pas donné à tous de monter en chaire et d'y distribuer en mis-

---

1. C'est-à-dire de distributeur d'aumônes.

sionnaire ou en catéchiste la parole sainte ; mais qui n'a pas quelquefois sous sa main un libertin à réduire et à ramener, par de douces et insinuantes conversations, à la docilité ? Quand on ne seroit pendant sa vie que l'apôtre d'un seul homme, ce ne seroit pas être en vain sur la terre, ni lui être un fardeau inutile.

¶ Il y a deux mondes : l'un où l'on séjourne peu, et dont l'on doit sortir pour n'y plus rentrer ; l'autre où l'on doit bientôt entrer pour n'en jamais sortir. La faveur, l'autorité, les amis, la haute réputation, les grands biens, servent pour le premier monde ; le mépris de toutes ces choses sert pour le second. Il s'agit de choisir.

¶ Qui a vécu un seul jour a vécu un siècle : même soleil, même terre, même monde, mêmes sensations ; rien ne ressemble mieux à aujourd'hui que demain. Il y auroit quelque curiosité à mourir, c'est-à-dire à n'être plus un corps, mais à être seulement esprit. L'homme cependant, impatient de la nouveauté, n'est point curieux sur ce seul article ; né inquiet et qui s'ennuie de tout, il ne s'ennuie point de vivre ; il consentiroit peut-être à vivre toujours. Ce qu'il voit de la mort le frappe plus violemment que ce qu'il en sait ; la maladie, la douleur, le cadavre, le dégoûtent de la connoissance d'un autre monde ; il faut tout le sérieux de la religion pour le réduire.

¶ Si Dieu avoit donné le choix, ou de mourir ou de toujours vivre, après avoir médité profondément ce que c'est que de ne voir nulle fin à la pauvreté, à la dépendance, à l'ennui, à la maladie, ou de n'essayer des richesses, de la grandeur, des plaisirs et de la santé que pour les voir changer inviolablement, et par la révolution des temps, en leurs contraires, et être ainsi le jouet des biens et des maux, l'on ne sauroit guère à quoi se résoudre. La nature nous fixe et nous ôte l'embarras de choisir, et la mort, qu'elle nous rend nécessaire, est encore adoucie par la religion.

¶ Si ma religion étoit fausse, je l'avoue, voilà le piége le mieux dressé qu'il soit possible d'imaginer ; il étoit inévitable de ne pas donner tout au travers et de n'y être pas pris : quelle majesté, quel éclat de mystères ! quelle suite et quel enchaînement de toute la doctrine ! quelle raison éminente ! quelle candeur, quelle innocence de vertu ! quelle force invincible et accablante des témoignages rendus successivement et pendant trois siècles entiers par des millions de personnes les plus sages, les plus modérées qui fussent alors sur la terre, et que le sentiment d'une même vérité soutient dans l'exil, dans les fers, contre la vue de la mort et du dernier supplice ! Prenez l'histoire, ouvrez, remontez jusques au commencement du monde, jusques à la veille de sa naissance : y a-t-il eu rien de semblable dans tous les temps ? Dieu même pouvoit-il jamais mieux rencontrer pour me séduire ? Par où échapper ? où aller, où me jeter, je ne dis pas pour trouver rien de meilleur, mais quelque chose qui en approche ? S'il faut périr, c'est par là que je veux périr ; il m'est plus doux de nier Dieu que de l'accorder avec une tromperie si spécieuse et si entière ; mais je l'ai approfondi, je ne puis être athée ; je suis donc ramené et entraîné dans ma religion ; c'en est fait.

¶ La religion est vraie ou elle est fausse : si elle n'est qu'une vaine fiction, voilà, si l'on veut, soixante années perdues pour l'homme de bien, pour le chartreux ou le solitaire, ils ne courent pas un autre risque ; mais, si elle est fondée sur la vérité même, c'est alors un épouvantable malheur pour l'homme vicieux ; l'idée seule des maux qu'il se prépare me trouble l'imagination ; la pensée est trop foible pour les concevoir, et les paroles trop vaines pour les exprimer. Certes, en supposant même dans le monde moins de certitude qu'il ne s'en trouve en effet sur la vérité de la religion, il n'y a point pour l'homme un meilleur parti que la vertu.

¶ Je ne sais si ceux qui osent nier Dieu méritent qu'on s'efforce de le leur prouver et qu'on les traite plus sérieusement que l'on n'a fait dans ce chapitre. L'ignorance, qui est leur caractère, les rend incapables des principes les plus clairs et des raisonnements les mieux suivis ; je consens néanmoins qu'ils lisent celui que je vais faire, pourvu qu'ils ne se persuadent pas que c'est tout ce que l'on pouvoit dire sur une vérité si éclatante.

Il y a quarante ans que je n'étois point, et qu'il n'étoit pas en moi de pouvoir jamais être, comme il ne dépend pas de moi, qui suis une fois, de n'être plus. J'ai commencé, et je continue d'être par quelque chose qui est hors de moi, qui durera après moi, qui est meilleur et plus puissant que moi. Si ce quelque chose n'est pas Dieu, qu'on me dise ce que c'est.

Peut-être que moi qui existe n'existe ainsi que par la force d'une nature universelle qui a toujours été telle que nous la voyons, en remontant jusqu'à l'infinité des temps[1]. Mais cette nature, ou elle est seulement esprit, et c'est Dieu ; ou elle est matière, et ne peut par conséquent avoir créé mon esprit ; ou elle est un composé de matière et d'esprit, et alors ce qui est esprit dans la nature je l'appelle Dieu.

Peut-être aussi que ce que j'appelle mon esprit n'est qu'une portion de matière qui existe par la force d'une nature universelle, qui est aussi matière, qui a toujours été, et qui sera toujours telle que nous la voyons, et qui n'est point Dieu[2] ; mais du moins faut-

---

[1]. Objection ou système des libertins. (*Note de La Bruyère.*)
[2]. Instance des libertins. (*Id.*)

il m'accorder que ce que j'appelle mon esprit, quelque chose que ce puisse être, est une chose qui pense, et que, s'il est matière, il est nécessairement une matière qui pense : car l'on ne me persuadera point qu'il n'y ait pas en moi quelque chose qui pense pendant que je fais ce raisonnement. Or ce quelque chose qui est en moi et qui pense, s'il doit son être et sa conservation à une nature universelle, qui a toujours été et qui sera toujours, laquelle il reconnoisse comme sa cause, il faut indispensablement que ce soit à une nature universelle, ou qui pense, ou qui soit plus noble et plus parfaite que ce qui pense ; et, si cette nature ainsi faite est matière, l'on doit encore conclure que c'est une matière universelle qui pense, ou qui est plus noble et plus parfaite que ce qui pense.

Je continue, et je dis : Cette matière telle qu'elle vient d'être supposée, si elle n'est pas un être chimérique, mais réel, n'est pas aussi imperceptible à tous les sens ; et, si elle ne se découvre pas par elle-même, on la connoît du moins dans le divers arrangement de ses parties, qui constitue les corps, et qui en fait la différence : elle est donc elle-même dans ces différents corps ; et, comme elle est une matière qui pense selon la supposition, ou qui vaut mieux que ce qui pense, il s'ensuit qu'elle est telle du moins selon quelques-uns de ces corps, et, par une suite nécessaire, selon tous ces corps, c'est-à-dire qu'elle pense dans les pierres, dans les métaux, dans les mers, dans la terre, dans moi-même, qui ne suis qu'un corps, comme dans toutes les autres parties qui la composent. C'est donc à l'assemblage de ces parties si terrestres, si grossières, si corporelles, qui toutes ensemble sont la matière universelle ou ce monde visible, que je dois ce quelque chose qui est en moi, qui pense, et que j'appelle mon esprit ; ce qui est absurde.

Si, au contraire, cette nature universelle, quelque chose que ce puisse être, ne peut pas être tous ces corps, ni aucun de ces corps, il suit de là qu'elle n'est point matière, ni perceptible par aucun des sens; si cependant elle pense, ou si elle est plus parfaite que ce qui pense, je conclus encore qu'elle est esprit, ou un être meilleur et plus accompli que ce qui est esprit; si d'ailleurs il ne reste plus à ce qui pense en moi, et que j'appelle mon esprit, que cette nature universelle à laquelle il puisse remonter pour rencontrer sa première cause et son unique origine, parce qu'il ne trouve point son principe en soi, et qu'il le trouve encore moins dans la matière, ainsi qu'il a été démontré, alors je ne dispute point des noms; mais cette source originaire de tout esprit, qui est esprit elle-même, et qui est plus excellente que tout esprit, je l'appelle Dieu.

En un mot, je pense : donc Dieu existe; car ce qui pense en moi, je ne le dois point à moi-même, parce qu'il n'a pas plus dépendu de moi de me le donner une première fois qu'il dépend encore de moi de me le conserver un seul instant; je ne le dois point à un être qui soit au-dessus de moi, et qui soit matière, puisqu'il est impossible que la matière soit au-dessus de ce qui pense. je le dois donc à un être qui est au-dessus de moi et qui n'est point matière; et c'est Dieu[1].

¶ De ce qu'une nature universelle qui pense exclut de soi généralement tout ce qui est matière, il suit nécessairement qu'un être particulier qui pense ne peut pas aussi admettre en soi la moindre matière : car bien qu'un être universel qui pense renferme dans son idée infiniment plus de grandeur, de puissance,

---

[1]. Ce long paragraphe est sensiblement inspiré de la troisième méditation de Descartes; voir le *Descartes* de M. Cousin, t. I, p. 284 et suiv. (ÉMILE SAISSET.)

d'indépendance et de capacité, qu'un être particulier qui pense, il ne renferme pas néanmoins une plus grande exclusion de matière, puisque cette exclusion dans l'un et l'autre de ces deux êtres est aussi grande qu'elle peut être et comme infinie, et qu'il est autant impossible que ce qui pense en moi soit matière qu'il est inconcevable que Dieu soit matière : ainsi, comme Dieu est esprit, mon âme aussi est esprit [1].

¶ Je ne sais point si le chien choisit, s'il se ressouvient, s'il affectionne, s'il craint, s'il imagine, s'il pense; quand donc l'on me dit que toutes ces choses ne sont en lui ni passions, ni sentiment, mais l'effet naturel et nécessaire de la disposition de sa machine préparée par le divers arrangement des parties de la matière, je puis au moins acquiescer à cette doctrine. Mais je pense, et je suis certain que je pense; or, quelle proportion y a-t-il de tel ou de tel arrangement des parties de la matière, c'est-à-dire d'une étendue selon toutes ses dimensions, qui est longue, large et profonde, et qui est divisible dans tous ses sens, avec ce qui pense?

¶ Si tout est matière, et si la pensée en moi, comme dans tous les autres hommes, n'est qu'un effet de l'arrangement des parties de la matière, qui a mis dans le monde toute autre idée que celle des choses matérielles? La matière a-t-elle dans son fond une idée aussi pure, aussi simple, aussi immatérielle, qu'est celle de l'esprit? Comment peut-elle être le principe de ce qui la nie et l'exclut de son propre être? Comment est-elle dans l'homme ce qui pense, c'est-à-dire ce qui est à l'homme même une conviction qu'il n'est point matière [2]?

---

1. Allusion évidente à la théorie cartésienne des animaux-machines, théorie acceptée par Malebranche, par messieurs de Port-Royal, etc. Sur l'automatisme des bêtes, voyez Descartes, *Discours de la méthode*, édit. de M. Cousin, tome I, p. 193. (ÉMILE SAISSET.)

2. Cf. Fénelon, *Traité de l'existence de Dieu*, 1ᵉ part., ch. II; IIᵉ part., chap. III.

¶ Il y a des êtres qui durent peu, parce qu'ils sont composés de choses très différentes, et qui se nuisent réciproquement. Il y en a d'autres qui durent davantage, parce qu'ils sont plus simples; mais ils périssent, parce qu'ils ne laissent pas d'avoir des parties selon lesquelles ils peuvent être divisés. Ce qui pense en moi doit durer beaucoup, parce que c'est un être pur, exempt de tout mélange et de toute composition; et il n'y a pas de raison qu'il doive périr : car qui peut corrompre ou séparer un être simple et qui n'a point de parties?

¶ L'âme voit la couleur par l'organe de l'œil, et entend les sons par l'organe de l'oreille; mais elle peut cesser de voir ou d'entendre, quand ces sens ou ces objets lui manquent, sans que pour cela elle cesse d'être, parce que l'âme n'est point précisément ce qui voit la couleur, ou ce qui entend les sons; elle n'est que ce qui pense. Or comment peut-elle cesser d'être telle? Ce n'est point par le défaut d'organe [1], puisqu'il est prouvé qu'elle n'est point matière, ni par le défaut d'objet, tant qu'il y aura un Dieu et d'éternelles [2] vérités : elle est donc incorruptible.

¶ Je ne conçois point qu'une âme que Dieu a voulu remplir de l'idée de son être infini et souverainement parfait doive être anéantie [3].

1. Var. *De l'organe.*
2. Var. *Et des éternelles.*
3. Les trois articles ci-dessus sont tous pénétrés de l'influence cartésienne. La démonstration de l'immortalité naturelle de l'âme, fondée sur ce que l'âme est simple et sans parties, c'est la démonstration de Descartes (*Méditations*, édit. Cousin, tome I, p. 230, 231); la preuve tirée de ce que l'âme, en tant que substance pensante, est indépendante des sens et du corps, c'est encore le plus pur du cartésianisme (voyez *Médit.*, édit. Cousin, tome I, p. 331, 599). Enfin la pensée courte et grande qui remplit le petit article XLII rappelle les *Méditations* (édit. Cousin, tome I, p. 290), notamment ces grands traits de la fin de la Médit. III :

« Et de vrai, on ne doit pas trouver étrange que Dieu, en me créant, ait mis en moi cette idée (l'idée de l'être infini et souverainement parfait) pour être comme la marque de l'ouvrier empreint sur son ouvrage... »

Et plus bas : « Il me semble très à propos de m'arrêter quelque temps à la contemplation de ce Dieu tout parfait, etc. » (Émile Saisset.)

¶ Voyez, *Lucile*, ce morceau de terre, plus propre et plus orné que les autres terres qui lui sont contiguës : ici ce sont des compartiments mêlés d'eaux plates et d'eaux jaillissantes, là des allées en palissades qui n'ont pas de fin et qui vous couvrent des vents du nord [1] : d'un côté c'est un bois épais qui défend de tous les soleils, et d'un autre un beau point de vue; plus bas, une Yvette, ou un Lignon, qui couloit obscurément entre les saules et les peupliers, est devenu un canal qui est revêtu; ailleurs, de longues et fraîches avenues se perdent dans la campagne et annoncent la maison, qui est entourée d'eau. Vous récrierez-vous : Quel jeu du hasard ! combien de belles choses se sont rencontrées ensemble inopinément ! Non, sans doute; vous direz au contraire : Cela est bien imaginé et bien ordonné, il règne ici un bon goût et beaucoup d'intelligence. Je parlerai comme vous, et j'ajouterai que ce doit être la demeure de quelqu'un de ces gens chez qui un NAUTRE [2] va tracer et prendre des alignements dès le jour même qu'ils sont en place. Qu'est-ce pourtant que cette pièce de terre ainsi disposée, et où tout l'art d'un ouvrier habile a été employé pour l'embellir, si même toute la terre n'est qu'un atome suspendu en l'air, et si vous écoutez ce que je vais dire?

Vous êtes placé, ô Lucile, quelque part sur cet atome; il faut donc que vous soyez bien petit, car vous n'y occupez pas une grande place. Cependant vous avez des yeux, qui sont deux points imperceptibles; ne laissez pas de les ouvrir vers le ciel : qu'y apercevez-vous quelquefois? La lune dans son plein?

1. Chantilly.
2. André Lenôtre, architecte et dessinateur des jardins du roi, né à Paris en 1613, mort en 1700. Ce fut lui qui fut chargé de la distribution des jardins et du parc de Versailles; qui embellit ou créa ceux de Clagny, de Chantilly, de Meudon, de Saint-Cloud, de Sceaux, des Tuileries et l'admirable terrasse de Saint-Germain.

Elle est belle alors et fort lumineuse, quoique sa lumière ne soit que la réflexion de celle du soleil ; elle paroît grande comme le soleil, plus grande que les autres planètes, et qu'aucune des étoiles. Mais ne vous laissez pas tromper par les dehors ; il n'y a rien au ciel de si petit que la lune : sa superficie est treize fois plus petite que celle de la terre, sa solidité quarante-huit fois, et son diamètre de sept cent cinquante lieues, n'est que le quart de celui de la terre ; aussi est-il vrai qu'il n'y a que son voisinage qui lui donne une si grande apparence, puisqu'elle n'est guère plus éloignée de nous que de trente fois le diamètre de la terre, ou que sa distance n'est que de cent mille lieues. Elle n'a presque pas même de chemin à faire en comparaison du vaste tour que le soleil fait dans les espaces du ciel : car il est certain qu'elle n'achève par jour que cinq cent quarante mille lieues ; ce n'est par heure que vingt-deux mille cinq cents lieues, et trois cent soixante et quinze lieues dans une minute. Il faut néanmoins, pour accomplir cette course, qu'elle aille cinq mille six cents fois plus vite qu'un cheval de poste qui feroit quatre lieues par heure, qu'elle vole quatre-vingts fois plus légèrement que le son, que le bruit, par exemple, du canon et du tonnerre, qui parcourt en une heure deux cent soixante et dix-sept lieues.

Mais quelle comparaison de la lune au soleil pour la grandeur, pour l'éloignement, pour la course ! vous verrez qu'il n'y en a aucune. Souvenez-vous seulement du diamètre de la terre, il est de trois mille lieues ; celui du soleil est cent fois plus grand, il est donc de trois cent mille lieues. Si c'est là sa largeur en tous sens, quelle peut être toute sa superficie ! quelle est sa solidité ! Comprenez-vous bien cette étendue, et qu'un million de terres comme la nôtre ne seroient toutes ensemble pas plus grosses que le soleil ? Quel est donc, direz-vous, son éloignement, si l'on en juge par son apparence? Vous avez raison, il est prodigieux ; il est démontré qu'il ne peut pas y avoir de la terre au soleil moins de dix mille diamètres de la terre, autrement moins de trente millions de lieues ; peut-être y a-t-il quatre fois, six fois, dix fois plus loin ; on n'a aucune méthode pour déterminer cette distance.

Pour aider seulement votre imagination à se la représenter, supposons une meule de moulin qui tombe du soleil sur la terre; donnons-lui la plus grande vitesse qu'elle soit capable d'avoir, celle même que n'ont pas les corps tombant de fort haut; supposons encore qu'elle conserve toujours cette même vitesse, sans en acquérir et sans en perdre; qu'elle parcourt quinze toises par chaque seconde de temps, c'est-à-dire la moitié de l'élévation des plus hautes tours, et ainsi neuf cents toises en une minute; passons-lui mille toises en une minute, pour une plus grande facilité; mille toises font une demi-lieue commune ; ainsi en deux minutes la meule fera une lieue, et en une heure elle en fera trente, et en un jour elle fera sept cent vingt lieues; or elle a trente millions à traverser avant que d'arriver à terre : il lui faudra donc quarante-un mille six cent soixante-six jours [1], qui sont plus de cent quatorze années [2] pour faire ce voyage. Ne vous effrayez pas, Lucile, écoutez-moi : la distance de la terre à Saturne est au moins décuple de celle de la terre au soleil; c'est vous dire qu'elle ne peut être moindre que de trois cents millions de lieues, et que cette pierre emploieroit plus de onze cent quarante ans [3] pour tomber de Saturne en terre.

1. Var. *Quatre mille cent soixante et six jours,* dans les 7ᵉ et 8ᵉ éditions.
2. Var. *Plus d'onze années,* 7ᵉ et 8ᵉ édition.
3. Var. *Plus de cent dix ans,* 7ᵉ et 8ᵉ édition.

Par cette élévation de Saturne, élevez vous-même, si vous le pouvez, votre imagination, à concevoir quelle doit être l'immensité du chemin qu'il parcourt chaque jour au-dessus de nos têtes; le cercle que Saturne décrit a plus de six cents millions de lieues de diamètre, et par conséquent plus de dix-huit cents millions de lieues de circonférence; un cheval anglois qui feroit dix lieues par heure n'auroit à courir que vingt mille cinq cent quarante-huit ans pour faire ce tour.

Je n'ai pas tout dit, ô Lucile, sur le miracle de ce monde visible, ou, comme vous parlez quelquefois, sur les merveilles du hasard, que vous admettez seul pour la cause première de toutes choses. Il est encore un ouvrier plus admirable que vous ne pensez; connoissez le hasard, laissez-vous instruire de toute la puissance de votre Dieu. Savez-vous que cette distance de trente millions de lieues qu'il y a de la terre au soleil, et celle de trois cents millions de lieues de la terre à Saturne, sont si peu de chose, comparées à l'éloignement qu'il y a de la terre aux étoiles, que ce n'est pas même s'énoncer assez juste que de se servir, sur le sujet de ces distances, du terme de comparaison? Quelle proportion, à la vérité, de ce qui se mesure, quelque grand qu'il puisse être, avec ce qui ne se mesure pas? On ne connoît point la hauteur d'une étoile; elle est, si j'ose ainsi parler, *immensurable;* il n'y a plus ni angles, ni sinus, ni parallaxes, dont on puisse s'aider; si un homme observoit à Paris une étoile fixe, et qu'un autre la regardât du Japon, les deux lignes qui partiroient de leurs yeux pour aboutir jusqu'à cet astre ne feroient pas un angle, et se confondroient en une seule et même ligne, tant la terre entière n'est pas espace par rapport à cet éloignement. Mais les étoiles ont cela de commun avec Saturne et avec le soleil; il faut dire quelque chose de plus. Si deux observateurs, l'un sur terre et l'autre dans le soleil, observoient en même temps une étoile, les deux rayons visuels de ces deux observateurs ne formeroient point d'angle sensible. Pour concevoir la chose autrement, si un homme étoit situé dans une étoile, notre soleil, notre terre, et les trente millions de lieues qui les séparent, lui paroîtroient un même point : cela est démontré.

On ne sait pas aussi la distance d'une étoile d'avec une autre étoile, quelque voisines qu'elles nous paroissent. Les Pléiades se touchent presque, à en juger par nos yeux; une étoile paroît assise sur l'une de celles qui forment la queue de la grande Ourse; à peine la vue peut-elle atteindre à discerner la partie du ciel qui les sépare, c'est comme une étoile qui paroît double; si cependant tout l'art des astronomes est inutile pour en marquer la distance, que doit-on penser de l'éloignement de deux étoiles qui en effet paroissent éloignées l'une de l'autre, et à plus forte raison des deux polaires? Quelle est donc l'immensité de la ligne qui passe d'une polaire à l'autre? et que sera-ce que le cercle dont cette ligne est le diamètre? Mais n'est-ce pas quelque chose de plus que de sonder les abîmes, que de vouloir imaginer la solidité du globe, dont ce cercle n'est qu'une section? Serons-nous encore surpris que ces mêmes étoiles, si démesurées dans leur grandeur, ne nous paroissent néanmoins que comme des étincelles? N'admirerons-nous pas plutôt que d'une hauteur si prodigieuse elles puissent conserver une certaine apparence, et qu'on ne les perde pas toutes de vue? Il n'est pas aussi imaginable combien il nous en échappe. On fixe le nombre des étoiles : oui, de celles qui sont apparentes; le moyen de compter celles qu'on n'aperçoit point, celles, par exemple, qui composent la voie de lait, cette trace lumineuse qu'on remarque au ciel, dans une nuit sereine, du nord au midi, et qui, par leur extraordinaire élévation, ne pouvant percer jusqu'à nos yeux pour être vues chacune en particulier, ne font au plus que blanchir cette route des cieux où elles sont placées?

Me voilà donc sur la terre comme sur un grain de sable qui ne tient à rien, et qui est suspendu au milieu des airs; un nombre presque infini de globes de feu d'une grandeur inexprimable et qui confond l'imagination, d'une hauteur qui surpasse nos conceptions, tournent, roulent autour de ce grain de sable, et traversent chaque jour, depuis plus de six mille ans, les vastes et immenses espaces des cieux. Voulez-vous un autre système, et qui ne diminue rien du merveilleux? La terre elle-même est emportée avec une rapidité inconcevable autour du soleil, le centre de l'univers. Je me les représente, tous ces globes, ces corps effroyables qui sont en marche : ils ne s'embarrassent point l'un l'autre, ils ne se choquent point, ils ne se dérangent point; si le plus petit d'eux tous venoit à se démentir et à rencontrer la terre, que deviendroit la terre? Tous au contraire sont en leur place, demeurent dans l'ordre qui leur est prescrit, suivent la route qui leur est marquée, et si paisiblement à notre égard, que personne n'a l'oreille assez fine pour les entendre marcher, et que le vulgaire ne sait pas s'ils sont au monde. O économie merveilleuse du hasard! l'intelligence même pourroit-elle mieux réussir? Une seule chose, Lucile, me fait de la peine : ces grands corps sont si précis et si constants dans leur marche, dans leurs révolutions, et dans tous leurs rapports, qu'un petit animal relégué en un coin de cet espace immense qu'on appelle le monde, après les avoir observés, s'est fait une méthode infaillible de prédire à quel point de leur course tous ces astres se trouveront d'aujourd'hui en deux, en quatre, en vingt mille ans. Voilà mon scrupule, Lucile; si c'est par hasard qu'ils observent des règles si invariables, qu'est-ce que l'ordre? qu'est-ce que la règle [1]?

Je vous demanderai même ce que c'est que le hasard : est-il corps? est-il esprit? est-ce un être distingué des autres êtres, qui ait son existence particulière, qui soit quelque part? ou plutôt n'est-ce pas un mode, ou une façon d'être? Quand une boule rencontre une pierre, l'on dit : c'est un hasard; mais est-ce autre chose que ces deux corps qui se choquent fortuitement? Si par ce hasard ou cette rencontre la boule ne va plus droit, mais obliquement; si son mouvement n'est plus direct, mais réfléchi; si elle ne roule plus sur son axe, mais qu'elle tournoie et qu'elle pirouette; conclurai-je que c'est par ce même hasard qu'en général la boule est en mouvement? ne soupçonnerai-je pas plus volontiers qu'elle se meut ou de soi-même, ou par l'impulsion du bras qui l'a jetée? Et parce que les roues d'une pendule sont déterminées l'une par l'autre à un mouvement circulaire d'une telle ou telle vitesse, examinerai-je moins curieusement quelle peut être la cause de tous ces mouvements, s'ils se font d'eux-mêmes ou par la force mouvante d'un poids qui les emporte? Mais ni ces roues, ni cette boule, n'ont pu se donner le mouvement d'eux-mêmes, ou ne l'ont point par leur nature, s'ils peuvent le perdre sans changer de nature : il y a donc apparence qu'ils sont mus d'ailleurs, et par une puissance qui leur est étrangère. Et les corps célestes, s'ils venoient à perdre leur mouvement, changeroient-ils de nature? seroient-ils moins des corps? Je ne me l'imagine pas ainsi; ils se meuvent cependant, et ce n'est point d'eux-mêmes et par leur nature. Il faudroit

---

[1]. Toute la partie scientifique de cet admirable chapitre est traitée avec une étonnante précision, et il semble que l'on y trouve le programme du beau livre de M. de Humboldt, *Cosmos*.

donc chercher, ô Lucile, s'il n'y a point hors d'eux un principe qui les fait mouvoir ; qui que vous trouviez, je l'appelle Dieu.

Si nous supposions que ces grands corps sont sans mouvement, on ne demanderoit plus, à la vérité, qui les met en mouvement, mais on seroit toujours reçu à demander qui a fait ces corps, comme on peut s'informer qui a fait ces roues ou cette boule ; et, quand chacun de ces grands corps seroit supposé un amas fortuit d'atomes qui se sont liés et enchaînés ensemble par la figure et la conformation de leurs parties, je prendrois un de ces atomes [1], et je dirois : Qui a créé cet atome? Est-il matière? est-il intelligence? A-t-il eu quelque idée de soi-même avant que de se faire soi-même? Il étoit donc un moment avant que d'être ; il étoit et il n'étoit pas tout à la fois ; et, s'il est auteur de son être et de sa manière d'être, pourquoi s'est-il fait corps plutôt qu'esprit? Bien plus, cet atome n'a-t-il point commencé? est-il éternel? est-il infini? Ferez-vous un Dieu de cet atome?

¶ Le ciron a des yeux, il se détourne à la rencontre des objets qui lui pourroient nuire ; quand on le met sur de l'ébène pour le mieux remarquer, si, dans le temps qu'il marche vers un côté, on lui présente le moindre fétu, il change de route : est-ce un jeu du hasard que son cristallin, sa rétine et son nerf optique?

L'on voit, dans une goutte d'eau que le poivre qu'on y a mis tremper a altérée, un nombre presque innombrable de petits animaux, dont le microscope nous fait apercevoir la figure, et qui se meuvent avec une rapidité incroyable, comme autant de monstres dans une vaste mer ; chacun de ces animaux est plus petit

---

[1]. Allusion au système d'Épicure : voir sur Épicure et sa théorie atomistique : *Manuel de l'histoire de la philosophie*, traduit de l'allemand de Tennemann, par V. Cousin. Paris, Ladrange, 1832. in-8° Tome 1er, p. 197 et suiv.

mille fois qu'un ciron, et néanmoins c'est un corps qui vit, qui se nourrit, qui croît, qui doit avoir des muscles, des vaisseaux équivalents aux veines, aux nerfs, aux artères, et un cerveau pour distribuer les esprits animaux.

Une tache de moisissure de la grandeur d'un grain de sable paroît dans le microscope comme un amas de plusieurs plantes très-distinctes, dont les unes ont des fleurs, les autres des fruits ; il y en a qui n'ont que des boutons à demi ouverts ; il y en a quelques-unes qui sont fanées : de quelle étrange petitesse doivent être les racines et les filtres qui séparent les aliments de ces petites plantes ! Et si l'on vient à considérer que ces plantes ont leurs graines, ainsi que les chênes et les pins, et que ces petits animaux dont je viens de parler se multiplient par voie de génération, comme les éléphants et les baleines, où cela ne mène-t-il point? Qui a su travailler à des ouvrages si délicats, si fins, qui échappent à la vue des hommes, et qui tiennent de l'infini comme les cieux, bien que dans l'autre extrémité? Ne seroit-ce point celui qui a fait les cieux, les astres, ces masses énormes, épouvantables par leur grandeur, par leur élévation, par la rapidité et l'étendue de leur course, et qui se joue de les faire mouvoir?

¶ Il est de fait que l'homme jouit du soleil, des astres, des cieux et de leurs influences, comme il jouit de l'air qu'il respire et de la terre sur laquelle il marche et qui le soutient ; et, s'il falloit ajouter à la certitude d'un fait la convenance ou la vraisemblance, elle y est tout entière, puisque les cieux et tout ce qu'ils contiennent ne peuvent pas entrer en comparaison, pour la noblesse et la dignité, avec le moindre des hommes qui sont sur la terre, et que la proportion qui se trouve entre eux et lui est celle de la matière incapable de sentiment, qui est seulement une étendue selon trois dimensions, à ce qui est esprit, raison, ou intelligence. Si l'on dit que l'homme auroit pu se passer à moins pour sa conservation, je réponds que Dieu ne pouvoit moins faire pour étaler son pouvoir, sa bonté et sa magnificence, puisque quelque chose que nous voyions qu'il ait faite, il pouvoit faire infiniment davantage.

Le monde entier, s'il est fait pour l'homme, est littéralement la moindre chose que Dieu ait faite pour l'homme ; la preuve s'en tire du fond de la religion : ce n'est donc ni vanité ni présomption à l'homme de se rendre sur ses avantages à la force de la vérité ; ce seroit en lui stupidité et aveuglement de ne pas se laisser convaincre par l'enchaînement des preuves dont la religion se sert pour lui faire connoître ses priviléges, ses ressources, ses espérances, pour lui apprendre ce qu'il est et ce qu'il peut devenir. Mais la lune est habitée, il n'est pas du moins impossible qu'elle le soit. Que parlez-vous, Lucile, de la lune, et à quel propos ? En supposant Dieu, quelle est en effet la chose impossible ? Vous demandez peut-être si nous sommes les seuls dans l'univers que Dieu ait si bien traités ; s'il n'y a point dans la lune d'autres hommes, ou d'autres créatures que Dieu ait aussi favorisées ? Vaine curiosité ! frivole demande ! La terre, Lucile, est habitée ; nous l'habitons, et nous savons que nous l'habitons ; nous avons nos preuves, notre évidence, nos convictions, sur tout ce que nous devons penser de Dieu et de nous-mêmes ; que ceux qui peuplent les globes célestes, quels qu'ils puissent être, s'inquiètent pour eux-mêmes : ils ont leurs soins, et nous les nôtres. Vous avez, Lucile, observé la lune, vous avez reconnu ses taches, ses abîmes, ses inégalités, sa hauteur, son étendue, son cours, ses éclipses ; tous les astronomes n'ont pas été plus loin ; imaginez de nouveaux instruments, observez-la avec plus d'exactitude :

voyez-vous qu'elle soit peuplée, et de quels animaux ? ressemblent-ils aux hommes ? sont-ce des hommes? Laissez-moi voir après vous ; et, si nous sommes convaincus l'un et l'autre que des hommes habitent la lune, examinons alors s'ils sont chrétiens, et si Dieu a partagé ses faveurs entre eux et nous.

¶ Tout est grand et admirable dans la nature ; il ne s'y voit rien qui ne soit marqué au coin de l'ouvrier ; ce qui s'y voit quelquefois d'irrégulier et d'imparfait suppose règle et perfection. Homme vain et présomptueux! faites un vermisseau que vous foulez aux pieds, que vous méprisez ; vous avez horreur du crapaud : faites un crapaud, s'il est possible. Quel excellent maître que celui qui fait des ouvrages, je ne dis pas que les hommes admirent, mais qu'ils craignent ! Je ne vous demande pas de vous mettre à votre atelier pour faire un homme d'esprit, un homme bien fait, une belle femme : l'entreprise est forte et au-dessus de vous; essayez seulement de faire un bossu, un fou, un monstre, je suis content.

Rois, monarques, potentats, sacrées majestés, vous ai-je nommés par tous vos superbes noms? grands de la terre, très-hauts, très-puissants, et peut-être bientôt *tout-puissants seigneurs*, nous autres hommes nous avons besoin pour nos moissons d'un peu de pluie, de quelque chose de moins, d'un peu de rosée : faites de la rosée : envoyez sur la terre une goutte d'eau.

L'ordre, la décoration, les effets de la nature, sont populaires ; les causes, les principes, ne le sont point : demandez à une femme comment un bel œil n'a qu'à s'ouvrir pour voir ; demandez-le à un homme docte.

¶ Plusieurs millions d'années, plusieurs centaines de millions d'années, en un mot tous les temps, ne sont qu'un instant, comparés à la durée de Dieu, qui est éternelle ; tous les espaces du monde entier ne sont qu'un point, qu'un léger atome, comparés à son immensité. S'il est ainsi, comme je l'avance, car quelle proportion du fini à l'infini ? je demande : Qu'est-ce que le cours de la vie d'un homme ? qu'est-ce qu'un grain de poussière qu'on appelle la terre ? qu'est-ce qu'une petite portion de cette terre que l'homme possède et qu'il habite ? Les méchants prospèrent pendant qu'ils vivent. Quelques méchants, je l'avoue. La vertu est opprimée et le crime impuni sur la terre. Quelquefois, j'en conviens. C'est une injustice. Point du tout : il faudrait, pour tirer cette conclusion, avoir prouvé qu'absolument les méchants sont heureux, que la vertu ne l'est pas, et que le crime demeure impuni ; il faudroit du moins que ce peu de temps où les bons souffrent et où les méchants prospèrent eût une durée, et que ce que nous appelons prospérité et fortune ne fût pas une apparence fausse et une ombre vaine qui s'évanouit ; que cette terre, cet atome, où il paroît que la vertu et le crime rencontrent si rarement ce qui leur est dû, fût le seul endroit de la scène où se doivent passer la punition et les récompenses.

De ce que je pense je n'infère pas plus clairement que je suis esprit, que je conclus de ce que je fais ou ne fais point, selon qu'il me plaît, que je suis libre : or liberté, c'est choix, autrement une détermination volontaire au bien ou au mal, et ainsi une action bonne ou mauvaise, et ce qu'on appelle vertu ou crime. Que le crime absolument soit impuni, il est vrai, c'est injustice ; qu'il le soit sur la terre, c'est un mystère. Supposons pourtant, avec l'athée, que c'est injustice : toute injustice est une négation ou une privation de justice ; donc toute injustice suppose justice. Toute justice est une conformité à une souveraine raison : je demande, en effet, quand il n'a pas été raisonnable que le crime soit puni, à moins qu'on ne dise que c'est quand le triangle avoit moins de trois angles ; or toute conformité à la raison est une vérité; cette conformité, comme il vient d'être dit, a toujours été: elle est donc de celles que l'on appelle des éternelles vérités. Cette vérité, d'ailleurs, ou n'est point et ne peut être, ou elle est l'objet d'une connaissance : elle est donc éternelle, cette connaissance, et c'est Dieu.

Les dénoûments qui découvrent les crimes les plus cachés, et où la précaution des coupables pour les dérober aux yeux des hommes a été plus grande, paroissent si simples et si faciles, qu'il semble qu'il n'y ait que Dieu seul qui puisse en être l'auteur; et les faits d'ailleurs que l'on en rapporte sont en si grand nombre que, s'il plaît à quelques-uns de les attribuer à de purs hasards, il faut donc qu'ils soutiennent que le hasard, de tout temps, a passé en coutume.

¶ Si vous faites cette supposition, que tous les hommes qui peuplent la terre, sans exception, soient chacun dans l'abondance, et que rien ne leur manque, j'infère de là que nul homme qui est sur la terre n'est dans l'abondance et que tout lui manque. Il n'y a que deux sortes de richesses, et auxquelles les autres[1] se réduisent, l'argent et les terres; si tous sont riches, qui cultivera les terres, et qui fouillera les mines? Ceux qui sont éloignés des mines ne les fouilleront pas, ni ceux qui habitent des terres incultes et minérales ne pourront pas en tirer des fruits; on aura recours au commerce, et on le suppose. Mais, si les hommes abondent de biens, et que nul ne soit dans le cas de vivre par son travail, qui transportera d'une région à une autre les lingots ou les choses échangées? qui mettra des vaisseaux en mer? qui se chargera de les conduire? qui entreprendra des caravanes? On manquera alors du nécessaire et des choses utiles.

---

1. Var. *Les deux autres*, dans toutes les éditions originales. C'est évidemment une faute d'impression. (A. Destailleur.) Cette remarque nous paraît très-juste, et nous adoptons la correction.

S'il n'y a plus de besoins, il n'y a plus d'arts, plus de sciences, plus d'invention, plus de mécanique. D'ailleurs cette égalité de possessions et de richesses en établit une autre dans les conditions, bannit toute subordination, réduit les hommes à se servir eux-mêmes et à ne pouvoir être secourus les uns des autres, rend les lois frivoles et inutiles, entraîne une anarchie universelle, attire la violence, les injures, les massacres, l'impunité.

Si vous supposez, au contraire, que tous les hommes sont pauvres, en vain le soleil se lève pour eux sur l'horizon, en vain il échauffe la terre et la rend féconde, en vain le ciel verse sur elle ses influences, les fleuves en vain l'arrosent et répandent dans les diverses contrées la fertilité et l'abondance ; inutilement aussi la mer laisse sonder ses abîmes profonds, les rochers et les montagnes s'ouvrent pour laisser fouiller dans leur sein et en tirer tous les trésors qu'ils y renferment. Mais, si vous établissez que, de tous les hommes répandus dans le monde, les uns soient riches et les autres pauvres et indigents, vous faites alors que le besoin rapproche mutuellement les hommes, les lie, les réconcilie : ceux-ci servent, obéissent, inventent, travaillent, cultivent, perfectionnent ; ceux-là jouissent, nourrissent, secourent, protégent, gouvernent ; tout ordre est rétabli, et Dieu se découvre.

¶ Mettez l'autorité, les plaisirs et l'oisiveté d'un côté, la dépendance, les soins et la misère de l'autre : ou ces choses sont déplacées par la malice des hommes, ou Dieu n'est pas Dieu.

Une certaine inégalité dans les conditions, qui entretient l'ordre et la subordination, est l'ouvrage de Dieu, ou suppose une loi divine ; une trop grande disproportion, et telle qu'elle se remarque parmi les hommes, est leur ouvrage, ou la loi des plus forts.

Les extrémités sont vicieuses et partent de l'homme; toute compensation est juste et vient de Dieu.

¶

Si on ne goûte point ces Caractères ¹, je m'en étonne, et si on les goûte, je m'en étonne de même.

1. Van. *Si l'on ne goûte point ces remarques que j'ai écrites.*

DISCOURS
PRONONCÉ
DANS L'ACADÉMIE FRANÇOISE
LE LUNDI, QUINZIÈME JUIN 1693.

PRÉFACE.

Ceux qui, interrogés sur le discours que je fis à l'Académie françoise le jour que j'eus l'honneur d'y être reçu, ont dit sèchement que j'avois fait des caractères, croyant le blâmer, en ont donné l'idée la plus avantageuse que je pouvois moi-même désirer : car, le public ayant approuvé ce genre d'écrire où je me suis appliqué depuis quelques années, c'étoit le prévenir en ma faveur que de faire une telle réponse [1]. Il ne restoit plus que de savoir si je n'aurois pas dû renoncer aux caractères dans le discours dont il s'agissoit ; et cette question s'évanouit dès qu'on sait que l'usage a prévalu qu'un nouvel académicien compose celui qu'il doit prononcer le jour de sa réception de l'éloge du roi, de ceux du cardinal de Richelieu, du chancelier Séguier, de la personne à qui il succède, et de l'Académie françoise. De ces cinq éloges il y en a quatre de personnels; or je demande à mes censeurs qu'ils me posent si bien la différence qu'il y a des éloges personnels aux caractères qui louent, que je la puisse sentir et avouer ma faute. Si,

---

1. La Bruyère eut de la peine à être admis à l'Académie française après avoir publié ses *Caractères*. Il eut besoin de crédit pour vaincre l'opposition de quelques gens de lettres qu'il avait offensés, et les clameurs de cette foule d'hommes malheureux qui, dans tous les temps, sont importunés des grands talents et des grands succès; mais La Bruyère avait pour lui Bossuet, Racine, Despréaux, et le cri public : il fut reçu. Son discours est un des plus ingénieux qui aient été prononcés dans cette Académie. Il est le premier qui ait loué des académiciens vivants. On se rappelle encore les traits heureux dont il caractérisa Bossuet, La Fontaine et Despréaux. Les ennemis de l'auteur affectèrent de regarder ce discours comme une satire. Ils intriguèrent pour en faire défendre l'impression ; et, n'ayant pu y réussir, ils le firent déchirer dans les journaux, qui, dès lors, étaient déjà, pour la plupart, des instru-

chargé de faire quelque autre harangue, je retombe encore dans des peintures, c'est alors qu'on pourra écouter leurments de la malignité et de l'envie entre les mains de la bassesse et de la sottise. On vit éclore une foule d'épigrammes et de chansons, où la rage est égale à la platitude, et qui sont tombées dans le profond oubli qu'elles méritent. On aura peut-être peine à croire que ce soit pour l'auteur des *Caractères* qu'on a fait ce couplet :

> Quand La Bruyère se présente,
> Pourquoi faut-il crier haro ?
> Pour faire un nombre de quarante,
> Ne fallait-il pas un zéro ?

L'admission de La Bruyère à l'Académie avait excité une grande animosité entre les partis qui divisaient alors les gens de lettres. La colère de ceux qui étaient contraires au nouveau récipiendaire augmenta encore lorsque, pour donner plus de publicité à son discours, il le joignit à la huitième édition de son ouvrage, en l'accompagnant de cette longue préface, dans laquelle il ne paraît avoir eu d'autre but que de braver ses ennemis. On fit pleuvoir sur lui, sur Racine, et sur ceux qui s'étaient entremis pour faire entrer La Bruyère à l'Académie, une foule de chansons et d'épigrammes. Afin qu'on puisse avoir une idée du ton et du style de ces pièces, nous citerons et nous extrairons quelques-unes de celles que renferment les recueils manuscrits des scandales de cette époque.

Aussitôt après que La Bruyère eut prononcé son discours de réception, on fit courir cette chanson (tome VII, page 431 du *Recueil manuscrit des chansons historiques*, Bibliothèque impériale) :

Chanson sur l'air : *D'une main je tiens mon pot.*

> Les quarante beaux esprits,
> Grâce à Racine, ont pris
> L'excellent et beau La Bruyère,
> Dont le discours ne fut pas bon.
> Du dernier je vous en répond,
> Mais de l'autre, non, non.
>
> Dans son fichu compliment,
> Il dit effrontément
> Qu'il n'avait pas brigué sa place ;
> Cet endroit fut assez bouffon.
> Du dernier je vous en répond,
> Mais de l'autre, non, non.
> . . . .

Cette chanson est longue, et sans aucun sel ; « elle a été faite, dit l'annotateur du recueil, sur le bruit qui avait couru que l'Académie, en faisant imprimer le discours de La Bruyère dans son recueil, devait en retrancher le passage où il semble mettre Racine au-dessus de Corneille ; et que Bossuet avait déclaré à l'Académie que si on faisait une telle chose, Racine ne remettrait plus les pieds à l'Académie. » Cela est invraisemblable. Ce qui est certain, c'est que ce discours de La Bruyère, imprimé dans le *Recueil de l'Aca-*

critique, et peut-être me condamner; je dis peut-être, puisque les caractères, ou du moins les images des choses

démie, est absolument pareil à celui que La Bruyère a donné dans son livre, et qu'il ne présente pas une seule variante importante.

Seconde chanson sur la réception de La Bruyère à l'Académie, le 15 juin 1693 (tome VII, page 437 du *Recueil manuscrit des chansons historiques, ibid.*) :

Sur l'air de : *Lampon*.

    Les quarante beaux esprits
    Sont tombés dans le mépris :
    Ils n'avaient plus Furetière,
    Ils ont pris La Bruyère.
Lampon, lampon, La Bruyère, lampon.

    Par des portraits ressemblants
    Ils seront en beaux draps blancs,
    Chacun aura son affaire :
    On ne les respecte guère.
Lampon, lampon, La Bruyère, lampon.

    Pour Racine et Despréaux
    Leurs portraits sont des plus beaux ;
    Ils sont flattés à merveille,
    Aux dépens du grand Corneille.
Lampon, lampon, La Bruyère, lampon.

    La Bruyère l'a promis,
    Il mordra ses ennemis.
    Mais chacun lui fait la guerre :
    Mordra-t-il toute la terre?
Lampon, lampon, La Bruyère, lampon.

Et sur ce dernier couplet il y a cette note :

« Personne n'aime La Bruyère, et chacun trouve à redire aux portraits de son livre, où une infinité de gens sont tournés en ridicule, et reconnus, quoique sous de faux noms. »

Le mot *lampon*, qui sert de refrain à tant de couplets de cette époque, vient, je crois, du mot anglais *lampoon*, et est ici synonyme de *ridicule*.

Épigramme tirée du même *Recueil* :

    L'Académie a reçu La Bruyère,
      Elle pourra s'en repentir.
    Toutefois, il est bon que, pour nous divertir,
      Elle ait toujours un Furetière.

Sur cette épigramme on trouve cette note dans le recueil.

« Cet homme était fort caustique, et son livre des Caractères ou des mœurs de ce siècle n'était que des portraits satiriques de tout ce qu'il y a de considérable à la cour et à la ville, de l'un et l'autre sexe. Cela avait donné un si grand débit à ce livre, qu'on l'avait imprimé pour la septième fois en 1698. » (WALCKENAER.)

et des personnes, sont inévitables dans l'oraison, que tout écrivain est peintre, et tout excellent écrivain excellent peintre.

J'avoue que j'ai ajouté à ces tableaux, qui étoient de commande, les louanges de chacun des hommes illustres qui composent l'Académie françoise; et ils ont dû me le pardonner, s'ils ont fait attention qu'autant pour ménager leur pudeur que pour éviter les caractères, je me suis abstenu de toucher à leurs personnes, pour ne parler que de leurs ouvrages, dont j'ai fait des éloges publics plus ou moins étendus, selon que les sujets qu'ils y ont traités pouvoient l'exiger. J'ai loué des académiciens encore vivants, disent quelques-uns. Il est vrai; mais je les ai loués tous : qui d'entre eux auroit une raison de se plaindre? C'est une coutume[1] toute nouvelle, ajoutent-ils, et qui n'avoit point encore eu d'exemple. Je veux en convenir, et que j'ai pris soin de m'écarter des lieux communs et des phrases proverbiales usées depuis si longtemps, pour avoir servi à un nombre infini de pareils discours depuis la naissance de l'Académie françoise. M'étoit-il donc si difficile de faire entrer Rome et Athènes, le Lycée et le Portique, dans l'éloge de cette savante compagnie? *Être au comble de ses vœux de se voir académicien; protester que ce jour où l'on jouit pour la première fois d'un si rare bonheur est le jour le plus beau de sa vie; douter si cet honneur qu'on vient de recevoir est une chose vraie ou qu'on ait songée; espérer de puiser désormais à la source les plus pures eaux de l'éloquence françoise; n'avoir accepté, n'avoir désiré une telle place que pour profiter des lumières de tant de personnes si éclairées; promettre que, tout indigne de leur choix qu'on se reconnoît, on s'efforcera de s'en rendre digne;* cent autres formules de pareils compliments sont-elles si rares et si peu connues que je n'eusse pu les trouver, les placer, et en mériter des applaudissements?

Parce donc que j'ai cru que, quoi que l'envie et l'injustice publient de l'Académie françoise, quoi qu'elles veuillent dire de son âge d'or et de sa décadence, elle n'a jamais, depuis son établissement, rassemblé un si grand

1. Var. *Conduite*

nombre de personnages illustres pour toutes sortes de talents et en tout genre d'érudition qu'il est facile aujourd'hui d'y en remarquer, et que, dans cette prévention où je suis, je n'ai pas espéré que cette compagnie pût être une autre fois plus belle à peindre, ni prise dans un jour plus favorable, et que je me suis servi de l'occasion, ai-je rien fait qui doive m'attirer les moindres reproches? Cicéron a pu louer impunément Brutus, César, Pompée, Marcellus, qui étoient vivants, qui étoient présents; il les a loués plusieurs fois; il les a loués seuls, dans le sénat, souvent en présence de leurs ennemis, toujours devant une compagnie jalouse de leur mérite, et qui avoit bien d'autres délicatesses de politique sur la vertu des grands hommes que n'en sauroit avoir l'Académie françoise. J'ai loué les académiciens, je les ai loués tous, et ce n'a pas été impunément : que me seroit-il arrivé si je les avois blâmés tous?

Je viens d'entendre, a dit Théobalde, *une grande vilaine harangue qui m'a fait bâiller vingt fois, et qui m'a ennuyé à la mort.* Voilà ce qu'il a dit, et voilà ensuite ce qu'il a fait, lui et peu d'autres qui ont cru devoir entrer dans les mêmes intérêts : Ils partirent pour la cour le lendemain de la prononciation de ma harangue; ils allèrent de maisons en maisons; ils dirent aux personnes auprès de qui ils ont accès que je leur avois balbutié la veille un discours où il n'y avoit ni style ni sens commun, qui étoit rempli d'extravagances, et une vraie satire. Revenus à Paris, ils se cantonnèrent en divers quartiers, où ils répandirent tant de venin contre moi, s'acharnèrent si fort à diffamer cette harangue, soit dans leurs conversations, soit dans les lettres qu'ils écrivirent à leurs amis dans les provinces, en dirent tant de mal, et le persuadèrent si fortement à qui ne l'avoit pas entendue, qu'ils crurent pouvoir insinuer au public, ou que les Caractères faits de la même main étoient mauvais, ou que, s'ils étoient bons, je n'en étois pas l'auteur, mais qu'une femme de mes amies m'avoit fourni ce qu'il y avoit de plus supportable; ils prononcèrent aussi que je n'étois pas capable de faire rien de suivi, pas même la moindre préface; tant ils estimoient impraticable à un homme, même qui est dans l'habitude de penser, et d'écrire ce qu'il pense, l'art de lier ses pensées et de faire des transitions.

Ils firent plus : violant les lois de l'Académie françoise, qui défend aux académiciens d'écrire ou de faire écrire contre leurs confrères, ils lâchèrent sur moi deux auteurs associés à une même gazette[1]; ils les animèrent, non pas à publier contre moi une satire fine et ingénieuse, ouvrage trop au-dessus des uns et des autres, *facile à manier, et dont les moindres esprits se trouvent capables*, mais à me dire de ces injures grossières et personnelles, si difficiles à rencontrer, si pénibles à prononcer ou à écrire, surtout à des gens à qui je veux croire qu'il reste encore quelque pudeur et quelque soin de leur réputation.

Et en vérité, je ne doute point que le public ne soit enfin étourdi et fatigué d'entendre, depuis quelques années, de vieux corbeaux croasser autour de ceux qui, d'un vol libre et d'une plume légère, se sont élevés à quelque gloire par leurs écrits. Ces oiseaux lugubres semblent, par leurs cris continuels, leur vouloir imputer le décri universel où tombe nécessairement tout ce qu'ils exposent au grand jour de l'impression; comme si on étoit cause qu'ils manquent de force et d'haleine, ou qu'on dût être responsable de cette médiocrité répandue sur leurs ouvrages. S'il s'imprime un livre de mœurs assez mal digéré pour tomber de soi-même et ne pas exciter leur jalousie, ils le louent volontiers, et plus volontiers encore ils n'en parlent point; mais, s'il est tel que le monde en parle, ils l'attaquent avec furie. Prose, vers, tout est sujet à leur censure, tout est en proie à une haine implacable, qu'ils ont conçue contre ce qui ose paroître dans quelque perfection, et avec les signes d'une approbation publique. On ne sait plus quelle morale leur fournir qui leur agrée; il faudra leur rendre celle de la Serre ou de Desmarets, et, s'ils en sont crus, revenir au *Pédagogue chrétien* et à la *Cour sainte*. Il paroît une nouvelle satire écrite contre les vices en général, qui, d'un vers fort et d'un style d'airain, enfonce ses traits con-

---

[1]. *Mer. gal.* (Note de La Bruyère.) — C'est-à-dire le *Mercure galant*.

tre l'avarice, l'excès du jeu, la chicane, la mollesse, l'ordure et l'hypocrisie; où personne n'est nommé ni désigné, où nulle femme vertueuse ne peut ni ne doit se reconnoître; un BOURDALOUE en chaire ne fait point de peintures du crime ni plus vives ni plus innocentes[1] : il n'importe, *c'est médisance, c'est calomnie.* Voilà, depuis quelque temps, leur unique ton, celui qu'ils emploient contre les ouvrages de mœurs qui réussissent; ils y prennent tout littéralement, ils les lisent comme une histoire, ils n'y entendent ni la poésie ni la figure; ainsi ils les condamnent; ils y trouvent des endroits foibles : il y en a dans Homère, dans Pindare, dans Virgile et dans Horace; où n'y en a-t-il point? si ce n'est peut-être dans leurs écrits. BERNIN n'a pas manié le marbre, ni traité toutes ses figures d'une égale force; mais on ne laisse pas de voir, dans ce qu'il a moins heureusement rencontré, de certains traits si achevés, tout proches de quelques autres qui le sont moins, qu'ils découvrent aisément l'excellence de l'ouvrier : si c'est un cheval, les crins sont tournés d'une main hardie, ils voltigent et semblent être le jouet du vent; l'œil est ardent, les naseaux soufflent le feu et la vie; un ciseau de maître s'y retrouve en mille endroits; il n'est pas donné à ses copistes ni à ses envieux d'arriver à de telles fautes par leurs chefs-d'œuvre; l'on voit bien que c'est quelque chose de manqué par un habile homme, et une faute de PRAXITÈLE[2].

Mais qui sont ceux qui, si tendres et si scrupuleux, ne peuvent même supporter que, sans blesser et sans nommer les vicieux, on se déclare contre le vice? sont-ce des chartreux et des solitaires? sont-ce les jésuites, hommes pieux et éclairés? sont-ce ces hommes religieux qui habitent en France les cloîtres et les abbayes? Tous, au contraire, lisent ces sortes d'ouvrages, et en particulier, et en public, à leurs récréations; ils en inspirent la lecture à

---

1. Il s'agit de la satire 10 de Boileau.
2. Ceci fait allusion à la statue dite la *statue équestre de Curtius*, qui se trouve à l'extrémité de la pièce d'eau des Suisses, à Versailles. Elle fut faite par Bernin, avec un bloc de marbre destiné par lui à être la statue de Louis XIV, qu'il manqua. Telle est du moins la tradition sur cette statue. (WALCKENAER.)

leurs pensionnaires, à leurs élèves; ils en dépeuplent les boutiques, ils les conservent dans leurs bibliothèques. N'ont-ils pas les premiers reconnu le plan et l'économie du livre des Caractères? N'ont-ils pas observé que, de seize chapitres qui le composent, il y en a quinze qui, s'attachant à découvrir le faux et le ridicule qui se rencontrent dans les objets des passions et des attachements humains, ne tendent qu'à ruiner tous les obstacles qui affoiblissent d'abord, et qui éteignent ensuite, dans tous les hommes, la connoissance de Dieu; qu'ainsi ils ne sont que des préparations au seizième et dernier chapitre, où l'athéisme est attaqué, et peut-être confondu; où les preuves de Dieu, une partie du moins de celles que les foibles hommes sont capables de recevoir dans leur esprit, sont apportées; où la providence de Dieu est défendue contre l'insulte et les plaintes des libertins? Qui sont donc ceux qui osent répéter contre un ouvrage si sérieux et si utile ce continuel refrain : — *C'est médisance, c'est calomnie?* — Il faut les nommer : ce sont des poëtes; mais quels poëtes? Des auteurs d'hymnes sacrées ou des traducteurs de psaumes, des Godeaux[1] ou des Corneilles? Non, mais des faiseurs de stances et d'élégies amoureuses, de ces beaux esprits qui tournent un sonnet sur une absence ou sur un retour, qui font une épigramme sur une belle gorge, et un madrigal sur une jouissance. Voilà ceux qui, par délicatesse de conscience, ne souffrent qu'impatiemment qu'en ménageant les particuliers avec toutes les précautions que la prudence peut suggérer, j'essaye dans mon livre des mœurs de décrier, s'il est possible, tous les vices du cœur et de l'esprit, de rendre l'homme raisonnable et plus proche de devenir chrétien. Tels ont été les Théobaldes, ou ceux du moins qui travaillent sous eux et dans leur atelier.

Ils sont encore allés plus loin : car, palliant d'une politique zélée le chagrin de ne se sentir pas à leur gré si bien loués et si longtemps que chacun des autres académiciens, ils ont osé faire des applications délicates et dangereuses de l'endroit de ma harangue où, m'exposant seul à pren-

1. Évêque de Grasse et de Vence. Il a traduit les Psaumes en vers français.

dre le parti de toute la littérature contre leurs plus irréconciliables ennemis, gens pécunieux, que l'excès d'argent ou qu'une fortune faite par de certaines voies, jointe à la faveur des grands, qu'elle leur attire nécessairement, mène jusqu'à une froide insolence, je leur fais à la vérité à tous une vive apostrophe, mais qu'il n'est pas permis de détourner de dessus eux pour la rejeter sur un seul et sur tout autre.

Ainsi en usent à mon égard, excités peut-être par les Théobaldes, ceux qui, se persuadant qu'un auteur écrit seulement pour les amuser par la satire, et point du tout pour les instruire par une saine morale, au lieu de prendre pour eux et de faire servir à la correction de leurs mœurs les divers traits qui sont semés dans un ouvrage, s'appliquent à découvrir, s'ils le peuvent, quels de leurs amis ou de leurs ennemis ces traits peuvent regarder, négligent dans un livre tout ce qui n'est que remarques solides ou sérieuses réflexions, quoiqu'en si grand nombre qu'elles le composent presque tout entier, pour ne s'arrêter qu'aux peintures ou aux caractères, et, après les avoir expliqués à leur manière et en avoir cru trouver les originaux, donnent au public de longues listes, ou, comme ils les appellent, des clefs; fausses clefs, et qui leur sont aussi inutiles qu'elles sont injurieuses aux personnes dont les noms s'y voient déchiffrés, et à l'écrivain qui en est la cause, quoique innocente.

J'avois pris la précaution de protester dans une préface contre toutes ces interprétations, que quelque connoissance que j'ai des hommes m'avoit fait prévoir, jusqu'à hésiter quelque temps si je devois rendre mon livre public, et à balancer entre le désir d'être utile à ma patrie par mes écrits et la crainte de fournir à quelques-uns de quoi exercer leur malignité. Mais, puisque j'ai eu la foiblesse de publier ces Caractères, quelle digue élèverai-je contre ce déluge d'explications qui inonde la ville, et qui bientôt va gagner la cour? Dirai-je sérieusement, et protesterai-je avec d'horribles serments, que je ne suis ni auteur ni complice de ces clefs qui courent; que je n'en ai donné aucune; que mes plus familiers amis savent que je les leur

PRÉFACE.

ai toutes refusées, que les personnes les plus accréditées de la cour ont désespéré d'avoir mon secret? N'est-ce pas la même chose que si je me tourmentois beaucoup à soutenir que je ne suis pas un malhonnête homme, un homme sans pudeur, sans mœurs, sans conscience, tel enfin que les gazetiers dont je viens de parler ont voulu me représenter dans leur libelle diffamatoire?

Mais, d'ailleurs, comment aurois-je donné ces sortes de clefs, si je n'ai pu moi-même les forger telles qu'elles sont et que je les ai vues? Étant presque toutes différentes entre elles, quel moyen de les faire servir à une même entrée, je veux dire à l'intelligence de mes remarques? Nommant des personnes de la cour et de la ville à qui je n'ai jamais parlé, que je ne connois point, peuvent-elles partir de moi et être distribuées de ma main? Aurois-je donné celles qui se fabriquent à Romorantin, à Mortagne et à Bellesme, dont les différentes applications sont à la baillive, à la femme de l'assesseur, au président de l'élection, au prévôt de la maréchaussée et au prévôt de la collégiale? Les noms y sont fort bien marqués, mais ils ne m'aident pas davantage à connoître les personnes. Qu'on me permette ici une vanité sur mon ouvrage : je suis presque disposé à croire qu'il faut que mes peintures expriment bien l'homme en général, puisqu'elles ressemblent à tant de particuliers, et que chacun y croit voir ceux de sa ville ou de sa province. J'ai peint à la vérité d'après nature, mais je n'ai pas toujours songé à peindre celui-ci ou celle-là dans mon livre des mœurs. Je ne me suis point loué au public pour faire des portraits qui ne fussent que vrais et ressemblants, de peur que quelquefois ils ne fussent pas croyables et ne parussent feints ou imaginés; me rendant plus difficile, je suis allé plus loin; j'ai pris un trait d'un côté et un trait d'un autre, et, de ces divers traits qui pouvoient convenir à une même personne, j'en ai fait des peintures vraisemblables, cherchant moins à réjouir les lecteurs par le caractère, ou, comme le disent les mécontents, par la satire de quelqu'un, qu'à leur proposer des défauts à éviter et des modèles à suivre.

Il me semble donc que je dois être moins blâmé que

plaint de ceux qui, par hasard, verroient leurs noms écrits dans ces insolentes listes, que je désavoue et que je condamne autant qu'elles le méritent. J'ose même attendre d'eux cette justice, que, sans s'arrêter à un auteur moral qui n'a eu nulle intention de les offenser par son ouvrage, ils passeront jusqu'aux interprètes, dont la noirceur est inexcusable. Je dis en effet ce que je dis, et nullement ce qu'on assure que j'ai voulu dire; et je réponds encore moins de ce qu'on me fait dire, et que je ne dis point. Je nomme nettement les personnes que je veux nommer, toujours dans la vue de louer leur vertu ou leur mérite; j'écris leurs noms en lettres capitales, afin qu'on les voie de loin et que le lecteur ne coure pas risque de les manquer. Si j'avois voulu mettre des noms véritables aux peintures moins obligeantes, je me serois épargné le travail d'emprunter des noms de l'ancienne histoire, d'employer des lettres initiales, qui n'ont qu'une signification vaine et incertaine, de trouver enfin mille tours et mille faux-fuyants pour dépayser ceux qui me lisent et les dégoûter des applications. Voilà la conduite que j'ai tenue dans la composition des Caractères.

Sur ce qui concerne la harangue, qui a paru longue et ennuyeuse au chef des mécontents, je ne sais en effet pourquoi j'ai tenté de faire de ce remercîment à l'Académie françoise un discours oratoire qui eût quelque force et quelque étendue. De zélés académiciens m'avoient déjà frayé ce chemin; mais ils se sont trouvés en petit nombre, et leur zèle pour l'honneur et pour la réputation de l'Académie n'a eu que peu d'imitateurs. Je pouvois suivre l'exemple de ceux qui, postulant une place dans cette compagnie sans avoir jamais rien écrit, quoiqu'ils sachent écrire, annoncent dédaigneusement, la veille de leur réception, qu'ils n'ont que deux mots à dire et qu'un moment à parler, quoique capables de parler longtemps et de parler bien.

J'ai pensé, au contraire, qu'ainsi que nul artisan n'est agrégé à aucune société ni n'a ses lettres de maîtrise sans faire son chef-d'œuvre, de même, et avec encore plus de bienséance, un homme associé à un corps qui ne s'est sou-

PRÉFACE. 431

tenu et ne peut jamais se soutenir que par l'éloquence, se trouvoit engagé à faire, en y entrant, un effort en ce genre, qui le fit aux yeux de tous paroître digne du choix dont il venoit de l'honorer. Il me sembloit encore que, puisque l'éloquence profane ne paroissoit plus régner au barreau, d'où elle a été bannie par la nécessité de l'expédition, et qu'elle ne devoit plus être admise dans la chaire, où elle n'a été que trop soufferte, le seul asile qui pouvoit lui rester étoit l'Académie françoise, et qu'il n'y avoit rien de plus naturel, ni qui pût rendre cette compagnie plus célèbre, que, si, au sujet des réceptions de nouveaux académiciens, elle savoit quelquefois attirer la cour et la ville à ses assemblées, par la curiosité d'y entendre des pièces d'éloquence d'une juste étendue, faites de main de maître, et dont la profession est d'exceller dans la science de la parole.

Si je n'ai pas atteint mon but, qui étoit de prononcer un discours éloquent, il me paroît du moins que je me suis disculpé de l'avoir fait trop long de quelques minutes : car, si d'ailleurs Paris, à qui on l'avoit promis mauvais, satirique et insensé, s'est plaint qu'on lui avoit manqué de parole; si Marly, où la curiosité de l'entendre s'étoit répandue, n'a point retenti d'applaudissements que la cour ait donnés à la critique qu'on en avoit faite; s'il a su franchir Chantilly, écueil des mauvais ouvrages; si l'Académie françoise, à qui j'avois appelé comme au juge souverain de ces sortes de pièces, étant assemblée extraordinairement, a adopté celle-ci, l'a fait imprimer par son libraire, l'a mise dans ses archives; si elle n'étoit pas en effet composée *d'un style affecté, dur et interrompu*, ni chargée de louanges fades et outrées, telles qu'on les lit dans les *prologues d'opéras*, et dans tant *d'épîtres dédicatoires*, il ne faut plus s'étonner qu'elle ait ennuyé Théobalde. Je vois les temps, le public me permettra de le dire, où ce ne sera pas assez de l'approbation qu'il aura donnée à un ouvrage pour en faire la réputation, et que, pour y mettre le dernier sceau, il sera nécessaire que de certaines gens le désapprouvent, qu'ils y aient bâillé.

Car voudroient-ils, présentement qu'ils ont reconnu que

cette harangue a moins mal réussi dans le public qu'ils ne l'avoient espéré, qu'ils savent que deux libraires ont plaidé[1] à qui l'imprimeroit, voudroient-ils désavouer leur goût et le jugement qu'ils en ont porté dans les premiers jours qu'elle fut prononcée? Me permettroient-ils de publier, ou seulement de soupçonner, une toute autre raison de l'âpre censure qu'ils en firent, que la persuasion où ils étoient qu'elle la méritoit? On sait que cet homme, d'un nom et d'un mérite si distingué[2], avec qui j'eus l'honneur d'être reçu à l'Académie françoise, prié, sollicité, persécuté de consentir à l'impression de sa harangue, par ceux mêmes qui vouloient supprimer la mienne et en éteindre la mémoire, leur résista toujours avec fermeté. Il leur dit *qu'il ne pouvoit ni ne devoit approuver une distinction si odieuse qu'ils vouloient faire entre lui et moi; que la préférence qu'ils donnoient à son discours avec cette affectation et cet empressement qu'ils lui marquoient, bien loin de l'obliger, comme ils pouvoient le croire, lui faisoit au contraire une véritable peine; que deux discours également innocents, prononcés dans le même jour, devoient être imprimés dans le même temps.* Il s'expliqua ensuite obligeamment, en public et en particulier, sur le violent chagrin qu'il ressentoit de ce que les deux auteurs de la gazette que j'ai cités avoient fait servir les louanges qu'il leur avoit plu de lui donner à un dessein formé de médire de moi, de mon discours et de mes Caractères; et il me fit sur cette satire injurieuse des explications et des excuses qu'il ne me devoit point. Si donc on vouloit inférer de cette conduite des Théobaldes qu'ils ont cru faussement avoir besoin de comparaisons et d'une harangue folle et décriée pour relever celle de mon collègue, ils doivent répondre, pour se laver de ce soupçon, qui les déshonore, qu'ils ne sont ni courtisans, ni dévoués à la faveur, ni intéressés, ni adulateurs; qu'au contraire ils sont sincères, et qu'ils ont dit naïvement ce qu'ils pensoient du plan, du style et des expressions de mon remerciment à l'Académie françoise. Mais on ne manquera pas

---

1. L'instance étoit aux requêtes de l'Hôtel. (*Note de La Bruyère.*)
2. L'abbé Bignon.

d'insister et de leur dire que le jugement de la cour et de la ville, des grands et du peuple, lui a été favorable. Qu'importe? Ils répliqueront avec confiance que le public a son goût, et qu'ils ont le leur, réponse qui ferme la bouche et qui termine tout différend. Il est vrai qu'elle m'éloigne de plus en plus de vouloir leur plaire par aucun de mes écrits : car, si j'ai un peu de santé, avec quelques années de vie, je n'aurai plus d'autre ambition que celle de rendre, par des soins assidus et par de bons conseils, mes ouvrages tels qu'ils puissent toujours partager les Théobaldes et le public.

DISCOURS

PRONONCÉ

DANS L'ACADÉMIE FRANÇOISE

LE LUNDI, QUINZIÈME JUIN 1693.

MESSIEURS,

Il seroit difficile d'avoir l'honneur de se trouver au milieu de vous, d'avoir devant ses yeux l'Académie françoise, d'avoir lu l'histoire de son établissement, sans penser d'abord à celui à qui elle en est redevable, et sans se persuader qu'il n'y a rien de plus naturel, et qui doive moins vous déplaire, que d'entamer ce tissu de louanges qu'exigent le devoir et la coutume par quelques traits où ce grand cardinal soit reconnoissable, et qui en renouvellent la mémoire.

Ce n'est point un personnage qu'il soit facile de rendre ni d'exprimer par de belles paroles ou par de riches figures, par ces discours moins faits pour relever le mérite de celui que l'on veut peindre que pour montrer tout le feu et toute la vivacité de l'orateur. Suivez le règne de Louis le Juste : c'est la vie du cardinal de Richelieu, c'est son éloge et celui du prince qui l'a mis en œuvre. Que pourrois-je ajouter à des faits encore récents et si mémorables? Ouvrez son Testament politique, digérez cet ouvrage : c'est la peinture de son esprit; son âme tout entière s'y développe; l'on y découvre le secret de sa conduite et de ses actions; l'on y trouve la source et la vraisemblance de tant et de si grands événements qui ont paru sous son administration; l'on y voit sans peine qu'un homme qui pense si virilement et si juste a pu agir sûrement et avec succès, et que celui qui a achevé de si grandes choses ou n'a jamais écrit, ou a dû écrire comme il a fait.

Génie fort et supérieur, il a su tout le fond et tout le mystère du gouvernement; il a connu le beau et le sublime du ministère; il a respecté l'étranger, ménagé les couronnes, connu le poids de leur alliance; il a opposé des alliés à des ennemis; il a veillé aux intérêts du dehors, à ceux du dedans; il n'a oublié que les siens : une vie laborieuse et languissante, souvent exposée, a été le prix d'une si haute vertu; dépositaire des trésors de son maître, comblé de ses bienfaits, ordonnateur, dispensateur de ses finances, on ne sauroit dire qu'il est mort riche.

Le croiroit-on, messieurs? cette âme sérieuse et austère, formidable aux ennemis de l'État, inexorable aux factieux, plongée dans la négociation, occupée tantôt à affoiblir le parti de l'hérésie, tantôt à déconcerter une ligue, et tantôt à méditer une conquête, a trouvé le loisir d'être savante, a goûté les belles-lettres et ceux qui en faisoient profession. Comparez-vous, si vous l'osez, au grand Richelieu, hommes dévoués à la fortune, qui, par le succès de vos affaires particulières, vous jugez dignes que l'on vous confie les affaires publiques; qui vous donnez pour des génies heureux et pour de bonnes têtes; qui dites que vous ne savez rien, que vous n'avez jamais lu, que vous ne lirez point, ou pour marquer l'inutilité des sciences, ou pour paroître ne devoir rien aux autres, mais puiser tout de votre fonds. Apprenez que le cardinal de Richelieu a su, qu'il a lu; je ne dis pas qu'il n'a point eu d'éloignement pour les gens de lettres, mais qu'il les a aimés, caressés, favorisés; qu'il leur a ménagé des privilèges, qu'il leur destinoit des pensions, qu'il les a réunis en une compagnie célèbre, qu'il en a fait l'Académie françoise. Oui, hommes riches et ambitieux, contempteurs de la vertu et de toute association qui ne roule pas sur les établissements et sur l'intérêt, celle-ci est une des pensées de ce grand ministre, né homme d'État, dévoué à l'État; esprit solide, éminent, capable dans ce qu'il faisoit des motifs les plus relevés et qui tendoient au bien public comme à la gloire de la monarchie; incapable de concevoir jamais rien qui ne fût digne de lui, du prince qu'il servoit, de la France, à qui il avoit consacré ses méditations et ses veilles.

Il savoit quelle est la force et l'utilité de l'éloquence, la puissance de la parole qui aide la raison et la fait valoir, qui insinue aux hommes la justice et la probité, qui porte dans le cœur du soldat l'intrépidité et l'audace, qui calme les émotions populaires, qui excite à leurs devoirs les compagnies entières ou la multitude; il n'ignoroit pas quels sont les fruits de l'histoire et de la poésie, quelle est la nécessité de la grammaire, la base et le fondement des autres sciences, et que, pour conduire ces choses à un degré de perfection qui les rendît avantageuses à la république, il falloit dresser le plan d'une compagnie où la vertu seule fût admise, le mérite placé, l'esprit et le savoir rassemblés par des suffrages. N'allons pas plus loin : voilà, messieurs, vos principes et votre règle, dont je ne suis qu'une exception.

Rappelez en votre mémoire, la comparaison ne vous sera pas injurieuse, rappelez ce grand et premier concile où les Pères qui le composoient étoient remarquables chacun par quelques membres mutilés, ou par les cicatrices qui leur étoient restées des fureurs de la persécution; ils sembloient tenir de leurs plaies le droit de s'asseoir dans cette assemblée générale de toute l'Église : il n'y avoit aucun de vos illustres prédécesseurs qu'on ne s'empressât de voir, qu'on ne montrât dans les places, qu'on ne désignât par quelque ouvrage fameux qui lui avoit fait un grand nom, et qui lui donnoit rang dans cette Académie naissante qu'ils avoient comme fondée. Tels étoient ces grands artisans de la parole, ces premiers maîtres de l'éloquence françoise ; tels vous êtes, messieurs, qui ne cédez ni en savoir ni en mérite à nul de ceux qui vous ont précédés.

L'un[1], aussi correct dans sa langue que s'il l'avoit apprise par règles et par principes, aussi élégant dans les langues étrangères que si elles lui étoient naturelles, en quelque idiome qu'il compose, semble toujours parler celui de son pays ; il a entrepris, il a fini une pénible traduction que le plus bel esprit pourroit avouer, et que le plus pieux personnage devroit désirer d'avoir faite.

L'autre[2] fait revivre Virgile parmi nous, transmet dans notre langue les grâces et les richesses de la latine, fait des romans qui ont une fin, en bannit le prolixe et l'incroyable, pour y substituer le vraisemblable et le naturel.

Un autre[3], plus égal que Marot et plus poëte que Voiture, a le jeu, le tour, et la naïveté de tous les deux ; il instruit en badinant, persuade aux hommes la vertu par l'organe des bêtes, élève les petits sujets jusqu'au sublime : homme unique dans son genre d'écrire ; toujours original, soit qu'il invente, soit qu'il traduise ; qui a été au delà de ses modèles, modèle lui-même difficile à imiter.

Celui-ci[4] passe Juvénal, atteint Horace, semble créer les pensées d'autrui et se rendre propre tout ce qu'il

---

1. L'abbé de Choisy. La traduction à laquelle il est fait ici allusion est celle de l'*Imitation de Jésus-Christ.*
2. Segrais, traducteur des *Géorgiques.*
3. La Fontaine.
4. Boileau.

manie; il a, dans ce qu'il emprunte des autres, toutes les grâces de la nouveauté et tout le mérite de l'invention. Ses vers, forts et harmonieux, faits de génie, quoique travaillés avec art, pleins de traits et de poésie, seront lus encore quand la langue aura vieilli, en seront les derniers débris; on y remarque une critique sûre, judicieuse et innocente, s'il est permis du moins de dire de ce qui est mauvais qu'il est mauvais.

Cet autre¹ vient après un homme loué, applaudi, admiré, dont les vers volent en tous lieux et passent en proverbe, qui prime, qui règne sur la scène, qui s'est emparé de tout le théâtre; il ne l'en dépossède pas, il est vrai, mais il s'y établit avec lui; le monde s'accoutume à en voir faire la comparaison; quelques-uns ne souffrent pas que Corneille, le grand Corneille, lui soit préféré; quelques autres, qu'il lui soit égalé; ils en appellent à l'autre siècle, ils attendent la fin de quelques vieillards qui, touchés indifféremment de tout ce qui rappelle leurs premières années, n'aiment peut-être dans Œdipe que le souvenir de leur jeunesse.

Que dirai-je de ce personnage² qui a fait parler si longtemps une envieuse critique et qui l'a fait taire; qu'on admire malgré soi, qui accable par le grand nombre et par l'éminence de ses talents? Orateur, historien, théologien, philosophe, d'une rare érudition, d'une plus rare éloquence, soit dans ses entretiens, soit dans ses écrits, soit dans la chaire; un défenseur de la religion, une lumière de l'Église, parlons d'avance le langage de la postérité, un Père de l'Église! Que n'est-il point? Nommez, messieurs, une vertu qui ne soit pas la sienne.

1. Racine.
2. Bossuet.

Toucherai-je aussi votre dernier choix, si digne de vous[1]? Quelles choses vous furent dites dans la place où je me trouve! Je m'en souviens, et, après ce que vous avez entendu, comment osé-je parler? comment daignez-vous m'entendre? Avouons-le, on sent la force et l'ascendant de ce rare esprit, soit qu'il prêche de génie et sans préparation, soit qu'il prononce un discours étudié et oratoire, soit qu'il explique ses pensées dans la conversation; toujours maître de l'oreille et du cœur de ceux qui l'écoutent, il ne leur permet pas d'envier ni tant d'élévation, ni tant de facilité, de délicatesse, de politesse. On est assez heureux de l'entendre, de sentir ce qu'il dit, et comme il le dit. On doit être content de soi si l'on emporte ses réflexions et si l'on en profite. Quelle grande acquisition avez-vous faite en cet homme illustre! A qui m'associez-vous!

Je voudrois, messieurs, moins pressé par le temps et par les bienséances qui mettent des bornes à ce discours, pouvoir louer chacun de ceux qui composent cette Académie par des endroits encore plus marqués et par de plus vives expressions. Toutes les sortes de talents que l'on voit répandus parmi les hommes se trouvent partagées entre vous. Veut-on de diserts orateurs, qui aient semé dans la chaire toutes les fleurs de l'éloquence, qui, avec une saine morale, aient employé tous les tours et toutes les finesses de la langue, qui plaisent par un beau choix de paroles, qui fassent aimer les solennités, les temples, qui y fassent courir; qu'on ne les cherche pas ailleurs; ils sont parmi vous. Admire-t-on une vaste et profonde littérature qui aille fouiller dans les archives de l'antiquité pour en retirer des choses ensevelies dans l'oubli, échappées aux esprits les plus curieux, ignorées des autres hommes,

---

1. Fénelon, reçu à l'Académie la même année que La Bruyère.

une mémoire, une méthode, une précision à ne pouvoir, dans ses recherches, s'égarer d'une seule année, quelquefois d'un seul jour sur tant de siècles; cette doctrine admirable, vous la possédez : elle est du moins en quelques-uns de ceux qui forment cette savante assemblée. Si l'on est curieux du don des langues, joint au double talent de savoir avec exactitude les choses anciennes, et de narrer celles qui sont nouvelles avec autant de simplicité que de vérité, des qualités si rares ne vous manquent pas et sont réunies en un même sujet. Si l'on cherche des hommes habiles, pleins d'esprit et d'expérience, qui, par le privilége de leurs emplois, fassent parler le prince avec dignité et avec justesse; d'autres qui placent heureusement et avec succès, dans les négociations les plus délicates, les talents qu'ils ont de bien parler et de bien écrire; d'autres encore qui prêtent leurs soins et leur vigilance aux affaires publiques, après les avoir employés aux judiciaires, toujours avec une égale réputation, tous se trouvent au milieu de vous, et je souffre à ne les pas nommer.

Si vous aimez le savoir joint à l'éloquence, vous n'attendrez pas longtemps; réservez seulement toute votre attention pour celui qui parlera après moi [1]. Que vous manque-t-il enfin? Vous avez des écrivains habiles en l'une et en l'autre oraison; des poëtes en tout genre de poésies, soit morales, soit chrétiennes, soit héroïques, soit galantes et enjouées; des imitateurs des anciens; des critiques austères; des esprits fins, délicats, subtils, ingénieux, propres à briller dans les conversations et dans les cercles. Encore une fois, à quels hommes, à quels grands sujets, m'associez-vous!

Mais avec qui daignez-vous aujourd'hui me reco-

[1]. Charpentier, alors directeur de l'Académie.

voir [1] ? Après qui vous fais-je ce public remercîment? Il ne doit pas néanmoins, cet homme si louable et si modeste, appréhender que je le loue. Si proche de moi, il auroit autant de facilité que de disposition à m'interrompre. Je vous demanderai plus volontiers : A qui me faites-vous succéder? A un homme QUI AVOIT DE LA VERTU!

Quelquefois, messieurs, il arrive que ceux qui vous doivent les louanges des illustres morts dont ils remplissent la place hésitent, partagés entre plusieurs choses qui méritent également qu'on les relève. Vous aviez choisi en M. l'abbé de La Chambre un homme si pieux, si tendre, si charitable, si louable par le cœur, qui avoit des mœurs si sages et si chrétiennes, qui étoit si touché de religion, si attaché à ses devoirs, qu'une de ses moindres qualités étoit de bien écrire. De solides vertus, qu'on voudroit célébrer, font passer légèrement sur son érudition ou sur son éloquence; on estime encore plus sa vie et sa conduite que ses ouvrages. Je préférerois en effet de prononcer le discours funèbre de celui à qui je succède, plutôt que de me borner à un simple éloge de son esprit. Le mérite en lui n'étoit pas une chose acquise, mais un patrimoine, un bien héréditaire, si du moins il en faut juger par le choix de celui qui avoit livré son cœur, sa confiance, toute sa personne, à cette famille, qui l'avoit rendue comme votre alliée, puisqu'on peut dire qu'il l'avoit adoptée, et qu'il l'avoit mise avec l'Académie françoise sous sa protection.

Je parle du chancelier Séguier. On s'en souvient comme de l'un des plus grands magistrats que la France ait nourris depuis ses commencements. Il a laissé à douter en quoi il excelloit davantage, ou dans les belles-lettres, ou dans les affaires; il est vrai du

---

1. L'abbé Bignon, reçu le même jour que La Bruyère.

moins, et on en convient, qu'il surpassoit en l'un et en l'autre tous ceux de son temps. Homme grave et familier, profond dans les délibérations, quoique doux et facile dans le commerce, il a eu naturellement ce que tant d'autres veulent avoir et ne se donnent pas, ce qu'on n'a point par l'étude et par l'affectation, par les mots graves ou sentencieux, ce qui est plus rare que la science, et peut-être que la probité, je veux dire de la dignité. Il ne la devoit point à l'éminence de son poste; au contraire, il l'a anobli; il a été grand et accrédité sans ministère, et on ne voit pas que ceux qui ont su tout réunir en leurs personnes l'aient effacé.

Vous le perdîtes il y a quelques années, ce grand protecteur; vous jetâtes la vue autour de vous, vous promenâtes vos yeux sur tous ceux qui s'offroient et qui se trouvoient honorés de vous recevoir; mais le sentiment de votre perte fut tel, que, dans les efforts que vous fîtes pour la réparer, vous osâtes penser à celui qui seul pouvoit vous la faire oublier et la tourner à votre gloire[1]. Avec quelle bonté, avec quelle humanité ce magnanime prince vous a-t-il reçus ! N'en soyons pas surpris : c'est son caractère, le même, messieurs, que l'on voit éclater dans toutes les actions de sa belle vie, mais que les surprenantes révolutions arrivées dans un royaume voisin et allié de la France ont mis dans le plus beau jour qu'il pouvoit jamais recevoir.

Quelle facilité est la nôtre pour perdre tout d'un coup le sentiment et la mémoire des choses dont nous nous sommes vus le plus fortement imprimés ! Souvenons-nous de ces jours tristes que nous avons passés dans l'agitation et dans le trouble; curieux, incertains

---

1. Le chancelier Séguier avoit le titre de protecteur de l'Académie française.

quelle fortune auroient courue un grand roi, une grande reine, le prince leur fils, famille auguste, mais malheureuse, que la piété et la religion avoient poussée jusqu'aux dernières épreuves de l'adversité. Hélas! avoient-ils péri sur la mer ou par les mains de leurs ennemis? Nous ne le savions pas; on s'interrogeoit, on se promettoit réciproquement les premières nouvelles qui viendroient sur un événement si lamentable; ce n'étoit plus une affaire publique, mais domestique; on n'en dormoit plus, on s'éveilloit les uns les autres pour s'annoncer ce qu'on en avoit appris. Et, quand ces personnes royales, à qui l'on prenoit tant d'intérêt, eussent pu échapper à la mer ou à leur patrie, étoit-ce assez? Ne falloit-il pas une terre étrangère où ils pussent aborder, un roi également bon et puissant qui pût et qui voulût les recevoir? Je l'ai vue, cette réception, spectacle tendre s'il en fut jamais! On y versoit des larmes d'admiration et de joie. Ce prince n'a pas plus de grâce lorsqu'à la tête de ses camps et de ses armées, il foudroie une ville qui lui résiste, ou qu'il dissipe les troupes ennemies du seul bruit de son approche.

S'il soutient cette longue guerre, n'en doutons pas, c'est pour nous donner une paix heureuse, c'est pour l'avoir à des conditions qui soient justes et qui fassent honneur à la nation, qui ôtent pour toujours à l'ennemi l'espérance de nous troubler par de nouvelles hostilités. Que d'autres publient, exaltent, ce que ce grand roi a exécuté, ou par lui-même, ou par ses capitaines, durant le cours de ces mouvements dont toute l'Europe est ébranlée : ils ont un sujet vaste et qui les exercera longtemps. Que d'autres augurent, s'ils le peuvent, ce qu'il veut achever dans cette campagne, je ne parle que de son cœur, que de la pureté et de la droiture de ses intentions; elles sont connues, elles lui échappent. On le félicite sur des titres d'honneur dont il vient de gratifier quelques grands de son État; que dit-il? qu'il ne peut être content quand tous ne le sont pas, et qu'il lui est impossible que tous le soient comme il le voudroit. Il sait, messieurs, que la fortune d'un roi est de prendre des villes, de gagner des batailles, de reculer ses frontières, d'être craint de ses ennemis; mais que la gloire du souverain consiste à être aimé de ses peuples, en avoir le cœur, et par le cœur tout ce qu'ils possèdent. Provinces éloignées, provinces voisines, ce prince humain et bienfaisant, que les peintres et les statuaires nous défigurent, vous tend les bras, vous regarde avec des yeux tendres et pleins de douceur; c'est là son attitude; il veut voir vos habitants, vos bergers, danser au son d'une flûte champêtre sous les saules et les peupliers, y mêler leurs voix rustiques, et chanter les louanges de celui qui, avec la paix et les fruits de la paix, leur aura rendu la joie et la sérénité.

C'est pour arriver à ce comble de ses souhaits, la félicité commune, qu'il se livre aux travaux et aux fatigues d'une guerre pénible, qu'il essuie l'inclémence du ciel et des saisons, qu'il expose sa personne, qu'il risque une vie heureuse : voilà son secret et les vues qui le font agir; on les pénètre, on les discerne par les seules qualités de ceux qui sont en place, et qui l'aident de leurs conseils. Je ménage leur modestie; qu'ils me permettent seulement de remarquer qu'on ne devine point les projets de ce sage prince; qu'on devine au contraire, qu'on nomme les personnes qu'il va placer, et qu'il ne fait que confirmer la voix du peuple dans le choix qu'il fait de ses ministres. Il ne se décharge pas entièrement sur eux du poids de ses affaires; lui-même, si je l'ose dire, il est son principal ministre : toujours appliqué à nos besoins, il n'y a pour lui ni temps de relâche ni heures privilégiées; déjà la nuit s'avance, les gardes sont relevées aux avenues de son palais, les astres brillent au ciel et font leur course; toute la nature repose, privée du jour, ensevelie dans les ombres; nous reposons aussi, tandis que ce roi, retiré dans son balustre, veille seul sur nous et sur tout l'État. Tel est, messieurs, le protecteur que vous vous êtes procuré, celui de ses peuples.

Vous m'avez admis dans une compagnie illustrée par une si haute protection : je ne le dissimule pas, j'ai assez estimé cette distinction pour désirer de l'avoir dans toute sa fleur et dans toute son intégrité, je veux dire de la devoir à votre seul choix; et j'ai mis votre choix à tel prix que je n'ai pas osé en blesser, pas même en effleurer la liberté, par une inopportune sollicitation. J'avois d'ailleurs une juste défiance de moi-même, je sentois de la répugnance à demander d'être préféré à d'autres qui pouvoient être choisis. J'avois cru entrevoir, messieurs, une chose que je ne devois avoir aucune peine à croire, que vos inclinations se tournoient ailleurs, sur un sujet digne, sur un homme rempli de vertus, d'esprit et de connoissances, qui étoit tel avant le poste de confiance qu'il occupe, et qui seroit tel encore s'il ne l'occupoit plus[1]. Je me sens touché, non de sa déférence, je sais celle que je lui dois, mais de l'amitié qu'il m'a témoignée, jusques à s'oublier en ma faveur. Un père mène son fils à un spectacle; la foule y est grande, la porte est assiégée; il est haut et robuste, il fend la presse; et, comme il est près d'entrer, il pousse son fils devant lui, qui, sans cette précaution, ou n'entreroit point, ou entreroit tard. Cette démarche, d'avoir supplié quelques-uns de vous, comme il a fait, de détourner vers moi leurs suffrages, qui pouvoient si justement aller à lui, elle est rare, puisque dans ces circonstances elle est unique, et elle ne diminue rien de

---

1. Simon de La Loubère.

ma reconnoissance envers vous, puisque vos voix seules, toujours libres et arbitraires, donnent une place dans l'Académie françoise.

Vous me l'avez accordée, messieurs, et de si bonne grâce, avec un consentement si unanime, que je la dois et la veux tenir de votre seule magnificence. Il n'y a ni poste, ni crédit, ni richesses, ni titres, ni autorité, ni faveur, qui aient pu vous plier à faire ce choix; je n'ai rien de toutes ces choses, tout me manque; un ouvrage qui a eu quelque succès par sa singularité, et dont les fausses, je dis les fausses, et malignes applications pouvoient me nuire auprès des personnes moins équitables et moins éclairées que vous, a été toute la médiation que j'ai employée, et que vous avez reçue. Quel moyen de me repentir jamais d'avoir écrit?

LETTRES

AU COMTE DE BUSSY.

Paris, ce 9 décembre 1691.

« Si vous ne vous cachiez pas de vos bienfaits,
« monsieur, vous auriez plus tôt mon remercîment.
« Je vous le dis sans compliment, la manière dont
« vous venez de m'obliger m'engage pour toute ma
« vie à la plus vive reconnoissance dont je puisse être
« capable. Vous aurez bien de la peine à me fermer la
« bouche; je ne puis me taire sur cette circonstance,
« qui me dédommage de n'avoir pas été reçu dans un
« corps à qui vous faites tant d'honneur. Les Altesses
« à qui je suis seront informées de tout ce que vous
« avez fait pour moi, monsieur. Les sept voix qui ont
« été pour moi, je ne les ai pas mendiées, elles sont
« gratuites; mais il y a quelque chose à la vôtre qui
« me flatte plus sensiblement que les autres. — Je
« vous envoie, monsieur, un de mes livres de *Carac-
« tères*, fort augmenté, et je suis avec toute sorte de
« respect et de gratitude, etc.[1] »

DE LA BRUYÈRE.

[1]. Cette lettre fut écrite à l'occasion de la première candidature de La Bruyère à l'Académie française, en 1691. Notre auteur venait à cette époque de publier la sixième édition de son livre. L'Académie lui préféra Pavillon.

A SANTEUL.

« Voulez-vous que je vous dise la vérité, mon cher
« monsieur? Je vous ai fort bien défini la première fois.
« Vous êtes le plus beau génie du monde et la plus
« fertile imagination qu'il soit possible de concevoir;
« mais, pour les mœurs et les manières, vous êtes un
« enfant de douze ans. A quoi pensez-vous, de fonder
« sur une méprise ou sur un oubli, ou peut-être encore
« sur un malentendu, des soupçons injustes et qui ne
« convenoient point aux personnes de qui vous les avez
« contés? Que Monsieur le Prince et Madame la Prin-
« cesse sont très contents de vous; qu'ils sont très in-
« capables d'écouter les moindres rapports; qu'on ne
« leur en a point fait, qu'on n'a pas dû leur en faire
« sur votre sujet, puisque vous n'en avez point fourni
« de prétexte; que la première chose qu'ils auroient
« faite auroit été de condamner les rapporteurs. Voilà
« leur conduite : que tout le monde est fort content
« de vous, vous loue, vous estime, vous admire; et
« vous reconnoîtrez que je vous dis vrai. La circons-
« tance du pâté est foible contre les assurances que je
« vous donne avec plaisir, et avec une estime infinie,
« monsieur, votre très humble et très obéissant servi-
« teur,
De La Bruyère. »

;. La lettre ci-jointe, qui ne porte point de date, et qui paraît altérée en
ertains passages, s'explique par le caractère de Santeul, qui n'était, comme
e dit La Bruyère, qu'un grand enfant qu'on plaisantait sans cesse dans les sociétés qu'il fréquentait. Les plaisanteries dont il était l'objet l'avaient rendu
très ombrageux : il s'était imaginé que quelques personnes lui avaient nui dans
l'esprit des princes et de la princesse de Condé, et c'est pour le rassurer à cet
égard que La Bruyère lui a écrit la lettre ci-dessus.

LETTRE A M. *** [1].

Περὶ ἀδολεσχίας, Περὶ λαλιᾶς, Περὶ λογοποιΐας.

Ces trois chapitres des caractères de Theophraste paroissent d'abord rentrer les uns dans les autres, et ne laissent pas au fond d'etre très différens. J'ay traduit le premier titre *Du diseur de rien*; le second *Du grand parleur* ou *Du babil*; et le troisième *Du débit des nouvelles*. Il est vray Monsieur que dans la traduction que j'ay faite du second de ces trois chapitres intitulé *Du babil* je n'ay fait aucune mention des dyonisiaques parce qu'il n'en est pas dit un seul mot dans le texte; j'en parle dans celui du *Diseur de rien*, en grec Περὶ ἀδολεσχίας ou ma traduction si vous prenez la peine de la lire doit vous paroître conforme à l'original, car étant certain que les grandes bacchanales ou les dyonisiaques se célébroient au commencement du printemps qui est le temps propre pour se mettre en mer, il me semble que j'ay pu traduire, *Il dit qu'au printemps, où commencent les bacchanales la mer devient navigable*, d'autant plus que ces mots τὴν θάλατταν ἐκ Διονυσίων πλόϊμον εἶναι peuvent fort bien signiffier que la mer s'ouvrait non pas immédiatement aprés que les dionisiaques etoient passées, mais après qu'elles étoient commencées, et je crois lire ce meme sens dans le commentaire de Casaubon et dans quelques autres scholiastes; de sorte Monsieur, que je crois vous faire icy un long verbiage ou tomber moy meme dans le babil, et que vous vous etes déjà apperceû que le chapitre ou vous avés lû pour titre *du babil ou*

---

[1]. Cette lettre a été publiée pour la première fois par M. A. Destailleur, qui en a conservé l'orthographe. L'original se trouve dans la collection de M. le comte de Hunolstein.

du grand parleur et que vous avés pris pour celuy Περὶ ἀδολεσχίας a fait toute la meprise.

Pour ce qui regarde Socrate je n'ay trouvé nulle part qu'on ait dit de luy en propres termes que c'etoit un fou tout plein d'esprit; façon de parler à mon avis impertinente et pourtant en usage que j'ay essayé de decrediter en la faisant servir pour Socrate, comme l'on s'en sert aujourd'huy pour diffamer les personnes les plus sages, mais qui s'elevant au dessus d'une morale basse et servile qui regne depuis si long-temps se distinguent dans leurs ouvrages par la hardiesse et la vivacité de leurs traits et par la beauté de leur imagination. Ainsi *Socrate* ici n'est pas *Socrate* c'est un nom qui en cache un autre; il est vray néanmoins, qu'ayant lû l'endroit de Diogene que vous cités et l'ayant entendu de la manière que vous dites vous-même que vous l'avéz expliqué d'abord, et ayant encor dans la vie de Socrate du meme Diogene Laerce observé ces mots Πολλάκις δὲ βιαιότερον ἐν ταῖς ζητήσεσι διαλεγόμενον κονδυλίζεσθαι καὶ παρατίλλεσθαι, τὸ πλέον τε γελᾶσθαι καταφρονούμενον, et ayant joint ces deux endroits avec cet autre, Ἦν δ'ἱκανὸς καὶ τῶν σκωπτόντων αὐτὸν ὑπερορᾶν, j'ay inferé dela que Socrate passoit du moins dans l'esprit de bien des gens pour un homme assés extraordinaire, que quelques uns alloient meme jusqu'à s'en moquer, ainsi qu'Aristophane l'a fait publiquement et presque ouvertement dans ses Nuées; et que je pouvois par ces raisons faire servir le nom de Socrate à mon dessein, voila Monsieur tout le mistère, ou je vous prie surtout de convenir que selon même votre observation quoique tres belle, le *μαινόμενος* reste toujours un peu equivoque, puisque le grec dit ou que Diogene etoit comme Socrate qui deviendroit fou, ou comme Socrate lorsqu'il n'est pas en son bon sens, et cette derniere traduction me seroit favorable. Voila Monsieur toute la réponce que je sçai faire a votre critique, dont je vous remercie comme d'un honneur singulier que vous avés fait a mon ouvrage des caractères : M. l'abbé Reynier à qui je dois l'avantage d'être connu de vous a bien voulu se charger de vous dire la raison qui m'a empêché de vous faire plutost cette reponce ; il vous aura dit aussi combien j'ay ete sensible aux termes civils et obligeans dont vous avés accompagné vos observations comme au plaisir de connoître que j'ay sceû par mon livre me concilier l'estime d'une personne de votre reputation, je tacherai de plus en plus de m'en rendre digne et de la conserver cherement et j'attend avec impatience l'occasion de mon retour à Paris, pour aller chéz vous Monsieur, vous continuer mes tres humbles respects.

DE LA BRUYÈRE.

Vendredy au soir à Versailles (1690 ou 1691).

DISCOURS
SUR THÉOPHRASTE.

Je n'estime pas que l'homme soit capable de former dans son esprit un projet plus vain et plus chimérique que de prétendre, en écrivant de quelque art ou de quelque science que ce soit, échapper à toute sorte de critique, et enlever les suffrages de tous ses lecteurs.

Car, sans m'étendre sur la différence des esprits des hommes, aussi prodigieuse en eux que celle de leurs visages, qui fait goûter aux uns les choses de spéculation, et aux autres celles de pratique; qui fait que quelques-uns cherchent dans les livres à exercer leur imagination, quelques autres à former leur jugement; qu'entre ceux qui lisent, ceux-ci aiment à être forcés par la démonstration, et ceux-là veulent entendre délicatement, ou former des raisonnements et des conjectures, je me renferme seulement dans cette science qui décrit les mœurs, qui examine les hommes et qui développe leurs caractères, et j'ose dire que sur les ouvrages qui traitent de choses qui les touchent de si près, et où il ne s'agit que d'eux-mêmes, ils sont encore extrêmement difficiles à contenter.

Quelques savants ne goûtent que les *apophthegmes* des anciens, et les exemples tirés des Romains, des Grecs, des Perses, des Égyptiens; l'histoire du monde présent leur est insipide; ils ne sont point touchés des hommes qui les environnent et avec qui ils vivent, et ne font nulle attention à leurs mœurs. Les femmes, au contraire, les gens de la cour, et tous ceux qui n'ont que beaucoup d'esprit sans érudition, indifférents pour toutes les choses qui les ont précédés, sont avides de celles qui se passent à leurs yeux, et qui sont comme sous leur main : ils les examinent, ils les discernent ; ils ne perdent pas de vue les personnes qui les entourent, si charmés des descriptions et des peintures que l'on fait de leurs contemporains, de leurs concitoyens, de ceux enfin qui leur ressemblent, et à qui ils ne croient pas ressembler, que jusque dans la chaire l'on se croit obligé souvent de suspendre l'Évangile pour les prendre par leur foible, et les ramener à leurs devoirs par des choses qui soient de leur goût et de leur portée.

La cour, ou ne connaît pas la ville, ou, par le mépris qu'elle a pour elle, néglige d'en relever le ridicule, et n'est point frappée des images qu'il peut fournir ; et si, au contraire, l'on peint la cour, comme c'est toujours avec les ménagements qui lui sont dus, la ville ne tire pas de cette ébauche de quoi remplir sa curiosité, et se faire une juste idée d'un pays où il faut même avoir vécu pour le connoître.

D'autre part, il est naturel aux hommes de ne point convenir de la beauté ou de la délicatesse d'un trait de morale qui les peint, qui les désigne, et où ils se reconnoissent eux-mêmes : ils se tirent d'embarras en le condamnant ; et tels n'approuvent la satire que lorsque, commençant à lâcher prise et à s'éloigner de leurs personnes, elle va mordre quelque autre.

Enfin, quelle apparence de pouvoir remplir tous les goûts si différents des hommes par un seul ouvrage de morale ? Les uns cherchent des définitions, des divisions, des tables, et de la méthode ; ils veulent qu'on leur explique ce que c'est que la vertu en général, et cette vertu en particulier ; quelle différence se trouve entre la valeur, la force, et la magnanimité; les vices extrêmes par le défaut ou par l'excès entre lesquels chaque vertu se trouve placée, et duquel de ces deux extrêmes elle emprunte davantage : toute autre doctrine ne leur plaît pas. Les autres, contents que l'on réduise les mœurs aux passions, et que l'on explique celles-ci par le mouvement du sang, par celui des fibres et des artères, quittent un auteur de tout le reste.

Il s'en trouve d'un troisième ordre, qui, persuadés que toute doctrine des mœurs doit tendre à les réformer, à discerner les bonnes d'avec les mauvaises, et à démêler dans les hommes ce qu'il y a de vain, de foible et de ridicule, d'avec ce qu'ils peuvent avoir de bon, de sain et de louable, se plaisent infiniment dans la lecture des livres qui, supposant les principes physiques et moraux rebattus par les anciens et les modernes, se jettent d'abord dans leur application aux mœurs du temps, corrigent les hommes les uns par les autres, par ces images de choses qui leur sont si familières, et dont, néanmoins, ils ne s'avisoient pas de tirer leur instruction.

Tel est le traité des Caractères des mœurs que nous a laissé Théophraste. Il l'a puisé dans les Éthiques et dans les grandes morales d'Aristote, dont il fut le disciple. Les excellentes définitions que l'on lit au commencement de chaque chapitre sont établies sur les idées et sur les principes de ce grand philosophe, et le fond des caractères qui y sont décrits est pris de la même source. Il est vrai qu'il se les rend propres par l'étendue qu'il leur donne, et par la satire ingénieuse qu'il en tire contre les vices des Grecs, et surtout des Athéniens.

Ce livre ne peut guère passer que pour le commencement d'un plus long ouvrage que Théophraste avoit entrepris. Le projet de ce philosophe, comme vous le remarquerez dans sa préface, étoit de traiter de toutes les vertus et de tous les vices. Et comme il assure lui-même dans cet endroit qu'il commence un si grand dessein à l'âge de quatre-vingt-dix-neuf ans, il y a apparence qu'une prompte mort l'empêcha de le conduire à sa perfection. J'avoue que l'opinion commune a toujours été qu'il avoit poussé sa vie au delà de cent ans ; et saint Jérôme, dans une lettre qu'il écrit à Népotien, assure qu'il est mort à cent sept ans accomplis : de sorte que je ne doute point qu'il n'y ait eu une ancienne erreur, ou dans les chiffres grecs qui ont servi de règle à Diogène Laërce qui ne le fait vivre que quatre-vingt-quinze années [1], ou dans les premiers manuscrits qui ont été faits de cet historien, s'il est vrai d'ailleurs que les quatre-vingt-dix-neuf ans que cet auteur se donne dans cette préface se lisent également dans quatre manuscrits de la bibliothèque palatine, où l'on a aussi trouvé [2] les cinq derniers chapitres des Caractères de Théophraste qui manquoient aux anciennes impressions, et où l'on a vu deux titres, l'un : *Du goût qu'on a pour les vicieux*, et l'autre : *Du gain sordide*, qui sont seuls et dénués de leurs chapitres.

Ainsi cet ouvrage n'est peut-être même qu'un simple fragment, mais cependant un reste précieux de l'antiquité, et un monument de la vivacité de l'esprit et du jugement ferme et solide de ce philosophe dans un âge si avancé. En effet, il a toujours été lu comme un chef-d'œuvre dans son genre ; il ne se voit rien où le goût attique se fasse mieux remarquer, et où l'élégance grecque éclate davantage : on l'a appelé un livre d'or. Les savants, faisant attention à la diversité des mœurs qui y sont traitées, et à la manière

---

[1]. Quatre-vingt-cinq dans Diogène Laërce.
[2]. Depuis, ces chapitres ont été découverts dans un manuscrit de la bibliothèque palatine du Vatican.

naïve dont tous les caractères y sont exprimés, et la comparant d'ailleurs avec celle du poëte Ménandre, disciple de Théophraste, et qui servit ensuite de modèle à Térence, qu'on a dans nos jours si heureusement imité, ne peuvent s'empêcher de reconnoître dans ce petit ouvrage la première source de tout le comique; je dis de celui qui est épuré des pointes, des obscénités, des équivoques, qui est pris dans la nature, qui fait rire les sages et les vertueux.

Mais peut-être que pour relever le mérite de ce traité des Caractères, et en inspirer la lecture, il ne sera pas inutile de dire quelque chose de celui de leur auteur. Il étoit d'Érèse, ville de Lesbos, fils d'un foulon; il eut pour premier maître dans son pays un certain Leucippe[1], qui étoit de la même ville que lui; de là il passa à l'école de Platon, et s'arrêta ensuite à celle d'Aristote, où il se distingua entre tous ses disciples. Ce nouveau maître, charmé de la facilité de son esprit et de la douceur de son élocution, lui changea son nom, qui étoit Tyrtame, en celui d'Euphraste, qui signifie celui qui parle bien; et, ce nom ne répondant point assez à la haute estime qu'il avoit de la beauté de son génie et de ses expressions, il l'appela Théophraste, c'est-à-dire un homme dont le langage est divin. Et il semble que Cicéron ait entré dans les sentiments de ce philosophe lorsque, dans le livre qu'il intitule *Brutus*, ou *Des orateurs illustres*, il parle ainsi : « Qui est plus fécond et plus abondant que Platon, plus solide et plus ferme qu'Aristote, plus agréable et plus doux que Théophraste? » Et dans quelques-unes de ses épîtres à Atticus, on voit que, parlant du même Théophraste, il l'appelle son ami, que la lecture de ses livres lui étoit familière, et qu'il en faisoit ses délices.

---

1. Un autre que Leucippe, philosophe célèbre, et disciple de Zénon. (*Note de La Bruyère.*)

Aristote disoit de lui et de Callisthène, un autre de ses disciples, ce que Platon avoit dit la première fois d'Aristote même et de Xénocrate, que Callisthène étoit lent à concevoir et avoit l'esprit tardif, et que Théophraste, au contraire, l'avoit si vif, si perçant, si pénétrant, qu'il comprenoit d'abord d'une chose tout ce qui en pouvoit être connu ; que l'un avoit besoin d'éperon pour être excité, et qu'il falloit à l'autre un frein pour le retenir.

Il estimoit en celui-ci, sur toutes choses, un caractère de douceur qui régnoit également dans ses mœurs et dans son style. L'on raconte que les disciples d'Aristote, voyant leur maître avancé en âge et d'une santé fort affoiblie, le prièrent de leur nommer son successeur ; que, comme il avoit deux hommes dans son école sur qui seuls ce choix pouvoit tomber, Ménédème[1] le Rhodien, et Théophraste d'Érèse, par un esprit de ménagement pour celui qu'il vouloit exclure, il se déclara de cette manière : il feignit, peu de temps après que ses disciples lui eurent fait cette prière, et en leur présence, que le vin dont il faisoit un usage ordinaire lui étoit nuisible ; il se fit apporter des vins de Rhodes et de Lesbos : il goûta de tous les deux, dit qu'ils ne démentoient point leur terroir, et que chacun dans son genre étoit excellent ; que le premier avoit de la force, mais que celui de Lesbos avoit plus de douceur, et qu'il lui donnoit la préférence. Quoi qu'il en soit de ce fait, qu'on lit dans Aulu-Gelle, il est certain que lorsque Aristote, accusé par Eurymédon, prêtre de Cérès, d'avoir mal parlé des dieux, craignant le destin de Socrate, voulut sortir d'Athènes, et se retirer à Chalcis, ville d'Eubée, il abandonna son école au Lesbien, lui confia ses écrits,

---

[1]. Il y en a eu deux autres de même nom, l'un philosophe cynique, l'autre disciple de Platon. (*Note de La Bruyère.*)

à condition de les tenir secrets, et c'est par Théophraste que sont venus jusqu'à nous les ouvrages de ce grand homme.

Son nom devint si célèbre par toute la Grèce, que, successeur d'Aristote, il put compter bientôt dans l'école qu'il lui avoit laissée jusqu'à deux mille disciples. Il excita l'envie de Sophocle [1], fils d'Amphiclide, et qui pour lors étoit préteur : celui-ci, en effet son ennemi, mais sous prétexte d'une exacte police, et d'empêcher les assemblées, fit une loi qui défendoit, sur peine de la vie, à aucun philosophe, d'enseigner dans les écoles. Ils obéirent ; mais l'année suivante, Philon ayant succédé à Sophocle, qui étoit sorti de charge, le peuple d'Athènes abrogea cette loi odieuse que ce dernier avoit faite, le condamna à une amende de cinq talents, rétablit Théophraste et le reste des philosophes.

Plus heureux qu'Aristote, qui avoit été contraint de céder à Eurymédon, il fut sur le point de voir un certain Agnonide puni comme impie par les Athéniens, seulement à cause qu'il avoit osé l'accuser d'impiété : tant étoit grande l'affection que ce peuple avoit pour lui, et qu'il méritoit par sa vertu.

En effet, on lui rend ce témoignage, qu'il avoit une singulière prudence, qu'il étoit zélé pour le bien public, laborieux, officieux, affable, bienfaisant. Ainsi, au rapport de Plutarque, lorsque Érèse fut accablée de tyrans qui avoient usurpé la domination de leur pays, il se joignit à Phydias [2], son compatriote, contribua avec lui de ses biens pour armer les bannis, qui rentrèrent dans leur ville, en chassèrent les traîtres, et rendirent à toute l'île de Lesbos sa liberté.

Tant de rares qualités ne lui acquirent pas seule-

---

1. Un autre que le poëte tragique. (*Note de La Bruyère.*)
2. Un autre que le fameux sculpteur. (*Note de La Bruyère.*)

ment la bienveillance du peuple, mais encore l'estime et la familiarité des rois. Il fut ami de Cassandre, qui avoit succédé à Aridée, frère d'Alexandre le Grand, au royaume de Macédoine; et Ptolomée, fils de Lagus et premier roi d'Égypte, entretint toujours un commerce étroit avec ce philosophe. Il mourut enfin accablé d'années et de fatigues, et il cessa tout à la fois de travailler et de vivre. Toute la Grèce le pleura, et tout le peuple athénien assista à ses funérailles.

L'on raconte de lui que, dans son extrême vieillesse, ne pouvant plus marcher à pied, il se faisoit porter en litière par la ville, où il étoit vu du peuple, à qui il étoit si cher. L'on dit aussi que ses disciples, qui entouroient son lit lorsqu'il mourut, lui ayant demandé s'il n'avoit rien à leur recommander, il leur tint ce discours : « La vie nous séduit, elle nous promet de « grands plaisirs dans la possession de la gloire; mais « à peine commence-t-on à vivre, qu'il faut mourir. Il « n'y a souvent rien de plus stérile que l'amour de la « réputation. Cependant, mes disciples, contentez- « vous. Si vous négligez l'estime des hommes, vous « vous épargnez à vous-mêmes de grands travaux; « s'ils ne rebutent point votre courage, il peut arriver « que la gloire sera votre récompense. Souvenez-vous « seulement qu'il y a dans la vie beaucoup de choses « inutiles, et qu'il y en a peu qui mènent à une fin « solide. Ce n'est point à moi à délibérer sur le parti « que je dois prendre, il n'est plus temps. Pour vous, « qui avez à me survivre, vous ne sauriez peser trop « mûrement ce que vous devez faire. » Et ce furent là ses dernières paroles.

Cicéron, dans le troisième livre des Tusculanes, dit que Théophraste mourant se plaignit de la nature, de ce qu'elle avoit accordé aux cerfs et aux corneilles une vie si longue et qui leur est si inutile, lorsqu'elle n'avoit donné aux hommes qu'une vie très-courte, bien qu'il leur importe si fort de vivre longtemps ; que si l'âge des hommes eût pu s'étendre à un plus grand nombre d'années, il seroit arrivé que leur vie auroit été cultivée par une doctrine universelle, et qu'il n'y auroit eu dans le monde ni art ni science qui n'eût atteint sa perfection. Et saint Jérôme, dans l'endroit déjà cité, assure que Théophraste, à l'âge de cent sept ans, frappé de la maladie dont il mourut, regretta de sortir de la vie dans un temps où il ne faisoit que commencer à être sage.

Il avoit coutume de dire qu'il ne faut pas aimer ses amis pour les éprouver, mais les éprouver pour les aimer ; que les amis doivent être communs entre les frères, comme tout est commun entre les amis ; que l'on devoit plutôt se fier à un cheval sans frein qu'à celui qui parle sans jugement ; que la plus forte dépense que l'on puisse faire est celle du temps. Il dit un jour à un homme qui se taisoit à table dans un festin : « Si tu es un habile homme, tu as tort de ne « pas parler ; mais s'il n'est pas ainsi, tu en sais beau- « coup. » Voilà quelques-unes de ses maximes.

Mais si nous parlons de ses ouvrages, ils sont infinis, et nous n'apprenons pas que nul ancien ait plus écrit que Théophraste. Diogène Laërce fait l'énumération de plus de deux cents traités différents, et sur toutes sortes de sujets, qu'il a composés. La plus grande partie s'est perdue par le malheur des temps, et l'autre se réduit à vingt traités, qui sont recueillis dans le volume de ses œuvres. L'on y voit neuf livres de l'histoire des plantes, six livres de leurs causes. Il a écrit des vents, du feu, des pierres, du miel, des signes du beau temps, des signes de la pluie, des signes de la tempête, des odeurs, de la sueur, du vertige, de la lassitude, du relâchement des nerfs, de la défaillance, des poissons qui vivent hors de l'eau, des animaux qui changent de couleur, des animaux qui naissent subitement, des animaux sujets à l'envie, des caractères, des mœurs. Voilà ce qui nous reste de ses écrits, entre lesquels ce dernier seul, dont on donne la traduction, peut répondre non-seulement de la beauté de ceux que l'on vient de déduire, mais encore du mérite d'un nombre infini d'autres qui ne sont point venus jusqu'à nous.

Que si quelques-uns se refroidissoient pour cet ouvrage moral par les choses qu'ils y voient, qui sont du temps auquel il a été écrit, et qui ne sont point selon leurs mœurs, que peuvent-ils faire de plus utile et de plus agréable pour eux que de se défaire de cette prévention pour leurs coutumes et leurs manières, qui, sans autre discussion, non-seulement les leur fait trouver les meilleures de toutes, mais leur fait presque décider que tout ce qui n'y est pas conforme est méprisable, et qui les prive, dans la lecture des livres anciens, du plaisir et de l'instruction qu'ils en doivent attendre.

Nous, qui sommes si modernes, serons anciens dans quelques siècles. Alors l'histoire du nôtre fera goûter à la postérité la vénalité des charges, c'est-à-dire le pouvoir de protéger l'innocence, de punir le crime, et de faire justice à tout le monde, acheté à deniers comptant comme une métairie; la splendeur des partisans, gens si méprisés chez les Hébreux et chez les Grecs. L'on entendra parler d'une capitale d'un grand royaume où il n'y avoit ni places publiques, ni bains, ni fontaines, ni amphithéâtres, ni galeries, ni portiques, ni promenoirs, qui étoit pourtant une ville merveilleuse. L'on dira que tout le cours de la vie s'y passoit presque à sortir de sa maison pour aller se renfermer dans celle d'un autre; que d'honnêtes femmes, qui n'étoient ni marchandes, ni hôtelières, avoient leurs maisons ouvertes à ceux qui payoient pour y entrer; que l'on avoit à choisir des dés, des cartes, et de tous les jeux; que l'on mangeoit dans ces maisons, et qu'elles étoient commodes à tout commerce. L'on saura que le peuple ne paroissoit dans la ville que pour y passer avec précipitation : nul entretien, nulle familiarité; que tout y étoit farouche et comme alarmé par le bruit des chars qu'il falloit éviter, et qui s'abandonnoient au milieu des rues, comme on fait dans une lice pour remporter le prix de la course. L'on apprendra sans étonnement qu'en pleine paix, et dans une tranquillité publique, des citoyens entroient dans les temples, alloient voir des femmes, ou visitoient leurs amis, avec des armes offensives, et qu'il n'y avoit presque personne qui n'eût à son côté de quoi pouvoir d'un seul coup en tuer un autre. Ou si ceux qui viendront après nous, rebutés par des mœurs si étranges et si différentes des leurs, se dégoûtent par là de nos mémoires, de nos poésies, de notre comique et de nos satires, pouvons-nous ne les pas plaindre par avance de se priver eux-mêmes, par cette fausse délicatesse, de la lecture de si beaux ouvrages, si travaillés, si réguliers, et de la connoissance du plus beau règne dont jamais l'histoire ait été embellie.

Ayons donc pour les livres des anciens cette même indulgence que nous espérons nous-mêmes de la postérité, persuadés que les hommes n'ont point d'usages ni de coutumes qui soient de tous les siècles; qu'elles changent avec les temps; que nous sommes trop éloignés de celles qui ont passé, et trop proches de celles qui règnent encore, pour être dans la distance qu'il faut pour faire des unes et des autres un juste discernement. Alors, ni ce que nous appelons la politesse de nos mœurs, ni la bienséance de nos coutumes, ni notre faste, ni notre magnificence, ne nous préviendront pas davantage contre la vie simple des Athéniens, que contre celle des premiers hommes, grands par eux-mêmes, et indépendamment de mille choses extérieures qui ont été depuis inventées pour suppléer peut-être à cette véritable grandeur qui n'est plus.

La nature se montroit en eux dans toute sa pureté et sa dignité, et n'étoit point encore souillée par la vanité, par le luxe et par la sotte ambition. Un homme n'étoit honoré sur la terre qu'à cause de sa force ou de sa vertu; il n'étoit point riche par des charges ou des pensions, mais par son champ, par ses troupeaux, par ses enfants et ses serviteurs; sa nourriture étoit saine et naturelle, les fruits de la terre, le lait de ses animaux et de ses brebis; ses vêtements simples et uniformes, leurs laines, leurs toisons; ses plaisirs innocents, une grande récolte, le mariage de ses enfants, l'union avec ses voisins, la paix dans sa famille. Rien n'est plus opposé à nos mœurs que toutes ces choses; mais l'éloignement des temps nous les fait goûter, ainsi que la distance des lieux nous fait recevoir tout ce que les diverses relations ou les livres de voyages nous apprennent des pays lointains et des nations étrangères.

Ils racontent une religion, une police, une manière de se nourrir, de s'habiller, de bâtir et de faire la guerre, qu'on ne savoit point, des mœurs que l'on ignoroit. Celles qui approchent des nôtres nous touchent, celles qui s'en éloignent nous étonnent; mais toutes nous amusent. Moins rebutés par la barbarie des manières et des coutumes de peuples si éloignés, qu'instruits et même réjouis par leur nouveauté, il nous suffit que ceux dont il s'agit soient Siamois, Chinois, Nègres ou Abyssins.

Or ceux dont Théophraste nous peint les mœurs dans ses Caractères étoient Athéniens, et nous sommes François; et si nous joignons à la diversité des lieux et du climat le long intervalle des temps, et que nous considérions que ce livre a pu être écrit la dernière année de la cent quinzième olympiade, trois cent quatorze ans avant l'ère chrétienne, et qu'ainsi il y a deux mille ans accomplis que vivoit ce peuple d'Athènes dont il fait la peinture, nous admirerons de nous y reconnoître nous-mêmes, nos amis, nos ennemis, ceux avec qui nous vivons, et que cette ressemblance avec des hommes séparés par tant de siècles soit si entière. En effet, les hommes n'ont point changé selon le cœur et selon les passions ; ils sont encore tels qu'ils étoient alors et qu'ils sont marqués dans Théophraste : vains, dissimulés, flatteurs, intéressés, effrontés, importuns, défiants, médisants, querelleux, superstitieux.

Il est vrai, Athènes étoit libre, c'étoit le centre d'une république ; ses citoyens étoient égaux ; ils ne rougissoient point l'un de l'autre ; ils marchoient presque seuls et à pied dans une ville propre, paisible et spacieuse, entroient dans les boutiques et dans les marchés, achetoient eux-mêmes les choses nécessaires ; l'émulation d'une cour ne les faisoit point sortir d'une vie commune ; ils réservoient leurs esclaves pour les bains, pour les repas, pour le service intérieur des maisons, pour les voyages ; ils passoient une partie de leur vie dans les places, dans les temples, aux amphithéâtres, sur un port, sous des portiques, et au milieu d'une ville dont ils étoient également les maîtres. Là le peuple s'assembloit pour délibérer des affaires publiques ; ici, il s'entretenoit avec les étrangers ; ailleurs, les philosophes tantôt enseignoient leur doctrine, tantôt conféroient avec leurs disciples : ces lieux étoient tout à la fois la scène des plaisirs et des affaires. Il y avoit dans ces mœurs quelque chose de simple et de populaire, et qui ressemble peu aux nôtres, je l'avoue ; mais cependant quels hommes, en général, que les Athéniens, et quelle ville qu'Athènes ! quelles lois ! quelle police ! quelle valeur ! quelle discipline ! quelle perfection dans toutes les sciences et dans tous les arts! mais quelle politesse dans le commerce ordinaire et dans le langage! Théophraste, le même Théophraste dont l'on vient de dire de si grandes choses, ce parleur agréable, cet homme qui s'exprimoit divinement, fut reconnu étranger et appelé de ce nom par une simple femme de qui il achetoit des herbes au marché, et qui reconnut, par je ne sais quoi d'attique qui lui manquoit, et que les Romains ont depuis appelé urbanité, qu'il n'étoit pas Athénien; et Cicéron rapporte que ce grand personnage demeura étonné de voir qu'ayant vieilli dans Athènes, possédant si parfaitement le langage attique, et en ayant acquis l'accent par une habitude de tant d'années, il ne s'étoit pu donner ce que le simple peuple avoit naturellement et sans nulle peine. Que si l'on ne laisse pas de lire quelquefois, dans ce traité des Caractères, de certaines mœurs qu'on ne peut excuser, et qui nous paroissent ridicules, il faut se souvenir qu'elles ont paru telles à Théophraste, qu'il les a regardées comme des vices, dont il a fait une peinture naïve qui fit honte aux Athéniens, et qui servit à les corriger.

Enfin, dans l'esprit de contenter ceux qui reçoivent froidement tout ce qui appartient aux étrangers et aux anciens, et qui n'estiment que leurs mœurs, on les ajoute à cet ouvrage. L'on a cru pouvoir se dispenser de suivre le projet de ce philosophe, soit parce qu'il est toujours pernicieux de poursuivre le travail d'autrui, surtout si c'est d'un ancien ou d'un auteur d'une grande réputation; soit encore parce que cette unique figure qu'on appelle description ou énumération, employée avec tant de succès dans ces vingt-huit chapitres des Caractères, pourroit en avoir un beaucoup moindre si elle étoit traitée par un génie fort inférieur à celui de Théophraste.

Au contraire, se ressouvenant que, parmi le grand

nombre des traités de ce philosophe rapportés par Diogène Laërce, il s'en trouve un sous le titre de *Proverbes*, c'est-à-dire de pièces détachées, comme des réflexions ou des remarques, que le premier et le plus grand livre de morale qui ait été fait porte ce même nom dans les divines Écritures, on s'est trouvé excité, par de si grands modèles, à suivre, selon ses forces, une semblable manière d'écrire des mœurs¹ ; et l'on n'a point été détourné de son entreprise par deux ouvrages de morale qui sont dans les mains de tout le monde, et d'où, faute d'attention, ou par un esprit de critique, quelques-uns pourroient penser que ces remarques sont imitées.

L'un, par l'engagement de son auteur², fait servir la métaphysique à la religion, fait connoître l'âme, ses passions, ses vices, traite les grands et les sérieux motifs pour conduire à la vertu, et veut rendre l'homme chrétien. L'autre, qui est la production d'un esprit instruit par le commerce du monde³, et dont la délicatesse étoit égale à la pénétration, observant que l'amour-propre est dans l'homme la cause de tous ses foibles, l'attaque sans relâche, quelque part où il le trouve ; et cette unique pensée, comme multipliée en mille manières différentes, a toujours, par le choix des mots et par la variété de l'expression, la grâce de la nouveauté.

L'on ne suit aucune de ces routes dans l'ouvrage qui est joint à la traduction des Caractères ; il est tout différent des deux autres que je viens de toucher ; moins sublime que le premier, et moins délicat que e second, il ne tend qu'à rendre l'homme raisonna-

---

1. L'on entend cette manière coupée dont Salomon a écrit ses Proverbes, et nullement les choses qui sont divines et hors de toute comparaison. (*Note de La Bruyère.*)
2. Pascal.
3. La Rochefoucauld.

ble, mais par des voies simples et communes, et en l'examinant indifféremment, sans beaucoup de méthode, et selon que les divers chapitres y conduisent, par les âges, les sexes et les conditions, et par les vices, les foibles et le ridicule qui y sont attachés.

L'on s'est plus appliqué aux vices de l'esprit, aux replis du cœur, et à tout l'intérieur de l'homme, que n'a fait Théophraste; et l'on peut dire que, comme ses caractères, par mille choses extérieures qu'ils font remarquer dans l'homme, par ses actions, ses paroles et ses démarches, apprennent quel est son fond, et font remonter jusqu'à la source de son déréglement, tout au contraire, les nouveaux Caractères, déployant d'abord les pensées, les sentiments et les mouvements des hommes, découvrent le principe de leur malice et de leurs foiblesses, font que l'on prévoit aisément tout ce qu'ils sont capables de dire ou de faire, et qu'on ne s'étonne plus de mille actions vicieuses ou frivoles dont leur vie est toute remplie.

Il faut avouer que sur les titres de ces deux ouvrages l'embarras s'est trouvé presque égal. Pour ceux qui partagent le dernier, s'ils ne plaisent point assez, l'on permet d'en suppléer d'autres; mais à l'égard des titres des Caractères de Théophraste, la même liberté n'est pas accordée, parce qu'on n'est point maître du bien d'autrui. Il a fallu suivre l'esprit de l'auteur, et les traduire selon le sens le plus proche de la diction grecque, et en même temps selon la plus exacte conformité avec leurs chapitres; ce qui n'est pas une chose facile, parce que souvent la signification d'un terme grec, traduit en françois mot pour mot, n'est plus la même dans notre langue : par exemple, ironie est chez nous une raillerie dans la conversation, ou une figure de rhétorique; et chez Théophraste, c'est quelque chose entre la fourberie et la dissimulation, qui n'est pourtant ni l'une ni l'autre, mais précisément ce qui est décrit dans le premier chapitre.

Et d'ailleurs les Grecs ont quelquefois deux ou trois termes assez différents pour exprimer des choses qui le sont aussi, et que nous ne saurions guère rendre que par un seul mot : cette pauvreté embarrasse. En effet, l'on remarque dans cet ouvrage grec trois espèces d'avarice, deux sortes d'importuns, des flatteurs de deux manières, et autant de grands parleurs; de sorte que les caractères de ces personnes semblent rentrer les uns dans les autres, au désavantage du titre; ils ne sont pas aussi toujours suivis et parfaitement conformes parce que Théophraste, emporté quelquefois par le dessein qu'il a de faire des portraits, se trouve déterminé à ces changements par le caractère et les mœurs du personnage qu'il peint, ou dont il fait la satire.

Les définitions qui sont au commencement de chaque chapitre ont eu leurs difficultés. Elles sont courtes et concises dans Théophraste, selon la force du grec et le style d'Aristote, qui lui en a fourni les premières idées; on les a étendues dans la traduction, pour les rendre intelligibles. Il se lit aussi dans ce traité des phrases qui ne sont pas achevées, et qui forment un sens imparfait, auquel il a été facile de suppléer le véritable; il s'y trouve de différentes leçons, quelques endroits tout à fait interrompus, et qui pouvoient recevoir diverses explications; et pour ne point s'égarer dans ces doutes, on a suivi les meilleurs interprètes.

Enfin, comme cet ouvrage n'est qu'une simple instruction sur les mœurs des hommes, et qu'il vise moins à les rendre savants qu'à les rendre sages, l'on s'est trouvé exempt de le charger de longues et curieuses observations, ou de doctes commentaires qui rendissent un compte exact de l'antiquité. L'on s'est contenté de mettre de petites notes à côté de certains endroits que l'on a cru le mériter, afin que nuls de ceux qui ont de la justesse, de la vivacité, et à qui il ne manque que d'avoir lu beaucoup, ne se reprochent pas même ce petit défaut, ne puissent être arrêtés dans la lecture des Caractères, et douter un moment du sens de Théophraste.

LES CARACTÈRES
DE
THÉOPHRASTE

TRADUITS DU GREC.

J'ai admiré souvent, et j'avoue que je ne puis encore comprendre, quelque sérieuse réflexion que je fasse, pourquoi, toute la Grèce étant placée sous un même ciel, et les Grecs nourris et élevés de la même manière [1], il se trouve néanmoins si peu de ressemblance dans leurs mœurs. Puis donc, mon cher Polyclès, qu'à l'âge de quatre-vingt-dix-neuf ans où je me trouve, j'ai assez vécu pour connoître les hommes; que j'ai vu, d'ailleurs, pendant le cours de ma vie, toutes sortes de personnes et de divers tempéraments, et que je me suis toujours attaché à étudier les hommes vertueux, comme ceux qui n'étoient connus que par leurs vices, il semble que j'ai dû marquer les caractères des uns et des autres [2], et ne me pas contenter de peindre les Grecs en général, mais même de toucher ce qui est personnel, et ce que plusieurs d'entre eux paroissent avoir de plus familier. J'espère, mon cher Polyclès, que cet ouvrage sera utile à ceux qui viendront après nous: il leur tracera des modèles qu'ils pourront suivre; il leur apprendra à faire le discernement de ceux avec qui ils doivent lier quelque commerce, et dont l'émulation les portera à imiter leur sagesse et leurs vertus. Ainsi je vais entrer en matière: c'est à vous de pénétrer dans mon sens, et d'examiner avec attention si la vérité se trouve dans mes paroles. Et, sans faire une plus longue préface, je parlerai d'abord de la dissimulation; je définirai ce vice; je dirai ce que c'est qu'un homme dissimulé, je décrirai ses mœurs; et je traiterai ensuite des autres passions, suivant le projet que j'en ai fait.

1. Par rapport aux barbares, dont les mœurs étoient très-différentes de celles des Grecs. (*Note de La Bruyère.*)
2. Théophraste avoit dessein de traiter de toutes les vertus et de tous les vices. (*Note de La Bruyère.*)

DE LA DISSIMULATION.

La dissimulation[1] n'est pas aisée à bien définir; si l'on se contente d'en faire une simple description, l'on peut dire que c'est un certain art de composer ses paroles et ses actions pour une mauvaise fin. Un homme dissimulé se comporte de cette manière : il aborde ses ennemis, leur parle, et leur fait croire, par cette démarche, qu'il ne les hait point; il loue ouvertement et en leur présence ceux à qui il dresse de secrètes embûches, et il s'afflige avec eux s'il leur est arrivé quelque disgrâce; il semble pardonner les discours offensants que l'on lui tient; il récite froidement les plus horribles choses que l'on aura dites contre sa réputation, et il emploie les paroles les plus flatteuses pour adoucir ceux qui se plaignent de lui et qui sont aigris par les injures qu'ils en ont reçues. S'il arrive que quelqu'un l'aborde avec empressement, il feint des affaires, et lui dit de revenir une autre fois. Il cache soigneusement tout ce qu'il fait, et, à l'entendre parler, on croiroit toujours qu'il délibère. Il ne parle point indifféremment; il a ses raisons pour dire tantôt qu'il ne fait que revenir de la campagne, tantôt qu'il est arrivé à la ville fort tard, et quelquefois qu'il est languissant, ou qu'il a une mauvaise santé. Il dit à celui qui lui emprunte de l'argent à intérêt, ou qui le prie de contribuer[2] de sa part à une somme que ses amis consentent de lui prêter, qu'il ne vend rien, qu'il ne s'est jamais vu si dénué d'argent, pendant qu'il dit aux autres que le commerce va le mieux du monde, quoiqu'en effet il ne vende rien. Souvent, après avoir écouté ce qu'on lui a dit, il veut faire croire qu'il n'y a pas eu la moindre attention; il feint de n'avoir pas aperçu les choses où il vient de jeter les yeux, ou, s'il est convenu d'un fait, de ne s'en plus souvenir. Il n'a pour ceux qui

---

1. L'auteur parle de celle qui ne vient pas de la prudence, et que les Grecs appeloient *ironie*. (*Note de La Bruyère.*)
2. Cette sorte de contribution était fréquente à Athènes, et autorisée par les lois. (*Note de La Bruyère.*)

lui parlent d'affaires que cette seule réponse : J'y penserai. Il sait de certaines choses, il en ignore d'autres; il est saisi d'admiration; d'autres fois il aura pensé comme vous sur cet événement, et cela selon ses différents intérêts. Son langage le plus ordinaire est celui-ci : Je n'en crois rien, Je ne comprends pas que cela puisse être, Je ne sais où j'en suis; ou bien : Il me semble que je ne suis pas moi-même; et ensuite : Ce n'est pas ainsi qu'il me l'a fait entendre; Voilà une chose merveilleuse et qui passe toute créance; Contez cela à d'autres; Dois-je vous croire? ou me persuaderai-je qu'il m'ait dit la vérité? Paroles doubles et artificieuses, dont il faut se défier comme de ce qu'il y a au monde de plus pernicieux. Ces manières d'agir ne partent point d'une âme simple et droite, mais d'une mauvaise volonté ou d'un homme qui veut nuire : le venin des aspics est moins à craindre.

DE LA FLATTERIE.

La flatterie est un commerce honteux qui n'est utile qu'au flatteur. Si un flatteur se promène avec quelqu'un dans la place : Remarquez-vous, lui dit-il, comme tout le monde a les yeux sur vous? cela n'arrive qu'à vous seul. Hier il fut bien parlé de vous, et l'on ne tarissoit point sur vos louanges. Nous nous trouvâmes plus de trente personnes dans un endroit du Portique [1]; et comme par la suite du discours l'on vint à tomber sur celui que l'on devoit estimer le plus homme de bien de la ville, tous d'une commune voix vous nommèrent; et il n'y en eut pas un seul qui vous refusât ses suffrages. Il lui dit mille choses de cette nature. Il affecte d'apercevoir le moindre duvet qui se sera attaché à votre habit, de le prendre et de le souffler à terre; si par hasard le vent a fait voler quelques petites pailles sur votre barbe ou sur vos cheveux, il prend soin de vous les ôter, et vous souriant : Il est mer-

---

1. Édifice public qui servit depuis à Zénon et à ses diciples de rendez-vous pour leurs disputes : ils en furent appelés stoïciens, car *stoa*, mot grec, signifie portique. (*Note de la Bruyère.*)

veilleux, dit-il, combien vous êtes blanchi[1] depuis deux jours que je ne vous ai pas vu! et il ajoute : Voilà encore, pour un homme de votre âge[2], assez de cheveux noirs. Si celui qu'il veut flatter prend la parole, il impose silence à tous ceux qui se trouvent présents, et il les force d'approuver aveuglément tout ce qu'il avance, et dès qu'il a cessé de parler, il se récrie : Cela est dit le mieux du monde, rien n'est plus heureusement rencontré. D'autres fois, s'il lui arrive de faire à quelqu'un une raillerie froide, il ne manque pas de lui applaudir, d'entrer dans cette mauvaise plaisanterie, et, quoiqu'il n'ait nulle envie de rire, il porte à sa bouche l'un des bouts de son manteau, comme s'il ne pouvoit se contenir et qu'il voulût s'empêcher d'éclater; et s'il l'accompagne lorsqu'il marche par la ville, il dit à ceux qu'il rencontre dans son chemin de s'arrêter jusqu'à ce qu'il soit passé. Il achète des fruits, et les porte chez ce citoyen; il les donne à ses enfants en sa présence; il les baise, il les caresse. Voilà, dit-il, de jolis enfants et dignes d'un tel père. S'il sort de sa maison, il le suit; s'il entre dans une boutique pour essayer des souliers, il lui dit : Votre pied est mieux fait que cela. Il l'accompagne ensuite chez ses amis, ou plutôt il entre le premier dans leur maison, et leur dit : Un tel me suit et vient vous rendre visite. Et, retournant sur ses pas : Je vous ai annoncé, dit-il, et l'on se fait un grand honneur de vous recevoir. Le flatteur se met à tout sans hésiter, se mêle des choses les plus viles et qui ne conviennent qu'à des femmes. S'il est invité à souper, il est le premier des conviés à louer le vin; assis à table, le plus proche de celui qui fait le repas, il lui répète souvent : En vérité, vous faites une chère délicate. Et montrant aux autres l'un des mets qu'il soulève du plat : Cela s'appelle, dit-il, un morceau friand. Il a soin de lui demander s'il a froid, s'il ne voudroit point une autre robe, et il s'empresse de le mieux couvrir. Il lui parle sans cesse à l'oreille; et si quelqu'un de la compagnie l'interroge, il lui répond négligem-

---

1. Allusion à la nuance que de petites pailles font dans les cheveux. (*Note de La Bruyère.*)
2. Il parle à un jeune homme. (*Note de La Bruyère.*)

ment et sans le regarder, n'ayant des yeux que pour un seul. Il ne faut pas croire qu'au théâtre il oublie d'arracher des carreaux des mains du valet qui les distribue, pour les porter à sa place, et l'y faire asseoir plus mollement. J'ai dû dire aussi qu'avant qu'il sorte de sa maison, il en loue l'architecture, se récrie sur toutes choses, dit que les jardins sont bien plantés; et s'il aperçoit quelque part le portrait du maître, où il soit extrêmement flatté, il est touché de voir combien il lui ressemble, et il l'admire comme un chef-d'œuvre. En un mot, le flatteur ne dit rien et ne fait rien au hasard; mais il rapporte toutes ses paroles et toutes ses actions au dessein qu'il a de plaire à quelqu'un et d'acquérir ses bonnes grâces.

DE L'IMPERTINENT, OU DU DISEUR DE RIENS.

La sotte envie de discourir vient d'une habitude qu'on a contractée de parler beaucoup et sans réflexion. Un homme qui veut parler, se trouvant assis proche d'une personne qu'il n'a jamais vue et qu'il ne connoît point, entre d'abord en matière, l'entretient de sa femme et lui fait son éloge, lui conte son songe, lui fait un long détail d'un repas où il s'est trouvé, sans oublier le moindre mets ni un seul service. Il s'échauffe ensuite dans la conversation, déclame contre le temps présent, et soutient que les hommes qui vivent présentement ne valent point leurs pères. De là il se jette sur ce qui se débite au marché, sur la cherté du blé, sur le grand nombre d'étrangers qui sont dans la ville; il dit qu'au printemps où commencent les Bacchanales [1], la mer devient navigable; qu'un peu de pluie seroit utile aux biens de la terre, et feroit espérer une bonne récolte; qu'il cultivera son champ l'année prochaine, et qu'il le mettra en valeur; que le siècle est dur, et qu'on a bien de la peine à vivre. Il apprend à cet inconnu que c'est Damippe qui a fait brûler la plus belle torche devant l'autel de Cérès à la fête des

---

1. Premières Bacchanales, qui se célébroient dans la ville. (*Note de La Bruyère.*)

Mystères[1]; il lui demande combien de colonnes soutiennent le théâtre de la musique[2], quel est le quantième du mois; il lui dit qu'il a eu la veille une indigestion. Et si cet homme à qui il parle a la patience de l'écouter, il ne partira pas d'auprès de lui; il lui annoncera comme une chose nouvelle que les Mystères[3] se célèbrent dans le mois d'août, les *Apaturies*[4] au mois d'octobre; et à la campagne, dans le mois de décembre, les Bacchanales[5]. Il n'y a, avec de si grands causeurs, qu'un parti à prendre, qui est de fuir, si l'on veut du moins éviter la fièvre : car quel moyen de pouvoir tenir contre des gens qui ne savent pas discerner ni votre loisir ni le temps de vos affaires?

DE LA RUSTICITÉ.

Il semble que la rusticité n'est autre chose qu'une ignorance grossière des bienséances. L'on voit en effet des gens rustiques et sans réflexion sortir un jour de médecine[6], et se trouver, en cet état, dans un lieu public parmi le monde; ne pas faire la différence de l'odeur forte du thym ou de la marjolaine d'avec les parfums les plus délicieux; être chaussés large et grossièrement; parler haut et ne pouvoir se réduire à un ton de voix modéré; ne se pas fier à leurs amis sur les moindres affaires, pendant qu'ils s'en entretiennent avec leurs domestiques, jusqu'à rendre compte à leurs moindres valets de ce qui aura été dit dans une assemblée publique. On les voit assis leur robe relevée jusqu'aux genoux et d'une manière indécente. Il ne leur arrive pas en toute leur vie de

---

1. Les mystères de Cérès se célébroient la nuit, et il y avoit une émulation entre les Athéniens à qui y apporteroit une plus grande torche. (*Note de La Bruyère.*)
2. L'Odéon.
3. Fête de Cérès. V. ci-dessus. (*Note de La Bruyère.*)
4. En françois, la fête des tromperies. Elle se faisoit en l'honneur de Bacchus. Son origine ne fait rien aux mœurs de ce chapitre. (*Note de La Bruyère.*)
5. Secondes Bacchanales, qui se célébroient en hiver à la campagne. (*Note de La Bruyère.*)
6. Le texte grec nomme une certaine drogue qui rendoit l'haleine fort mauvaise le jour qu'on l'avoit prise. (*Note de La Bruyère.*) — Le *cycéon*, une boisson mélangée de miel, de vin, de lait, de farine d'orge.

rien admirer, ni de paroître surpris des choses les plus extraordinaires que l'on rencontre sur les chemins ; mais si c'est un bœuf, un âne, ou un vieux bouc, alors ils s'arrêtent et ne se lassent point de les contempler. Si quelquefois ils entrent dans leur cuisine, ils mangent avidement tout ce qu'ils y trouvent, boivent tout d'une haleine une grande tasse de vin pur ; ils se cachent pour cela de leur servante, avec qui d'ailleurs ils vont au moulin [1], et entrent dans les plus petits détails du domestique. Ils interrompent leur souper, et se lèvent pour donner une poignée d'herbes aux bêtes de charrue [2] qu'ils ont dans leurs étables. Heurte-t-on à leur porte pendant qu'ils dînent, ils sont attentifs et curieux. Vous remarquez toujours proche de leur table un gros chien de cour qu'ils appellent à eux, qu'ils empoignent par la gueule en disant : Voilà celui qui garde la place, qui prend soin de la maison et de ceux qui sont dedans. Ces gens, épineux dans les payements qu'on leur fait, rebutent un grand nombre de pièces qu'ils croient légères ou qui ne brillent pas assez à leurs yeux, et qu'on est obligé de leur changer. Ils sont occupés pendant la nuit d'une charrue, d'un sac, d'une faux, d'une corbeille, et ils rêvent à qui ils ont prêté ces ustensiles ; et lorsqu'ils marchent par la ville : Combien vaut, demandent-ils aux premiers qu'ils rencontrent, le poisson salé ? Les fourrures se vendent-elles bien ? N'est-ce pas aujourd'hui que les jeux nous ramènent une nouvelle lune [3] ? D'autres fois, ne sachant que dire, ils vous apprennent qu'ils vont se faire raser, et qu'ils ne sortent que pour cela. Ce sont ces mêmes personnes que l'on entend chanter dans le bain, qui mettent des clous à leurs souliers, et qui

---

1. Le grec dit seulement : « à laquelle ils aident à moudre les provisions pour leurs gens et pour eux-mêmes. » L'expression de La Bruyère, « ils vont au moulin, » est un anachronisme. Du temps de Théophraste, on n'avait pas encore de moulins communs ; mais on faisait broyer ou moudre le blé que l'on consommait dans chaque maison, par un esclave, au moyen d'un pilon ou d'une espèce de moulin à bras. Les moulins à eau n'ont été inventés que du temps d'Auguste, et l'usage du pilon était encore général du temps de Pline. (SWEIGHŒUSER.)

2. Des bœufs. (*Note de La Bruyère.*)

3. Cela est dit rustiquement : un autre diroit que la nouvelle lune ramène les jeux ; et d'ailleurs c'est comme si, le jour de Pâques, quelqu'un disoit : N'est-ce pas aujourd'hui Pâques ? (*Note de La Bruyère.*)

se trouvant tout portés devant la boutique d'Archias[1], achètent eux-mêmes des viandes salées, et les apportent à la main en pleine rue.

DU COMPLAISANT[2].

Pour faire une définition un peu exacte de cette affectation que quelques-uns ont de plaire à tout le monde, il faut dire que c'est une manière de vivre où l'on cherche beaucoup moins ce qui est vertueux et honnête que ce qui est agréable. Celui qui a cette passion, d'aussi loin qu'il aperçoit un homme dans la place, le salue en s'écriant : Voilà ce qu'on appelle un homme de bien ; l'aborde, l'admire sur les moindres choses, le retient avec ses deux mains de peur qu'il ne lui échappe; et après avoir fait quelques pas avec lui, il lui demande avec empressement quel jour on pourra le voir, et enfin ne s'en sépare qu'en lui donnant mille éloges. Si quelqu'un le choisit pour arbitre dans un procès, il ne doit pas attendre de lui qu'il lui soit plus favorable qu'à son adversaire : comme il veut plaire à tous deux, il les ménagera également. C'est dans cette vue que, pour se concilier tous les étrangers qui sont dans la ville, il leur dit quelquefois qu'il leur trouve plus de raison et d'équité que dans ses concitoyens. S'il est prié d'un repas, il demande en entrant à celui qui l'a convié où sont ses enfants; et dès qu'ils paroissent, il se récrie sur la ressemblance qu'ils ont avec leur père, et que deux figures ne se ressemblent pas mieux; il les fait approcher de lui, il les baise, et, les ayant fait asseoir à ses deux côtés, il badine avec eux. A qui est, dit-il, la petite bouteille? A qui est la jolie cognée[3]? Il les prend ensuite sur lui, et les laisse dormir sur son estomac, quoiqu'il en soit incommodé. Celui enfin qui veut plaire se fait raser souvent, a un fort grand soin de ses dents, change

---

1. Fameux marchand de chairs salées, nourriture ordinaire du peuple. (*Note de La Bruyère.*)
2. Ou *De l'envie de plaire*. (*Note de La Bruyère.*)
3. Petits jouets que les Grecs pendoient au cou de leurs enfants. (*Note de La Bruyère.*)

tous les jours d'habits, et les quitte presque tout neufs ; il ne sort point en public qu'il ne soit parfumé ; on ne le voit guère dans les salles publiques qu'auprès des comptoirs des banquiers[1] ; et dans les écoles, qu'aux endroits seulement où s'exercent les jeunes gens[2] ; et au théâtre[3], les jours d spectacle, que dans les meilleures places et tout près des préteurs. Ces gens encore n'achètent jamais rien pour eux ; mais ils envoient à Byzance toute sorte de bijoux précieux, des chiens de Sparte à Cyzique, et à Rhodes l'excellent miel du mont Hymette ; et ils prennent soin que toute la ville soit informée qu'ils font ces emplettes. Leur maison est toujours remplie de mille choses curieuses qui font plaisir à voir, ou que l'on peut donner, comme des singes et des satyres[4] qu'ils savent nourrir ; des pigeons de Sicile, des dés qu'ils font faire d'os de chèvres, des fioles pour des parfums, des cannes torses que l'on fait à Sparte, et des tapis de Perse à personnages. Ils ont chez eux jusqu'à un jeu de paume et une arène propre à s'exercer à la lutte ; et s'ils se promènent par la ville, et qu'ils rencontrent en leur chemin des philosophes, des sophistes[5], des escrimeurs ou des musiciens, ils leur offrent leur maison pour s'y exercer chacun dans son art indifféremment ; ils se trouvent présents à ces exercices, et se mêlant avec ceux qui viennent là pour regarder : A qui croyez-vous qu'appartienne une si belle maison et cette arène si commode? Vous voyez, ajoutent-ils en leur montrant quelque homme puissant de la ville, celui qui en est le maître, et qui en peut disposer.

DE L'IMAGE D'UN COQUIN.

Un coquin est celui à qui les choses les plus honteuses ne coûtent rien à dire ou à faire ; qui jure volontiers et fait

---

1. C'étoit l'endroit où s'assembloient les plus honnêtes gens de la ville. (*Note de La Bruyère.*)

2. Pour être connu d'eux et en être regardé, ainsi que de tous ceux qui s'y trouvoient. (*Note de La Bruyère.*)

3. Var. *Ainsi qu'au théâtre*, dans les sept premières éditions.

4. Une espèce de singes. (*Note de La Bruyère.*)

5. Une sorte de philosophes vains et intéressés. (*Note de La Bruyère.*)

des serments en justice autant que l'on lui en demande; qui est perdu de réputation; que l'on outrage impunément; qui est un chicaneur de profession, un effronté, et qui se mêle de toutes sortes d'affaires. Un homme de ce caractère entre sans masque dans une danse comique [1], et même sans être ivre ; mais de sang-froid il se distingue dans la danse la plus obscène [2] par les postures les plus indécentes. C'est lui qui, dans ces lieux où l'on voit des prestiges [3], s'ingère de recueillir l'argent de chacun des spectateurs, et qui fait querelle à ceux qui, étant entrés par billets, croient ne devoir rien payer. Il est d'ailleurs de tous métiers; tantôt il tient une taverne, tantôt il est suppôt de quelque lieu infâme, une autre fois partisan : il n'y a point de sale commerce où il ne soit capable d'entrer. Vous le verrez aujourd'hui crieur public, demain cuisinier ou brelandier : tout lui est propre. S'il a une mère, il la laisse mourir de faim. Il est sujet au larcin et à se voir traîner par la ville dans une prison, sa demeure ordinaire, et où il passe une partie de sa vie. Ce sont ces sortes de gens que l'on voit se faire entourer du peuple, appeler ceux qui passent et se plaindre à eux avec une voix forte et enrouée, insulter ceux qui les contredisent. Les uns fendent la presse pour les voir, pendant que les autres, contents de les avoir vus, se dégagent et poursuivent leur chemin sans vouloir les écouter; mais ces effrontés continuent de parler; ils disent à celui-ci le commencement d'un fait, quelque mot à cet autre; à peine peut-on tirer d'eux la moindre partie de ce dont il s'agit; et vous remarquerez qu'ils choisissent pour cela des jours d'assemblée publique, où il y a un grand concours de monde, qui se trouve le témoin de leur insolence. Toujours accablés de procès, que l'on intente contre eux ou qu'ils ont intentés à d'autres, de ceux dont ils se délivrent par de faux serments, comme de ceux qui les obligent de

---

1. Sur le théâtre avec des farceurs. (*Note de La Bruyère.*)
2. Cette danse, la plus déréglée de toutes, s'appelle en grec *cordax*, parce que l'on s'y servoit d'une corde pour faire des postures. (*Note de La Bruyère.*)
3. Choses fort extraordinaires, telles qu'on en voit dans nos foires. (*Note de La Bruyère.*)

comparoître, ils n'oublient jamais de porter leur boîte [1] dans leur sein, et une liasse de papiers entre leurs mains. Vous les voyez dominer parmi de vils praticiens, à qui ils prêtent à usure, retirant chaque jour une obole et demie de chaque drachme [2]; fréquenter les tavernes, parcourir les lieux où l'on débite le poisson frais ou salé, et consumer ainsi en bonne chère tout le profit qu'ils tirent de cette espèce de trafic. En un mot, ils sont querelleurs et difficiles, ont sans cesse la bouche ouverte à la calomnie, ont une voix étourdissante et qu'ils font retentir dans les marchés et dans les boutiques.

DU GRAND PARLEUR [3].

Ce que quelques-uns appellent *babil* est proprement une intempérance de langue qui ne permet pas à un homme de se taire. Vous ne contez pas la chose comme elle est, dira quelqu'un de ces grands parleurs à quiconque veut l'entretenir de quelque affaire que ce soit; j'ai tout su, et si vous vous donnez la patience de m'écouter, je vous apprendrai tout. Et si cet autre continue de parler: Vous avez déjà dit cela; songez, poursuit-il, à ne rien oublier. Fort bien; cela est ainsi, car vous m'avez heureusement remis dans le fait : voyez ce que c'est que de s'entendre les uns les autres. Et ensuite : Mais que veux-je dire? Ah! j'oubliois une chose : oui, c'est cela même, et je voulois voir si vous tomberiez juste dans tout ce que j'en ai appris. C'est par de telles ou semblables interruptions qu'il ne donne pas le loisir à celui qui lui parle de respirer. Et lorsqu'il a comme assassiné de son *babil* chacun de ceux qui ont voulu lier avec lui quelque entretien, il va se jeter dans un cercle de personnes graves qui traitent ensemble de choses sérieuses, et les met en fuite. De là il entre dans les écoles publiques et dans les lieux des

1. Une petite boîte de cuivre fort légère, où les plaideurs mettoient leurs titres et les pièces de leurs procès. (*Note de La Bruyère.*)
2. Une obole étoit la sixième partie d'une drachme. (*Note de La Bruyère.*)
3. Ou *Du Babil*. (*Note de La Bruyère.*)

exercices[1], où il amuse les maîtres par de vains discours, et empêche la jeunesse de profiter de leurs leçons. S'il échappe à quelqu'un de dire : Je m'en vais, celui-ci se met à le suivre, et il ne l'abandonne point qu'il ne l'ait remis jusque dans sa maison. Si, par hasard, il a appris ce qui aura été dit dans une assemblée de ville, il court dans le même temps le divulguer. Il s'étend merveilleusement sur la fameuse bataille qui s'est donnée sous le gouvernement de l'orateur Aristophon[2], comme sur le combat célèbre que ceux de Lacédémone ont livré aux Athéniens, sous la conduite de Lysandre[3]. Il raconte une autre fois quels applaudissements a eus un discours qu'il a fait dans le public, en répète une grande partie, mêle dans ce récit ennuyeux des invectives contre le peuple, pendant que, de ceux qui l'écoutent, les uns s'endorment, les autres le quittent, et que nul ne se ressouvient d'un seul mot qu'il aura dit. Un grand causeur, en un mot, s'il est sur les tribunaux, ne laisse pas la liberté de juger; il ne permet pas que l'on mange à table; et s'il se trouve au théâtre, il empêche non-seulement d'entendre, mais même de voir les acteurs. On lui fait avouer ingénument qu'il ne lui est pas possible de se taire, qu'il faut que sa langue se remue dans son palais comme le poisson dans l'eau, et que, quand on l'accuseroit d'être plus *babillard* qu'une hirondelle, il faut qu'il parle : aussi écoute-t-il froidement toutes les railleries que l'on fait de lui sur ce sujet; et jusqu'à ses propres enfants, s'ils commencent à s'abandonner au sommeil : Faites-nous, lui disent-ils, un conte qui achève de nous endormir.

DU DÉBIT DES NOUVELLES.

Un nouvelliste ou un conteur de fables est un homme qui arrange, selon son caprice, des discours et des faits remplis

---

1. C'étoit un crime puni de mort à Athènes par une loi de Solon, à laquelle on avoit un peu dérogé au temps de Théophraste. (*Note de La Bruyère.*)
2. C'est-à-dire sur la bataille d'Arbèles et la victoire d'Alexandre, suivies de la mort de Darius, dont les nouvelles vinrent à Athènes lorsque Aristophon, célèbre orateur, étoit premier magistrat. (*Note de La Bruyère.*)
3. Il étoit plus ancien que la bataille d'Arbèles, mais trivial et su de tout le peuple. (*Note de La Bruyère.*)

de fausseté ; qui, lorsqu'il rencontre l'un de ses amis, compose son visage, et lui souriant : D'où venez-vous ainsi ? lui dit-il ; que nous direz-vous de bon ? n'y a-t-il rien de nouveau ? Et continuant de l'interroger : Quoi donc ! n'y a-t-il aucune nouvelle ? Cependant il y a des choses étonnantes à raconter. Et sans lui donner le loisir de lui répondre : Que dites-vous donc ? poursuit il ; n'avez-vous rien entendu par la ville ? Je vois bien que vous ne savez rien, et que je vais vous régaler de grandes nouveautés. Alors, ou c'est un soldat, ou le fils d'Astée le joueur de flûte[1], ou Lycon l'ingénieur, tous gens qui arrivent fraîchement de l'armée, de qui il sait toutes choses : car il allégue pour témoins de ce qu'il avance des hommes obscurs qu'on ne peut trouver pour le convaincre de fausseté ; il assure donc que ces personnes lui ont dit que le roi[2] et Polysperchon[3] ont gagné la bataille, et que Cassandre, leur ennemi, est tombé vif entre leurs mains[4]. Et lorsque quelqu'un lui dit : Mais, en vérité, cela est-il croyable ? il lui réplique que cette nouvelle se crie et se répand par toute la ville, que tous s'accordent à dire la même chose, que c'est tout ce qui se raconte du combat, et qu'il y a eu un grand carnage. Il ajoute qu'il a lu cet événement sur le visage de ceux qui gouvernent ; qu'il y a un homme caché chez l'un de ces magistrats depuis cinq jours entiers, qui revient de la Macédoine, qui a tout vu et qui lui a tout dit. Ensuite, interrompant le fil de sa narration : Que pensez-vous de ce succès ? demande-t-il à ceux qui l'écoutent. Pauvre Cassandre ! malheureux prince ! s'écrie-t-il d'une manière touchante : voyez ce que c'est que la fortune ! car enfin Cassandre étoit puissant, et il avoit avec lui de grandes forces. Ce que je vous dis, poursuit-il, est un secret qu'il faut garder pour vous seul, pendant qu'il court par toute la ville le débiter à qui le veut entendre. Je vous avoue que ces discours de nouvelles me donnent de l'admiration, et que je ne con-

1. L'usage de la flûte très-ancien dans les troupes. (*Note de La Bruyère.*)
2. Aridée, frère d'Alexandre le Grand. (*Note de La Bruyère.*)
3. Capitaine du même Alexandre. (*Note de La Bruyère.*)
4. C'étoit un faux bruit ; et Cassandre, fils d'Antipater, disputant à Aridée et à Polysperchon la tutelle des enfants d'Alexandre, avoit eu de l'avantage sur eux. (*Note de La Bruyère.*)

çois pas quelle est la fin qu'ils se proposent : car, pour ne rien dire de la bassesse qu'il y a à toujours mentir, je ne vois pas qu'ils puissent recueillir le moindre fruit de cette pratique. Au contraire, il est arrivé à quelques-uns de se laisser voler leurs habits dans un bain public, pendant qu'ils ne songeoient qu'à rassembler autour d'eux une foule de peuple, et à lui conter des nouvelles. Quelques autres, après avoir vaincu sur mer et sur terre dans le Portique[1], ont payé l'amende pour n'avoir pas comparu à une cause appelée. Enfin, il s'en est trouvé qui, le jour même qu'ils ont pris une ville, du moins par leurs beaux discours, ont manqué de dîner. Je ne crois pas qu'il y ait rien de si misérable que la condition de ces personnes : car quelle est la boutique, quel est le portique, quel est l'endroit d'un marché public, où ils ne passent tout le jour à rendre sourds ceux qui les écoutent, ou à les fatiguer par leurs mensonges ?

DE L'EFFRONTERIE CAUSÉE PAR L'AVARICE.

Pour faire connoître ce vice, il faut dire que c'est un mépris de l'honneur dans la vue d'un vil intérêt. Un homme que l'avarice rend effronté ose emprunter une somme d'argent à celui à qui il en doit déjà, et qu'il lui retient avec injustice. Le jour même qu'il aura sacrifié aux dieux, au lieu de manger religieusement chez soi une partie des viandes consacrées[2], il les fait saler pour lui servir dans plusieurs repas, et va souper chez l'un de ses amis ; et là, à table, à la vue de tout le monde, il appelle son valet, qu'il veut encore nourrir aux dépens de son hôte : et lui coupant un morceau de viande qu'il met sur un quartier de pain : Tenez, mon ami, lui dit-il, faites bonne chère. Il va lui-même au marché acheter des viandes cuites[3], et, avant que de convenir du prix, pour avoir

1. V. le chap. de la *Flatterie*. (*Note de La Bruyère*.)
2. C'étoit la coutume des Grecs. V. le chapitre du *Contre-Temps*. (*Note de La Bruyère*.)
3. Comme le menu peuple, qui achetoit son souper chez les charcutiers. (*Note de La Bruyère*.)

une meilleure composition du marchand, il le fait ressouvenir qu'il lui a autrefois rendu service. Il fait ensuite peser ces viandes, et il en entasse le plus qu'il peut; s'il en est empêché par celui qui les lui vend, il jette du moins quelques os dans la balance; si elle peut tout contenir il est satisfait, sinon il ramasse sur la table des morceaux de rebut, comme pour se dédommager, sourit, et s'en va. Une autre fois, sur l'argent qu'il aura reçu de quelques étrangers pour leur louer des places au théâtre, il trouve le secret d'avoir sa place franche [1] du spectacle, et d'y envoyer le lendemain ses enfants et leur précepteur. Tout lui fait envie; il veut profiter des bons marchés, et demande hardiment au premier venu une chose qu'il ne vient que d'acheter. Se trouve-t-il dans une maison étrangère, il emprunte jusqu'à l'orge et à la paille; encore faut-il que celui qui les lui prête fasse les frais de les faire porter jusque chez lui. Cet effronté, en un mot, entre sans payer dans un bain public, et là, en présence du baigneur, qui crie inutilement contre lui, prenant le premier vase qu'il rencontre, il le plonge dans une cuve d'airain qui est remplie d'eau, se la répand sur tout le corps[2]. Me voilà lavé, ajoute-t-il, autant que j'en ai besoin, et, sans avoir obligation à personne, remet sa robe et disparoît.

DE L'ÉPARGNE SORDIDE.

Cette espèce d'avarice est dans les hommes une passion de vouloir ménager les plus petites choses sans aucune fin honnête. C'est dans cet esprit que quelques-uns, recevant tous les mois le loyer de leur maison, ne négligent pas d'aller eux-mêmes demander la moitié d'une obole qui manquoit au dernier payement qu'on leur a fait; que d'autres, faisant l'effort de donner à manger chez eux, ne sont occupés pendant le repas qu'à compter le nombre de fois que chacun des conviés demande à boire. Ce sont eux

1. VAR. *Sa part franche*, dans les sept premières éditions.
2. Les plus pauvres se lavoient ainsi pour payer moins. (*Note de La Bruyère.*)

encore dont la portion des prémices [1] des viandes que l'on envoie sur l'autel de Diane est toujours la plus petite. Ils apprécient les choses au-dessous de ce qu'elles valent; et de quelque bon marché qu'un autre en leur rendant compte veuille se prévaloir, ils lui soutiennent toujours qu'il a acheté trop cher. Implacables à l'égard d'un valet qui aura laissé tomber un pot de terre ou cassé par malheur quelque vase d'argile, ils lui déduisent cette perte sur sa nourriture; mais si leurs femmes ont perdu seulement un denier, il faut alors renverser toute une maison, déranger les lits, transporter des coffres, et chercher dans les recoins les plus cachés. Lorsqu'ils vendent, ils n'ont que cette unique chose en vue, qu'il n'y ait qu'à perdre pour celui qui achète. Il n'est permis à personne de cueillir une figue dans leur jardin, de passer au travers de leur champ, de ramasser une petite branche de palmier, ou quelques olives qui seront tombées de l'arbre. Ils vont tous les jours se promener sur leurs terres, en remarquent les bornes, voient si l'on n'y a rien changé et si elles sont toujours les mêmes. Ils tirent intérêt de l'intérêt, et ce n'est qu'à cette condition qu'ils donnent du temps à leurs créanciers. S'ils ont invité à dîner quelques-uns de leurs amis, et qui ne sont que des personnes du peuple, ils ne feignent point de leur faire servir un simple hachis; et on les a vus souvent aller eux-mêmes au marché pour ces repas, y trouver tout trop cher, et en revenir sans rien acheter. Ne prenez pas l'habitude, disent-ils à leurs femmes, de prêter votre sel, votre orge, votre farine, ni même du cumin [2], de la marjolaine [3], des gâteaux pour l'autel [4], du coton, de la laine : car ces petits détails ne laissent pas de monter, à la fin d'une année, à une grosse somme. Ces avares, en un mot, ont des trousseaux de clefs rouillées dont ils ne se servent point, des cassettes où leur argent

1. Les Grecs commençoient par ces offrandes leurs repas publics. (*Note de La Bruyère.*)
2. Une sorte d'herbe. (*Note de La Bruyère.*)
3. Elle empêche les viandes de se corrompre, ainsi que le thym et le laurier (*Note de La Bruyère.*)
4. Faits de farine et de miel, et qui servoient aux sacrifices. (*Note de La Bruyère.*)

est en dépôt, qu'ils n'ouvrent jamais et qu'ils laissent moisir dans un coin de leur cabinet ; ils portent des habits qui leur sont trop courts et trop étroits ; les plus petites fioles contiennent plus d'huile qu'il n'en faut pour les oindre ; ils ont la tête rasée jusqu'au cuir ; se déchaussent vers le milieu du jour [1] pour épargner leurs souliers ; vont trouver les foulons pour obtenir d'eux de ne pas épargner la craie dans la laine qu'ils leur ont donnée à préparer, afin, disent-ils, que leur étoffe se tache moins [2].

DE L'IMPUDENT, OU DE CELUI QUI NE ROUGIT DE RIEN.

L'impudence [3] est facile à définir : il suffit de dire que c'est une profession ouverte d'une plaisanterie outrée, comme ce qu'il y a de plus honteux et de plus contraire à la bienséance. Celui-là, par exemple, est impudent, qui, voyant venir vers lui une femme de condition, feint dans ce moment quelque besoin pour avoir occasion de se montrer à elle d'une manière déshonnête ; qui se plaît à battre des mains au théâtre lorsque tout le monde se tait, ou y siffler les acteurs que les autres voient et écoutent avec plaisir ; qui, couché sur le dos, pendant que l'assemblée garde un profond silence, fait entendre de sales hoquets qui obligent les spectateurs de tourner la tête et d'interrompre leur attention. Un homme de ce caractère achète en plein marché des noix, des pommes, toute sorte de fruits, les mange, cause debout avec la fruitière, appelle par leurs noms ceux qui passent sans presque les connoître, en arrête d'autres qui courent par la place et qui ont leurs affaires ; et s'il voit venir quelque plaideur, il l'aborde, le raille et le félicite [4] sur une cause importante qu'il vient de perdre [5]. Il va lui-même choisir de la viande, et

1. Parce que dans cette partie du jour le froid, en toute saison, étoit supportable. (*Note de La Bruyère.*)
2. C'étoit aussi parce que cet apprêt avec de la craie, comme le pire de tous, et qui rendoit les étoffes dures et grossières, étoit celui qui coûtoit le moins. (*Note de La Bruyère.*)
3. Van. *L'impudent.*
4. Van. *Et le congratule.*
5. Van. *De plaider.*

jouer pour un souper des femmes qui jouent de la flûte ; et, montrant à ceux qu'il rencontre ce qu'il vient d'acheter, il les convie en riant d'en venir manger. On le voit s'arrêter devant la boutique d'un barbier ou d'un parfumeur, et là [1] annoncer qu'il va faire un grand repas et s'enivrer [2]. Si quelquefois il vend du vin, il le fait mêler pour ses amis comme pour les autres sans distinction. Il ne permet pas à ses enfants d'aller à l'amphithéâtre avant que les jeux soient commencés, et lorsque l'on paye pour être placé, mais seulement sur la fin du spectacle, et quand l'architecte [3] néglige les places et les donne pour rien. Étant envoyé avec quelques autres citoyens en ambassade, il laisse chez soi la somme que le public lui a donnée pour faire les frais de son voyage, et emprunte de l'argent de ses collègues ; sa coutume alors est de charger son valet de fardeaux au delà de ce qu'il en peut porter, et de lui retrancher cependant de son ordinaire, et, comme il arrive souvent que l'on fait dans les villes des présents aux ambassadeurs, il demande sa part pour la vendre. Vous m'achetez toujours, dit-il au jeune esclave qui sert dans le bain, une mauvaise huile, et qu'on ne peut supporter ! Il se sert ensuite de l'huile d'un autre, et épargne la sienne. Il envie à ses propres valets, qui le suivent, la plus petite pièce de monnaie qu'ils auront ramassée dans les rues, et il ne manque point d'en retenir sa part, avec ce mot : *Mercure est commun* [4]. Il fait pis : il distribue à ses domestiques leurs provisions dans une certaine mesure dont le fond, creux par-dessous, s'enfonce en dedans et s'élève comme en pyramide ; et quand elle est pleine, il la rase lui-même avec le rouleau, le plus près qu'il peut... [5] De même, s'il paye à quelqu'un trente

1. Il y avoit des gens fainéants et désoccupés qui s'assembloient dans leurs boutiques. (*Note de La Bruyère.*)
2. Les traits suivants, jusqu'à la fin du chapitre, ne sont que des fragments épars du Caractère xxx, du *Gain sordide*, transposés ici mal à propos, et fort altérés.
3. L'architecte qui avoit bâti l'amphithéâtre, et à qui la république donnoit le louage des places en payement. (*Note de La Bruyère.*)
4. Proverbe grec, qui revient à notre : *Je retiens part.* (*Note de La Bruyère.*)
5. Quelque chose manque ici dans le texte. (*Note de La Bruyère.*)

mines [1] qu'il lui doit, il fait si bien qu'il y manque quatre drachmes [2] dont il profite. Mais, dans ces grands repas où il faut traiter toute une tribu [3], il fait recueillir par ceux de ses domestiques qui ont soin de la table le reste des viandes qui ont été servies, pour lui en rendre compte : il seroit fâché de leur laisser une rave à demi mangée.

DU CONTRE-TEMPS.

Cette ignorance du temps et de l'occasion est une manière d'aborder les gens, ou d'agir avec eux, toujours incommode et embarrassante. Un importun est celui qui choisit le moment que son ami est accablé de ses propres affaires pour lui parler des siennes; qui va souper chez sa maîtresse le soir même qu'elle a la fièvre; qui, voyant que quelqu'un vient d'être condamné en justice de payer pour un autre, pour qui il s'est obligé, le prie néanmoins de répondre pour lui; qui comparoît pour servir de témoin dans un procès que l'on vient de juger; qui prend le temps des noces où il est invité pour se déchaîner contre les femmes; qui entraîne à la promenade des gens à peine arrivés d'un long voyage, et qui n'aspirent qu'à se reposer; fort capable d'amener des marchands pour offrir d'une chose plus qu'elle ne vaut, après qu'elle est vendue; de se lever au milieu d'une assemblée pour reprendre un fait dès ses commencements, et en instruire à fond ceux qui en ont les oreilles rebattues et qui le savent mieux que lui; souvent empressé pour engager dans une affaire des personnes qui, ne l'affectionnant point, n'osent pourtant refuser d'y entrer. S'il arrive que quelqu'un dans la ville doive faire un festin après avoir sacrifié [4], il va lui

1. Mine se doit prendre ici pour une pièce de monnoie. (*Note de La Bruyère.*)
2. Drachmes, petites pièces de monnoie, dont il en falloit cent à Athènes pour faire une mine. (*Note de La Bruyère.*)
3. Athènes étoit partagée en plusieurs tribus. Voyez le chapitre de la *Médisance*. (*Note de La Bruyère.*)
4. Les Grecs, le jour même qu'ils avoient sacrifié, ou soupoient avec leurs amis, ou leur envoyoient à chacun une portion de la victime. C'étoit donc un contre-temps de demander sa part prématurément et lorsque le festin étoit résolu, auquel on pouvoit même être invité. (*Note de La Bruyère.*)

demander une portion des viandes qu'il a préparées. Une autre fois, s'il voit qu'un maître châtie devant lui son esclave : J'ai perdu, dit-il, un des miens dans une pareille occasion ; je le fis fouetter, il se désespéra et s'alla pendre. Enfin, il n'est propre qu'à commettre de nouveau deux personnes qui veulent s'accommoder, s'ils l'ont fait arbitre de leur différend. C'est encore une action qui lui convient fort, que d'aller prendre au milieu du repas, pour danser[1], un homme qui est de sang-froid et qui n'a bu que modérément.

DE L'AIR EMPRESSÉ.

Il semble que le trop grand empressement est une recherche importune, ou une vaine affectation de marquer aux autres de la bienveillance par ses paroles et par toute sa conduite. Les manières d'un homme empressé sont de prendre sur soi l'événement d'une affaire qui est au-dessus de ses forces, et dont il ne sauroit sortir avec honneur; et, dans une chose que toute une assemblée juge raisonnable, et où il ne se trouve pas la moindre difficulté, d'insister longtemps sur une légère circonstance, pour être ensuite de l'avis des autres; de faire beaucoup plus apporter de vin dans un repas qu'on n'en peut boire; d'entrer dans une querelle où il se trouve présent, d'une manière à l'échauffer davantage. Rien n'est aussi plus ordinaire que de le voir s'offrir à servir de guide dans un chemin détourné qu'il ne connoît pas, et dont il ne peut ensuite trouver l'issue; venir vers son général, et lui demander quand il doit ranger son armée en bataille, quel jour il faudra combattre, et s'il n'a point d'ordres à lui donner pour le lendemain; une autre fois s'approcher de son père : Ma mère, lui dit-il mystérieusement, vient de se coucher, et ne commence qu'à s'endormir; s'il entre enfin dans la chambre d'un malade à qui son médecin a défendu le vin, dire qu'on peut essayer s'il ne lui fera point de mal, et le soutenir doucement pour lui en

---

1. Cela ne se faisoit chez les Grecs qu'après le repas, et lorsque les tables étoient enlevées. (*Note de La Bruyère.*)

faire prendre. S'il apprend qu'une femme soit morte dans la ville, il s'ingère de faire son épitaphe; il y fait graver son nom, celui de son mari, de son père, de sa mère, son pays, son origine, avec cet éloge : *Ils avoient tous de la vertu* [1]. S'il est quelquefois obligé de jurer devant des juges qui exigent son serment : Ce n'est pas, dit-il en perçant la foule pour paroître à l'audience, la première fois que cela m'est arrivé.

DE LA STUPIDITÉ.

La stupidité est en nous une pesanteur d'esprit qui accompagne nos actions et nos discours. Un homme stupide, ayant lui-même calculé avec des jetons une certaine somme, demande à ceux qui le regardent faire à quoi elle se monte. S'il est obligé de paroître dans un jour prescrit devant ses juges pour se défendre dans un procès que l'on lui fait, il l'oublie entièrement, et part pour la campagne. Il s'endort à un spectacle, et il ne se réveille que longtemps après qu'il est fini, et que le peuple s'est retiré. Après s'être rempli de viandes le soir, il se lève la nuit pour une indigestion, va dans la rue se soulager, où il est mordu d'un chien du voisinage. Il cherche ce qu'on vient de lui donner, et qu'il a mis lui-même dans quelque endroit où souvent il ne peut le retrouver. Lorsqu'on l'avertit de la mort de l'un de ses amis, afin qu'il assiste à ses funérailles, il s'attriste, il pleure, il se désespère, et prenant une façon de parler pour une autre : A la bonne heure, ajoute-t-il, ou une pareille sottise. Cette précaution qu'ont les personnes sages de ne pas donner sans témoins [2] de l'argent à leurs créanciers, il l'a pour en recevoir de ses débiteurs. On le voit quereller son valet dans le plus grand froid de l'hiver, pour ne lui avoir pas acheté des concombres. S'il s'avise un jour de faire exercer ses enfants à la lutte ou à la course, il ne leur permet pas de se retirer qu'ils ne soient tout en sueur et hors

1. Formule d'épitaphe. (*Note de La Bruyère.*)
2. Les témoins étoient fort en usage chez les Grecs, dans les payements et dans tous les actes. (*Note de La Bruyère.*)

d'haleine. Il va cueillir lui-même des lentilles, les fait cuire, et, oubliant qu'il y a mis du sel, il les sale une seconde fois, de sorte que personne n'en peut goûter. Dans le temps d'une pluie incommode, et dont tout le monde se plaint, il lui échappera de dire que l'eau du ciel est une chose délicieuse ; et si on lui demande par hasard combien il a vu emporter de morts par la porte sacrée [1] : Autant, répond-il, pensant peut-être à de l'argent ou à des grains, que je voudrois que vous et moi en pussions avoir.

DE LA BRUTALITÉ.

La brutalité est une certaine dureté, et j'ose dire une férocité qui se rencontre dans nos manières d'agir, et qui passe même jusqu'à nos paroles. Si vous demandez à un homme brutal : Qu'est devenu un tel? il vous répond durement : Ne me rompez point la tête. Si vous le saluez, il ne vous fait pas l'honneur de vous rendre le salut ; si quelquefois il met en vente une chose qui lui appartient, il est inutile de lui en demander le prix, il ne vous écoute pas ; mais il dit fièrement à celui qui la marchande : Qu'y trouvez-vous à dire? Il se moque de la piété de ceux qui envoient leurs offrandes dans les temples aux jours d'une grande célébrité : Si leurs prières, dit-il, vont jusqu'aux dieux, et s'ils en obtiennent les biens qu'ils souhaitent, l'on peut dire qu'ils les ont bien payés, et que ce n'est pas un présent du ciel [2]. Il est inexorable à celui qui, sans dessein, l'aura poussé légèrement, ou lui aura marché sur le pied ; c'est une faute qu'il ne pardonne pas. La première chose qu'il dit à un ami qui lui emprunte quelque argent, c'est qu'il ne lui en prêtera point. Il va le trouver ensuite, et le lui donne de mauvaise grâce, ajoutant qu'il le compte perdu. Il ne lui arrive jamais de se heurter à une pierre qu'il rencontre en son chemin sans lui donner de grandes malédictions. Il ne daigne pas attendre per-

---

1. Pour être enterrés hors de la ville, suivant la loi de Solon. (*Note de La Bruyère.*)
2. Var. *Et qu'ils ne leur sont pas donnés pour rien.*

sonne; et, si l'on diffère un moment à se rendre au lieu dont l'on est convenu avec lui, il se retire. Il se distingue toujours par une grande singularité; il ne veut ni chanter à son tour, ni réciter dans un repas, ni même danser avec les autres[1]. En un mot, on ne le voit guère dans les temples importuner les dieux, et leur faire des vœux ou des sacrifices.

DE LA SUPERSTITION.

La superstition semble n'être autre chose qu'une crainte mal réglée de la divinité. Un homme superstitieux, après avoir lavé ses mains et s'être purifié avec de l'eau lustrale[2], sort du temple, et se promène une grande partie du jour avec une feuille de laurier dans la bouche. S'il voit une belette, il s'arrête tout court, et il ne continue pas de marcher que quelqu'un n'ait passé avant lui par le même endroit que cet animal a traversé, ou qu'il n'ait jeté lui-même trois petites pierres dans le chemin, comme pour éloigner de lui ce mauvais présage. En quelque endroit de sa maison qu'il ait aperçu un serpent, il ne diffère pas d'y élever un autel, et dès qu'il remarque dans les carrefours de ces pierres que la dévotion du peuple y a consacrées, il s'en approche, verse dessus toute l'huile de sa fiole, plie les genoux devant elles et les adore. Si un rat lui a rongé un sac de farine, il court au devin, qui ne manque pas de lui enjoindre d'y faire mettre une pièce; mais, bien loin d'être satisfait de sa réponse, effrayé d'une aventure si extraordinaire, il n'ose plus se servir de son sac et s'en défait. Son foible encore est de purifier sans fin la maison qu'il habite, d'éviter de s'asseoir sur un tombeau, comme d'assister à des funérailles, ou d'entrer dans la chambre d'une femme qui est en couche; et lorsqu'il

---

1. Les Grecs récitoient à table quelques beaux endroits de leurs poëtes, et dansoient ensemble après le repas. V. le chapitre du *Contre-temps*. (*Note de La Bruyère.*)

2. Une eau où l'on avoit éteint un tison ardent pris sur l'autel où l'on brûloit la victime; elle étoit dans une chaudière à la porte du temple; l'on s'en lavoit soi-même, ou l'on s'en faisoit laver par les prêtres. (*Note de La Bruyère.*)

lui arrive d'avoir, pendant son sommeil, quelque vision, il va trouver les interprètes des songes, les devins et les augures, pour savoir d'eux à quel dieu ou à quelle déesse il doit sacrifier. Il est fort exact à visiter, sur la fin de chaque mois, les prêtres d'Orphée, pour se faire initier dans ses mystères[1]; il y mène sa femme, ou, si elle s'en excuse par d'autres soins, il y fait conduire ses enfants par une nourrice. Lorsqu'il marche par la ville, il ne manque guère de se laver toute la tête avec l'eau des fontaines qui sont dans les places; quelquefois il a recours à des prêtresses, qui le purifient d'une autre manière, en liant et étendant autour de son corps un petit chien ou de la squille[2]. Enfin, s'il voit un homme frappé d'épilepsie, saisi d'horreur, il crache dans son propre sein, comme pour rejeter le malheur de cette rencontre.

DE L'ESPRIT CHAGRIN.

L'esprit chagrin fait que l'on n'est jamais content de personne, et que l'on fait aux autres mille plaintes sans fondement. Si quelqu'un fait un festin, et qu'il se souvienne d'envoyer un plat[3] à un homme de cette humeur, il ne reçoit de lui pour tout remerciment que le reproche d'avoir été oublié. Je n'étois pas digne, dit cet esprit querelleux, de boire de son vin, ni de manger à sa table. Tout lui est suspect, jusqu'aux caresses que lui fait sa maîtresse : Je doute fort, lui dit-il, que vous soyez sincère, et que toutes ces démonstrations d'amitié partent du cœur. Après une grande sécheresse, venant à pleuvoir, comme il ne peut se plaindre de la pluie, il s'en prend au ciel de ce qu'elle n'a pas commencé plus tôt. Si le hasard lui fait voir une bourse dans son chemin, il s'incline : Il y a des gens, ajoute-t-il, qui ont du bonheur; pour moi, je n'ai jamais eu celui de trouver un trésor. Une autre fois, ayant envie d'un esclave, il prie instamment celui à qui il

1. Instruire de ses mystères. (*Note de La Bruyère.*)
2. Espèce d'oignons marins. (*Note de La Bruyère.*)
3. Ç'a été la coutume des Juifs et d'autres peuples orientaux, des Grecs et des Romains. (*Note de La Bruyère.*)

appartient d'y mettre le prix; et dès que celui-ci, vaincu par ses importunités, le lui a vendu, il se repent de l'avoir acheté : Ne suis-je pas trompé? demande-t-il, et exigeroit-on si peu d'une chose qui seroit sans défaut? A ceux qui lui font les compliments ordinaires sur la naissance d'un fils et sur l'augmentation de sa famille : Ajoutez, leur dit-il, pour ne rien oublier, sur ce que mon bien est diminué de la moitié. Un homme chagrin, après avoir eu de ses juges ce qu'il demandoit, et l'avoir emporté tout d'une voix sur son adversaire, se plaint encore de celui qui a écrit ou parlé pour lui de ce qu'il n'a pas touché les meilleurs moyens de sa cause ; ou lorsque ses amis ont fait ensemble une certaine somme pour le secourir dans un besoin pressant, si quelqu'un l'en félicite et le convie à mieux espérer de la fortune : Comment, lui répond-il, puis-je être sensible à la moindre joie, quand je pense que je dois rendre cet argent à chacun de ceux qui me l'ont prêté, et n'être pas encore quitte envers eux de la reconnoissance de leur bienfait?

DE LA DÉFIANCE.

L'esprit de défiance nous fait croire que tout le monde est capable de nous tromper. Un homme défiant, par exemple, s'il envoie au marché l'un de ses domestiques pour y acheter des provisions, il le fait suivre par un autre, qui doit lui rapporter fidèlement combien elles ont coûté. Si quelquefois il porte de l'argent sur soi dans un voyage, il le calcule à chaque stade[1] qu'il fait, pour voir s'il a son compte. Une autre fois, étant couché avec sa femme, il lui demande si elle a remarqué que son coffre-fort fût bien fermé, si sa cassette est toujours scellée, et si on a eu soin de bien fermer la porte du vestibule ; et, bien qu'elle assure que tout est en bon état, l'inquiétude le prend, il se lève du lit, va en chemise et les pieds nus, avec la lampe qui brûle dans sa chambre, visiter lui-même tous les endroits de sa maison, et ce n'est qu'avec beaucoup de peine qu'il s'en-

1. Six cents pas. *(Note de La Bruyère.)*

dort après cette recherche. Il mène avec lui des témoins
quand il va demander ses arrérages, afin qu'il ne prenne
pas un jour envie à ses débiteurs de lui dénier sa dette.
Ce n'est point chez le foulon qui passe pour le meilleur
ouvrier qu'il envoie teindre sa robe, mais chez celui qui
consent de ne point la recevoir sans donner caution. Si
quelqu'un se hasarde de lui emprunter quelques vases[1],
il les lui refuse souvent, ou s'il les accorde, * il ne les laisse
pas enlever qu'ils ne soient pesés; il fait suivre celui qui
les emporte, et envoie dès le lendemain prier qu'on les
lui renvoie *[2]. A-t-il un esclave qu'il affectionne et qui
l'accompagne dans la ville, il le fait marcher devant lui,
de peur que, s'il le perdait de vue, il ne lui échappât et
ne prît la fuite. A un homme qui, emportant de chez lui
quelque chose que ce soit, lui diroit : Estimez cela, et met-
tez-le sur mon compte, il répondroit qu'il faut le laisser
où on l'a pris, et qu'il a d'autres affaires que celle de courir après son argent.

D'UN VILAIN HOMME.

Ce caractère suppose toujours dans un homme une extrême malpropreté, et une négligence pour sa personne
qui passe dans l'excès et qui blesse ceux qui s'en aperçoi-
vent. Vous le verrez quelquefois tout couvert de lèpre, avec
des ongles longs et malpropres, ne pas laisser de se mêler
parmi le monde, et croire en être quitte pour dire que
c'est une maladie de famille, et que son père et son aïeul
y étoient sujets[3]. Il a aux jambes des ulcères. On lui voit
aux mains des poireaux et d'autres saletés, qu'il néglige
de faire guérir, ou s'il pense à y remédier, c'est lorsque
le mal, aigri par le temps, est devenu incurable. Il est hé-
rissé de poil sous les aisselles et par tout le corps, comme
une bête fauve; il a les dents noires, rongées, et telles que

---

1. D'or et d'argent. (*Note de La Bruyère.*)

2. Ce qui se lit entre les deux étoiles n'est pas dans le grec, où le sens
est interrompu, mais il est suppléé par quelques interprètes. (*Note de La
Bruyère.*)

3. Il faut ajouter ici d'après le manuscrit du Vatican : « et qui conserve sa
race pure d'un sang étranger. »

son abord ne se peut souffrir. Ce n'est pas tout : il crache où il se mouche en mangeant; il parle la bouche pleine; fait, en buvant, des choses contre la bienséance [1]; il ne se sert jamais au bain que d'une huile qui sent mauvais, et ne paroît guère dans une assemblée publique qu'avec une vieille robe, et toute tachée. S'il est obligé d'accompagner sa mère chez les devins, il n'ouvre la bouche que pour dire des choses de mauvaise augure [2]. Une autre fois, dans le temple et en faisant des libations [3], il lui échappera des mains une coupe ou quelque autre vase, et il rira ensuite de cette aventure, comme s'il avoit fait quelque chose de merveilleux. Un homme si extraordinaire ne sait point écouter un concert ou d'excellents joueurs de flûte; il bat des mains avec violence comme pour leur applaudir, ou bien il suit d'une voix désagréable le même air qu'ils jouent; il s'ennuie de la symphonie, et demande si elle ne doit pas bientôt finir. Enfin si, étant assis à table, il veut cracher, c'est justement sur celui qui est derrière lui pour donner [4] à boire.

D'UN HOMME INCOMMODE.

Ce qu'on appelle un fâcheux est celui qui, sans faire à quelqu'un un fort grand tort, ne laisse pas de l'embarrasser beaucoup; qui, entrant dans la chambre de son ami qui commence à s'endormir, le réveille pour l'entretenir de vains discours; qui, se trouvant sur le bord de la mer, sur le point qu'un homme est prêt de partir et de monter dans son vaisseau, l'arrête sans nul besoin, l'engage insensiblement à se promener avec lui sur le rivage; qui, arrachant un petit enfant du sein de sa nourrice pendant qu'il tète, lui fait avaler quelque chose qu'il a mâché, bat des

---

1. Ajouter d'après le manuscrit du Vatican : « à table, il se couche sous la même couverture que sa femme et il prend avec elle d'inconvenantes libertés. »
2. Les anciens avoient un grand égard pour les paroles qui étoient proférées, même par hasard, par ceux qui venoient consulter les devins et les augures, prier ou sacrifier dans les temples. (*Note de La Bruyère.*)
3. Cérémonies où l'on répandoit du vin ou du lait, dans les sacrifices. (*Note de La Bruyère.*)
4. Var. *Lui donner*, neuvième édition seule.

mains devant lui, le caresse, et lui parle d'une voix contrefaite; qui choisit le temps du repas et que le potage est sur la table pour dire qu'ayant pris médecine depuis deux jours, il est allé par haut et par bas, et qu'une bile noire et recuite étoit mêlée dans ses déjections; qui, devant toute une assemblée, s'avise de demander à sa mère quel jour elle a accouché de lui; qui, ne sachant que dire, apprend que l'eau de sa citerne est fraîche, qu'il croît dans son jardin de bonnes légumes, ou que sa maison est ouverte à tout le monde comme une hôtellerie; qui s'empresse de faire connoître à ses hôtes un parasite[1] qu'il a chez lui; qui l'invite, à table, à se mettre en bonne humeur et à réjouir la compagnie.

DE LA SOTTE VANITÉ.

La sotte vanité semble être une passion inquiète de se faire valoir par les plus petites choses, ou de chercher dans les sujets les plus frivoles du nom et de la distinction. Ainsi un homme vain, s'il se trouve à un repas, affecte toujours de s'asseoir proche de celui qui l'a convié; il consacre à Apollon la chevelure d'un fils qui lui vient de naître, et, dès qu'il est parvenu à l'âge de puberté, il le conduit lui-même à Delphes, lui coupe les cheveux et les dépose dans le temple, comme un monument d'un vœu solennel qu'il a accompli[2]. Il aime à se faire suivre par un More. S'il fait un payement, il affecte que ce soit dans une monnoie toute neuve et qui ne vienne que d'être frappée. Après qu'il a immolé un bœuf devant quelque autel, il se fait réserver la peau du front de cet animal, il l'orne de rubans et de fleurs, et l'attache à l'endroit de sa maison le plus exposé à la vue de ceux qui passent, afin que per-

---

1. Mot grec, qui signifie celui qui ne mange que chez autrui. (*Note de La Bruyère.*)

2. Le peuple d'Athènes, ou les personnes plus modestes, se contentoient d'assembler leurs parents, de couper en leur présence les cheveux de leur fils parvenu à l'âge de puberté, et de le consacrer ensuite à Hercule, ou à quelque autre divinité qui avoit un temple dans la ville. (*Note de La Bruyère.*)

sonne du peuple n'ignore qu'il a sacrifié un bœuf. Une autre fois, au retour d'une cavalcade qu'il aura faite avec d'autres citoyens, il renvoie chez soi par un valet tout son équipage et ne garde qu'une riche robe dont il est habillé, et qu'il traîne le reste du jour dans la place publique. S'il lui meurt un petit chien[1], il l'enterre, lui dresse une épitaphe avec ces mots : *Il étoit de race de Malte*[2]. Il consacre un anneau à Esculape, qu'il use à force d'y pendre des couronnes de fleurs. Il se parfume tous les jours. Il remplit avec un grand faste tout le temps de sa magistrature, et, sortant de charge, il rend compte au peuple avec ostentation des sacrifices qu'il a faits, comme du nombre et de la qualité des victimes qu'il a immolées. Alors, revêtu d'une robe blanche, et couronné de fleurs, il paroît dans l'assemblée du peuple : Nous pouvons, dit-il, vous assurer, ô Athéniens! que pendant le temps de notre gouvernement nous avons sacrifié à Cybèle, et que nous lui avons rendu des honneurs tels que les mérite de nous la mère des dieux; espérez donc toutes choses heureuses de cette déesse. Après avoir parlé ainsi, il se retire dans sa maison, où il fait un long récit à sa femme de la manière dont tout lui a réussi au delà même de ses souhaits.

DE L'AVARICE.

Ce vice est dans l'homme un oubli de l'honneur et de la gloire quand il s'agit d'éviter la moindre dépense. Si un homme a remporté le prix de la tragédie[3], il consacre à Bacchus des guirlandes ou des bandelettes faites d'écorce de bois, et il fait graver son nom sur un présent si magnifique. Quelquefois, dans les temps difficiles, le peuple est obligé de s'assembler pour régler une contribution capable de subvenir aux besoins de la république; alors il se lève et garde le silence[4], ou le plus souvent il fend la presse

1. Var. *Le moindre petit chien.*
2. Cette île portoit de petits chiens fort estimés. (*Note de La Bruyère.*)
3. Qu'il a faite ou récitée. (*Note de La Bruyère.*)
4. Ceux qui vouloient donner se levoient et offroient une somme; ceux qui ne vouloient rien donner se levoient et se taisoient. (*Note de La Bruyère.*)

et se retire. Lorsqu'il marie sa fille, et qu'il sacrifie selon la coutume, il n'abandonne de la victime que les parties seules qui doivent être brûlées sur l'autel[1]; il réserve les autres pour les vendre, et comme il manque de domestiques pour servir à table et être chargés du soin des noces, il loue des gens pour tout le temps de la fête, qui se nourrissent à leurs dépens, et à qui il donne une certaine somme. S'il est capitaine de galère, voulant ménager son lit, il se contente de coucher indifféremment avec les autres sur de la natte qu'il emprunte de son pilote[2]. Vous verrez une autre fois cet homme sordide acheter en plein marché des viandes cuites, toutes sortes d'herbes, et les porter hardiment dans son sein et sous sa robe; s'il l'a un jour envoyée chez le teinturier pour la détacher, comme il n'en a pas une seconde pour sortir, il est obligé de garder la chambre. Il sait éviter dans la place la rencontre d'un ami pauvre qui pourroit lui demander, comme aux autres, quelque secours[3]; il se détourne de lui, et reprend le chemin de sa maison. Il ne donne point de servantes à sa femme[4], content de lui en louer quelques-unes pour l'accompagner à la ville toutes les fois qu'elle sort. Enfin, ne pensez pas que ce soit un autre qui balie[5] le matin sa chambre, qui fasse son lit et le nettoie. Il faut ajouter qu'il porte un manteau usé, sale et tout couvert de taches; qu'en ayant honte lui-même, il le retourne quand il est obligé d'aller tenir sa place dans quelque assemblée.

DE L'OSTENTATION.

Je n'estime pas que l'on puisse donner une idée plus juste de l'ostentation qu'en disant que c'est dans l'homme une passion de faire montre d'un bien ou des avantages

---

1. C'étoient les cuisses et les intestins. (*Note de La Bruyère.*)
2. Le manuscrit du Vatican ajoute : « Il est capable de ne pas envoyer ses enfants à l'école vers le temps où il est d'usage de faire des présents au maître, et de dire qu'ils sont malades, afin de s'épargner cette dépense. »
3. Par forme de contribution. V. les chap. de la *Dissimulation* et de l'*Esprit chagrin*. (*Note de La Bruyère.*) — Le manuscrit du Vatican ajoute : « s'il est prévenu que cet ami fait une collecte. »
4. Le manuscrit du Vatican ajoute : « qui lui a porté une dot considérable. »
5. Pour *balaie*, c'est la vieille forme.

qu'il n'a pas. Celui en qui elle domine s'arrête dans l'endroit du Pirée[1] où les marchands étalent, et où se trouve un grand nombre d'étrangers; il entre en matière avec eux; il leur dit qu'il a beaucoup d'argent sur la mer; il discourt avec eux des avantages de ce commerce, des gains immenses qu'il y a à espérer pour ceux qui y entrent, et de ceux surtout que lui qui leur parle y a faits[2]. Il aborde dans un voyage le premier qu'il trouve sur son chemin, lui fait compagnie, et lui dit bientôt qu'il a servi sous Alexandre[3], quels beaux vases et tout enrichis de pierreries il a rapportés de l'Asie, quels excellents ouvriers s'y rencontrent, et combien ceux de l'Europe leur sont inférieurs[4]. Il se vante, dans une autre occasion, d'une lettre qu'il a reçue d'Antipater[5], qui apprend que lui troisième est entré dans la Macédoine. Il dit une autre fois que, bien que les magistrats lui aient permis tels transports de bois[6] qu'il lui plairoit sans payer de tribut, pour éviter néanmoins l'envie du peuple, il n'a point voulu user de ce privilége. Il ajoute que, pendant une grande cherté de vivres, il a distribué aux pauvres citoyens d'Athènes jusqu'à la somme de cinq talents[7]; et s'il parle à des gens qu'il ne connoît point et dont il n'est pas mieux connu, il leur fait prendre des jetons, compter le nombre de ceux à qui il a fait ces largesses, et, quoiqu'il monte à plus de six cents personnes, il leur donne à tous des noms convenables; et après avoir supputé les sommes particulières qu'il a données à chacun d'eux, il se trouve qu'il en résulte le double

---

1. Port à Athènes fort célèbre. (*Note de La Bruyère.*)
2. Le manuscrit du Vatican ajoute : « ainsi que des pertes, et, en se vantant de la sorte, il envoie son esclave à un comptoir où il n'a qu'une drachme à toucher. »
3. Le manuscrit du Vatican ajoute : « et comment il étoit avec lui. »
4. C'étoit contre l'opinion commune de toute la Grèce. (*Note de La Bruyère.*)
5. L'un des capitaines d'Alexandre le Grand, et dont la famille régna quelque temps dans la Macédoine. (*Note de La Bruyère.*)
6. Parce que les pins, les sapins, les cyprès et tout autre bois propre à construire des vaisseaux, étoient rares dans le pays attique, l'on n'en permettoit le transport en d'autres pays qu'en payant un fort gros tribut. (*Note de La Bruyère.*)
7. Un talent attique, dont il s'agit, valoit soixante mines attiques; une mine cent drachmes, une drachme six oboles. Le talent attique valoit quelque six cents écus de notre monnoie. (*Note de La Bruyère.*)

de ce qu'il pensoit, et que dix talents y sont employés, sans compter, poursuit-il, les galères que j'ai armées à mes dépens et les charges publiques que j'ai exercées à mes frais et sans récompense. Cet homme fastueux va chez un fameux marchand de chevaux, fait sortir de l'écurie les plus beaux et les meilleurs, fait ses offres, comme s'il vouloit les acheter; de même il visite les foires les plus célèbres, entre sous les tentes des marchands, se fait déployer une riche robe, et qui vaut jusqu'à deux talents, et il sort en querellant son valet de ce qu'il ose le suivre sans porter de l'or sur lui[1] pour les besoins où l'on se trouve. Enfin, s'il habite une maison dont il paye le loyer, il dit hardiment à quelqu'un qui l'ignore que c'est une maison de famille, et qu'il a héritée de son père, mais qu'il veut s'en défaire, seulement parce qu'elle est trop petite pour le grand nombre d'étrangers qu'il retire chez lui[2].

DE L'ORGUEIL.

Il faut définir l'orgueil une passion qui fait que, de tout ce qui est au monde, l'on n'estime que soi. Un homme fier et superbe n'écoute pas celui qui l'aborde dans la place pour lui parler de quelque affaire; mais sans s'arrêter, et se faisant suivre quelque temps, il lui dit enfin qu'on peut le voir après son souper. Si l'on a reçu de lui le moindre bienfait, il ne veut pas qu'on en perde jamais le souvenir; il le reprochera en pleine rue, à la vue de tout le monde[3]. N'attendez pas de lui qu'en quelque endroit qu'il vous rencontre il s'approche de vous, et qu'il vous parle le premier; de même, au lieu d'expédier sur-le-champ des marchands ou des ouvriers, il ne feint point de les renvoyer au lendemain matin et à l'heure de son lever. Vous le voyez marcher dans les rues de la ville la tête baissée,

---

1. Coutume des anciens. (*Note de La Bruyère.*)
2. Par droit d'hospitalité. (*Note de La Bruyère.*)
3. Le manuscrit du Vatican ajoute : « Si on le choisit pour arbitre, il juge la cause en marchant dans les rues; s'il est élu pour quelque magistrature, il la refuse, en affirmant par serment qu'il n'a pas le temps de s'en charger. »

sans daigner parler à personne de ceux qui vont et viennent. S'il se familiarise quelquefois jusqu'à inviter ses amis à un repas, il prétexte des raisons pour ne pas se mettre à table et manger avec eux, et il charge ses principaux domestiques du soin de les régaler. Il ne lui arrive point de rendre visite à personne sans prendre la précaution d'envoyer quelqu'un des siens pour avertir qu'il va venir [1]. On ne le voit point chez lui lorsqu'il mange ou qu'il se parfume [2]. Il ne se donne pas la peine de régler lui-même des parties; mais il dit négligemment à un valet de les calculer, de les arrêter, et les passer à compte. Il ne sait point écrire dans une lettre : Je vous prie de me faire ce plaisir ou de me rendre ce service, mais : J'entends que cela soit ainsi; J'envoie un homme vers vous pour recevoir une telle chose; Je ne veux pas que l'affaire se passe autrement; Faites ce que je vous dis promptement et sans différer. Voilà son style.

DE LA PEUR OU DU DÉFAUT DE COURAGE.

Cette crainte est un mouvement de l'âme qui s'ébranle, ou qui cède en vue d'un péril vrai ou imaginaire; et l'homme timide est celui dont je vais faire la peinture. S'il lui arrive d'être sur la mer, et s'il aperçoit de loin des dunes ou des promontoires, la peur lui fait croire que c'est le débris de quelques vaisseaux qui ont fait naufrage sur cette côte; aussi tremble-t-il au moindre flot qui s'élève, et il s'informe avec soin si tous ceux qui navigent [3] avec lui sont initiés [4]. S'il vient à remarquer que le pilote fait une nouvelle manœuvre ou semble se détourner comme pour éviter un écueil, il l'interroge, il lui demande avec inquiétude s'il ne croit pas s'être écarté de sa route, s'il

---

1. V. le chapitre de la *Flatterie*. (*Note de La Bruyère.*)
2. Avec des huiles de senteur. (*Note de La Bruyère.*)
3. *Navigent* pour naviguent; c'est la vieille forme.
4. Les anciens navigeoient rarement avec ceux qui passoient pour impies, et ils se faisoient initier avant de partir, c'est-à-dire instruire des mystères de quelque divinité, pour se la rendre propice dans leurs voyages. Voyez le chap. de la *Superstition*. (*Note de La Bruyère.*)

tient toujours la haute mer, et si les dieux sont propices[1]. Après cela il se met à raconter une vision qu'il a eue pendant la nuit, dont il est encore tout épouvanté, et qu'il prend pour un mauvais présage. Ensuite, ses frayeurs venant à croître, il se déshabille et ôte jusqu'à sa chemise, pour pouvoir mieux se sauver à la nage; et après cette précaution, il ne laisse pas de prier les nautoniers de le mettre à terre. Que si cet homme foible, dans une expédition militaire où il s'est engagé, entend dire que les ennemis sont proches, il appelle ses compagnons de guerre, observe leur contenance sur ce bruit qui court, leur dit qu'il est sans fondement, et que les coureurs n'ont pu discerner si ce qu'ils ont découvert à la campagne sont amis ou ennemis; mais si l'on n'en peut plus douter par les clameurs que l'on entend, et s'il a vu lui-même de loin le commencement du combat, et que quelques hommes aient paru tomber à ses pieds[2], alors, feignant que la précipitation et le tumulte lui ont fait oublier ses armes, il court les quérir dans sa tente, où il cache son épée sous le chevet de son lit, et emploie beaucoup de temps à la chercher, pendant que, d'un autre côté, son valet va, par ses ordres, savoir des nouvelles des ennemis, observer quelle route ils ont prise, et où en sont les affaires; et dès qu'il voit apporter au camp quelqu'un tout sanglant d'une blessure qu'il a reçue, il accourt vers lui, le console et l'encourage, étanche le sang qui coule de sa plaie, chasse les mouches qui l'importunent, ne lui refuse aucun secours, et se mêle de tout, excepté de combattre. Si, pendant le temps qu'il est dans la chambre du malade, qu'il ne perd pas de vue, il entend la trompette qui sonne la charge : Ah! dit-il avec imprécation, puisses-tu être pendu, maudit sonneur, qui cornes incessamment, et fais un bruit enragé qui empêche ce pauvre homme de dormir! Il arrive même que, tout plein d'un sang qui n'est pas le sien, mais qui a rejailli sur lui de la plaie du blessé, il fait accroire à ceux qui reviennent du combat qu'il a couru

---

1. Ils consultoient les dieux par les sacrifices ou par les augures, c'est-à-dire par le vol, le chant et le manger des oiseaux, et encore par les entrailles des bêtes. (*Note de La Bruyère.*)

2. Van. *A ses yeux.*

un grand risque de sa vie pour sauver celle de son ami; il conduit vers lui ceux qui y prennent intérêt, ou comme ses parents, ou parce qu'ils sont d'un même pays; et là il ne rougit pas de leur raconter quand et de quelle manière il a tiré cet homme des ennemis, et l'a apporté dans sa tente.

DES GRANDS D'UNE RÉPUBLIQUE.

La plus grande passion de ceux qui ont les premières places dans un État populaire n'est pas le désir du gain ou de l'accroissement de leurs revenus, mais une impatience de s'agrandir et de se fonder, s'il se pouvoit, une souveraine puissance sur celle du peuple. S'il s'est assemblé pour délibérer à qui des citoyens il donnera la commission d'aider de ses soins le premier magistrat dans la conduite d'une fête ou d'un spectacle, cet homme ambitieux, et tel que je viens de le définir, se lève, demande cet emploi, et proteste que nul autre ne peut si bien s'en acquitter. Il n'approuve point la domination de plusieurs; et de tous les vers d'Homère il n'a retenu que celui-ci :

> Les peuples sont heureux quand un seul les gouverne [1].

Son langage le plus ordinaire est tel : Retirons-nous de cette multitude qui nous environne; tenons ensemble un conseil particulier où le peuple ne soit point admis; essayons même de lui fermer le chemin à la magistrature. Et s'il se laisse prévenir contre une personne d'une condition privée, de qui il croit avoir reçu quelque injure : Cela, dit-il, ne se peut souffrir, et il faut que lui ou moi abandonnions la ville. Vous le voyez se promener dans la place, sur le milieu du jour, avec les ongles propres, la barbe et les cheveux en bon ordre; repousser fièrement ceux qui se trouvent sur ses pas; dire avec chagrin aux premiers qu'il rencontre que la ville est un lieu où il n'y a plus moyen de vivre [2]; qu'il ne peut plus tenir contre

---

[1]. Hom., *Iliade*, II, 204, 205.
[2]. Le manuscrit du Vatican ajoute : « à cause des délateurs. »

l'horrible foule des plaideurs, ni supporter plus longtemps les longueurs, les crieries et les mensonges des avocats, qu'il commence à avoir honte de se trouver assis, dans une assemblée publique ou sur les tribunaux, auprès d'un homme mal habillé, sale, et qui dégoûte; et qu'il n'y a pas un seul de ces orateurs dévoués au peuple qui ne lui soit insupportable. Il ajoute que c'est Thésée[1] qu'on peut appeler le premier auteur de tous ces maux[2], et il fait de pareils discours aux étrangers qui arrivent dans la ville, comme à ceux avec qui il sympathise de mœurs et de sentiments.

D'UNE TARDIVE INSTRUCTION.

Il s'agit de décrire quelques inconvénients où tombent ceux qui, ayant méprisé dans leur jeunesse les sciences et les exercices, veulent réparer cette négligence dans un âge avancé, par un travail souvent inutile. Ainsi un vieillard de soixante ans s'avise d'apprendre des vers par cœur, et de les réciter à table dans un festin[3], où, la mémoire venant à lui manquer, il a la confusion de demeurer court. Une autre fois il apprend de son propre fils les évolutions qu'il faut faire dans les rangs à droite ou à gauche, le maniement des armes, et quel est l'usage, à la guerre, de la lance et du bouclier[4]. S'il monte un cheval que l'on lui a prêté, il le presse de l'éperon, veut le manier, et, lui faisant faire des voltes ou des caracoles, il tombe lourde-

---

1. Thésée avoit jeté les fondements de la république d'Athènes en établissant l'égalité entre les citoyens. (*Note de La Bruyère.*)
2. Le manuscrit du Vatican ajoute : « car c'est lui qui a réuni les douze villes, et qui a aboli la royauté; mais aussi, par une juste punition, il en fut la première victime. Quand cesserons-nous d'être ruinés par des charges onéreuses qu'il faut supporter, et des galères qu'il faut équiper? »
3. V. le chap. de la *Brutalité*. (*Note de La Bruyère.*)
4. Le manuscrit du Vatican ajoute : « Il se joint à des jeunes gens pour faire une course avec des flambeaux en l'honneur de quelque héros. S'il est invité à un sacrifice fait à Hercule, il jette son manteau, et saisit le taureau pour le terrasser; et puis il entre dans la palestre pour s'y livrer encore à d'autres exercices. Dans ces petits théâtres des places publiques, où l'on répète plusieurs fois de suite le même spectacle, il assiste à trois ou quatre représentations consécutives pour apprendre les airs par cœur. Dans les mystères de Sabasius (de Bacchus), il cherche à être distingué particulièrement par le prêtre. Il aime des courtisanes, enfonce leurs portes, et plaide pour avoir été battu par un rival. »

ment et se casse la tête. On le voit tantôt, pour s'exercer au javelot, le lancer tout un jour contre l'homme de bois[1], tantôt tirer de l'arc et disputer avec son valet lequel des deux donnera mieux dans un blanc avec des flèches; vouloir d'abord apprendre de lui, se mettre ensuite à l'instruire et à le corriger comme s'il étoit le plus habile. Enfin, se voyant tout nu au sortir d'un bain, il imite les postures d'un lutteur; et, par le défaut d'habitude, il les fait de mauvaise grâce, et il s'agite d'une manière ridicule[2].

DE LA MÉDISANCE.

Je définis ainsi la médisance : une pente secrète de l'âme à penser mal de tous les hommes, laquelle se manifeste par les paroles. Et pour ce qui concerne le médisant, voici ses mœurs : Si on l'interroge sur quelque autre, et qu'on lui demande quel est cet homme, il fait d'abord sa généalogie. Son père, dit-il, s'appeloit Sosie[3], que l'on a connu dans le service, et parmi les troupes, sous le nom de Sosistrate; il a été affranchi depuis ce temps, et reçu dans l'une des tribus de la ville[4]. Pour sa mère, c'étoit une noble Thracienne : car les femmes de Thrace, ajoute-t-il, se piquent la plupart d'une ancienne noblesse[5]. Celui-ci, né de si honnêtes gens, est un scélérat et qui ne mérite que le gibet. Et retournant à la mère de cet homme, qu'il peint avec de si belles couleurs : Elle est, poursuit-il, de ces femmes qui épient sur les grands chemins[6] les jeunes

---

1. Une grande statue de bois qui étoit dans le lieu des exercices pour apprendre à darder. (*Note de La Bruyère.*)
2. Var. *Et s'exerce d'une manière ridicule*, dans la première édition. — Le manuscrit du Vatican ajoute : « afin de paroître instruit. Quand il se trouve avec des femmes, il se met à danser en chantant entre les dents pour marquer la cadence. »
3. C'étoit, chez les Grecs, un nom de valet ou d'esclave. (*Note de La Bruyère.*)
4. Le peuple d'Athènes étoit partagé en diverses tribus. (*Note de La Bruyère.*)
5. Cela est dit par dérision des Thraciennes, qui venoient dans la Grèce pour être servantes et quelque chose de pis. (*Note de La Bruyère.*)
6. Elles tenoient hôtellerie sur les chemins publics, où elles se mêloient d'infâmes commerces. (*Note de La Bruyère.*)

gens au passage, et qui, pour ainsi dire, les enlèvent et les ravissent. Dans une compagnie où il se trouve quelqu'un qui parle mal d'une personne absente, il relève la conversation : Je suis, lui dit-il, de votre sentiment : cet homme m'est odieux, et je ne le puis souffrir. Qu'il est insupportable par sa physionomie! Y a-t-il un plus grand fripon et des manières plus extravagantes? Savez-vous combien il donne à sa femme [1] pour la dépense de chaque repas? Trois oboles [2], et rien davantage; et croiriez-vous que, dans les rigueurs de l'hiver et au mois de décembre, il l'oblige de se laver avec de l'eau froide? Si alors quelqu'un de ceux qui l'écoutent se lève et se retire, il parle de lui presque dans les mêmes termes. Nul de ses plus familiers [3] n'est épargné; les morts même dans le tombeau ne trouvent pas un asile contre sa mauvaise langue [4].

DU GOUT QU'ON A POUR LES VICIEUX [5].

Le goût que l'on a pour les vicieux décèle un penchant au vice. Celui que ce penchant domine fréquente les condamnés politiques. Il espère par là se rendre plus habile et plus formidable. Cite-t-on devant lui quelques hommes recommandables par leurs vertus : Bah! dit-il, ils sont comme les autres; tous les hommes se ressemblent : ces vertueux sont des hypocrites. Il parle sans cesse contre les gens de bien. Attaque-t-on un citoyen pervers, il déclare qu'on le calomnie, parce qu'il est libéral et indépendant.

1. Le manuscrit du Vatican ajoute : « qui lui a apporté plusieurs talents en dot, et qui lui a donné un enfant. »
2. Il y avoit au-dessous de cette monnoie d'autres encore de moindre prix. (*Note de La Bruyère.*)
3. VAR. *Familiers amis*, dans les cinq premières éditions.
4. Il étoit défendu chez les Athéniens de parler mal des morts, par une loi de Solon, leur législateur. (*Note de La Bruyère.*) — Le manuscrit du Vatican ajoute : « Et ce vice, il l'appelle franchise, esprit démocratique, liberté, et en fait la plus douce occupation de sa vie. »
5. C'est ainsi que La Bruyère traduit le mot grec φιλοπονηρίας, le seul qu'il ait connu de ce chapitre. C'est en 1742 que Prosper Petroni a découvert à la bibliothèque du Vatican ce chapitre, ainsi que le suivant. Tous deux furent publiés à Parme par M. Amaduzzi en 1786, et depuis ajoutés à toutes les éditions et traductions de Théophraste. (WALCKENAER.) — La traduction des deux derniers chapitres que nous reproduisons ici, est celle qui se trouve dans l'édition de M. Walckenaer.

Il concède cependant en partie ce que l'on en dit, et prétend ignorer le reste ; puis il ajoute : C'est un homme d'esprit, un cœur excellent, d'une capacité rare, jouissant d'un grand crédit. Toujours favorable à l'accusé traduit devant le peuple ou devant un tribunal, il s'assied près de lui, et s'écrie : Jugez donc l'homme, et non le fait. Celui qu'on accuse est le défenseur du peuple, c'est son chien vigilant; il le garde contre les oppresseurs, et les éloigne. Qui voudra se mêler des affaires publiques, si on abandonne à leurs persécuteurs de tels citoyens? Ainsi tout malfaiteur est son client; et, patron zélé, il le protége même contre les juges. S'il est juge lui-même, il interprétera les plaidoiries d'une manière perfide. L'affection pour les scélérats est la sœur de la scélératesse, et le proverbe dit vrai : Qui se ressemble, s'assemble.

DU GAIN SORDIDE[1].

L'homme bassement intéressé accumule avec fureur des gains sordides. Il épargne le pain dans les repas, il emprunte de l'argent à l'étranger devenu son hôte par droit d'hospitalité. S'il sert à table : Il est juste, dit-il, que le distributeur ait une portion double; et il se l'adjuge.

[2] . . . .

S'il donne son manteau à nettoyer, il en emprunte un de quelqu'un de sa connoissance, et s'en sert jusqu'à ce qu'on le redemande... Il achète secrètement l'objet que convoite un ami, pour le lui revendre bien cher. Il diminue le salaire du maître de ses enfants, si leur maladie l'empêche de les envoyer à l'école. Au mois anthestérion[3], il ne les

---

1. C'est ainsi que La Bruyère traduit le mot grec Αἰσχροκέρδειας, qui est le titre de ce chapitre : une partie en a été connue de lui, et il l'a traduite dans le chapitre de l'*Impudent, ou de celui qui ne rougit de rien ;* elle paraît avoir été transportée par les copistes. (WALKENAER.)

2. C'est ici que se place le fragment que La Bruyère a traduit dans le chapitre de l'*Impudent,* depuis les mots : *Si quelquefois il vend du vin,* jusqu'à ceux-ci : « *de leur laisser une rave à demi mangée,* » qui terminent le chapitre.

3. Le second jour de ce mois, il étoit d'usage de payer les honoraires des maîtres, et de leur envoyer des présents. Ce second jour répondoit au 7 ou 8 janvier.

enverra pas du tout. Il y a alors tant de fêtes, qu'il lui paroît inutile de payer un mois de leçons. S'il reçoit une rétribution pour un esclave dont il a loué le travail, il exige un droit de change[1]. Il en use de même envers l'économe qui lui rend ses comptes. S'il voyage avec ses amis, il se sert de leurs esclaves et loue le sien, sans leur donner part au profit qu'il en retire. S'il se fait chez lui un pique-nique, il met en réserve une petite partie de tout ce qu'on lui a apporté, bois, lentilles, vinaigre, sel, huile de lampe. Si un de ses amis se marie, ou marie sa fille, il a eu soin de projeter d'avance un voyage, et son absence le dispense du présent de noces. Enfin, il emprunte à ses amis de ces choses qu'on ne redemande pas, et qu'on ne voudroit pas reprendre.

1. Pour la perte que cette monnoie doit éprouver relativement à l'argent.

INDEX

Cet index est, autant que possible, rédigé avec les expressions de La Bruyère; nous y avons cependant introduit quelques mots tout à fait modernes qui ne sont point dans notre auteur, parce qu'ils se rapportent à des idées qui n'étaient pas formulées dans la langue de son temps. On nous pardonnera, nous l'espérons, ces anachronismes, qui servent à rendre notre index plus complet.

A

ABBAYE; comparée à un monastère, 352.
ABBÉS mondains, 347.
ACADÉMIE française; son éloge, 423.
— Réunit tous les genres de talents, 440.
ACTION noble n'empêche pas certains personnages de tomber dans les petitesses, 258.
ACTIONS, le motif seul en fait le mérite, 47.
— Les meilleures actions s'altèrent par la manière dont on les fait, 196.
— On ne doit pas annoncer ses bonnes actions, 196.
ADVERSITÉ; fait voir les ridicules que l'on ne soupçonnait pas, 112.
AFFAIRÉ; il faut avoir l'air affairé, 139.
AFFECTATION; suite de l'oisiveté, 274.
AFFICHES des prédicateurs, 380.
AFFLICTIONS profondes; comment on en guérit, 77.
AGE d'or, en quoi il consiste, 311.
AIMER; quelques-uns s'en défendent comme d'un faible du cœur, 84. (Voy. Amitié, amour, femmes.)
AIR spirituel, beauté des hommes, 291.
ALEXANDRE LE GRAND, 41, 310.
AMATEUR de prunes; son caractère, 322.

AMATEUR de médailles, 323.
— D'estampes, 323.
— De livres, 324.
— De voyages, 324.
— De constructions, 325.
— D'oiseaux, 326.
— De coquillages, 327.
— D'insectes, 327. (Voy. Caractère.)
AMBASSADEURS, 286. (Voy. Congrès.)
AMBITIEUX; est pauvre, 126.
— A plusieurs maîtres, 174.
AMBITION, 83.
— L'ambition suspend les autres passions, 126.
AME. Les âmes grandes souffrent de la compassion, 253.
— Ames bien nées, 253.
— Ames des sots égales après la mort aux plus grandes âmes, 272.
— Ames faibles n'ont point de grands défauts, 277.
— La plupart des hommes oublient qu'ils ont une âme, 310.
— L'âme ne peut être anéantie, 404.
— De l'âme considérée dans ses rapports avec les organes corporels, 404.
AMIS. Réflexions sur la manière dont on se conduit avec eux, 79.
— On ne se réjouit pas toujours du bien qui leur arrive, 79.
— Les meilleurs amis peuvent par intérêt se changer en ennemis, 123.

AMITIÉ; analyse de ce sentiment, 73, 74, 75.
— L'amitié comparée avec l'amour, 78, 74, 75.
— L'amitié se brise souvent au déclin de la vie, 99.
— L'amitié exige que l'on pardonne les petits défauts, 103.
AMOUR, comparé avec l'amitié, 73, 74.
— Comment il naît, se développe et s'affaiblit, 73, 74, 75, 76. (*Voy.* encore page 83.)
AMYOT, 19.
ANCIENS comparés aux modernes; ce qu'on leur doit, 8, 9.
ANIMAUX; sont les confrères de l'homme et lui donnent des leçons de sagesse, 316.
ANOBLISSEMENT; comment il s'obtient, 343. (*Voy.* Argent, Grands, Noblesse.)
ANTITHÈSE; ce que c'est, 27.
APPARENCES; séduisent les hommes, 312.
ARCHITECTURE gothique; introduite par la barbarie, 8.
ARGENT; conduit à la noblesse, 285.
— Réconcilie la noblesse et la roture, 346.
— Celui qui a beaucoup d'argent peut se couvrir devant son maître, 355.
ARMOIRIES; sur la manie des armoiries, 344.
ARRIVER à ses fins, 271.
ARROGANCE, 239.
ART; sa perfection, 7.
— militaire, 206.
— mécanique; procure plus d'avantages que les belles-lettres, 282.
ASTRES; sont dirigés dans l'infini par une intelligence divine, 410.

ATHÉISME; l'athéisme n'existe pas, 392. (*Voy.* Dieu.)
ATOMES; ne se sont point faits eux-mêmes, 412.
ATTELAGE; un bel attelage produit un grand effet sur les femmes, 147.
ATTENTION; il faut faire attention à toutes ses paroles, 292.
AUJOURD'HUI ressemble à demain, 398.
AUGUSTIN (Saint), 334.
AUTEUR; ce qu'il faut pour être auteur, 6.
— Un auteur doit être modeste, 9.
— Des auteurs qui écrivent par humeur, 10.
— Les auteurs écoutent froidement les ouvrages des autres, 10.
— Les auteurs sont jaloux, 10.
— Un auteur n'est point tenu de supprimer les passages de son livre dont on fait de fausses applications, 13-14.
— Auteur qui ne s'occupe que de lui-même, 13.
— Auteur né copiste; quels sont ceux qu'il doit imiter ? 30.
— Les auteurs cherchent vainement à se faire admirer, 16.
— Des auteurs qui écrivent pour gagner cinquante pistoles, 381.
AVARE; est pauvre, 126.
— Les avares vont à leur perte par le chemin le plus pénible, 263.
AVARICE; pourquoi les vieillards sont avares, 262.
AVENIR; doit révéler une foule de choses nouvelles, 311.
AVOCATS; prennent l'air affairé, 139.
— Réflexions sur la manière de plaider des avocats, 355.
— Avocats comparés aux prédicateurs, 384.

B

BALZAC; jugement sur ses lettres, 16.
— A du bon et du mauvais, 18.
— Mentionné, 19.
BATIMENTS (*Voy.* Amateurs.)
BEAU-PÈRE, 100.
BEAUTÉ; ne dépend pas du goût, 32.

BEAUX ESPRITS attachés au service des grands, 391. (*Voy.* Bel esprit.)
BEL ESPRIT; sa définition, 284.
BELLE-MÈRE, 100.
BELLES-LETTRES; les hommes n'y attachent aucun prix, 282.
BELLEAU (Rémy), 19.

BENSERADE, 371.
BERNIN, sculpteur, 426.
BERGER; comparé au souverain, 221.
BIENFAISANCE envers les malheureux, 78.
BIENFAITS (des), 77-78.
BIENS; diverses façons dont les hommes s'y prennent pour obtenir les biens qu'ils souhaitent, 80.
— Il y a des biens que l'on désire avec emportement, 241. (*Voy*. Fortune.)
BIENSÉANCE; réflexions sur la bienséance, 248.
— Les bienséances s'apprennent par l'usage, 292.
— Fautes contre les bienséances, 292.
— Les bienséances donnent aux choses leur perfection, 348.
BOILEAU DESPRÉAUX, 81.
— Les satires de Boileau jugées par La Bruyère, 425-426.
— Éloge de Boileau, 437.
BON SENS, 295.
BONHEUR; nous le cherchons hors de nous-mêmes, 251.

BONS MOTS; comment on les fait valoir, 300.
BONTÉ; a différents degrés, 48.
— La bonté du naturel est la source des grandes actions, 83.
BOSSUET (sous le nom de *Trophisme*), 39.
— cité, 382.
— Éloge de Bossuet, 438.
BOUHOURS (le père), 15.
BOURDALOUE (le père), 382.
BOURGEOIS qui suivent les armées pour assister aux événements militaires, 308. (*Voy*. Roturiers.)
— De Paris, vivent mollement, 149, 150.
BOURGEOISIE, comment elle s'est élevée, 189. (*Voy*. Argent.)
BOURREAU (le), proposé à Lélie pour amant, 56.
BRAVOURE; familière aux personnes nobles, 194. (*Voy*. encore 253.)
BRELANS publics, 131.
BRUNO (Saint); sa vie peinte par Le Sueur, 233.
BRUSQUERIE impertinente, 95.
BUSSY (le comte de), 447.

C

CABALE; demande de l'esprit, 179.
CABALES dramatiques, 21.
CACHER ses faibles, 250.
CAMPAGNE; la nature est pour ceux qui l'habitent, 311.
CAPACITÉ; quelle est la capacité ordinaire des hommes, 238.
CAPRICES des femmes, contre-poison de leur beauté, 52.
CARACTÈRE fade, 85.
— Change par les habitudes, 237.
— De *Zoïle*, auteur jaloux, 10.
— De *Zélotis*, juge littéraire, 11.
— D'*Anthime*, qui prononce sur les livres sans les avoir lus, 12.
— D'*Arsène*, l'homme content de lui-même, 12.
— De *Théocrine*, l'auteur qui ne s'occupe que de lui, 13.
— De *Capys*, le juge du beau style, 15.

CARACTÈRE d'*Egésippe*, ou l'homme qui demande un emploi, 34.
— De *Philémon*, ou l'homme qui affiche un grand luxe, 40.
— D'*OEmile*, ou du grand homme de guerre, 41-42.
— De *Mopse*, ou l'indiscret, 44.
— De *Celse*, ou l'homme important, 44.
— De *Ménippe*, ou l'homme qui emprunte l'esprit des autres, 45.
— De *Lise*, ou la vieille coquette, 51.
— Des *Roscius* et des bateleurs à bonnes fortunes, 55, 56.
— De *Lélie*, ou la femme éprise des comédiens et des joueurs de flûte, 55-56.
— De *Glycère*, ou la femme qui trompe son mari, 66, 67.
— D'*Émire*, ou de la femme qui se croit insensible, 69.

CARACTÈRE de *Drance*, ou le courtisan familier, 82.
— D'*Acis*, ou le parleur prétentieux, 86.
— D'*Anias*, ou l'homme universel, 88.
— De *Troïle*, ou le parasite, 91.
— De *Théodecte*, ou l'homme sans gêne, 90.
— D'*Eutiphron*, l'homme aux comparaisons désobligeantes, 95.
— De *Cléante*, ou l'honnête homme qui se sépare de sa femme, 100.
— De *Théobalde*, ou le bel esprit, 104.
— D'*Hermagoras*, ou l'homme qui ne sait rien de son époque, 106, 107.
— De *Cydias*, ou le bel esprit, 108.
— De *Nicandre*, ou l'homme qui veut se remarier, 110, 111.
— De *Clitiphon*, ou l'homme chargé d'affaires, 114.
— De *Sosie*, ou le parvenu, 115.
— D'*Arfure*, ou la femme du parvenu, 115, 116.
— De *Crésus*, ou l'homme qui meurt insolvable, 116.
— De *Champagne*, ou le fonctionnaire repu, 116.
— De *Sylvain*, ou le nouvel anobli, 117.
— De *Périandre*, ou le parvenu embarrassé du nom de son père, 117-118.
— De *Chrysippe*, ou le vieillard qui travaille à s'enrichir, 120.
— D'*Éryaste*, ou l'homme insatiable, 120.
— De *Criton*, ou l'homme plein de ses intérêts, 121.
— De *Giton*, ou le riche, 135.
— De *Phédon*, ou le pauvre, 135, 136.
— Des *Crispins*, ou les gens à équipage, 140.
— Des *Sannions*, ou des marchands qui ont pris des armoiries, 141.
— De *Narcisse*, ou l'homme inutile et méthodique, 143.
— De *l'homme oisif* qu'on rencontre partout, 144, 145.
— De *Théramène*, ou l'homme recherché par les femmes, 145.

CARACTÈRE de *Cimon* et de *Clitandre*, ou les gens empressés, 156.
— De *Ménophile*, ou l'homme faux, 165.
— De *Théonas*, ou l'abbé qui veut être évêque, 166.
— De *Théodote*, ou l'homme qui fait de rien une grande affaire, 169.
— Du *courtisan*, 171.
— De *Straton*, ou l'homme qui a épuisé le malheur et la prospérité, 180.
— De *Théophile*, ou l'homme qui veut gouverner les grands, 185.
— De *Téléphon*, 187.
— De *Théognis*, ou l'homme qui veut être bien avec tout le monde, 197.
— De *Pamphile*, ou l'homme plein de lui-même, 198.
— Des *Nouvellistes*, 207, 208, 209.
— De *Ménalque*, ou le distrait, 218 et suiv.
— D'*Irène*, ou la femme qui ne veut pas vieillir, 242.
— D'*Argyre*, ou la coquette qui parle toujours, 253.
— De *Phidippe*, ou le vieillard qui se donne toutes ses aises, 264.
— De *Gnathon*, ou l'égoïste, 264.
— De *Cliton*, ou l'homme né pour manger, 265.
— De *Ruffin*, ou l'homme indifférent, 266.
— Du *vieillard*, qui fait planter et qui bâtit, 267.
— D'*Antagoras*, ou le plaideur, 267.
— De *Téléphe*, ou l'homme qui s'exagère ce qu'il vaut, 271.
— De *Timon*, ou le misanthrope, 276.
— De la *femme accomplie*, 289.
— D'*Hérille*, ou l'homme qui fait des citations, 299.
— Du *Fleuriste*, 321.
— De l'*amateur de prunes*, 322.
— De *Diognète*, ou l'amateur de médailles, 323.
— De *Démocède*, ou l'amateur d'estampes, 323.
— De l'*amateur de livres*, 324.
— De *Diphile*, ou l'amateur d'oiseaux, 326.
— De l'*amateur de coquillages*, 327.

CARACTÈRE de *l'amateur d'insectes*, 327.
— D'*Iphis*, ou de l'homme à la mode, 332.
— D'*Onuphre*, ou le faux dévot, 336 et suiv.
— De *Zélie*, ou la dévote, 340.
— De *Titius*, ou l'héritier déshérité par un codicille, 360.
— D'*Hermippe*, ou l'homme esclave de ses commodités, 362.
— De *Carro carri*, ou le charlatan, 364.
CARACTÈRES qu'il ne convient pas de mettre au théâtre, 23.
— (le livre des); dans quel but La Bruyère l'a composé, 1 et suiv.
— Peint les hommes en général, 2.
— Additions successives que l'auteur y a faites, 4.
— Allusion aux critiques dont il a été l'objet, 11.
— Les Caractères de La Bruyère justifiés par l'auteur des critiques injustes auxquelles ils ont donné lieu, 427, 428.
— Les *clefs* qui en ont été faites ne sont point exactes, 429.
— Caractères de La Bruyère comparés par l'auteur à ceux de Théophraste, 466-467.
— Caractères de Théophraste jugés par La Bruyère, 434 et suiv.
CARESSES; on les prodigue en particulier à ceux qu'on évite en public, 161.
— Caresses étudiées, n'en imposent pas, 197.
CAUSES; sont inconnues dans la nature, 413.
CÉLIBATAIRE; peut s'élever au-dessus de la fortune, 39.
CÉSAR; cité, 41.
— César n'était pas trop vieux pour penser à la conquête de l'univers, 310.
CHANOINES; se font payer pour avoir dormi, 351.
CHAPELAIN; 281.
CHARLATAN; il n'y a qu'eux pour faire fortune, 285.
— Les charlatans sont habiles à prévenir les gens en leur faveur, 293.
— Portrait d'un charlatan, 364.

CHARLATAN; en quoi les charlatans diffèrent du médecin, 364.
CHARPENTIER, directeur de l'Académie, 440.
CHASSE; portrait d'un juge amateur de chasse, 142.
CHATEAU; il suffit d'en habiter un pour être réputé noble, 345.
CHEF-D'OEUVRE D'ESPRIT; est toujours l'ouvrage d'un seul, 7.
CHIROMANCIENS, 365.
CHOISY (l'abbé de); son éloge, 437.
CHRÉTIENS; ce qu'il faut penser de ceux qui vont au spectacle, 349.
— Les chrétiens ont bien de la peine à se résoudre d'eux-mêmes à leur propre félicité, 352.
CICÉRON, 394.
CID (la tragédie du); son éloge, 14, 15.
CIRON; n'est point produit par le hasard, 412.
CITATIONS; de l'abus des citations, 299.
COEFFETEAU, 19.
COEUR; concilie les choses contraires, 83.
— est plus sociable que l'esprit, 83.
COMÉDIE; comment on peut la rendre utile, 24. (*Voy.* Théâtre.)
COMÉDIENS; réflexions qui les concernent, 281, 349.
COMÉDIENNES; étaient aimées des Romains, 281.
COMMANDEMENT MILITAIRE; donne du courage, 195.
COMMENTATEUR; 367.
COMPARAISONS désobligeantes, 95.
COMPILATEURS; ne pensent pas, 30.
CONDITIONS; sont étrangement disproportionnées, 130.
— Offrent entre elles des compensations, 183.
— Ont chacune leur charme particulier, 188.
— Comment elles sont formées, 269.
CONDUITE; il y a un jeu dans la conduite, 260.
— Une sage conduite roule sur deux pivots, 302.
CONFESSEURS des femmes; 58.
CONGRÈS; 210.
CONNAISSEUR; comment on se fait passer pour un connaisseur, 177.

CONNAITRE les hommes, 276.
CONSCIENCE de praticien, 257.
CONSEILLERS des rois, 187.
CONSEILS; donner des conseils, chose inutile, 104.
— Les meilleurs ont de quoi déplaire, 303.
CONSIDÉRATION; s'obtient quelquefois par l'impertinence, 113, 114.
CONSOLATIONS données aux gens malheureux, 103.
CONTENTER tous les hommes, chose impossible, 273.
CONTREFAIRE les gens, chose dangereuse, 64.
COSTUME des hommes; n'est pas réglé par le soin de la santé, 268.
COTERIES de société; 138.
CONVERSATIONS; la plupart des conversations sont vaines et inutiles, 85.
— Ridicule de certaines conversations, 86.
— Comment on doit s'y comporter, 89.
— Conversation des gens qui se croient de l'esprit, 89.
— Conversation des puristes, 93.
— En quoi consiste l'esprit de conversation, 93.
— Conversation des gens qui content leurs affaires à des inconnus, 92.
— Il ne faut pas porter trop d'imagination dans la conversation, 93.
— La conversation demande du bon sens et de l'expression, 94.
— Les conversations ont été affadies par les romans, 105.
— Conversations inspirées par la vanité ou par l'humeur, 105.
— On dit dans la conversation des choses froides, 106.
COQUETTERIE; en quoi elle diffère de la galanterie, 53.
COQUILLAGES. (Voy. Amateur.)
COQUIN; est privé de tout sentiment, 37.
CORNEILLE; jugement sur ses œuvres, 14, 15, 24.
— Comparé à Racine, 25.
— Son portrait, 298.
— Cité, 39, 281, 282.
COUR (la) est un théâtre de cabales, 35.

COUR (la); la jeunesse y plaisante grossièrement, 106.
— Paraît admirable à la province, 152.
— Les grands y sont petits, 152.
— Ne peut être définie, 152.
— Il est honorable de ne point la connaître, 152.
— La cour ne rend pas content, 153.
— Il faut qu'un honnête homme tâte de la cour, 153.
— Pourquoi certaines gens vont à la cour, 153.
— La cour serait déserte sans la vanité et l'intérêt, 153.
— Les aventuriers se produisent d'eux-mêmes à la cour, 154.
— L'air de la cour est contagieux, 154.
— Les gens sans conséquence savent se rendre indispensables à la cour, 155, 156.
— Il faut à la cour être gentilhomme, 158.
— On n'agit à la cour que par intérêt 158.
— La faveur fait changer les sentiments à la cour, 159.
— On blâme à la cour ceux qui sont en faveur, 159.
— On ne méprise pas toujours le mérite à la cour, 160.
— On refuse son crédit à la cour d'une manière douce, 160.
— Ce qu'on dit à la cour des gens en place, 161.
— Comment on y congédie son monde, 162.
— Pourquoi on y dit du bien des gens, 162.
— Comment on s'y perd, 163.
— Comment on y obtient des places, 164.
— Il y a des gens à la cour qui ne font rien que recevoir, 165.
— Il faut qu'il y ait des fripons à la cour, 167.
— La vie de cour est un jeu mélancolique, 172.
— A la cour les joies sont fausses et les chagrins réels, 172.
— On trouve à la cour des gens qui n'ont point deux pouces de profondeur, 177.

COUR (la) ; les gens d'esprit peuvent y être dupés par les sots, 179.
— On y abuse du présent, 180.
— La cour comparée aux petites villes, 200, 201.
— On n'y donne point de pensions aux dévots, 341.
— Il est difficile au prince de rendre la cour pieuse, 341.
— Les libertins et les hypocrites fleurissent à la cour, 396.
— Les gens de cour ne s'intéressent qu'aux choses contemporaines, 453.
— La cour ne connait point la ville, 453.
COURTISAN. Les courtisans sont onéreux à la république, 35.
— Les courtisans ont le pas sur les bourgeois dans les ruelles, 54.
— Ils sont impénétrables, 152.
— Ils sont enlaidis par la présence du prince, 153.
— Ils doivent prendre de beaux noms, 157.
— Ils cherchent toujours des impossibilités d'obliger leurs amis, 160.
— Ils dérobent leur ambition par des artifices grossiers, 163.
— Ce qu'ils disent quand ils obtiennent une place, 164.
— Caractère du courtisan, 171.
— Les courtisans flattent, après un retour de faveur, ceux qu'ils avaient délaissés, 168.

COURTISAN comparé à une montre, 173.
— Le courtisan est un esclave, 174.
— Courtisans des grands, motifs qui les font agir, 174.
— Le courtisan est dévot pour être à la mode, 333.
— Le courtisan est capable de tout, même d'être dévot, 334.
— Le courtisan change si vite que l'on ne peut faire son portrait, 334.
— A quels signes on peut reconnaître que le courtisan est sincèrement dévot, 336.
CRISPINS (les), 140.
COUTUME, maîtrise les esprits, 353.
CRAPULE, met les hommes à la mode, 329.
CRÉANCIERS des grands meurent de faim, 304.
CRIME. C'est un grand malheur d'avoir à s'en justifier, 305.
— Crime heureux, loué comme la vertu, 312.
— Les crimes sont découverts par la volonté de Dieu, 417.
CRITIQUE. La critique n'est pas une science, 30.
— Critiques littéraires, ne sont jamais d'accord entre eux, 13.
— Critiques auxquelles sont exposés les bons ouvrages, 425-426.
CURIOSITÉ, est une passion mesquine, 321.

D

DÉCLAMATEUR, en quoi il diffère de l'orateur, 357.
DÉDAIN; quel en est souvent le motif, 168.
DÉFAUTS. On n'avoue que les petits défauts qui supposent de grandes qualités, 249
— Se corriger d'un seul défaut, chose impossible à certains hommes, 258.
— Source des défauts, 204.
— On ne sent pas ses propres défauts, 302.
— Comment on pourrait se corriger promptement de ses défauts, 302. (Voy. Petits défauts.)

DÉLICATESSE. De la fausse délicatesse, 273.
DÉPENSE n'est pas réglée d'après le bien, 135.
DESCARTES, 127, 293.
DÉSIR, 239.
DESPORTES, 371.
DESPOTISME, laisse le peuple s'endormir dans les fêtes, 203.
DEVINS, 365.
DEVOIR; comment les gens de cœur le remplissent, 37.
— Il n'y a que le devoir qui coûte, 260.
DÉVOT; ne dit pas de bien d'un saint, 279.

DÉVOT; le dévot est différent de l'homme de bien, 295.
— Les dévots ne connaissent de crimes que les dehors de l'incontinence, 335.
— Portrait du faux dévot, 336 et suiv.
— Le dévot fait un métier aisé à contrefaire, 341.
— Il y a des gens qui attendent pour être dévots que tout le monde soit impie, 389.
— Les faux dévots se moquent de Dieu, 397.
DÉVOTION; vient après la fortune, 125.
— Caractère de la fausse dévotion, 334.
— Fausse dévotion, 336-337.
— La dévotion est une science comme la géométrie, 341.
— Source de repos quand elle est sincère, 342.
— De la cour, 342.
DIEU est méconnu par les esprits grossiers, 389.
— Bien des gens ne croient en Dieu que quand ils sont malades, 390.
— Il n'y a personne qui puisse dire que Dieu n'est pas, 391.
— Preuves de l'existence de Dieu, 391.
— On ne pense à Dieu que lorsqu'on est dans le pire état, 392.
— C'est à Dieu que nous en appelons des jugements des hommes, 393.
— Il ne faut pas vouloir rendre raison de Dieu, 395.
— Ceux qui osent nier Dieu ne méritent pas qu'on le leur prouve, 400.
— Dieu est un esprit, 402, 403.
— Démonstration de l'existence de Dieu par les merveilles de la création, 405 et suiv.
DIGNITÉS; on y arrive par les chemins de traverse, 165.
DIPLOMATES. (Voy. plénipotentiaires.)
DIPLOMATIE, 210-211.
DIRE le oui et le non sur une même chose, 292.
DIRECTEURS des femmes, 58, 59, 60, 61.
DISCOURS; ont de grands avantages sur les livres, 385.
DISEURS de bons mots, 177.
DISGRACE, rend traitable, 180.
— Eteint les haines, 306.
— Un homme en disgrâce ne fait rien de bien, 306.
DISTRAIT; son portrait, 228.
DOCTEUR; quel est l'homme qu'on appelle de ce nom, 40, 41.
— En quoi il diffère de l'homme docte, 41.
DONNER de mauvaise grâce est rusticité, 164-165.
DOT mangée en frais de noces, 147.
DOUCEUR; sert de piége aux âmes malignes, 236.
DOULEUR. Les douleurs muettes sont hors d'usage chez les femmes, 69.
— Grandes douleurs adoucies par des bagatelles, 241.
DU BARTAS, 18.
DUEL, mode extravagante et barbare, 328.
DUELLISTE, 268.

E

ÉDUCATION; il ne faut ni la négliger, ni tout en espérer, 304.
— L'éducation est toujours utile, 304-305. (Voy. enfants.)
ECRIVAINS. Les écrivains doivent avoir pour but l'instruction, 2.
— Un écrivain ne doit faire entendre que de belles choses, 28.
— Ce qu'il doit faire pour écrire nettement, 28.
ECRIVAINS; un écrivain doit tendre à la perfection, 31.
— Les écrivains sont méprisés par les riches, 127.
— Ecrivains du dix-septième siècle comparés à ceux des siècles précédents, 371.
EFFRONTÉ; il faut l'être pour réussir, 163.

INDEX.

EGALITÉ sociale commence à paraître sous Louis XIV, 197.
EGLISE. (*Voy.* offices d'église.)
EGOISTE. Son portrait, 264.
ELOGE des gens de bien est la critique du genre humain, 303.
— Eloges exagérés et intempestifs, 95.
ELOQUENCE; ce que c'est d'après le peuple, 26.
— Définie par La Bruyère, 26.
— Eloquence judiciaire, 355, 374.
— L'éloquence de la chaire est devenue un spectacle, 374.
— L'éloquence de la chaire ne convertit plus, 374.
— Quelles sont les véritables règles de l'éloquence de la chaire, 382.
— Eloquence du barreau. (*Voy.* Avocats.)
EMPHASE, gâte les grandes choses, 110.
EMPLOIS PUBLICS, 33.
— Les gens inutiles croient y avoir des droits, 34.
— Il faut en France beaucoup de force d'esprit pour savoir s'en passer, 36.
— Il faut s'en rendre digne avant de les demander, 184.
— Les mériter est un motif pour ne pas les obtenir, 184.
— Les emplois grandissent les grands hommes, 257.
— Les emplois graves s'obtiennent quelquefois par l'enjouement, 257.
— Il y en a qui enrichissent un seul aux dépens de tous, 354.
EMULATION, ce qui la distingue de la jalousie, 254.
ENFANCE; il ne faut point trop l'occuper de l'étude des langues, 366.
ENFANTS; sont déjà des hommes, 244.
— N'ont ni passé ni avenir, 244.
— Leur caractère, 245.
— Ont la mémoire et l'imagination, 245.
— Ont une grande sagacité pour découvrir les défauts, 245-246.
— Commencent entre eux par l'état populaire, 246.
— Sont très-appliqués dans leurs jeux, 246.

ENFANTS; tout leur paraît grand, 246.
— Il ne faut point les punir des fautes qu'ils n'ont point commises, 247.
— Raisonnent conséquemment, 247.
— Il leur faut les verges, 276.
ENNEMIS; comment on doit se conduire avec eux, 79.
— Comment on les hait sans se venger, 81.
ENNUI; entré dans le monde par la paresse, 259.
ENTÊTEMENT, 277.
ENVIE, ce qui la distingue de la jalousie, 255.
— Ote le bonheur, 239.
EPARGNE sordide, 130.
EPITHÈTES; sont de mauvaises louanges, 8.
EPOUSER une veuve, 129.
EQUIPAGES (manie des), 110.
ERUDITION; il y a de la hardiesse à soutenir sa cause, 282.
— Doit procéder par l'étude des textes, 366.
ESPRIT. En quoi consiste l'esprit d'un auteur, 8.
— Ce que les esprits vifs aiment en littérature, 14.
— Rien n'est nouveau aux gens d'esprit, 16.
— Esprits médiocres croient tout comprendre, 16.
— Des esprits médiocres, 27.
— Esprits justes, 27.
— Esprits vifs, 27.
— Les esprits vastes pénètrent fort loin dans les sciences et les arts, 29.
— Les esprits justes et doux excellent dans le médiocre, 29.
— Les esprits subalternes ne sont que des magasins, 30.
— Bien des gens ne se servent pas de l'esprit qu'ils ont, 34.
— Le bon esprit découvre le devoir, 38.
— Esprits bornés, 43.
— La nécessité fait trouver de l'esprit, 84.
— Esprits délicats, 85.
— Esprits faux, 104.
— Les gens d'esprit méprisent les grands, 184.

ESPRIT, esprit droit conduit à la vertu, 287.
— Défaut d'esprit père des crimes, 287.
— L'esprit de parti abaisse les grands hommes, 247.
— Il y a peu d'esprits entièrement stupides, et très-peu de transcendants, 255.
— De quelle jalousie un homme d'esprit peut être susceptible, 255.
— L'esprit s'use comme toutes choses, 256.
— Esprit médiocre, 256.
— L'esprit est en mésintelligence avec le cœur, 256.
— Esprit des autres, inutile à ceux qui n'en ont point, 256.
— Un homme d'esprit peut être brutal, 294.
— En quoi l'esprit diffère du talent et du goût, 295.
— Quels sont ceux à qui convient le nom d'hommes d'esprit, 295.
— Esprit de discernement, 295.
— L'esprit peut exceller dans une chose et échouer dans toutes les autres, 299.

ESPRIT; esprits forts; ainsi nommés par ironie, 388.
— Discussion sur la matière et l'esprit, 400, 401.
— Esprits des hommes, tous très-différents entre eux, 452.
— Esprit de parti dénature la vérité dans les livres, 28.
— Esprit de politesse, 97, 98.
— *Voy.* Auteur, Bel esprit, Justesse, Médiocrité.
ESTAMPES. (*Voy.* Amateur.)
ESTIME; on l'accorde au beau linge, 251.
ESTIMER quelqu'un, ce que c'est, 302.
ETAT despotique, 203.
ETOILES; décrites par La Bruyère, comme témoignage de la grandeur de Dieu, 408.
ETRES. Des êtres composés et des êtres simples, 404.
EXÉCUTIONS capitales, sont d'affreux spectacles, 165.
EXPRESSIONS; il n'y en a qu'une bonne; comment il faut la choisir, 9, 10.
EXTÉRIEUR simple, 87.

F

FADAISES; plaisent au peuple dans les livres, 20.
FAGON, médecin, 364.
FAIRE comme les autres, 279.
FAMILLES. Sur les familles troublées par les défiances, 99.
— Familles élevées par les jeux de la fortune, 184.
— Les familles se réconcilient par intérêt, 174.
— Les familles touchent presque toutes aux grands et au peuple, 346.
FANFARON (le), 37.
FAT. Luxe et toilette du fat, 40.
— Fat ambitieux, 112.
— Définition du fat, 293-294. (*Voy.* encore 256.)
FAUTES. Le récit des fautes est pénible, 247.
— Les fautes des sots leur sont utiles, 247.

FAUTES; se trouver en faute, seul malheur de l'homme, 271.
— On ne doit pas juger les hommes par une seule faute, 292.
FAVEUR. Quels sont ceux dont on doit briguer la faveur, 79.
— La faveur arrive à certaines gens comme un accident, 178.
— Tout manége est bon à ceux qui sont en faveur, 173.
FAVIER, danseur, 341.
FAVORIS; comment on reconnaît qu'ils vont tomber, 180.
— Comment ils doivent se conduire, 216.
— Détails divers qui les concernent, 215, 216.
— Ont un compte étrange à rendre de leur faveur, 303.
FEMMES; excellent à écrire des lettres, 16, 17.
— S'enlaidissent en se fardant, 50.

FEMMES; gâtent un bon naturel par leur affectation, 49.
— Pourquoi elles se fardent, 50.
— Comment il faut les juger, 50.
— Ne se jugent pas entre elles comme les hommes les jugent, 49.
— Ont une vraie et une fausse grandeur, 49.
— Femme coquette, meurt parée, 51.
— Comment les femmes reçoivent les visites de leurs amants, 51.
— Femme qui n'a qu'un galant, 52.
— Qui a plusieurs galants, 52.
— Les femmes s'attachent par les faveurs qu'elles accordent, 52.
— Belle femme qui a les goûts d'un honnête homme, est ce qu'il y a de plus parfait, 52.
— Les femmes persuadent par les petites choses, 52.
— Femme galante comparée à la coquette, 53.
— Femme coquette comparée à la femme galante, 53.
— Femme faible, 53.
— Femme inconstante, 54.
— Quelques femmes ont un double engagement, 54.
— Femme qui se laisse charmer par un petit monstre, 54.
— Femmes flétries sont la ressource des jeunes gens sans bien, 54.
— Les femmes aiment les hommes vains et indiscrets, 55.
— Pourquoi quelques femmes aiment des valets ou des moines, 55.
— Femmes qui vivent dans la retraite, 57.
— Femmes du monde, 57.
— Femme qui a un directeur, 57.
— Comment la dévotion vient aux femmes, 59.
— Femme dévote, 60.
— C'est un grand embarras de choisir une femme pour le mariage, 60.
— Les femmes sont faciles à gouverner par leur directeur, 60, 61.
— Femmes qui jouent la modestie, 61.
— Femmes savantes, 62, 63.
— Femmes; traits divers de leur caractère, 64.
— Les femmes vont plus loin que les hommes en amour, 64.

FEMMES; comment les femmes jugent du mérite d'un homme, 65.
— Les femmes écrivent avec emportement sans être touchées, 66.
— Femmes comparées aux hommes dans les relations d'amour, 66.
— Moyens que les femmes emploient pour mortifier leurs maris, 69.
— Il n'y a pas de femme qui ne donne à son mari le regret d'être mariée, 69.
— Femme insensible, 69, 70, 71.
— Femmes de la ville, moins naturelles dans leur langage que les femmes de la cour, 105.
— Les femmes de Paris vont voir les hommes se baigner, 137.
— Les femmes se promènent pour montrer de belles étoffes, 137.
— Les femmes de la cour estiment le mérite, 146, 147.
— Femmes de la ville éblouies par les carrosses, 147.
— Les femmes font à Paris un futile emploi de la journée, 148.
— Elles précipitent le déclin de leur beauté croyant se rendre belles, 174.
— Femme qui loue la beauté d'une autre femme, 279.
— Femme accomplie, son portrait, 289.
— Une belle femme est aimable dans son naturel, 290.
— D'une vieille femme mariée à un jeune homme, 354.
— Les femmes peuvent corrompre les juges les plus sévères, 358, 359.
— Le costume des femmes n'est pas réglé par les bienséances, 368.
— Les femmes ne s'intéressent qu'aux choses contemporaines, 453.
— Voy. Amour, Caprice, Galants, Galanterie, Perfidie.

FÉNELON, 387, 439.

FÊTE de Chantilly décrite, 21.

FÊTES, font mieux sentir l'infortune, 253.

FIDÉICOMMIS, jugé par La Bruyère, 360, 361.

FILLES; comment elles vengent leurs amants, 65.
— Filles riches doivent se marier jeunes, 65.

44.

FILLES à marier qui cherchent un épouseur, 146.
FINANCIER. Ce qu'on dit de lui quand il réussit, 113.
— Le financier ne pleure personne, 122.
FINESSE, définie et jugée, 178.
FLATTERIE; ce qu'elle fait après la mort des gens, 184.
— Sur la flatterie, 261.
FLATTEUR; n'a pas bonne opinion de soi et des autres, 305.
FLEURISTE, son caractère, 321.
FOLIE; sert à certains hommes autant que la sagesse, 257.
FONDS perdu; est un bien perdu, 355.
FORTUNE. Il est triste d'aimer sans fortune, 73.
— On a moins d'ardeur pour sa fortune que pour les choses frivoles, 79.
— La fortune fait remarquer le mérite, 112.
— Quelle sorte d'esprit il faut pour faire fortune, 122.
— Faire fortune, phrase d'un usage universel, 122.
— Comment on fait fortune, 123.

FORTUNE; quel est le fruit d'une grande fortune, 124.
— On fait fortune quand on est vieux, 124.
— La fortune se lit sur les visages, 126.
— On blâme les gens qui font fortune, 159.
— Obstacles qui s'opposent à ce que l'on fasse fortune, 160.
— On perd sa fortune par les défauts qui l'ont fait obtenir, 162.
— Comment on fait fortune, 167.
— Comment on fait sa fortune, ou comment on la manque, 281.
— Pour faire fortune, il vaut mieux être médiocre qu'ignoré, 380.
FOURBERIE, 239, 240.
FOURCROY, avocat, 374.
FOURNISSEURS des grands; peuvent tout se permettre, 361.
FRANCE; satire allégorique des mœurs de ses habitants, 174.
FRANÇAIS; veulent du sérieux dans le souverain, 215.
— Passent pour barbares aux yeux d'autres peuples, 287.
FRIPONS; il faut qu'il y en ait à la cour, 167.

G

GALANTERIE. En quoi la galanterie diffère de la coquetterie, 53.
— La galanterie des femmes ajoute à leur coquetterie, 53.
GALANTS; comment ils sont traités par les femmes, 53.
GASTRONOME; son portrait, 265.
GÉNIE, manque souvent d'occasions, 34.
GÉNÉRAUX; l'histoire ne doit point s'occuper de leur table, 362.
GENS de bien; il faut faire mieux qu'eux, 84.
GENTILHOMME, veut passer pour seigneur, 345.
GENTILLATRE, 307.
GEORGES D'AMBOISE; son éloge, 217.
GLOIRE. Fausse gloire, écueil de la vanité, 248.
GLOIRE; ce que c'est que la gloire, 307.

GLOIRE militaire, critiquée par la Bruyère, 317.
GLORIEUX (le), est un courtisan empressé, 36.
GRACES. Réflexions sur les gens oubliés dans la distribution des grâces, 305.
GRANDEUR, n'existe pas sans la prudence, 313.
GRAND homme, est différent du héros, 41.
GRANDS. Caractère des grands, 35.
— On ne prime pas avec eux, 102.
— Comment ils assistent aux mystères de la religion, 175.
— Ceux dont ils ont besoin ne perdent point leur faveur, 180.
— Le peuple est prévenu en leur faveur, 182.
— Quel est leur plus précieux avantage, 183.

GRANDS; les grands ne s'inquiètent point de rendre les cœurs contents, 183.
— Les grands sont dispensés de tenir leurs promesses, 184.
— Le bonheur rend les grands insensibles, 184.
— Les grands dédaignent les gens d'esprit, 184.
— Quelles sont les personnes que l'on voit dans la familiarité des grands, 185.
— Voir de plus grands que soi, pratique difficile, 185.
— Le mépris des grands pour le peuple tempère leur vanité, 186.
— Les grands se croient seuls parfaits, 186.
— Les grands négligent de rien connaître, 189.
— Les grands comparés avec le peuple, 189.
— Les grands ne peuvent cacher leur malignité, 190.
— Les grands s'enivrent de meilleur vin que le peuple, seule différence dans la crapule, 190.
— Les grands ne doivent point négliger de faire plaisir aux autres, 191.
— Il ne faut pas être le complice des grands, 193.
— Ce qu'on fait pour montrer que l'on est bien avec eux, 193.
— Les grands donnent plus que les simples particuliers quand ils exposent leur vie, 194.
— Nous sommes jaloux des grands, 199.
— Du culte qu'on rend aux grands, 200.
— Les grands se gouvernent par sentiment, 201.

GRANDS; piéges qui sont tendus aux grands par leurs gens d'affaires, 218.
— On aime à être vu avec les grands, 251.
— Grands dont on dit qu'ils meurent de faim, 304.
— Les grands tiennent peu de cas de la vertu et de l'esprit, 329.
— Recherchent les charlatans, 329.
— Se moulent sur de plus grands, 345.
— Affectent la modestie par hauteur, 345.
— Les grands ne pensent ni à leur âme ni à Dieu, 392.
— Les grands comparés, quand ils meurent, à une feuille qui tombe, 392.
— Grands hommes; il en est beaucoup dont on aurait dû se passer, 280.
— Grands seigneurs comparés aux petits courtisans, 176.
GRAVITÉ étudiée devient comique, 290.
GROSSIÈRETÉ, peut être le vice d'un homme d'esprit, 294.
GOUT littéraire, 7, 8, 295.
GOUTTE d'eau; ce qu'on y voit, 412.
GOUVERNEMENT; sur la meilleure forme de gouvernement, 203, 218.
— Le gouvernement n'a point de règles certaines, 221.
GOUVERNER les hommes (dans le sens de les diriger dans leur conduite); ce qu'il faut faire pour cela, 81.
GUERRE; ce que c'est, 205.
— La guerre amuse le peuple, 206.
— Critique ingénieuse que La Bruyère fait de la guerre, 316.
GUERRIERS; préparent le hasard, 302.
GUILLAUME DE NASSAU, 312, 313, 314, 315.

H

HABILE homme; ce que c'est, 295.
HABITUDE; sa force est indomptable, 375.
— Sur l'habitude, 177.
HAINE; n'empêche pas l'estime, 252.
— La haine est vivace, 261.

HARLAY DE CHANVALON; portrait où il est peint, 258.
HASARD; fait les succès merveilleux de certaines gens, 33.
— On ne le fait pas, mais on le prépare, 302.

HASARD; n'est pour rien dans l'ordonnance de la nature, 411.
HÉRITIERS, 100.
— Traits divers qui les concernent, 129-130.
— Ce sont eux qui assiégent les tribunaux, 359.
— Caractère d'un héritier désappointé, 360.
HÉROS. Un héros est redevable à l'histoire, 8.
— Ne fait que le métier de la guerre, 41.
— En quoi il diffère du grand homme, 41.
HEURE. Chaque heure est unique en soi, 342.
HISTOIRE de la langue française, 368 et suiv.
HISTOIRE du dix-septième siècle; allusions qu'y fait La Bruyère, 318.
HISTOIRE; est racontée de cent façons différentes, 394.
HISTORIEN; n'estime pas le poëte, 299.
HOMME de bien; réflexions qui le concernent, 295.
HOMÈRE, 127.
HOMME de robe, 41.
HOMME de lettres; ne veut pas être important, 115.
HONNÊTE homme; fait son devoir par plaisir, 37.
— Ce que c'est qu'un honnête homme, 295.
HOMMES. L'homme doit être convaincu de son inutilité, 33.
— Les hommes ne pénètrent pas le mérite des autres, 34.
— L'homme ne doit se faire valoir que par lui-même, 35.
— Homme de mérite; comment il se comporte quand il est en place, 36.
— Ne fait point sa cour, 36.
— Les hommes contrefont la modestie, 37.
— L'homme de cœur fait son devoir simplement, 37.
— Les hommes vertueux composent seuls toute leur race, 38.
— Homme docte, en quoi il diffère du docteur, 41.
— L'homme d'esprit peut tomber dans quelque piége, 43.

HOMMES; les hommes n'aiment point que les femmes se fardent, 50.
— Les hommes guérissent des femmes par leurs faveurs, 52.
— Persuadent moins que les femmes, 52.
— Homme coquet, 53.
— Comment les hommes peuvent connaître qu'ils vieillissent, 65.
— Comment les hommes se conduisent en amour par rapport aux femmes, 66.
— Les hommes ne peuvent quelquefois réussir à aimer, 74.
— Comment on peut gouverner les hommes, 81-82.
— Les hommes rougissent moins de leurs crimes que de leurs faiblesses, 83.
— Les hommes finissent par l'ambition, 83.
— Ils se regardent comme les héritiers les uns des autres, 130.
— Ils veulent être esclaves, 153.
— Les hommes cachent les vues qu'ils ont sur leur fortune, 163.
— Composent une même famille, 197.
— Gardent toujours leurs mauvaises mœurs, 226.
— Il ne faut point s'emporter contre les hommes, 226.
— Un homme inégal n'est pas un seul homme, 227.
— Homme colère, 236.
— Les hommes vont de la colère à l'injure, 236.
— Pourquoi les hommes ne composent pas une seule nation, 237-238.
— Manquent les occasions de faire plaisir, 236-237.
— Leurs mœurs sont changées par les circonstances, 238.
— Il est ordinaire aux hommes de n'être pas heureux, 239.
— Les hommes sont épineux sur leurs intérêts, 239.
— Les hommes sont nés pour la douleur, 239.
— Il faut connaître la portée des hommes pour excuser leurs torts, 240.
— Ce que feraient les hommes s'ils étaient éternels, 241.

INDEX.

HOMMES; il n'y a pour l'homme que trois événements, 244.
— Les hommes veulent être estimés, 248.
— Comment les hommes parlent de ce qui les regarde, 248-249.
— L'homme parle superbement de lui-même, 250.
— Les hommes décident toujours en faveur d'eux-mêmes quand ils se comparent, 250.
— Les hommes sont pleins de caprices, 251.
— Aiment à être vus, 251.
— Ont le goût de railler, 252.
— Connaissent leurs moindres avantages, 253.
— Comptent presque pour rien les vertus du cœur, 253.
— Mesure ordinaire de leur esprit, 255.
— Les hommes se familiarisent avec leur grandeur, 256.
— Hommes que leur fortune aveugle, 257.
— Les hommes sont différents d'eux-mêmes dans le cours de leur vie, 258-259.
— Tout le mal des hommes vient de ne pouvoir être seuls, 259.
— Les hommes rendent leur vie misérable, 259.
— Ils semblent quelquefois ne pas se suffire à eux-mêmes, 259.
— Comment on s'insinue près d'eux, 261.
— Quelques hommes passent leur vie à nuire aux autres, 268.
— Comment les hommes se conduisent à l'égard les uns des autres, 269.
— Les hommes ont le même jour de petites joies et de petits chagrins, 270.
— Ils agissent mollement pour leur devoir, 271.
— Ils ne suivent pas les mesures qu'ils prennent, 271.
— L'homme est inégal même avec un excellent esprit, 272.
— Les hommes n'ont point de caractère suivi, 274.

HOMMES; ils s'ennuient de ce qui les a charmés, 274.
— Ils ont une bile intarissable sur les petits inconvénients, 275.
— L'homme ne sait point rougir de soi, 276.
— Les hommes ne se goûtent pas les uns les autres, 279.
— L'homme se mène par les yeux et les oreilles, 276.
— Il ne faut pas juger les hommes à première vue, 288.
— Ni par une seule faute, 292.
— Il y a des hommes qui sont grands dans le monde et petits chez eux, 298.
— Il y en a qui ne sont prophètes que dans leur famille, 298.
— Les hommes aiment l'honneur et la vie, 307.
— Aiment la gloire plus que la vie, 307.
— La plupart des hommes oublient qu'ils ont une âme, 310.
— Les hommes sont plus sots que les animaux quand ils se font la guerre, 315-316-317.
— Il y a des hommes qui font un testament chaque année, 359.
— L'homme est né menteur, 394.
— Il s'ennuie de tout excepté de vivre, 398.
— L'homme ne saurait à quoi se résoudre s'il avait le choix de mourir ou de toujours vivre, 398.
— L'homme n'est point curieux de ce qui concerne la mort, 398.
— L'homme existe par quelque chose qui est hors de lui, 400.
— L'homme est supérieur à toutes les créations de la nature, 413.
— Il faut que parmi les hommes les uns soient riches et les autres pauvres, 418.
— Les hommes condamnent les livres où ils sont peints, 453.

HORACE, 31-32.
HOTEL de Rambouillet, 104.
HUMEUR; trop négligée parmi les hommes, 236.
HYDROPISIE; fait croire à Dieu, 390.

I

IGNORANCE; inspire le ton dogmatique, 109.
— État paisible où l'on se range en foule, 282.
IMAGINATION; il n'en faut pas trop dans la conversation, 93.
IMBÉCILES; peuvent occuper de beaux postes, 123.
IMITATION littéraire, 30-31.
IMMORTALITÉ prouvée par l'inégalité des conditions, 119.
IMPERTINENCE; son principe, 93.
IMPERTINENT; est un fat outré, 293.
IMPUDENCE; utile dans les cours, 163.
INCIVILITÉ; effet de plusieurs vices, 286.

INCONSTANCE; 277.
INDIFFÉRENT; son portrait, 266.
INDULGENCE pour autrui, 78.
INÉGALITÉ des conditions, rentre dans les vues de la Providence, 417. (*Voy.* encore 112-113.)
INGRATITUDE envers ceux qui nous ont enrichis, 121.
INNOCENT condamné injustement, 358.
INSECTES. (*Voy.* Amateur.)
INSTRUCTION première; son importance, 276.
INTÉRÊT; réconcilie les familles, 174.
INTRIGUE; est nécessaire à ceux qui en ont vécu, 179.
IRRÉSOLUTION; 227.

J

JACQUES II, roi d'Angleterre; allusions à son histoire, 314.
JALOUSIE d'auteur, 10.
JALOUSIE; analyse de ce sentiment, 76.
— Ce qui la distingue de l'émulation, 254.
— Est distincte de l'envie, 255.
JEU; traits divers qui le concernent, 131.
— Il y a des imbéciles qui y excellent, 298.
— Met les hommes à la mode, 329.
JEUNESSE de prince; source de belles fortunes, 168.
JEUNESSE; le souvenir en est tendre chez les vieillards, 263.
— Peu de gens se souviennent avoir été jeunes, 262.
— Ce qui manque à la jeunesse, 178.
JODELLE, 18.
JOUEURS, 131-132.

JUGEMENTS; comment nous sommes vengés des mauvais jugements que l'on fait sur nous, 293.
— Jugement sur les personnes doit se faire d'après la règle de Descartes, 293.
JUGES; leur devoir et leur métier, 356.
— Réflexions qui les concernent, 356.
— Le métier de juge se fait sans apprentissage, 356-357.
— Il y a peu de juges que les femmes ne puissent corrompre, 358.
— Besogne des juges serait simple s'il n'y avait point de testaments, 359.
JUSTESSE d'esprit, 10.
JUSTICE. On ne doit pas la faire attendre aux autres, 304.
— La justice est une conformité à une souveraine raison, 416.

L

LA BRUYÈRE; détails qu'il donne sur la composition de son livre, 3.
— Allusions diverses qu'il fait à son livre des *Caractères*, 300-301.
— N'a voulu offenser personne dans ses *Caractères*, 312.

INDEX.

LA BRUYÈRE; loue les académiciens vivants, 423.
— Ce qu'il dit des critiques auxquelles a donné lieu son discours à l'Académie française, 424.
— Cabales auxquelles il a été en butte, 425.
— Proteste contre les fausses interprétations auxquelles son livre a donné lieu, 428.
— Défend son discours à l'Académie française contre les critiques auxquelles il a donné lieu, 430 et suiv.
— Se fabrique, par moquerie, une généalogie illustre, 347.
— Ses lettres, 447 et suiv.
— Ce qu'il dit de la traduction de Théophraste, 449 et suiv.
LA CHAMBRE (l'abbé de); son éloge, 451.
LA FONTAINE; son éloge, 437.
— Son portrait, 296.
— Cité, 284.
LANGUE française au dix-septième siècle, 29.
— Remarques diverses sur son histoire, 368 et suiv.
LANGUES. Il y a des gens qui savent plusieurs langues et dont l'esprit reste vide, 325.
— Comment et pourquoi il faut les étudier, 356.
— Sont la clef des sciences, 283.
LA ROCHEFOUCAULD; grand moraliste, 466.
LATIN; cité devant des gens qui ne l'entendent pas, 106.
— Fut longtemps la langue des Français, 377.
LE MAITRE, avocat, 374.
LETTRES de noblesse, 343.
LEVER du prince, 174.
LIBÉRALITÉ; en quoi elle consiste, 78.
— Est souvent mal appliquée, 304.
LIBERTÉ. En quoi consiste la vraie liberté, 310.
LIBERTINS; il y en a de deux espèces, 396.
— Fleurissent dans les cours, 396.
LIBRE arbitre; en quoi il consiste, 416.

LIEUX; exercent sur les hommes une grande influence, 84.
LINGE; le beau linge fait estimer les gens, 251.
LITTÉRATURE française au seizième et dans la première moitié du dix-septième siècle jugée par La Bruyère 17-18-19.
— Littérature française au dix-septième siècle. 29.
LIVRES; ce qu'ils doivent être pour plaire au public, 3.
— Livres froids et ennuyeux, 4.
— Comment ils sont appréciés par les divers esprits, 16.
— Réussissent quelquefois par les fadaises, 20.
— Livres composés par des gens de parti, 28.
— Ceux qui font les livres n'en tirent aucun profit, 285.
— Les livres sont plus sévèrement jugés que les discours, 385.
— Livres français; ont été longtemps composés de pages latines, 377.
— Livre médiocre; réussit et se réimprime, 382.
— Voy. Amateur.
LOUANGES; ne doivent pas être rejetées indifféremment, 98.
LOUER. Quels sont les gens qui ne peuvent louer. 103.
— On loue ce qui est loué bien plus que ce qui est louable, 277.
— Il en coûte de louer ce qui est le plus digne de louange, 277
LOGIQUE; sa définition, 26.
LOIS; peuvent être rendues inutiles par l'équité des hommes, 280.
— Sont féroces, 268.
— Ne cadrent pas toujours avec l'opinion des hommes, 361.
LOUIS, dauphin de France; son éloge, 311.
LOUIS XIV; son éloge, 313, 442 et suiv.
LORENZANI, musicien, 341.
LULLI, 39.
LUNE; décrite par La Bruyère, 106.
LUXE; inutile dans un souverain, 221.

M

MAGIE ; ce qu'il faut en penser, 365.
MAGISTRATS ; qui imitent les petits maitres, 140.
— Magistrat galant, pire que le dissolu, 356.
MAGISTRATURE ; consacre presque les hommes comme la prêtrise, 356.
MAISONS ; gens ruinés pour en avoir fait construire, 134.
MALADIE ; fait que la mort est un soulagement, 243.
MALEBRANCHE ; sa métaphysique critiquée par La Bruyère, 395.
MALHERBE, poëte, 17, 18.
MALTOTIER, 307.
MANGER salement, 264.
MANIE. Voy. Amateur.
MANIEUR d'argent, 115.
MARATRE, 100.
MARCHANDS ; sont habiles à tromper, 124.
MARCHER lentement, 311.
MARIAGE ; est quelquefois un lourd fardeau, 129.
— Mariage par amourette, 353.
— Mariage avec une vieille femme est quelquefois prudence, 353.
— Etait autrefois une affaire sérieuse, 353.
MARIÉES ; nouvelles mariées exposées sur un lit, 148.
MARIS ; sont souvent cause que leurs femmes les trompent, 68.
— Il y en a qui sont anéantis par leurs femmes, 68-69.
— Maris qui rougissent de leur femme, 353.
— Comment un jeune mari doit se comporter avec une vieille femme, 354.
MAROT, poëte, 18, 371.
MATIÈRE ; ne peut contenir la notion de l'esprit, 403.
— Discussion sur la matière comparée avec l'esprit, 401.
MAUVAIS plaisants, 14, 85.
MAUVAIS caractères ; il faut les supporter. 93.
MAUVAIS dans les ouvrages d'esprit, plaît à certaines gens, 281.

MAUX ; on se roidit contre eux, 241.
MÉCHANT homme, ne peut jamais faire un grand homme, 313.
MÉCHANTS ; ne sont point heureux, 416.
MÉDAILLES. Voy. Amateur.
MÉDECINE, mine d'or pour ceux qui parlent son jargon, 280.
MÉDECINS, sont raillés et bien payés, 363.
— Quel est le bon médecin, 363.
— En quoi les médecins diffèrent des charlatans, 364.
MÉDIOCRITÉ ; on la loue avec exagération, 298.
— Dans les arts est insupportable, 7.
— D'esprit, 294.
MENTIR pour décrier ses ennemis, 275.
MÉPRIS du monde, 181.
MERCURE GALANT (le), 19-20.
MÈRE ; prend avec grand risque charge d'âme en faisant sa fille religieuse, 352.
MÈRES qui veulent marier leurs filles, 146.
MÉRITE ; n'est pas une recommandation suffisante pour parvenir, 33.
— Est méconnu par les hommes, 34.
— S'allie à une grande modestie, 36.
— Donne plus d'éclat que les titres, 39.
— Mérite des femmes caractérisé, 49.
— Le mérite se devine réciproquement, 102.
— N'est pas toujours méprisé dans les cours, 160.
— Fait dire du mal des gens, 162.
— La sottise obtient ce qu'on refuse au mérite, 169.
— Un homme de mérite n'est pas laid, 191.
— Un homme de mérite a peine à se faire accepter comme tel, 298.
— Homme de mérite comparé aux fleurs qui sont la grâce de la nature, 330.
Voy. Homme de mérite.
MÉTIER de la parole ; ressemble celui de la guerre, 380.

MÉTIERS; le métier d'auteur est le pire de tous, 286.
MIGNARD, 39.
MINISTRE. Le nouveau ministre voit surgir en une nuit des amis et des parents, 168.
— Comment les ministres doivent se conduire, 216, 217.
— Quels sont les bons ministres, 218.
— Le ministre le plus occupé perd chaque jour deux heures de son temps, 309.
MISANTHROPE, son caractère, 276.
MISÈRE; inspire la compassion pour les autres, 253.
— Rend honteux d'être heureux, 253.
— Il y a des misères qui saisissent le cœur, 125.
MISSIONNAIRES qui se croient à tort des hommes apostoliques, 381.
MISSIONS des Indes et du Japon, 397.
MODÉRATION, laisse les hommes dans l'obscurité, 312.
MODES; notre assujettissement aux modes découvre notre petitesse, 321.
— Homme à la mode dure peu, 328.
— Hommes célèbres victimes des caprices de la mode, 328.
— Le grand jeu met les hommes à la mode, 329.
— Gens à la mode comparés à une fleur, 329.
— Critique des modes du dix-septième siècle, 331.
— Il y a autant de faiblesse à fuir la mode qu'à l'affecter, 331.
— Les hommes négligent la mode dans leurs portraits, 332.
— Les modes sont extrêmement variables, 333.
MODESTIE simulée, 37.
— La modestie rehausse le mérite, 37.
— N'est quelquefois qu'hypocrisie dans un rang élevé, 195.
— Fausse modestie, raffinement de la vanité, 248.
— Les gens modestes sont quelquefois victimes de leur modestie, 250.
— En quoi consiste la modestie, 250. Voy. Grands.
MOEURS; on a tout dit à leur sujet, 6.

MOEURS des Parisiens au dix-septième siècle, 149, 150, 461, 462.
MOINES; ne vivent point en bon accord avec les curés des paroisses, 349.
MOISISSURE; ce qu'on y voit, 413.
MOLIÈRE, 17, 172, 284.
MOLLESSE; naît et meurt avec l'homme, 261.
MONNAIE; met une grande différence entre les hommes, 112. Voy. Argent.
MONARCHIE; quelle est celle qui prospère, 220.
MONASTÈRE; comparé à une abbaye, 352.
MONDE; veut de la parure, 250-251.
— Est pour ceux qui suivent les cours, 311.
— L'homme n'est dans le monde qu'un personnage de comédie, 181.
— Ce qui arrivera si le monde dure cent millions d'années, 311.
— Il y a deux mondes, il faut choisir, 398.
— Le monde est la moindre chose que Dieu ait faite pour l'homme, 414.
MONTAIGNE, 19.
— Paroles que lui prête La Bruyère, 96-97.
MOQUERIE, 103.
— On ne pardonne jamais la moquerie, 252.
MORALE. La morale relâchée tombe avec celui qui la prêche, 378.
— Morale sévère plaît aux gens du monde, 378.
— Comment la morale est traitée par Pascal et La Rochefoucauld, 466.
MORT; n'est pas un obstacle pour les gens de cœur, 37.
— Réflexions diverses concernant la mort, 242-243.
— Se fait sentir à tous les moments, 242.
— Rend l'âme des sots égale aux grandes âmes, 272.
MORTS; on les dénigre après les avoir flattés quand ils étaient puissants, 169.
MOURIR sans avoir ri, 80.

MOURIR; on y gagne à être loué, 303.
— Mourir est une chose bien sérieuse, 390.

MUSICIEN; n'est pas toujours un homme d'esprit, 296.
MUSIQUE; toute musique n'est pas propre à louer Dieu, 395.

N

NAISSANCE; il est heureux d'en avoir, 88.
— La naissance fait remarquer le mérite, 112.
NATURE; tout y est grand, 415.
— Universelle, 400-401.
NATUREL. Il faut beaucoup d'art pour être naturel, 291.
NETTETÉ dans le style, 28.
NEVEU déshérité par son oncle, 261.
NOBLE; le noble est esclave à la cour, 173.
— Les châteaux des nobles sont possédés par leurs métayers, 118.
— Les nobles de province ne sont bons à rien, 269.
— Réflexions diverses qui concernent les nobles, 343.
— Il n'y a rien à perdre à être noble, 346. Voy. Armoiries, Château, Gentilhomme, Seigneur.

NOBLESSE; a tort de mépriser la robe, 194.
— Jugements divers sur la noblesse, 343.
— La noblesse est peu de chose sans la vertu, 347.
NOCES; 147. Voy. Mariage.
NOM; fait la seule valeur de certaines gens, 88.
— Remarques sur les noms adoptés par les grands, 188.
— Noms insultants inventés par la passion, 307.
— Il y a des gens qui portent plusieurs noms, 345-346.
— Comment on change son nom, 345-346.
NOUVELLES. Du plaisir d'apprendre des nouvelles, 207.
NOUVELLISTE (le), 15.
— Son caractère, 207.

O

OFFICES d'église; on y manque souvent de gravité, 348.
— Les dignitaires d'une église se disputent à qui sera dispensé des offices, 351.
OISEAUX. Voy. Amateur.
OISIF; portrait de l'homme oisif qu'on voit partout, 144-145.
OISIVETÉ du sage, 36.
— Passer ses jours à ne rien faire est encore moins que scier du marbre, 309.
OPÉRA; en quoi il consiste, 20.
OPINIATRETÉ, 277.
OPINIONS (les) des hommes changent tous les vingt ans, 306.
ORAISON funèbre; ne devrait pas seulement être appliquée aux grands de la terre, 380.

ORATEUR; qui reste court, 309.
— La principale partie de l'orateur est la probité, 357.
ORGUEIL; quel est le propre de ce vice, 127-128.
OUBLI en amour, 77.
OUVRAGES parfaits et médiocres, 6.
— Satiriques, 6.
— De morale, 6.
— A qui les auteurs doivent les lire, 9.
— Comment on les juge, 11-12.
— Ouvrage parfait est différent d'un bel ouvrage, 14.
— Un ouvrage est bon quand il élève l'esprit, 15.
— Ouvrages qui sont des jeux d'esprit, 259-260.
— On peut mettre dans les ouvrages d'esprit le bon et le mauvais, 281

INDEX.

OUVRAGE. Un ouvrage de morale ne peut satisfaire tous les goûts, 453.

OUVRIERS; les mauvais sont les plus communs, 34.

P

PALAIS de Zénobie, acheté par un pâtre, 134.

PARDONNER à ceux qui nous trouvent en faute, chose pénible, 80.

PARESSE. *Voy.* Ennui.

PARIS, ce qu'on y fait dans les promenades publiques, 137.

— Paris, singe de la cour, 146.

— On y vit avec une grande mollesse, 149-150.

— Paris, allégoriquement décrit, 461.

PARISIENS; il y en a qui veulent se faire passer pour n'être pas Français, 346. *Voy.* Mœurs.

PARLEMENT de Paris, a fait des procès absurdes, 358.

PARLER. Parler de son bonheur devant des malheureux, chose odieuse, 94.

— Parler et offenser est la même chose pour certaines gens, 95.

— Parler aux rois, grande science pour les courtisans, 176.

— Parler peu et parler trop, 275.

— Parler peu est un avantage, 305.

— Parler juste, 6.

PARLEURS insupportables, 87.

PARTIALITÉ; expose à des mortifications, 292.

PARTICULIERS; leurs affaires ne font rien à celles de l'Etat, 205.

PARTISANS, 118.

— Les partisans nous font sentir toutes les passions, 118.

— Il ne faut pas approfondir leur fortune, 119.

— Leur vie se partage en deux portions égales, 121.

PARVENIR. Comment on parvient, 128.

PARVENUS qui se ruinent par vanité, 143. *Voy.* encore 117, 343.

— Leur insolence, 127.

PASCAL, grand moraliste, 466.

PASSIONS, sont menteuses, 83.

— Quel est le plus grand triomphe de la passion, 83.

PASSIONS; font l'embarras dans les grandes villes, 240.

— Les passions amusent les jeunes gens, 263.

PATIENCE; offre de grands avantages, 311.

PATRIE; n'existe pas dans un état despotique, 203.

PAUVRE; est bien proche de l'homme de bien, 124.

— Tableau de la misère des pauvres, 125.

— On peut être pauvre avec de la fortune; comment, 125-126.

— Portrait du pauvre, 135.

— Les pauvres sont nécessaires dans la société, 418.

PAYSANS; leur portrait, 268.

PÉDANTISME, 9, 30.

PÈLERINAGES; on ne les fait point toujours pour un objet édifiant, 348.

PENSÉE; ne peut être le produit de la matière, 403.

PENSER mal des gens sans les connaître, 292.

PENSIONS; à qui on les donne à la cour, 341.

PÈRE du peuple; c'est la définition d'un roi, 220.

PÈRES de l'Eglise; leur éloge, 393.

PÈRES; il y en a d'étranges, 238.

PERFECTION dans l'art, 7.

PERFIDIE des femmes, ce que c'est, 54.

— Guérit de la jalousie, 54.

PERRUQUES, 175.

PERTE de biens, seule affliction qui dure, 132.

PETITE ville, a des inconvénients, 101.

— Divisée par les coteries, 101.

PETITS. Les petits se haïssent les uns les autres, 188.

— Haïssent les grands, 188.

PETITS défauts, 102.

PEUPLE; admire ce qu'il ne comprend pas, 7.

PEUPLE. Le peuple a souvent le plaisir des tragédies, 121.
— Est prévenu en faveur des grands, 182.
— Le peuple comparé avec les grands, 189.
— Ce que le nom du peuple embrasse, 201.
— Comment le peuple doit être traité par ceux qui le gouvernent, 204.
— Le peuple aime les massacres de la guerre, 206.
— Peuple comparé à un troupeau, 221.
— Le peuple prête à de curieuses observations de mœurs, 277. *Voy.* Sujets.
PHILOSOPHE (le) poursuit en écrivant un but élevé, 15-16.
— Quelles sont ses occupations, 114.
— Se laisse habiller par son tailleur, 331.
PHILOSOPHIE; on n'y pense que dans la disgrâce, 173.
— Convient à tout le monde, 270.
— Quelle est la meilleure philosophie, 301.
— Toute philosophie ne parle pas dignement de Dieu, 395.
PHRASES toutes faites, 177.
PHYSIONOMIE, 291.
PIÉTÉ fastueuse, 260.
PLACE; ce qu'on dit à la cour des gens, quand ils obtiennent une nouvelle place et quand ils sont menacés de la perdre, 161.
— Places à la cour; réflexions diverses qui les concernent, 164.
— Portrait d'un homme qui vient d'obtenir une place à la cour, 166.
— Quelle doit être la conduite d'un homme en place, 191.
— On est jaloux des gens en place, 199.
— Comment doivent se conduire les hommes en place, 216-217.
— Comment le public donne de leur vivant des successeurs aux gens en place, 308.
PLAIDEUR, son portrait, 267. *Voy.* Procès.
PLAIDOIRIES; réflexions à leur sujet, 355.

PLAISANTERIE; déplacée dans un homme mourant, 390.
PLAISANTERIES grossières, 106.
PLATON, 280, 394.
PLÉNIPOTENTIAIRES; leur caractère, 210 à 215.
POËME tragique; ce qu'il doit être, 23.
POÉSIE dramatique, 7.
POËTES; font des vers pompeux et vides, 7.
— Le poëte ne loue que les mauvais vers, 279.
— Le poëte n'estime pas l'orateur, 299.
POLITESSE définie; ses avantages, 97-98.
— Donne aux hommes les mêmes apparences, 276.
— Politesse de l'esprit et des manières, 283.
POLITIQUE; quel homme est au-dessus d'un grand politique, 303.
POLITIQUES. Les politiques préparent le hasard, 302.
PORTRAITS; ne sont pas l'exacte reproduction de la nature, 332.
— Sont de mode dans la chaire, 375.
PRATICIEN; ce que c'est que sa conscience, 357.
PRATICIENS; ne savent rien de la nature, 149.
PRATIQUES de religion, 305.
PRÉDICATEUR; reçoit le salaire de son sermon comme d'une pièce d'étoffe, 350.
— Les prédicateurs ont changé la parole sainte en un tissu de louanges, 379.
— Prédicateurs médiocres; comment ils sont mis en réputation, 380.
— Prédicateur; ce qui le distingue de l'apôtre, 381.
— Prédicateurs sans talent ni vocation, 382.
— Prédicateurs comparés aux avocats, 383-384.
— Prédicateurs sont plutôt évêques que les bons écrivains, 385.
— Comment les prédicateurs doivent préparer leurs sermons, 386.
PRÉFACE du discours à l'Académie française, 420.

PRÉLAT qui remplit tous les devoirs de sa charge, 287.
PRENDRE un mauvais parti, 227.
PRÉSÉANCE, 361.
PRÉSENTS de noces, 147.
PRÊT à intérêt, 334.
PRÉVENTION; danger qu'il y a à ne point se défendre de la prévention, 292-293.
PRINCE; voir son visage fait toute la joie du courtisan, 175.
— Les princes ont de la joie de reste pour rire de rien, 190.
— Plaisirs des princes, 191.
— Quelles leçons on doit leur donner quand ils sont jeunes, 195.
— Les princes ont du goût littéraire, 198.
— Bonheur et malheur des princes, 218.
— Le meilleur prince ne peut contenter tous les hommes, 273.
— Princes qui ont joint l'atticisme à la science, 283.
— Le prince a du mal à réformer la cour, 341.
— Prince image de Dieu, 397.
— Princes de l'Église; on a fait pour eux des objets d'art très-indécents, 347.

PROCÈS causés par le manque d'équité, 240.
— Durent pendant toute la vie, 355.
— On peut en perdre tout en étant en faveur, 359.
PRODIGALITÉ, 129.
PROFESSIONS sérieuses; à quoi elles obligent, 288.
PROFITER de ses fautes, 247.
PROJETS. Il y en a d'un si grand éclat, qu'il faut, quand on les a conçus, les exécuter, 312.
— On désapprouve quand ils échouent ceux qu'on approuvait avant l'exécution, 312.
PROMENADES publiques; ce qu'on y va faire, 137.
PROVINCIAUX (les), 102.
PRUDERIE de langage, 105.
— Des femmes, définie, 62.
PRUNES. Voy. Amateur.
PUBLIC; veut des livres qui l'amusent, 2.
— Le public est un écueil contre lequel bien des gens viennent échouer, 299.
PUCELLE, avocat, 374.
PUISSANTS; pourquoi il faut se taire sur les gens puissants, 202.
PURISTES; comment ils causent, 93.

Q

QUINAULT, 281.
QUERELLES des anciens et des modernes, 9.
QUERELLES; comment les jugent les personnes qui en sont les témoins, 96
QUESTION. Voy. Torture.

R

RABELAIS, 18-19.
RABUTIN (Bussy), 15.
RACAN, 18.
RACINE, comparé à Corneille, 23.
— Son éloge, 438.
RAILLERIE, 252.
RAILLEURS amers, leur portrait, 95.
RAISON; plie la première dans la société, 19.
— Son développement et sa caducité, 244.
— Est nue comme la vérité, 276.

RAISON; est de tous les climats, 286.
RÉCONCILIATION, signe de mort, 261.
— Réconciliation à l'article de la mort, 332.
RECONNAISSANCE, 83.
RÉFORMES politiques, 203-204.
RÉGIME; ne règle pas les hommes dans leur manière de vivre, 367.
RÉHABILITATION; signification de ce mot au dix-septième siècle, 343.
RELATIONS sociales, 166.
RELIGION chrétienne; crue et soute-

nue par les plus grands esprits, 393.
— Comment elle confond les esprits forts, 393.
— Les hommes qui défendent la religion avec zèle l'altèrent par leurs sentiments particuliers, 396.
— La vertu est le meilleur parti pour l'homme, dans la double hypothèse de la fausseté ou de la vérité de la religion, 399.
— La religion serait, si elle était fausse, le piége le mieux dressé que l'on puisse imaginer, 399.
— La terre entière en a besoin, 389.
— La religion se perd par les voyages, 389.
— Religions comparées à des étoffes, 389.
RENGORGEMENT, 103.
RENONCER aux biens de ce monde, c'est éviter bien des maux, 181.
REPAS; sont différents chez les divers peuples, 368.
RÉPUBLIQUE (dans le sens d'Etat politique); des maux divers qui existent dans une république, 204.
RÉPUTATION; on s'élève contre ceux dont la réputation commence, 298.
— Réputation des femmes, 61.
RESSENTIMENT des injures, 81.
RÉUSSITE. Voy. Succès.
RIDICULE dans les ouvrages d'esprit, 31.
— Il y a des ridicules qui sont sans conséquence, 277.
— Ridicule part d'un défaut d'esprit, 294.
— Réflexions diverses concernant le ridicule, 294.
RICHELIEU, son éloge, 217, 434, 435.
RICHE, ne vit pas toujours content, 112.
— Il est difficile de tourner en ridicule un homme sot et riche, 113.
— Les riches se croient capables de gouverner, 122.
— Le riche n'est guère éloigné de la friponnerie, 124-125.
— Quel est le vrai riche, 125.
— Riche qui méprise le mérite, 126.
— Les riches méprisent les gens de lettres, 127.

RICHE; Il y a des riches qui ne sont peut-être pas des hommes, 128.
— Riche qui dans sa vieillesse épouse une jeune fille, 129.
— Portrait du riche, 135.
— Les savants doivent se taire quand un riche parle, 282.
— Les riches sont nécessaires dans la société, 418. Voy. Argent.
RICHESSES; font plus d'honneur que la vertu, 38.
— La richesse fait regarder les gens avec d'autres yeux, 113.
— Les richesses sont possédées à titre onéreux, 115.
— Les richesses sont peu de chose, 118.
— Les richesses inspirent la dureté, 252.
— Il y a deux sortes de richesses, 417.
RIRE. Il y a des gens qui rient de tout, 252.
ROBE (magistrature); dissension entre la grande et la petite robe, 139.
— Un homme de robe n'est plus le même à la cour, 140.
— La robe a tort de mépriser la noblesse, 194.
ROIS, ce qui leur manque; leurs plaisirs, 215.
— Piéges qui leur sont tendus par leurs ministres, 218.
— Les devoirs sont faciles sous un grand roi, 221.
— Quelles sont les qualités qui distinguent un grand roi, 222 à 225.
— Les rois ne peuvent faire une goutte d'eau, 415. Voy. Père du peuple, Souverain.
ROMAN; comment on peut le rendre utile, 24.
ROMANS; ont réagi sur les conversations, 105.
RONDEAU sur Ogier le Danois, 372.
RONSARD, 18.
ROTURIER; n'est pas honoré par les lettres de noblesse, 344.
— Finit par se persuader qu'il est noble, 344.
— Il y a peu de roturiers auxquels il manque des armes, 344.
ROYAUTÉ; est un lourd fardeau, 222.

S

SACREMENTS; sont taxés dans les paroisses, 349.
SAGE, ce que c'est que son oisiveté, 36.
— Le sage ne tient qu'à la gloire qui naît de la vertu, 47.
— Le sage veut que la raison seule gouverne, 82.
— Les sages sont menés par les fous, 99.
— Le sage évite le monde, 111.
— Ce nom ne convient pas aux stoïciens, 227.
— Les disgrâces rendent sage, 259.
SANNIONS (les), 140.
SANTÉ, inspire la dureté, 282.
SANTEUL, son portrait sous le nom de Théodas, 297. *Voy. encore* 448.
SARRAZIN; son mérite littéraire jugé, 330.
SATIRE; s'acharne après les morts, 202.
SAVANTS; sont l'objet de beaucoup de préventions, 282.
— Doivent se taire quand les riches parlent, 282.
— Passent auprès des politiques pour être incapables d'affaires, 283.
— Quelques-uns ne goûtent que les anciens, 452.
SAVANTASSE, 307.
SAVOIR le grec, 283.
SCIENCE superficielle, 325.
— Des langues, inutile à une foule de gens, 325.
— Réflexions à leur sujet, 280.
— Les hommes n'y attachent aucun prix, 281.
— Critique des gens qui veulent les embrasser toutes et ne savent rien, 325.
SCIEURS de marbre comparés aux gens oisifs, 309.
SCOLASTIQUE; bannie des sermons, 377.
SECRET dans l'amitié et dans l'amour, 75.
— Ce qui en rend capable, 110.

SECRET. On révèle les secrets à son insu, 110.
SÉGRAIS, son éloge, 437.
SÉGUIER (le chancelier), son éloge, 441.
SEIGNEUR; affecte la principauté, 345.
SÉRAPHIN (le père), modèle du véritable prédicateur, 376.
SERMENTS; sont malséants dans la conversation, 94.
SERMONS; critique de la division des sermons en trois points, 376.
— Les sermons ne comportent pas des traits brillants, 377.
— Ce qu'on appelle un beau sermon est une énigme pour le peuple, 378. *Voy.* Éloquence, Prédicateur.
SINGULARITÉ. L'esprit de singularité peut à cause du déréglement des hommes approcher de la droite raison, 279.
SOCIÉTÉS diverses qui partagent une ville, 132.
SOCRATE, 280, 300.
SOLDAT; meurt inconnu, 194.
SOLEIL, décrit par La Bruyère, 406.
SOLLICITER pour les autres, 179.
SONGER à soi; c'est le premier soin que l'on a après sa fortune faite, 160. *Voy. encore* 205.
SORTILÉGE; ce qu'il faut en penser, 365.
SOTS; comment ils lisent, 16.
— Le sot ne fait rien comme un homme d'esprit, 44.
— Le rôle du sot est d'être importun, 85.
— Les sots croient que l'on se moque d'eux, 102.
— Le privilége des sots est de rire des gens d'esprit, 102.
— Le sot n'est qu'une machine, 271.
— Le sot a tout à gagner à mourir, 272.
— Définition du sot, 293-294. *Voy.* Fautes, Riches.
SOTTISE; éviter une sottise rafraîchit le sang, 247.

SOUVERAIN; ses devoirs envers ses sujets, 220.
— Souverain comparé à un berger, 221.
— Le souverain n'a pas besoin de luxe, 221.
— Les souverains s'humilient devant un usurpateur, 319. Voy. Royauté.
SOUVERAINETÉ; ses avantages et ses dangers, 221.
SOYECOURT (le marquis et le chevalier de), 205.
STOÏCISME; n'est qu'un jeu d'esprit, 226.
STUPIDE; est un sot qui ne parle point, 294.

STYLE; s'est perfectionné comme l'architecture, 8.
— Style concis ne plait point à certains esprits, 14.
— Style puéril, 81.
SUBLIME; en quoi il consiste, 26.
— Le sublime peint la vérité, 27.
SUCCÈS; charme les hommes, 312.
SUFFISANT (le), sa définition, 294.
SUJETS. Leurs devoirs envers le souverain, 220.
SUPPLICES; il en faut, 268.
SUPPORTER les torts des autres, 240.
SYNONYMES; ce que c'est, 17.

T

TALENT. Un homme de talent ne doit pas être austère, 291.
TEMPS; ceux qui l'emploient mal se plaignent de sa brièveté, 309.
— Le véritable emploi du temps mal jugé par les sots et les gens d'esprit, 310.
— Le temps n'est qu'un point dans l'éternité, 342.
— Tous les temps ne sont qu'un instant comparés à la durée de Dieu, 415.
TÉRENCE, 17.
TERRE; est tout pour les esprits grossiers, 389.
— La terre n'est pas le seul endroit où doivent se passer la punition et la récompense, 416.
TESTAMENT, 260.
— Réflexions qui concernent les testaments, 359.
— Testaments sont écoutés comme des oracles, 359.
TEXTES; leur étude est la base de l'érudition, 366.
THÉODAS. Voy. Santeul.

THÉATRE; quels caractères on doit y représenter, 23.
— Le théâtre donne lieu à d'injustes cabales, 21.
— Pourquoi on y rit si librement, tandis qu'on a honte d'y pleurer, 22.
— Théâtre chez les anciens, 25. Voy. Spectacles.
THÉOPHILE (le poète), 17.
THÉOPHRASTE; histoire de sa vie et de ses ouvrages, 454 et suiv.
— Ses caractères comparés à ceux de La Bruyère, 467.
TITRES de noblesse, 269.
TORTURE; à quoi elle sert, 357.
TRAVAIL d'autrui; on le juge par rapport à celui qui nous occupe, 299.
TRIBUNAUX. Le fond devrait dans les tribunaux l'emporter sur la forme, 357.
— Remarques diverses sur les tribunaux, 355-356.
TROMPER les autres, 240.
TYRANNIE; il ne faut pas de science pour l'exercer, 202.

U

USAGE; réflexions sur la tyrannie de l'usage, 347.

V

VALETS; se jugent eux-mêmes d'après la fortune des gens qu'ils servent, 191.
VALEUR fausse, 307.
VANITÉ; est une cause de ruine pour les parvenus, 148.
— Réflexions diverses qui la concernent, 248.
VARRON, 280.
VAUBAN, 307.
VENGEANCE de ceux qui aiment, 75.
VÉRITÉ; est quelquefois le meilleur manége du monde, 179.
— La vérité est souvent le contraire des bruits qui courent, 292.
— La vérité vient du ciel toute faite, 394.
VERS pompeux et inintelligibles, 7.
VERTU; ne touche pas les hommes, 38.
— On doit avant tout la chercher dans ses amis, 38.
— Quelles sont les vertus que les hommes admirent le plus, 255.
— Les vertus sont inutiles aux petits, 256.
— Vertus d'un homme injuste, 304.
— La vertu ne dépend pas de la mode, 328-329.
— La vertu est différente à la cour de la dévotion, 334.
— La vertu seule va au delà des temps, 342.
— La vertu fait la noblesse, 347.
— Vertus incompatibles, 100.
— Vertus militaires, 41.
Voy. Richesses.
VICES de l'âme, 227.
— Il y a des vices naturels et d'autres que l'on contracte, 237.
— On se dégoûte d'un vice par un autre vice, 275.
— Source des vices, 294.
— De grands vices servent quelquefois à être admirés, 312.
— Certains prédicateurs font du vice une peinture agréable, 378.
VICTOIRES; de quelle monnaie on les paye, 320.

VIE humaine est courte, pourquoi? 80.
— La vie se passe à désirer, 238.
— Vie heureuse, 241.
— Vie misérable, 241.
— La vie est un sommeil, 244.
VIEILLARD; travaille à s'enrichir, 120.
— Vieillard qui ne laisse rien à la femme qui l'a soigné, 260.
— Vieillard amoureux, 261.
— Pourquoi les vieillards sont avares, 262.
— Les vieillards sont d'un commerce difficile, 263.
— Les vieillards ne s'accommodent pas de la solitude, 263.
— Les vieillards sont attachés au passé, 263.
— Les vieillards multiplient leurs rides par la parure ou la négligence, 263.
— Un vieillard est un trésor quand il a vécu à la cour, 263.
— Vieillard qui se donne toutes ses aises, 264.
— Les vieillards plantent et bâtissent quand ils ont un pied dans la tombe, 267.
— La politesse des vieillards donne une bonne idée du vieux temps, 304.
VIEILLESSE; réflexions diverses qui la concernent, 243.
VILLE (la), partagée en diverses sociétés, 188.
— On vit à la ville dans l'ignorance de la nature, 148, 149.
— Les petites villes comparées à la cour, 200.
— La ville ne connaît point la cour, 452. Voy. Petite ville.
VISAGE; un beau visage est le plus beau des spectacles, 52.
— On lit la fortune des gens sur leur visage, 126.
VEUVE. Voy. Epouser.
VOCATION religieuse; à quoi elle tient souvent, 352.

VOEU de pauvreté dans une riche abbaye, 352.
VOISINS de campagne, se brouillent pour rien, 100-101.
VOITURE; jugement sur ses lettres, 16. — Son mérite littéraire jugé, 350. *Voy. encore* 19, 371.
VOYAGES; font perdre à certaines gens le peu de religion qu'ils avaient, 389. *Voy.* Amateur.

X

XANTIPPE ou l'homme qui rêve qu'il voit le prince, 171.

Z

ZÉNOBIE, reine de Palmyre; fait élever des palais, 122-124.

TABLE.

LES CARACTÈRES DE LA BRUYÈRE.

Pages.

Avertissement sur cette édition.	v
Jean de La Bruyère.	vii
Les caractères ou les mœurs de ce siècle.	1
Des ouvrages de l'esprit.	6
Du mérite personnel.	33
Des femmes.	49
Du cœur.	73
De la société et de la conversation.	85
Des biens de fortune.	112
De la ville.	137
De la cour.	152
Des grands.	182
Du souverain ou de la république.	203
De l'homme.	226
Des jugements.	278
De la mode.	321
De quelques usages.	343
De la chaire.	374
Des esprits forts.	388
Discours prononcé dans l'Académie françoise, le lundi, 15 juin 1693 ; préface.	434

LETTRES.

Au comte de Bussy.	447
A Santeul.	448
A M***.	449

LES CARACTÈRES DE THÉOPHRASTE.

Discours de La Bruyère sur Théophraste.	452
Avant-Propos.	470

TABLE.

	Pages.
De la dissimulation..	471
De la flatterie.	472
De l'impertinent ou du diseur de riens.	474
De la rusticité.	475
Du complaisant ou de l'envie de plaire.	477
De l'image d'un coquin.	478
Du grand parleur.	480
Du débit des nouvelles..	481
De l'effronterie causée par l'avarice.	483
De l'épargne sordide.	484
De l'impudent ou de celui qui ne rougit de rien.	486
Du contre-temps.	488
De l'air empressé.	489
De la stupidité..	490
De la brutalité.	491
De la superstition.	492
De l'esprit chagrin..	493
De la défiance.	494
D'un vilain homme..	495
D'un homme incommode.	496
De la sotte vanité.	497
De l'avarice.	498
De l'ostentation.	499
De l'orgueil.	501
De la peur ou du défaut de courage.	502
Des grands d'une république.	504
D'une tardive instruction.	505
De la médisance.	506
Du goût qu'on a pour les curieux.	507
Du gain sordide.	508
INDEX.	511

FIN DE LA TABLE.

Corbeil. Typ. et stér. Crété.

www.ingramcontent.com/pod-product-compliance
Lightning Source LLC
Chambersburg PA
CBHW070830230426
43667CB00011B/1740